唐李百藥撰

北齊書

第一册

卷一至卷二三（紀傳）

中華書局

圖書在版編目(CIP)數據

北齊書/(唐)李百藥撰. —北京:中華書局,1972. 11
(2025. 7 重印)
ISBN 978-7-101-00314-7

Ⅰ. 北…　Ⅱ. 李…　Ⅲ. 中國-古代史-北齊(550~577)-紀傳體　Ⅳ. K239. 240. 42

中國版本圖書館 CIP 數據核字(2002)第 087495 號

責任印製:管　斌

北 齊 書

(全二册)

〔唐〕李百藥 撰

*

中 華 書 局 出 版 發 行

(北京市豐臺區太平橋西里 38 號　100073)

http://www. zhbc. com. cn

E-mail:zhbc@ zhbc. com. cn

北京新華印刷有限公司印刷

*

850×1168 毫米 1/32 · 22⅞ 印張 · 420 千字

1972 年 11 月第 1 版　　2025 年 7 月第 23 次印刷

印數:134201-135700 册　　定價:92. 00 元

ISBN 978-7-101-00314-7

出版說明

一

北齊書五十卷，作者唐李百藥，內容記載了公元五三四年前後北魏分裂，東魏政權建立，中經五五〇年齊代東魏，到五七七年齊亡爲止的王朝興亡史。

爲了區別於曾經割據江淮的齊朝，後人稱之爲「北齊」。和北魏一樣，東魏——北齊仍然是鮮卑貴族和漢族地主聯合統治的封建政權。它的疆域南阻長江，和梁、陳兩朝先後對峙；西在今山西、河南、湖北，與西魏——北周分界。

從北齊到隋的五十年間，曾先後有人編寫出幾種不同體裁的北齊史，其中有隋李德林的紀傳體齊書和王劭的編年體齊志。公元六二二年（唐武德五年），唐高祖指派裴矩、祖孝孫、魏徵重寫北齊史，長期沒有寫成。六二九年（貞觀三年），唐太宗專設梁、陳、齊、周、隋五朝史的編寫機構，命李百藥寫北齊史。他在其父李德林齊書基礎上參考王劭齊志擴充改寫，六三六年（貞觀十年）全書完成。

李德林（公元五三〇——五九〇）字公輔，博陵安平（今河北深縣）人。他經歷齊、周、隋三朝，一直擔任詔令和其他重要文件的起草，獲得歷朝皇帝的寵用。在齊官至中書侍郎，在周官至御正下大夫，在隋官至内史令，封安平公，死在懷州刺史任上。他在北齊就參加「國史」卽北齊史的編寫，寫成紀傳二十七卷，隋時擴充爲三十八篇。

李百藥（公元五六五——六四八）字重規，隋末官建安（今福建建甌）縣丞。曾參加隋末農民起義，後降唐。入唐後任中書舍人，參加制定五禮和律令。最後官至宗正卿，封安平縣子。

二

傳本北齊書大部份出於後人所補，用北史補的部份，北史具在，而且補的人還常有刪節，這部份基本上可有可無；另一部份用唐人史鈔補的，雖也出於北齊書，但把原文刪節得不像樣子，除個別地方可供參考外，價值也很低。然而從五十卷全書來說，包括補缺部份在內，它留下了這段歷史的比較全面的材料。其中保留下來的十七卷李百藥原文，還保存了一些不見他書的有用的材料。此外，在具體敍事上，北史常有刪改北齊書而錯了的，也可憑本書糾正。如北魏末年的各族人民大起義是南北朝時期規模最大、影響最深的一次武裝起義，北齊書記載了各地起義軍活動的材料，有一些在北史中就作了刪削（李元忠附李德林傳、呲列平傳等)。

在唐初同時編寫的各史中，北齊書對當時封建統治者的醜事記載較多。這是由於隋唐兩朝繼承北周，北齊是一個被戰敗滅亡的割據政權，被認爲是「僭僞」，隋唐編寫北齊史就相對地較少忌諱，同時也藉此證明周滅齊是所謂「有道伐無道」。北齊書之較多揭露性的記敍，也是同吸收王劭齊志的記載有關。劉知幾説，王劭齊志敍事生動，語言通俗，這兩點在北齊書中也仍然有所體現。

東魏、北齊時期，通過廣大勞動人民的生產實踐，鋼鐵冶煉技術上有很大發展，北齊書的方伎傳中記載了綦母懷文在這方面的新貢獻。方伎傳中還記載了數學家信都芳、天文學家張子信的事跡。具有唯物主義傾向的邢邵和唯心主義者杜弼關於形神問題的辯論，在北齊書中也有比較詳細的記録，留下了一份哲學史上有價值的文獻。

三

北齊書早在唐代中葉以後就逐漸殘缺，也不斷有人補缺。到北宋初就只有十七卷是李百藥的原文，其餘都是後人以北史和唐人史鈔中相關紀傳補全。這部書初次刻版付印，流傳下來的就是這種補本。我們重編總目時，凡是後人所補的各卷都注上了「補」字。

這部書的最早刻本，據宋晁公武郡齋讀書志的記載，是在北宋末政和中卽十二世紀初。這個最早的刻本早已失傳。我們用來校勘的是：一、有元明兩朝補版的南宋刻本卽三朝本（武漢大學圖書館藏）；二、明萬曆間南京國子監刻本（簡稱南本）；三、明萬曆間北京國子監刻本（簡稱北本）；四、明末毛氏汲古閣本（簡稱汲本）；五、清乾隆四年武英殿本（簡稱殿本）；六、清同治十三年金陵書局本（簡稱局本）；七、商務印書館百衲本二十四史本（簡稱百衲本）。百衲本三十四卷前影印三朝本，三十四卷後影印殘宋本。這七種本子中，我們以三朝本、南本、殿本爲互校的主要本子。爲了避免煩瑣，在三種本子內互校，擇善而從，除少數需要說明者外，一般不出校記。除了版本互校外，我們還通校了太平御覽、册府元龜、北史、資治通鑑、通志中有關部份。

由於北齊書大部份爲後人所補，這給校勘帶來一系列複雜問題，這一些我們將在點校後記中說明。

本書由唐長孺同志點校，陳仲安同志也協助做了不少工作，王文錦同志參加了編輯整理。點校上可能還存在許多錯誤和缺點，殷切希望廣大讀者提出批評意見，以便改進我們的工作。

中華書局編輯部

北齊書目錄

卷十 補 列傳第二

卷十一 補 列傳第三

卷十二 補 列傳第四

卷十三 列傳第五

卷十四 補 列傳第六

卷十五 補 列傳第七

卷二十三 列傳第十五

卷二十四 列傳第十六

卷二十五 列傳第十七

卷二十六補 列傳第十八

卷二十七補 列傳第十九

卷二十八補 列傳第二十

卷四十二　列傳第三十四

卷四十三　列傳第三十五

卷四十四　列傳第三十六

卷四十五　列傳第三十七

卷四十六補　列傳第三十八

卷五十 補 列傳第四十二

北齊書卷一〔一〕

帝紀第一

神武上

齊高祖神武皇帝，姓高名歡，字賀六渾，渤海蓨人也。六世祖隱，晉玄菟太守。隱生慶，慶生泰，泰生湖，三世仕慕容氏。及慕容寶敗，國亂，湖率衆歸魏，爲右將軍。湖生四子，第三子謐，仕魏位至侍御史，坐法徙居懷朔鎮。謐生皇考樹，性通率，不事家業。住居白道南，數有赤光紫氣之異，隣人以爲怪，勸徙居以避之。皇考曰：「安知非吉？」居之自若。及神武生而皇妣韓氏殂，養於同產姊壻鎭獄隊尉景家。

神武既累世北邊，故習其俗，遂同鮮卑。長而深沉有大度，輕財重士，爲豪俠所宗。目有精光，長頭高顴，齒白如玉，少有人傑表。家貧，及聘武明皇后，始有馬，得給鎭爲隊主。鎭將遼西段長常奇神武貌，謂曰：「君有康濟才，終不徒然。」便以子孫爲託。及貴，追贈長司空，擢其子寧用之。神武自隊主轉爲函使。嘗乘驛過建興，雲霧晝晦，雷聲隨之，半日乃絕，若有神應者。每行道路，往來無風塵之色。又嘗夢履衆星而行，覺而內喜。爲函使六年，每至洛陽，給令史麻祥使。祥嘗以肉啗神武，神武性不立食，坐而進之。祥以爲慢己，笞神武四十。及自洛陽還，傾產以結客，親故怪問之。答曰：「吾至洛陽，宿衞羽林相率焚領軍張彝宅，朝廷懼其亂而不問，爲政若此，事可知也。財物豈可常守邪？」自是乃有澄清天下之志。與懷朔省事雲中司馬子如及秀容人劉貴、中山人賈顯智爲奔走之友，懷朔戶曹史孫騰、外兵史侯景亦相友結。劉貴嘗得一白鷹，與神武及尉景、蔡儁、子如、賈顯智等獵於沃野。見一赤兔，每搏輒逸，遂至迴澤。澤中有茅屋，將奔入，有狗自屋中出，噬之，鷹兔俱死。神武怒，以鳴鏑射之，狗斃。屋中有二人出，持神武襟甚急。其母兩目盲，曳杖呵其二子曰：「何故觸大家！」出甕中酒，烹羊以飯客。因自言善暗相，遍捫諸人皆貴，而指麾俱由神武。又曰：「子如歷位顯，智不善終。」飯竟出，行數里還，更訪之，則本無人居，乃向非人也。由是諸人益加敬異。

孝昌元年，柔玄鎭人杜洛周反於上谷，神武乃與同志從之。醜其行事，私與尉景、段榮、蔡儁圖之，不果而逃，爲其騎所追。文襄及魏永熙后皆幼，武明后於牛上抱負之。文襄屢落牛，神武彎弓將射之以決去。后呼榮求救，賴榮透下取之以免。〔三〕遂奔葛榮，又亡歸尒朱榮於秀容。先是，劉貴事榮，盛言神武美，至是始得見，以憔悴故，未之奇也。貴乃爲神武更衣，復求見焉。因隨榮之廐，廐有惡馬，榮命翦之。神武乃不加羈絆而翦，竟不蹄齧，已而起曰："御惡人亦如此馬矣。"榮遂坐神武於牀下，屏左右而訪時事。神武曰："聞公有馬十二谷，色别爲羣，將此竟何用也？"榮曰："但言爾意。"神武曰："方今天子愚弱，太后淫亂，孽寵擅命，朝政不行，以明公雄武，乘時奮發，討鄭儼、徐紇而清帝側，霸業可舉鞭而成。此賀六渾之意也。"榮大悅，語自日中至夜半，乃出。自是每參軍謀。後從榮徙據并州，抵揚州邑人龐蒼鷹，止團焦中。〔三〕每從外歸，主人遥聞行響動地。蒼鷹母數見團焦赤氣赫然屬天。又蒼鷹嘗夜欲入，有青衣人拔刀叱曰："何故觸王！"言訖不見。始以爲異，密覘之，唯見赤蛇蟠牀上，乃益驚異。因殺牛分肉，厚以相奉。蒼鷹母求以神武爲義子。及得志，以其宅爲第，號爲南宅。雖門巷開廣，堂宇崇麗，其本所住團焦，以石堊塗之，留而不毁，至文宣時遂爲宫。既而榮以神武爲親信都督。

于時魏明帝銜鄭儼、徐紇，逼靈太后，未敢制，私使榮舉兵内向。榮以神武爲前鋒。至上黨，明帝又私詔停之。及帝暴崩，榮遂入洛，因將篡位。神武諫，恐不聽，請鑄像卜之，鑄不成，乃止。孝莊帝立，以定策勳，封銅鞮伯。及尒朱榮擊葛榮，令神武喻下賊别稱王者七人。後與行臺于暉破羊侃于泰山，尋與元天穆破邢杲于濟南。累遷第三鎮人酋長，常在榮帳內。榮嘗問左右曰：「一日無我，誰可主軍？」皆稱尒朱兆。曰：「此正可統三千騎以還，堪代我主衆者唯賀六渾耳。」因誡兆曰：「爾非其匹，終當爲其穿鼻。」乃以神武爲晉州刺史。於是大聚斂，因劉貴貨榮下要人，盡得其意。時州庫角無故自鳴，神武異之，無幾而孝莊誅榮。

及尒朱兆自晉陽將舉兵赴洛，召神武。神武使長史孫騰辭以絳蜀、汾胡欲反，不可委去。兆恨焉。騰復命。神武曰：「兆舉兵犯上，此大賊也，吾不能久事之。」自是始有圖兆計。及兆入洛，執莊帝以北，神武聞之，大驚。又使孫騰僞賀兆，因密覘孝莊所在，將劫以舉義，不果。乃以書喻之，言不宜執天子以受惡名於海內。兆不納，殺帝，而與尒朱世隆等立長廣王曄，改元建明。封神武爲平陽郡公。及費也頭紇豆陵步藩入秀容，逼晉陽，兆徵神武。神武將往，賀拔焉過兒請緩行以弊之。神武乃往往逗遛，〔四〕辭以河無橋不得渡。步藩軍盛，兆敗走。初，孝莊之誅尒朱榮，知其黨必有逆謀，乃密敕步藩令襲其後。步藩既敗兆等，以兵勢日盛。兆又請救於神武，神武內圖兆，復慮步藩後之難除，乃與兆悉力破之。藩死，深德神武，誓爲兄弟。時世隆、度律、彥伯共執朝政，天光據關右，兆據幷州，仲遠據東郡，各擁兵爲暴，天下苦之。

葛榮衆流入幷、肆者二十餘萬，爲契胡陵暴，皆不聊生，大小二十六反，誅夷者半，猶草竊不止。兆患之，問計於神武。神武曰：「六鎮反殘，不可盡殺，宜選王素腹心者私使統焉。若有犯者，直罪其帥，則所罪者寡。」兆曰：「善，誰可行也？」賀拔允時在坐，請神武。神武拳毆之，折其一齒，曰：「生平天柱時，奴輩伏處分如鷹犬，今日天下安置在王，而阿鞠泥敢誣下罔上，請殺之。」兆以神武爲誠，遂以委焉。神武以兆醉，恐醒後或致疑貳，遂出，宣言受委統州鎮兵，可集汾東受令。乃建牙陽曲川，陳部分。有款軍門者，絳巾袍，自稱梗楊驛子，願廁左右。訪之，則以力聞，常於并州市搯殺人者，乃署爲親信。兵士素惡兆而樂神武，於是莫不皆至。居無何，又使劉貴請兆，以并、肆頻歲霜旱，降户掘黄鼠而食之，皆面無穀色，徒污人國土，請令就食山東，待温飽而處分之。兆從其議。其長史慕容紹宗諫曰：「不可，今四方擾擾，人懷異望，況高公雄略，又握大兵，將不可爲。」兆曰：「香火重誓，何所慮也。」紹宗曰：「親兄弟尚爾難信，何論香火。」時兆左右已受神武金，因譖紹宗與神武舊有隙，兆乃禁紹宗而催神武發。神武乃自晉陽出滏口。路逢尒朱榮妻鄉郡長公主，自洛陽來，馬三百匹，盡奪易之。兆聞，乃釋紹宗而問焉。紹宗曰：「猶掌握中物也。」於是自追神武，至襄垣，會漳水暴長，橋壞。神武隔水拜曰：「所以借公主馬，非有他故，備山東盜耳。王受公主言，自來賜追，今渡河而死不辭，此衆便叛。」兆自陳無此意，因輕馬渡，與神武坐幕下，陳謝，遂授刀引頭，使神武斫己。神武大哭曰：「自天柱薨背，賀六渾更何所仰，願大家千萬歲，以申力用。今旁人搆間至此，大家何忍復出此言。」兆投刀於地。遂刑白馬而盟，誓爲兄弟。留宿夜飲，尉景伏壯士欲執兆。神武齧臂止之曰：「今殺之，其黨必奔歸聚結。兵饑馬瘦，不可相支，若英雄崛起，則爲害滋甚。不如且置之。兆雖勁捷，而兇狡無謀，不足圖也。」旦日，兆歸營，又召神武，神武將上馬詣之，孫騰牽衣，乃止。兆隔水肆罵，馳還晉陽。兆心腹念賢領降户家累别爲營，神武僞與之善，觀其佩刀，因取之以殺其從者，從者盡散。於是士衆咸悦，倍願附從。初，魏真君中內學者奏言上黨有天子氣，云在壺關大王山。太武帝於是南巡以厭當之，〔五〕累石爲三封，斬其北鳳凰山，以毁其形。後上黨人居晉陽者，號上黨坊，神武實居之。及是行，舍大王山六旬而進。將出滏口，倍加約束，纖毫之物，不聽侵犯。將過麥地，神武輒步牽馬。遠近聞之，皆稱高儀同將兵整肅，益歸心焉。遂前行，屯鄴，求糧相州刺史劉誕，誕不供。有車營租米，神武自取之。

魏普泰元年二月，神武自軍次信都，高乾、封隆之開門以待，遂據冀州。是月，尒朱度律廢元曄而立節閔帝，欲羈縻神武。三月，乃白節閔帝，封神武爲渤海王，徵使入覲。神武辭。四月癸巳，又加授東道大行臺、第一鎮人酋長。龐蒼鷹自太原來奔，神武以爲行臺郎，尋以爲安州刺史。神武自向山東，養士繕甲，禁侵掠，百姓歸心。乃詐爲書，言尒朱兆將以六鎮人配契胡爲部曲，衆皆愁怨。又爲幷州符，徵兵討步落稽。發萬人，將遣之，孫騰、尉景爲請留五日，如此者再。神武親送之郊，雪涕執別，人皆號慟，哭聲動地。神武乃喻之曰：「與爾俱失鄉客，義同一家，不意在上乃爾徵召。直向西已當死，後軍期又當死，配國人又當死，奈何！」衆曰：「唯有反耳。」神武曰：「反是急計，須推一人爲主。」衆願奉神武。神武曰：「爾鄉里難制，不見葛榮乎，雖百萬衆，無刑法，終自灰滅。今以吾爲主，當與前異，不得欺漢兒，不得犯軍令，生死任吾則可，不爾不能爲取笑天下。」衆皆頓顙，死生唯命。神武曰若不得已，〔六〕明日，椎牛饗士，喻以討尒朱之意。封隆之進曰：「千載一時，普天幸甚。」神武曰：「討賊，大順也；拯時，大業也。吾雖不武，以死繼之，何敢讓焉。」

六月庚子，建義於信都，尚未顯背尒朱氏。及李元忠與高乾平殷州，斬尒朱羽生首來謁，神武撫膺，曰：「今日反決矣。」乃以元忠爲殷州刺史。是時兵威既振，乃抗表罪狀尒朱氏。世隆等祕表不通。八月，尒朱兆攻陷殷州，李元忠來奔。孫騰以爲朝廷隔絕，不權立天子，則衆望無所係。十月壬寅，奉章武王融子渤海太守朗爲皇帝，年號中興，是爲廢帝。時度律、仲遠軍次陽平，尒朱兆會之。〔七〕神武用竇泰策，縱反間，度律、仲遠不戰而還。神武乃敗兆於廣阿。十一月，攻鄴，相州刺史劉誕嬰城固守。神武起土山，爲地道，往往建大柱，一時焚之，城陷入地。麻祥時爲湯陰令，神武呼之曰：「麻都！」祥慚而逃。永熙元年正月壬午，拔鄴城，據之。廢帝進神武大丞相、柱國大將軍、太師。是時青州建義，大都督崔靈珍、大都督耿翔皆遣使歸附。行汾州事劉貴棄城來降。〔八〕閏三月，尒朱天光自長安，兆自并州，度律自洛陽，仲遠自東郡，同會鄴，衆號二十萬，挾洹水而軍，節閔以長孫承業爲大行臺總督焉。神武令封隆之守鄴，自出頓紫陌。時馬不滿二千，步兵不至三萬，衆寡不敵。乃於韓陵爲圓陣，連牛驢以塞歸道，於是將士皆有死志，四面赴擊之。尒朱兆責神武以背己。神武曰：「本戮力者，共輔王室，今帝何在？」兆曰：「永安枉害天柱，我報讐耳。」神武曰：「我昔日親聞天柱計，汝在户前立，豈得言不反邪？且以君殺臣，何報之有，今日義絶矣。」乃合戰，大敗之。尒朱兆對慕容紹宗叩心曰：「不用公言，以至於此。」將輕走。紹宗反旗鳴角，收聚散卒，成軍容而西上。高季式以七騎追奔，度野馬崗，與兆遇。高昂望之不見，哭曰：「喪吾弟矣！」夜久，季式還，血滿袖。斛斯椿倍道先據河橋。初普泰元年十月，歲星、熒惑、鎮星、太白聚於觜，參色甚明。太史占云，當有王者興。是時，神武起於信都，至是而破兆等。四月，斛斯椿執天光、度律送洛陽。〔九〕長孫承業遣都督賈顯智、張歡入洛陽，執世隆、彦伯斬之。兆奔并州。仲遠奔梁州，遂死焉。時凶蠹既除，朝廷慶悦。初未戰之前月，章武人張紹夜中忽被數騎將踰城，至一大將軍前，敕紹爲軍導向鄴，云佐受命者除殘賊。紹迴視之，兵不測，整疾無聲。將至鄴，乃放焉。及戰之日，尒朱氏軍人見陣外士馬四合，蓋神助也。

既而神武至洛陽，廢節閔及中興主而立孝武。孝武既卽位，授神武大丞相、天柱大將軍、太師、世襲定州刺史，增封並前十五萬戶。神武辭天柱，減戶五萬。壬辰，還鄴，魏帝餞於乾脯山，執手而別。

七月壬寅，神武帥師北伐尒朱兆。封隆之言：「侍中斛斯椿、賀拔勝、賈顯智等往事尒朱，普皆反噬，今在京師，寵任，必搆禍隙。」神武深以爲然，乃歸天光、度律於京師，斬之。遂自滏口入。尒朱兆大掠晉陽，北保秀容。幷州平。神武以晉陽四塞，乃建大丞相府而定居焉。尒朱兆既至秀容，分兵守險，出入寇抄。神武揚聲討之，師出止者數四，兆意怠。神武揣其歲首當宴會，遣竇泰以精騎馳之，一日一夜行三百里，神武以大軍繼之。二年正月，竇泰奄至尒朱兆庭。軍人因宴休惰，忽見泰軍，驚走，追破之於赤洪嶺。兆自縊，神武親臨厚葬之。慕容紹宗以尒朱榮妻子及餘衆自保烏突城，〔一○〕降，神武以義故，待之甚厚。

神武之入洛也，尒朱仲遠部下都督橋寧、張子期自滑臺歸命，神武以其助亂，且數反覆，皆斬之。斛斯椿由是內不自安，乃與南陽王寶炬及武衞將軍元毗、魏光、王思政搆神武於魏帝。舍人元士弼又奏神武受敕大不敬。故魏帝心貳於賀拔岳。初孝明之時，洛下以兩拔相擊，謠言曰：「銅拔打鐵拔，元家世將末。」好事者以二拔謂拓拔、賀拔，言俱將衰敗之兆。時司空高乾密啓神武，言魏帝之貳，神武封呈。魏帝殺之，又遣東徐州刺史潘紹業密勑長樂太守龐蒼鷹令殺其弟昂。昂先聞其兄死，以矟刺柱，伏壯士執紹業於路，得敕書於袍領，來奔。神武抱其首，哭曰：「天子枉害司空！」遂使以白武幡勞其家屬。時乾次弟慎在光州，爲政嚴猛，又縱部下取納，魏帝使代之。慎聞難，將奔梁。其屬曰：「公家勳重，必不兄弟相及。」乃弊衣推鹿車歸渤海。逢使者，亦來奔。於是魏帝與神武隙矣。

阿至羅虜正光以前常稱藩，自魏朝多事，皆叛。神武遣使招納，便附欵。先是，詔以寇賊平，罷行臺。至是，以殊俗歸降，復授神武大行臺，隨機處分。神武常賚其粟帛，議者以爲徒費無益，神武不從，撫慰如初。其酋帥吐陳等感恩，皆從指麾，救曹泥，取万俟受洛干，大收其用。河西費也頭虜紇豆陵伊利居河池，〔二〕恃險擁衆，神武遣長史侯景屢招不從。

校勘記

〔一〕北齊書卷一　按此卷原缺，後人以北史卷六齊紀上神武紀補。

〔二〕賴榮透下取之以免　諸本「透」作「遽」。北史卷六百衲本、南本、北本、汲本作「透」，殿本作「遽」。按當時「投」常通作「透」，「透下」即「投下」。補北齊書者不解其意，故改作「遽」，殿本北史又依北齊書誤文改北史，今從北史百衲本改。

〔三〕後從榮徙據并州抵揚州邑人龐蒼鷹止團焦中　按本書卷一九蔡儁傳稱「太原龐蒼鷹」，又說蒼鷹「居於州城，高祖客其舍」。考幷州太原郡屬沒有「揚州」縣，只有陽邑縣。疑這裏衍「州」字，當時地名常用同音字，「揚邑」卽「陽邑」。蒼鷹乃太原陽邑人而居於幷州城中。

〔四〕神武乃往往逗遛　「往往」，諸本都脫一「往」字，今據資治通鑑下簡稱通鑑卷一五四四七九三頁。凡校記中所注通鑑頁碼都據中華書局標點本、通志卷一六北齊紀補。

〔五〕太武帝於是南巡以厭當之　諸本「武帝」上無「太」字。册府元龜下簡稱册府卷二〇三二四四六頁。凡校記中所注册府頁碼都據中華書局影印本、通志卷一六有。按上文記眞君年號，作「太武帝」是，今據補。

〔六〕神武曰若不得已　按「曰」字文義不洽，疑是「因」之訛。通志卷一六作「陽」，當因「曰」字不可通而改作。

〔七〕時度律仲遠軍次陽平尒朱兆會之　諸本「陽平」作「洛陽」，北史卷六作「晉陽」。按魏書卷一一後廢帝紀中興元年十月己酉條，卷七五尒朱兆傳、尒朱仲遠傳，卷八〇斛斯椿傳、賈顯智傳，北史卷四八尒朱兆傳、尒朱仲遠傳敍這次戰事都說尒朱氏的軍隊集結在陽平。通鑑卷一五五四八一五頁此處也作陽平。陽平今山東莘縣，和當時尒朱兆駐軍的廣阿今河北隆堯縣，高歡所據的信都今河北冀縣，相去都不太遠，洛陽、晉陽遠在後方，不合當時軍事形勢，知皆陽平之誤，今改正。

〔八〕行汾州事劉貴棄城來降　諸本「州」下衍軍字。按本書卷一九、北史卷五三劉貴傳，册府卷一八六二二五一頁，漢魏南北朝墓誌集釋劉懿即劉貴墓誌圖版二九四都說他是行汾州事，今據删「軍」字。

〔九〕斛斯椿執天光度律送洛陽　按魏書卷一一後廢帝紀中興二年五三一四月稱「囚送天光、度律於齊獻武王」。當斛斯椿執送二人時，高歡還沒有入洛陽，乃是送於高歡軍前，故這一段下文又說「神武深以爲然，乃歸天光、度律於京師斬之」。京師卽洛陽，如果先已送到洛陽，這句話就解釋不通。這裏「洛陽」二字當是「神武」之誤。

〔一〇〕慕容紹宗以尒朱榮妻子及餘衆自保烏突城　諸本「烏」作「焉」，南本及本書卷二〇慕容紹宗傳作「馬」。北史卷五三紹宗傳作「烏」。按本書卷一七斛律金傳武定三年攻山胡，稱高歡「度赤谼嶺，會金於烏突戍」。尒朱兆最後戰敗之地，上文說是赤洪嶺，自卽赤谼嶺，則紹宗所保的城應卽斛律金傳的烏突戍。考隋書卷三〇地理志中離石郡太和縣條、太平寰宇記卷四二石州臨泉縣條都說北周在此地置烏突郡、烏突縣。這裏作「焉」作「馬」均誤，今從北史慕容紹宗傳改正。

〔一一〕河西費也頭虜紇豆陵伊利居河池　南本及北史「河池」作「苦池河」。按魏書卷一一出帝紀永熙三年五三四正月稱高歡「討費也頭於河西苦洩河」。「洩」「泄」同，北史的「苦池河」，當是「苦泄河」之訛，這裏作「河池」，又是「苦泄河」的倒脫。

北齊書卷二〔一〕

帝紀第二

神武下

天平元年正月壬辰，神武西伐費也頭虜紇豆陵伊利於河西，滅之，遷其部於河東。

二月，永寧寺九層浮圖災。既而人有從東萊至，云及海上人咸見之於海中，俄而霧起乃滅。說者以爲天意若曰，永寧見災，魏不寧矣；飛入東海，渤海應矣。

魏帝既有異圖，時侍中封隆之與孫騰私言，隆之喪妻，魏帝欲妻以妹。騰亦未之信，心害隆之，泄其言於斛斯椿。椿以白魏帝。又孫騰帶仗入省，擅殺御史。並亡來奔。稱魏帝撾舍人梁續於前，光祿少卿元子幹攘臂擊之，謂騰曰：「語爾高王，元家兒拳正如此。」領軍婁昭辭疾歸晉陽。魏帝於是以斛斯椿兼領軍，分置督將及河南、關西諸刺史。華山王鷙在徐州，神武使邸珍奪其管籥。建州刺史韓賢、濟州刺史蔡儁皆神武同義，魏帝忌之。故省建州以去賢，使御史中尉綦儁察儁罪，以開府賈顯智爲濟州。儁拒之，魏帝逾怒。

五月下詔，云將征句吳，發河南諸州兵，增宿衞，守河橋。六月丁巳，魏帝密詔神武曰：「宇文黑獺自平破秦、隴，多求非分，脫有變詐，事資經略。但表啓未全背戾，進討事涉忽忽，遂召羣臣，議其可否。僉言假稱南伐，內外戒嚴，一則防黑獺不虞，二則可威吳楚。」時魏帝將伐神武，神武部署將帥，慮疑，故有此詔。〔二〕神武乃表曰：「荆州綰接蠻左，密邇畿服，關隴恃遠，將有逆圖。臣今潛勒兵馬三萬，擬從河東而渡；又遣恒州刺史厙狄干、瀛州刺史郭瓊、汾州刺史斛律金、前武衞將軍彭樂擬兵四萬，從其來違津渡；遣領軍將軍婁昭、相州刺史竇泰、前瀛州刺史堯雄、并州刺史高隆之擬兵五萬，以討荆州；遣冀州刺史尉景、前冀州刺史高敖曹、濟州刺史蔡儁、前侍中封隆之擬山東兵七萬、突騎五萬，以征江左。皆約所部，伏聽處分。」魏帝知覺其變，乃出神武表，命羣官議之，欲止神武諸軍。神武乃集在州僚佐，令其博議，還以表聞。仍以信誓自明忠欵曰：「臣爲嬖佞所間，陛下一旦賜疑，今猖狂之罪，尒朱時討。〔三〕臣若不盡誠竭節，敢負陛下，則使身受天殃，子孫殄絕。陛下若垂信赤心，使干戈不動，佞臣一二人願斟量廢出。」辛未，帝復錄在京文武議意以答神武，使舍人溫子昇草勅，子昇逡巡未敢作。帝據胡牀，拔劍作色。子昇乃爲勅曰：

前持心血，遠以示王，深冀彼此共相體悉，而不良之徒坐生間貳。近孫騰倉卒向彼，致使聞者疑有異謀，故遣御史中尉綦儁具申朕懷。今得王啓，言誓懇惻，反覆思之，猶所未解。以朕眇身，遇王武略，不勞尺刃，坐爲天子，所謂生我者父母，貴我者高王。今若無事背王，規相攻討，則使身及子孫，還如王誓。皇天后土，實聞此言。近慮宇文爲亂，賀拔勝應之，故纂嚴，欲與王俱爲聲援。宇文今日使者相望，觀其所爲，更無異迹。賀拔在南，開拓邊境，爲國立功，念無可責。君若欲分討，何以爲辭。東南不賓，爲日已久，先朝已來，置之度外。今天下戶口減半，未宜窮兵極武。

朕既闇昧，不知佞人是誰，可列其姓名，令朕知也。〔四〕如聞庫狄干語王云：「本欲取懦弱者爲主，王無事立此長君，使其不可駕御，今但作十五日行，自可廢之，更立餘者。」如此議論，自是王間勳人，豈出佞臣之口。去歲封隆之背叛，今年孫騰逃走，不罪不送，誰不怪王！騰既爲禍始，曾無愧懼，王若事君盡誠，何不斬送二首。王雖啓圖西去，而四道俱進，或欲南度洛陽，或欲東臨江左，言之者猶應自怪，聞之者寧能不疑。王若守誠不貳，晏然居北，在此雖有百萬之衆，終無圖彼之心。王脫信邪棄義，舉旗南指，縱無匹馬隻輪，猶欲奮空拳而爭死。朕本寡德，王已立之，百姓無知，或謂實可。若爲他所圖，則彰朕之惡，假令還爲王殺，幽辱虀粉，了無遺恨。何者？王既以德見推，以義見舉，一朝背德舍義，便是過有所歸。本望君臣一體，若合符契，不圖今日分疏到此。古語云：「越人射我，笑而道之；吾兄射我，泣而道之。」朕既親王，情如兄弟，所以投筆拊膺，不覺歔欷。

初，神武自京師將北，以爲洛陽久經喪亂，王氣衰盡，雖有山河之固，土地褊狹，不如鄴，請遷都。魏帝曰：「高祖定鼎河洛，爲永永之基，經營制度，至世宗乃畢。王既功在社稷，宜遵太和舊事。」神武奉詔，至是復謀焉。遣三千騎鎮建興，益河東及濟州兵，於白溝虜船不聽向洛，諸州和糴粟運入鄴城。魏帝又勑神武曰：「王若厭伏人情，杜絕物議，唯有歸河東之兵，罷建興之戍，送相州之粟，追濟州之軍，令蔡儁受代，使邸珍出徐，止戈散馬，各事家業，脫須糧廪，別遣轉輸，則讒人結舌，疑悔不生。王高枕太原，朕垂拱京洛，終不舉足渡河，以干戈相指。王若馬首南向，問鼎輕重，朕雖無武，欲止不能，必爲社稷宗廟出萬死之策。決在於王，非朕能定，爲山止簣，相爲惜之。」魏帝時以任祥爲兼尚書左僕射，加開府，祥棄官走至河北，據郡待神武。魏帝乃勑文武官北來者任去留，下詔罪狀神武，爲北伐經營。神武亦勒馬宣告曰：「孤遇尒朱擅權，舉大義於四海，奉戴主上，義貫幽明，橫爲斛斯椿讒構，以誠節爲逆首。昔趙鞅興晉陽之甲，誅君側惡人。今者南邁，誅椿而已。」以高昂爲前鋒，曰：「若用司空言，豈有今日之舉。」司馬子如答神武曰：「本欲立小者，正爲此耳。」

魏帝徵兵關右，召賀拔勝赴行在所，遣大行臺長孫承業、大都督潁川王斌之、斛斯椿共鎭武牢，汝陽王暹鎭石濟，行臺長孫子彥帥前恒農太守元洪略鎭陝，賈顯智率豫州刺史斛斯元壽伐蔡儁。神武使竇泰與左廂大都督莫多婁貸文逆顯智，韓賢逆暹。元壽軍降。泰、貸文與顯智遇於長壽津，顯智陰約降，引軍退。軍司元玄覺之，馳還，請益師。魏帝遣大都督侯幾紹赴之，戰於滑臺東，顯智以軍降，紹死之。

七月，魏帝躬率大衆屯河橋。神武至河北十餘里，再遣口申誠欵，魏帝不報。神武乃引軍渡河。魏帝問計於羣臣，或云南依賀拔勝，或云西就關中，或云守洛口死戰。未決。而元斌之與斛斯椿爭權不睦，斌之棄椿徑還，紿帝云：「神武兵至。」卽日，魏帝遜於長安。己酉，神武入洛陽，停於永寧寺。

八月甲寅，召集百官，謂曰：「爲臣奉主，匡救危亂，若處不諫爭，出不陪隨，緩則耽寵爭榮，急便逃竄，臣節安在！」遂收開府儀同三司叱列延慶、兼尚書左僕射辛雄、兼吏部尚書崔孝芬、都官尚書劉廞、兼度支尚書楊機、散騎常侍元士弼並殺之，誅其貳也。士弼籍沒家口。神武以萬機不可曠廢，乃與百僚議以淸河王亶爲大司馬，居尚書下舍而承制決事焉。王稱警蹕，神武醜之。神武尋至恒農，遂西剋潼關，執毛洪賓。進軍長城，龍門都督薛崇禮降。神武退舍河東，命行臺尚書長史薛瑜守潼關，大都督厙狄溫守封陵。於蒲津西岸築城，守華州，以薛紹宗爲刺史。高昂行豫州事。神武自發晉陽，至此凡四十啓，魏帝皆不答。

九月庚寅，神武還於洛陽，〔五〕乃遣僧道榮奉表關中，〔六〕又不答。乃集百僚四門耆老，〔七〕議所推立。以爲自孝昌喪亂，國統中絕，神主靡依，昭穆失序，永安以孝文爲伯考，永熙遷孝明於夾室，業喪祚短，職此之由。遂議立清河王世子善見。議定，白清河王。王曰：「天子無父，苟使兒立，不惜餘生。」乃立之，是爲孝靜帝。魏於是始分爲二。神武以孝武既西，恐逼崤、陝，洛陽復在河外，接近梁境，如向晉陽，形勢不能相接，乃議遷鄴，護軍祖瑩贊焉。〔八〕詔下三日，車駕便發，戶四十萬狼狽就道。神武留洛陽部分，事畢還晉陽。自是軍國政務，皆歸相府。先是童謠曰：「可憐青雀子，飛來鄴城裏，羽翮垂欲成，化作鸚鵡子。」好事者竊言，雀子謂魏帝清河王子，鸚鵡謂神武也。

初孝昌中，山胡劉蠡升自稱天子，年號神嘉，居雲陽谷，西土歲被其寇，謂之胡荒。二年正月，西魏渭州刺史可朱渾道元擁衆內屬，神武迎納之。壬戌，神武襲擊劉蠡升，大破之。己巳，魏帝褒詔，以神武爲相國，假黃鉞，劍履上殿，入朝不趨。神武固辭。三月，神武欲以女妻蠡升太子，候其不設備，辛酉，潛師襲之。其北部王斬蠡升首以送。其衆復立其子南海王，神武進擊之，又獲南海王及其弟西海王、北海王、皇后公卿已下四百餘人，胡、魏五萬戶。壬申，神武朝于鄴。

四月，神武請給遷人廩各有差。

九月甲寅，神武以州郡縣官多乖法，請出使問人疾苦。

三年正月甲子，神武帥庫狄干等萬騎襲西魏夏州，〔九〕身不火食，四日而至。縛矟爲梯，夜入其城，禽其刺史費也頭斛拔俄彌突，〔一〇〕因而用之。留都督張瓊以鎭守，遷其部落五千戶以歸。西魏靈州刺史曹泥與其壻涼州刺史劉豐遣使請內屬。周文圍泥，水灌其城，不沒者四尺。神武命阿至羅發騎三萬徑度靈州，繞出西軍後，獲馬五十匹，西師乃退。神武率騎迎泥、豐生，拔其遺戶五千以歸，復泥官爵。魏帝詔加神武九錫，固讓乃止。

二月，神武令阿至羅逼西魏秦州刺史建忠王万俟普撥，神武以衆應之。六月甲午，普撥與其子太宰受洛干、豳州刺史叱干寶樂、右衞將軍破六韓常及督將三百餘人擁部來降。〔一一〕

八月丁亥，神武請均斗尺，班於天下。

九月辛亥，汾州胡王迢觸、曹貳龍聚衆反，署立百官，年號平都。神武討平之。

十二月丁丑，神武自晉陽西討，遣兼僕射行臺汝陽王暹、司徒高昂等趣上洛，大都督竇泰入自潼關。

四年正月癸丑，竇泰軍敗自殺。神武次蒲津，以冰薄不得赴救，乃班師。高昂攻剋上洛。

二月乙酉，神武以并、肆、汾、建、晉、東雍、南汾、泰、陝九州霜旱，人饑流散，請所在開倉賑給。〔二〕

六月壬申，神武如天池，獲瑞石，隱起成文曰「六王三川」。

十月壬辰，神武西討，自蒲津濟，〔三〕衆二十萬。周文軍於沙苑。神武以地阨少却，西人鼓譟而進，軍大亂，棄器甲十有八萬，神武跨槖駝，候船以歸。

元象元年三月辛酉，神武固請解丞相，魏帝許之。

四月庚寅，神武朝于鄴，壬辰，還晉陽。請開酒禁，並賑恤宿衞武官。

七月壬午，行臺侯景、司徒高昂圍西魏將獨孤信於金墉，西魏帝及周文並來赴救。大都督厙狄干帥諸將前驅，神武總衆繼進。八月辛卯，戰於河陰，大破西魏軍，俘獲數萬。司徒高昂、大都督李猛、宋顯死之。〔四〕西師之敗，獨孤信先入關，周文留其都督長孫子彥守金墉，遂燒營以遁。神武遣兵追奔，至崤，不及而還。初神武知西師來侵，自晉陽帥衆馳赴，至孟津，未濟，而軍有勝負。既而神武渡河，子彥亦棄城走，神武遂毁金墉而還。

十一月庚午，神武朝於京師。十二月壬辰，還晉陽。

興和元年七月丁丑，魏帝進神武爲相國、錄尚書事，固讓乃止。

十一月乙丑，神武以新宮成，朝於鄴。魏帝與神武讌射，神武降階稱賀，又辭渤海王及都督中外諸軍事，詔不許。十二月戊戌，神武還晉陽。

二年十二月，阿至羅別部遣使請降。神武帥衆迎之，出武州塞，不見，大獵而還。

三年五月，神武巡北境，使使與蠕蠕通和。

四年五月辛巳，神武朝鄴，請令百官每月面敷政事，明揚側陋，納諫屏邪，親理獄訟，褒黜勤怠，牧守有愆，節級相坐，椒掖之內，進御以序，後園鷹犬悉皆棄之。六月甲辰，神武還晉陽。

九月，神武西征。十月己亥，圍西魏儀同三司王思政於玉壁城，欲以致敵，西師不敢出。十一月癸未，〔一五〕神武以大雪，士卒多死，乃班師。

武定元年二月壬申，北豫州刺史高愼據武牢西叛。三月壬辰，周文率衆援高愼，圍河橋南城。戊申，神武大敗之於芒山，擒西魏督將已下四百餘人，俘斬六萬計。是時軍士有盜殺驢者，軍令應死，神武弗殺，將至并州決之。明日復戰，奔西軍，告神武所在。西師盡銳來攻，衆潰，神武失馬，赫連陽順下馬以授神武，與蒼頭馮文洛扶上俱走，從者步騎六七人。追騎至，親信都督尉興慶曰：「王去矣，興慶腰邊百箭，足殺百人。」神武勉之曰：「事濟，以爾爲懷州，若死，則用爾子。」興慶曰：「兒小，願用兄。」許之。興慶鬭，矢盡而死。西魏太師賀拔勝以十三騎逐神武，河州刺史劉洪徽射中其二。勝矟將中神武，段孝先橫射勝馬，殪，遂免。豫、洛二州平。神武使劉豐追奔，拓地至弘農而還。

七月，神武貽周文書，責以殺孝武之罪。

八月辛未，魏帝詔神武爲相國、錄尚書事、大行臺，餘如故，固辭乃止。是月，神武命於肆州北山築城，西自馬陵戍，東至土隥，四十日罷。

十二月己卯，神武朝京師，庚辰，還晉陽。

二年三月癸巳，神武巡行冀、定二州，因朝京師。以冬春亢旱，請蠲懸責，賑窮乏，宥死罪以下。又請授老人板職各有差。四月丙辰，神武還晉陽。

十一月，神武討山胡，破平之，俘獲一萬餘戶口，分配諸州。〔一六〕

三年正月甲午，開府儀同三司尒朱文暢、開府司馬任胄、都督鄭仲禮、中府主簿李世林、前開府參軍房子遠等謀賊神武，因十五日夜打簇，懷刃而入，其黨薛季孝以告，並伏誅。丁未，神武請於幷州置晉陽宮，以處配口。

三月乙未，神武朝鄴，丙午，還晉陽。

十月丁卯，神武上言，幽、安、定三州北接奚、蠕蠕，請於險要修立城戍以防之，躬自臨履，莫不嚴固。乙未，神武請釋芒山俘桎梏，配以民間寡婦。

四年八月癸巳，神武將西伐，自鄴會兵於晉陽。殿中將軍曹魏祖曰：「不可，今八月西方王，以死氣逆生氣，爲客不利，主人則可。兵果行，傷大將軍。」神武不從。自東、西魏搆兵，鄴下每先有黃黑蟻陣鬬，占者以爲黃者東魏戎衣色，黑者西魏戎衣色，人間以此候勝負。是時，黃蟻盡死。九月，神武圍玉壁以挑西師，不敢應。西魏晉州刺史韋孝寬守玉壁，城中出鐵面，神武使元盜射之，〔一七〕每中其目。用李業興孤虛術，萃其北。北，天險也。乃起土山，鑿十道，又於東面鑿二十一道以攻之。城中無水，汲於汾，神武使移汾，一夜而畢。孝寬奪據土山。頓軍五旬，城不拔，死者七萬人，聚爲一冢。有星墜於神武營，衆驢並鳴，士皆讋懼。神武有疾。

十一月庚子，輿疾班師。庚戌，遣太原公洋鎭鄴。辛亥，徵世子澄至晉陽。有惡鳥集亭樹，世子使斛律光射殺之。己卯，神武以無功，表解都督中外諸軍事，魏帝優詔許焉。是時西魏言神武中弩，神武聞之，乃勉坐見諸貴，使斛律金勑勒歌，神武自和之，哀感流涕。

侯景素輕世子，嘗謂司馬子如曰：「王在，吾不敢有異，王無，吾不能與鮮卑小兒共事。」子如掩其口。至是，世子爲神武書召景。景先與神武約，得書，書背微點，乃來。書至，無點，景不至，又聞神武疾，遂擁兵自固。神武謂世子曰：「我雖疾，爾面更有餘憂色，何也？」世子未對。又問曰：「豈非憂侯景叛耶？」曰：「然。」神武曰：「景專制河南十四年矣，常有飛揚跋扈志，顧我能養，豈爲汝駕御也！今四方未定，勿遽發哀。厙狄干鮮卑老公，斛律金勑勒老公，並性遒直，終不負汝。可朱渾道元、劉豐生遠來投我，必無異心。賀拔焉過兒樸實無罪過。潘相樂本作道人，心和厚，汝兄弟當得其力。韓軌少戇，宜寬借之。彭相樂心腹難得，宜防護之。少堪敵侯景者唯有慕容紹宗，我故不貴之，留以與汝，宜深加殊禮，委以經略。」

五年正月朔，日蝕，神武曰：「日蝕其爲我耶，死亦何恨。」丙午，陳啓於魏帝。是日，崩於晉陽，時年五十二，祕不發喪。六月壬午，魏帝於東堂舉哀，三日，製緦衰。詔凶禮依漢大將軍霍光、東平王蒼故事；贈假黃鉞、使持節、相國、都督中外諸軍事、齊王璽紱，轀輬車、黃屋、左纛、前後羽葆、鼓吹、輕車、介士，兼備九錫殊禮，謚獻武王。八月甲申，葬於鄴西北漳水之西，魏帝臨送於紫陌。天保初，追崇爲獻武帝，廟號太祖，陵曰義平。天統元年，改謚神武皇帝，廟號高祖。

神武性深密高岸，終日儼然，人不能測，機權之際，變化若神。至於軍國大略，獨運懷抱，文武將吏罕有預之。統馭軍衆，法令嚴肅，臨敵制勝，策出無方。聽斷昭察，不可欺犯。知人好士，全護勳舊。性周給，每有文教，常殷勤欵悉，指事論心，不尚綺靡。擢人授任，在於得才，苟其所堪，乃至拔於厮養，有虛聲無實者，稀見任用。諸將出討，奉行方略，罔不克捷，遠失指畫，多致奔亡。雅尚儉素，刀劍鞍勒無金玉之飾。少能劇飲，自當大任，不過三爵。居家如官。仁恕愛士。始范陽盧景裕以明經稱，魯郡韓毅以工書顯，咸以謀逆見擒，並蒙恩置之第館，教授諸子。其文武之士盡節所事，見執獲而不罪者甚多。故遐邇歸心，皆思効力。至南威梁國，北懷蠕蠕，吐谷渾、阿至羅咸所招納，獲其力用，規略遠矣。

校勘記

〔一〕北齊書卷二　按此卷原缺，後人以北史卷六齊紀上神武紀補。

〔二〕時魏帝將伐神武神武部署將帥慮疑故有此詔　冊府卷一八六二二五二頁作「時魏帝將伐帝部，恐帝部將帥慮疑，故有此詔」。按冊府所據本顯然沒有「署」字，但文義不順。若如本文，語氣也不太連貫。疑衍「神武」二字，意謂魏帝部署將帥，慮高歡懷疑，故下詔解釋。與上文所述「發河南諸州兵，增宿衛，守河橋」這些「部署」相合；也和詔書中的解釋通貫。

〔三〕今猖狂之罪尒朱時討　北史、冊府同上卷頁「今」作「令」，「討」作「計」。南本以下諸本都從北史改。按此句必有訛脫，從北史也同樣費解，今姑依三朝本。

〔四〕朕既闇昧不知佞人是誰可列其姓名令朕知也　通鑑卷一五六四八四六頁無「可列其姓名令朕知也」九字，而下有「傾高乾之死，豈獨朕意，王忽對昂，言兄枉死，人之耳目，何易可輕」二十五字，不見本書和北史。按通鑑敍高歡這一段事多溢出北史神武紀的話，如同卷四八三六頁載魏主責高歡滅紇豆陵伊利語，同卷四八四五頁「密詔高歡」語皆是。司馬光未必能見到北齊書原文神武紀，較大可能是採取三國典略或高氏小史，但其源仍出於北齊書原文。像這一條二十五字，決非後人所能妄增，疑當是北齊書神武紀所載詔書原文。

〔五〕九月庚寅神武還於洛陽　通鑑卷一五六四八五五頁「九月」作「十月」。考異云：「按歡九月己酉克潼關，己酉，二十九日也，不容庚寅已還至洛陽，庚寅乃九月十日也。」按魏書卷一一出帝紀，永熙三年五三四九月己酉高歡克潼關，卽於是日東還於洛，這個月小盡，二十九日從潼關啓程，卽使明天就到洛陽也是十月了。通鑑改十月是。

〔六〕乃遣僧道榮奉表關中　本書和北史不載表文，却見於通鑑卷一五六四八五五頁，云：「陛下若遠賜一制，許還京洛，臣當式勒文武，式凊宮禁。若返正無日，則七廟不可無主，萬國須有所歸，臣寧負陛下，不負社稷。」按通鑑此表或采自他書，但其源當出於北齊書神武紀原文。

〔七〕乃集百僚四門耆老　南本及北史、册府卷一八六二二五四頁、太平御覽下簡稱御覽卷一三〇六三〇頁。凡校記所注御覽頁碼皆據中華書局影印本「四門」作「沙門」，疑是。

〔八〕護軍祖瑩贊焉　諸本「瑩」作「榮」，北史作「瑩」。按祖瑩，北史卷四七有傳，亦載此事，今據改。

〔九〕神武帥厙狄干等萬騎襲西魏夏州　南本、汲本「厙」作「庫」。按「厙」本有舍音，「厙狄」應讀舍狄。後人以去點者讀作舍，遂分爲二字。作「厙」不致誤讀。本書此姓「厙」「庫」雜出，今統一作「厙」，以後不再出校記。

〔一〇〕斛其刺史費也頭斛拔俄彌突　本書卷一七段韶傳「斛拔俄彌突」作「斛律彌娥突」，「律」是「拔」之訛。周書百衲本卷一文帝紀、卷一四賀拔岳傳，北史卷九周本紀上、卷四九賀拔岳傳百衲本，冊府卷六六六頁作「解拔彌俄突」。冊府「突」訛「定」。這裏有兩個問題，一是「斛拔」和「解拔」之異。據上引，大體上周書作「解拔」，北史和冊府中北周部分都採錄周書，所以也作「解拔」。北齊書神武紀已佚，但段韶傳是原文，雖然「律」字錯了，卻作「斛」不作「解」。北史卷六齊神武紀百衲本、冊府卷一八六二二五四頁都作「斛拔」冊府「拔」訛「板」，也因爲北史中北齊部分卽採錄北齊書。因此，「斛拔」和「解拔」是周書和北齊書的差異，現在難以判斷是非。第二是「俄彌突」和「彌俄突」之異。觀段韶傳也作「彌娥突」，和周書紀、傳同，而北史紀、傳和以北史補的北齊書神武紀都作「俄彌突」，可知這是北史和周、齊書的異文。今按周書卷一三宋獻公震傳說他小字「彌俄突」，又北史卷九八高車傳見高車主「彌俄突」，可證北史作「俄彌突」是倒誤。此卷以北史補，所以同誤。

〔一一〕六月甲午普撥與其子太宰受洛干至擁部來降　諸本「六月」作「三月」，北史作「六月」。按天平三年五三六三月無甲午，六月甲午是二十五日。又周書卷二文帝紀下記此事在大統二年五三六五月，乃獲悉普撥等東走，宇文泰追他們的時間，則其入東魏，自不能早在三月。通鑑卷一五七四八七三頁考異引三國典略也作「六月」。今從北史改。

〔一二〕二月乙酉神武以并肆汾建晉東雍南汾泰陝九州霜旱人饑流散請所在開倉賑給　諸本「二月」作「四月」，北史作「二月」。按魏書卷一一〇食貨志稱「所在開倉賑給」在天平四年五三七春。四月乙酉不得云春，知作「二月」是，今從北史改。又「泰」，諸本及北史都作「秦」，食貨志作「泰」。錢大昕二十二史考異下簡稱錢氏考異卷三〇曾歷據魏書食貨志此條和魏、周、齊書中有關泰州紀載，辨魏書卷一〇六下地形志下治蒲坂的「秦州」當作「泰州」。錢引證雖也有個別錯誤，結論是對的。考這個泰州有時也作「太州」，歷見本書卷一七斛律金傳、卷二〇薛循義傳，魏書卷四四薛野賭傳，山右石刻叢編卷二六周故譙郡太守曹□□□碑，其地望卽是治蒲坂的泰州。「泰」和「太」同音通用，足證作「秦」之誤，今據改。

〔一三〕十月壬辰神武西討自蒲津濟　諸本「十月」作「十一月」。通鑑卷一五七四八八三頁考異云：「魏帝紀魏書卷一二十月壬辰敗於沙苑。按長曆，十月壬辰朔，北齊紀誤也。」按是年十一月無壬辰。周書卷二文帝紀下大統三年五三七稱「十月壬辰至沙苑」，與魏書合。這裏「一」字衍，今據刪。

〔一四〕司徒高昂大都督李猛宋顯死之　諸本「宋」作「宗」，唯局本作「宋」。按宋顯本書卷二〇北史卷五三有傳，說他死於河陰之戰。魏書卷一二靜帝紀元象元年、周書卷二文帝紀下大統四年都作「宋顯」。今從局本。

〔一五〕十一月癸未　諸本「十一月」作「十二月」，北史作「十一月」。魏書卷一二靜帝紀興和四年五四二稱「十有一月壬午班師」。按是年十一月癸亥朔，壬午是二十日，癸未是二十一日。十二月無癸未。「二」字訛，今改正。

〔一六〕俘獲一萬餘戶口分配諸州　南本及北史卷五、魏書卷一二孝靜帝紀武定二年十一月條都沒有「口」字。按文義不當有「口」字，但册府卷一八六二二五五頁也有，可能「口」上或下面有個數字脫去，今不刪。

〔一七〕神武使元盜射之　册府卷一八六二二五六頁「盜」作「溢」。按一般不會以「盜」爲名，疑作「溢」是。

北齊書卷三〔一〕

帝紀第三

文襄

世宗文襄皇帝諱澄，字子惠，神武長子也，母曰婁太后。生而岐嶷，神武異之。魏中興元年，立爲渤海王世子。就杜詢講學，敏悟過人，詢甚歎服。二年，加侍中、開府儀同三司，尚孝靜帝妹馮翊長公主，時年十二，神情儁爽，便若成人。神武試問以時事得失，辨析無不中理，自是軍國籌策皆預之。

天平元年，加使持節、尚書令、大行臺、幷州刺史。三年，入輔朝政，加領左右、京畿大都督。〔二〕時人雖聞器識，猶以少年期之，而機略嚴明，事無凝滯，於是朝野振肅。元象元年，攝吏部尚書。魏自崔亮以後，選人常以年勞爲制，文襄乃釐改前式，銓擢唯在得人。又沙汰尚書郎，妙選人地以充之。至于才名之士，咸被薦擢，假有未居顯位者，皆致之門下，以爲賓客，每山園游燕，必見招攜，執射賦詩，各盡其所長，以爲娛適。興和二年，加大將軍，領中書監，〔三〕仍攝吏部尚書。自正光已後，天下多事，在任羣官，廉潔者寡。文襄乃奏吏部郎崔暹爲御史中尉，糾劾權豪，無所縱捨，於是風俗更始，私枉路絕。乃牓於街衢，具論經國政術，仍開直言之路，有論事上書苦言切至者，皆優容之。

武定四年十一月，神武西討，不豫，班師，文襄馳赴軍所，侍衞還晉陽。五年正月丙午，神武崩，祕不發喪。辛亥，司徒侯景據河南反，潁州刺史司馬世雲以城應之。景誘執豫州刺史高元成、襄州刺史李密、廣州刺史暴顯等。遣司空韓軌率衆討之。夏四月壬申，文襄朝于鄴。六月己巳，韓軌等自潁州班師。丁丑，文襄還晉陽，乃發喪，告喻文武，陳神武遺志。七月戊戌，魏帝詔以文襄爲使持節、大丞相、都督中外諸軍、錄尚書事、大行臺、渤海王。文襄啓辭位，願停王爵。壬寅，魏帝詔太原公洋攝理軍國，遣中使敦喻。八月戊辰，文襄啓申神武遺令，請減國邑分封將督，各有差。辛未，朝鄴，固辭丞相。魏帝詔曰：「既朝野攸憑，安危所繫，不得令遂本懷，須有權奪，可復前大將軍，餘如故。」

議者咸云侯景猶有北望之心，但信命不至耳。又景將蔡遵道北歸，稱景有悔過之心。王以爲信然，謂可誘而致，乃遺景書曰：〔四〕

先王與司徒契闊夷險，孤子相依，偏所眷屬，義貫終始，情存歲寒。待爲國士者乃立漆身之節，饋以一餐者便致扶輪之効，況其重於此乎？常以故舊之義，欲將子孫相託，方爲秦、晉之匹，共成劉、范之親。況聞負杖行歌，便以狼顧反噬，不蹈忠臣之路，便陷叛人之地。力不足以自强，勢不足以自保，率烏合之衆，爲累卵之危。西取救於宇文，南請援於蕭氏，以狐疑之心，爲首鼠之事。入秦則秦人不容，歸吳則吳人不信。當是不逞之人，曲爲無端之說，遂懷市虎之疑，乃致投杼之惑。比來舉止，事已可見，人相疑誤，想自覺知。闔門大小，悉在司寇，意謂李氏未滅，猶言少卿可反。孤子無狀招禍，丁天酷罰，但禮由權奪，志在忘私，聊遣偏裨，前驅致討，南兗、揚州應時剋復。卽欲乘機席卷縣瓠，屬以炎暑，欲爲後圖，且令還師，待時更舉。

今寒膠向折，白露將團，方憑國靈，龔行天罰。器械精新，士馬强盛，內外感恩，上下勠力，三令五申，可赴湯火。使旗鼓相望，埃塵相接，勢如沃雪，事等注熒。夫明者去危就安，智者轉禍爲福，寧人負我，不我負人，當開從善之途，使有改迷之路。若能卷甲來朝，垂櫜還闕者，卽當授豫州，必使終君身世。所部文武更不追攝，進得保其祿位，退則不喪功名。今王思政等皆孤軍偏將，遠來深入，然其性命在君掌握，脫能刺之，想有餘力。卽相加授，永保疆場。君門眷屬可以無患，寵妻愛子亦送相還，仍爲通家，共成親好。

君今不能東封函谷，南面稱孤，受制於人，威名頓盡。得地不欲自守，聚衆不以爲强，空使身有背叛之名，家有惡逆之禍，覆宗絕嗣，自貽伊戚。戴天履地，能無愧乎！孤子今日不應遣此，但見蔡遵道云「司徒本無西歸之心，深有悔過之意」，未知此語爲虛爲實。吉凶之理，想自圖之。

景報書曰：

僕鄉曲布衣，〔五〕本乖藝用，出身爲國，綿歷二紀，〔六〕犯危履難，豈避風霜，遂得富貴當年，榮華身世。一旦舉旗旆，援鼓枹，北面相抗者何哉？寔以畏懼危亡，恐招禍害故耳。往年之暮，尊王遘疾，神不祐善，祈禱莫瘳。遂使嬖倖弄權，心腹離貳，妻子在宅，無事見圍。及迴歸長社，希自陳狀，簡書未遣，斧鉞已臨。旣旌旗相對，咫尺不遠，飛書每奏，冀申鄙情。而羣帥恃雄，眇然弗顧，運戟推鋒，專欲屠滅，掘圍堰水，僅存三版。舉目相看，命懸漏刻，不忍死亡，出戰城下，拘秦送地，豈樂爲之？禽獸惡死，人倫好生，僕實不辜，桓、莊何罪。且尊王平昔見與比肩，勠力同心，共獎帝室，雖復權勢參差，寒暑小異，丞相司徒，雁行而已。福祿官榮，自是天爵，勞而後授，理不相干，欲求吞炭，何其謬也！然竊人之財，猶謂之盜，祿去公室，抑謂不取。今魏德雖衰，天命未改，拜恩私第，何足關言。

賜嗤不能東封函谷，受制於人，當似教僕賢祭仲而褒季氏。〔七〕無主之國，在禮未聞，動而不法，將何以訓。竊以分財養幼，事歸令終，舍宅存孤，誰云隙末。復言僕衆不足以自强，身危如累卵。然億兆夷人，卒降十亂，紂之百克，終自無後，潁川之戰，卽是殷監。輕重由人，非鼎在德，苟能忠信，雖弱必强，殷憂啓聖，處危何苦。況今梁道邕熙，招攜以禮，被我虎文，縻之好爵，方欲苑五岳而池四海，掃氛祲以拯黎元。東羈甌越，西道汧隴，吳越悍勁，帶甲千羣，秦兵冀馬，控弦十萬，大風一振，枯幹必摧，凝霜暫落，秋蔕自殞，此而爲弱，誰足稱雄？又見誣兩端，受疑二國，斟酌物情，一何太甚。昔陳平背楚，歸漢則强，百里出虞，入秦斯霸。蓋昏明由主，用舍在人，奉禮而行，神其吐邪！

書稱士馬精新，剋日齊舉，誇張形勢，必欲相滅。切以寒膠白露，節候乃同，秋風揚塵，馬首何異。徒知北方之力爭，未識西南之合從，苟欲狥意於前塗，不覺坑穽在其側。去危就安，今歸正朔；轉禍爲福，已脫網羅。彼當嗤僕之過迷，此亦笑君之晦昧。今引二邦，揚旌北討，熊虎齊奮，剋復中原，荆、襄、廣、潁已屬關右，項城、縣瓠亦奉江南，幸自取之，何勞見援。然權變非一，理有萬塗，爲君計者，莫若割地兩和，三分鼎峙，燕、衞、趙、晉足相俸祿，齊、曹、宋、魯悉歸大梁。使僕得輸力南朝，北敦姻好，束帛自行，戎車不駕，僕立當世之功，君卒父禰之業，各保疆壘，聽享歲時，百姓乂寧，四人安堵。孰若驅農夫於隴畝，抗勁敵於三方，避干戈於首尾，當鋒鏑於心腹，縱太公爲將，不能獲存，歸之高明，何以克濟。

來書曰，妻子老幼悉在司寇，以此見要，庶其可反。當是見疑褊心，未識大趣。昔王陵附漢，母在不歸；太上囚楚，乞羹自若。矧伊妻子，而可介意。脫謂誅之有益，欲止不能，殺之無損，〔八〕復加阬戮，家累在君，何關僕也。遵道所說，頗亦非虛，故重陳辭，更論款曲。昔與盟主，事等琴瑟，讒人間之，翻爲讎敵，撫弦搦矢，不覺傷懷，裂帛還書，其何能述。

王尋覽書，問誰爲作。或曰：「其行臺郎王偉。」王曰：「偉才如此，何因不使我知。」王欲間景於梁，又與景書而謬其辭，云本使景陽叛，欲與圖西，西人知之，故景更與圖南爲事。漏其書於梁，梁人亦不之信。

壬申，東魏主與王獵於鄴東，〔九〕馳逐如飛。監衞都督烏那羅受工伐從後呼曰：「天子莫走馬，大將軍怒。」王嘗侍飲，舉大觴曰：「臣澄勸陛下酒。」東魏主不悅曰：「自古無不亡之國，朕亦何用如此生！」王怒曰：「朕！朕！狗脚朕！」使崔季舒毆之三拳，奮衣而出。尋遺季舒入謝。東魏主賜季舒綵，季舒未敢卽受，啓之於王，王使取一段。東魏主以四百疋與之，曰：「亦一段耳。」東魏主不堪憂辱，詠謝靈運詩曰：「韓亡子房奮，秦帝魯連耻，本自江海人，忠義感君子。」因流涕。

三月辛亥，王南臨黎陽，〔一〇〕濟於虎牢，自洛陽從太行而反晉陽。於路遺書百僚，以相戒勵，朝野承風，莫不震肅。又令朝臣牧宰各舉賢良及驍武膽略堪守邊城，務得其才，不拘職業。〔一一〕六月，王巡北邊城戍，賑賜有差。

七月，王還晉陽。辛卯，王遇盜而殂，〔一二〕時年二十九。葬于峻成陵。齊受禪，追謚爲文襄皇帝，廟號世宗。時有童謠曰：「百尺高竿摧折，水底燃燈燈滅。」識者以爲王將殂之兆也。數日前，崔季舒無故於北宮門外諸貴之前誦鮑明遠詩曰：「將軍既下世，部曲亦罕存。」聲甚凄斷，淚不能已，見者莫不怪之。初，梁將蘭欽子京爲東魏所虜，王命以配廚。欽請贖之，王不許。京再訴，王使監廚蒼頭薛豐洛杖之，曰：「更訴當殺爾。」京與其黨六人謀作亂。時王居北城東柏堂莅政，以寵琅邪公主，欲其來往無所避忌，所有侍衞，皆出於外。太史啓言宰輔星甚微，變不出一月。王曰：「小人新杖之，故嚇我耳。」將欲受禪，與陳元康、崔季舒等屛斥左右，署擬百官。京將進食，王却，謂諸人曰：「昨夜夢此奴斫我，宜殺却。」京聞之，置刀於盤，冒言進食。王怒曰：「我未索食，爾何遽來！」京揮刀曰：「來將殺汝！」王自投傷足，入于牀下，賊黨去牀，因而見殺。先是訛言曰「軟脫帽，牀底喘」，其言應矣。時太原公洋在城東雙堂，入而討賊，臠割京等，皆漆其頭。祕不發喪，徐出言曰：「奴反，大將軍被傷，無大苦也。」

校勘記

〔一〕北齊書卷三　按此卷原缺，後人以北史卷六齊紀上文襄紀上和他書補。各本卷末都有宋人校語，稱：「詳文襄紀，其首與北史同，而末多出東魏孝靜紀。其間與侯景往復書見梁書景傳。其所序列，尤無倫次，蓋雜取之以成此書，非正史也。」查此紀前半自「可復前大將軍，餘如故」以上與北史同；中間敍述高澄和侯景通訊及往來書信，與梁書卷五六侯景傳所載不盡相同，並非錄自梁書；最後一段敍東魏孝靜帝事，也非出自魏書孝靜紀。總之此紀後半確是雜湊而成，「尤無倫次」，不但非北齊書原文，可能還不是補此紀時的面貌。疑補了之後，又有缺失，再度湊合，以致如此。

〔二〕三年入輔朝政加領左右京畿大都督　諸本及北史卷六「領」下有「軍」字，册府卷一八六二二五六頁無。按「領左右」連讀。隋書卷二七百官志中後齊領軍所屬有「領左右府」，魏書卷一一三官氏志雖不載，但魏末元叉、奚康生、尒朱榮、尒朱兆、尒朱世隆都曾帶領左右的官職。魏末此官甚重，據八瓊室金石補正卷二〇高叡造像記稱其父琛高歡弟的官銜便有「領領左右」的一項，重一「領」字，是全稱。高琛死於天平中，高澄接任是合於當時情勢的。如有「軍」字，則「領軍」連文，「左右」與「京畿大都督」連讀，而京畿大都督却從未分過左右，不可通。今據册府删「軍」字。

〔三〕興和二年加大將軍領中書監　魏書卷一二、北史卷五孝靜帝紀，高澄爲大將軍在武定二年五四四，距興和二年五四〇四年。觀下文說高澄「奏吏部郎崔暹爲御史中尉」，檢本書卷三〇崔暹傳稱「武定初，遷御史中尉」，則這裏「興和」爲「武定」之誤無疑。

〔四〕乃遺景書曰　按此紀所載高澄、侯景往來書也見於梁書卷五六侯景傳，梁書較詳，但也有此有彼無之句，知非出於梁書。文苑英華卷六八五載高澄與侯景書，當是全文，梁書和此紀各有删節。

〔五〕僕鄉曲布衣　諸本「曲」作「一」。册府卷二一五二五七三頁及梁書作「曲」。按侯景和高歡都是懷朔鎭人，同鄉里，所以說「鄉曲布衣」，今據改。

〔六〕出身爲國綿歷二紀　諸本「二」作「一」，梁書作「二」。按梁書上文有「初逢天柱，賜忝帷幄之謀，晚遇永熙，委以干戈之任」句。「天柱」指尒朱榮，侯景投靠尒朱榮，至遲在永安元年五二八，至武定五年五四七作此書時首尾二十年，卽從永熙元年五三二附高歡時算起也有十六年。作「二紀」是，今據改。

〔七〕當似教僕賢祭仲而褒季氏　諸本「褒」作「哀」，梁書作「褒」。按祭仲、季氏乃鄭、魯的權臣。因高澄來書笑侯景「受制於人」，有似教他學祭仲、季氏那樣專擅，故下反駁云：「無主之國，在禮未聞。」作「哀」於文義不協，今據改。

〔八〕殺之無損　諸本「殺」作「救」。册府卷二一五二五七三頁及梁書作「殺」，文義較長，今據改。

〔九〕壬申東魏主與王獵於鄴東　按此紀前半以北史補，北史例稱東魏孝靜帝爲「魏帝」，本書卷四文宣紀、卷三〇崔暹、高德政傳是北齊書原文，也稱「魏帝」。宋人校語以爲這段記載出於魏書孝靜紀，孝靜紀更沒有「東魏主」的稱謂。如果補史者要改，就應改稱「魏帝」，以與全書，特別與此紀前半相符，何故忽然改作「東魏主」？卽此可知不出魏書，何況此段最後「因流涕」三字爲孝靜紀所無。現在我們見到的較早史料中只有唐丘悅的三國典略見御覽、通鑑考異引稱孝靜帝爲「東魏主」，這段敍事，較近情的推測是直接或間接出於此書。

〔一〇〕三月辛亥王南臨黎陽　按上文紀年至武定五年五四七八月，這裏忽接以三月，據北史卷六乃是六年的三月，脫了紀年。

〔一一〕又令朝臣牧宰各舉賢良至不拘職業　按北史卷六載此令在武定六年五四八三月戊申，在上條三月辛亥「南臨黎陽」前四天，這裏敍次顚倒。

〔一二〕辛卯王遇盜而殂　按這是武定七年五四九八月辛卯的事，諸書無異文。這裏不紀年月，連上文這裏緊接上文便似武定五年七月的事，可謂謬誤之甚。又高澄被刺在鄴城，諸書也無異文。「七月王還晉陽」，就像高澄死在晉陽，亦謬。

北齊書卷四

帝紀第四

文宣

顯祖文宣皇帝諱洋，字子進，高祖第二子，世宗之母弟。后初孕，每夜有赤光照室，后私嘗怪之。初，高祖之歸尒朱榮，時經危亂，家徒壁立，后與親姻相對，共憂寒餒。帝時尚未能言，欻然應曰「得活」，太后及左右大驚而不敢言。鱗身，重踝，不好戲弄，深沉有大度。晉陽曾有沙門，乍愚乍智，時人不測，呼爲阿禿師。帝曾與諸童共見之，歷問祿位，至帝，舉手再三指天而已，口無所言。見者異之。高祖嘗試觀諸子意識，各使治亂絲，帝獨抽刀斬之，曰：「亂者須斬。」高祖是之。又各配兵四出，而使甲騎僞攻之。世宗等怖撓，帝乃勒衆與彭樂敵，樂免胄言情，猶擒之以獻。後從世宗行過遼陽山，獨見天門開，餘人無見者。內雖明敏，貌若不足，世宗每嗤之，云：「此人亦得富貴，相法亦何由可解。」唯高祖異之，謂薛琡曰：「此兒意識過吾。」幼時師事范陽盧景裕，默識過人，景裕不能測也。天平二年，授散騎常侍、驃騎大將軍、儀同三司、左光祿大夫、太原郡開國公。二年，轉尚書左僕射、領軍將軍。五年，授尚書令、中書監、京畿大都督。武定元年，加侍中。

武定七年八月，世宗遇害，事出倉卒，內外震駭。帝神色不變，指麾部分，自臠斬羣賊而漆其頭，〔一〕徐宣言曰：「奴反，大將軍被傷，無大苦也。」當時內外莫不驚異焉。乃赴晉陽，親總庶政，務從寬厚，事有不便者咸蠲省焉。

冬十月癸未朔，以咸陽王坦爲太傅，潘相樂爲司空。

十一月戊午，吐谷渾國遣使朝貢。梁齊州刺史茅靈斌、德州刺史劉領隊、南豫州刺史皇甫耷等並以州內屬。

十二月己酉，以幷州刺史彭樂爲司徒，太保賀拔仁爲幷州刺史。

八年春正月庚申，梁楚州刺史宋安顧以州內屬。辛酉，魏帝爲世宗舉哀於東堂。梁定州刺史田聰能、洪州刺史張顯等以州內屬。戊辰，魏詔進帝位使持節、丞相、都督中外諸軍事、錄尚書事、大行臺、齊郡王，食邑一萬戶。甲戌，地豆于國遣使朝貢。〔二〕

三月辛酉，又進封齊王，食冀州之渤海長樂安德武邑、瀛州之河間五郡，邑十萬戶。自居晉陽，寢室夜有光如晝。既爲王，夢人以筆點己額。旦以告館客王曇哲曰：「吾其退乎？」

曇哲再拜賀曰：「王上加點，便成主字，乃當進也。」

夏五月辛亥，帝如鄴。甲寅，進相國，總百揆，封冀州之渤海長樂安德武邑、瀛州之河間高陽章武、定州之中山常山博陵十郡，邑二十萬戶，加九錫，殊禮，齊王如故。魏帝遣兼太尉彭城王韶、司空潘相樂册命曰：

於戲，敬聽朕命！夫惟天爲大，列晷宿而垂象；謂地蓋厚，疏川岳以阜物。所以四時代序，萬類駢羅，庶品得性，羣形不夭。然則皇王統曆，深視高居，拱默垂衣，寄成師相，此則夏伯、殷尹竭其股肱，周成、漢昭無爲而治。頃者天下多難，國命如旒，則我建國之業將墜於地。齊獻武王奮迅風雲，大濟艱危，爰翼朕躬，國爲再造，經營庶士，以至勤憂。及文襄承構，愈廣前業，康邦夷難，道格穹蒼。王縱德應期，千齡一出，惟幾惟深，乃神乃聖，大崇霸德，實廣相猷。雖冥功妙實，藐絕言象，標聲示迹，典禮宜宣。今申後命，其敬虛受。

王搏風初舉，建旟上地，庇民立政，時雨滂流，下識廉恥，仁加水陸，移風易俗，自齊變魯，此王之功也。仍攝天臺，總參戎律，策出若神，威行朔土，引弓竄跡，松塞無煙，此又王之功也。逮光統前緒，持衡匡合，華戎混一，風海調夷，日月光華，天地清晏，聲接響隨，無思不偃，此又王之功也。逖矣炎方，逋違正朔，懷文曜武，授略申規，淮楚連城，灌然桑落，此又王之功也。關、峴衿帶，跨躡蕭條，腸胃之地，岳立鴟跱，偏師纔指，渙同冰散，此又王之功也。晉熙之所，險薄江壖，迥隔聲教，迷方未改，命將鞠旅，覆其巢穴，威略風騰，傾懾南海，此又王之功也。羣蠻跋扈，世絶南疆，搖蕩邊垂，亟爲塵梗，懷德畏威，向風請順，傾陬盡落，其至如雲，此又王之功也。胡人別種，延蔓山谷，酋渠萬族，廣袤千里，憑險不恭，恣其桀黠，有樂淳風，相攜叩款，粟帛之調，王府充積，此又王之功也。茫茫涉海，世敵諸華，風行鳥逝，倏來忽往，既飲醇醪，附同膠漆，氊裘委仞，奇獸銜尾，此又王之功也。秦川尚阻，作我仇讎，爰挹椒蘭，飛書請好，天動其衷，辭卑禮厚，區宇乂寧，遐邇畢至，此又王之功也。江陰告禍，民無適歸，蕭宗子弟，尚相投庇，如鳥還山，猶川赴海，荆、江十部，俄而獻割，乘此會也，將混朱方，〔三〕此又王之功也。天平地成，率土咸茂，禎符顯見，史不停筆，既連百木，兼呈九尾，素過秦雀，蒼比周烏，此又王之功也。搜揚管庫，衣冠獲序，禮云樂云，銷沉俱振，輕徭徹賦，矜獄寬刑，大信外彰，深仁遠洽，此又王之功也。王有安日下之大勳，加以表光明之盛德，宣贊洪猷，以左右朕言。昔旦、奭外分，毛、畢入佐，出內之任，王宜總之。

人謀鬼謀，兩儀協契，錫命之行，義申公道。以王踐律蹈禮，軌物蒼生，圓首安志，率心歸道，是以錫王大路、戎路各一，玄牡二駟。王深重民天，唯本是務，衣食之用，榮辱所由，是用錫王袞冕之服，赤舄副焉。王深廣惠和，易調風化，神祇且格，功德可象，是用錫王軒懸之樂，六佾之舞。王風聲振赫，九域咸綏，遠人率俾，奔走委贄，是用錫王朱戶以居。王求賢選衆，草萊以盡，陳力就列，罔非其人，是用錫王納陛以登。王英圖猛概，抑揚千品，毅然之節，肅是非違，是用錫王武賁之士三百人。王興亡所繫，制極幽顯，糾行天討，罪人咸得，是用錫王鈇鉞各一。王鷹揚豹變，實扶下土，狼顧鴟張，罔不彈射，是用錫王彤弓一、彤矢百、盧弓十、盧矢千。王孝悌之至，通於神明，率民興行，感達區宇，是用錫王秬鬯一卣，珪瓚副焉。往欽哉。其祇順往册，保弼皇家，用終爾休德，對揚我太祖之顯命。

魏帝以天人之望有歸，丙辰，下詔曰：

三才剖判，百王代興，治天靜地，和神敬鬼，庇民造物，咸自靈符，非一人之大寶，實有道之神器。昔我宗祖應運，奄一區宇，歷聖重光，暨於九葉。德之不嗣，仍離屯圮，盜名字者遍於九服，擅制命者非止三公，主殺朝危，人神靡繫，天下之大，將非魏有。賴齊獻武王奮揚靈武，剋翦多難，重懸日月，更綴參辰，廟以掃除，國由再造，鴻勳巨業，無德而稱。逮文襄承構，世業逾廣，邇安遠服，海內晏如，國命已康，生生得性。

迄相國齊王，緯文經武，統茲大業，盡叡窮幾，研深測化，思隨冥運，智與神行，恩比春天，威同夏日，坦至心於萬物，被大道於八方，故百僚師師，朝無秕政，網疏澤洽，率土歸心。外盡江淮，風靡屈膝，辟地懷人，百城奔走，關隴慕義而請好，瀚漠仰德而致誠。伊所謂命世應期，實撫千載。禎符雜遝，異物同途，謳頌塡委，殊方一致，代終之迹斯表，人靈之契已合，天道不遠，我不獨知。

朕入纂鴻休，將承世祀，籍援立之厚，延宗社之算。靜言大運，欣於避賢，遠惟唐、虞禪代之典，近想魏、晉揖讓之風，其可昧興替之禮，稽神祇之望？今便遜於別宮，歸帝位於齊國，推聖與能，眇符前軌。主者宣布天下，以時施行。

又使兼太尉彭城王韶、兼司空敬顯儁奉册曰：

咨爾相國齊王：夫氣分形化，物繫君長，皇王遞興，人非一姓。昔放勳馭世，沉璧屬子；重華握曆，持衡擁璇。所以英賢茂實，昭晰千古，豈盛衰有運，興廢在時，知命不得不授，畏天不可不受。是故漢劉告否，當塗順民，曹歷不永，金行納禪，此皆重規襲矩，率由舊章者也。

我祖宗光宅，混一萬宇。迄於正光之末，奸孽乘權，厥政多僻，九域離盪。永安運窮，人靈殄瘁，羣逆滔天，割裂四海，國土臣民，行非魏有。齊獻武王應期授手，鳳舉龍讓，舉廢極以立天，扶傾柱而鎮地，剪滅黎毒，匡我墜曆，有大德於魏室，被博利於蒼生。及文襄繼軌，誕光前業，內勤凶權，外摧侵叛，遐邇肅晏，功格上玄。王神祇協德，舟梁一世，體文昭武，追變窮微。自舉跡藩旗，頌歌總集，入統機衡，風猷弘遠。及大承世業，扶國昌家，相德日躋，霸風愈邈，威靈斯暢則荒遠奔馳，聲略所播而隣敵順款。以富有之資，運英特之氣，顧盻之間，無思不服。圖諜潛蘊，千祀彰明，嘉禎幽祕，一朝紛委，以表代德之期，用啓興邦之迹，蒼蒼在上，照臨不遠。朕以虛昧，猶未逡巡，靜言愧之，坐而待旦。且時來運往，媯舜不暇以當陽，世革命改，伯禹不容於北面，況於寡薄，而可踟躕。是以仰協穹昊，俯從百姓，敬以帝位式授於王。天祿永終，大命格矣。於戲！其祇承曆數，允執其中，對揚天休，斯年千萬，豈不盛歟！

又致璽書於帝，遣兼太保彭城王韶、兼司空敬顯儁奉皇帝璽綬，禪代之禮一依唐虞、漢魏故事。又尚書令高隆之率百僚勸進。戊午，乃卽皇帝位於南郊，升壇柴燎告天曰：

皇帝臣洋敢用玄牡，昭告於皇皇后帝：否泰相沿，廢興迭用，至道無親，應運斯輔。上覽唐、虞，下稽魏、晉，莫不先天揖讓，考歷歸終。魏氏多難，年將三十，孝昌已後，內外去之。世道橫流，蒼生塗炭。賴我獻武，拯其將溺，三建元首，再立宗祧，掃絕羣凶，芟夷奸宄，德被黔黎，勳光宇宙。文襄嗣武，克構鴻基，功浹寰宇，威稜海外，窮髮懷音，西寇納款，靑丘保候，丹穴來庭，扶翼危機，重匡頹運，是則有大造於魏室也。魏帝以卜世告終，上靈厭德，欽若昊天，允歸大命，以禪於臣洋。夫四海至公，天下爲一，總民宰世，樹之以君。既川岳啓符，人神效祉，羣公卿士，八方兆庶，僉曰皇極乃顧於上，魏朝推進於下，天位不可以暫虛。遂逼羣議，恭膺大典。猥以寡薄，託於兆民之上，雖天威在顏，咫尺無遠，循躬自省，實懷祇惕。敬簡元辰，升壇受禪，肆類上帝，以答萬國之心，永隆嘉祉，保祐有齊，以被於無窮之祚。

是日，京師獲赤雀，獻於南郊。事畢，還宮，御太極前殿。詔曰：「無德而稱，代刑以禮，不言而信，先春後秋。故知惻隱之化，天人一揆，弘宥之道，今古同風。朕以虛薄，功業無紀。昔先獻武王值魏世不造，九鼎行出，乃驅御侯伯，大號燕、趙，拯厥顚墜，俾亡則存。文襄王外挺武功，內資明德，纂戎先業，闢土服遠。年踰二紀，世歷兩都，獄訟有適，謳歌斯在。故魏帝俯遵曆數，爰念褰裳，遠取唐、虞，終同脫屣。實幽憂未已，志在陽城，而羣公卿士誠守愈切，遂屬代終，居於民上，如涉深水，有眷終朝。始發晉陽，九尾呈瑞，外壇告天，赤雀効祉。思與惟爾文武不貳心之臣，股肱爪牙之將，左右先王，克隆大業，永言誠節，共斯休祉。思與億兆同始茲日，其大赦天下。改武定八年爲天保元年。其百官進階，男子賜爵，鰥寡六疾義夫節婦旌賞各有差。」

己未，詔封魏帝爲中山王，食邑萬戶；上書不稱臣，答不稱詔，載天子旌旗，行魏正朔，乘五時副車；封王諸子爲縣公，邑一千戶；奉絹萬匹，錢千萬，粟二萬石，奴婢二百人，水碾一具，田百頃，園一所。詔追尊皇祖文穆王爲文穆皇帝，妣爲文穆皇后，皇考獻武王爲獻武皇帝，皇兄文襄王爲文襄皇帝，祖宗之稱，付外速議以聞。辛酉，尊王太后爲皇太后。乙丑，詔降魏朝封爵各有差。其信都從義及宣力霸朝者，及西來人並武定六年以來南來投化者，不在降限。辛未，遣大使於四方，觀察風俗，問民疾苦，嚴勒長吏，厲以廉平，興利除害，務存安靜。若法有不便於時，政有未盡於事者，具條得失，還以聞奏。甲戌，遷神主於太廟。

六月己卯，高麗遣使朝貢。辛巳，詔曰：「頃者風俗流宕，浮競日滋，家有吉凶，務求勝異。婚姻喪葬之費，車服飲食之華，動竭歲資，以營日富。又奴僕帶金玉，婢妾衣羅綺，始以創出爲奇，後以過前爲麗，上下貴賤，無復等差。今運屬惟新，思蠲往弊，反朴還淳，納民軌物。可量事具立條式，使儉而獲中。」又詔封崇聖侯邑一百戶，以奉孔子之祀，並下魯郡以時修治廟宇，務盡褒崇之至。詔分遣使人致祭於五岳四瀆，其堯祠舜廟，下及孔父、老君等載於祀典者，咸秩罔遺。詔曰：「冀州之渤海、長樂二郡，先帝始封之國，義旗初起之地。并州之太原、青州之齊郡，霸業所在，王命是基。君子有作，貴不忘本，思申恩洽，蠲復田租。齊郡、渤海可並復一年，長樂復二年，太原復三年。」

詔故太傅孫騰、故太保尉景、故大司馬婁昭、故司徒高昂、故尚書左僕射慕容紹宗、故領軍万俟干、故定州刺史段榮、故御史中尉劉貴、故御史中尉竇泰、故殷州刺史劉豐、故濟州刺史蔡儁等並左右先帝，經贊皇基，或不幸早徂，或殞身王事，可遣使者就墓致祭，並撫問妻子，慰逮存亡。又詔封宗室高岳爲清河王，高隆之爲平原王，高歸彥爲平秦王，高思宗爲上洛王，高長弼爲廣武王，高普爲武興王，高子瑗爲平昌王，高顯國爲襄樂王，高叡爲趙郡王，高孝緒爲脩城王。〔四〕又詔封功臣厙狄干爲章武王，斛律金爲咸陽王，賀拔仁爲安定王，韓軌爲安德王，可朱渾道元爲扶風王，彭樂爲陳留王，潘相樂爲河東王。癸未，詔封諸弟青州刺史浚爲永安王，尚書左僕射淹爲平陽王，定州刺史浟爲彭城王，儀同三司演爲常山王，冀州刺史渙爲上黨王，儀同三司淯爲襄城王，儀同三司湛爲長廣王，湝爲任城王，湜爲高陽王，濟爲博陵王，凝爲新平王，潤爲馮翊王，洽爲漢陽王。

丁亥，詔立王子殷爲皇太子，王后李氏爲皇后。庚寅，詔以太師厙狄干爲太宰，司徒彭樂爲太尉，司空潘相樂爲司徒，開府儀同三司司馬子如爲司空。辛卯，以前太尉、清河王岳爲使持節、驃騎大將軍、司州牧。壬辰，詔曰：「自今已後，諸有文啓論事並陳要密，有司悉爲奏聞。」己亥，以皇太子初入東宮，赦畿內及并州死罪已下，餘州死降，徒流已下一皆原免。

秋七月辛亥，詔尊文襄妃元氏爲文襄皇后，宮曰靜德。又詔封文襄皇帝子孝琬爲河間王，孝瑜爲河南王。乙卯，以尚書令、平原王隆之錄尚書事，尚書左僕射、平陽王淹爲尚書令。又詔曰：「古人鹿皮爲衣，書囊成帳，有懷盛德，風流可想。其魏御府所有珍奇雜綵常所不給人者，徒爲蓄積，命宜悉出，送內後園，以供七日宴賜。」

八月，詔郡國修立黌序，廣延髦儁，敦述儒風。其國子學生亦仰依舊銓補，服膺師說，研習禮經。往者文襄皇帝所運蔡邕石經五十二枚，〔五〕即宜移置學館，依次修立。又詔曰：「有能直言正諫，不避罪辜，謇謇若朱雲，諤諤若周舍，開朕意，沃朕心，弼于一人，利兼百姓者，必當寵以榮祿，待以不次。」又曰：「諸牧民之官，仰專意農桑，勤心勸課，廣收天地之利，以備水旱之災。」庚寅，詔曰：「朕以虛寡，嗣弘王業，思所以贊揚盛績，播之萬古。雖史官執筆，有聞無墜，猶恐緒言遺美，時或未書。在位王公文武大小，降及民庶，爰至僧徒，或親奉音旨，或承傳傍說，凡可載之文籍，悉宜條錄封上。」甲午，詔曰：「魏世議定麟趾格，遂爲通制，官司施用，猶未盡善。可令羣官更加論究。適治之方，先盡要切，引綱理目，必使無遺。」

九月癸丑，以散騎常侍、車騎將軍、領東夷校尉、遼東郡開國公、高麗王成爲使持節、侍中、驃騎大將軍、領護東夷校尉，王、公如故。詔梁侍中、使持節、假黃鉞、都督中外諸軍事、大將軍、承制、邵陵王蕭綸爲梁王。庚午，帝如晉陽，拜辭山陵。是日皇太子入居涼風堂，監總國事。

冬十月己卯，備法駕，御金輅，入晉陽宮，朝皇太后於內殿。辛巳，曲赦并州太原郡晉陽縣及相國府四獄囚。癸未，茹茹國遣使朝貢。乙酉，以特進元韶爲尚書左僕射，并州刺史段韶爲尚書右僕射。丙戌，吐谷渾國遣使朝貢。壬辰，罷相國府，留騎兵、外兵曹，各立一省，別掌機密。

十一月，周文帝率衆至陝城，分騎北渡，至建州。甲寅，梁湘東王蕭繹遣使朝貢。丙寅，帝親戎出次城東。周文帝聞帝軍容嚴盛，歎曰「高歡不死矣。」遂退師。庚午，還宮。

十二月丁丑，茹茹、庫莫奚國並遣使朝貢。辛丑，帝至自晉陽。

二年春正月丁未，梁湘東王蕭繹遣使朝貢。辛亥，有事于圓丘，以神武皇帝配。癸亥，親耕籍田于東郊。乙酉，前黃門侍郎元世寶、通直散騎侍郎彭貴平謀逆，免死配邊。有事於太廟。甲戌，帝汎舟於城東。

二月壬辰，太尉彭樂謀反，伏誅。壬寅，茹茹國遣使朝貢。

三月丙午，襄城王淸薨。己未，詔梁承制湘東王繹爲梁使持節、假黃鉞、相國，建梁臺，總百揆，承制。〔六〕梁交州刺史李景盛、梁州刺史馬嵩仁、義州刺史夏侯珍洽、新州刺史李漢等並率州內附。庚申，司空司馬子如坐事免。

夏四月壬辰，梁王蕭繹遣使朝貢。

閏月乙丑，室韋國遣使朝貢。

五月丙戌，合州刺史斛斯顯攻剋梁歷陽鎭。丁亥，高麗國遣使朝貢。是月，侯景廢梁簡文，立蕭棟爲主。〔七〕

六月庚午，以前司空司馬子如爲太尉。

七月壬申，茹茹遣使朝貢。癸酉，行臺郎邢景遠破梁龍安戍，獲鎭城李洛文。己卯，改顯陽殿爲昭陽殿。

九月壬申，詔免諸伎作、屯、牧、雜色役隸之徒爲白戶。癸巳，帝如趙、定二州，因如晉陽。

冬十月戊申，起宣光、建始、嘉福、仁壽諸殿。庚申，蕭繹遣使朝貢。丁卯，文襄皇帝神主入于廟。

十一月，侯景廢梁主，僭卽僞位於建鄴，自稱曰漢。

十二月，中山王殂。

三年春正月丙申，帝親討庫莫奚於代郡，大破之，獲雜畜十餘萬，分賚將士各有差。以奚口付山東爲民。

二月，茹茹主阿那瓌爲突厥虜所破，瓌自殺；其太子菴羅辰及瓌從弟登注俟利發、注子庫提並擁衆來奔。茹茹餘衆立注次子鐵伐爲主。辛丑，契丹遣使朝貢。

三月戊子，以司州牧清河王岳爲使持節、南道大都督，司徒潘相樂爲使持節、東南道大都督，及行臺辛術率衆南伐。癸巳，詔進梁王蕭繹爲梁主。

夏四月壬申，東南道行臺辛術於廣陵送傳國璽。甲申，以吏部尚書楊愔爲尚書右僕射。丙申，室韋國遣使朝貢。

六月乙亥，清河王岳等班師。丁未，帝至自晉陽。乙卯，帝如晉陽。

九月辛卯，帝自幷州幸離石。

冬十月乙未，至黃櫨嶺，仍起長城，北至社干戍四百餘里，立三十六戍。

十一月辛巳，梁王蕭繹卽帝位於江陵，是爲元帝，遣使朝貢。

十二月壬子，帝還宮。戊午，帝如晉陽。

四年春正月丙子，山胡圍離石。戊寅，帝討之，未至，胡已逃竄，因巡三堆戍，大狩而歸。戊寅，庫莫奚遣使朝貢。己丑，改鑄新錢，文曰「常平五銖」。

二月，送茹茹主鐵伐父登注及子庫提還北。〔八〕鐵伐尋爲契丹所殺，國人復立登注爲主，仍爲其大人阿富提等所殺，國人復立庫提爲主。

夏四月戊戌，帝還宮。戊午，西南有大聲如雷。

五月庚午，帝校獵於林慮山。戊子，還宮。

九月，契丹犯塞。壬午，帝北巡冀、定、幽、安，仍北討契丹。

冬十月丁酉，帝至平州，遂從西道趣長塹。詔司徒潘相樂率精騎五千自東道趣青山。辛丑，至白狼城。壬寅，經昌黎城。復詔安德王韓軌率精騎四千東趣，斷契丹走路。癸卯，至陽師水，倍道兼行，掩襲契丹。甲辰，帝親踰山嶺，爲士卒先，指麾奮擊，大破之，虜獲十萬餘口、雜畜數十萬頭。樂又於青山大破契丹別部。所虜生口皆分置諸州。是行也，帝露頭袒膊，晝夜不息，行千餘里，唯食肉飲水，壯氣彌厲。丁未，至營州。丁巳，登碣石山，臨滄海。

十一月己未，帝自平州，遂如晉陽。

閏月壬寅，梁帝遣使來聘。

十二月己未，突厥復攻茹茹，茹茹舉國南奔。癸亥，帝自晉陽北討突厥，迎納茹茹。乃廢其主庫提，立阿那瓌子菴羅辰爲主，置之馬邑川，給其廩餼繒帛。親追突厥於朔州，突厥請降，許之而還。於是貢獻相繼。

五年春正月癸巳，帝討山胡，從離石道。遣太師、咸陽王斛律金從顯州道，常山王演從晉州道，掎角夾攻，大破之，斬首數萬，獲雜畜十餘萬，遂平石樓。石樓絕險，自魏世所不能至。於是遠近山胡莫不懾服。是月周文帝廢西魏主，立齊王廓，是爲恭帝。

三月，茹茹菴羅辰叛，帝親討，大破之，辰父子北遁。太保賀拔仁坐違節度除名。

夏四月，茹茹寇肆州。丁巳，帝自晉陽討之，至恒州黃瓜堆，虜騎走。時大軍已還，帝率麾下千餘騎，遇茹茹別部數萬，四面圍逼。帝神色自若，指畫形勢，虜衆披靡，遂縱兵潰圍而出。虜乃退走，〔九〕追擊之，伏尸二十里，獲菴羅辰妻子及生口三萬餘人。

五月丁亥，地豆干、契丹等國並遣使朝貢。丁未，北討茹茹，大破之。

六月，茹茹率部衆東徙，將南侵。帝率輕騎於金山下邀擊之，茹茹聞而遠遁。

秋七月戊子，肅愼遣使朝貢。壬辰，降罪人。庚戌，帝至自北伐。

八月丁巳，突厥遣使朝貢。庚子，以司州牧、清河王岳爲太保，司空尉粲爲司徒，〔一〇〕太子太師侯莫陳相爲司空，尚書令、平陽王淹錄尚書事，常山王演爲尚書令，中書令、上黨王渙爲尚書左僕射。乙亥，儀同三司元旭以罪賜死。丁丑，帝幸晉陽。己卯，開府儀同三司、錄尚書事、平原王高隆之薨。是月，詔常山王演、上黨王渙、清河王岳、平原王段韶等率衆於洛陽西南築伐惡城、新城、嚴城、河南城。

九月，帝親自臨幸，欲以致周師。周師不出，乃如晉陽。

冬十月，西魏伐梁元帝於江陵。詔清河王岳、河東王潘相樂、平原王段韶等率衆救之，未至而江陵陷，梁元帝爲西魏將于謹所殺。梁將王僧辯在建康，共推晉安王蕭方智爲太宰、都督中外諸軍，承制置百官。

十二月庚申，帝北巡至達速嶺，覽山川險要，將起長城。

六年春正月壬寅，清河王岳以衆軍渡江，剋夏首。送梁郢州刺史陸法和。〔一一〕詔以梁散騎常侍、貞陽侯蕭明爲梁主，遣尚書左僕射、上黨王渙率衆送之。

二月甲子，以陸法和爲使持節、都督荆雍江巴梁益湘萬交廣十州諸軍事、〔一二〕太尉公、大都督、西南道大行臺，梁鎮北將軍、侍中、荆州刺史宋莅爲使持節、驃騎大將軍、郢州刺史。甲戌，上黨王渙剋譙郡。

三月丙戌，上黨王渙剋東關，斬梁將裴之橫，俘斬數千。丙申，帝至自晉陽。封世宗二子孝珩爲廣寧王，延宗爲安德王。戊戌，帝臨昭陽殿聽獄決訟。

夏四月庚申，帝如晉陽。丁卯，儀同蕭軌克梁晉熙城，以爲江州。戊寅，突厥遣使朝貢。梁反人李山花自號天子，逼魯山城。

五月乙酉，鎮城李仲侃擊斬之。庚寅，帝至自晉陽。蕭明入于建鄴。丁未，茹茹遣使朝貢。

六月壬子，詔曰：「梁國遘禍，主喪臣離，逷彼炎方，盡生荆棘。興亡繼絕，義在於我，納以長君，拯其危弊，比送梁主，已入金陵。藩禮既修，分義方篤。越鳥之思，豈忘南枝，凡是梁民，宜聽反國，以禮發遣。」丁卯，帝如晉陽。壬申，親討茹茹。甲戌，諸軍大會於祁連池。乙亥，出塞，至厙狄谷，百餘里內無水泉，六軍渴乏，俄而大雨。戊寅，梁主蕭明遣其子章、兼侍中袁泌、兼散騎常侍楊裕奉表朝貢。

秋七月己卯，帝頓白道，留輜重，親率輕騎五千追茹茹。壬午，及於懷朔鎮。帝躬當矢石，頻大破之，遂至沃野，獲其俟利藹焉力婁阿帝、吐頭發郁久閭狀延等，並口二萬餘，牛羊數十萬頭。茹茹俟利郁久閭李家提率部人數百降。壬辰，帝還晉陽。

九月乙卯，帝至自晉陽。

冬十月，梁將陳霸先襲王僧辯，殺之，廢蕭明，復立蕭方智爲主。辛亥，帝如晉陽。

十一月丙戌，高麗遣使朝貢。梁秦州刺史徐嗣輝、南豫州刺史任約等襲據石頭城，並以州內附。壬辰，大都督蕭軌率衆至江，遣都督柳達摩等渡江鎭石頭。東南道行臺趙彥深獲秦郡等五城，戶二萬餘，所在安輯之。己亥，太保、司州牧、淸河王岳薨。是月，柳達摩爲霸先攻逼，以石頭降。

十二月戊申，庫莫奚遣使朝貢。

是年，發夫一百八十萬人築長城，自幽州北夏口至恒州九百餘里。

七年春正月甲辰，帝至自晉陽。於鄴城西馬射，大集衆庶而觀之。

二月辛未，詔常山王演等於涼風堂讀尙書奏按，論定得失，帝親決之。

三月丁酉，大都督蕭軌等率衆濟江。

夏四月乙丑，儀同婁叡率衆討魯陽蠻，大破之。丁卯，〔一三〕詔造金華殿。

五月丙申，漢陽王洽薨。是月，帝以肉爲斷慈，遂不復食。

六月乙卯，蕭軌等與梁師戰於鍾山之西，遇霖雨，失利，軌及都督李希光、王敬寶、東方老、軍司裴英起並沒，士卒散還者十二三。乙丑，梁湘州刺史王琳獻馴象。

是年，修廣三臺宮殿。

秋七月己亥，大赦天下。

八月庚申，帝如晉陽。

九月甲辰，庫莫奚遣使朝貢。

冬十月丙戌，契丹遣使朝貢。是月，發山東寡婦二千六百人以配軍士，有夫而濫奪者五分之一。是月，周文帝殂。〔一四〕

十一月壬子，詔曰：

崐山作鎮，厥號神州；瀛海爲池，是稱赤縣。蒸民乃粒，司牧存焉。王者之制，沿革迭起，方割成災，肇分十二，水土既平，還復九州。道或繁簡，義在通時，殷因於夏，無所改作。然則日月纏於天次，王公國於地野，皆所以上叶玄儀，下符川嶽。逮于秦政，鞭撻區宇，罷侯置守，天下爲家。洎兩漢承基，曹、馬屬統，其間損益，難以勝言。魏自孝昌之季，數鍾澆否，祿去公室，政出多門，衣冠道盡，黔首塗炭。銅馬、鐵脛之徒，黑山、靑犢之侶，梟張晉、趙，豕突燕、秦，綱紀從茲而穨，彝章因此而紊。是使豪家大族，鳩率鄉部，託迹勤王，規自署置。或外家公主，女謁內成，昧利納財，啓立州郡。離大合小，本逐時宜，剖竹分符，蓋不獲已。牧守令長，虛增其數，求功錄實，諒足爲煩，損害公私，爲弊殊久，旣乖爲政之禮，徒有驅羊之費。自爾因循，未遑删改。

朕寅膺寶曆，恭臨八荒，建國經野，務存簡易。將欲鎭躁歸靜，反薄還淳，苟失其中，理從刊正。傍觀舊史，逖聽前言，周曰成、康，漢稱文、景，編戶之多，古今爲最。而丁口減於疇日，守令倍於昔辰，非所以馭俗調風，示民軌物。且五嶺內賓，三江廻化，拓土開疆，利窮南海。但要荒之所，舊多浮僞，百室之邑，便立州名，三戶之民，空張郡目。譬諸木犬，猶彼泥龍，循名督實，事歸烏有。今所併省，一依別制。

於是併省三州、一百五十三郡、五百八十九縣、二鎭二十六戍。又制刺史令盡行兼，不給幹物。〔一五〕

十二月，西魏相宇文覺受魏禪。先是，自西河總秦戍築長城東至於海，前後所築東西凡三千餘里，率十里一戍，其要害置州鎭，凡二十五所。

八年春三月，大熱，人或暍死。

夏四月庚午，詔諸取蝦蟹蜆蛤之類，悉令停斷，唯聽捕魚。乙酉，詔公私鷹鷂俱亦禁絕。以太師、咸陽王斛律金爲右丞相，前大將軍、扶風王可朱渾道元爲太傅，開府儀同三司賀拔仁爲太保，尚書令、常山王演爲司空、録尚書事，長廣王湛爲尚書令，尚書右僕射楊愔爲尚書左僕射，以幷省尚書右僕射崔暹爲尚書右僕射，上黨王渙録尚書事。是月，帝在城東馬射，勑京師婦女悉赴觀，不赴者罪以軍法，七日乃止。

五月辛酉，冀州民劉向於京師謀逆，黨與皆伏誅。

秋八月己巳，庫莫奚遣使朝貢。庚辰，詔丘、郊、禘、祫、時祀，皆仰市取，少牢不得剖割，有司監視，必令豐備；農社先蠶，酒肉而已；雩、禖、風、雨、司民、司禄、靈星、雜祀，果餅酒脯。唯當務盡誠敬，義同如在。

自夏至九月，河北六州、河南十二州、畿內八郡大蝗。是月，飛至京師，蔽日，聲如風雨。甲辰，詔今年遭蝗之處免租。是月，周冢宰宇文護殺其主閔帝而立帝弟毓，〔一六〕是爲明帝。

冬十月乙亥，陳霸先弒其主方智自立，是爲陳武帝，遣使稱藩朝貢。

是年，於長城內築重城，自庫洛拔而東至於塢紇戍，凡四百餘里。

九年春二月丁亥，降罪人。己丑，詔限仲冬一月燎野，不得他時行火，損昆虫草木。

三月丁酉，帝至自晉陽。

夏四月辛巳，大赦。是夏，大旱。帝以祈雨不應，毀西門豹祠，掘其冢。山東大蝗，差夫役捕而坑之。是月，北豫州刺史司馬消難以城叛，入於周。

五月辛丑，〔一七〕尚書令、長廣王湛錄尚書事，驃騎大將軍、平秦王歸彥爲尚書左僕射。甲辰，以前尚書左僕射楊愔爲尚書令。

六月乙丑，帝自晉陽北巡。己巳，至祁連池。戊寅，還晉陽。

秋七月辛丑，給京畿老人劉奴等九百四十三人版職及杖帽各有差。戊申，詔趙、燕、瀛、定、南營五州及司州廣平、清河二郡去年螽澇損田，兼春夏少雨，苗稼薄者，免今年租賦。

八月乙丑，至自晉陽。甲戌，帝如晉陽。是月，陳江州刺史沈泰以三千人內附。先是，發丁匠三十餘萬營三臺於鄴下，因其舊基而高博之，大起宮室及遊豫園。至是，三臺成，改銅爵曰金鳳，金獸曰聖應，氷井曰崇光。

十一月甲午，帝至自晉陽，登三臺，御乾象殿，朝讌羣臣，並命賦詩。以新宮成，丁酉，大赦，內外文武普汎一大階。丁巳，梁湘州刺史王琳遣使請立蕭莊爲梁主，仍以江州內屬，令莊居之。

十二月癸酉，詔梁王蕭莊爲梁主，進居九派。〔一八〕戊寅，以太傅可朱渾道元爲太師，司徒尉粲爲太尉，冀州刺史段韶爲司空，錄尚書事、常山王演爲大司馬，錄尚書事、長廣王湛爲司徒。是月，起大莊嚴寺。

是年，殺永安王浚、上黨王渙。

十年春正月戊戌，以司空侯莫陳相爲大將軍。甲寅，帝如遼陽甘露寺。乙卯，詔於廱城置衡州。〔一九〕

二月丙戌，帝於甘露寺禪居深觀，唯軍國大政奏聞。

三月戊戌，以侍中高德政爲尚書右僕射。丙辰，帝至自遼陽。是月，梁主蕭莊至郢州，遣使朝貢。

閏四月丁酉，以司州牧、彭城王浟爲司空，侍中、高陽王湜爲尚書右僕射。乙巳，以司空、彭城王浟兼太尉，封皇子紹廉爲長樂郡王。

五月癸未，誅始平公元世、〔二〇〕東平公元景式等二十五家，特進元韶等十九家並令禁止。

六月，陳武帝殂，兄子蒨立，是爲文帝。

秋八月戊戌，封皇子紹義爲廣陽郡王，以尚書右僕射、河間王孝琬爲尚書左僕射。癸卯，詔諸軍民或有父祖改姓冒入元氏，或假託攜認，妄稱姓元者，不問世數遠近，悉聽改復本姓。

九月己巳，帝如晉陽。是月，使酈懷則、陸仁惠使於蕭莊。

冬十月甲午，帝暴崩於晉陽宮德陽堂，時年三十一。遺詔：「凡諸凶事一依儉約。三年之喪，雖曰達禮，漢文革創，通行自昔，義有存焉，同之可也，喪月之斷限以三十六日。嗣主、百僚、內外遐邇奉制割情，悉從公除。」癸卯，發喪，斂於宣德殿。十一月辛未，梓宮還京師。十二月乙酉，殯於太極前殿。乾明元年二月丙申，葬於武寧陵，謚曰文宣皇帝，廟號威宗。〔三〕武平初，又改爲文宣，廟號顯祖。

帝少有大度，志識沉敏，外柔內剛，果敢能斷。雅好吏事，測始知終，理劇處繁，終日不倦。初踐大位，留心政術，以法馭下，公道爲先。或有違犯憲章，雖密戚舊勳，必無容舍，內外清靖，莫不祇肅。至於軍國幾策，獨決懷抱，規模宏遠，有人君大略。又以三方鼎跱，諸夷未賓，修繕甲兵，簡練士卒，左右宿衞置百保軍士。每臨行陣，親當矢石，鋒刃交接，唯恐前敵之不多，屢犯艱危，常致克捷。嘗於東山遊讌，以關隴未平，投杯震怒，召魏收於御前，立爲詔書，宣示遠近，將事西伐。是歲，周文帝殂，西人震恐，常爲度隴之計。

既征伐四克，威振戎夏，六七年後，以功業自矜，遂留連耽湎，肆行淫暴。或躬自鼓舞，歌謳不息，從旦通宵，以夜繼晝。或袒露形體，塗傅粉黛，散髮胡服，雜衣錦綵。拔刃張弓，遊於市肆，勳戚之第，朝夕臨幸。時乘駝駝牛驢，不施鞍勒，盛暑炎赫，隆冬酷寒，或日中暴身，去衣馳騁，從者不堪，帝居之自若。親戚貴臣，左右近習，侍從錯雜，無復差等。徵集淫嫗，分付從官，朝夕臨視，以爲娛樂。凡諸殺害，多令支解，或焚之於火，或投之於河。沉酗既久，彌以狂惑，至於末年，每言見諸鬼物，亦云聞異音聲。情有蒂芥，必在誅戮，諸元宗室咸加屠勦，永安、上黨並致寃酷，高隆之、高德政、杜弼、王元景、李倩之等皆以非罪加害。嘗在晉陽以矟戲刺都督尉子耀，應手即殞。又在三臺大光殿上，以鋸鋸都督穆嵩，遂至於死。又嘗幸開府暴顯家，有都督韓哲無罪，忽於衆中喚出斬之。自餘酷濫，不可勝紀。朝野憯憯，各懷怨毒。而素以嚴斷臨下，加之默識强記，百僚戰慄，不敢爲非，文武近臣朝不謀夕。又多所營繕，百役繁興，舉國騷擾，公私勞弊。凡諸賞賚，無復節限，府藏之積，遂至空虛。自皇太后諸王及內外勳舊，愁懼危悚，計無所出。暨于末年，不能進食，唯數飲酒，麴蘗成災，因而致斃。

論曰：〔三〕高祖平定四胡，威權延世。遷鄴之後，雖主器有人，號令所加，政皆自出。顯祖因循鴻業，內外協從，自朝及野，羣心屬望。東魏之地，舉世樂推，曾未期月，玄運集已。始則存心政事，風化肅然，數年之間，翕斯致治。其後縱酒肆欲，事極猖狂，昏邪殘暴，近世未有。饗國弗永，實由斯疾，胤嗣殄絕，固亦餘殃者也。

贊曰：天保定位，受終攸屬。奄宅區夏，爰膺帝籙。勢叶謳歌，情毀龜玉。始存政術，聞斯德音。罔遵克念，乃肆其心。窮理殘虐，盡性荒淫。

校勘記

〔一〕帝神色不變指麾部分自彎斬羣賊而漆其頭　册府卷一九〇二二九九頁、御覽卷一三〇六三一頁「自」下有「若」字。按「指麾部分自若」與上「神色不變」相應，疑傳本脫「若」字。

〔二〕地豆于國遣使朝貢　南本「于」作「干」。按此部見於魏書者多作「于」，見於北史者都作「干」。魏書卷一〇〇、北史卷九四都有傳，也是一作「于」，一作「干」。此外通典卷二〇〇有地頭于傳，册府卷九六九記此部卻「于」「干」互見。此紀這一條除南本外都作「于」，南本當卽據北史改，而下文天保五年五月條諸本又都作「干」。今皆仍之，以後不再出校記。

〔三〕將混朱方　諸本「朱」作「來」。册府卷一八六二二五七頁作「朱」。按「朱方」見左傳襄公二十八年，杜注：「朱方，吳邑。」這裏用來泛指南方。「來方」無所取義，今據改。

〔四〕高孝緒爲脩城王　諸本「脩」作「循」，南本作「修」，北史卷七齊文宣紀作「脩」。按本書卷一四高永樂傳稱孝緒「天保初，改封脩城郡王」。隋書卷二九地理志梁州順政郡有「脩城縣」，云「舊置脩城郡」。「循城」無此地名，今據改。

〔五〕往者文襄皇帝所運蔡邕石經五十二枚　諸本「運」都作「建」。北史卷七、册府卷一九四二三三九頁作「運」。張森楷云：「按孝昭紀本書卷六、北史卷七亦云文襄帝所運石經，則『建』字誤也。」按石經本在洛陽，高澄運到鄴。今據北史、册府改。

〔六〕詔梁承制湘東王繹爲梁使持節假黃鉞相國建梁臺總百揆承制　北史卷七「承制」下有「梁王」二字。按下文四月見「梁王蕭繹」，這裏不宜省，當是脫文。

〔七〕是月侯景廢梁簡文立蕭棟爲主　諸本「棟」作「楝」。北史卷七作「楝」。按梁書卷四簡文紀大寶二年記此事，百衲本作「楝」，殿本作「棟」，而卷五六侯景傳和南史卷八梁紀下、卷八〇侯景傳、通鑑卷一六四五〇七一頁都作「棟」。通鑑考異無文，則司馬光所見諸史皆同作「棟」。今據改。

〔八〕送茹茹主鐵伐父登注及子庫提還北　諸本無「父」字，北史卷七有。張森楷云：「按鐵伐是登注次子，自在其國爲主，無待齊之送之，有『父』字是。」按張說是，今據北史補。

〔九〕虜乃退走　諸本「乃」作「不」，於文義不協，南本删「不」字。北史卷七但作「虜走」，南本當卽據北史删。今據册府卷九八四一一五五八頁改。

〔一〇〕以司州牧清河王岳爲太保司空尉粲爲司徒　北史卷七「清河王岳爲太保」下尚有「以安德王軌爲大司馬、扶風王可朱渾道元爲大將軍」，才接司空尉粲。按下文天保八年四月稱「前大將軍扶風王可朱渾道元爲太傅」，則道元先曾以大將軍罷免，這裏顯然脫去二人。

〔一一〕送梁郢州刺史陸法和　按此句語意不足。本書卷一三清河王岳傳稱岳得了郢州後，「先送法和於京師」。這裏「陸法和」下當脫「於京師」三字。

〔一二〕以陸法和爲使持節都督荆雍江巴梁益湘萬交廣十州諸軍事　按地志無萬州。梁代與荆雍梁益湘交廣諸州連稱兼督者常見「郢州」「寧州」。「寧」如寫作「甯」，與「萬」字形較近，疑這裏「萬」是「甯」的形訛。

〔一三〕丁卯　諸本「丁卯」都作「丁亥」，北史卷七作「丁卯」。按天保七年五五六四月有丁卯，無丁亥，今據改。

〔一四〕是月周文帝殂　按上已稱「是月發山東寡婦」，這裏「是月」二字是衍文。

〔一五〕又制刺史令盡行兼不給幹物　册府卷五〇五六〇六四頁「令」作「今」。按隋書卷二四食貨志云：「又制刺史守宰行兼者不給幹。」通典卷五同。又同書卷二七百官志中云：「諸州刺史守令已下幹及力皆聽敕乃給。」「刺史守令」連文，這裏「令」上脫「守」字，册府以不可通，改作「今」。又據隋書食貨志，「盡」字也是衍文。

〔一六〕周冢宰宇文護殺其主閔帝而立帝弟毓　按毓是宇文泰長子，乃閔帝兄，作「弟」誤。今據改。

〔一七〕五月辛丑　諸本「辛丑」作「辛巳」，北史卷七作「辛丑」。按天保九年五五八五月有辛丑，無辛巳，今據改。

〔一八〕詔梁王蕭莊爲梁主進居九派　諸本「派」作「泒」，局本作「派」。通鑑卷一六七五一七四頁作「泒」。按字書「泒」卽「泒」，古「流」字。「泒」是水名，又是唐人俗寫的「派」字。這裏以「泒」爲「派」，又訛作「泒」。文選卷十二郭璞江賦：「流九派於潯陽。」太平寰宇記卷一一一江州序稱潯陽郡「彈壓九派」。蕭莊時在湓城，卽潯陽郡治。今從局本。

〔一九〕詔於巀城置衡州　諸本「衡」作「衞」。按隋書卷三一地理志永安郡條云：「後齊置衡州。」永安郡卽黃州，巀城是屬縣。太平寰宇記卷一三一敍黃州云：「北齊天保六年於舊城西南面別築小城，置衡州。」此州置於黃岡黃州治還是巀城，雖有異文，寰宇記紀年也較早，但州名「衡」不名「衞」是明確的，今據改。

〔二〇〕誅始平公元世　「元世」，本書卷二八及北史卷一九元韶傳作「元世哲」，這裏脫「哲」字。

〔二一〕諡曰文宣皇帝廟號威宗　錢氏考異卷三一云：「按乾明初上諡號曰高祖文宣皇帝；天統元年改諡景烈皇帝，廟號威宗；武平元年，復改顯祖文宣皇帝。此紀有脫文。」

〔二二〕論曰　錢氏考異卷三一云：「按百藥史論皆稱『史臣曰』，其稱『論曰』者，皆北史之文也。齊史八紀已亡其七，惟此篇猶是百藥之舊，而論不著史臣，蓋校書依前後篇之例改之。」

北齊書卷五〔一〕

帝紀第五

廢帝

廢帝殷，字正道，文宣帝之長子也，母曰李皇后。天保元年，立爲皇太子，時年六歲。性敏慧。初學反語，於「跡」字下注云自反。時侍者未達其故，太子曰：「跡字，足傍亦爲『跡』，豈非自反耶？」常宴北宮，獨令河間王勿入。左右問其故，太子曰：「世宗遇賊處，河間王復何宜在此。」文宣每言太子得漢家性質，不似我，欲廢之，立太原王。初詔國子博士李寶鼎傅之，寶鼎卒，復詔國子博士邢峙侍講。太子雖富於春秋，而溫裕開朗，有人君之度，貫綜經業，省覽時政，甚有美名。七年冬，文宣召朝臣文學者及禮學官於宮宴會，〔二〕令以經義相質，親自臨聽。太子手筆措問，在坐莫不歎美。九年，文宣在晉陽，太子監國，集諸儒講孝經。令楊愔傳旨，謂國子助教許散愁曰：「先生在世何以自資？」對曰：「散愁自少以來，不登孌童之牀，不入季女之室，服膺簡策，不知老之將至。平生素懷，若斯而已。」太子曰：「顏子縮屋稱貞，柳下嫗而不亂，未若此翁白首不娶者也。」乃賚絹百疋。後文宣登金鳳臺，〔三〕召太子使手刃囚。太子惻然有難色，再三不斷其首。文宣怒，親以馬鞭撞太子三下，由是氣悸語吃，精神時復昏擾。

十年十月，文宣崩。癸卯，太子卽帝位於晉陽宣德殿，〔四〕大赦，內外百官普加汎級，亡官失爵，聽復資品。庚戌，尊皇太后爲太皇太后，皇后爲皇太后。詔九州軍人七十已上授以板職，武官年六十已上及癃病不堪驅使者，並皆放免。土木營造金銅鐵諸雜作工，一切停罷。

十一月乙卯，以右丞相、咸陽王斛律金爲左丞相，以錄尚書事、常山王演爲太傅，以司徒、長廣王湛爲太尉，以司空段韶爲司徒，以平陽王淹爲司空，高陽王湜爲尚書左僕射，河間王孝琬爲司州牧，侍中燕子獻爲右僕射。戊午，分命使者巡省四方，求政得失，省察風俗，問人疾苦。

十二月戊戌，改封上黨王紹仁爲漁陽王，〔五〕廣陽王紹義爲范陽王，長樂王紹廉爲隴西王。是歲，周武成元年。

乾明元年庚辰，春正月癸丑朔，改元。己未，詔寬徭賦。癸亥，高陽王湜薨。是月，車駕至自晉陽。二月己亥，〔六〕以太傅、常山王演爲太師、錄尚書事，以太尉、長廣王湛爲大司馬、并省錄尚書事，以尚書左僕射、平秦王歸彥爲司空，趙郡王叡爲尚書左僕射。詔諸元良口配沒宮內及賜人者，並放免。甲辰，帝幸芳林園，親錄囚徒，死罪以下降免各有差。

乙巳，太師、常山王演矯詔誅尚書令楊愔、尚書右僕射燕子獻、〔七〕領軍大將軍可朱渾天和、侍中宋欽道、散騎常侍鄭子默。戊申，以常山王演爲大丞相、都督中外諸軍、錄尚書事，以大司馬、長廣王湛爲太傅、京畿大都督，以司徒段韶爲大將軍，以前司空、平陽王淹爲太尉，以司空、平秦王歸彥爲司徒，彭城王浟爲尚書令。又以高麗王世子湯爲使持節、領東夷校尉、遼東郡公、高麗王。是月，王琳爲陳所敗，蕭莊自拔至和州。

三月甲寅，詔軍國事皆申晉陽，稟大丞相常山王規算。壬申，封文襄第二子孝珩爲廣寧王，第三子長恭爲蘭陵王。

夏四月癸亥，詔河南、定、冀、趙、瀛、滄、南膠、光、青九州，往因螽水，頗傷時稼，遣使分塗贍恤。〔八〕是月，周明帝崩。

五月壬子，以開府儀同三司劉洪徽爲尚書右僕射。

秋八月壬午，太皇太后令廢帝爲濟南王，令食一郡，以大丞相、常山王演入纂大統。是日，王居別宮。皇建二年九月，殂於晉陽，年十七。

帝聰慧夙成，寬厚仁智，天保間雅有令名。及承大位，楊愔、燕子獻、宋欽道等同輔。以常山王地親望重，內外畏服，加以文宣初崩之日，太后本欲立之，故愔等並懷猜忌。常山王憂悵，乃白太后誅其黨，時平秦王歸彥亦預謀焉。皇建二年秋，天文告變，歸彥慮有後害，仍白孝昭，以王當咎。乃遣歸彥馳驛至晉陽宮殺之。王薨後，孝昭不豫，見文宣爲祟。孝昭深惡之，厭勝術備設而無益也。薨三旬而孝昭崩。大寧二年，葬於武寧之西北，〔九〕諡閔悼王。初文宣命邢卲制帝名殷字正道，帝從而尤之曰：「殷家弟及，『正』字一止，吾身後兒不得也。」卲懼，請改焉。文宣不許曰：「天也。」因謂孝昭帝曰：「奪但奪，愼勿殺也。」

校勘記

〔一〕北齊書卷五　按此卷原缺，後人以北史卷七齊紀中廢帝紀補。

〔二〕文宣召朝臣文學者及禮學官於宮宴會　御覽卷一三一六三四頁「宮」上有「東」字。疑當有此字。

〔三〕後文宣登金鳳臺　諸本無「金」字。按金鳳臺見本書卷四文宣紀天保九年。今據北史卷七補。

〔四〕十年十月文宣崩癸卯太子卽帝位於晉陽宣德殿　諸本「十月」作「十一月」。北史卷七、御覽卷一三一六三四頁、册府卷一八八二二七九頁廢帝條作「十月」。按本書卷四文宣紀，高洋死在十月甲午，癸卯卽其後九日。十一月無癸卯。且此紀下文又有「十一月乙卯」事。「一」字衍，今據刪。

〔五〕改封上黨王紹仁爲漁陽王　按本書卷一二文宣四王傳補紹仁封西河王，卷一一文襄六王傳補有漁陽王紹信。這裏「紹仁」當是「紹信」之誤，紹仁爲紹義弟，不應列在紹義前。

〔六〕二月己亥　諸本無「二月」二字，「己亥」作「癸亥」。北史也不紀月，但作「己亥」。通鑑卷一六八五一九六頁作「二月己亥」。按上文已稱「是月，車駕至自晉陽」，正月事已完。下文紀日有「甲辰」「戊申」，本年正月無此日。二月癸未朔，己亥是十七日，甲辰二十二日，戊申二十六日，順序正合。今據通鑑補改。

〔七〕尙書右僕射燕子獻　諸本「右」作「左」，北史卷七作「右」。按上年十一月稱燕子獻爲右僕射。本書卷六孝昭紀補卷三四本傳補同作「右僕射」。「左」字訛，今據北史改。

〔八〕詔河南定冀趙瀛滄南膠光青九州往因螽水頗傷時稼遣使分塗贍恤　北史卷七「青」上有「南」字。按定冀趙瀛滄五州都在河北，不應冠以河南，「南膠」無此州名。這裏必有訛脫。北史增「南青」，則無青州。膠、光、青、南青地相連接，豈有鄰州皆災，青州獨免之理，也不可通。今「河南」，姑作郡名標，「南膠」只標「膠」字，但這樣便只八州一郡。

〔九〕葬於武寧之西北　按武寧是高洋陵名，「陵」字不宜省。

北齊書卷六〔一〕

帝紀第六

孝昭

孝昭皇帝演，字延安，神武皇帝第六子，文宣皇帝之母弟也。幼而英特，早有大成之量，武明皇太后早所愛重。魏元象元年，封常山郡公。及文襄執政，遣中書侍郎李同軌就霸府爲諸弟師。帝所覽文籍，源其指歸而不好辭彩。每歎云：「雖盟津之師，左驂震而不衂。」以爲能。〔二〕遂篤志讀漢書，至李陵傳，恒壯其所爲焉。聰敏過人，所與遊處，一知其家諱，終身未嘗誤犯。同軌病卒，又命開府長流參軍刁柔代之，性嚴褊，不適誘訓之宜，中被遣出。帝送出閤，慘然斂容，淚數行下，左右莫不歔欷。其敬業重舊也如此。

天保初，進爵爲王。五年，除并省尚書令。帝善斷割，長於文理，省內畏服。七年，從文宣還鄴。文宣以尚書奏事，多有異同，令帝與朝臣先論定得失，然後敷奏。帝長於政術，剖斷咸盡其理，文宣歎重之。八年，轉司空、錄尙書事。九年，除大司馬，仍錄尙書。

時文宣溺於遊宴，帝憂憤表於神色。文宣覺之，謂帝曰：「但令汝在，我何爲不縱樂？」帝唯啼泣拜伏，竟無所言。文宣亦大悲，抵盃於地曰：「汝以此嫌我，自今敢進酒者，斬之！」因取所御盃盡皆壞棄。後益沉湎，或入諸貴戚家角力批拉，不限貴賤。唯常山王至，內外肅然。帝又密撰事條，將諫，其友王晞以爲不可。帝不從，因間極言，遂逢大怒。順成后本魏朝宗室，文宣欲帝離之，陰爲帝廣求淑媛，望移其寵。帝雖承旨有納，而情義彌重。帝性頗嚴，尙書郎中剖斷有失，輒加捶楚，令史姦慝，便卽考竟。文宣乃立帝於前，以刀環擬脅。召被帝罰者，臨以白刃，求帝之短，咸無所陳，方見解釋。自是不許笞箠郎中。後賜帝魏時宮人，醒而忘之，謂帝擅取，遂以刀環亂築，因此致困。皇太后日夜啼泣，文宣不知所爲。先是禁友王晞，乃捨之，令侍帝。帝月餘漸瘳，不敢復諫。

及文宣崩，帝居禁中護喪事，幼主卽位，乃卽朝班。除太傅、錄尙書，〔三〕朝政皆決於帝，月餘，乃居藩邸，自是詔勑多不關帝。客或言於帝曰：「鷙鳥捨巢，必有探卵之患，今日之地，何宜屢出。」乾明元年，從廢帝赴鄴，居于領軍府。時楊愔、燕子獻、可朱渾天和、宋欽道、鄭子默等以帝威望既重，內懼權逼，請以帝爲太師、司州牧、錄尙書事；長廣王湛爲大司馬、錄幷省尙書事，解京畿大都督。帝時以尊親而見猜斥，乃與長廣王期獵，謀之於野。

三月甲戌，〔四〕帝初上省，旦發領軍府，大風暴起，壞所御車幔，帝甚惡之。及至省，朝士咸集。坐定，酒數行，執尚書令楊愔、右僕射燕子獻、領軍可朱渾天和、侍中宋欽道等於坐。帝戎服與平原王段韶、平秦王高歸彥、領軍劉洪徽入自雲龍門，於中書省前遇散騎常侍鄭子默，又執之，同斬於御府之內。帝至東閤門，都督成休寧抽刃呵帝。帝令高歸彥喻之，休寧厲聲大呼不從。歸彥既爲領軍，素爲兵士所服，悉皆弛仗，休寧歎息而罷。帝入至昭陽殿，幼主、太皇太后、皇太后並出臨御坐。帝奏愔等罪，求伏專擅之辜。時庭中及兩廊下衞士二千餘人皆被甲待詔，武衞娥永樂武力絕倫，又被文宣重遇，撫刃思効。廢帝性吃訥，兼倉卒不知所言。太皇太后又爲皇太后誓，言帝無異志，唯去逼而已。高歸彥敕勞衞士解嚴，永樂乃內刀而泣。帝乃令歸彥引侍衞之士向華林園，以京畿軍入守門閤，斬娥永樂於園。詔以帝爲大丞相、都督中外諸軍、錄尚書事，相府佐史進位一等。帝尋如晉陽，有詔軍國大政咸諮決焉。

帝既當大位，知無不爲，擇其令典，考綜名實，廢帝恭己以聽政。太皇太后尋下令廢少主，命帝統大業。

皇建元年八月壬午，皇帝卽位於晉陽宣德殿，大赦，改乾明元年爲皇建。詔奉太皇太后還稱皇太后，皇太后稱文宣皇后，宮曰昭信。乙酉，詔：自太祖創業已來，諸有佐命功臣子孫絕滅、國統不傳者，有司搜訪近親，以名聞，當量爲立後；諸郡國老人各授版職，賜黃帽鳩杖。又詔：謇正之士並聽進見陳事；軍人戰亡死王事者，以時申聞，當加榮贈；督將、朝士名望素高，位歷通顯，天保以來未蒙追贈者，亦皆錄奏；又以廷尉、中丞，執法所在，繩違按罪，不得舞文弄法；其官奴婢年六十已上免爲庶人。戊子，以太傅、長廣王湛爲右丞相，以太尉、平陽王淹爲太傅，以尚書令、彭城王浟爲大司馬。壬辰，詔分遣大使巡省四方，觀察風俗，問人疾苦，考求得失，搜訪賢良。甲午，詔曰：「昔武王克殷，先封兩代，漢、魏二晉，無廢茲典。及元氏統歷，不率舊章。朕纂承大業，思弘古典，但二王三恪，舊說不同，可議定是非，列名條奏。其禮儀體式亦仰議之。」又詔國子寺可備立官屬，依舊置生，講習經典，歲時考試。其文襄帝所運石經，宜即施列於學館。外州大學亦仰典司勤加督課。丙申，詔九州勳人有重封者，聽分授子弟，以廣骨肉之恩。

九月壬申，詔議定三祖樂。

冬十一月辛亥，立妃元氏爲皇后，世子百年爲皇太子。賜天下爲父後者爵一級。癸丑，有司奏太祖獻武皇帝廟宜奏武德之樂，舞昭烈之舞；世宗文襄皇帝廟宜奏文德之樂，舞宣政之舞；顯祖文宣皇帝廟宜奏文正之樂，〔五〕舞光大之舞。詔曰可。庚申，詔以故太師尉景、故太師竇泰、故太師太原王婁昭、故太宰章武王庫狄干、故太尉段榮、故太師万俟普、故司徒蔡儁、故太師高乾、故司徒莫多婁貸文、故太保劉貴、故太保封祖裔、故廣州刺史王懷十三人配饗太祖廟庭，〔六〕故太師清河王岳、故太宰安德王韓軌、故太宰扶風王可朱渾道元、故太師高昂、故大司馬劉豐、故太師万俟受洛干、故太尉慕容紹宗七人配饗世宗廟庭，故太尉河東王潘相樂、故司空薛脩義、故太傅破六韓常三人配饗顯祖廟庭。是月，帝親戎北討庫莫奚，出長城，虜奔遁，分兵致討，大獲牛馬，括總入晉陽宮。

十二月丙午，車駕至晉陽。

二年春正月辛亥，祀圜丘。壬子，禘於太廟。癸丑，詔降罪人各有差。

二月丁丑，詔內外執事之官從五品已上及三府主簿錄事參軍、諸王文學、侍御史、廷尉三官、尚書郎中、中書舍人，每二年之內各舉一人。

冬十月丙子，以尚書令、彭城王浟爲太保，長樂王尉粲爲太尉。己酉，野雉棲于前殿之庭。

十一月甲辰，詔曰：「朕嬰此暴疾，奄忽無逮。今嗣子沖眇，未閑政術，社稷業重，理歸上德。右丞相、長廣王湛研機測化，體道居宗，人雄之望，海內瞻仰，同胞共氣，家國所憑，可遣尚書左僕射、趙郡王叡喻旨，徵王統茲大寶。其喪紀之禮一同漢文，三十六日悉從公除，山陵施用，務從儉約。」先是帝不豫而無闕聽覽，是月，崩於晉陽宮，時年二十七。大寧元年閏十二月癸卯，梓宮還鄴，上謚曰孝昭皇帝。庚午，葬於文靖陵。

帝聰敏有識度，深沉能斷，不可窺測。身長八尺，腰帶十圍，儀望風表，迥然獨秀。自居臺省，留心政術，閑明簿領，吏所不逮。及正位宸居，彌所剋勵。輕徭薄賦，勤恤人隱。內無私寵，外收人物，雖后父位亦特進無別。日昃臨朝，務知人之善惡，每訪問左右，冀獲直言。曾問舍人裴澤在外議論得失。澤率爾對曰：「陛下聰明至公，自可遠侔古昔，而有識之士，咸言傷細，帝王之度，頗為未弘。」帝笑曰：「誠如卿言。朕初臨萬機，慮不周悉，故致爾耳。此事安可久行，恐後又嫌疏漏。」澤因被寵遇。其樂聞過也如此。趙郡王叡與庫狄顯安侍坐。帝曰：「須拔我同堂弟，顯安我親姑子，今序家人禮，除君臣之敬，可言我之不逮。」顯安曰：「陛下多妄言。」曰：「若何？」對曰：「陛下昔見文宣以馬鞭撻人，常以為非，而今行之，非妄言耶？」帝握其手謝之。又使直言。對曰：「陛下太細，天子乃更似吏。」帝曰：「朕甚知之，然無法來久，將整之以至無為耳。」又問王晞，晞答如顯安，皆從容受納。性至孝，太后不豫，出居南宮，帝行不正履，容色貶悴，衣不解帶，殆將四旬。殿去南宮五百餘步，鷄鳴而去，辰時方還，來去徒行，不乘輿輦。太后所苦小增，便卽寢伏閤外，食飲藥物盡皆躬親。太后常心痛不自堪忍，帝立侍帷前，以爪掐手心，血流出袖。友愛諸弟，無君臣之隔。雄斷有謀，于時國富兵强，將雪神武遺恨，意在頓駕平陽，爲進取之策。遠圖不遂，惜哉！

初帝與濟南約不相害。及輿駕在晉陽，武成鎭鄴，望氣者云鄴城有天子氣。帝常恐濟南復興，乃密行鴆毒，濟南不從，乃扼而殺之。後頗愧悔。初苦內熱，頻進湯散。時有尙書令史姓趙，於鄴見文宣從楊愔、燕子獻等西行，言相與復讎。帝在晉陽宮，與毛夫人亦見焉。遂漸危篤。備禳厭之事，或煑油四灑，或持炬燒逐。諸厲方出殿梁，騎棟上，歌呼自若，了無懼容。時有天狗下，乃於其所講武以厭之。有兔驚馬，帝墜而絕肋。太后視疾，問濟南所在者三，帝不對。太后怒曰：「殺去耶，不用吾言，死其宜矣！」臨終之際，唯扶服牀枕，叩頭求哀。遣使詔追長廣王入纂大統，手書云：「宜將吾妻子置一好處，勿學前人也。」

論曰：〔七〕神武平定四方，威權在己，遷鄴之後，雖主器有人，號令所加，政皆自出。文宣因循鴻業，內外叶從，自朝及野，羣心屬望，東魏之地，舉國樂推，曾未期月，遂登宸極。始則存心政事，風化肅然，數年之間，朝野安乂。其後縱酒肆欲，事極猖狂，昏邪殘暴，近代未有，饗國不永，實由斯疾。濟南繼業，大革其弊，風教粲然，搢紳稱幸。股肱輔弼，雖懷厥誠，既不能贊弘道德，和睦親懿，又不能遠慮防身，深謀衞主，應斷不斷，自取其咎。臣既誅夷，君尋廢辱，皆任非其器之所致爾。孝昭早居臺閣，故事通明，人吏之間，無所不委。文宣崩後，大革前弊。及臨尊極，留心更深，時人服其明而譏其細也。情好稽古，率由禮度，將封先代之胤，且敦學校之風，徵召英賢，文武畢集。于時周氏朝政移於宰臣，主將相猜，不無危殆。乃眷關右，實懷兼并之志，經謀宏遠，實當代之明主，而降年不永，其故何哉？豈幽顯之間，實有報復，將齊之基宇止在於斯，帝欲大之，天不許也？

校勘記

〔一〕北齊書卷六　按本卷原缺，後人以北史卷七齊紀中孝昭紀補。

〔二〕每歎云雖盟津之師左驂震而不衂以爲能　南本、北本、殿本「以爲」上有「同軌」二字，三朝本、汲本、局本無。按高演的語意未足，「震而不衂」下當有脫文。後人因不可解，增「同軌」二字，但仍然不可解。今從三朝本。

〔三〕錄尚書　北史卷七、册府卷一八八二二七九頁、御覽卷一三一六三四頁及同書卷五廢帝紀補乾明元年正月條「錄尚書」下都有「事」字。按當有此字，但補北齊書者常省去，今不補，以後也不再出校記。

〔四〕三月甲戌　按楊愔等被殺，事在二月，歷見本書卷五廢帝紀補、卷三四楊愔傳補。三月甲戌爲二十三日，距楊愔等之死已一月，顯誤。

〔五〕顯祖文宣皇帝廟宜奏文正之樂　錢氏考異卷三一云：「是時以文宣爲『高祖』，此『顯祖』當爲『高祖』之誤。」按北史卷七作「高祖」不誤，當是補此紀者妄改。下「配饗顯祖廟庭」句同誤。

〔六〕十三人配饗太祖廟庭　南、北、殿三本「十三」作「十二」，三朝本、汲本、局本作「十三」。按上列舉配饗諸人止十二人，似作「十二」是。然本書卷一八孫騰傳說他皇建中配饗高祖（高洋最初廟號）廟庭，是配饗應有孫騰，傳本脫去，致與總數不符，南本遂改「十三」爲「十二」，不知誤在脫文，不在總數。北史元本作「十三」，也是南本臆改而殿本從之。今從三朝本。

〔七〕論曰　按此論前半與卷四文宣紀同。余嘉錫四庫提要辨證卷三北齊書條云：「文宣紀乃百藥原書，孝昭紀則採自北史。李延壽之例，凡帝紀多合數人爲一卷，卷爲一論，即用各書史臣論連綴成文。其齊本紀中以文宣、廢帝、孝昭爲一卷而總論之，故其前半與文宣紀論同。」

北齊書卷七〔一〕

帝紀第七

武成

世祖武成皇帝諱湛，神武皇帝第九子，孝昭皇帝之母弟也。儀表瓌傑，神武尤所鍾愛。神武方招懷荒遠，乃爲帝聘蠕蠕太子菴羅辰女，號「隣和公主」。帝時年八歲，冠服端嚴，神情閑遠，華戎歎異。元象中，封長廣郡公。天保初，進爵爲王，拜尚書令，尋兼司徒，遷太尉。乾明初，楊愔等密相疏忌，以帝爲大司馬，領幷州刺史。帝既與孝昭謀誅諸執政，遷太傅、錄尚書事、領京畿大都督。皇建初，進位右丞相。孝昭幸晉陽，帝以懿親居守鄴，政事咸見委託。二年，孝昭崩，遺詔徵帝入統大位。及晉陽宮，發喪於崇德殿。皇太后令所司宣遺詔，左丞相斛律金率百僚敦勸，三奏，乃許之。

大寧元年冬十一月癸丑，〔三〕皇帝卽位於南宮，大赦，改皇建二年爲大寧。乙卯，以司徒、平秦王歸彥爲太傅，以尚書右僕射、趙郡王叡爲尚書令，以太尉尉粲爲太保，以尚書令段韶爲大司馬，以豐州刺史婁叡爲司空，以太傅、平陽王淹爲太宰，以太保、彭城王浟爲太師、錄尚書事，以冀州刺史、博陵王濟爲太尉，以中書監、任城王湝爲尚書左僕射，以幷州刺史斛律光爲右僕射，封孝昭皇帝太子百年爲樂陵郡王。庚申，詔大使巡行天下，求政善惡，問人疾苦，擢進賢良。是歲，周武帝保定元年。

河清元年春正月乙亥，車駕至自晉陽。辛巳，祀南郊。壬午，享太廟。丙戌，立妃胡氏爲皇后，子緯爲皇太子。大赦，內外百官普加汎級，諸爲父後者賜爵一級。己亥，以前定州刺史、馮翊王潤爲尚書左僕射。詔斷屠殺以順春令。

二月丁未，以太宰、平陽王淹爲青州刺史、太傅、領司徒，以領軍大將軍、宗師、平秦王歸彥爲太宰、冀州刺史。乙卯，以兼尚書令、任城王湝爲司徒。詔散騎常侍崔瞻聘于陳。

夏四月辛丑，皇太后婁氏崩。乙巳，青州刺史上言，今月庚寅河、濟清。以河、濟清，改大寧二年爲河清，降罪人各有差。

五月甲申，祔葬武明皇后於義平陵。己丑，以尚書右僕射斛律光爲尚書令。

秋七月，太宰、冀州刺史、平秦王歸彥據州反，詔大司馬段韶、司空婁叡討擒之。〔三〕乙未，斬歸彥並其三子及黨與二十人於都市。丁酉，以大司馬段韶爲太傅，以司空婁叡爲司徒，以太傅、平陽王淹爲太宰，以尚書令斛律光爲司空，以太子太傅、趙郡王叡爲尚書令，中書監、河間王孝琬爲尚書左僕射。癸亥，行幸晉陽。陳人來聘。

冬十一月丁丑，詔兼散騎常侍封孝琰使於陳。

十二月丙辰，車駕至自晉陽。

是歲，殺太原王紹德。

二年春正月乙亥，帝詔臨朝堂策試秀才。以太子少傅魏收爲兼尚書右僕射。己卯，兼右僕射魏收以阿縱除名。丁丑，以武明皇后配祭北郊。〔四〕辛卯，帝臨都亭錄見囚，降在京罪人各有差。

三月乙丑，詔司空斛律光督五營軍士築戍於軹關。壬申，室韋國遣使朝貢。丙戌，以兼尚書右僕射趙彥深爲左僕射。

夏四月，并、汾、晉、東雍、南汾五州蟲旱傷稼，〔五〕遣使賑恤。戊午，陳人來聘。

五月壬午，詔以城南雙堂閏位之苑，廻造大總持寺。

六月乙巳，齊州言濟、河水口見八龍昇天。乙卯，詔兼散騎常侍崔子武使于陳。庚申，司州牧、河南王孝瑜薨。

秋八月辛丑，詔以三臺宮爲大興聖寺。

冬十二月癸巳，陳人來聘。己酉，周將楊忠帥突厥阿史那木汗等二十餘萬人自恒州分爲三道，殺掠吏人。〔六〕是時，大雨雪連月，南北千餘里平地數尺，霜晝下，雨血於太原。戊午，帝至晉陽。己未，周軍逼并州，又遣大將軍達奚武帥衆數萬至東雍及晉州，與突厥相應。

是歲，室韋、庫莫奚、靺鞨、契丹並遣使朝貢。

三年春正月庚申朔，周軍至城下而陳，戰於城西。周軍及突厥大敗，人畜死者相枕，數百里不絕。詔平原王段韶追出塞而還。

三月辛酉，以律令班下，大赦。己巳，盜殺太師、彭城王浟。庚辰，以司空斛律光爲司徒，以侍中、武興王普爲尚書左僕射。甲申，以尚書令、馮翊王潤爲司空。

夏四月辛卯，詔兼散騎常侍皇甫亮使於陳。

五月甲子，帝至自晉陽。壬午，以尚書令、趙郡王叡爲錄尚書事，以前司徒婁叡爲太尉。甲申，以太傅段韶爲太師。丁亥，以太尉、任城王湝爲大將軍。壬辰，行幸晉陽。

六月庚子，大雨晝夜不息，至甲辰乃止。是月，晉陽訛言有鬼兵，百姓競擊銅鐵以捍之。殺樂陵王百年。歸宇文媪于周。

秋九月乙丑，封皇子綽爲南陽王，儼爲東平王。是月，歸閻媪于周。陳人來聘。突厥寇幽州，入長城，虜掠而還。

閏月乙未，詔遣十二使巡行水潦州，免其租調。乙巳，突厥寇幽州。周軍三道並出，使其將尉遲迥寇洛陽，楊檦入軹關，權景宣趣懸瓠。

冬十一月甲午，迥等圍洛陽。戊戌，詔兼散騎常侍劉逖使於陳。甲辰，太尉婁叡大破周軍於軹關，擒楊檦。

十二月乙卯，豫州刺史王士良以城降周將權景宣。丁巳，帝自晉陽南討。己未，太宰、平陽王淹薨。壬戌，太師段韶大破尉遲迥等，解洛陽圍。丁卯，帝至洛陽，免洛州經周軍處一年租賦，赦州城內死罪已下囚。己巳，以太師段韶爲太宰，以司徒斛律光爲太尉，并州刺史蘭陵王長恭爲尚書令。壬申，帝至武牢，經滑臺，次於黎陽，所經減降罪人。丙子，車駕至自洛陽。

是歲，高麗、靺鞨、新羅並遣使朝貢。山東大水，饑死者不可勝計，詔發賑給，事竟不行。

四年春正月癸卯，以大將軍、任城王湝爲大司馬。辛未，幸晉陽。二月甲寅，詔以新羅國王金眞興爲使持節、東夷校尉、樂浪郡公、新羅王。壬申，以年穀不登，禁酤酒。己卯，詔減百官食禀各有差。

三月戊子，詔給西兗、梁、滄、趙州，司州之東郡、陽平、清河、武都，冀州之長樂、渤海遭水潦之處貧下戶粟，各有差。家別斗升而已，又多不付。是月，彗星見；有物隕於殿庭，如赤漆鼓帶小鈴；殿上石自起，兩兩相對。又有神見於後園萬壽堂前山穴中，其體壯大，不辨其面，兩齒絕白，長出於脣，帝直宿嬪御已下七百人咸見焉。帝又夢之。

夏四月戊午，大將軍、東安王婁叡坐事免。乙亥，陳人來聘。太史奏天文有變，其占當有易王。丙子，乃使太宰段韶兼太尉，持節奉皇帝璽綬傳位於皇太子，大赦，改元爲天統元年，百官進級降罪各有差。又詔皇太子妃斛律氏爲皇后。於是羣公上尊號爲太上皇帝，軍國大事咸以奏聞。始將傳政，使內參乘子尙乘驛送詔書於鄴。子尙出晉陽城，見人騎隨後，忽失之，尙未至鄴而其言已布矣。

天統四年十二月辛未，太上皇帝崩於鄴宮乾壽堂，時年三十二，謚曰武成皇帝，廟號世祖。五年二月甲申，葬於永平陵。

校勘記

〔一〕北齊書卷七　按此卷原缺，後人以北史卷八齊紀下武成紀補。

〔二〕大寧元年冬十一月癸丑　通鑑卷一六八五二一七頁「大」作「太」。本書諸本和北史卷八、册府卷一八八二八四四頁、御覽卷一三一六三五頁此條都作「大寧」，但他處也間作「太寧」。李兆洛紀元編、陳垣二十史朔閏表都從通鑑作「太寧」。今按漢魏南北朝墓誌集釋所載石信、圖版三二七法懃禪師圖版三二八、高虬圖版六〇三之二三墓誌都作「大寧」，前二誌卽大寧年所刊，可爲確證。今後凡作「太」者徑改，不再出校記。

〔三〕詔大司馬段韶司空婁叡討擒之　諸本「討」作「計」。北史卷八、册府卷二一六二五九二頁、通鑑卷一六八五二二四頁作「討」。本書卷一六段韶傳也作「討」。按高歸彥是城破被擒，並非計誘，「計」字訛，今據北史改。

〔四〕己卯兼右僕射魏收以阿縱除名丁丑以武明皇后配祭北郊　按是年正月辛未朔，己卯是九日，丁丑是七日，先後顛倒。

〔五〕夏四月并汾晉東雍南汾五州蟲旱傷稼　諸本「晉」作「京」，北史卷八作「晉」。按北齊無「京州」。隋書卷二二五行志下稱「河清二年五六三并、晉已西五州旱」。作「晉」是，今據改。

〔六〕楊忠帥突厥阿史那木汗等至殺掠吏人　諸本「木」下有「可」字。按木汗是突厥可汗，他處也作「木杅」「木扞」。這裏衍「可」字，或「木」下脫「汗」「杅」字。今刪「可」字。

北齊書卷八〔一〕

帝紀第八

後主　幼主

後主諱緯，字仁綱，武成皇帝之長子也。母曰胡皇后，夢於海上坐玉盆，日入裙下，遂有娠，天保七年五月五日，生帝於并州邸。帝少美容儀，武成特所愛寵，拜王世子。及武成入纂大業，大寧二年正月丙戌，立爲皇太子。河淸四年，武成禪位於帝。

天統元年夏四月丙子，皇帝卽位於晉陽宮，大赦，改河淸四年爲天統。丁丑，以太保賀拔仁爲太師，太尉侯莫陳相爲太保，司空、馮翊王潤爲司徒，錄尙書事、趙郡王叡爲司空，尙書左僕射、河間王孝琬爲尙書令。戊寅，〔二〕以瀛州刺史尉粲爲太尉，斛律光爲大將軍，東安王婁叡爲太尉，〔三〕尙書右僕射趙彥深爲左僕射。

六月壬戌，彗星出文昌東北，其大如手，後稍長，乃至丈餘，百日乃滅。己巳，太上皇帝詔兼散騎常侍王季高使於陳。

秋七月乙未，太上皇帝詔增置都水使者一人。

冬十一月癸未，太上皇帝至自晉陽。己丑，太上皇帝詔改「太祖獻武皇帝」爲「神武皇帝」，廟號「高祖」，「獻明皇后」爲「武明皇后」；其「文宣」謚號委有司議定。

十二月庚戌，太上皇帝狩於北郊。壬子，狩於南郊。乙卯，狩於西郊。壬戌，太上皇帝幸晉陽。丁卯，帝至自晉陽。庚午，有司奏改「高祖文宣皇帝」爲「威宗景烈皇帝」。

是歲，高麗、契丹、靺鞨並遣使朝貢。河南大疫。

二年丙戌春正月辛卯，祀圜丘。癸巳，祫祭於太廟，詔降罪人各有差。丙申，以吏部尚書尉瑾爲尚書右僕射。庚子，行幸晉陽。

二月庚戌，太上皇帝至自晉陽。壬子，陳人來聘。

三月乙巳，太上皇帝詔以三臺施興聖寺。以旱故，降禁囚。

夏四月，陳文帝殂。

五月乙酉，以兼尚書左僕射、武興王普爲尚書令。己亥，封太上皇帝子儼爲東平王，〔四〕

仁弘爲齊安王，仁堅爲北平王，〔五〕仁英爲高平王，仁光爲淮南王。

六月，太上皇帝詔兼散騎常侍韋道儒聘於陳。

秋八月，太上皇帝幸晉陽。

冬十月乙卯，〔六〕以太保侯莫陳相爲太傅，大司馬、任城王湝爲太保，太尉婁叡爲大司馬，徙馮翊王潤爲太尉，〔七〕開府儀同三司韓祖念爲司徒。

十一月，大雨雪。盜竊太廟御服。

十二月乙丑，陳人來聘。

是歲，殺河間王孝琬。突厥、靺鞨國並遣使朝貢。於周爲天和元年。

三年春正月壬辰，太上皇帝至自晉陽。乙未，大雪，平地二尺。戊戌，太上皇帝詔京官執事散官三品已上各舉三人，五品已上各舉二人；稱事七品已上及殿中侍御史、尚書都、檢校御史、主書及門下錄事各舉一人。鄴宮九龍殿災，延燒西廊。

二月壬寅朔，帝加元服，大赦，九州職人各進四級，內外百官普進二級。

夏四月癸丑，太上皇帝詔兼散騎常侍司馬幼之使於陳。

五月甲午，太上皇帝詔以領軍大將軍、東平王儼爲尚書令。乙未，大風晝晦，發屋拔樹。

六月己未，太上皇帝詔封皇子仁幾爲西河王，仁約爲樂浪王，〔八〕仁儉爲潁川王，仁雅爲安樂王，仁統爲丹陽王，〔九〕仁謙爲東海王。

閏六月辛巳，左丞相斛律金薨。壬午，太上皇帝詔尚書令、東平王儼錄尚書事，以尚書左僕射趙彥深爲尚書令，并省尚書左僕射婁定遠爲尚書左僕射，中書監徐之才爲右僕射。

秋八月辛未，太上皇帝詔以太保、任城王湝爲太師，太尉、馮翊王潤爲大司馬，太宰段韶爲左丞相，太師賀拔仁爲右丞相，太傅侯莫陳相爲太宰，大司馬婁叡爲太傅，大將軍斛律光爲太保，司徒韓祖念爲大將軍，司空、趙郡王叡爲太尉，尚書令、東平王儼爲司徒。

九月己酉，太上皇帝詔：「諸寺署所綰雜保戶姓高者，〔一〇〕天保之初雖有優勑，權假力用未免者，今可悉蠲雜戶，任屬郡縣，一准平人。」丁巳，太上皇帝幸晉陽。

是秋，山東大水，人饑，僵尸滿道。

冬十月，突厥、大莫婁、室韋、百濟、靺鞨等國各遣使朝貢。

十一月丙午，〔一一〕以晉陽大明殿成故，大赦，文武百官進二級，免并州居城、太原一郡來年租賦。癸未，〔一二〕太上皇帝至自晉陽。

十二月己巳，太上皇帝詔以故左丞相、趙郡王琛配饗神武廟庭。

四年正月，詔以故淸河王岳、河東王潘相樂十人並配饗神武廟庭。癸亥，太上皇帝詔兼散騎常侍鄭大護使於陳。

三月乙巳，太上皇帝詔以司徒、東平王儼爲大將軍，南陽王綽爲司徒，開府儀同三司徐顯秀爲司空，開府儀同三司、廣寧王孝珩爲尙書令。

夏四月辛未，鄴宮昭陽殿災，及宣光、瑤華等殿。辛巳，太上皇帝幸晉陽。

五月癸卯，以尙書右僕射胡長仁爲左僕射，中書監和士開爲右僕射。壬戌，太上皇帝至自晉陽。自正月不雨至於是月。

六月甲子朔，大雨。甲申，大風，拔木折樹。是月，彗星見于東井。

秋九月丙申，周人來通和，太上皇帝詔侍中斛斯文略報聘于周。

冬十月辛巳，以尙書令、廣寧王孝珩爲錄尙書，左僕射胡長仁爲尙書令，右僕射和士開爲左僕射，中書監唐邕爲右僕射。

十一月壬辰，太上皇帝詔兼散騎常侍李翥使於陳。是月，陳安成王頊廢其主伯宗而自立。

十二月辛未，太上皇帝崩。丙子，大赦，九州職人普加四級，〔一三〕內外百官並加兩級。戊寅，上太上皇后尊號爲皇太后。〔一四〕甲申，詔細作之務及所在百工悉罷之。又詔掖庭、晉陽、中山宫人等及鄴下、并州太官官口二處，其年六十已上及有癃患者，仰所司簡放。庚寅，詔天保七年已來諸家緣坐配流者，所在令還。

是歲，契丹、靺鞨國並遣使朝貢。

五年春正月辛亥，詔以金鳳等三臺未入寺者施大興聖寺。是月，殺定州刺史、博陵王濟。

二月乙丑，詔應宫刑者普免刑爲官口。又詔禁網捕鷹鷂及畜養籠放之物。癸酉，大莫婁國遣使朝貢。己丑，改東平王儼爲琅邪王。詔侍中叱列長叉使於周。〔一五〕是月，殺太尉、趙郡王叡。

三月丁酉，以司空徐顯秀爲太尉，并省尚書令婁定遠爲司空。是月，行幸晉陽。

夏四月甲子，詔以并州尚書省爲大基聖寺，晉祠爲大崇皇寺。乙丑，車駕至自晉陽。

秋七月己丑，詔降罪人各有差。戊申，詔使巡省河北諸州無雨處，境内偏旱者優免租調。

冬十月壬戌，詔禁造酒。

十一月辛丑，詔以太保斛律光爲太傅，大司馬、馮翊王潤爲太保，大將軍、琅邪王儼爲大司馬。

十二月庚午，以開府儀同三司、蘭陵王長恭爲尚書令。庚辰，以中書監魏收爲尚書右僕射。

武平元年春正月乙酉朔，改元。太師、并州刺史、東安王婁叡薨。戊申，詔兼散騎常侍裴獻之聘于陳。

二月癸亥，以百濟王餘昌爲使持節、侍中、驃騎大將軍、帶方郡公，王如故。己巳，以太傅、咸陽王斛律光爲右丞相，并州刺史、右丞相、安定王賀拔仁爲錄尚書事，冀州刺史、任城王湝爲太師。丙子，降死罪已下囚。

閏月戊戌，錄尚書事、安定王賀拔仁薨。

三月辛酉，以開府儀同三司徐之才爲尚書左僕射。

夏六月乙酉，以廣寧王孝珩爲司空。甲辰，以皇子恒生故，大赦，內外百官普進二級，九州職人普進四級。己酉，詔以開府儀同三司唐邕爲尚書右僕射。

秋七月癸丑，封孝昭皇帝子彥基爲城陽王，彥康爲定陵王，彥忠爲梁郡王。甲寅，以尚書令、蘭陵王長恭爲錄尙書事，中領軍和士開爲尙書令。癸亥，靺鞨國遣使朝貢。癸酉，以華山王凝爲太傅。

八月辛卯，行幸晉陽。

九月乙巳，立皇子恒爲皇太子。

冬十月辛巳，以司空、廣寧王孝珩爲司徒，以上洛王思宗爲司空，封蕭莊爲梁王。戊子，曲降幷州死罪已下囚。己丑，復改威宗景烈皇帝謚號爲「顯祖文宣皇帝」。

十二月丁亥，車駕至自晉陽。詔右丞相斛律光出晉州道，〔一六〕修城戍。

二年春正月丁巳，詔兼散騎常侍劉環儁使於陳。戊寅，以百濟王餘昌爲使持節、都督、東青州刺史。

二月壬寅，以錄尙書事、蘭陵王長恭爲太尉，幷省錄尙書事趙彥深爲司空，尙書令和士開錄尙書事，左僕射徐之才爲尙書令，右僕射唐邕爲左僕射，吏部尙書馮子琮爲右僕射。

夏四月壬午，以大司馬、琅邪王儼爲太保。甲午，陳遣使連和，謀伐周，朝議弗許。

六月，段韶攻周汾州，剋之，獲刺史楊敷。

秋七月庚午，太保、琅邪王儼矯詔殺錄尙書事和士開於南臺。〔一七〕卽日誅領軍大將軍厙

狄伏連、書侍御史王子宣等，〔一八〕尚書右僕射馮子琮賜死殿中。〔一九〕

八月己亥，行幸晉陽。

九月辛亥，以太師、任城王湝爲太宰，馮翊王潤爲太師。己未，左丞相、平原王段韶薨。戊午，曲降幷州界內死罪已下各有差。庚午，殺太保、琅邪王儼。壬申，陳人來聘。

冬十月，罷京畿府入領軍府。己亥，車駕至自晉陽。

十一月庚戌，詔侍中赫連子悅使於周。丙寅，以徐州行臺、廣寧王孝珩錄尚書事。庚午，以錄尚書事、廣寧王孝珩爲司徒。癸酉，以右丞相斛律光爲左丞相。

三年春正月己巳，祀南郊。辛亥，追贈故琅邪王儼爲楚帝。〔二〇〕

二月己卯，以衛菩薩爲太尉。辛巳，以幷省吏部尚書高元海爲尚書右僕射。庚寅，以左僕射唐邕爲尚書令，侍中祖珽爲左僕射。是月，勑撰玄洲苑御覽，後改名聖壽堂御覽。

三月辛酉，詔文武官五品已上各舉一人。是月，周誅冢宰宇文護。

夏四月，周人來聘。

秋七月戊辰，誅左丞相、咸陽王斛律光及其弟幽州行臺、荊山公豐樂。

八月庚寅，廢皇后斛律氏爲庶人。以太宰、任城王湝爲右丞相，太師、馮翊王潤爲太尉，蘭陵王長恭爲大司馬，廣寧王孝珩爲大將軍，安德王延宗爲司徒。〔三〕使領軍封輔相聘于周。戊子，拜右昭儀胡氏爲皇后。己丑，以司州牧、北平王仁堅爲尚書令，特進許季良爲左僕射，彭城王寶德爲右僕射。癸巳，行幸晉陽。是月，聖壽堂御覽成，勑付史閣，後改爲脩文殿御覽。

九月，陳人來聘。

冬十月，降死罪已下囚。甲午，拜弘德夫人穆氏爲左皇后，大赦。

十二月辛丑，廢皇后胡氏爲庶人。

是歲，新羅、百濟、勿吉、突厥並遣使朝貢。於周爲建德元年。

四年春正月戊寅，以幷省尚書令高阿那肱爲錄尚書事。庚辰，詔兼散騎常侍崔象使於陳。

是月，鄴都、幷州並有狐媚，多截人髮。

二月乙巳，拜左皇后穆氏爲皇后。丙午，置文林館。乙卯，以尚書令、北平王仁堅爲錄尚書事。丁巳，行幸晉陽。是月，周人來聘。

三月辛未，盜入信州，殺刺史和士休，南兗州刺史鮮于世榮討平之。庚辰，車駕至晉陽。

夏四月戊午，以大司馬、蘭陵王長恭爲太保，大將軍、定州刺史、南陽王綽爲大司馬，太尉衛菩薩爲大將軍，〔三〕司徒、安德王延宗爲太尉，司空、武興王普爲司徒，開府儀同三司、宜陽王趙彥深爲司空。癸丑，祈皇祠壇壝蕝之內忽有車軌之轍，按驗傍無人跡，不知車所從來。乙卯，詔以爲大慶，班告天下。己未，周人來聘。

五月丙子，詔史官更撰魏書。癸巳，以領軍穆提婆爲尚書左僕射，以侍中、中書監段孝言爲右僕射。是月，開府儀同三司尉破胡、長孫洪略等與陳將吳明徹戰於呂梁南，大敗，破胡走以免，洪略戰沒，遂陷秦、涇二州。明徹進陷和、合二州。是月，殺太保、蘭陵王長恭。

六月，明徹進軍圍壽陽。壬子，幸南苑，從官暍死者六十人。以錄尚書事高阿那肱爲司徒。丙辰，詔開府王師羅使於周。

九月，校獵于鄴東。

冬十月，陳將吳明徹陷壽陽。辛丑，殺侍中崔季舒、張彫虎，散騎常侍劉逖、封孝琰，黃門侍郎裴澤、郭遵。癸卯，行幸晉陽。

十二月戊寅，以司徒高阿那肱爲右丞相。是歲，高麗、靺鞨並遣使朝貢，突厥使來求婚。

五年春正月乙丑，置左右娥英各一人。

二月乙未，車駕至自晉陽。朔州行臺、南安王思好反。辛丑，行幸晉陽。尚書令唐邕等大破思好，思好投水死，焚其屍，〔二三〕並其妻李氏。丁未，車駕至自晉陽。甲寅，以尚書令唐邕爲錄尚書事。

夏五月，大旱，晉陽得死魃，長二尺，面頂各二目。帝聞之，使刻木爲其形以獻。庚午，大赦。丁亥，陳人寇淮北。

秋八月癸卯，行幸晉陽。甲辰，以高勱爲尚書右僕射。〔二四〕

是歲，殺南陽王綽。

六年春三月乙亥，車駕至自晉陽。丁丑，烹妖賊鄭子饒於都市。是月，周人來聘。

夏四月庚子，以中書監陽休之爲尚書右僕射。癸卯，靺鞨遣使朝貢。

秋七月甲戌，行幸晉陽。

八月丁酉，冀、定、趙、幽、滄、瀛六州大水。是月，周師入洛川，屯芒山，攻逼洛城，縱火船焚浮橋，河橋絕。

閏月己丑，遣右丞相高阿那肱自晉陽禦之，師次河陽，周師夜遁。庚辰，以司空趙彥深爲司徒，斛律阿列羅爲司空。辛巳，以軍國資用不足，稅關市、舟車、山澤、鹽鐵、店肆，輕重各有差，開酒禁。

七年春正月壬辰，詔去秋已來，水潦人饑不自立者，所在付大寺及諸富戶濟其性命。甲寅，大赦。乙卯，車駕至自晉陽。

二月辛酉，括雜戶女年二十已下十四已上未嫁悉集省，隱匿者家長處死刑。二月丙寅，〔二五〕風從西北起，發屋拔樹，五日乃止。

夏六月戊申朔，日有食之。庚申，司徒趙彥深薨。

秋七月丁丑，大雨霖。是月，以水澇遣使巡撫流亡人戶。

八月丁卯，行幸晉陽。雉集於御坐，獲之，有司不敢以聞。詔營邯鄲宮。

冬十月丙辰，帝大狩於祁連池。周師攻晉州。癸亥，帝還晉陽。甲子，出兵，大集晉祠。庚午，帝發晉陽。癸酉，帝列陣而行，上雞棲原，與周齊王憲相對，至夜不戰，周師斂陣而退。

十一月，周武帝退還長安，留偏師守晉州。高阿那肱等圍晉州城。戊寅，帝至圍所。

十二月戊申，周武帝來救晉州。庚戌，戰於城南，〔二六〕我軍大敗。帝棄軍先還。癸丑，入晉陽，憂懼不知所之。甲寅，大赦。帝謂朝臣曰：「周師甚盛，若何？」羣臣咸曰：「天命未改，一得一失，自古皆然。宜停百賦，安慰朝野，收拾遺兵，背城死戰，以存社稷。」帝意猶豫，欲向北朔州。乃留安德王延宗、廣寧王孝珩等守晉陽。若晉陽不守，即欲奔突厥。羣臣皆曰不可，帝不從其言。開府儀同三司賀拔伏恩、封輔相、慕容鍾葵等宿衞近臣三十餘人西奔周師。乙卯，詔募兵，遣安德王延宗爲左，廣寧王孝珩爲右。延宗入見，帝告欲向北朔州。延宗泣諫，不從。帝密遣王康德與中人齊紹等送皇太后、皇太子於北朔州。丙辰，帝幸城南軍，勞將士，其夜欲遁，諸將不從。丁巳，大赦，改武平七年爲隆化元年。其日，穆提婆降周。詔除安德王延宗爲相國，委以備禦，延宗流涕受命。帝乃夜斬五龍門而出，欲走突厥，從官多散，領軍梅勝郎叩馬諫，乃廻之鄴。時唯高阿那肱等十餘騎，廣寧王孝珩、襄城王彥道續至，得數十人同行。戊午，延宗從衆議即皇帝位於晉陽，改隆化爲德昌元年。

庚申，帝入鄴。辛酉，延宗與周師戰於晉陽，大敗，爲周師所虜。帝遣募人，重加官賞，雖有此言，而竟不出物。廣寧王孝珩奏請出宮人及珍寶班賜將士，帝不悅。斛律孝卿居中受委，帶甲以處分，請帝親勞，爲帝撰辭，且曰宜慷慨流涕，感激人心。帝既出臨衆，將令之，不復記所受言，遂大笑，左右亦羣咍，將士莫不解體。於是自大丞相已下太宰、三師、大司馬、大將軍、三公等官並增員而授，或三或四，不可勝數。甲子，皇太后從北道至。引文武一品已上入朱華門，賜酒食，給紙筆，問以禦周之方。羣臣各異議，帝莫知所從。又引高元海、宋士素、盧思道、李德林等，欲議禪位皇太子。先是望氣者言，當有革易，於是依天統故事，授位幼主。

幼主名恒，帝之長子也。母曰穆皇后，武平元年六月生於鄴。其年十月，立爲皇太子。隆化二年春正月乙亥，即皇帝位，時八歲，改元爲承光元年，大赦，尊皇太后爲太皇太后，帝爲太上皇帝，后爲太上皇后。於是黄門侍郎顔之推、中書侍郎薛道衡、侍中陳德信等勸太上皇帝往河外募兵，更爲經略，若不濟，南投陳國，從之。丁丑，太皇太后、太上皇后自鄴先趣濟州。〔二七〕周師漸逼，癸未，幼主又自鄴東走。己丑，周師至紫陌橋。癸巳，燒城西門。太上皇將百餘騎東走。乙亥，〔二八〕渡河入濟州。其日，幼主禪位於大丞相、任城王湝，令侍中斛律孝卿送禪文及璽紱於瀛州，孝卿乃以之歸周。又爲任城王詔，尊太上皇爲無上皇，幼主爲守國天王。留太皇太后濟州，遣高阿那肱留守。太上皇並皇后攜幼主走青州，韓長鸞、鄧顒等數十人從。太上皇既至青州，即爲入陳之計。而高阿那肱召周軍，約生致齊主，而屢使人告言，賊軍在遠，已令人燒斷橋路。太上所以停緩。周軍奄至青州，太上窘急，將遜於陳，置金囊於鞍後，與長鸞、淑妃等十數騎至青州南鄧村，爲周將尉遲綱所獲。〔二九〕送鄴，周武帝與抗賓主禮，並太后、幼主、諸王俱送長安，封帝溫國公。至建德七年，誣與宜州刺史穆提婆謀反，及延宗等數十人無少長咸賜死，神武子孫所存者一二而已。至大象末，陽休之、陳德信等啓大丞相隋公，請收葬，聽之，葬長安北原洪瀆川。

帝幼而令善，及長，頗學綴文，置文林館，引諸文士焉。而言語澁呐，無志度，不喜見朝士。自非寵私昵狎，未嘗交語。性懦不堪，人視者，卽有忿責。其奏事者，雖三公令錄莫得仰視，皆略陳大旨，驚走而出。每災異寇盜水旱，亦不貶損，唯諸處設齋，以此爲修德。雅信巫覡，解禱無方。

初琅邪王舉兵，人告者誤云庫狄伏連反，帝曰：「此必仁威也。」又斛律光死後，諸武官舉高思好堪大將軍，帝曰：「思好喜反。」皆如所言。遂自以策無遺算，乃益驕縱。盛爲無愁之曲，帝自彈胡琵琶而唱之，侍和之者以百數。人間謂之無愁天子。嘗出見羣厲，盡殺之，或剝人面皮而視之。

任陸令萱、和士開、高阿那肱、穆提婆、韓長鸞等宰制天下，陳德信、鄧長顒、何洪珍參預機權。各引親黨，超居非次，官由財進，獄以賄成，其所以亂政害人，難以備載。諸宮奴婢、閹人、商人、胡戶、雜戶、歌舞人、見鬼人濫得富貴者將萬數。庶姓封王者百數，不復可紀。開府千餘，儀同無數。領軍一時二十，連判文書，各作依字，不具姓名，莫知誰也。諸貴寵祖禰追贈官，歲一進，位極乃止。

宮掖婢皆封郡君，宮女寶衣玉食者五百餘人，一裙直萬疋，鏡臺直千金，競爲變巧，朝衣夕弊。承武成之奢麗，以爲帝王當然。乃更增益宮苑，造偃武脩文臺，其嬪嬙諸宮中起鏡殿、寶殿、瑇瑁殿，丹青彫刻，妙極當時。又於晉陽起十二院，壯麗逾於鄴下。所愛不恒，數毀而又復。夜則以火照作，寒則以湯爲泥，百工困窮，無時休息。鑿晉陽西山爲大佛像，一夜然油萬盆，光照宮內。又爲胡昭儀起大慈寺，未成，改爲穆皇后大寶林寺，窮極工巧，運石塡泉，勞費億計，人牛死者不可勝紀。御馬則藉以氈罽，食物有十餘種，將合牝牡，則設青廬，具牢饌而親觀之。狗則飼以粱肉。馬及鷹犬乃有儀同、郡君之號，故有赤彪儀同、逍遙郡君、凌霄郡君，高思好書所謂「駮龍」、「逍遙」者也。犬於馬上設褥以抱之，鬬雞亦號開府，犬馬雞鷹多食縣幹。〔一○〕鷹之入養者，稍割犬肉以飼之，至數日乃死。

又於華林園立貧窮村舍，帝自弊衣爲乞食兒。又爲窮兒之市，躬自交易。寫築西鄙諸城，使人衣黑衣爲羌兵，鼓噪凌之，親率內參臨拒，或實彎弓射人。自晉陽東巡，單馬馳騖，衣解髮散而歸。

又好不急之務，曾一夜索蝎，及旦得三升。特愛非時之物，取求火急，皆須朝徵夕辦，當勢者因之，貸一而責十焉。賦斂日重，徭役日繁，人力既殫，帑藏空竭。乃賜諸佞幸賣官，或得郡兩三，或得縣六七，各分州郡，下逮鄉官亦多降中旨，〔一一〕故有勅用州主簿，勅用郡功曹。於是州縣職司多出富商大賈，競爲貪縱，人不聊生。爰自鄴都及諸州郡，所在徵稅，百端俱起。凡此諸役，皆漸於武成，至帝而增廣焉。然未嘗有帷薄淫穢，唯此事頗優於武成云。

初河清末，武成夢大蝟攻破鄴城，故索境內蝟膏以絕之。識者以後主名聲與蝟相協，亡齊徵也。又婦人皆剪剔以着假髻，而危邪之狀如飛鳥，至於南面，則髻心正西。始自宮內爲之，被於四遠，天意若曰元首剪落，危側當走西也。又爲刀子者刃皆狹細，名曰盡勢。遊童戲者好以兩手持繩，拂地而却上，跳且唱曰「高末」，高末之言，蓋高氏運祚之末也。然則亂亡之數蓋有兆云。

論曰：武成風度高爽，經算弘長，文武之官，俱盡其力，有帝王之量矣。但愛狎庸豎，委以朝權，帷薄之間，淫侈過度，滅亡之兆，其在斯乎？玄象告變，傳位元子，名號雖殊，政猶己出，迹有虛飾，事非憲典，聰明臨下，何易可誣。又河南、河間、樂陵等諸王，或以時嫌，或以猜忌，皆無罪而殞，非所謂知命任天道之義也。

後主以中庸之姿，懷易染之性，永言先訓，教匪義方。始自襁褓，至于傳位，隔以正人，閉其善道。養德所履，異乎春誦夏弦；過庭所聞，莫非不軌不物。輔之以中宮嬙嫗，屬之以麗色淫聲，縱韝紲之娛，恣朋淫之好。語曰「從惡若崩」，蓋言其易。武平在御，彌見淪胥，罕接朝士，不親政事，一日萬機，委諸凶族。內侍帷幄，外吐絲綸，威厲風霜，志迴天日，虐人害物，搏噬無厭，賣獄鬻官，溪壑難滿。重以名將貽禍，忠臣顯戮，始見浸弱之萌，俄觀土崩之勢，周武因機，遂混區夏，悲夫！蓋桀、紂罪人，其亡也忽焉，自然之理矣。

鄭文貞公魏徵總而論之曰：神武以雄傑之姿，始基霸業；文襄以英明之略，伐叛柔遠。于時喪君有君，師出以律。河陰之役，摧宇文如反掌；渦陽之戰，掃侯景如拉枯。故能氣攝西鄰，威加南服，王室是賴，東夏宅心。文宣因累世之資，膺樂推之會，地居當壁，遂遷魏鼎。懷譎詭非常之才，運屈奇不測之智，網羅俊乂，明察臨下，文武名臣，盡其力用。親戎出塞，命將臨江，定單于於龍城，納長君於梁國，外內充實，疆埸無警，胡騎息其南侵，秦人不敢東顧。既而荒淫敗德，罔念作狂，爲善未能亡身，餘殃足以傳後。得以壽終，幸也；胤嗣不永，宜哉。孝昭地逼身危，逆取順守，外敷文教，內蘊雄圖，將以牢籠區域，奄一函夏，享齡不永，勣用無成。若或天假之年，足使秦、吳旰食。武成卽位，雅道陵遲，昭、襄之風，濯焉已墜。洎乎後主，外內崩離，衆潰於平陽，身禽於青土。天道深遠，或未易談，吉凶由人，抑可揚搉。

觀夫有齊全盛，控帶遐阻，西苞汾、晉，南極江、淮，東盡海隅，北漸沙漠，六國之地，我獲其五，九州之境，彼分其四。料甲兵之衆寡，校帑藏之虛實，折衝千里之將，帷幄六奇之士；比二方之優劣，無等級以寄言。然其太行、長城之固自若也，江淮、汾晉之險不移也，帑藏輸稅之賦未虧也，士庶甲兵之衆不缺也；然而前王用之而有餘，後主守之而不足，其故何哉？前王之御時也，沐雨櫛風，拯其溺而救其焚，信賞必罰，安而利之，旣與共其存亡，故得同其生死。後主則不然，以人從欲，損物益己。彫牆峻宇，甘酒嗜音，廛肆遍於宮園，禽色荒於外內，俾晝作夜，罔水行舟，所欲必成，所求必得。旣不軌不物，又暗於聽受，忠信不聞，萋斐必入，視人如草芥，從惡如順流。佞閹處當軸之權，婢媼擅廻天之力，賣官鬻獄，亂政淫刑，刳剒被於忠良，祿位加於犬馬，讒邪並進，法令多聞，持瓢者非止百人，搖樹者不唯一手。於是土崩瓦解，衆叛親離，顧瞻周道，咸有西歸之志。方更盛其宮觀，窮極荒淫，謂黔首之可誣，指白日以自保。馳倒戈之旅，抗前歌之師，五世崇基，一舉而滅，豈非鐫金石者難爲功，摧枯朽者易爲力歟？

抑又聞之：皇天無親，唯德是輔；天時不如地利，地利不如人和。齊自河清之後，逮于武平之末，土木之功不息，嬪嬙之選無已，征稅盡，人力殫，物產無以給其求，江海不能贍其欲。所謂火既熾矣，更負薪以足之，數既窮矣，又爲惡以促之，欲求大厦不燔，延期過曆，不亦難乎！由此言之，齊氏之敗亡，蓋亦由人，匪唯天道也。

校勘記

〔一〕北齊書卷八　按此卷原缺，後人以北史卷八齊紀下後主紀補。三朝本卷末有宋人校語「此卷與北史同」。

〔二〕戊寅　諸本「戊寅」作「庚寅」。北史卷八、通鑑卷一六九五二五二頁作「戊寅」。按天統元年五六五四月癸丑朔，有「戊寅」，無「庚寅」，今據北史改。

〔三〕以瀛州刺史尉粲爲太尉斛律光爲大將軍東安王婁叡爲太尉　通鑑卷一六九五二五二頁此條胡三省注：「尉粲、婁叡並爲太尉，此承齊紀之誤。按尉粲傳本書卷一五粲爲太傅，當從之。」殿本考證云：「考武成紀本書卷七河清三年五六四冬十二月，以斛律光爲太尉，是『太尉』二字當屬下句讀。『爲』字下指「尉粲爲」下，疑脫『太傅』二字。」按武成紀補大寧元年五六一十一月稱「以太尉尉粲爲太保」。太保班在太尉上，不應此時又退到太尉。當如殿本考證之說，「尉粲爲」下脫「太傅」二字。

〔四〕封太上皇帝子儼爲東平王　按本書卷七武成紀補河清三年五六四九月已稱封儼爲東平王，這裏重出。

〔五〕仁堅爲北平王　諸本「堅」都作「固」。按下武平三年五七二兩見北平王仁堅。卷一二武成十二王傳補也稱「北平王貞字仁堅」。李百藥北齊書據其父德林舊稿寫成。德林避隋諱，改「堅」爲「固」，這一處百藥漏改，北史仍之，此紀又仍北史之舊。今回改以歸一致。

〔六〕冬十月乙卯　諸本「乙卯」作「己卯」，北史卷八作「乙卯」。按天統二年五六六十月有「乙卯」，無「己卯」，今據改。

〔七〕徙馮翊王潤爲太尉　張森楷云：「北史改官，例不稱『徙』。此『徙』字蓋當爲『徒』，上脫『司』字。後人見『徒』字於義不屬，妄改爲『徙』。」按高潤在天統元年五六五四月爲司徒。這次改官，他人都書原官，不應高潤獨缺，張說是。

〔八〕仁約爲樂浪王　按卷一二武成十二王傳補無「仁約」，仁幾下面是樂平王仁邕。此人疑名約，字仁邕，這裏本無「仁」字，後人見兄弟名都有「仁」字，也加了此字。「樂浪」「樂平」不知孰是。

〔九〕仁統爲丹陽王　北史卷八無「仁」字。本書卷一二武成十二王傳補作「丹陽王仁直」。通鑑卷一七〇五二六六頁考異云：「北齊書帝紀名統，今從列傳，統謂仁直。」據此，則司馬光所見北齊書後主紀也作「統」，與北史同。按此「仁」字和上條「仁約」之「仁」都是後人所加。後主名緯字仁綱，儼字仁威和約字仁邕，紞字仁直一例。此紀或稱名，或稱字。

〔一〇〕諸寺署所縮雜保戶姓高者　「雜保戶」不可解，「保」當是「役」之訛。本書卷四文宣紀天保二年五五一九月稱：「詔免諸伎作、屯、牧雜色役隸之徒爲白戶。」「雜色役隸之徒」卽雜役戶。

〔一一〕十一月丙午　諸本「丙午」都作「甲午」，北史卷八作「景午」卽丙午。按天統三年五六七十一月無「甲午」，有「丙午」，今據改。

〔一二〕癸未　按本年十一月無「癸未」。通鑑卷一七〇五二七一頁作「癸丑」，疑是。

〔一三〕大赦九州職人普加四級　諸本和北史卷八「四」都作「一」。文館詞林卷六七〇魏收北齊後主大赦詔卽是這次大赦所發的詔書，稱「普加四級」。按此紀天統三年五六七二月、武平元年五七〇六月大赦都說「九州職人，普加四級」。「一」字誤，今據文館詞林改。

〔一四〕上太上皇后尊號爲皇太后　三朝本、南本、北本、汲本、殿本「太上皇后」上無「上」字。局本及北史卷八、册府卷一八九二二九二頁有。按此字不宜省，今從局本。

〔一五〕詔侍中叱列長叉使於周　諸本和北史卷八「叉」作「文」，本書卷二〇叱列平傳作「乂」，北史卷五三叱列平傳、卷九三梁蕭氏傳、通鑑卷一七〇五二七九頁作「叉」。按漢魏南北朝墓誌集釋有馮忱妻叱李綱子墓誌稱「祖長乂，齊侍中、許昌王」。隋書卷一高祖紀上開皇二年、四年兩見叱李長叉。「乂」「叉」同，「叱李」卽「叱列」的異譯。今據墓誌改。

〔一六〕詔右丞相斛律光出晉州道　諸本及北史卷八「右」作「左」。按此紀於本年二月稱以斛律光爲右丞相，明年十一月升左丞相，卷一七本傳同。這裏「左」字顯誤，今改正。

〔一七〕太保琅邪王儼矯詔殺錄尚書事和士開於南臺　諸本「太保」作「太尉」，北史卷八作「太保」。按此紀於本年四月書儼爲太保，卷一二琅邪王儼傳補同。今據北史改。

〔一八〕書侍御史王子宜等　諸本「書侍御史」作「侍書御史」，北史卷八作「書侍御史」。本書卷一二琅邪王儼傳補作「治書侍御史」，隋書卷二一天文志五代災應變、通鑑卷一七二五二九四頁同儼傳。按本應作「治書侍御史」，北史避唐諱去「治」字，補此紀者以「書侍御史」罕見，妄加乙改，今從北史乙正。　又本書琅邪王儼傳也以北史補，本無「治」字，今有此字，亦補此傳者所增，却增得對。

〔一九〕尚書右僕射馮子琮賜死殿中　諸本「右」作「左」，北史卷八作「右」。本書卷四〇、北史卷五五馮子琮傳也是一作「左」，一作「右」。按此紀於本年二月書馮子琮爲右僕射，隋書卷二一天文志五代災應變、卷二二五行志上木氷都稱「右僕射馮子琮」。「左」字誤，今據北史改。

〔二〇〕追贈故琅邪王儼爲楚帝　諸本「帝」作「王」，北史卷八作「帝」。按贈帝事亦見本書卷一二補、北史卷五二儼本傳。「王」字誤，今據北史改。

〔二一〕安德王延宗爲司徒　諸本「司徒」上有「大」字，北史卷八無。按北齊制度司徒、司空都不加大，今據北史删。

〔二二〕太尉衞菩薩爲大將軍　諸本和北史卷八「太尉」上有「大司馬」三字。按此紀於武平三年五七二二月稱「以衞菩薩爲太尉」，沒有說他兼大司馬。而且以太尉遷大將軍，正合常規，大司馬班在大將軍上，菩薩如已官大司馬，一般無遷大將軍之例。這裏是涉上「南陽王綽爲大司馬」而誤重，今删。

〔二三〕思好投水死焚其屍　諸本和北史卷八「水」作「火」。按本書卷一四補、北史卷五一高思好傳說他軍敗，「投水而死」，又說「屠剝焚之」。若已投火，不待再焚。這裏本亦作「投水」，後人不知焚屍是死後的事，以爲投水豈能焚，妄改作「火」。今據本傳改。

〔二四〕以高勱爲尙書右僕射　三朝本、北本、汲本、局本「勱」作「勵」，南本從北史卷八作「勱」，殿本從之。按本書卷一三、北史卷五一清河王岳傳作「勱」，而舊唐書卷六五高士廉傳、新唐書卷九五高儉傳作「勵」。金石錄卷二四高士廉塋兆記跋云：「唐史及元和姓纂皆云士廉父名『勵』，而北史作『勱』。今此碑與北史合，蓋唐史及姓纂轉寫誤爾。」據碑，作「勵」誤，今從南本。

〔二五〕二月丙寅　上文已見「二月辛酉」，這裏不應重出二月。隋書卷二三五行志下常風作「三月」。但這年三月又沒有丙寅。則也可能衍「二月」二字。今不改。

〔二六〕十二月戊申周武帝來救晉州庚戌戰於城南　諸本無「周」字，今據北史卷八補。又諸本「庚戌」

作「庚申」。北史卷八、御覽卷一三一六二六頁、周書卷六武帝紀建德六年五七七十二月都作「庚戌」。按上文見「戊申」，下文見「癸丑」，中間只能是「庚戌」，今據改。

〔二七〕丁丑太皇太后太上皇后自鄴先趣濟州　諸本和北史卷八「太上皇」下無「后」字。通鑑卷一七三五三六九頁有。按下文說癸丑燒城西門指鄴城，太上皇率百餘騎東走。丁丑是三日，癸丑是十九日，後主太上皇既已丁丑「趣濟州」，怎會在癸丑又自鄴東走？檢周書六武帝紀下建德六年五七七正月癸巳云：「齊主先送其母並妻子於青州，及城陷，乃率數十騎東走。」據此知此紀所云丁丑趣濟州的是後主的母妻。這裏脫一「后」字，今據通鑑補。

〔二八〕乙亥　按這年正月乙亥朔，上文紀癸巳已是十九日，怎會又退到一日。乙亥必誤，通鑑卷一七三五三七〇頁作「乙未」，疑是。

〔二九〕爲周將尉遲綱所獲　按周書卷六武帝紀下建德六年五七七正月記追擒北齊後主的是尉遲勤。勤父綱死於天和四年五六九，見周書卷二〇本傳。此紀誤。

〔三〇〕犬馬雞鷹多食縣幹　三朝本、北本、汲本、局本「幹」作「邑」。北史卷八作「幹」。按食幹是北齊制度，屢見本書。當是補此傳者不知食幹之制，臆改爲「邑」。南本、殿本已據北史回改，今從之。

〔三一〕下逮鄉官亦多降中旨　諸本及北史卷八「旨」作「者」。御覽卷一三一六三七頁、通歷卷九、通典卷一四作「旨」，按「中旨」屢見本書卷三八元文遙傳補、卷四〇馮子琮傳補，今據改。

北齊書卷九〔一〕

列傳第一

神武婁后　文襄元后　文宣李后　孝昭元后　武成胡后

後主斛律后　胡后　穆后

神武明皇后婁氏，諱昭君，贈司徒內干之女也。少明悟，强族多聘之，並不肯行。及見神武於城上執役，驚曰：「此眞吾夫也。」乃使婢通意，又數致私財，使以聘己，父母不得已而許焉。神武既有澄清之志，傾產以結英豪，密謀祕策，后恒參預。及拜渤海王妃，閫闈之事悉決焉。

后高明嚴斷，雅遵儉約，往來外舍，侍從不過十人。性寬厚，不妬忌，神武姬侍，咸加恩待。神武嘗將西討出師，后夜孿生一男一女，左右以危急，請追告神武。后弗聽曰：「王出統大兵，何得以我故輕離軍幕。死生命也，來復何爲！」神武聞之，嗟歎良久。沙苑敗後，侯景厘言請精騎二萬，必能取之。神武悅，以告于后。后曰：「若如其言，豈有還理，得獺失景，亦有何利。」乃止。神武逼於茹茹，欲娶其女而未決。后曰：「國家大計，願不疑也。」及茹茹公主至，后避正室處之。神武愧而拜謝焉，曰：「彼將有覺，願絕勿顧。」慈愛諸子，不異己出，躬自紡績，人賜一袍一袴。手縫戎服，以帥左右。弟昭，以功名自達，其餘親屬，未嘗爲請爵位。每言有材當用，義不以私亂公。文襄嗣位，進爲太妃。文宣將受魏禪，后固執不許，帝所以中止。天保初，尊爲皇太后，宮曰宣訓。濟南即位，尊爲太皇太后。尚書令楊愔等受遺詔輔政，疏忌諸王。太皇太后密與孝昭及諸大將定策誅之，下令廢立。孝昭即位，復爲皇太后。孝昭帝崩，太后又下詔立武成帝。大寧二年春，太后寢疾，衣忽自舉，用巫嫗言改姓石氏。四月辛丑，崩於北宮，時年六十二。五月甲申，合葬義平陵。

太后凡孕六男二女，皆感夢：孕文襄則夢一斷龍；孕文宣則夢大龍，首尾屬天地，張口動目，勢狀驚人；孕孝昭則夢蠕龍於地；孕武成則夢龍浴於海；孕魏二后並夢月入懷；孕襄城、博陵二王夢鼠入衣下。后未崩，有童謠曰「九龍母死不作孝」。及后崩，武成不改服，緋袍如故。未幾，登三臺，置酒作樂。帝女進白袍，〔三〕帝怒，投諸臺下。和士開請止樂，帝大怒，撻之。帝於昆季次實九，蓋其徵驗也。

文襄敬皇后元氏，魏孝靜帝之姊也。孝武帝時，封馮翊公主而歸於文襄。容德兼美，曲盡和敬。初生河間王孝琬，時文襄爲世子，三日而孝靜帝幸世子第，贈錦綵及布帛萬疋。世子辭，求通受諸貴禮遺，於是十屋皆滿。次生兩公主。文宣受禪，尊爲文襄皇后，居靜德宮。及天保六年，文宣漸致昏狂，乃移居於高陽之宅，而取其府庫，曰：「吾兄昔姦我婦，我今須報。」乃淫於后。其高氏女婦無親疏，皆使左右亂交之於前。以葛爲絙，令魏安德主騎上，使人推引之，又命胡人苦辱之。帝又自呈露，以示羣下。武平中，后崩，祔葬義平陵。

文宣皇后李氏，諱祖娥，趙郡李希宗女也。容德甚美。初爲太原公夫人。及帝將建中宮，高隆之、高德正言漢婦人不可爲天下母，宜更擇美配。楊愔固請依漢、魏故事，不改元妃。而德正猶固請廢后而立段昭儀，欲以結勳貴之援，帝竟不從而立后焉。帝好捶撻嬪御，乃至有殺戮者，唯后獨蒙禮敬。天保十年，改爲可賀敦皇后。孝昭即位，降居昭信宮，號昭信皇后。武成踐祚，逼后淫亂，云：「若不許，我當殺爾兒。」后懼，從之。後有娠，太原王紹德至閤，不得見，慍曰：「兒豈不知耶，姊姊腹大，故不見兒。」后聞之，大慚，由是生女不舉。帝橫刀詬曰：「爾殺我女，我何不殺爾兒！」對后前築殺紹德。后大哭，帝愈怒，裸后亂撾撻之，號天不已。盛以絹囊，流血淋漉，投諸渠水，良久乃蘇，犢車載送妙勝尼寺。后性愛佛法，因此爲尼。齊亡入關。隋時得還趙郡。

孝昭皇后元氏，開府元蠻女也。初爲常山王妃。天保末，賜姓步六孤。孝昭卽位，立爲皇后。帝崩，梓宮之鄴。始渡汾橋，武成聞后有奇藥，追索之不得，使閹人就車頓辱。降居順成宮。武成旣殺樂陵王，元被閟隔，不得與家相知。宮闈內忽有飛語，帝令檢推，得后父兄書信，元蠻由是坐免官。后以齊亡入周氏宮中。隋文帝作相，放還山東。

武成皇后胡氏，安定胡延之女。其母范陽盧道約女，初懷孕，有胡僧詣門曰「此宅瓠蘆中有月」，旣而生后。天保初，選爲長廣王妃。產後主日，鴞鳴於產帳上。武成崩，尊爲皇太后，陸媼及和士開密謀殺趙郡王叡，出婁定遠、高文遙爲刺史。和、陸諂事太后，無所不至。初武成時，后與諸閹人褻狎。武成寵幸和士開，每與后握槊，因此與后姦通。自武成崩後，數出詣佛寺，又與沙門曇獻通。布金錢於獻席下，又挂寶裝胡牀於獻屋壁，武成平生之所御也。乃置百僧於內殿，託以聽講，日夜與曇獻寢處。以獻爲昭玄統。僧徒遙指太后以弄曇獻，乃至謂之爲太上者。帝聞太后不謹而未之信，後朝太后，見二少尼，悅而召之，乃男子也。於是曇獻事亦發，皆伏法，並殺元、山、王三郡君，皆太后之所昵也。帝自晉陽奉太后還鄴，至紫陌，卒遇大風。舍人魏僧伽明風角，奏言卽時當有暴逆事。帝詐云鄴中有急，彎弓纏矟，馳入南城，令鄧長顒幽太后北宮，仍有勑內外諸親一不得與太后相見。久之，帝復迎太后。太后初聞使者至，大驚，慮有不測。每太后設食，帝亦不敢嘗。周使元偉來聘，作述行賦，敍鄭莊公克段而遷姜氏，文雖不工，當時深以爲愧。齊亡入周，恣行姦穢。隋開皇中殂。

後主皇后斛律氏，左丞相光之女也。初爲皇太子妃。後主受禪，立爲皇后。武平三年正月生女，帝欲悅光，詐稱生男，爲之大赦。光誅，后廢在別宮，後令爲尼。齊滅，嫁爲開府元仁妻。

後主皇后胡氏，隴東王長仁女也。胡太后失母儀之道，深以爲愧，欲求悅後主，故飾后於宮中，令帝見之。帝果悅，立爲弘德夫人，進左昭儀，大被寵愛。斛律后廢，陸媼欲以穆夫人代之，太后不許。祖孝徵請立胡昭儀，遂登爲皇后。陸媼既非勸立，又意在穆夫人，其後於太后前作色而言曰：「何物親姪女作如此語言！」太后問有何言，曰：「不可道。」固問之，乃曰：「語大家云，太后行多非法，不可以訓。」太后大怒，喚后出，立剃其髮，送令還家。帝思之，每致物以通意。後與斛律廢后俱召入內，數日而鄴不守。後亦改嫁。

後主皇后穆氏，名邪利，本斛律后從婢也。母名輕霄，本穆子倫婢也，轉入侍中宋欽道家，姦私而生后，莫知氏族，或云后卽欽道女子也。小字黃花，後字舍利。欽道婦妒，黥輕霄面爲「宋」字。欽道伏誅，黃花因此入宮，有幸於後主，宮內稱爲舍利太監。女侍中陸太姬知其寵，養以爲女，薦爲弘德夫人。武平元年六月，生皇子恒。於時後主未有儲嗣，陸陰結待，以監撫之任不可無主，時皇后斛律氏，丞相光之女也，慮其懷恨，先令母養之，立爲皇太子。陸以國姓之重，穆、陸相對，又奏賜姓穆氏。胡庶人之廢也，陸有助焉，故遂立爲皇后，大赦。初，有折衝將軍元正烈於鄴城東水中得璽以獻，文曰「天王后璽」，蓋石氏所作。詔書頒告，以爲穆后之瑞焉。武成時，爲胡后造眞珠裙袴，所費不可稱計，被火所燒。後主既立穆皇后，復爲營之。屬周武遭太后喪，詔侍中薛孤、康買等爲弔使，又遣商胡齎錦綵三萬疋與弔使同往，欲市眞珠爲皇后造七寶車，周人不與交易，然而竟造焉。先是童謠曰：「黃花勢欲落，清觴滿盃酌。」言黃花不久也，後主自立穆后以後，昏飲無度，故云清觴滿盃酌。陸息駱提婆詔改姓爲穆，陸。太姬，皆以皇后故也。〔三〕后既以陸爲母，提婆爲家，更不採輕霄。輕霄後自療面，欲求見，太后、陸嫗使禁掌之，〔四〕竟不得見。

校勘記

〔一〕北齊書卷九　按此卷原缺，後人以北史卷一四后妃傳下北齊部分補。傳目仍北齊書的原目，不列附傳諸妃嬪。補此傳者按目補入，所以北史有傳而此傳目錄不載的一概不補。其實北齊書目錄不載，並非傳內無文。又今本此傳無序，初學記卷一〇中宮部妃嬪引北齊書，卽此傳的序。北史后妃傳序乃併合魏、周、齊三書后妃傳序而成。其中敍北齊妃嬪位號一段和初學記所引北齊書基本相同。初學記是類書，引文刪節較多，所以比北史簡略，但個別文字也可以訂正北史的訛文。

〔二〕帝女進白袍　通鑑卷一六八五二二三頁「帝女」作「宮女」。隋書卷二三五行志下心腹之痾「帝女」作「侍者」。按「帝女」當有誤，通鑑恐亦是以意改。

〔三〕陸太姬皆以皇后故也　按這句文義不順。下「陸」字下當脫「號曰」二字，卷五〇恩倖傳補云：「及穆后立，令萱號曰太姬」，可證。

〔四〕欲求見太后陸嫗使禁掌之　北史卷一四作「欲求見，爲太姬陸嫗使禁掌之」。按穆后立後，胡太后已和後主有猜嫌，豈能和陸令萱一起禁止輕霄之見其女。這裏「太后」當是「太姬」之訛，「太姬陸嫗」連文。

北齊書卷十〔一〕

列傳第二

高祖十一王

神武皇帝十五男：武明婁皇后生文襄皇帝、文宣皇帝、孝昭皇帝、襄城景王淯、武成皇帝、博陵文簡王濟，王氏生永安簡平王浚，穆氏生平陽靖翼王淹，大尒朱氏生彭城景思王浟、華山王凝，韓氏生上黨剛肅王渙，小尒朱氏生任城王湝，游氏生高陽康穆王湜，鄭氏生馮翊王潤，馮氏生漢陽敬懷王洽。〔二〕

永安簡平王浚，字定樂，神武第三子也。初神武納浚母，當月而有孕，及產浚，疑非己類，不甚愛之。而浚早慧，後更被寵。年八歲時，問於博士盧景裕曰：「『祭神如神在。』為有神邪，無神邪？」對曰：「有。」浚曰：「有神當云祭神神在，何煩『如』字？」景裕不能答。及長，嬉戲不節，曾以屬請受納，大見杖罰，拘禁府獄，既而見原。後稍折節，頗以讀書為務。

元象中，封永安郡公。豪爽有氣力，善騎射，為文襄所愛。文宣性雌懦，每參文襄，有時涕出。浚常責帝左右，何因不為二兄拭鼻，由是見銜。累遷中書監、兼侍中。出為青州刺史，頗好畋獵，聰明矜恕，上下畏悅之。天保初，進爵為王。〔三〕文宣末年多酒，浚謂親近曰：「二兄舊來不甚了了，自登祚已後，識解頓進。今因酒敗德，朝臣無敢諫者，大敵未滅，吾甚以為憂，欲乘驛至鄴面諫，不知用吾不。」人有知，密以白帝，又見銜。八年來朝，從幸東山。帝裸裎為樂，雜以婦女，又作狐掉尾戲。浚進言，此非人主所宜。帝甚不悅。浚又於屏處召楊遵彥，譏其不諫。帝時不欲大臣與諸王交通，遵彥懼以奏。帝大怒曰：「小人由來難忍！」遂罷酒還宮。浚尋還州，又上書切諫。詔令徵浚，浚懼禍，謝疾不至。上怒，馳驛收浚，老幼泣送者數千人。至，盛以鐵籠，與上黨王渙俱置北城地牢下，飲食溲穢共在一所。明年，帝親將左右臨穴歌謳，令浚和之。浚等惶怖且悲，不覺聲戰。帝為愴然，因泣，將赦之。長廣王湛先與浚不睦，進曰：「猛獸安可出穴。」帝默然。浚等聞之，呼長廣小字曰：「步落稽，皇天見汝！」左右聞者，莫不悲傷。浚與渙皆有雄略，爲諸王所傾服，帝恐爲害，乃自刺渙，又使壯士劉桃枝就籠亂刺。槊每下，浚、渙輒以手拉折之，號哭呼天。於是薪火亂投，燒殺之，塡以石土。後出，皮髮皆盡，屍色如炭，天下爲之痛心。

後帝以其妃陸氏配儀同劉郁捷，舊帝蒼頭也，以軍功見用，時令郁捷害浚，故以配焉。後數日，帝以陸氏先無寵於浚，敕與離絕。乾明元年，贈太尉。無子，詔以彭城王瀲第二子準嗣。

平陽靖翼王淹，字子邃，神武第四子也。元象中，封平陽郡公，累遷尚書左僕射。天保初，進爵爲王，歷位尚書令、開府儀同三司、司空、太尉。皇建初，爲太傅，與彭城、河間王並給仗身、〔四〕羽林百人。大寧元年，遷太宰。性沉謹，以寬厚稱。河淸三年，薨於晉陽，或云酖終。還葬鄴，贈假黃鉞、太宰、錄尙書事。子德素嗣。

彭城景思王瀲，字子深，神武第五子也。元象二年，拜通直散騎常侍，封長樂郡公。博士韓毅敎瀲書，見瀲筆迹未工，戲瀲曰：「五郎書畫如此，忽爲常侍開國，今日後宜更用心。」瀲正色答曰：「昔甘羅幼爲秦相，未聞能書。凡人唯論才具何如，豈必動誇筆迹。博士當今能者，何爲不作三公？」時年蓋八歲矣。毅甚慚。

武定六年，出爲滄州刺史，爲政嚴察，部內肅然。守令參佐，下及胥吏，行遊往來，皆自賫糧食。湝纖介知人間事。有濕沃縣主簿張達嘗詣州，夜投人舍，食雞羹，湝察知之。守令畢集，湝對衆曰：「食雞羹何不還價直也。」達即伏罪。合境號爲神明。又有一人從幽州來，驢馱鹿脯。至滄州界，脚痛行遲，偶會一人爲伴，遂盜驢及脯去。明旦，告州。湝乃令左右及府僚吏分市鹿脯，不限其價。其主見脯識之，推獲盜者。轉都督、定州刺史。時有人被盜黑牛，背上有白毛。長史韋道建謂中從事魏道勝曰：「使君在滄州日，擒姦如神，若捉得此賊，定神矣。」湝乃詐爲上府市牛皮，〔五〕倍酬價直，使牛主認之，因獲其盜。建等歎服。又有老母姓王，孤獨，種菜三畝，數被偷。湝乃令人密往書菜葉爲字，明日市中看菜葉有字，獲賊。爾後境內無盜，政化爲當時第一。天保初，封彭城王。四年，徵爲侍中，人吏送別悲號。有老公數百人相率具饌曰：「自殿下至來五載，人不識吏，吏不欺人，百姓有識已來，始逢今化。殿下唯飲此鄉水，未食此鄉食，聊獻疏薄。」湝重其意，爲食一口。七年，轉司州牧，選從事皆取文才士明剖斷者，當時稱爲美選。州舊案五百餘，湝未期悉斷盡。別駕羊脩等恐犯權戚，乃詣閤諮陳。湝使告曰：「吾直道而行，何憚權戚，卿等當成人之美，反以權戚爲言。」脩等慚悚而退。後加特進，兼司空、太尉，州牧如故。太妃薨，解任，尋詔復本官。俄拜司空，兼尚書令。濟南嗣位，除開府儀同三司、尚書令、領大宗正卿。皇建初，拜大司馬，兼尚書令，轉太保。武成入承大業，遷太師、錄尚書事。淯明練世務，果於斷決，事無大小，咸悉以情。趙郡李公統預高歸彥之逆，其母崔氏卽御史中丞崔昂從父子，兼右僕射魏收之內妹也。依令，年出六十，例免入官。崔增年陳訴，所司以昂、收故，崔遂獲免。淯摘發其事，昂等以罪除名。

自車駕巡幸，淯常留鄴。河清三年三月，〔六〕羣盜田子禮等數十人謀劫淯爲主，詐稱使者，徑向淯第，至內室，稱勑牽淯上馬，臨以白刃，欲引向南殿。淯大呼不從，遂遇害，時年三十二，朝野痛惜焉。初淯未被劫前，其妃鄭氏夢人斬淯頭持去，惡之，數日而淯見殺。贈假黃鉞、太師、太尉、錄尚書事，給轀輬車。子寶德嗣，位開府，兼尚書左僕射。

上黨剛肅王渙，字敬壽，神武第七子也。天姿雄傑，俶儻不羣，雖在童幼，恒以將略自許。神武壯而愛之，曰：「此兒似我。」及長，力能扛鼎，材武絕倫。每謂左右曰：「人不可無學，但要不爲博士耳。」故讀書頗知梗概，而不甚耽習。元象中，封平原郡公。文襄之遇賊，渙年尚幼，在西學，聞宮中讙，驚曰：「大兄必遭難矣！」彎弓而出。武定末，除冀州刺史，在州有美政。天保初，封上黨王，歷中書令、尚書左僕射。與常山王演等築伐惡諸城。遂聚鄴下輕薄，凌犯郡縣，爲法司所糾。文宣戮其左右數人，渙亦被譴。六年，率衆送梁王蕭明還江南，仍破東關，斬梁特進裴之横等，威名甚盛。八年，錄尙書事。

初，術士言亡高者黑衣，由是自神武後，每出行，不欲見沙門，爲黑衣故也。是時文宣幸晉陽，以所忌問左右曰：「何物最黑？」對曰：「莫過漆。」帝以渙第七子爲當之，乃使庫眞都督破六韓伯昇之鄴徵渙。渙至紫陌橋，殺伯昇以逃，憑河而度，土人執以送帝。鐵籠盛之，與永安王浚同置地牢下。歲餘，與浚同見殺，時年二十六。以其妃李氏配馮文洛，是帝家舊奴，積勞位至刺史，帝令文洛等殺渙，故以其妻妻焉。

至乾明元年，收二王餘骨葬之，贈司空，諡曰剛肅。有勑李氏還第。而文洛尙以故意，修飾詣李。李盛列左右，引文洛立於階下，數之曰：「遭難流離，以至大辱，志操寡薄，不能自盡，幸蒙恩詔，得反藩闈。汝是誰家孰奴，猶欲見侮！」於是杖之一百，流血灑地。渙無嫡子，庶長子寶嚴以河清二年襲爵，位金紫光祿大夫、開府儀同三司。

襄城景王淯，神武第八子也。容貌甚美，弱年有器望。元象中，封章武郡公。天保初，封襄城郡王。二年春，薨。齊氏諸王選國臣府佐，多取富商羣小、鷹犬少年，唯襄城、廣寧、蘭陵王等頗引文藝淸識之士，當時以此稱之。乾明元年二月，贈假黄鉞、太師、太尉、錄尙書事。無子，詔以常山王演第二子亮嗣。

亮字彥道，性恭孝，美風儀，好文學。爲徐州刺史，坐奪商人財物免官。後主敗奔鄴，亮從焉，遷兼太尉、太傅。周師入鄴，亮於啓夏門拒守。諸軍皆不戰而敗，周軍於諸城門皆入，亮軍方退走。亮入太廟行馬內，慟哭拜辭，然後爲周軍所執。入關，依例授儀同，分配遠邊，卒於龍州。

任城王湝，神武第十子也。少明慧。天保初封。自孝昭、武成時，車駕還鄴，常令湝鎮晉陽，〔七〕總幷省事，歷司徒、太尉、幷省錄尙書事。天統三年，拜太保、幷州刺史，別封正平郡公。〔八〕時有婦人臨汾水浣衣，有乘馬人換其新靴馳而去者，婦人持故靴，詣州言之。湝召城外諸嫗，以靴示之，紿曰：「有乘馬人在路被賊劫害，遺此靴焉，得無親屬乎？」一嫗撫膺哭曰：「兒昨著此靴向妻家。」如其語，捕獲之。時稱明察。武平初，遷太師、司州牧，出爲冀州刺史，加太宰，遷右丞相、都督、青州刺史。湝頻牧大藩，雖不潔己，然寬恕爲吏人所懷。五年，青州崔蔚波等夜襲州城，湝部分倉卒之際，咸得齊整，擊賊，大破之。拜左丞相，轉瀛州刺史。及後主奔鄴，加湝大丞相。

及安德王稱尊號於晉陽，使劉子昂修啓於湝：「至尊出奔，宗廟既重，羣公勸迫，權主號令，事寧終歸叔父。」湝曰：「我人臣，何容受此啓。」執子昂送鄴。帝至濟州，禪位於湝，啓竟不達。湝與廣寧王孝珩於冀州召募得四萬餘人，拒周軍。周齊王憲來伐，先遣送書並赦詔，湝並沉諸井。戰敗，湝、孝珩俱被擒。憲曰：「任城王何苦至此？」湝曰：「下官神武帝子，兄弟十五人，幸而獨存，逢宗社顛覆，今日得死，無愧墳陵。」憲壯之，歸其妻子。將至鄴城，湝馬上大哭，自投于地，流血滿面。至長安，尋與後主同死。

妃盧氏賜斛斯徵，蓬首垢面，長齋不言笑。徵放之，乃爲尼。隋開皇三年，表請文帝葬湝及五子於長安北原。

高陽康穆王湜，神武第十一子也。天保元年封。十年，稍遷尚書令。以滑稽便辟，有寵於文宣，常在左右，〔九〕行杖以撻諸王。太后深銜之。其妃父護軍長史張晏之嘗要道拜湜，湜不禮焉。帝問其故，對曰：「無官職漢，何須禮。」帝於是擢拜晏之爲徐州刺史。文宣崩，兼司徒，導引梓宮，吹笛，云「至尊頗知臣不」，又擊胡鼓爲樂。太后杖湜百餘，未幾薨。太后哭之哀，曰：「我恐其不成就，與杖，何期帶創死也。」乾明初，贈假黃鉞、太師、司徒、錄尚書事。子士義襲爵。

博陵文簡王濟，神武第十二子也。天保元年封。濟嘗從文宣巡幸，在路忽憶太后，遂逃歸。帝怒，臨以白刃，因此驚恍。歷位太尉。河清初，出爲定州刺史。天統五年，在州語人云：「計次第亦應到我。」後主聞之，陰使人殺之。贈假黃鉞、太尉、錄尚書事。子智襲爵。

華山王凝，神武第十三子也。天保元年，封新平郡王；九年，改封安定；十年，封華山。〔一〇〕歷位中書令、齊州刺史，就加太傅。薨於州，贈左丞相、太師、錄尚書。凝諸王中最爲孱弱，妃王氏，太子洗馬王洽女也，與倉頭姦，凝知而不能限禁。後事發，王氏賜死，詔杖凝一百。其愚如此。

馮翊王潤，字子澤，神武第十四子也。幼時，神武稱曰：「此吾家千里駒也。」天保初封。歷位東北道大行臺、右僕射、都督、定州刺史。潤美姿儀，年十四五，母鄭妃與之同寢，有穢雜之聲。及長，廉慎方雅，習於吏職，至摘發隱僞，姦吏無所匿其情。開府王迴洛與六州大都督獨孤枝侵竊官田，受納賄賂，潤按舉其事。二人表言，王出送臺使，登魏文舊壇，南望歎息，不測其意。武成使元文遙就州宣勑曰：「馮翊王少小謹慎，在州不爲非法，朕信之熟矣。登高遠望，人之常情，鼠輩欲輕相間構，曲生眉目。」於是迴洛決鞭二百，獨孤枝決杖一百。尋爲尚書令，領太子少師，歷司徒、太尉、大司馬、司州牧、太保、河南道行臺、領錄尚書，別封文成郡公，太師、太宰，復爲定州刺史。薨，贈假黃鉞、左丞相。子茂德嗣。

漢陽敬懷王洽，字敬延，神武第十五子也。天保元年封。五年，薨，年十三。乾明元年，贈太保、司空。無子，以任城王第二子建德爲後。

校勘記

〔一〕北齊書卷十　按此卷原缺，後人以北史卷五一神武諸子傳補。三朝本、南本、局本於傳末有宋人校語，云：「此卷與北史同。」

〔二〕馮氏生漢陽敬懷王洽　三朝本、南本、汲本、局本和北史卷五一「馮」作「馬」，北本、殿本作「馮」。按北史卷一四后妃傳下見「馮娘」，但云「生浮陽公主」。然北史此傳高歡姬妾附見者類皆有子，其子却不列舉。此傳馮氏當卽此人。故從北、殿本。

〔三〕天保初進爵爲王　諸本「天保」作「保定」，唯局本作「天保」。按保定是周武帝年號，高浚封王在天保元年六月，見本書卷四文宣紀。今從局本。

〔四〕並給仗身　三朝本、北本、殿本「身」作「衞」。南本、汲本、局本和北史卷五一百衲本作「身」。按仗身是高級官員的衞士。唐代五品以上職事官及鎭戍皆給仗身，見通典卷三五。敦煌所出西魏大統十三年五四六計帳已見仗身名目，則北朝已有，今從南本。

〔五〕乃詐爲上府市牛皮　北史卷五一「府」作「符」。按「上符」指上級下達的公文，疑作「符」是。

〔六〕河清三年三月　諸本「三月」作「二月」，北史作「三月」。按事見本書卷七武成紀補河清三年五六四三月。北史是，今據改。

〔七〕自孝昭武成時車駕還鄴常令湝鎭晉陽　按孝昭帝自卽位至死，未曾還鄴，「孝昭」二字疑衍。

〔八〕別封正平郡公　諸本「正平」倒作「平正」，北史卷五一作「正平」。按魏書卷一〇六地形志上正平郡屬東雍州，「平正郡」不見地志。今據北史乙正。

〔九〕有寵於文宣常在左右　三朝本、南本、汲本、局本「常」作「帝」，他本及北史卷五一無此字。按通鑑卷一六八五一九三——九四頁、通志卷八五齊宗室傳都作「常」。通志錄自北史，知傳本北史脫此字，本書的三朝本則「常」訛作「帝」。今據通鑑、通志改。

〔一〇〕十年封華山　諸本及北史卷五一「十年」作「十五年」。殿本考證云：「天保止十年，『五』字應是衍文。」按上稱「九年」，這裏只能是十年，殿本考證說是。今刪「五」字。

北齊書卷十一〔一〕

列傳第三

文襄六王

河南康舒王孝瑜　廣寧王孝珩　河間王孝琬
蘭陵武王孝瓘　安德王延宗　漁陽王紹信

文襄六男：文敬元皇后生河間王孝琬，宋氏生河南王孝瑜，王氏生廣寧王孝珩，蘭陵王長恭不得母氏姓，陳氏生安德王延宗，燕氏生漁陽王紹信。

河南康舒王孝瑜，字正德，文襄長子也。初封河南郡公，齊受禪，進爵爲王。歷位中書令、司州牧。

初，孝瑜養於神武宮中，與武成同年相愛。將誅楊愔等，孝瑜預其謀。及武成卽位，禮遇特隆。帝在晉陽，手勑之曰：「吾飲汾清二盃，勸汝於鄴酌兩盃。」其親愛如此。孝瑜容貌魁偉，精彩雄毅，謙愼寬厚，兼愛文學，讀書敏速，十行俱下，覆棊不失一道。初，文襄於鄴東起山池遊觀，時俗眩之。孝瑜遂於第作水堂、龍舟，植幡矟於舟上，數集諸弟宴射爲樂。武成幸其第，見而悅之，故盛興後園之玩，於是貴賤慕斅，處處營造。

武成常使和士開與胡后對坐握槊，孝瑜諫曰：「皇后天下之母，不可與臣下接手。」帝深納之。後又言趙郡王父死非命，不可親。由是叡及士開皆側目。士開密告其奢僭，叡又言山東唯聞河南王，不聞有陛下。帝由是忌之。尒朱御女名摩女，本事太后，孝瑜先與之通，後因太子婚夜，孝瑜竊與之言。武成大怒，頓飲其酒三十七盃。體至肥大，腰帶十圍。使婁子彥載以出，酖之於車。至西華門，煩熱躁悶，投水而絕。贈太尉、錄尙書事。子弘節嗣。

孝瑜母，魏吏部尙書宋弁孫也，本魏潁川王斌之妃，爲文襄所納，生孝瑜，孝瑜還第，爲太妃。孝瑜妃，盧正山女，武成胡后之內姊也。孝瑜薨後，宋太妃爲盧妃所譖訴，武成殺之。

廣寧王孝珩，文襄第二子也。歷位司州牧、尙書令、司空、司徒、錄尙書、大將軍、大司馬。孝珩愛賞人物，學涉經史，好綴文，有伎藝。嘗於廳事壁自畫一蒼鷹，見者皆以爲眞，又作朝士圖，亦當時之妙絕。

後主自晉州敗奔鄴，詔王公議於含光殿。孝珩以大敵旣深，事藉機變。宜使任城王領幽州道兵入土門，揚聲趣并州；獨孤永業領洛州兵趣潼關，揚聲趣長安；臣請領京畿兵出滏口，鼓行逆戰。敵聞南北有兵，自然潰散。又請出宮人珍寶賜將士，帝不能用。承光卽位，以孝珩爲太宰。與呼延族、莫多婁敬顯、尉相願同謀，期正月五日，〔三〕孝珩於千秋門斬高阿那肱，相願在內以禁兵應之，族與敬顯自遊豫園勒兵出。旣而阿那肱從別宅取便路入宮，事不果。乃求出拒西軍，謂阿那肱、韓長鸞、陳德信等云：「朝廷不賜遣擊賊，豈不畏孝珩反耶？孝珩破宇文邕，遂至長安，反時何與國家事。以今日之急，猶作如此猜疑。」高、韓恐其變，出孝珩爲滄州刺史。至州，以五千人會任城王於信都，共爲匡復計。周齊王憲來伐，兵弱不能敵。怒曰：「由高阿那肱小人，吾道窮矣！」齊叛臣乞扶令和以矟刺孝珩墜馬，奴白澤以身扞之，孝珩猶傷數處，遂見虜。齊王憲問孝珩齊亡所由，孝珩自陳國難，辭淚俱下，俯仰有節。憲爲之改容，親爲洗創傅藥，禮遇甚厚。孝珩獨歎曰：「李穆叔言齊氏二十八年，今果然矣。自神武皇帝以外，吾諸父兄弟無一人得至四十者，命也。嗣君無獨見之明，宰相非柱石之寄，恨不得握兵符，受廟算，展我心力耳。」至長安，依例授開府、縣侯。後周武帝在雲陽，宴齊君臣，自彈胡琵琶，命孝珩吹笛。辭曰：「亡國之音，不足聽也。」固命之，擧笛裁至口，淚下嗚咽，武帝乃止。其年十月，疾甚，啓歸葬山東，從之。尋卒，令還葬鄴。

河間王孝琬，文襄第三子也。天保元年封。天統中，累遷尙書令。初，突厥與周師入太原，武成將避之而東。孝琬叩馬諫，請委趙郡王部分之，必整齊，帝從其言。孝琬免胄將出，帝使追還。周軍退，拜幷州刺史。

孝琬以文襄世嫡，驕矜自負。河南王之死，諸王在宮內莫敢擧聲，唯孝琬大哭而出。又怨執政，爲草人而射之。和士開與祖珽譖之，云：「草人擬聖躬也。又前突厥至州，孝琬脫兜鍪抵地，云『豈是老嫗，須着此』。此言屬大家也。」初，魏世謠言：「河南種穀河北生，白楊樹頭金雞鳴。」珽以說曰：「河南、河北，河間也。金雞鳴，孝琬將建金雞而大赦。」帝頗惑之。時孝琬得佛牙，置於第內，夜有神光。昭玄都法順請以奏聞，〔三〕不從。帝聞，使搜之，得鎭庫矟幡數百。帝聞之，以爲反。訊其諸姬，有陳氏者無寵，誣對曰「孝琬畫作陛下形哭之」，然實是文襄像，孝琬時時對之泣。帝怒，使武衞赫連輔玄倒鞭撾之。孝琬呼阿叔，帝怒曰：「誰是爾叔？敢喚我作叔！」孝琬曰：「神武皇帝嫡孫，文襄皇帝嫡子，魏孝靜皇帝外甥，何爲不得喚作叔也？」帝愈怒，折其兩脛而死。瘞諸西山，帝崩後，乃改葬。子正禮嗣，幼聰穎，能誦左氏春秋。齊亡，遷綿州卒。

蘭陵武王長恭，一名孝瓘，文襄第四子也。累遷幷州刺史。突厥入晉陽，長恭盡力擊之。芒山之敗，〔四〕長恭爲中軍，率五百騎再入周軍，遂至金墉之下，被圍甚急，城上人弗識，長恭免冑示之面，乃下弩手救之，於是大捷。武士共歌謠之，爲蘭陵王入陣曲是也。歷司州牧、青瀛二州，頗受財貨。後爲太尉，與段韶討栢谷，又攻定陽。韶病，長恭總其衆。前後以戰功別封鉅鹿、長樂、樂平、高陽等郡公。

芒山之捷，後主謂長恭曰：「入陣太深，失利悔無所及。」對曰：「家事親切，不覺遂然。」帝嫌其稱家事，遂忌之。及在定陽，其屬尉相願謂曰：「王既受朝寄，何得如此貪殘？」長恭未答。相願曰：「豈不由芒山大捷，恐以威武見忌，欲自穢乎？」長恭曰：「然。」相願曰：「朝廷若忌王，於此犯便當行罰，求福反以速禍。」長恭泣下，前膝請以安身術。相願曰：「王前既有勳，今復告捷，威聲太重，宜屬疾在家，勿預事。」長恭然其言，未能退。及江淮寇擾，恐復爲將，歎曰：「我去年面腫，今何不發。」自是有疾不療。武平四年五月，帝使徐之範飮以毒藥。長恭謂妃鄭氏曰：「我忠以事上，何辜於天，而遭鴆也。」妃曰：「何不求見天顏。」長恭曰：「天顏何由可見。」遂飮藥薨。贈太尉。

長恭貌柔心壯，音容兼美。爲將躬勤細事，每得甘美，雖一瓜數果，必與將士共之。初在瀛州，行參軍陽士深表列其贓，免官。及討定陽，士深在軍，〔五〕恐禍及。長恭聞之曰：「吾本無此意。」乃求小失，杖士深二十以安之。嘗入朝而僕從盡散，唯有一人，長恭獨還，無所譴罰。武成賞其功，命賈護爲買妾二十人，唯受其一。有千金責券，臨死日，盡燔之。

安德王延宗，文襄第五子也。母陳氏，廣陽王妓也。延宗幼爲文宣所養，年十二，猶騎置腹上，令溺己臍中，抱之曰：「可憐止有此一箇。」問欲作何王，對曰：「欲作衝天王。」文宣問楊愔，愔曰：「天下無此郡名，願使安於德。」於是封安德焉。爲定州刺史，於樓上大便，使人在下張口承之。以蒸猪糝和人糞以飼左右，有難色者鞭之。孝昭帝聞之，使趙道德就州杖之一百。道德以延宗受杖不謹，又加三十。又以囚試刀，驗其利鈍。驕縱多不法。武成使撻之，殺其昵近九人，從是深自改悔。蘭陵王芒山凱捷，自陳兵勢，諸兄弟咸壯之。延宗獨曰：「四兄非大丈夫，何不乘勝逕入？使延宗當此勢，關西豈得復存。」及蘭陵死，妃鄭氏以頸珠施佛。廣寧王使贖之。延宗手書以諫，而淚滿紙。河間死，延宗哭之淚亦甚。又爲草人以像武成，鞭而訊之曰：「何故殺我兄！」奴告之，武成覆臥延宗於地，馬鞭撾之二百，幾死。後歷司徒、太尉。

及平陽之役，後主自禦之，命延宗率右軍先戰，城下擒周開府宗挺。及大戰，延宗以麾下再入周軍，莫不披靡。諸軍敗，延宗獨全軍。後主將奔晉陽，延宗言：「大家但在營莫動，以兵馬付臣，臣能破之。」帝不納。及至并州，又聞周軍已入雀鼠谷，〔六〕乃以延宗爲相國、并州刺史，總山西兵事。謂曰：「并州，阿兄自取，兒今去也。」延宗曰：「陛下爲社稷莫動，臣爲陛下出死力戰。」駱提婆曰：「至尊計已成，王不得輒沮。」後主竟奔鄴。在并將率咸請曰：「王若不作天子，諸人實不能出死力。」延宗不得已，卽皇帝位，下詔曰：「武平孱弱，政由宦豎，釁結蕭牆，盜起疆埸。斬關夜遁，莫知所之，則我高祖之業將墜於地。王公卿士，猥見推逼，今便祗承寶位。可大赦天下，改武平七年爲德昌元年。」以晉昌王唐邕爲宰輔，齊昌王莫多婁敬顯、沭陽王和阿于子、〔七〕右衞大將軍段暢、武衞將軍相里僧伽、開府韓骨胡、侯莫陳洛州爲爪牙。衆聞之，不召而至者，前後相屬。延宗容貌充壯，坐則仰，偃則伏，人笑之，乃赫然奮發。氣力絕異，馳騁行陣，勁捷若飛。傾覆府藏及後宮美女，以賜將士，籍沒內參千餘家。後主謂近臣曰：「我寧使周得并州，不欲安德得之。」左右曰：「理然。」延宗見士卒，皆親執手，陳辭自稱名，流涕嗚咽。衆皆爭爲死，童兒女子亦乘屋攘袂，投甎石以禦周軍。特進、開府那盧安生守太谷，以萬兵叛。周軍圍晉陽，望之如黑雲四合。延宗命莫多婁敬顯、韓骨胡拒城南，和阿于子、段暢拒城東。延宗親當周齊王於城北，奮大矟，往來督戰，所向無前。尚書令史沮山亦肥大多力，捉長刀步從，殺傷甚多。武衞蘭芙蓉、綦連延長皆死於陣。

阿于子、段暢以千騎投周。周軍攻東門，際昏，遂入。進兵焚佛寺門屋，飛燄照天地。延宗與敬顯自門入，夾擊之，周軍大亂，爭門相填壓，齊人從後斫刺，死者二千餘人。周武帝左右略盡，自拔無路，承御上士張壽輒牽馬頭，賀拔佛恩以鞭拂其後，崎嶇僅得出。齊人奮擊，幾中焉。城東阨曲，佛恩及降者皮子信爲之導，僅免，時四更也。延宗謂周武帝崩於亂兵，使於積屍中求長鬣者，不得。時齊人既勝，入坊飲酒，盡醉臥，延宗不復能整。周武帝出城，饑甚，欲爲遁逸計。齊王憲及柱國王誼諫，以爲去必不免。延宗叛將段暢亦盛言城內空虛。周武帝乃駐馬，鳴角收兵，俄頃復振。詰旦，還攻東門，尅之，又入南門。延宗戰，力屈，走至城北，於人家見禽。周武帝自投下馬，執其手。延宗辭曰：「死人手何敢迫至尊。」帝曰：「兩國天子，有何怨惡，直爲百姓來耳。勿怖，終不相害。」使復衣帽，禮之。先是，高都郡有山焉，絕壁臨水，忽有黑書見，云「齊亡延宗」，洸視逾明。帝使人就寫，使者改亡爲上。至是應焉。延宗敗前，在鄴廳事，見兩日相連置，以十二月十三日晡時受勑守并州，明日建尊號，不間日而被圍，經宿，至食時而敗。年號德昌，好事者言其得二日云。既而周武帝問取鄴計。辭曰：「亡國大夫不可以圖存，此非臣所及。」强問之，乃曰：「若任城王撥鄴，臣不能知，若今主自守，陛下兵不血刃。」

及至長安，周武與齊君臣飲酒，令後主起舞，延宗悲不自持。屢欲仰藥自裁，傅婢苦執諫而止。未幾，周武誣後主及延宗等，云遙應穆提婆反，使並賜死。皆自陳無之，延宗攘袂，泣而不言。皆以椒塞口而死。明年，李妃收殯之。〔八〕

後主之傳位於太子也，孫正言竊謂人曰：「我武定中爲廣州士曹，〔九〕聞襄城人曹普演有言，高王諸兒，阿保當爲天子，至高德之承之，當滅。」阿保謂天保，德之謂德昌也，承之謂後主年號承光，其言竟信云。

漁陽王紹信，文襄第六子也。歷特進、開府、中領軍、護軍、青州刺史。行過漁陽，與大富人鍾長命同牀坐。太守鄭道蓋謁，長命欲起，紹信不聽，曰：「此何物小人，而主人公爲起。」乃與長命結爲義兄弟，妃與長命妻爲姊妹，責其闔家幼長皆有贈賄，鍾氏因此遂貧。齊滅，死於長安。

校勘記

〔一〕北齊書卷十一　按此卷原缺，後人以北史卷五二齊宗室諸王傳下文襄諸子傳補。三朝本、南本卷後有宋人校語「此卷與北史同」。

〔二〕期正月五日　諸本「月」作「旦」。北史卷五二及册府卷二八六三三六八頁作「月」。按正旦五日不可通，今據北史改。

〔三〕夜有神光昭玄都法順請以奏聞　諸本「昭」作「照室」二字，北史卷五二單作「照」。按魏書卷一一四釋老志、隋書卷二七百官志中，魏末齊初管理佛教的機構叫「昭玄」，北齊置大統一人，統一人。昭玄大統也叫昭玄都，北史卷三二崔暹傳見昭玄都法上，本書卷二四杜弼傳見昭玄都僧達。北史「昭」訛「照」，補此傳者以爲不可通，妄加「室」字，今改正。

〔四〕芒山之敗　册府卷二一八二六一六頁「敗」作「戰」，通志卷八五北齊宗室傳作「役」。按河清三年五六四芒山之戰，北齊獲勝，詳見本書卷一六段韶傳、卷一七斛律光傳，此段下文也說「大捷」，這裏「敗」字必誤。

〔五〕及討定陽士深在軍　諸本「定」下有「州」字，北史無。按定州屬北齊，這時並未發生什麽變化，高長恭是北齊王子，怎會去攻討。上文已云長恭和段韶攻定陽，這裏正指此事。後人以「陽士深」連讀，妄增「州」字，今據北史删。

〔六〕又聞周軍已入雀鼠谷　三朝本、南本、北本、殿本「雀」作「鼦」，卽「貂」字。汲本、局本作「鼢」，不成字。按水經注卷六汾水「又南過冠爵津」，注云：「汾津名，在界休縣之西南，俗謂之雀鼠谷，數十里間道險隘。」通鑑卷一七二五三六〇頁敍周軍追齊後主事，胡注引宋白曰：「靈石縣東南有高壁嶺、雀鼠谷、汾水關，皆汾西險固之地。」雀鼠谷是周軍自晉州經靈石、介休向太原進軍的必經之路，別無所謂「鼦鼠谷」，今改正。

〔七〕沭陽王和阿于子　諸本及北史卷五二「沭」作「沐」，局本及通鑑卷一七二五三六二頁、通志卷八五北齊宗室傳作「沭」。按沭陽屬東海郡，見隋書卷三一地理志下，今從局本。

〔八〕李妃收殯之　諸本「妃」作「起」，北史卷五二作「妃」。按本書卷三七魏收傳補、北史卷三三李孝貞傳都說延宗娶李氏，作「妃」是，今據改。

〔九〕我武定中爲廣州士曹　諸本「武定」作「保定」，北史作「武定」。按此事又見本書卷四九綦母懷文傳補，亦作「武定」。保定是周武帝年號，這時高洋早已稱帝，與下文「高王諸兒」云云不符。今據北史改。

北齊書卷十一〔一〕

列傳第四

文宣四王

太原王紹德　范陽王紹義　西河王紹仁　隴西王紹廉

孝昭六王

樂陵王百年　始平王彥德　城陽王彥基　定陽王彥康
汝陽王彥忠　汝南王彥理

武成十二王

南陽王綽　琅邪王儼　齊安王廓　北平王貞

高平王仁英　淮南王仁光　西河王仁幾　樂平王仁邕

潁川王仁儉　安陽王仁雅　丹陽王仁直　東海王仁謙

文宣五男：李后生廢帝及太原王紹德，馮世婦生范陽王紹義，裴嬪生西河王紹仁，顏嬪生隴西王紹廉。

太原王紹德，文宣第二子也。天保末，爲開府儀同三司。武成因怒李后，罵紹德曰：「你父打我時，竟不來救！」以刀環築殺之，親以土埋之遊豫園。武平元年，詔以范陽王子辨才爲後，襲太原王。

范陽王紹義，文宣第三子也。初封廣陽，後封范陽。歷位侍中、清都尹。好與羣小同飲，擅置內參，打殺博士任方榮。〔二〕武成嘗杖之二百，送付昭信后，后又杖一百。及後主奔鄴，以紹義爲尚書令、定州刺史。周武帝克并州，以封輔相爲北朔州總管。此地齊之重鎮，諸勇士多聚焉。前長史趙穆、〔三〕司馬王當萬等謀執輔相，迎任城王於瀛州。事不果，便迎紹義。紹義至馬邑。輔相及其屬韓阿各奴等數十人皆齊叛臣，自肆州以北城戍二百八十餘盡從輔相，及紹義至，皆反焉。紹義與靈州刺史袁洪猛引兵南出，欲取并州，至新興而肆州已爲周守。前隊二儀同以所部降周。周兵擊顯州，執刺史陸瓊，又攻陷諸城。紹義還保北朔。周將宇文神舉軍逼馬邑，紹義遣杜明達拒之，兵大敗。紹義曰：「有死而已，不能降人。」遂奔突厥。衆三千家，令之曰：「欲還者任意。」於是哭拜別者太半。突厥他鉢可汗謂文宣爲英雄天子，以紹義重踝似之，甚見愛重，凡齊人在北者，悉隸紹義。高寶寧在營州，表上尊號，紹義遂卽皇帝位，稱武平元年。〔四〕以趙穆爲天水王。他鉢聞寶寧得平州，亦招諸部，各舉兵南向，云共立范陽王作齊帝，爲其報讎。周武帝大集兵於雲陽，將親北伐，遇疾暴崩。紹義聞之，以爲天贊己。盧昌期據范陽，亦表迎紹義。俄而周將宇文神舉攻滅昌期。其日，紹義適至幽州，聞周總管出兵于外，欲乘虛取薊城，列天子旌旗，登燕昭王冢，乘高望遠，部分兵衆。神舉遣大將軍宇文恩將四千人馳救幽州，半爲齊軍所殺。紹義聞范陽城陷，素服舉哀，迴軍入突厥。周人購之於他鉢，又使賀若誼往說之。他鉢猶不忍，遂僞與紹義獵於南境，使誼執之。流于蜀。紹義妃渤海封孝琬女，自突厥逃歸。紹義在蜀，遣妃書云：「夷狄無信，送吾於此。」竟死蜀中。

西河王紹仁，文宣第四子也。天保末，爲開府儀同三司。尋薨。

隴西王紹廉，文宣第五子也。初封長樂，後改焉。性粗暴，嘗拔刀逐紹義，紹義走入廐，閉門拒之。紹義初爲淸都尹，未及理事，紹廉先往，喚囚悉出，率意決遣之。能飲酒，一舉數升，終以此薨。

孝昭七男：元后生樂陵王百年，桑氏生襄城王亮，出後襄城景王，諸姬生汝南王彥理、始平王彥德、城陽王彥基、定陽王彥康、汝陽王彥忠。

樂陵王百年，孝昭第二子也。孝昭初卽位，在晉陽，羣臣請建中宮及太子，帝謙未許，都下百僚又請，乃稱太后令立爲皇太子。帝臨崩，遺詔傳位於武成，並有手書，其末曰：「百年無罪，汝可以樂處置之，勿學前人。」大寧中，封樂陵王。河清三年五月，白虹圍日再重，又橫貫而不達。赤星見，帝以盆水承星影而蓋之，一夜盆自破。欲以百年厭之。會博陵人賈德胄敎百年書，百年嘗作數「勑」字，德胄封以奏。帝乃發怒，使召百年。百年被召，自知不免，割帶玦留與妃斛律氏。見帝於玄都苑涼風堂，使百年書「勑」字，驗與德胄所奏相似。遣左右亂捶擊之，又令人曳百年遶堂且走且打，所過處血皆遍地。氣息將盡，曰：「乞命，願與阿叔作奴。」遂斬之，棄諸池，池水盡赤；於後園親看埋之。妃把玦哀號，不肯食，月餘亦死，玦猶在手，拳不可開，時年十四，其父光自擘之，乃開。後主時，改九院爲二十七院，掘得一小屍，緋袍金帶，一髻一解，一足有靴。諸內參竊言，百年太子也，或言太原王紹德。詔以襄成王子白澤襲爵樂陵王。齊亡，入關，徙蜀死。

汝南王彥理，武平初封王，位開府、清都尹。齊亡，入關，隨例授儀同大將軍，封縣子。女入太子宮，故得不死。隋開皇中，卒幷州刺史。

始平王彥德、城陽王彥基、定陽王彥康、汝陽王彥忠與汝南同受封，並加儀同三司，後事闕。

武成十三男：胡皇后生後主及琅邪王儼，李夫人生南陽王綽，後宮生齊安王廓、北平王貞、高平王仁英、淮南王仁光、西河王仁幾、樂平王仁邕、潁川王仁儉、安樂王仁雅、丹陽王仁直、東海王仁謙。

南陽王綽，字仁通，武成長子也。以五月五日辰時生，至午時，後主乃生。武成以綽母李夫人非正嫡，故貶爲第二，初名融，字君明，〔五〕出後漢陽王。河清三年，改封南陽，別爲漢陽置後。

綽始十餘歲，留守晉陽。愛波斯狗，尉破胡諫之，欻然斫殺數狗，狼藉在地。破胡驚走，不敢復言。後爲司徒、冀州刺史，好裸人，使踞爲獸狀，縱犬噬而食之。左轉定州，汲井水爲後池，在樓上彈人。好微行，遊獵無度，姿情強暴，云學文宣伯爲人。有婦人抱兒在路，走避入草，綽奪其兒飼波斯狗。婦人號哭，綽怒，又縱狗使食，狗不食，塗以兒血，乃食焉。後主聞之，詔鎖綽赴行在所。至而宥之。問在州何者最樂。對曰：「多取蠍將蛆混，〔六〕看極樂。」後主卽夜索蠍一斗，比曉得三二升，置諸浴斛，使人裸卧斛中，號叫宛轉。帝與綽臨觀，喜噱不已，謂綽曰：「如此樂事，何不早馳驛奏聞。」綽由是大爲後主寵，拜大將軍，朝夕同戲。韓長鸞聞之，除齊州刺史。將發，長鸞令綽親信誣告其反，奏云：「此犯國法，不可赦。」後主不忍顯戮，使寵胡何猥薩後園與綽相撲，搤殺之。瘞於興聖佛寺。經四百餘日乃大斂，顏色毛髮皆如生，俗云五月五日生者腦不壞。綽兄弟皆呼父爲兄兄，嫡母爲家家，乳母爲姊姊，婦爲妹妹。〔七〕齊亡，妃鄭氏爲周武帝所幸，請葬綽。勑所司葬於永平陵北。

琅邪王儼，字仁威，武成第三子也。初封東平王，拜開府、侍中、中書監、京畿大都督、領軍大將軍、領御史中丞，遷司徒、〔八〕尚書令、大將軍、録尚書事、大司馬。魏氏舊制，中丞出，清道，與皇太子分路行，王公皆遥住車，去牛，頓軛於地，以待中丞過，其或遲違，則赤棒棒之。自都鄴後，此儀浸絶，武成欲雄寵儼，乃使一依舊制。初從北宮出，將上中丞，凡京畿步騎，領軍之官屬，中丞之威儀，司徒之鹵簿，莫不畢備。帝與胡后在華林園東門外張幕，隔青紗步障觀之。遣中貴驟馬趣仗，不得入，自言奉勑，赤棒應聲碎其鞍，馬驚人墜。帝大笑，以爲善。更勑令駐車，傳語良久，觀者傾京邑。儼恒在宮中，坐含光殿以視事，諸父皆拜焉。帝幸并州，儼常居守，每送駕，或半路，或至晉陽，乃還。王師羅常從駕，後至，武成欲罪之，辭曰：「臣與第三子別，留連不覺晚。」武成憶儼，爲之下泣，舍師羅不問。儼器服玩飾，皆與後主同，所須悉官給。於南宮嘗見新冰早李，還，怒曰：「尊兄已有，我何意無！」從是，後主先得新奇，屬官及工匠必獲罪。太上、胡后猶以爲不足。儼常患喉，使醫下針，張目不瞬。又言於帝曰：「阿兄懦，何能率左右？」帝每稱曰：「此黠兒也，當有所成。」以後主爲劣，有廢立意。

武成崩，改封琅邪。儼以和士開、駱提婆等奢恣，盛修第宅，意甚不平，嘗謂曰：「君等所營宅早晚當就？何太遲也。」二人相謂曰：「琅邪王眼光奕奕，數步射人，向者暫對，不覺汗出，天子前奏事尙不然。」由是忌之。

武平二年，出儼居北宮，五日一朝，不復得每日見太后。四月，詔除太保，餘官悉解，猶帶中丞，督京畿。以北城有武庫，欲移儼於外，然後奪其兵權。治書侍御史王子宜與儼左右開府高舍洛、中常侍劉辟疆說儼曰：「殿下被疏，正由士開間構，何可出北宮入百姓叢中也。」儼謂侍中馮子琮曰：「士開罪重，兒欲殺之。」子琮心欲廢帝而立儼，因贊成其事。儼乃令子宜表彈士開罪，請付禁推。子琮雜以他文書奏之，後主不審省而可之。儼誑領軍厙狄伏連曰：「奉勑令領軍收士開。」伏連以諮子琮，且請覆奏。子琮曰：「琅邪王受勑，何須重奏。」伏連信之，伏五十人於神獸門外，詰旦，執士開送御史。儼使馮永洛就臺斬之。

儼徒本意唯殺士開，及是，因逼儼曰：「事既然，不可中止。」儼遂率京畿軍士三千餘人屯千秋門。帝使劉桃枝將禁兵八十人召儼。桃枝遙拜，儼命反縛將斬之，禁兵散走。帝又使馮子琮召儼，儼辭曰：「士開昔來實合萬死，謀廢至尊，剃家家頭使作阿尼，故擁兵馬欲坐着孫鳳珍宅上，臣爲是矯詔誅之。尊兄若欲殺臣，不敢逃罪，若放臣，願遣姊姊來迎臣，臣卽入見。」姊姊卽陸令萱也，儼欲誘出殺之。令萱執刀帝後，聞之戰慄。又使韓長鸞召儼，儼將入，劉辟疆牽衣諫曰：「若不斬提婆母子，殿下無由得入。」廣寧、安德二王適從西來，欲助成其事，曰：「何不入？」辟疆曰：「人少。」安德王顧衆而言曰：「孝昭帝殺楊遵彥，止八十人，今乃數千，何言人少？」後主泣啓太后曰：「有緣更見家家，無緣永別。」乃急召斛律光，儼亦召之。光聞殺士開，撫掌大笑曰：「龍子作事，固自不似凡人。」入見後主於永巷。帝率宿衞者步騎四百，授甲將出戰。光曰：「小兒輩弄兵，與交手卽亂。鄙諺云『奴見大家心死』，至尊宜自至千秋門，琅邪必不敢動。」皮景和亦以爲然，後主從之。光步道，使人出曰：「大家來。」儼徒駭散。帝駐馬橋上，遙呼之，儼猶立不進。光就謂曰：「天子弟殺一漢，何所苦。」執其手，强引以前。請帝曰：「琅邪王年少，腸肥腦滿，輕爲舉措，長大自不復然，願寬其罪。」帝拔儼帶刀環亂築，辮頭，良久乃釋之。收伏連及高舍洛、王子宜、劉辟疆、都督翟顯貴於後園，帝親射之而後斬，皆支解，暴之都街下。文武職吏盡欲殺之。光以皆勳貴子弟，恐人心不安，趙彥深亦云春秋責帥，於是罪之各有差。儼之未獲罪也，鄴北城有白馬佛塔，是石季龍爲澄公所作，儼將修之。巫曰：「若動此浮圖，北城失主。」不從，破至第二級，得白蛇長數丈，回旋失之，數旬而敗。

自是太后處儼於宮內，食必自嘗之。陸令萱說帝曰：「人稱琅邪王聰明雄勇，當今無敵，觀其相表，殆非人臣。自專殺以來，常懷恐懼，宜早爲計。」何洪珍與和士開素善，亦請殺之。未決，以食輿密迎祖珽問之，珽稱周公誅管叔，季友酖慶父，帝納其言。以儼之晉陽，使右衞大將軍趙元侃誘執儼。元侃曰：「臣昔事先帝，日見先帝愛王，今寧就死，不能行。」帝出元侃爲豫州刺史。九月下旬，帝啓太后曰：「明旦欲與仁威出獵，須早出早還。」是夜四更，帝召儼，儼疑之。陸令萱曰：「兄兄喚，兒何不去。」儼出至永巷，劉桃枝反接其手。儼呼曰：「乞見家家、尊兄！」桃枝以袂塞其口，反袍蒙頭負出，至大明宮，鼻血滿面，立殺之，時年十四。不脫靴，裹以席，埋於室內。帝使啓太后，臨哭十餘聲，便擁入殿。明年三月，葬於鄴西，贈謚曰楚恭哀帝，以慰太后。有遺腹四男，生數月皆幽死。以平陽王淹孫世俊嗣。

儼妃，李祖欽女也，進爲楚帝后，居宣則宮。齊亡，乃嫁焉。

齊安王廓，字仁弘，武成第四子也。性長者，無過行。位特進、開府、儀同三司、定州刺史。

北平王貞，字仁堅，武成第五子也。沉審寬恕。帝常曰：「此兒得我鳳毛。」位司州牧、京畿大都督，兼尚書令、錄尚書事。帝行幸，總留臺事。〔九〕積年，後主以貞長大，漸忌之。阿那肱承旨，令馮士幹劾繫貞於獄，奪其留後權。

高平王仁英，武成第六子也。舉止軒昂，精神無檢格。位定州刺史。

淮南王仁光，武成第七子也。性躁且暴，位清都尹。次西河王仁幾，〔一〇〕生而無骨，不自支持；次樂平王仁邕；次潁川王仁儉；次安樂王仁雅，從小有瘖疾；次丹陽王仁直；次東海王仁謙。皆養於北宮。琅邪王死後，諸王守禁彌切。武平末年，仁邕已下始得出外，供給儉薄，取充而已。尋後主窮蹙，以廓爲光州，貞爲青州，仁英爲冀州，仁儉爲膠州，仁直爲濟州刺史。自廓已下，多與後主死於長安。仁英以清狂，仁雅以瘖疾，獲免，俱徙蜀。隋開皇中，追仁英，詔與蕭琮、陳叔寶修其本宗祭祀。未幾而卒。

後主五男：穆皇后生幼主，諸姬生東平王恪，次善德，次買德，次質錢。胡太后以恪嗣琅邪王，尋夭折。齊滅，周武帝以任城已下大小三十王歸長安，皆有封爵。其後不從戮者散配西土，皆死邊。

論曰：文襄諸子，咸有風骨，雖文雅之道，有謝間、平，然武藝英姿，多堪禦侮。縱咸陽賜劍，覆敗有徵，若使蘭陵獲全，未可量也，而終見誅翦，以至土崩，可爲太息者矣。安德以時艱主暗，匿迹韜光，及平陽之陣，奮其忠勇，蓋以臨難見危，義深家國。德昌大舉，事迫羣情，理至淪亡，無所歸命。廣寧請出後宮，竟不獲遂，非孝珩辭致，有謝李同，自是後主心識去平原已遠。〔一〕存亡事異，安可同年而說。武成殘忍姦穢，事極人倫。太原跡異猜嫌，情非釁逆，禍起昭信，遂及淫刑。嗟乎！欲求長世，未之有也。以孝昭德音，庶可慶流後嗣，百年之酷，蓋濟南之濫觴。其云「莫効前人」之言，可爲傷歎，各愛其子，豈其然乎？琅邪雖無師傅之資，而早聞氣尙。士開淫亂，多歷歲年，一朝勦絕，慶集朝野，以之受斃，深可痛焉。然專戮之釁，未之或免，贈帝謚恭，矯枉過直，觀過知仁，不亦異於是乎？

校勘記

〔一〕北齊書卷十二　按此卷原缺，後人以北史卷五二文宣諸子、孝昭諸子、武成諸子、後主諸子傳補。三朝本、南本卷末有宋人校語：「此卷與北史同」。

〔二〕擅置內參打殺博士任方榮　北史卷五二「置」作「致」。通志卷八五齊宗室傳作「使」。按「內參」就是宮庭閹宦，諸王家的閹人不能叫「內參」，王公貴族家照例都有閹人，不能說是「擅置」。「致」是「招致」，意謂交結宮庭閹宦。通志作「使」，和「打死博士」事連接起來，亦通。作「置」當誤。

〔三〕前長史趙穆　諸本「長史」作「卒長」，北史卷五二、通鑑卷一七三五三七四頁作「長史」。按趙穆和司馬王當萬並舉，長史、司馬是軍府的首要僚屬，作「卒長」誤，今據北史改。

〔四〕稱武平元年　錢氏考異卷四〇云：「『元年』當作『九年』。蓋後主以武平八年失國，紹義逃奔突厥。至次年因高寶寧上表勸進，乃稱帝，仍用武平之號，不自改元也。」按錢說是。

〔五〕初名融字君明　諸本脫「初」字，今據北史卷五二補。

〔六〕多取蠍將蛆混　通鑑卷一七一五三三七頁作「多聚蠍於器，置狙其中，觀之極樂」。按把蠍和蛆混在一起，與後文所述暴行不類。狙是猴子。高緯使蠍螫猴，後主乃逕使螫人，正是封建統治者發泄其殘虐狂的表現。疑「蛆」當作「狙」。

〔七〕綽兄弟皆呼父爲兄兄嫡母爲家家乳母爲姊姊婦爲妹妹。 按此數語和前後文不相連貫，突然插入。疑是下文琅邪王儼傳中語。儼曾說「剃家家頭」「願遣姊姊來迎臣」，陸令萱說「兄兄喚，兒何不去」，故有此解釋。不知何以羼入綽傳，又作「綽兄弟」云云。又陸令萱所說「兄兄」，指後主，則是稱兄爲「兄兄」。這裏的「父」字疑誤。

〔八〕遷司徒 諸本和北史卷五二「司徒」上有「大」字。按北齊司徒、司空不加「大」字，今删。

〔九〕帝行幸總留臺事 按前云：「帝常曰：『此兒得我鳳毛』。」帝指武成帝，則「帝行幸」之「帝」也當指武成。但上已說高貞官爲「兼尚書令、録尚書事」，都是後主武平二年五七一和四年事，且正因居此官，故總留臺，卽留鄴的尚書省事，則此「帝」又指後主。相隔一行，兩「帝」字非指一人，殊不分明。

〔一〇〕次西河王仁幾 諸本「西河」倒作「河西」，北史卷五二作「西河」。按前總敍武成諸子，也作「西河」，今乙正。

〔一一〕非孝珩辭致有謝李同自是後主心識去平原已遠 諸本「去」下有「矣」字，北史無。按：史記卷七六平原君傳，記秦軍圍趙都邯鄲，邯鄲人李同說平原君出宮人散家財以募勇士，平原君從之，邯鄲得全。今孝珩請後主出後宮而不見從，齊因以亡，非孝珩不及李同，乃後主識見距平原君太遠。「矣」乃涉「去」字形似而衍，今删。

北齊書卷十三

列傳第五

趙郡王琛 子叡　清河王岳 子勱

趙郡王琛，字永寶，高祖之弟也。少時便弓馬，有志氣。高祖既匡天下，中興初，授散騎常侍、鎮西將軍、金紫光祿大夫。既居禁衞，恭勤慎密，率先左右。太昌初，除車騎大將軍、左光祿大夫，封南趙郡公，食邑五千戶。尋拜驃騎大將軍、特進、開府儀同三司、散騎常侍。永熙二年，除使持節、都督定州刺史、六州大都督。琛推誠撫納，拔用人士，甚有聲譽。及斛斯椿等釁結，高祖將謀內討，以晉陽根本，召琛留掌後事，以爲并、肆、汾大行臺僕射，領六州九酋長大都督，其相府政事琛悉決之。天平中，除御史中尉，正色糾彈，無所回避，遠近肅然。尋亂高祖後庭，高祖責罰之，因杖而斃，時年二十三。贈使持節、侍中、都督冀定滄瀛幽殷并肆雲朔十州諸軍事、驃騎大將軍、冀州刺史、太尉、尚書令，謚曰貞平。天統三年，又贈假黃鉞、左丞相、太師、錄尚書事、冀州刺史，進爵爲王，配饗高祖廟庭。子叡嗣。

叡小名須拔，生三旬而孤，聰慧夙成，特爲高祖所愛，養於宮中，令游娘母之，恩同諸子。魏興和中，襲爵南趙郡公。至四歲，未嘗識母，其母則魏華陽公主也。有鄭氏者，叡母之從母姊妹之女，戲語叡曰：「汝是我姨兒，何因倒親游氏。」叡因問訪，遂精神不怡。高祖甚以爲怪，疑其感疾，欲命醫看之。叡對曰：「兒無患苦，但聞有所生，欲得暫見。」高祖驚曰：「誰向汝道耶？」叡具陳本末。高祖命元夫人令就宮與叡相見，叡前跪拜，因抱頭大哭。高祖甚以悲傷。語平秦王曰：「此兒天生至孝，我兒子無有及者。」遂爲休務一日。叡初讀孝經，至「資於事父」，輒流涕歔欷。十歲喪母，高祖親送叡至領軍府，爲叡發喪，舉聲殞絕，哀感左右，三日水漿不入口。高祖與武明婁皇后慇懃敦譬，方漸順旨。居喪盡禮，持佛像長齋，至于骨立，杖而後起。高祖令常山王共臥起，日夜說喻之。並勑左右不聽進水，雖絕清漱，午後輒不肯食。由是高祖食必喚叡同案。其見愍惜如此。高祖崩，哭泣嘔血。及壯，將爲婚娶，而貌有戚容。世宗謂之曰：「我爲爾娶鄭述祖女，門閥甚高，汝何所嫌而精神不樂？」叡對曰：「自痛孤遺，常深膝下之慕，方從婚冠，彌用感切。」言未卒，嗚咽不自勝。世宗爲之憫默。勵己勤學，常夜久方罷。武定末，除太子庶子。顯祖受禪，進封爵爲趙郡王，〔一〕邑一千二百戶，遷散騎常侍。

叡身長七尺，容儀甚偉，閑習吏職，有知人之鑒。二年，出爲定州刺史，加撫軍將軍、六州大都督，時年十七。叡留心庶事，糾擿姦非，勸課農桑，接禮民儁，所部大治，稱爲良牧。三年，加儀同三司。六年，詔叡領山東兵數萬監築長城。于時盛夏六月，叡在途中，屏除蓋扇，親與軍人同其勞苦。而定州先有冰室，每歲藏冰，長史宋欽道以叡冒犯暑熱，遂遣輿冰，倍道追送。正值日中停軍，炎赫尤甚，人皆不堪，而送冰者至，咸謂得冰一時之要。叡乃對之歎息云：「三軍之人，皆飲溫水，吾以何義，獨進寒冰，非追名古將，實情所不忍。」遂至消液，竟不一嘗。兵人感悅，遐邇稱歎。先是，役徒罷作，任其自返。丁壯之輩，各自先歸；羸弱之徒，棄在山北，加以饑病，多致僵殞。叡於是親帥所部，與之俱還，配合州鄉，部分營伍，督帥監領，强弱相持，遇善水草，卽爲停頓，分有餘，贍不足，賴以全者十三四焉。

七年，詔以本官都督滄瀛幽安平東燕六州諸軍事、滄州刺史。八年，徵叡赴鄴，仍除北朔州刺史，都督北燕、北蔚、北恒三州，及庫推以西黃河以東長城諸鎮諸軍事。叡慰撫新遷，量置烽戍，內防外禦，備有條法，大爲兵民所安。有無水之處，禱而掘井，鍪鍤裁下，泉源湧出，至今號曰趙郡王泉。

九年，車駕幸樓煩，叡朝於行宮，仍從還晉陽。時濟南以太子監國，因立大都督府，與尙書省分理衆事，仍開府置佐。顯祖特崇其選，乃除叡侍中、攝大都督府長史。叡後因侍宴，顯祖從容顧謂常山王演等曰：「由來亦有如此長史不？吾用此長史何如？」演對曰：「陛下垂心庶政，優賢禮物，須拔進居蟬珥之榮，退當委要之職，自昔以來，實未聞如此銓授。」帝曰：「吾於此亦自謂得宜。」十年，轉儀同三司，侍中、將軍、長史、王如故。尋加開府儀同三司、驃騎大將軍、太子太保。

皇建初，行幷州事。孝昭臨崩，預受顧託，奉迎世祖於鄴，以功拜尙書令，別封浮陽郡公，監太史，太子太傅，議律令。又以討北狄之功，封潁川郡公。復拜尙書令，攝大宗正卿。天統中，追贈叡父琛假黃鉞，母元氏贈趙郡王妃，謚曰貞昭，〔二〕華陽長公主如故，有司備禮儀就墓拜授。時隆冬盛寒，叡跣步號哭，面皆破裂，嘔血數升。及還，不堪參謝，帝親就第看問。拜司空，攝錄尙書事。突厥嘗侵軼至幷州，帝親御戎，六軍進止皆令取叡節度。〔三〕以功復封宣城郡公。攝宗正卿，進拜太尉，監議五禮。叡久典朝政，淸眞自守，譽望日隆，漸被疏忌，乃撰古之忠臣義士，號曰要言，以致其意。

世祖崩，葬後數日，叡與馮翊王潤、安德王延宗及元文遙奏後主云：「和士開不宜仍居內任。」並入奏太后，因出士開爲兗州刺史。太后曰：「士開舊經驅使，欲留過百日。」叡正色不許。數日之內，太后數以爲言。有中官要人知太后密旨，謂叡曰：「太后意既如此，殿下何宜苦違。」叡曰：「吾國家事重，死且不避，若貪生苟全，令國家擾攘，非吾志也。況受先皇遺旨，委寄不輕。今嗣主幼沖，豈可使邪臣在側。不守之以正，何面戴天。」遂重進言，詞理懇切。太后令酌酒賜叡。叡正色曰：「今論國家大事，非爲巵酒！」言訖便出。其夜，叡方寢，見一人可長丈五，臂長丈餘，當門向牀，以臂壓叡，良久，遂失所在。叡意甚惡之，便起坐獨歎曰：「大丈夫命運一朝至此！」恐爲太后所殺，且欲入朝，妻子咸諫止之。叡曰：「自古忠臣，皆不顧身命，社稷事重，吾當以死効之，豈容令一婦人傾危宗廟。且和士開何物豎子，如此縱橫，吾寧死事先皇，不忍見朝廷顚沛。」至殿門，又有人曰：「願殿下勿入，慮有危變。」叡曰：「吾上不負天，死亦無恨。」入見太后，太后復以爲言，叡執之彌固。出至永巷，遇兵被執，送華林園，於雀離佛院令劉桃枝拉而殺之，時年三十六。大霧三日，朝野冤惜之。期年後，詔聽以王禮葬，竟無贈諡焉。

子整信嗣。歷散騎常侍、儀同三司。好學有行檢，少年時因獵墜馬，傷腰脚，卒不能行起，終於長安。琛同母弟惠寶早亡，元象初，贈侍中、尙書令、都督四州諸軍事、靑州刺史。天統三年，重贈十州都督，封陳留王，諡曰文恭，以清河王岳第十子敬文嗣。

清河王岳，字洪略，高祖從父弟也。父翻，字飛雀，魏朝贈太尉，謚孝宣公。岳幼時孤貧，人未之知也，長而敦直，姿貌嶷然，沈深有器量。初岳家于洛邑，高祖每奉使入洛，必止于岳舍。岳母山氏，嘗夜起，見高祖室中有光，密往覘之，乃無燈，卽移高祖於別室，如前所見。怪其神異，詣卜者筮之，遇乾之大有，占之曰：「吉，易稱『飛龍在天，大人造也』，飛龍九五大人之卦，貴不可言。」山氏歸報高祖。後高祖起兵於信都，山氏聞之，大喜，謂岳曰：「赤光之瑞，今當驗矣，汝可間行從之，共圖大計。」岳遂往信都。高祖見之，大悅。

中興初，除散騎常侍、鎭東將軍、金紫光祿大夫，領武衞將軍。高祖與四胡戰于韓陵，高祖將中軍，高昂將左軍，岳將右軍。中軍敗績，賊乘之，岳擧麾大呼，橫衝賊陣，高祖方得回師，表裏奮擊，因大破賊。以功除衞將軍、右光祿大夫，仍領武衞。太昌初，除車騎將軍、左光祿大夫，領左右衞，封清河郡公，食邑二千戶。母山氏，封爲郡君，授女侍中，入侍皇后。時尒朱兆猶據幷州，高祖將討之，令岳留鎭京師，遷驃騎大將軍、儀同三司。天平二年，除侍中、六州軍事都督，尋加開府。岳辟引時賢，以爲僚屬，論者以爲美。尋都監典書，復爲侍學，除使持節、六州大都督、冀州大中正。俄拜京畿大都督，其六州事悉詣京畿。時高祖統務晉陽，岳與侍中孫騰等在京師輔政。元象二年，遭母憂去職。岳性至孝，盡力色養，母若有疾，衣不解帶，及遭喪，哀毁骨立。高祖深以憂之，每日遣人勞勉。尋起復本任。

二年，〔四〕除兼領軍將軍。興和初，世宗入總朝政，岳出爲使持節、都督、冀州刺史，侍中、驃騎、開府儀同如故。三年，轉青州刺史。岳任權日久，素爲朝野畏服，及爲二藩，〔五〕百姓望風讋憚。武定元年，除晉州刺史、西南道大都督，得綏邊之稱。時岳遇患，高祖令還幷治療，疾瘳，復令赴職。

及高祖崩，侯景叛，世宗徵岳還幷，共圖取景之計。而梁武帝乘間遣其貞陽侯明率衆於寒山，擁泗水灌彭城，與景爲掎角聲援。岳總帥諸軍南討，與行臺慕容紹宗等擊明，大破之，臨陣擒明及其大將胡貴孫，自餘俘馘數萬。景乃擁衆於渦陽，與左衞將軍劉豐等相持。岳回軍追討，又破之，景單騎逃竄。六年，以功除侍中、太尉，餘如故，別封新昌縣子。又拜使持節、河南總管、大都督，統慕容紹宗、劉豐等討王思政於長社。思政嬰城自守，岳等引洧水灌城。紹宗、劉豐爲思政所獲，關西出兵援思政，岳內外防禦，甚有謀算。城不沒者三板。會世宗親臨，數日城下，獲思政等。以功別封眞定縣男，世宗以爲己功，故賞典弗弘也。

世宗崩，顯祖出撫晉陽，令岳以本官兼尙書左僕射，留鎭京師。天保初，進封清河郡王，尋除使持節、驃騎大將軍、開府儀同三司、宗師、司州牧。五年，加太保。梁蕭繹爲周軍所逼，遣使告急，且請援。冬，詔岳爲西南道大行臺，都統司徒潘相樂等救江陵。六年正月，師次義陽，遇荊州陷，因略地南至郢州，獲梁州刺史司徒陸法和，仍剋郢州。岳先送法和於京師，遣儀同慕容儼據郢城。朝廷知江陵陷，詔岳旋師。

岳自討寒山、長社及出隨、陸，並有功績，威名彌重。而性華侈，尤悅酒色，歌姬舞女，陳鼎擊鐘，諸王皆不及也。初，高歸彥少孤，高祖令岳撫養，輕其年幼，情禮甚薄。歸彥內銜之而未嘗出口。及歸彥爲領軍，大被寵遇，岳謂其德己，更倚賴之。歸彥密構其短。岳於城南起宅，聽事後開巷。歸彥奏帝曰：「清河造宅，僭擬帝宮，制爲永巷，但唯無闕耳。」顯祖聞而惡之，漸以疏岳。仍屬顯祖召鄴下婦人薛氏入宮，而岳先嘗喚之至宅，由其姊也。帝懸薛氏姊而鋸殺之，讓岳以爲姦民女。岳曰：「臣本欲取之，嫌其輕薄不用，非姦也。」帝益怒。六年十一月，使高歸彥就宅切責之。岳憂悸不知所爲，數日而薨，故時論紛然，以爲賜鴆也。朝野歎惜之。時年四十四。詔大鴻臚監護喪事，贈使持節、都督冀定滄瀛趙幽濟七州諸軍、太宰、太傅、定州刺史，假黃鉞，給轀輬車，賵物二千段，謚曰昭武。

初岳與高祖經綸天下，家有私兵，並畜戎器，儲甲千餘領。世宗之末，岳以四海無事，表求納之。世宗敦至親之重，推心相任，云：「叔屬居肺腑，職在維城，所有之甲，本資國用，叔何疑而納之。」文宣之世，亦頻請納，又固不許。及將薨，遺表謝恩，並請上甲于武庫，至此葬畢，方許納焉。皇建中，配享世宗廟庭。後歸彥反，世祖知其前譖，曰：「清河忠烈，盡力皇家，而歸彥毀之，間吾骨肉。」籍沒歸彥，以良賤百口賜岳家。後又思岳之功，重贈太師、太保，餘如故。子勱嗣。

勱，字敬德，夙智早成，爲顯祖所愛。年七歲，遣侍皇太子。後除青州刺史，拜日，顯祖戒之曰：「叔父前牧青州，甚有遺惠，故遣汝慰彼黎庶，宜好用心，無墜聲績。」勱流涕對曰：「臣以蒙幼，濫叨拔擢，雖竭庸短，懼忝先政。」帝曰：「汝既能有此言，吾不慮也。」尋追授武衛將軍、領軍、祠部尚書、開府儀同三司。以清河地在畿內，改封樂安王。轉侍中、尚書右僕射，出爲朔州行臺僕射。

後主晉州敗，太后從土門道還京師，〔六〕勑勱統領兵馬，侍衞太后。時佞幸閹寺，猶行暴虐，民間鷄猪，悉放鷹犬搏噬取之。勱收儀同三司苟子溢狥軍，欲行大戮。太后有令，然後釋之。劉文殊竊謂勱曰：「子溢之徒，言成禍福，何容如此，豈不慮後生毀謗耶？」勱攘袂語文殊曰：「自獻武皇帝以來，撫養士卒，委政親賢，用武行師，未有折衂。今西寇已次幷州，達官多悉委叛，正坐此輩專政弄權，所以內外離心，衣冠解體。若得今日斬此卒，明日及誅，亦無所恨。王國家姻婭，須同疾惡，返爲此言，豈所望乎！」

太后還至鄴，周軍續至，人皆恟懼，無有鬭心，朝士出降，晝夜相屬。勱因奏後主曰：

「今所翻叛，多是貴人，至於卒伍，猶未離貳。請追五品已上家屬，置之三臺，因脅之曰：『若戰不捷，卽退焚臺。』此曹顧惜妻子，必當死戰。且王師頻北，賊徒輕我，今背城一決，理必破之，此亦計之上者。」後主卒不能用。齊亡入周，依例授開府。隋朝歷楊、楚、光、洮四州刺史。開皇中卒。

史臣曰：易稱：「天地盈虛，與時消息，況於人乎。」蓋以通塞有期，汚隆適道。舉世思治，則顯仁以應之；小人道長，則儉德以避之。至若負博陸之圖，處藩屛之地，而欲迷邦違難，其可得乎。趙郡以跗蕚之親，當顧命之重，高揖則宗社易危，去惡則人神俱泰。是用安夫一德，同此貞心，踐畏途而不疑，履危機而莫懼。以斯忠義，取斃凶慝。豈道光四海，不遇周成之明；將朝去三仁，終見殷墟之禍。不然則邦國殄瘁，何影響之速乎？清河屬經綸之會，自致青雲，出將入相，翊成鴻業，雖漢朝劉賈，魏室曹洪，俱未足論其高下。天保不辰，易生悔咎，固不可掩其風烈，適以彰顯祖之失德云。

贊曰：趙郡英偉，風範凝正。天道無親，斯人斯命。赫赫清河，于以經國。末路小疵，非爲敗德。

校勘記

〔一〕進封爵爲趙郡王　諸本趙郡上有「南」字。按高叡封趙郡王，見本書卷四文宣紀天保元年六月，本書和北史紀傳都稱叡爲趙郡王，從無「南趙郡王」之稱。八瓊室金石補正卷二〇有高叡造像記三段和修定國寺頌、修定國寺塔銘碑，題記都作「趙郡王」。此傳稱叡父琛封南趙郡公，叡初襲父爵，至天保封王時則是趙郡而非南趙郡，所以目錄和傳首也稱「趙郡王琛」。這裏「南」字衍，今據刪。

〔二〕謚曰貞昭　諸本「貞」作「眞」，北史卷五一齊宗室諸王傳上作「貞」。按高琛謚「貞平」，上一字例從夫謚，作「貞」是，今據改。

〔三〕突厥嘗侵軼至并州帝親御戎六軍進止皆令取叡節度　按上文記天統中追贈叡父母事，天統三年五六七似此事也在天統中。據本書卷七武成紀補、周書卷五武帝紀和相關紀傳，周和突厥聯合攻齊并州在河清二年五六三十二月至次年正月，早於追贈叡父母三年。北史卷五一此事前記「河清二年」，疑此傳脫去。然有此四字，敍次也顚倒。

〔四〕二年　按上已見元象二年，這裏重出，當是衍文，否則前「二年」爲「元年」之誤。

〔五〕及爲二藩　三朝本作「及二爲藩」，他本作「及出爲藩」。冊府宋本卷六八九作「及爲二藩」明本訛作「久爲二蕃」。按「二蕃」指高岳任刺史的冀、青二州。三朝本「爲」「二」誤倒，南本以讀不可通，改「二」作「出」。今據册府改。

〔六〕太后從土門道還京師　諸本「土」作「玉」，通鑑卷一七二五三六六頁作「土」。太平寰宇記卷六一鎮州石邑縣韓信山條引隋圖經，稱「土門口西入井陘，卽向太原路是也」。土門是河北通向山西的井陘道之口，胡太后從北朔州今山西朔縣還鄴今河北磁縣，通過井陘，作「土門」是，今據改。

北齊書卷十四[一]

列傳第六

廣平公盛　陽州公永樂 弟長弼　襄樂王顯國
上洛王思宗 子元海　弟思好　平秦王歸彦
武興王普　長樂太守靈山 嗣子伏護

廣平公盛，神武從叔祖也。寬厚有長者風。神武起兵於信都，以盛爲中軍大都督，封廣平郡公。歷位司徒、太尉。天平三年，薨於位。贈假黄鉞，太尉、太師、錄尚書事。無子，以兄子子瑗嗣。天保初，改封平昌王，卒於魏尹。

陽州公永樂，神武從祖兄子也。太昌初，封陽州縣伯，進爵爲公。累遷北豫州刺史。河陰之戰，司徒高昂失利退。永樂守河陽南城，昂走趣城，西軍追者將至，永樂不開門，昂遂爲西軍所擒。神武大怒，杖之二百。後罷豫州，家產不立。神武問其故，對曰：「裴監爲長史，辛公正爲別駕，受王委寄，斗酒隻雞不入。」神武乃以永樂爲濟州，仍以監、公正爲長史、別駕。謂永樂曰：「爾勿大貪，小小義取莫復畏。」永樂至州，監、公正諫不見聽，以狀啓神武。神武封啓以示永樂。然後知二人淸直，並擢用之。永樂卒於州。贈太師、太尉、錄尚書事，謚曰武昭。無子，從兄思宗以第二子孝緒爲後，〔三〕襲爵。天保初，改封脩城郡王。

永樂弟長弼，小名阿伽。性粗武，出入城市，好毆擊行路，時人皆呼爲阿伽郎君。以宗室封廣武王。時有天恩道人，至兇暴，橫行閭肆，後入長弼黨，專以鬬爲事。文宣並收掩付獄，天恩黨十餘人皆棄市，長弼鞭一百。尋爲南營州刺史，在州無故自驚走，叛亡入突厥，竟不知死所。

襄樂王顯國，神武從祖弟也。無才伎，直以宗室謹厚，天保元年，封襄樂王，位右衞將軍。卒。

上洛王思宗，神武從子也。性寬和，頗有武幹。天保初，封上洛郡王。歷位司空、太傅。薨於官。

子元海，累遷散騎常侍。願處山林，脩行釋典。文宣許之。乃入林慮山，經二年，絕棄人事，志不能固，啓求歸。徵復本任，便縱酒肆情，廣納姬侍。又除領軍，器小志大，頗以智謀自許。

皇建末，孝昭幸晉陽，武成居守，元海以散騎常侍留典機密。初孝昭之誅楊愔等，謂武成云「事成以爾爲皇太弟」。及踐祚，乃使武成在鄴主兵，立子百年爲皇太子，武成甚不平。先是，恒留濟南於鄴，除領軍厙狄伏連爲幽州刺史，以斛律豐樂爲領軍，以分武成之權。武成留伏連而不聽豐樂視事。乃與河南王孝瑜僞獵，〔三〕謀於野，暗乃歸。先是童謠云：「中興寺內白鳧翁，四方側聽聲雍雍，道人聞之夜打鐘。」時丞相府在北城中，卽舊中興寺也。鳧翁，謂雄雞，蓋指武成小字步落稽也。道人，濟南王小名。打鐘，言將被擊也。旣而太史奏言北城有天子氣。昭帝以爲濟南應之，乃使平秦王歸彥之鄴，迎濟南赴幷州。武成先咨元海，〔四〕並問自安之計。元海曰：「皇太后萬福，至尊孝性非常，殿下不須別慮。」武成曰：「豈我推誠之意耶？」元海乞還省一夜思之。武成卽留元海後堂。元海達旦不眠，唯遶牀徐步。夜漏未曙，武成遽出，曰：「神算如何？」答云：「夜中得三策，恐不堪用耳。」因說梁孝王懼誅入關事，請乘數騎入晉陽，先見太后求哀，後見主上，請去兵權，以死爲限，求不干朝政，必保太山之安。此上策也。若不然，當具表，云『威權大盛，恐取謗衆口』，請靑、齊二州刺史。沉靜自居，必不招物議。此中策也。」更問下策。曰：「發言卽恐族誅。」因逼之，答曰：「濟南世嫡，主上假太后令而奪之。今集文武，示以此勑，執豐樂，斬歸彥，尊濟南，號令天下，以順討逆，此萬世一時也。」武成大悅，狐疑，竟未能用。乃使鄭道謙卜之，皆曰：「不利舉事，靜則吉。」又召曹魏祖，問之國事。對曰：「當有大凶。」又時有林慮令姓潘，知占候，密謂武成曰：「宮車當晏駕，殿下為天下主。」武成拘之於內以候之。又令巫覡卜之，多云不須舉兵，自有大慶。武成乃奉詔，令數百騎送濟南於晉陽。

及孝昭崩，武成卽位，除元海侍中、開府儀同三司、太子詹事。河清二年，元海為和士開所譖，被捶馬鞭六十。責云：「爾在鄴城，說我以弟反兄，幾許不義！鄴城兵馬抗并州，幾許無智！不義無智，若為可使？」出為兗州刺史。元海後妻，陸太姬甥也，故尋被追任使。武平中，與祖珽共執朝政。元海多以太姬密語告珽。珽求領軍，元海不可，珽乃以其所告報太姬。姬怒，出元海為鄭州刺史。鄴城將敗，徵為尚書令。周建德七年，於鄴城謀逆，伏誅。

元海好亂樂禍，然詐仁慈，不飲酒噉肉。文宣天保末年敬信內法，乃至宗廟不血食，皆元海所謀。及為右僕射，又說後主禁屠宰，斷酤酒。然本心非靖，故終致覆敗。思宗弟思好。

思好本浩氏子也，思宗養以爲弟，遇之甚薄。少以騎射事文襄。及文宣受命，爲左衞大將軍。本名思孝，天保五年，討蠕蠕，文宣悅其驍勇，謂曰：「爾擊賊如鶻入鴉羣，宜思好事。」故改名焉。累遷尙書令、朔州道行臺、朔州刺史、開府、南安王，甚得邊朔人心。

後主時，斫胥光弁奉使至州，〔三〕思好迎之甚謹，光弁倨敖，思好因心銜恨。武平五年，遂擧兵反。與幷州諸貴書曰：「主上少長深宮，未辨人之情僞，昵近凶狡，疏遠忠良。遂使刀鋸刑餘，貴溢軒階，商胡醜類，擅權帷幄，剝削生靈，劫掠朝市。闇於聽受，專行忍害。幽母深宮，無復人子之禮；二弟殘戮，頓絕孔懷之義。仍縱子立奪馬於東門，光弁擎鷹於西市，駮龍得儀同之號，逍遙受郡君之名，犬馬班位，榮冠軒冕。人不堪役，思長亂階。趙郡王叡實曰宗英，社稷惟寄；左丞相斛律明月，世爲元輔，威著隣國。無罪無辜，奄見誅殄。孤旣忝預皇枝，實蒙殊奬，今便擁率義兵，指除君側之害。幸悉此懷，無致疑惑。」行臺郎王行思之辭也。

思好至陽曲，自號大丞相，置百官，以行臺左丞王尙之爲長史。武衞趙海在晉陽掌兵，時倉卒不暇奏，矯詔發兵拒之。軍士皆曰：「南安王來，我輩唯須唱萬歲奉迎耳。」帝聞變，使唐邕、莫多婁敬顯、劉桃枝、中領軍厙狄士文馳之晉陽，帝勒兵續進。思好軍敗，與行思投水而死。其麾下二千人，桃枝圍之，且殺且招，終不降以至盡。時帝在道，叱奴世安自晉陽送露布於平都，遇斛斯孝卿。〔六〕孝卿誘使食，因馳詣行宮，叫已了。帝大歡，左右呼萬歲。良久，世安乃以狀自陳。帝曰：「告示何物事，〔七〕乃得坐食。」於是賞孝卿而免世安罪。暴思好屍七日，然後屠剝焚之，烹尚之於鄴市，令內參射其妃於宮內，仍火焚殺之。思好反前五旬，有人告其謀反。韓長鸞女適思好子，故奏有人誣告諸貴，事相擾動，不殺無以息後，乃斬之。思好既誅，死者弟伏闕下訴求贈兄，長鸞不爲通也。

平秦王歸彥，字仁英，神武族弟也。父徽，魏末坐事當徙涼州，行至河、渭間，遇賊，以軍功得免流。因於河州積年。以解胡言，爲西域大使，得胡師子來獻，以功得河東守。〔八〕尋遂死焉。徽於神武舊恩甚篤。及神武平京洛，迎喪以穆同營葬。〔九〕贈司徒，謚曰文宣。

初徽嘗過長安市，與婦人王氏私通而生歸彥，至是年已九歲。神武追見之，撫對悲喜。稍遷徐州刺史。歸彥少質朴，後更改節，放縱好聲色，朝夕酣歌。妻魏上黨王元天穆女也，貌不美而甚嬌妬，數忿爭，密啓文宣求離，事寢不報。天保元年，封平秦王。嫡妃康及所生母王氏並爲太妃。善事二母，以孝聞。徵爲兼侍郎，稍被親寵。以討侯景功，別封長樂郡公，除領軍大將軍，領軍加大，自歸彥始也。文宣誅高德正，金寶財貨悉以賜之。乾明初，拜司徒，仍總知禁衞。

初濟南自晉陽之鄴，楊愔宣勅，留從駕五千兵於西中，陰備非常。至鄴數日，歸彥乃知之，由是陰怨楊、燕。楊、燕等欲去二王，問計於歸彥。歸彥詐喜，請共元海量之。元海亦口許心違，馳告長廣。長廣於是誅楊、燕等。孝昭將入雲龍門，都督成休寧列仗拒而不內，歸彥諭之，然後得入，進向柏閣、永巷亦如之。孝昭踐祚，以此彌見優重，每入常在平原王段韶上。以爲司空，兼尚書令。〔一〇〕齊制，宮內唯天子紗帽，臣下皆戎帽，特賜歸彥紗帽以寵之。

孝昭崩，歸彥從晉陽迎武成於鄴。及武成卽位，進位太傅，領司徒，常聽將私部曲三人帶刀入仗。從武成還都，諸貴戚等競要之，其所往處，一坐盡傾。歸彥旣地居將相，志意盈滿，發言陵侮，旁若無人。議者以威權震主，必爲禍亂。上亦尋其前翻覆之跡，漸忌之。高元海、畢義雲、高乾和等咸數言其短。上幸歸彥家，召魏收對御作詔草，〔一一〕欲加右丞相。收謂元海曰：「至尊以右丞相登位，今爲歸彥威名太盛，故出之，豈可復加此號。」乃拜太宰、冀州刺史，卽乾和繕寫。晝日，仍勅門司不聽輒入內。時歸彥在家縱酒，經宿不知，至明欲參，至門知之，大驚而退。及通名謝，勅令早發，別賜錢帛、鼓吹、醫藥，事事周備。又勅武職督將悉送至青陽宮，拜而退，莫敢共語。唯與趙郡王叡久語，時無聞者。

至州，不自安，謀逆，欲待受調訖，班賜軍士，望車駕如晉陽，乘虛入鄴。爲其郎中令呂思禮所告，詔平原王段韶襲之。歸彥舊於南境置私驛，聞軍將逼，報之，便嬰城拒守。先是，冀州長史宇文仲鸞、司馬李祖挹、別駕陳季璩、中從事房子弼、長樂郡守尉普興等疑歸彥有異，使連名密啓，歸彥追而獲之，遂收禁仲鸞等五人，仍並不從，皆殺之。軍已逼城，歸彥登城大叫云：「孝昭皇帝初崩，六軍百萬衆悉由臣手，投身向鄴迎陛下，當時不反，今日豈有異心。正恨高元海、畢義雲、高乾和誑惑聖上，疾忌忠良。但爲殺此三人，卽臨城自刎。」其後城破，單騎北走，至交津見獲，鎖送鄴。帝令趙郡王叡私問其故。歸彥曰：「使黃頷小兒牽挽我，何可不反。」曰：「誰耶？」歸彥曰：「元海、乾和豈是朝廷老宿。如趙家老公時，又詎懷怨。」於是帝又使讓焉。對曰：「高元海受畢義雲宅，用作本州刺史，給後部鼓吹。臣爲藩王、太宰，仍不得鼓吹。正殺元海、義雲而已。」上令都督劉桃枝牽入，歸彥猶作前語望活。帝命議其罪，皆云不可赦。乃載以露車，銜枚面縛，劉桃枝臨之以刃，擊鼓隨之，並子孫十五人皆棄市。贈仁州刺史。

魏時山崩，得石角二，藏在武庫。文宣入庫，賜從臣兵器，特以二石角與歸彥。謂曰：「爾事常山不得反，事長廣得反，反時，將此角嚇漢。」歸彥額骨三道，着幘不安。文宣嘗見之，怒，使以馬鞭擊其額，血被面，曰：「爾反時當以此骨嚇漢。」其言反竟驗云。

武興王普，字德廣，歸彥兄歸義之子也。性寬和有度量。九歲，歸彥自河州俱入洛，神武使與諸子同遊處。天保初，封武興郡王。武平二年，累遷司空。六年，爲豫州道行臺、尚書令。後主奔鄴，就加太宰。周師逼，乃降。卒於長安。贈上開府、豫州刺史。

長樂太守靈山，字景嵩，神武族弟也。從神武起兵信都，終於長樂太守。贈大將軍、司空，諡曰文宣。子懿，卒於武平鎭將，無子，文宣帝以靈山從父兄齊州刺史建國子伏護爲靈山後。

伏護，字臣援，粗有刀筆。天統初，累遷黃門侍郎。伏護歷事數朝，恒參機要，而性嗜酒，每多醉失，末路逾劇，乃至連日不食，專事酣酒，神識恍惚，遂以卒。贈兗州刺史。建國侯孫乂襲。〔二〕乂少謹。武平末，給事黃門侍郎。隋開皇中，爲太府少卿，坐事卒。

校勘記

〔一〕北齊書卷十四　按此卷原缺，後人以北史卷五一齊宗室諸王傳上相同諸傳補。三朝本卷末有宋人校語「此卷與北史同」。

〔二〕從兄思宗以第二子孝緒爲後　諸本「思宗」作「恩」，册府卷二八四三三四八頁作「恩宗」，北史卷五一作「思宗」。按北齊宗室無名「思」者。思宗本卷有傳，册府「思」字已訛「恩」，但「宗」字未脫，足證北史是對的，今據改。

〔三〕乃與河南王孝瑜僞獵　諸本及北史卷五一「河南」都作「河陽」，唯南本作「河南」。按孝瑜封河南王，見本書卷四文宣紀天保元年七月、卷一一孝瑜傳補。今從南本。

〔四〕武成先咨元海　諸本「武成」下衍「王」字，今據北史卷五七删。

〔五〕斫胥光弁奉使至州　諸本及北史卷五一「胥」作「骨」。錢氏考異卷四〇云：「廣韻入聲十八藥『漢複姓有斫胥氏，何氏姓苑云：今平陽人。』此作『骨』字，相似而譌也。恩倖傳北史卷九二作『研胥光弁』，『研』又『斫』之譌，卽一人。」按錢說是，今據改。

〔六〕遇斛斯孝卿　按本書卷二〇有斛律孝卿傳附其父羌舉傳後，他是後主時「朝臣典機密者」之一，應卽此人，「斯」字疑是「律」之訛。

〔七〕帝曰告示何物事　北史卷五一「示」作「爾」，通志卷八五齊宗室傳作「爾告何物事」。按告示是後世才有的名稱，後主豈能作此語。「爾」簡寫作「尔」，與「示」字形近而訛，疑通志是，意謂爾所告者是何等事。北史「爾告」作「告爾」，當是傳本倒誤。

〔八〕以功得河東守　北史卷五一作「以功行河東事」。按高徽事見魏書卷九肅宗紀孝昌元年十月和卷三二高湖傳後，他沒有任過河東守或行河東事。傳稱莫折念生起義後，他被河州一些官員推爲「行河州事」，抗拒起義軍，不久城破受誅。北史「行河東事」，「東」乃「州」之訛，補此傳者又改作「得河東守」。

〔九〕迎喪以穆同營葬　按「穆」不知何人，這裏必有脫誤。

〔一〇〕以爲司空兼尚書令　按歸彥先已由司空遷司徒，這時皇建元年五六〇正以擁戴高演受演重用，豈有降退之理。據卷七武成紀補大寧元年五六一十一月乙卯稱「以司徒平秦王歸彥爲太傅」，則以先仍是「司徒」可知。這裏「司空」乃「司徒」之訛。

〔一一〕上幸歸彥家召魏收對御作詔草　按「對御作詔草」，極言其機密。覩下文說「晝日，仍勑門司不聽輒入內，時歸彥在家縱酒，經宿不知」。可見作詔本不欲歸彥得知，事實上也沒有知道。豈有「幸歸彥家」，卽在其家作詔之事。通鑑卷一六八五三一九頁云：「伺歸彥還家，召魏收於帝前作詔草。」疑當作「上幸歸彥還家」，意謂高湛以歸彥還家爲幸，乘機作詔解除其中樞要職。

〔一二〕建國侯孫乂襲　按此語不可解。「侯」字疑是「從」之訛。

北齊書卷十五〔一〕

列傳第七

竇泰 尉景 婁昭 兄子叡 厙狄干 子士文 韓軌 潘樂

竇泰，字世寧，大安捍殊人也。本出清河觀津胄，祖羅，魏統萬鎮將，因居北邊。父樂，魏末破六韓拔陵爲亂，與鎮將楊鈞固守，遇害。泰貴，追贈司徒。初，泰母夢風雷暴起，若有雨狀，出庭觀之，見電光奪目，駛雨霑灑，寤而驚汗，遂有娠。期而不產，大懼。有巫曰：「渡河湔裙，產子必易。」便向水所，忽見一人，曰：「當生貴子，可徙而南。」泰母從之。俄而生泰。及長，善騎射，有勇略。泰父兄戰歿於鎮，泰身負骸骨歸尒朱榮。以從討邢杲功，賜爵廣阿子。神武之爲晉州，請泰爲鎮城都督，參謀軍事。〔二〕累遷侍中、京畿大都督，尋領御史中尉。泰以勳戚居臺，雖無多糾舉，而百僚畏懼。

天平三年，神武西討，令泰自潼關入。四年，泰至小關，爲周文帝所襲，衆盡沒，泰自殺。初泰將發鄴，鄴有惠化尼謠云：「竇行臺，去不回。」未行之前，夜三更，忽有朱衣冠幘數千人入臺，云「收竇中尉」，宿直兵吏皆驚，其人入數屋，俄頃而去。旦視關鍵不異，方知非人。皆知其必敗。贈大司馬、太尉、錄尚書事，謚曰武貞。泰妻，武明婁后妹也。泰雖以親見待，而功名自建。齊受禪，祭告其墓。皇建初，配享神武廟庭。子孝敬嗣。位儀同三司。

尉景，字士眞，善無人也。秦、漢置尉候官，其先有居此職者，因以氏焉。景性溫厚，頗有俠氣。魏孝昌中，北鎭反，景與神武入杜洛周中，仍共歸尒朱榮。以軍功封博野縣伯。後從神武起兵信都。韓陵之戰，唯景所統失利。神武入洛，留景鎭鄴。尋進封爲公。

景妻常山君，神武之姊也。以勳戚，每有軍事，與厙狄干常被委重，而不能忘懷射利，神武每嫌責之。轉冀州刺史，又大納賄，發夫獵，死者三百人。厙狄干與景在神武坐，請作御史中尉。神武曰：「何意下求卑官。」干曰：「欲捉尉景。」神武大笑，令優者石董桶戲之。董桶剝景衣，曰：「公剝百姓，董桶何爲不剝公？」神武誡景曰：「可以無貪也。」景曰：「與爾計生活孰多，我止人上取，爾割天子調。」神武笑不答。改長樂郡公。歷位太保、太傅，坐匿亡人見禁止。使崔暹謂文襄曰：「語阿惠兒，富貴欲殺我耶！」神武聞之泣，詣闕曰：「臣非尉景，無以至今日。」三請，帝乃許之。於是黜爲驃騎大將軍、開府儀同三司。神武造之，景恚臥不動，叫曰：「殺我時趣耶！」常山君謂神武曰：「老人去死近，何忍煎迫至此。」又曰：「我爲爾汲水胝生。」因出其掌。神武撫景，爲之屈膝。先是，景有果下馬，文襄求之，景不與，曰：「土相扶爲牆，人相扶爲王，一馬亦不得畜而索也。」神武對景及常山君責文襄而杖之。常山君泣救之。景曰：「小兒慣去，放使作心腹，何須乾啼濕哭不聽打耶！」尋授青州刺史，〔三〕操行頗改，百姓安之。徵授大司馬。遇疾，薨於州。贈太師、尚書令。齊受禪，以景元勳，詔祭告其墓。皇建初，配享神武廟庭，追封長樂王。

子粲，少歷顯職，性粗武。天保初，封厙狄干等爲王，粲以父不預王爵，大恚恨，十餘日閉門不朝。帝怪，遣使就宅問之。〔四〕隔門謂使者曰：「天子不封粲父爲王，粲不如死。」使云：「須開門受勑。」粲遂彎弓隔門射使者。使者以狀聞之，文宣使段韶諭旨。粲見韶，唯撫膺大哭，不答一言。文宣親詣其宅慰之，方復朝請。尋追封景長樂王。粲襲爵。位司徒、太傅薨。子世辯嗣。周師將入鄴，令辯出千餘騎覘候，出滏口，登高阜西望，遙見羣烏飛起，〔五〕謂是西軍旗幟，卽馳還，比至紫陌橋，不敢回顧。〔六〕隋開皇中，卒於淅州刺史。〔七〕

婁昭，字菩薩，代郡平城人也，武明皇后之母弟也。祖父提，雄傑有識度，家僮千數，牛馬以谷量。性好周給，士多歸附之。魏太武時，以功封眞定侯。父內干，有武力，未仕而卒。昭貴，魏朝贈司徒。齊受禪，追封太原王。昭方雅正直，有大度深謀，腰帶八尺，弓馬冠世。神武少親重之。昭亦早識人，恒曲盡禮敬。數隨神武獵，每致請不宜乘危歷險。神武將出信都，昭贊成大策，卽以爲中軍大都督。從破尒朱兆於廣阿，封安喜縣伯，改濟北公，〔六〕又從濮陽郡公，授領軍將軍。魏孝武將貳於神武，昭以疾辭還晉陽。從神武入洛，兗州刺史樊子鵠反，以昭爲東道大都督討之。子鵠旣死，諸將勸昭盡捕誅其黨。昭曰：「此州無狀，橫被殘賊，其君是怨，其人何罪。」遂皆捨焉。後轉大司馬，仍領軍。遷司徒，出爲定州刺史。昭好酒，晚得偏風，雖愈，猶不能處劇務，在州事委僚屬，昭舉其大綱而已。薨於州。贈假黃鉞、太師、太尉，謚曰武。齊受禪，詔祭告其墓，封太原王。皇建初，配享神武廟庭。長子仲達嗣。改封濮陽王。

次子定遠，少歷顯職，外戚中偏爲武成愛狎。別封臨淮郡王。武成大漸，與趙郡王等同受顧命，位司空。趙郡王之奏黜和士開，定遠與其謀，遂納士開賄賂，成趙郡之禍，其貪鄙如此。尋除瀛州刺史。初定遠弟季略，穆提婆求其伎妾，定遠不許。因高思好作亂，提婆令臨淮國郞中令告定遠陰與思好通。後主令開府段暢率三千騎掩之，令侍御史趙秀通至州，以贓貨事劾定遠。定遠疑有變，遂縊而死。

昭兄子叡。〔九〕叡字佛仁，父拔，魏南部尚書。叡幼孤，被叔父昭所養。爲神武帳內都督，封掖縣子，累遷光州刺史，在任貪縱，深爲文襄所責。後改封九門縣公。齊受禪，得除領軍將軍，別封安定侯。叡無他器幹，以外戚貴幸，縱情財色。爲瀛州刺史，聚斂無厭。皇建初，封東安王。大寧元年，進位司空。平高歸彥於冀州，還拜司徒。河清三年，濫殺人，爲尚書左丞宋仲羨彈奏，經赦乃免。尋爲太尉，以軍功進大司馬。武成至河陽，仍遣總偏師赴懸瓠。叡在豫境留停百餘日，專行非法，詔免官，以王還第。尋除太尉，薨。贈大司馬。子子彥嗣。〔一〇〕位開府儀同三司。

厙狄干，善無人也。曾祖越豆眷，魏道武時以功割善無之西臘汙山地方百里以處之，後率部落北遷，因家朔方。干梗直少言，有武藝。魏正光初，除掃逆黨，授將軍，宿衞於內。以家在寒鄉，不宜毒暑，冬得入京師，夏歸鄉里。孝昌元年，北邊擾亂，奔雲中，爲刺史費穆送于尒朱榮。以軍主隨榮入洛。〔一一〕

後從神武起兵，破四胡於韓陵，封廣平縣公，尋進郡公。河陰之役，諸將大捷，唯干兵退。神武以其舊功，竟不責黜。尋轉太保、太傅。及高仲密以武牢叛，神武討之，以干爲大都督前驅。干上道不過家，見侯景不遑食，景使騎追饋之。時文帝自將兵至洛陽，軍容甚盛。諸將未欲南度，干決計濟河。神武大兵繼至，遂大破之。還爲定州刺史，不閑吏事，事多擾煩，然清約自居，不爲吏人所患。遷太師。天保初，以天平元勳佐命，〔一二〕封章武郡王，轉太宰。

干尚神武妹樂陵長公主，以親地見待。自預勤王，常總大衆，威望之重，爲諸將所伏。而最爲嚴猛，曾詣京師，魏譙王元孝友於公門言戲過度，〔一三〕諸公無能面折者，干正色責之，孝友大慚，時人稱善。薨，贈假黃鉞，太宰，給轀輬車，謚曰景烈。干不知書，署名爲「干」字，逆上畫之，時人謂之穿錐。又有武將王周者，署名先爲「吉」而後成其外，二人至子孫始並知書。干，皇建初配享神武廟庭。子敬伏，位儀同三司，卒。子士文嗣。〔一四〕

士文性孤直，雖隣里至親，莫與通狎。在齊，襲封章武郡王，位領軍將軍。周武帝平齊，山東衣冠多來迎，唯士文閉門自守。帝奇之，授開府儀同三司，隨州刺史。〔一五〕隋文受禪，加上開府，封湖陂縣子。

尋拜貝州刺史。性清苦，不受公料，家無餘財。其子嘗噉官廚餅，士文枷之於獄累日，杖之二百，步送還京。僮隸無敢出門。所買鹽菜，必於外境。凡有出入，皆封署其門，親故絕迹，慶弔不通。法令嚴肅，吏人貼服，道不拾遺。凡有細過，士文必陷害之。嘗入朝，遇上賜公卿入左藏，任取多少。人皆極重，士文獨口銜絹一匹，兩手各持一匹。上問其故，士文曰：「臣口手俱足，餘無所須。」上異之，別齎遺之。〔一六〕士文至州，發擿姦吏，尺布斗粟之贓，無所寬貸，得千人奏之，悉配防嶺南。親戚相送，哭聲遍於州境。至嶺南，遇瘴癘死者十八九，於是父母妻子唯哭士文。士文聞之，令人捕搦，捶楚盈前，而哭者彌甚。司馬京兆韋焜、清河令河東趙達二人並苛刻，唯長史有惠政。時人語曰：「刺史羅刹政，司馬蝮蛇瞋，長史含笑判，清河生喫人。」上聞，歎曰：「士文暴過猛獸。」竟坐免。未幾爲雍州長史，謂人曰：「我向法深，不能窺候要貴，無乃必死此官。」及下車，執法嚴正，不避貴戚，賓客莫敢至門。人多怨望。士文從妹爲齊氏嬪，有色，齊滅後，賜薛公長孫覽。覽妻鄭氏妬，譖之文獻后，后令覽離絕。士文恥之，不與相見。後應州刺史唐君明居母憂，娉以爲妻，由是君明、士文並爲御史所劾。士文性剛，在獄數日，憤恚而死。家無餘財，有三子，朝夕不繼，親賓無贍之者。

韓軌，字百年，太安狄那人也。少有志操，性深沉，喜怒不形於色。神武鎮晉州，引爲鎮城都督。及起兵於信都，軌贊成大策。從破尒朱兆於廣阿，又從韓陵陣，封平昌縣侯。仍督中軍，從破尒朱兆於赤洪嶺。〔一七〕再遷泰州刺史，〔一八〕甚得邊和。神武巡泰州，欲以軌還，仍賜城人戶別絹布兩匹。州人田昭等七千戶皆辭不受，唯乞留軌。神武嘉歎，乃留焉。頻以軍功，進封安德郡公。遷瀛州刺史，在州聚斂，爲御史糾劾，削除官爵。未幾，復其安德郡公。歷位中書令、司徒。齊受禪，封安德郡王。軌妹爲神武所納，生上黨王渙，復以勳庸，歷登台鉉。常以謙恭自處，不以富貴驕人。後拜大司馬，從文宣征蠕蠕，在軍暴疾薨。贈假黃鉞，太宰、太師，謚曰肅武。皇建初，配饗文襄廟庭。

子晉明嗣。天統中，改封東萊王。晉明有俠氣，諸勳貴子孫中最留心學問。好酒誕縱，招引賓客，一席之費，動至萬錢，猶恨儉率。朝庭處之貴要之地，必以疾辭。告人云：「廢人飲美酒、對名勝，安能作刀筆吏返披故紙乎？」武平末，除尚書左僕射，百餘日便謝病解官。

潘樂，字相貴，廣寧石門人也。本廣宗大族，魏世分鎮北邊，因家焉。父永，有技藝，襲爵廣宗男。樂初生，有一雀止其母左肩，占者咸言富貴之徵，因名相貴，後始爲字。及長，寬厚有膽略。初歸葛榮，〔一九〕授京兆王，時年十九。榮敗，隨尒朱榮，爲別將討元顥，以功封敷城縣男。

齊神武出牧晉州，引樂爲鎮城都將。從破尒朱兆於廣阿，進爵廣宗縣伯。累以軍功拜東雍州刺史。神武嘗議欲廢州，樂以東雍地帶山河，境連胡、蜀，形勝之會，不可棄也。遂如故。後破周師於河陰，議欲追之，令追者在西，不願者東，唯樂與劉豐居西。神武善之，以衆議不同而止。改封金門郡公。文宣嗣事，鎮河陽，破西將楊檦等。時帝以懷州刺史平鑒等所築城深入敵境，欲棄之。樂以軹關要害，必須防固，乃更修理，增置兵將，而還鎮河陽。拜司空。齊受禪，樂進璽綬。進封河東郡王，遷司徒。周文東至崤、陜，遣其行臺侯莫陳崇自齊子嶺趣軹關，儀同楊檦從鼓鐘道出建州，陷孤公戍。詔樂總大衆禦之。樂晝夜兼行，至長子，遣儀同韓永興從建州西趣崇，崇遂遁。又爲南道大都督，討侯景。樂發石鼈，南度百餘里，〔二〇〕至梁涇州。涇州舊在石梁，侯景改爲懷州，〔二一〕樂獲其地，仍立涇州。又克安州。除瀛州刺史，仍略淮、漢。天保六年，薨於懸瓠。贈假黃鉞、太師、大司馬、尚書令。〔二二〕

子子晃嗣。諸將子弟，率多驕縱，子晃沉密謹慤，以清淨自居。尙公主，拜駙馬都尉。武平末，爲幽州道行臺右僕射、幽州刺史。周師將入鄴，子晃率突騎數萬赴援。至博陵，知鄴城不守，詣冀州降。周授上開府。隋大業初卒。

校勘記

〔一〕北齊書卷十五　按此卷原缺，後人以北史卷五三、卷五四中相同諸人傳補。三朝本、南本、局本卷末有宋人校語「此卷與北史同」。

〔二〕參謀軍事　通志卷一五二此下有：「從起義信都，封廣阿伯，從破四胡。及神武入洛，以預謀定策，除車騎大將軍、儀同三司，進爵爲公。尒朱兆敗保秀容，分兵守嶮。神武每揚聲云欲討之，師出復止，如是數四。神武揣兆歲首必應會飲，使泰率精騎先驅，一日一夜五百里。兆軍人因宴休惰，忽見泰軍，莫不奪氣，神武因而剋之」，凡一百十一字不見此傳和北史卷五四本傳。按通志北齊諸傳，凡溢出北史字句，大抵出於北齊書原文，如斛律金父子、段榮父子傳都是這情況。今以此卷竇泰等六人傳和通志核對，通志都有多少不等的溢出字句。疑南宋時北齊書此卷原文，還沒有完全絕跡，鄭樵偶得見之，得以用來補上一些文句。如此段所說竇泰從高歡起兵後，加官進爵，和竇泰墓誌漢魏南北朝墓誌集釋圖版二〇五基本符合，又如下文竇泰死後贈官，通志多「定州刺史」，也和墓誌相同。鄭樵不見墓誌，所增却與之相合，也可推知所據爲較原始的材料，當卽北齊書原文。其進攻尒朱兆一事今見本書卷一和北史卷六的神武紀，或李延壽截取傳中語入紀。由竇泰傳所增之情況看來，則以下五人傳中通志溢出北史字句也可能是北齊書佚文。但這些多半是歷官和其他無關重要語句，今不一一列舉。

〔三〕尋授青州刺史　通志卷一五二此句上有「元象初，周文遣金祚、皇甫知達入據東雍，景督諸軍討擒之」二十三字。按此事又見本書卷二七可朱渾元傳補，但沒有提到尉景，北史卷五三可朱渾元傳不載，而同卷金祚傳稱祚「入據東雍州，神武遣尉景攻降之」。此段所增二十三字疑出北齊書原文。

〔四〕遣使就宅問之　諸本脫「使」字，據北史卷五四補。

〔五〕遙見羣烏飛起　諸本及北史卷五四「烏」作「鳥」。御覽卷九二〇四〇八一頁引北史、通鑑卷一七三五三六九頁作「烏」。胡注：「西軍旗幟皆黑，齊人時恇懼，望見烏飛，以爲周師已至。」按胡注很清楚。御覽引在羽族部烏類，可知宋人所見北史都作「烏」，今據改。

〔六〕比至紫陌橋不敢回顧　諸本及北史卷五四無「回」字，局本有。按局本當據通鑑卷一七三五三六九頁補。册府卷四五三五三七三頁作「迴」，御覽卷九二〇四〇八一頁作「返」。今從局本。

〔七〕卒於浙州刺史　諸本「淅」作「浙」，北史百衲本卷五四作「淅」。按隋書卷三〇地理志中淅陽郡條云：「西魏置淅州」，楊守敬以爲卽魏書卷一〇六地形志的析州隋書地理志考證卷三。地在東、西魏邊界，故雙方都有此州。今據北史改，以後逕改，不再出校記。

〔八〕改濟北公　通志卷一五二此下有「又從拔鄴，破四胡，累拜驃騎大將軍、開府」十六字。又下文「從神武入洛」下有「魏孝靜之立也，昭預大策」十字。疑出北齊書原文。

〔九〕昭兄子叡　按卷四八外戚傳婁叡重出。北齊書既把他列入外戚傳，這裏必不附見，這是補此傳者草率抄錄北史之故。

〔一〇〕子子彥嗣　諸本及北史卷五四「彥」作「產」，按八瓊室金石補正卷二一司徒公婁叡華嚴經碑跋引安陽金石志稱碑側名有「王世子子彥，第二子仲彥」。本書卷一一河南王孝瑜傳記酖殺孝瑜的人亦作婁子彥。今據改。

〔一一〕以軍主隨榮入洛　通志卷一五二此下有「授伏波將軍，神武臨晉州，請干爲都督」十五字。疑是北齊書原文所有，無此十五字，則厙狄干既在洛陽，何以又從高歡起兵，不明。

〔一二〕天保初以天平元勳佐命　南、北、殿、局四本及北史卷五四厙狄干傳「天平」作「干」。按「天平元勳佐命」當指追隨高歡擁立孝靜帝和遷鄴的人。今從三朝本。

〔一三〕魏譙王元孝友於公門言戲過度　張森楷云：「孝友始爲臨淮王，齊受禪，降臨淮公，未嘗封譙，此文疑誤。」張說據本書卷二八補、北史卷一六元孝友傳。按當是「淮」訛「譙」，後人又刪「臨」字。

〔一四〕子士文嗣　錢氏考異卷三一云：「按士文隋之酷吏，隋史已爲立傳，不應闌入齊書，蓋後人以厙狄干傳亡，取北史補之，而不知限斷之例，遂併士文傳牽入之。」

〔一五〕隨州刺史　諸本「隨州」訛「隋州」，今據北史卷五四改。

〔一六〕別齎遺之　北史卷五四「齎」作「賞」。按隋書卷七四本傳作「別加賞物，勞而遣之」。疑北史本刪節隋書作「別賞遣之」。傳本北史「遣」訛「遺」。補北齊書者又改「賞」爲「齎」。

〔一七〕從破尒朱兆於赤洪嶺　通志卷一五二下有「除車騎大將軍。出爲晉州刺史，慰諭山胡，莫不綏附」二十字。按下云「再遷泰州刺史」，卽因先曾任晉州刺史，所以說「再遷」。北史刪去此段，「再遷」二字便沒有着落。

〔一八〕再遷泰州刺史　諸本及北史卷五四韓軌傳「泰州」作「秦州」。按此句下通志卷一五二多出：「軌性寬和，罕行楚撻，甚得邊民之心。西魏前後遣將東伐，又周文帝自屯鹽倉，軌身先士卒，每戰必剋」三十九字。從這段文字中，可證此處的秦州實卽治河東郡蒲坂的泰州。魏書地形志已訛作秦州見卷二校記。其地爲東、西魏歷年爭戰之所，故云「西魏前後遣將東伐」。所謂「周文帝自屯鹽倉」。據唐書卷三八地理志陝州平陸縣條云：「西有鹽倉」，地卽北魏的河北郡，與蒲坂相接。「秦」字訛，今改正。下「神武巡秦州」句同改。

〔一九〕寬厚有膽略初歸葛榮　通志卷一五二作：「寬厚有膽略。北鎭亂，魏臨淮王彧北討至雲中，問士人膽略者，或以樂對。或乃召爲軍主，每摧堅陷陣，轉統軍。樂以天下多事，遂歸葛榮。」凡溢出四十六字。

〔二〇〕南度百餘里　通志此下有「淮南聞大軍至，所在棄城走」十一字。

〔二一〕侯景改爲懷州　北史卷五三、册府卷四二九五一一五頁、通志卷一五二「懷」作「淮」，疑「懷」字誤。

〔二二〕贈假黃鉞太師大司馬尚書令　通志卷一五二此下有：「神武再破周文也，樂皆先鋒摧陣。邙山之役，樂因勢追之。至其營所，仍大抄掠，樂獲周文金帶一袋。貪貨稽留，不即東返。于時周文於陣可擒，失而不獲者，實樂貪貨之由也。神武忿之，以大捷之後，恕而不問」一段文字。按此事見於北史卷五三彭樂傳而更詳。鄭樵似不致竄改北史彭樂傳中語入潘樂傳，且今通志同卷自有彭樂傳，全同北史。如果鄭樵以彼樂爲此樂，就應删去彭樂傳中此事，何以兩傳重出？北齊書無彭樂傳，疑北齊書本以此爲潘樂事。北史別據其他史料爲彭樂傳，則以爲彭樂事。通志兩取之，以致重複。

北齊書卷十六

列傳第八

段榮 子韶 子孝言

段榮，字子茂，姑臧武威人也。祖信，仕沮渠氏，後入魏，以豪族徙北邊，仍家於五原郡。父連，安北府司馬。榮少好曆術，專意星象。正光初，語人曰：「易云『觀於天文以察時變』，又曰『天垂象，見吉凶』，今觀玄象，察人事，不及十年，當有亂矣。」或問曰：「起於何處，當可避乎？」榮曰：「構亂之源，此地爲始，恐天下因此橫流，無所避也。」未幾，果如言。榮遇亂，與鄉舊攜妻子，南趣平城。屬杜洛周爲亂，榮與高祖謀誅之，事不捷，共奔尒朱榮。後高祖建義山東，榮贊成大策。爲行臺右丞，西北道慰喻大使，巡方曉喻，所在下之。高祖南討鄴，留榮鎮信都，仍授鎮北將軍、定州刺史。時攻鄴未克，所須軍資，榮轉輸無闕。高祖入洛，論功封姑臧縣侯，邑八百戶。轉授瀛州刺史。榮妻，皇后姊也，榮恐高祖招私親之議，固推諸將，竟不之州。尋行相州事，後爲濟州刺史。天平三年，轉行泰州事。〔二〕榮性溫和，所歷皆推仁恕，民吏愛之。初高祖將圖關右，與榮密謀，榮盛稱未可。及渭曲失利，高祖悔之，曰：「吾不用段榮之言，以至於此。」四年，除山東大行臺、大都督，甚得物情。元象元年，授儀同三司。二年五月卒，年六十二。贈使持節、定冀滄瀛四州諸軍事、定州刺史、太尉、尚書左僕射，諡曰昭景。皇建初，配饗高祖廟庭。二年，重贈大司馬、尚書令，武威王。長子韶嗣。

韶，字孝先，小名鐵伐。少工騎射，有將領才略。高祖以武明皇后姊子，益器愛之，常置左右，以爲心腹。

建義初，領親信都督。中興元年，從高祖拒尒朱兆，戰於廣阿。高祖謂韶曰：「彼衆我寡，其若之何。」韶曰：「所謂衆者，得衆人之死；强者，得天下之心。尒朱狂狡，行路所見，裂冠毁冕，拔本塞源，邙山之會，搢紳何罪，兼殺主立君，不脫旬朔，天下思亂，十室而九。王躬昭德義，除君側之惡，何往而不克哉！」高祖曰：「吾雖以順討逆，奉辭伐罪，但弱小在强大之間，恐無天命，卿不聞之也？」答曰：「韶聞小能敵大，小道大淫，皇天無親，唯德是輔。尒朱外賊天下，內失善人，知者不爲謀，勇者不爲鬬，不肖失職，賢者取之，復何疑也。」遂與兆戰，兆軍潰。攻劉誕於鄴。及韓陵之戰，韶督率所部，先鋒陷陣。尋從高祖出晉陽，追尒朱兆於赤谼嶺，平之。以軍功封下洛縣男。又從襲取夏州，擒斛律彌娥突，〔二〕加龍驤將軍、諫議大夫，累遷武衞將軍。後迴賜父爵姑臧縣侯，〔三〕其下洛縣男啓讓繼母弟寧安。

興和四年，從高祖禦周文帝於邙山。高祖身在行間，爲西魏將賀拔勝所識，率銳來逼。韶從傍馳馬引弓反射，一箭斃其前驅，追騎懾憚，莫敢前者。西軍退，賜馬並金，進爵爲公。武定四年，從征玉壁。時高祖不豫，攻城未下，召集諸將，共論進止之宜。謂大司馬斛律金、司徒韓軌、左衞將軍劉豐等曰：「吾每與段孝先論兵，殊有英略，若使比來用其謀，亦可無今日之勞矣。吾患勢危篤，恐或不虞，欲委孝先以鄴下之事，何如？」金等曰：「知臣莫若君，實無出孝先。」仍謂韶曰：「吾昔與卿父冒涉險艱，同奬王室，建此大功。今病疾如此，殆將不濟，宜善相翼佐，克茲負荷。」卽令韶從顯祖鎭鄴，召世宗赴軍。高祖疾甚，顧命世宗曰：「段孝先忠亮仁厚，智勇兼備，親戚之中，唯有此子，軍旅大事，宜共籌之。」五年春，高祖崩於晉陽，祕不發喪。俄而侯景構亂，世宗還鄴，韶留守晉陽。世宗還，賜女樂十數人，金十斤，繒帛稱是，封長樂郡公。世宗征潁川，韶留鎭晉陽。別封眞定縣男，行幷州刺史。顯祖受禪，別封朝陵縣，又封霸城縣，加位特進。啓求歸朝陵公，乞封繼母梁氏爲郡君。顯祖嘉之，別以梁氏爲安定郡君。又以霸城縣侯讓其繼母弟孝言。論者美之。

天保三年，爲冀州刺史、六州大都督，有惠政，得吏民之心。四年十二月，梁將東方白額潛至宿預，招誘邊民，殺害長吏，淮、泗擾動。五年二月，詔徵韶討之。既至。會梁將嚴超達等軍逼涇州；又陳武帝率衆將攻廣陵，刺史王敬寶遣使告急；復有尹思令，衆萬餘人，謀襲盱眙。三軍咸懼。韶謂諸將曰：「自梁氏喪亂，國無定主，人懷去就，强者從之。霸先等智小謀大，政令未一，外託同德，內有離心，諸君不足憂，吾揣之熟矣。」乃留儀同敬顯儁、堯難宗等圍守宿預，〔四〕自將步騎數千人倍道赴涇州。塗出盱眙，思令不虞大軍卒至，望旗奔北。進與超達合戰，大破之，盡獲其舟艦器械。謂諸將士曰：「吳人輕躁，本無大謀，今破超達，霸先必走。」卽迴赴廣陵。陳武帝果遁去。追至楊子柵，望揚州城乃還，大獲其軍資器物，旋師宿預。六月，韶遣辯士喩白額禍福，白額於是開門請盟。韶與行臺辛術等議，且爲受盟。盟訖，度白額終不爲用，因執而斬之，並其諸弟等並傳首京師。江淮帖然，民皆安輯。顯祖嘉其功，詔賞吳口七十人，封平原郡王。淸河王岳之克郢州，執司徒陸法和，韶亦豫行，築魯城，〔五〕於新蔡立郭默戍而還。皇建元年，領太子太師。

大寧二年，除幷州刺史。高歸彥作亂冀州，韶與東安王婁叡率衆討平之。遷太傅，賜女樂十人，並歸彥果園一千畝。仍蒞幷州，爲政舉大綱，不存小察，甚得民和。

十二月，周武帝遣將率羌夷與突厥合衆逼晉陽，〔六〕世祖自鄴倍道兼行赴救。突厥從北結陣而前，東距汾河，西被風谷。時事既倉卒，兵馬未整，世祖見如此，亦欲避之而東。尋納河間王孝琬之請，令趙郡王叡護諸將。時大雪之後，周人以步卒爲前鋒，從西山而下，去城二里。諸將咸欲逆擊之。韶曰：「步人氣勢自有限，今積雪既厚，逆戰非便，不如陣以待之。彼勞我逸，破之必矣。」既而交戰，大破之，敵前鋒盡殪，無復孑遺，自餘通宵奔遁。仍令韶率騎追之，出塞不及而還。世祖嘉其功，別封懷州武德郡公，進位太師。

周冢宰宇文護母閻氏先配中山宮，護聞閻尚存，乃因邊境移書，請還其母，並通鄰好。時突厥屢犯邊，韶軍於塞下。世祖遣黃門徐世榮乘傳齎周書問韶。韶以周人反覆，本無信義，比晉陽之役，其事可知。護外託爲相，其實王也。既爲母請和，不遣一介之使申其情理，乃據移書，卽送其母，恐示之弱。如臣管見，且外許之，待後放之未晚。不聽。遂遣使以禮將送。

護既得母，仍遣將尉遲迥等襲洛陽。詔遣蘭陵王長恭、大將軍斛律光率衆擊之，軍於邙山之下，逗留未進。世祖召謂曰：「今欲遣王赴洛陽之圍，但突厥在此，復須鎭禦，王謂如何？」韶曰：「北虜侵邊，事等疥癬，今西羌窺逼，便是膏肓之病，請奉詔南行。」世祖曰：「朕意亦爾。」乃令韶督精騎一千，發自晉陽。五日便濟河，與大將共量進止。韶旦將帳下二百騎與諸軍共登邙阪，聊觀周軍形勢。至大和谷，便値周軍，卽遣馳告諸營，追集兵馬。仍與諸將結陣以待之。韶爲左軍，蘭陵王爲中軍，斛律光爲右軍，與周人相對。韶遙謂周人曰：「汝宇文護幸得其母，不能懷恩報德，今日之來，竟何意也？」周人曰：「天遣我來，有何可問。」韶曰：「天道賞善罰惡，當遣汝送死來耳。」周軍仍以步人在前，上山逆戰。韶以彼徒我騎，且却且引，待其力弊，乃遣下馬擊之。短兵始交，周人大潰。其中軍所當者，亦一時瓦解，投墜溪谷而死者甚衆。洛城之圍，亦卽奔遁，盡棄營幕，從邙山至穀水三十里中，軍資器物彌滿川澤。車駕幸洛陽，親勞將士，於河陰置酒高會，策勳命賞，除太宰，封靈武縣公。天統三年，除左丞相，永昌郡公，食滄州幹。

武平二年正月，出晉州道，到定隴，築威敵、平寇二城而還。二月，周師來寇，遣韶與右丞相斛律光、太尉蘭陵王長恭同往捍禦。以三月暮行達西境。有栢谷城者，乃敵之絕險，石城千仞，諸將莫肯攻圍。韶曰：「汾北、河東，勢爲國家之有，若不去栢谷，事同痼疾。計彼援兵，會在南道，今斷其要路，救不能來。且城勢雖高，其中甚狹，火弩射之，一旦可盡。」諸將稱善，遂鳴鼓而攻之，城潰，獲儀同薛敬禮，大斬獲首虜，仍城華谷，置戍而還。封廣平郡公。

是月，周又遣將寇邊。右丞相斛律光先率師出討，韶亦請行。五月，攻服秦城。周人於姚襄城南更起城鎮，東接定陽，又作深塹，斷絕行道。韶乃密抽壯士，從北襲之。又遣人濳渡河，告姚襄城中，令內外相應，渡者千有餘人，周人始覺。於是合戰，大破之，獲其儀同若干顯寶等。諸將咸欲攻其新城。韶曰：「此城一面阻河，三面地險，不可攻，就令得之，一城地耳。〔七〕不如更作一城壅其路，破服秦，併力以圖定陽，計之長者。」將士咸以爲然。六月，徙圍定陽，〔八〕其城主開府儀同楊範固守不下。〔九〕韶登山望城勢，乃縱兵急攻之。七月，屠其外城，大斬獲首級。時韶病在軍中，以子城未克，謂蘭陵王長恭曰：「此城三面重澗險阻，並無走路，唯恐東南一處耳。賊若突圍，必從此出，但簡精兵專守，自是成擒。」長恭乃令壯士千餘人設伏於東南澗口。其夜果如所策，賊遂出城，伏兵擊之，大潰，範等面縛，盡獲其衆。

韶疾甚，先軍還。以功別封樂陵郡公。竟以疾薨。上舉哀東堂，贈物千段、溫明祕器、轀輬車，軍校之士陳衞送至平恩墓所，〔一〇〕發卒起冢。贈假黃鉞、使持節、都督朔并定趙冀滄齊兗梁洛晉建十二州諸軍事、相國、太尉、錄尙書事、朔州刺史，諡曰忠武。

韶出總軍旅，入參帷幄，功既居高，重以婚媾，望傾朝野。長於計略，善於御衆，得將士之心，臨敵之日，人人爭奮。又雅性溫慎，有宰相之風。敎訓子弟，閨門雍肅，事後母以孝聞，齊世勳貴之家罕有及者。然僻於好色，雖居要重，微服間行。有皇甫氏，魏黃門郎元瑀之妻，弟謹謀逆，皇甫氏因沒官。韶美其容質，上啓固請，世宗重違其意，因以賜之。尤嗇於財，雖親戚故舊略無施與。其子深尚公主，並省丞郎在家佐事十餘日，事畢辭還，人唯賜一盃酒。長子懿嗣。

懿，字德猷，有姿儀，頗解音樂，又善騎射。天保初，尚潁川長公主。累遷行臺右僕射，兼殿中尚書，出除兗州刺史。卒。子寶鼎嗣。尚中山長公主，武平末，儀同三司。隋開皇中，開府儀同三司、驃騎大將軍，大業初，卒於饒州刺史。

韶第二子深，字德深。美容貌，寬謹有父風。天保中，受父封姑臧縣公。大寧初，拜通直散騎侍郎。二年，詔尚永昌公主，未婚，主卒。河清三年，又詔尚東安公主。以父頻著大勳，累遷侍中、將軍、源州大中正，〔二〕食趙郡幹。韶病篤，詔封深濟北王，以慰其意。武平末，徐州行臺左僕射、徐州刺史。入周，拜大將軍，郡公，坐事死。

韶第三子德舉，武平末，儀同三司。周建德七年，在鄴城與高元海等謀逆，誅。

韶第四子德衡，武平末，開府儀同三司，隆化時，濟州刺史。入周，授儀同大將軍。

韶第七子德堪，武平中，儀同三司。隋大業初，汴州刺史，卒於汝南郡守。

榮第二子孝言，少警發有風儀。魏武定末，起家司徒參軍事。齊受禪，其兄韶以別封霸城縣侯授之。累遷儀同三司、度支尚書、清都尹。

孝言本以勳戚緒餘，致位通顯，至此便驕奢放逸，無所畏憚。曾夜行，過其賓客宋孝王家宿，〔一〕喚坊民防援，不時應赴，遂拷殺之。又與諸淫婦密遊，爲其夫覺，復恃官勢，拷掠而殞。時苑內須果木，科民間及僧寺備輸，悉分向其私宅種植。又殿內及園須石，差車牛從漳河運載，復分車迴取。尋悉聞徹，出爲海州刺史。尋以其兄故，徵拜都官尚書，食陽城郡幹，仍加開府。遷太常卿，除齊州刺史，以贓賄爲御史所劾。屬世祖崩，遇赦免。拜太常卿，轉食河南郡幹，遷吏部尚書。

祖珽執政，將廢趙彥深，引孝言爲助。除兼侍中，入內省，典機密，尋卽正，仍吏部尚書。孝言既無深鑒，又待物不平，抽擢之徒，非賄則舊。有將作丞崔成，忽於衆中抗言曰：「尚書天下尚書，豈獨段家尚書也！」孝言無辭以答，惟厲色遣下而已。尋除中書監，加特進。又託韓長鸞，共構祖珽之短。及祖出後，孝言除尚書右僕射，仍掌選舉，恣情用捨，請謁大行。勑濬京城北隍，孝言監作，儀同三司崔士順、將作大匠元士將、太府少卿酈孝裕、尚書左民郎中薛叔昭、司州治中崔龍子、清都尹丞李道隆、鄴縣令尉長卿、臨漳令崔象、成安令高子徹等並在孝言部下。典作日，別置酒高會，諸人膝行跪伏，稱觴上壽，或自陳屈滯，更請轉官，孝言意色揚揚，以爲己任，皆隨事報答，許有加授。富商大賈多被銓擢，縱令進用人士，咸是粗險放縱之流。尋遷尚書左僕射，特進、侍中如故。

開府。

孝言富貴豪侈，尤好女色。後娶婁定遠妾董氏，大耽愛之，爲此內外不和，更相糾列，坐爭免官徙光州。隆化敗後，有勑追還。孝言雖黷貨無厭，恣情酒色，然舉止風流，招致名士，美景良辰，未嘗虛棄，賦詩奏伎，畢盡歡洽。雖草萊之士，粗閑文藝，多引入賓館，與同興賞，其貧躓者亦時有乞遺。世論復以此多之。齊亡入周，授開府儀同大將軍，後加上開府。

史臣曰：段榮以姻戚之重，遇時來之會，功伐之地，亦足稱焉。韶光輔七君，克隆門業，每出當閫外，或任以留臺，以猜忌之朝，終其眉壽。屬亭候多警，爲有齊上將，豈其然乎？當以志謝矜功，名不逾實，不以威權御物，不以智數要時，欲求覆餗，其可得也？語曰「率性之謂道」，此其効歟？

贊曰：榮發其原，韶大其門。位因功顯，望以德尊。

校勘記

〔一〕天平三年轉行泰州事　三朝本、汲本「泰」作「恭」，他本作「秦」。按當時無「恭州」，秦州屬西魏。「恭」和「秦」都是「泰」之訛參卷二校記，今改正。

〔二〕斛律彌娥突　按「律」是「拔」之訛，詳卷二校記。

〔三〕後迴賜父爵姑臧縣侯　三朝本、殿本「迴」作「恩」。南、北、局三本及北史卷五四段韶傳作「迴」，今從之。又諸本「爵」都作「榮」，北史作「爵」。按上文稱段榮封姑臧縣侯，這時是把段榮封爵迴賜給韶。諸本皆誤，今據北史改。

〔四〕乃留儀同敬顯儁堯難宗等圍守宿預　三朝本及册府卷三五四四二〇七頁「難宗」作「難示」，南本單作「雄」，北、汲、殿、局四本作「雄示」。按堯雄死於東魏興和四年五四二，見本書卷二〇、北史卷二七本傳，這裏是說天保五年五五四以後的事，雄已久死，南本顯誤。陳書卷一武帝紀紹泰二年北齊天保七年五五六三月載北齊南侵諸將中有堯難宗，通鑑卷一六六五一四二頁同。北史卷三一高德正傳說高洋稱帝，堯難宗染赤雀以獻，亦卽此人。三朝本「難」字不誤，「宗」已訛作「示」，今據改。

〔五〕築魯城　諸本「魯」作「層」。册府卷四一〇四八七二頁作「魯」。按通典卷一七七臨汝郡魯山縣條云：「高齊則於縣東北一十七里築魯城以禦周。」作「魯」是，今據册府改。

〔六〕十二月周武帝遣將率羌夷與突厥合衆逼晉陽　按周與突厥合攻晉陽，事在北齊河清二年十二月至三年正月間五六四，歷見本書卷七武成紀補、周書卷五武帝紀保定三年和相關諸傳。這裏承上文則在大寧二年五六二—三，誤。疑上脫「河清二年」四字。

〔七〕就令得之一城地耳　諸本無「一」字，語氣不完，今據御覽卷三〇二一三九一頁、通典卷一五四補。

〔八〕徙圍定陽　諸本「徙」作「從」，北史卷五四作「徙」。按段韶是主將，「從圍」不可通。當時諸將欲攻新城，以段韶言轉而攻定陽，作「徙」是，今據北史改。

〔九〕其城主開府儀同楊範固守不下　按本書卷八後主紀補武平二年五七一六月記此事稱「獲刺史楊敷。」楊敷，周書卷三四有傳，記他守汾州被俘事甚詳，似作「範」誤。但諸本和冊府卷三六九四三八四頁，通典卷一五四都作「楊範」，今不改。

〔一〇〕軍校之士陳衞送至平恩墓所　諸本及北史卷五四「陳」作「陣」，據冊府卷三八二四五四三頁改。

〔一一〕源州大中正　按「源州」不見地志。段氏郡望是涼州姑臧，疑「源」是「涼」之訛。

〔一二〕過其賓客宋孝王家宿　諸本「宋」作「宗」，冊府卷三〇六三六一一頁、北史卷五四段孝言傳作「宋」。按本書卷四六宋世良傳附見從子孝王，記他曾爲段孝言的開府參軍。「宗」字誤，今據改。

北齊書卷十七

列傳第九

斛律金 子光 羡

斛律金，字阿六敦，朔州勅勒部人也。高祖倍侯利，〔一〕以壯勇有名塞表，道武時率戶內附，賜爵孟都公。祖幡地斤，殿中尚書。父大那瓌，光祿大夫、第一領民酋長。天平中，金貴，贈司空公。

金性敦直，善騎射，行兵用匈奴法，望塵識馬步多少，嗅地知軍度遠近。初爲軍主，與懷朔鎮將楊鈞送茹茹主阿那瓌還北。瓌見金射獵，深歎其工。後瓌入寇高陸，金拒擊破之。正光末，破六韓拔陵構逆，金擁衆屬焉，陵假金王號。金度陵終敗滅，乃統所部萬戶詣雲州請降，卽授第二領民酋長。稍引南出黃瓜堆，爲杜洛周所破，部衆分散，金與兄平二人脫身歸尒朱榮。榮表金爲別將，累遷都督。孝莊立，賜爵阜城縣男，加寧朔將軍、屯騎校尉。從破葛榮、元顥，頻有戰功，加鎮南大將軍。

及尒朱兆等逆亂，高祖密懷匡復之計，金與婁昭、厙狄干等贊成大謀，仍從舉義。高祖南攻鄴，留金守信都，領恒、雲、燕、朔、顯、蔚六州大都督，〔二〕委以後事。別討李脩，破之，加右光祿大夫。會高祖於鄴，仍從平晉陽，追滅尒朱兆。太昌初，以金爲汾州刺史、當州大都督，進爵爲侯。從高祖破紇豆陵於河西。天平初，遷鄴，使金領步騎三萬鎮風陵以備西寇，軍罷，還晉陽。從高祖戰於沙苑，不利班師，因此東雍諸城復爲西軍所據，遣金與尉景、厙狄干等討復之。元象中，周文帝復大舉向河陽，高祖率衆討之，使金徑往太州，爲掎角之勢。金到晉州，以軍退不行，仍與行臺薛脩義共圍喬山之寇。俄而高祖至，仍共討平之，因從高祖攻下南絳、邵郡等數城。武定初，北豫州刺史高仲密據城西叛，周文帝入寇洛陽，高祖使金統劉豐、步大汗薩等步騎數萬守河陽城以拒之。〔三〕高祖到，仍從破密。軍還，除大司馬，改封石城郡公，邑一千戶，轉第一領民酋長。三年，高祖出軍襲山胡，〔四〕分爲二道。以金爲南道軍司，由黃櫨嶺出。高祖自出北道，度赤谼嶺，會金於烏突戍，合擊破之。軍還，出爲冀州刺史。四年，詔金率衆從烏蘇道會高祖於晉州，仍從攻玉壁。軍還，高祖使金總督大衆，從歸晉陽。

世宗嗣事，侯景據潁川降於西魏，詔遣金帥潘樂、薛孤延等固守河陽以備。西魏使其大都督李景和、若干寶領馬步數萬，欲從新城赴援侯景。金率衆停廣武以要之，景和等聞而退走。還爲肆州刺史，仍率所部於宜陽築楊志、百家、呼延三戍，置守備而還。侯景之走南豫，西魏儀同三司王思政入據潁川。世宗遣高岳、慕容紹宗、劉豐等率衆圍之。復詔金督彭樂、可朱渾道元等出屯河陽，斷其奔救之路。又詔金率衆會攻潁川。事平，復使金率衆從崿坂送米宜陽。西魏九曲戍將馬紹隆據險要鬬，金破之。以功別封安平縣男。

顯祖受禪，封咸陽郡王，刺史如故。其年冬，朝晉陽宮。金病，帝幸其宅臨視，賜以醫藥，中使不絕。病愈還州。三年，就除太師。帝征奚賊，金從帝行。軍還，帝幸肆州，與金宴射而去。四年，解州，以太師還晉陽。車駕復幸其第，六宮及諸王盡從，置酒作樂，極夜方罷。帝忻甚，詔金第二子豐樂爲武衞大將軍，因謂金曰：「公元勳佐命，父子忠誠，朕當結以婚姻，永爲蕃衞。」仍詔金孫武都尙義寧公主。成禮之日，帝從皇太后幸金宅，皇后、太子及諸王等皆從，其見親待如此。

後以茹茹爲突厥所破，種落分散，慮其犯塞，驚擾邊民，乃詔金率騎二萬屯白道以備之。而虜帥豆婆吐久備將三千餘戶密欲西過，候騎還告，金勒所部追擊，盡俘其衆。茹茹但鉢將舉國西徙，金獲其候騎送之，並表陳虜可擊取之勢。顯祖於是率衆與金共討之於吐賴，獲二萬餘戶而還。進位右丞相，食齊州幹，遷左丞相。

肅宗踐阼，納其孫女爲皇太子妃。又詔金朝見，聽步挽車至階。世祖登極，禮遇彌重，又納其孫女爲太子妃。金長子光大將軍，次子羨及孫武都並開府儀同三司，出鎮方岳，其餘子孫皆封侯貴達。一門一皇后，二太子妃，三公主，尊寵之盛，當時莫比。金嘗謂光曰：「我雖不讀書，聞古來外戚梁冀等無不傾滅。女若有寵，諸貴妬人；女若無寵，天子嫌人。我家直以立勳抱忠致富貴，豈可藉女也？」辭不獲免，常以爲憂。天統三年薨，〔五〕年八十。世祖舉哀西堂，後主又舉哀於晉陽宮。贈假黃鉞、使持節、都督朔定冀幷瀛青齊滄幽肆晉汾十二州諸軍事、〔六〕相國、太尉公、錄尚書、朔州刺史，酋長、王如故，贈錢百萬，謚曰武。子光嗣。

光，字明月，少工騎射，以武藝知名。魏末，從金西征，周文帝長史莫者暉時在行間，〔七〕光馳馬射中之，因擒於陣，光時年十七。高祖嘉之，即擢爲都督。世宗爲世子，〔八〕引爲親信都督，稍遷征虜將軍，累加衞將軍。武定五年，封永樂縣子。嘗從世宗於洹橋校獵，見一大鳥，雲表飛颺，光引弓射之，正中其頸。此鳥形如車輪，旋轉而下，至地乃大鵰也。世宗取而觀之，深壯異焉。丞相屬邢子高見而歎曰：「此射鵰手也。」當時傳號落鵰都督。尋兼左衞將軍，進爵爲伯。

齊受禪，加開府儀同三司，別封西安縣子。天保三年，從征出塞，光先驅破敵，多斬首虜，並獲雜畜。還，除晉州刺史。東有周天柱、新安、牛頭三戍，招引亡叛，屢爲寇竊。七年，光率步騎五千襲破之，又大破周儀同王敬儁等，獲口五百餘人，雜畜千餘頭而還。九年，又率衆取周絳川、白馬、澮交、翼城等四戍。〔九〕除朔州刺史。十年，除特進、開府儀同三司。二月，率騎一萬討周開府曹迴公，斬之。柏谷城主儀同薛禹生棄城奔遁，遂取文侯鎮，立戍置柵而還。乾明元年，除幷州刺史。皇建元年，進爵鉅鹿郡公。〔一〇〕時樂陵王百年爲皇太子，肅宗以光世載醇謹，兼著勳王室，納其長女爲太子妃。大寧元年，除尚書右僕射，食中山郡幹。二年，除太子太保。河清二年四月，光率步騎二萬築勳掌城於軹關西，仍築長城二百里，置十三戍。三年正月，周遣將達奚成興等來寇平陽，詔光率步騎三萬禦之，興等聞而退走。光逐北，遂入其境，獲二千餘口而還。其年三月，遷司徒。四月，率騎北討突厥，獲馬千餘匹。是年冬，周武帝遣其柱國大司馬尉遲迥、齊國公宇文憲、柱國庸國公可叱雄等，衆稱十萬，寇洛陽。〔一一〕光率騎五萬馳往赴擊，戰於邙山，迥等大敗。光親射雄，殺之，斬捕首虜三千餘級，迥、憲僅而獲免，盡收其甲兵輜重，仍以死者積爲京觀。世祖幸洛陽，策勳班賞，遷太尉，又封冠軍縣公。先是世祖命納光第二女爲太子妃，天統元年，拜爲皇后。其年，光轉大將軍。三年六月，父喪去官，其月，詔起光及其弟羨並復前任。秋，除太保，襲爵咸陽王，並襲第一領民酋長，別封武德郡公，徙食趙州幹，遷太傅。

十二月，周遣將圍洛陽，壅絕糧道。武平元年正月，詔光率步騎三萬討之。軍次定隴，周將張掖公宇文桀、中州刺史梁士彥、開府司水大夫梁景興等又屯鹿盧交道，光擐甲執銳，身先士卒，鋒刃纔交，桀衆大潰，斬首二千餘級。直到宜陽，與周齊國公宇文憲、申國公搶跋顯敬相對十旬。光置築統關、豐化二城，以通宜陽之路。軍還，行次安鄴，憲等衆號五萬，仍躡軍後。光縱騎擊之，憲衆大潰，虜其開府宇文英、都督越勤世良、韓延等，又斬首三百餘級。憲仍令桀及其大將軍中部公梁洛都與景興、士彥等步騎三萬於鹿盧交塞斷要路。光與韓貴孫、呼延族、王顯等合擊，大破之，斬景興，獲馬千匹。詔加右丞相、并州刺史。其冬，光又率步騎五萬於玉壁築華谷、龍門二城，與憲、顯敬等相持，憲等不敢動。光乃進圍定陽，仍築南汾城，置州以逼之，夷夏萬餘戶並來內附。

二年，率衆築平隴、衞壁、統戎等鎮戍十有三所。周柱國枹罕公普屯威、柱國韋孝寬等，步騎萬餘，來逼平隴，與光戰於汾水之北，光大破之，俘斬千計。又封中山郡公，增邑一千戶。軍還，詔復令率步騎五萬出平陽道，攻姚襄、白亭城戍，皆克之，獲其城主儀同、大都督等九人，捕虜數千人。又別封長樂郡公。是月，周遣其柱國紇干廣略圍宜陽。光率步騎五萬赴之，大戰於城下，乃取周建安等四戍，捕虜千餘人而還。軍未至鄴，敕令便放兵散。

光以爲軍人多有勳功，未得慰勞，若卽便散，恩澤不施，乃密通表請使宣旨，軍仍且進。朝廷發使遲留，軍還，將至紫陌，光仍駐營待使。帝聞光軍營已逼，心甚惡之，急令舍人追光入見，然後宣勞散兵。拜光左丞相，又別封淸河郡公。

光入，常在朝堂垂簾而坐。祖珽不知，乘馬過其前。光怒，謂人曰：「此人乃敢爾！」後珽在內省，言聲高慢，光適過，聞之，又怒。珽知光忿，而賂光從奴而問之曰：「相王瞋孝徵耶？」曰：「自公用事，相王每夜抱膝歎曰：『盲人入，國必破矣！』」穆提婆求娶光庶女，不許。帝賜提婆晉陽之田，光言於朝曰：「此田，神武帝以來常種禾，飼馬數千匹，以擬寇難，今賜提婆，無乃闕軍務也？」由是祖、穆積怨。

周將軍韋孝寬忌光英勇，乃作謠言，令間諜漏其文於鄴，曰「百升飛上天，明月照長安」，又曰「高山不推自崩，槲樹不扶自竪」。祖珽因續之曰：「盲眼老公背上下大斧，饒舌老母不得語。」令小兒歌之於路。提婆聞之，以告其母令萱。萱以饒舌，斥己也，盲老公，謂珽也，遂相與協謀，以謠言啓帝曰：「斛律累世大將，明月聲震關西，豐樂威行突厥，女爲皇后，男尙公主，謠言甚可畏也。」帝以問韓長鸞，鸞以爲不可，事寢。祖珽又見帝請閒，唯何洪珍在側。帝曰：「前得公啓，卽欲施行，長鸞以爲無此理。」珽未對，洪珍進曰：「若本無意則可，旣有此意而不決行，萬一泄露如何？」帝曰：「洪珍言是也。」猶豫未決。會丞相府佐封士讓密啓云：「光前西討還，勑令放兵散，光令軍逼帝京，將行不軌，事不果而止。家藏弩甲，奴僮千數，每遣使豐樂、武都處，陰謀往來。若不早圖，恐事不可測。」啓云「軍逼帝京」，會帝前所疑意，謂何洪珍云：「人心亦大聖，我前疑其欲反，果然。」帝性至怯懦，恐即變發，令洪珍馳召祖珽告之。又恐追光不從命。珽因云：「正爾召之，恐疑不肯入。宜遣使賜其一駿馬，語云『明日將往東山遊觀，王可乘此馬同行』，光必來奉謝，因引入執之。」帝如其言。頃之，光至，引入涼風堂，劉桃枝自後拉而殺之，時年五十八。於是下詔稱光謀反，今已伏法，其餘家口並不須問。尋而發詔，盡滅其族。

光性少言剛急，嚴於御下，治兵督衆，唯仗威刑。版築之役，鞭撻人士，頗稱其暴。自結髮從戎，未嘗失律，深爲隣敵所懾憚。罪旣不彰，一旦屠滅，朝野痛惜之。周武帝聞光死，大喜，赦其境內。後入鄴，追贈上柱國、崇國公。〔三〕指詔書曰：「此人若在，朕豈能至鄴。」

光有四子。長子武都，歷位特進、太子太保、開府儀同三司、梁兗二州刺史。所在並無政績，唯事聚斂，侵漁百姓。光死，遣使於州斬之。次須達，中護軍、開府儀同三司，先光卒。次世雄，開府儀同三司。次恒伽，假儀同三司。並賜死。光小子鍾，年數歲，獲免。周朝襲封崇國公。隋開皇中卒於驃騎將軍。

羨，字豐樂，少有機警，尤善射藝，高祖見而稱之。世宗擢爲開府參軍事。遷征虜將軍、中散大夫，加安西將軍，進封大夏縣子，除通州刺史。顯祖受禪，進號征西，別封顯親縣伯。河清三年，轉使持節，都督幽、安、平、南、北營、東燕六州諸軍事，幽州刺史。其年秋，突厥衆十餘萬來寇州境，羨總率諸將禦之。突厥望見軍威甚整，遂不敢戰，卽遣使求欵。慮其有詐，且喻之曰：「爾輩此行，本非朝貢，見機始變，未是宿心。若有實誠，宜速歸巢穴，別遣使來。」於是退走。天統元年夏五月，突厥木汗遣使請朝獻，羨始以聞，自是朝貢歲時不絕，羨有力焉。詔加行臺僕射。羨以北虜屢犯邊，須備不虞，自庫堆戍東拒於海，隨山屈曲二千餘里，其間二百里中凡有險要，或斬山築城，或斷谷起障，並置立戍邏五十餘所。又導高梁水北合易京，東會於潞，因以灌田，邊儲歲積，轉漕用省，公私獲利焉。其年六月，丁父憂去官，與兄光並被起復任，還鎭燕薊。三年，加位特進。〔一三〕四年，遷行臺尚書令，別封高城縣侯。

武平元年，加驃騎大將軍。時光子武都爲兗州刺史。羨歷事數帝，以謹直見推，雖極榮寵，不自矜尙，至是以合門貴盛，深以爲憂。乃上書推讓，乞解所職，優詔不許。其年秋，進爵荊山郡王。

三年七月，光誅，勑使中領軍賀拔伏恩等十餘人驛捕之。遣領軍大將軍鮮于桃枝、洛州行臺僕射獨孤永業便發定州騎卒續進，仍以永業代羨。伏恩等既至，門者白使人衷甲馬汗，宜閉城門。羨曰：「勑使豈可疑拒？」出見之，伏恩把手，遂執之，死於長史廳事。臨終歎曰：「富貴如此，女爲皇后，公主滿家，常使三百兵，何得不敗！」及其五子世達、世遷、世辨、世酋、伏護，餘年十五已下者宥之。羨未誅前，忽令其在州諸子自伏護以下五六人，鎖頸乘驢出城，合家皆泣送之至門，日晚而歸。吏民莫不驚異。行燕郡守馬嗣明醫術之士，爲羨所欽愛，乃竊問之，答曰：「須有禳厭。」數日而有此變。

羨及光並少工騎射，其父每日令其出畋，〔一四〕還卽較所獲禽獸。光所獲或少，必麗龜達腋。羨雖獲多，非要害之所。光常蒙賞，羨或被捶撻。人問其故，金答云：「明月必背上着箭，豐樂隨處卽下手，其數雖多，去兄遠矣。」聞者咸服其言。

金兄平，便弓馬，有幹用。魏景明中，釋褐殿中將軍，遷襄威將軍。正光末，六鎮擾亂，隸大將軍尉賓北討。軍敗，爲賊所虜。後走奔其弟金於雲州，進號龍驤將軍。與金擁衆南出，至黃瓜堆，爲杜洛周所破，部落離散。及歸尒朱榮，待之甚厚，以平襲父爵第一領民酋長。

高祖起義，以都督從。稍遷平北將軍、潁州刺史，加鎮南將軍，封固安縣伯。尋進爲侯，行肆州刺史。周文帝遣其右將軍李小光據梁州，平以偏師討擒之。出爲燕州刺史。入兼左衞將軍，領衆一萬討北徐賊，破之，除濟州刺史。侯景度江，詔平爲大都督，率青州刺史敬顯儁、左衞將軍厙狄伏連等略定壽陽、宿預三十餘城。事罷還州，加開府，進位驃騎大將軍，進爵爲公。顯祖受禪，別封義陽侯。行兗州刺史，以黷貨除名。後除開府儀同三司。廢帝卽位，拜特進，食滄州樂陵郡幹。皇建初，封定陽郡公，拜護軍。後爲青州刺史，卒。贈太尉。

史臣曰：斛律金以高祖撥亂之始，翼成王業，忠欵之至，成此大功，故能終享遐年，位高百辟。觀其盈滿之戒，動之微也，纔及後嗣，遂至誅夷，雖爲威權之重，蓋符道家所忌。光以上將之子，有沈毅之姿，戰術兵權，暗同韜略，臨敵制勝，變化無方。自關、河分隔，年將四紀。以高祖霸王之期，屬宇文草創之日，出軍薄伐，屢挫兵鋒。而大寧以還，東隣浸弱，關西前收巴蜀，又殄江陵，叶建瓴而用武，成并吞之壯氣。斛律治軍誓衆，式遏邊鄙，戰則前無完陣，攻則罕有全城，齊氏必致拘原之師，秦人無復啓關之策。而世亂讒勝，詐以震主之威；主暗時艱，自毀藩籬之固。昔李牧之爲趙將也，北翦胡寇，西却秦軍，郭開譖之，牧死趙滅。其議誅光者，豈秦之反間歟，何同術而同亡也！內令諸將解體，外爲强鄰報讎。嗚呼！後之君子可爲深戒。

贊曰：赳赳咸陽，邦家之光。明月忠壯，仍世將相。聲振關右，勢高時望。迫此威名，易興讒謗。始自工言，終斯交喪。

校勘記

〔一〕高祖倍侯利　諸本「侯」作「俟」，北史卷五四斛律金傳、卷九八高車傳作「侯」。張森楷云：「據高車傳載歌謠云『求良夫，當如倍侯』，『夫』『侯』古韵通用，『俟』字則失韵。」按張說是，今據北史改。

〔二〕領恒雲燕朔顯蔚六州大都督　諸本無「蔚」字。錢氏考異卷三一以爲當脫「蔚州」。按錢說是。本書卷二四孫搴傳稱「時又大括燕、恒、雲、朔、顯、蔚、二夏州、高平、平涼之民以爲軍士」。「蔚州」和上五州連稱。這六州都是北魏以北邊軍鎮改置的州，魏末僑置在幽、肆、幷、汾等州境內，是北鎮流民聚居之地。今補「蔚」字。

〔三〕高祖使金統劉豐步大汗薩等步騎數萬守河陽城以拒之　諸本「步大汗」倒作「大步汗」；又

「薩」字三朝本作「薛」，汲本、局本及册府卷三五四四二〇五頁作「薛」。按步大汗薩，本書卷二〇有傳，「大步汗」乃誤倒；「薩」字是「薛」的別體，錢氏考異卷三一有說。今從本傳作「步大汗薩」。

〔四〕三年高祖出軍襲山胡　按本書卷二神武紀補、魏書卷一二孝靜紀，事在武定二年五四四十一月。「三年」當作「二年」。

〔五〕天統三年薨　諸本「三」作「二」，殿本依北史卷五四改作「三」。按斛律金死於天統三年五六七，見下文斛律光傳和本書卷八後主紀補。今從殿本。

〔六〕贈假黃鉞使持節都督朔定冀幷瀛靑齊滄幽肆晉汾十二州諸軍事　諸本「贈」作「賜」，北史卷五四作「贈」，按死後例稱贈官，今據改。又諸本無「晉」字，十二州缺了一州，今據册府卷三八二四五四一頁補。

〔七〕周文帝長史莫者暉時在行間　諸本「者」作「孝」，三朝本作「者」，百衲本依他本改作「孝」，册府卷三九五四六八七頁倒作「莫暉者」。按「莫者」複姓，見元和姓纂輯本卷一四、廣韵卷五鐸韵、通志氏族略。今從三朝本。

〔八〕世宗爲世子　諸本「宗」作「祖」。按「世祖」是高湛，他從未爲「世子」。「世祖」乃「世宗」之訛，指高澄。高歡爲渤海王，立澄爲世子，見本書卷三文襄紀補，且下文明云武定五年「嘗從世宗於洹橋校獵」。「祖」字誤，今改正。

〔九〕又率衆取周絳川白馬澮交翼城等四戍　諸本「澮交」作「澮文」。按水經注卷六云：「澮水出河東絳縣東高山。」酈注：「澮水又西南，與諸水合，謂之『澮交』。」澮交在翼城東，東南有白馬山、白馬川，西有滏水，四戍鄰接，都因地立名。今據水經注改。

〔一〇〕進爵鉅鹿郡公　諸本脫「公」字，從北史卷五四、通志卷一五二補。

〔一一〕是年冬周武帝遣其柱國大司馬尉遲迥齊國公宇文憲柱國庸國公可叱雄等衆稱十萬寇洛陽　諸本「周武帝」作「周文帝」。按是年指河清三年，卽周武帝保定四年（五六四），「文」字顯爲「武」字之誤，今改正。

〔一二〕追贈上柱國崇國公　諸本無「崇國」二字。張森楷云：「據北史是『上柱國崇國公』，此誤脫文，下文『襲封崇國公』，亦其一證。」按張說是，今據北史補。

〔一三〕其年六月丁父憂去官至三年加位特進　按「其年」承上文是天統元年（五六五）。據上斛律金傳金死在天統三年，斛律光傳也說光於天統三年六月丁父憂，與卷八後主紀補合。這裏「其年」當作「三年」，「加位特進」之「三年」當作「其年」，紀年誤倒。

〔一四〕其父每日令其出畋　諸本「每」作「母」，今從北史卷五四、册府卷八四六一〇〇四四頁改。

北齊書卷十八

列傳第十

孫騰　高隆之　司馬子如

孫騰，字龍雀，咸陽石安人也。祖通，仕沮渠氏爲中書舍人，沮渠滅，入魏，因居北邊。及騰貴，魏朝贈通使持節、侍中、都督雍華岐豳四州諸軍事、驃騎大將軍、司徒公、尚書左僕射、雍州刺史，贈騰父機使持節、侍中、都督冀定滄瀛殷五州諸軍事、太尉公、尚書令、冀州刺史。

騰少而質直，明解吏事。魏正光中，北方擾亂，騰間關危險，得達秀容。屬尒朱榮建義，騰隨榮入洛，例除冗從僕射。尋爲高祖都督府長史，從高祖東征邢杲。師次齊城，有撫宜鎮軍人謀逆，〔一〕將害督帥。騰知之，密啓高祖。俄頃事發，高祖以有備，擒破之。高祖之爲晉州，騰爲長史，加後將軍，封石安縣伯。高祖自晉陽出滏口，行至襄垣，尒朱兆率衆追。高祖與兆宴飲於水湄，誓爲兄弟，各還本營。明旦，兆復招高祖，高祖欲安其意，將赴之，臨上馬，騰牽衣止之。兆乃隔水肆罵，馳還晉陽。高祖遂東。

及起義信都，騰以誠欵，常預謀策。騰以朝廷隔絕，號令無所歸，不權有所立，則衆將沮散，苦請於高祖，高祖從之，遂立中興主。除侍中，尋加使持節、六州流民大都督、北道大行臺。高祖進軍於鄴，初留段榮守信都，尋遣榮鎮中山，仍令騰居守。及平鄴，授相州刺史，改封咸陽郡公，增邑通前一千三百戶。入爲侍中。時魏京兆王愉女平原公主寡居，騰欲尙之，公主不許。侍中封隆之無婦，公主欲之，騰妬隆之，遂相間構。高祖啓免騰官，請除外任，俄而復之。

騰以高祖腹心，入居門下，與斛斯椿同掌機密。椿旣生異端，觸塗乖謬。〔三〕騰深見猜忌，慮禍及己，遂潛將十餘騎馳赴晉陽。高祖入討斛斯椿，留騰行幷州事，又使騰爲冀相殷定滄瀛幽安八州行臺僕射、行冀州事，復行相州事。

天平初，入爲尙書左僕射，內外之事，騰咸知之，兼司空、尙書令。時西魏遣將寇南兗，詔騰爲南道行臺，率諸將討之。騰性尫怯，無威略，失利而還。又除司徒。初北境亂離，亡一女，及貴，遠加推訪，終不得，疑其爲人婢賤。及爲司徒，奴婢訴良者，不研虛實，率皆免之，顧免千人，冀得其女。時高祖入朝，左右有言之者，高祖大怒，解其司徒。武定中，使於青州，括浮逃戶口，遷太保。初博陵崔孝芬養貧家子賈氏以爲養女，孝芬死，其妻元更適鄭伯猷，攜賈於鄭氏。賈有姿色，騰納之。始以爲妾，其妻袁氏死，騰以賈有子，正以爲妻，詔封丹陽郡君，復請以袁氏爵迴授其女。違禮肆情，多此類也。

騰早依附高祖，契闊艱危，勤力恭謹，深見信待。〔三〕及高祖置之魏朝，寄以心腹，遂志氣驕盈，與奪由己，求納財賄，不知紀極，生官死贈，非貨不行，餚藏銀器，盜爲家物，〔四〕親狎小人，專爲聚斂。在鄴，與高岳、高隆之、司馬子如號爲四貴，非法專恣，騰爲甚焉。高祖屢加譴讓，終不悛改，朝野深非笑之。武定六年四月薨，時年六十八。贈使持節、都督冀定等五州諸軍事、冀州刺史、太師、開府、錄尙書事，謚曰文。天保初，以騰佐命，詔祭告其墓。皇建中，配享高祖廟庭。子鳳珍嗣。鳳珍庸暗，武平中，卒於開府儀同三司。

高隆之，字延興，本姓徐氏，云出自高平金鄉。父幹，魏白水郡守，爲姑壻高氏所養，因從其姓。隆之貴，魏朝贈司徒公、雍州刺史。隆之後有參議之功，高祖命爲從弟，仍云渤海蓨人。

隆之身長八尺，美鬚髯，深沉有志氣。魏汝南王悅爲司州牧，以爲戶曹從事。建義初，釋褐員外散騎常侍，與行臺于暉出討羊侃於太山，暉引隆之爲行臺郎中，又除給事中。與高祖深自結託。高祖之臨晉州，引爲治中，行平陽郡事。從高祖起義山東，以爲大行臺右丞。魏中興初，除御史中尉，領尚食典御。從高祖平鄴，行相州事。從破四胡於韓陵，太昌初，除驃騎大將軍、儀同三司。西魏文帝曾與隆之因酒忿競，文帝坐以黜免。高祖責隆之不能協和，乃啓出爲北道行臺，轉幷州刺史，封平原郡公，邑一千七百戶。隆之請減戶七百，並求降己四階讓兄騰，並加優詔許之，仍以騰爲滄州刺史。高祖之討斛斯椿，以隆之爲大行臺尚書。及大司馬、清河王亶承制，拜隆之侍中、尚書右僕射，領御史中尉。廣費人工，大營寺塔，爲高祖所責。

天平初，丁母艱解任，尋詔起爲幷州刺史，入爲尚書右僕射。〔五〕時初給民田，貴勢皆占良美，貧弱咸受瘠薄。隆之啓高祖，悉更反易，乃得均平。又領營構大將，〔六〕京邑制造，莫不由之。增築南城，周迴二十五里。以漳水近於帝城，起長隄以防汎溢之患。又鑿渠引漳水周流城郭，造治水碾磑，〔七〕並有利於時。

魏自孝昌已後，天下多難，刺史太守皆爲當部都督，雖無兵事，皆立佐僚，所在頗爲煩擾。隆之表請自非實在邊要，見有兵馬者，悉皆斷之。又朝貴多假常侍以取貂蟬之飾，隆之自表解侍中，並陳諸假侍中服用者，請亦罷之。詔皆如表。自軍國多事，冒名竊官者不可勝數，隆之奏請檢括，向五萬餘人，而羣小諠囂，隆之懼而止。詔監起居事，進位司徒公。

武定中，爲河北括戶大使。追還，授領軍將軍、錄尙書事，尋兼侍中。續出行靑州事。追還，拜太子太師、兼尙書左僕射、吏部尙書，遷太保。時世宗作宰，風俗肅淸，隆之時有受納，世宗於尙書省大加責辱。

齊受禪，進爵爲王。尋以本官錄尙書事，領大宗正卿，監國史。隆之性小巧，至於公家羽儀、百戲、服制時有改易，不循典故，時論非之。於射堋上立三像人爲壯勇之勢。顯祖曾至東山，因射謂隆之曰：「射堋上可作猛獸，以存古義，何爲置人？終日射人，朕所不取。」隆之無以對。

初世宗委任兼右僕射崔暹、黃門郎崔季舒等，及世宗崩，隆之啓顯祖並欲害之，不許。顯祖以隆之舊齒，委以政事，季舒等仍以前隙，乃譖云：「隆之每見訴訟者，輒加哀矜之意，以示非己能裁。」顯祖以其受任旣重，知有冤狀，便宜申滌，何得委過要名，非大臣義。天保五年，禁止尙書省。隆之曾與元昶宴飲，〔八〕酒酣，語昶曰：「與王交遊，當生死不相背。」人有密言之者。又帝未登庸之日，隆之意常侮帝。帝將受魏禪，大臣咸言未可，隆之又在其中。帝深銜之。因此，遂大發怒，令壯士築百餘下。放出，渴將飲水，人止之，隆之曰：「今日何在！」遂飮之。因從駕，死於路中，年六十一。贈冀定瀛滄幽五州諸軍事、大將軍、太尉、太保、冀州刺史，陽夏王。竟不得謚。

隆之雖不涉學，而欽尚文雅，縉紳名流，必存禮接。寡姊爲尼，事之如母，訓督諸子，必先文義。世甚以此稱之。顯祖末年，既多猜害，追忿隆之，誅其子德樞等十餘人，並投漳水。又發隆之冢，出其屍，葬已積年，其貌不改，斬截骸骨，亦棄於漳流，遂絕嗣。乾明中，詔其兄子子遠爲隆之後，襲爵陽夏王，還其財產。初，隆之見信高祖，性多陰毒，睚眦之忿，無不報焉。儀同三司崔孝芬以結婚姻不果，太府卿任集同知營構，頗相乖異，瀛州刺史元晏請託不遂，前後構成其罪，並誅害之。終至家門殄滅，論者謂有報應焉。

司馬子如，字遵業，河內溫人也。八世祖模，晉司空、南陽王。模世子保，晉亂出奔涼州，〔九〕因家焉。魏平姑臧，徙居於雲中，其自序云爾。父興龍，魏魯陽太守。

子如少機警，有口辯，好交遊豪傑，與高祖相結託，分義甚深。孝昌中，北州淪陷，子如攜家口南奔肆州，爲尒朱榮所禮遇，假以中軍。〔一〇〕榮之向洛也，以子如爲司馬，持節、假平南將軍，監前軍。次高都，榮以建興險阻，往來衝要，有後顧之憂，以子如行建興太守、當郡都督。永安初，封平遙縣子，邑三百戶，仍爲大行臺郎中。榮以子如明辯，能說時事，數遣奉使詣闕，多稱旨，孝莊亦接待焉。葛榮之亂，相州孤危，榮遣子如間行入鄴，助加防守。葛榮平，進爵爲侯。元顥入洛，人情離阻，以子如曾守鄴城，頗有恩信，乃令行相州事。顯平，徵爲金紫光祿大夫。

尒朱榮之誅，子如知有變，自宮內突出，至榮宅，棄家隨榮妻子與尒朱世隆等走出京城。世隆便欲還北。子如曰：「事貴應機，兵不厭詐，天下恟恟，唯强是視，於此際會，不可以弱示人。若必走北，卽恐變故隨起，不如分兵守河橋，迴軍向京，出其不意，或可離潰。假不如心，猶足示有餘力，使天下觀聽，懼我威强。」於是世隆還逼京城。魏長廣王立，兼尚書右僕射。前廢帝以爲侍中、驃騎大將軍、儀同三司，進爵陽平郡公，邑一千七百戶。固讓儀同不受。高祖起義信都，世隆等知子如與高祖有舊，疑慮，出爲南岐州刺史。子如憤恨，泣涕自陳，而不獲免。

高祖入洛，子如遣使啓賀，仍敍平生舊恩。尋追赴京，以爲大行臺尚書，朝夕左右，參知軍國。天平初，除左僕射，與侍中高岳、侍中孫騰、右僕射高隆之等共知朝政，甚見信重。高祖鎭晉陽，子如時往謁見，待之甚厚，並坐同食，從旦達暮，及其當還，高祖及武明后俱有賚遺，率以爲常。

子如性旣豪爽，兼恃舊恩，簿領之務，與奪任情，公然受納，無所顧憚。興和中，以爲北道行臺，巡檢諸州，守令已下，委其黜陟。子如至定州，斬深澤縣令；至冀州，斬東光縣令。皆稽留時漏，致之極刑。若言有進退，少不合意，便令武士頓曳，白刃臨項。士庶惶懼，不知所爲。轉尚書令。子如義旗之始，身不參預，直以高祖故舊，遂當委重，意氣甚高，聚斂不息。時世宗入輔朝政，內稍嫌之，尋以贓賄爲御史中尉崔暹所劾，禁止於尚書省。詔免其大罪，削官爵。未幾，起行冀州事。子如能自厲改，甚有聲譽，發摘姦僞，僚吏畏伏之。轉行幷州事。詔復官爵，別封野王縣男，邑二百戶。

齊受禪，以有翼贊之功，別封須昌縣公，尋除司空。子如性滑稽，不治檢裁，言戲穢褻，識者非之。而事姊有禮，撫諸兄子慈篤，當時名士並加欽愛，世以此稱之。然素無鯁正，不能平心處物。世宗時，中尉崔暹、黃門郎崔季舒俱被任用。世宗崩，暹等赴晉陽。子如乃啓顯祖，言其罪惡，仍勸誅之。其後子如以馬度關，爲有司所奏。顯祖引子如數讓之曰：「崔暹、季舒事朕先世，有何大罪，卿令我殺之？」因此免官。久之，猶以先帝之舊，拜太尉。尋以疾薨，時年六十四。贈使持節、都督冀定瀛滄懷五州諸軍事、太師、太尉、懷州刺史，贈物一千段，謚曰文明。

子消難嗣。尚高祖女，以主壻、貴公子，頻歷中書、黃門郎，光祿少卿。出爲北豫州刺史，鎮武牢。消難博涉史傳，有風神，然不能廉潔，在州爲御史所劾。又於公主情好不睦，公主譖訴之，懼罪，遂招延隣敵，走關西。

子如兄纂，先卒，子如貴，贈岳州刺史。纂長子世雲，輕險無行，累遷衞將軍、潁州刺史。世雲本無勳業，直以子如故，頻歷州郡。恃叔之勢，所在聚斂，仍肆姦穢。將見推治，內懷驚懼，侯景反，遂舉州從之。時世雲母弟在鄴，便傾心附景，無復顧望。諸將圍景於潁川，世雲臨城遙對諸將，言甚不遜。世宗猶以子如恩舊，免其諸弟死罪，徙於北邊。侯景於渦陽敗後，世雲復有異志，爲景所殺。

世雲弟膺之，字仲慶。少好學，美風儀。天平中，子如貴盛，膺之自尚書郎歷中書、黄門郎。子如別封須昌縣公，迴授膺之。膺之家富於財，厚自封殖。王元景、邢子才之流以夙素重之。以其疏簡傲物，竟天保世，淪滯不齒。乾明中，王晞白肅宗，除衞尉少卿。河清末，光祿大夫。患泄利，積年不起，至武平中，猶不堪朝謁，就家拜儀同三司。好讀太玄經，注揚雄蜀都賦。每云：「我欲與揚子雲周旋。」齊亡歲，以利疾終，時年七十一。

膺之弟子瑞，天保中爲定州長史，遷吏部郎中。舉清勤平約。遷司徒左長史，兼廷尉卿，以平直稱。乾明初，領御史中丞，正色舉察，爲朝廷所許。以疾去職，就拜祠部尚書。卒，贈瀛州刺史，謚曰文節。

子瑞弟幼之，清貞有素行，少歷顯位。隋開皇中，卒於眉州刺史。子瑞妻，令萱之妹，及令萱得寵於後主，重贈子瑞懷州刺史，諸子亦並居顯職。同遊，武平末給事黄門侍郎。同迴，太府卿。同憲，通直常侍。然同遊終爲嘉吏，隋開皇中尚書民部侍郎，卒於遂州刺史。

史臣曰：高祖以晉陽戎馬之地，霸圖攸屬，治兵訓旅，遙制朝權，京臺機務，情寄深遠。孫騰等俱不能清貞守道，以治亂爲懷，厚斂貨財，塡彼溪壑。昔蕭何之鎭關中，荀彧之居許下，不亦異於是乎！賴世宗入輔，責以驕縱，厚遇崔暹，奮其霜簡，不然則君子屬厭，豈易問焉。孫騰牽裾之誠，有足稱美。隆之勞其志力，經始鄴京，又並是潛德僚寀，早申任遇，崇其名器，未失朝序。子如徒以少相親重，情深昵狎，義非草昧，恩結寵私，勳德莫聞，坐致台輔。猶子之愛，訓以義方，膺之風素可重，幼之清簡自立，有足稱也。

贊曰：閎、散胥附，蕭、曹扶翼。齊運勃興，孫、高陳力。黷貨無厭，多慚袞職。司馬滑稽，巧言令色。

校勘記

〔一〕有撫宜鎭軍人謀逆　按「撫宜鎭」不見他處，疑爲撫冥鎭之訛。

〔二〕觸塗乖謬　三朝本「觸塗」作「解塗」，他本作「漸至」，册府卷三四五四〇八五頁作「觸塗」。按「觸塗乖謬」猶言隨處不能協調。三朝本「觸」訛「解」，後人以不可通臆改爲「漸至」，今從册府改。

〔三〕深見信待　諸本「信待」倒作「待信」，今從北史卷五四孫騰傳、册府卷三四五四〇八五頁乙正。

〔四〕餚藏銀器盜爲家物　南、北、殿、局四本「餚藏」作「府藏」，三朝本、汲本及北史卷五四作「餚藏」。按北齊光祿寺有「餚藏署」，見隋書卷二七百官志中，今從三朝本。

〔五〕入爲尚書右僕射　諸本「尚書」下衍「令」字，今據册府卷一九六二三五八頁删。

〔六〕又領營構大將　三朝本、北本、殿本「將」下有「軍」字，南本、局本有「作」字。北史卷五四高隆之傳、册府卷一九六宋本作「營構大將」。按當時主持大建築的官僚稱「大將」。魏書卷六七崔光附子勵傳、漢魏南北朝墓誌集釋元乂墓誌圖版七八之二記元乂曾充當建築明堂的「明堂大將」。又魏書卷一二孝靜紀興和二年見「營構主將」，卷四五韋閬附姜儉傳見「營構都將」。「大將」或「主將」「都將」是主持「營構」的大官。「軍」或「作」皆衍文，今據北史及册府删。

〔七〕造治水碾磑　諸本無「水」字，北史卷五四無「治」字，册府卷一九六二三五八頁作「造水治碾磑」。按上文說「鑿渠引漳水周流城郭」，可知造治的必是水碾磑。北史避唐高宗諱删「治」字。北齊書較早的本子當同册府，「治水」二字誤倒，後人以不可通删「水」字，今補正。

〔八〕隆之曾與元昶宴飲　通鑑卷一六五五一一六頁「昶」作「旭」。按元昶見魏書卷二一咸陽王禧傳，死於天平二年五三五，下距天保五年五五四高隆之死時已十九年。元旭見魏書卷一九城陽王長壽傳，其人齊初尚存。本書卷四文宣紀天保五年八月乙亥稱元旭「以罪賜死」，隔四天己卯，高隆之亦死。通鑑以爲賜死的元旭便是和高隆之宴飲的人，疑是。

〔九〕晉亂出奔涼州　諸本「涼」作「梁」。按下云「魏平姑臧，徙居於雲中」，姑臧是涼州治所，「梁」乃「涼」之訛，今改正。

〔一〇〕假以中軍　漢魏南北朝墓誌集釋司馬遵業（卽子如）墓誌云：「卽假中堅將軍。」按「中軍」是中軍將軍的簡稱，「中堅將軍」不能省作「中軍」。李百藥北齊書乃承其父德林舊稿，疑德林避隋諱以「中堅」爲「中軍」，百藥因而未改。

北齊書卷十九

列傳第十一

賀拔允　蔡儁　韓賢　尉長命　王懷　劉貴　任延敬
莫多婁貸文　高市貴　厙狄迴洛　厙狄盛　薛孤延
張保洛　侯莫陳相

賀拔允，字可泥，〔一〕神武尖山人也。祖爾頭，父度拔，俱見魏史。允便弓馬，頗有膽略，與弟岳殺賊帥衞可肱，仍奔魏。廣陽王元深上允爲積射將軍，持節防滏口。深敗，歸尒朱榮。允父子兄弟並以武藝知名，榮素聞之。見允，待之甚厚。建義初，除征東將軍、光祿大夫，封壽陽縣侯，邑七百戶。永安中，除征北將軍、蔚州刺史，進爵爲公。魏長廣王立，改封燕郡公，兼侍中。使茹茹，還至晉陽，值高祖將出山東，允素知高祖非常人，早自結託。高祖以其北土之望，尤親禮之。遂與允出信都，參定大策。魏中興初，轉司徒，領尚書令。高祖入洛，進爵爲王，轉太尉，加侍中。

魏武帝之猜忌高祖也，以允弟岳深相委託，潛使來往。當時咸慮允爲變。及岳死，武帝又委岳弟勝心腹之寄。〔三〕高祖重其舊，久全護之。天平元年乃賜死，時年四十八，高祖親臨哭。贈定州刺史、五州軍事。

允有三子，長子世文，次世樂，次難陀。興和末，高祖並召與諸子同學。武定中，勑居定州，賜其田宅。

蔡儁，字景彥，廣寧石門人也。父普，北方擾亂，奔走五原，守戰有功。拜寧朔將軍，封安上縣男，邑二百戶。尋卒，贈輔國將軍、燕州刺史。

儁豪爽有膽氣，高祖微時，深相親附。與遼西段長、太原龐蒼鷹俱有先知之鑒。長爲魏懷朔鎮將，嘗見高祖，甚異之，謂高祖云：「君有康世之才，終不徒然也，請以子孫爲託。」興和中，啓贈司空公。子寧，相府從事中郎，天保初，兼南中郎將。蒼鷹交遊豪俠，厚待賓旅，居於州城。高祖客其舍，初居處於蝸牛廬中，蒼鷹母數見廬上赤氣屬天。蒼鷹亦知高祖有霸王之量，每私加敬，割其宅半以奉高祖，由此遂蒙親識。高祖之牧晉州，引爲兼治中從事史，行義寧郡事。及義旗建，蒼鷹乃棄家間行歸高祖，高祖以爲兼行臺倉部郎中。卒於安州刺史。

儁初爲杜洛周所虜，時高祖亦在洛周軍中，高祖謀誅洛周，儁預其計。事泄，走奔葛榮，仍背葛榮歸尒朱榮。榮入洛，爲平遠將軍、帳內別將。從破葛榮，除諫議大夫。又從平元顥，〔三〕封烏洛縣男。隨高祖舉義，爲都督。高祖平鄴，及破四胡於韓陵，儁並有戰功。太昌中，出爲濟州刺史，爲治嚴暴，又多受納，然亦明解有部分，吏民畏服之。性好賓客，頗稱施與。後胡邏等據兗州作逆，儁與齊州刺史尉景討平之。

魏武帝貳於高祖，以濟州要重，欲令腹心據之。陰詔御史構儁罪狀，欲以汝陽王代儁，由是轉行兗州事。高祖以儁非罪，啓復其任。武帝不許，除賈顯智爲刺史，率衆赴州。儁防守嚴備，顯智憚之，至東郡，不敢前。

天平中，爲都督，隨領軍婁昭攻樊子鵠於兗州，又與行臺元子思討元慶和，俱平之。侯深反，復以儁爲大都督，率衆討之，深敗走。又轉揚州刺史。天平三年秋，卒於州，時年四十二。贈持節、侍中、都督、冀州刺史、尚書令、司空公，謚曰威武。齊受禪，詔祭告其墓。皇建初，配享高祖廟庭。

韓賢，字普賢，廣寧石門人也。壯健有武用。初隨葛榮作逆，榮破，隨例至并州，尒朱榮擢充左右。榮妻子北走，世隆等立魏長廣王曄爲主，除賢鎭遠將軍、屯騎校尉。先是，世隆等攻建州及石城，賢並有戰功。尒朱度律用爲帳內都督，封汾陽縣伯，邑四百戶。

普泰初，除前將軍、廣州刺史。屬高祖起義，度律以賢素爲高祖所知，恐其有變，遣使徵之。賢不願應召，乃密遣羣蠻，多舉烽火，有如寇難將至。使者遂爲啓，得停。賢仍潛遣使人通誠於高祖。高祖入洛，尒朱官爵例皆削除，以賢遠送誠欵，令其復舊。太昌初，累遷中軍將軍、光祿大夫，出爲建州刺史。武帝西入，轉行荆州事。

天平初，爲洛州刺史。民韓木蘭等率土民作逆，賢擊破之，親自按檢，欲收甲仗。有一賊窘迫，藏於死屍之間，見賢將至，忽起斫之，斷其脛而卒。賢雖武將，性和直，不甚貪暴，所歷雖無善政，不爲吏民所苦。昔漢明帝時，西域以白馬負佛經送洛，因立白馬寺，其經函傳在此寺，形制淳朴，世以爲古物，歷代藏寶。賢無故斫破之，未幾而死，論者或謂賢因此致禍。贈侍中、持節、定營安平四州軍事、大將軍、尙書令、司空公、定州刺史。子裔嗣。

尉長命，太安狄那人也。父顯，魏鎭遠將軍、代郡太守。長命性和厚，有器識。扶陽之亂，〔四〕寄居太原。及高祖將建大義，長命參計策，從高祖破四胡於韓陵，拜安南將軍。樊子鵠據兗州反，除東南道大都督，與諸軍討平之。轉鎭范陽城，就拜幽州刺史，督安、平二州事。州居北垂，土荒民散，長命雖多聚斂，然以恩撫民，少得安集。尋以疾去職。未幾，復徵拜車騎大將軍、都督西燕幽滄瀛四州諸軍事、幽州刺史。卒於州。贈以本官，加司空，謚曰武壯。

子興敬，便弓馬，有武藝，高祖引爲帳內都督。出爲常山公府參軍事，賜爵集中縣伯。晉州民李小興羣聚爲賊，興敬隨司空韓軌討平之，進爵爲侯。高祖攻周文帝於邙山，興敬因戰爲流矢所中，卒。贈涇、岐、豳三州軍事，爵爲公，謚曰閔莊。高祖哀惜之，親臨弔，賜其妻子祿如興敬存焉。子士林嗣。

王懷，字懷周，不知何許人也。少好弓馬，頗有氣尚，值北邊喪亂，早從戎旅。韓樓反於幽州，懷知其無成，陰結所親，以中興初叛樓歸魏，拜征虜將軍、第一領民酋長、武周縣侯。〔五〕

高祖東出，懷率其部人三千餘家，隨高祖於冀州。義旗建，高祖以爲大都督，從討尒朱兆於廣阿，破之，除安北將軍，蔚州刺史。又隨高祖攻鄴，克之，從破四胡於韓陵，進爵爲侯。仍從入洛，拜車騎將軍，改封盧鄉縣侯。

天平中，除使持節、廣州軍事。梁遣將湛僧珍、楊暕來寇，懷與行臺元晏擊項城，拔之，擒𡁏。〔六〕又從高祖襲克西夏州。還，爲大都督，鎮下館，除儀同三司。元象初，爲大都督，與諸將西討，遇疾卒於建州。贈定幽恒肆四州諸軍事、刺史、司徒公、尙書僕射。懷以武藝勳誠爲高祖所知，志力未申，論者惜其不遂。皇建初，配饗高祖廟庭。

劉貴，秀容陽曲人也。父乾，魏世贈前將軍、肆州刺史。貴剛格有氣斷，歷尒朱榮府騎兵參軍。建義初，以預定策勳，封敷城縣伯，邑五百戶。除左將軍、太中大夫，尋進爲公。榮性猛急，貴尤嚴峻，每見任使，多愜榮心，遂被信遇，位望日重，加撫軍將軍。永安三年，除涼州刺史。建明初，尒朱世隆專擅，以貴爲征南將軍、金紫光祿、兼左僕射、西道行臺，使抗孝莊行臺元顯恭於正平。貴破顯恭，擒之，並大都督裴儁等，復除晉州刺史。普泰初，轉行汾州事。高祖起義，貴棄城歸高祖於鄴。太昌初，以本官除肆州刺史，轉行建州事。天平初，除陝州刺史。四年，除御史中尉、肆州大中正。其年，加行臺僕射，與侯景、高昂等討獨孤如願於洛陽。

貴凡所經歷，莫不肆其威酷。修營城郭，督責切峻，非理殺害，視下如草芥。然以嚴斷濟務，有益機速。性峭直，攻訐無所迴避，故見賞於時。雖非佐命元功，然與高祖布衣之舊，特見親重。興和元年十一月卒。贈冀定幷殷瀛五州軍事、太保、太尉公、錄尙書事、冀州刺史，謚曰忠武。齊受禪，詔祭告其墓。皇建中，配享高祖廟庭。長子元孫，員外郎、肆州中正，早卒。贈肆州刺史。次子洪徽嗣。武平末，假儀同三司，奏門下事。

任延敬，廣寧人也。伯父桃，太和初爲雲中軍將，延敬隨之，因家焉。延敬少和厚，有器度。初從葛榮爲賊，榮署爲王，甚見委任。榮敗，延敬擁所部先降，拜鎭遠將軍、廣寧太守，賜爵西河縣公。

後隨高祖建義，中興初，累遷光祿大夫。太昌初，累轉尚書左僕射，進位開府儀同三司。延敬位望既重，能以寬和接物，人士稱之。及斛斯椿釁發，延敬棄家北走，至河北郡，因率土民據之，以待高祖。

魏武帝入關，荆蠻不順，以延敬爲持節南道大都督，討平之。天平初，復拜侍中。時范陽人盧仲延率河北流人反於陽夏，〔七〕西兗州民田龍聚衆應之，以延敬爲大都督、東道軍司，率都督元整、叱列陀等討之。尋爲行臺僕射，除徐州刺史。時梁遣元慶和及其諸將寇邊，延敬破梁仁州刺史黄道始於北濟陰，又破梁儁於單父，俘斬萬人。又拜侍中。在州大有受納，然爲政不殘，禮敬人士，不爲民所疾苦。

潁州長史賀若徽執刺史田迅據城降西魏，〔八〕復令延敬率豫州刺史堯雄等討之。西魏遣其將怡鋒率衆來援，延敬等與戰失利，收還北豫，仍與行臺侯景、司徒高昂等相會，共攻潁川，拔之。元象元年秋，卒於鄴，時年四十五。贈使持節、太保、太尉公、錄尚書事、都督冀定瀛幽安五州諸軍事、冀州刺史。子冑嗣。

冑輕俠，頗敏惠。少在高祖左右，天平中，擢爲東郡太守。家本豐財，又多聚斂，動極豪華，賓客往來，將迎至厚。尋以贓汚爲有司所劾，高祖捨之。及解郡，高祖以爲都督。興和末，高祖攻玉壁還，以晉州西南重要，留清河公岳爲行臺鎮守，以冑隸之。冑飲酒遊縱，不勤防守，高祖責之。冑懼，遂潛遣使送欵於周。爲人糺列，窮治未得其實，高祖特免之，謂冑曰：「我推誠於物，謂卿必無此理。且黑獺降人，首尾相繼，卿之虛實，於後何患不知。」冑內不自安。是時，儀同尒朱文暢及參軍房子遠、鄭仲禮等並險薄無賴，冑厚與交結，乃陰圖殺逆。武定三年正月十五日，因高祖夜戲，謀將竊發。有人告之，令捕窮治，事皆得實。冑及子弟並誅。

莫多婁貸文，太安狄那人也。驍果有膽氣。從高祖舉義。中興初，除伏波將軍、武賁中郎將、虞候大都督。從擊尒朱兆於廣阿，有功，加前將軍，封石城縣子，邑三百戶。又從破四胡於韓陵，進爵爲侯。從平尒朱兆於赤谼嶺。兆窮迫自經，貸文獲其屍。遷左廂大都督。斛斯椿等釁起，魏武帝遣賈顯智據守石濟。高祖令貸文率精銳三萬，與竇泰等於定州相會，同趣石濟，擊走顯智。天平中，除晉州刺史。汾州胡賊爲寇竊，高祖親討焉，以貸文爲先鋒，每有戰功。還，賚奴婢三十人、牛馬各五十匹、布一千疋，仍爲汾、陝、東雍、晉、泰五州大都督。後與太保尉景攻東雍、南汾二州，克之。

元象初，除車騎大將軍、儀同、南道大都督，與行臺侯景攻獨孤如願於金墉城。周文帝軍出函谷，景與高昂議整旅厲卒，〔九〕以待其至。貸文請率所部，擊其前鋒，景等固不許。貸文性勇而專，不肯受命，以輕騎一千軍前斥候，西過瀍澗，〔一〇〕遇周軍，戰沒。贈幷肆恒雲朔五州軍事、幷州刺史、尚書右僕射、司徒公。

子敬顯，强直勤幹，少以武力見知。恒從斛律光征討，數有戰功。光每命敬顯前驅，安置營壘，夜中巡察，或達旦不睡。臨敵置陳，亦令敬顯部分將士，造次之間，行伍整肅。深爲光所重。位至領軍將軍，恒檢校虞候事。武平中，車駕幸晉陽，每令敬顯督留臺兵馬，糾察盜賊，京師肅然。七年，從後主平陽，敗歸幷州，與唐邕等推立安德王稱尊號。安德敗，文武羣官皆投周軍，〔一一〕唯敬顯走還鄴。授司徒。周武帝平鄴城之明日，執敬顯斬於閶闔門外，責其不留晉陽也。〔一二〕

高市貴，善無人也。少有武用。孝昌初，恒州內部敕勒劉崙等聚衆反，市貴爲都督，率衆討崙，一戰破之。累遷撫軍將軍、諫議大夫。及尒朱榮立魏莊帝，市貴預翼戴之勳。遷衞將軍、光祿大夫、秀容大都督、第一領民酋長，賜爵上洛縣伯。尒朱榮擊葛榮於滏口，以市貴爲前鋒都督。榮平，除使持節、汾州刺史，尋爲晉州刺史。紇豆陵步藩之侵亂幷州也，高祖破之，市貴亦從行有功，除驃騎大將軍、儀同三司，封常山郡公，邑一千五百戶。

高祖起義，市貴預其謀。及樊子鵠據州反，隨大都督婁昭討之。子鵠平，除西兗州刺史，不之州。天平初，復除晉州刺史。高祖尋以洪峒要險，遣市貴鎮之。

高祖沙苑失利，晉州行事封祖業棄城而還，州民柴覽聚衆作逆。高祖命市貴討覽，覽奔柴壁，市貴破斬之。是時，東雍、南汾二州境多羣賊，聚爲盜，〔一三〕因市貴平覽，皆散歸復業。後秀容人五千戶叛應山胡，復以市貴爲行臺，統諸軍討平之。元象中，從高祖破周文帝於邙山。重除晉州刺史、西道軍司，率衆擊懷州逆賊潘集。未至，遇疾道卒。贈幷汾懷建東雍五州軍事、太尉公、幷州刺史。子阿那肱貴寵，封成皐王。勑令其第二子孔雀承襲。

厙狄迴洛，代人也。少有武力，儀貌魁偉。初事尒朱榮爲統軍，預立莊帝，轉爲別將，賜爵毋極伯。從破葛榮，轉都督。榮死，隸尒朱兆。高祖舉兵信都，迴洛擁衆歸義。從破四胡於韓陵，以軍功補都督，加後將軍、太中大夫，封順陽縣子，邑四百戶。遷右廂都督。從征山胡，先鋒斬級，除朔州刺史。破周文於河陽，轉授夏州刺史。邙山之役，力戰有功，增邑通前七百戶。世宗嗣事，從平潁川。天保初，除建州刺史。肅宗卽位，封順陽郡王。大寧初，轉朔州刺史，食博陵郡幹。轉太子太師，遇疾卒。贈使持節、都督定瀛恒朔雲五州軍事、大將軍、太尉公，定州刺史，賻物一千段。

厙狄盛，懷朔人也。性和柔，少有武用。初爲高祖親信都督，除伏波將軍，每從征討。以功封行唐縣伯，復累加安北將軍，幽州刺史，加中軍將軍，爲豫州鎭城都督。以勳舊進爵爲公，世宗減封二百戶，以增其邑。除征西大將軍、開府儀同三司、朔州刺史。齊受禪，改封華陽縣公。又除北朔州刺史，以華陽封邑在遠，隨例割幷州之石艾縣、肆州之平寇縣、原平之馬邑縣各數十戶，合二百戶爲其食邑。〔一四〕未幾，例罷，拜特進，卒。贈使持節、都督朔瀛趙幽安五州諸軍事、太尉公、朔州刺史。

薛孤延，代人也。少驍果，有武力。韓樓之反，延隨衆屬焉。後與王懷等密計討樓，爲樓尉帥乙弗醜所覺，力戰破醜，遂相率歸。行臺劉貴表爲都督，加征虜將軍，賜爵永固縣侯。後隸高祖爲都督，仍從起義。破尒朱兆於廣阿，因從平鄴，以功進爵爲公，轉大都督。從破四胡於韓陵，加金紫光祿大夫。從追尒朱兆於赤谼嶺，除第一領民酋長。孝靜立，拜顯州刺史，累加車騎將軍。天平四年，從高祖西伐。至蒲津，竇泰於河南失利，高祖班師，延殿後，且戰且行，一日斫折刀十五口。還，轉梁州刺史。從征玉壁，又轉恒州刺史。從破周文帝於邙山，進爵爲縣公，邑一千戶。

高祖嘗閱馬於北牧，道逢暴雨，大雷震地。前有浮圖一所，高祖令延視之。延乃馳馬按矟直前，未至三十步，雷火燒面，延唱殺，繞浮圖走，火遂滅。延還，眉鬢及馬鬃尾俱燋。高祖歎曰：「薛孤延乃能與霹靂鬬。」其勇決如此。

又頻從高祖討破山胡，西攻玉壁。入爲左衞將軍，改封平秦郡公。爲左廂大都督，與諸軍將討潁州。延專監造土山，以酒醉爲敵所襲據。潁州平，諸將還京師，讌於華林園。世宗啓魏帝，坐延於階下以辱之。後兼領軍將軍，出爲滄州刺史，別封溫縣男，邑三百戶。齊受禪，別賜爵都昌縣公。性好酒，率多昏醉。而以勇決善戰，每大軍征討，常爲前鋒，故與彭、劉、韓、潘同列。天保二年，爲太子太保，轉太子太傅。八年，除肆州刺史，加開府儀同三司，食洛陽郡幹，尋改食河間郡幹。

張保洛，代人也，自云本出南陽西鄂。家世好賓客，尚氣俠，頗爲北土所知。保洛少率健，善弓馬。魏孝昌中，北鎮擾亂，保洛亦隨衆南下。葛榮僭逆，以保洛爲領左右。榮敗，仍爲尒朱榮統軍，累遷揚烈將軍、奉車都尉。後隸高祖爲都督，從討步蕃。

及高祖起義，保洛爲帳內，從破尒朱兆於廣阿。尋遷右將軍、中散大夫，仍以帳內從高祖圍鄴城，既拔，除平南將軍、光祿大夫。從破尒朱兆等於韓陵因隨高祖入洛，加安東將軍。後高祖啓滅國邑，分授將士。保洛隨例封昌平縣薄家城鄉男一百戶。

魏出帝不協於高祖，令儀同賈顯智率豫州刺史斛斯壽東趣濟州。高祖遣大都督竇泰濟自滑臺拒顯智，保洛隸泰前驅。事定，轉都督。

從高祖襲夏州，剋之。万俟受洛干之降也，高祖遣保洛與諸將於路接援。元象初，除西夏州刺史、當州大都督，又以前後功，封安武縣伯，邑四百戶。轉行蔚州刺史。從高祖攻周文帝於邙山，圍玉壁，攻龍門。還，留鎮晉州。

世宗卽位，以保洛爲左廂大都督。後出晉州，加征西將軍。王思政之援潁州，攻圍未克。世宗仍令保洛鎮楊志塢，使與陽州爲掎角之勢。〔一五〕潁川平，尋除梁州刺史。

顯祖受禪，仍爲刺史，所在聚斂爲務，民吏怨之。濟南初，出爲滄州刺史，封敷城郡王。爲在州聚斂，免官，削奪王爵。及卒，贈以前官，追復本封。子默言嗣。武平末，衞將軍。

以帳內從高祖出山東，有麴珍、段琛、牒舍樂、尉摽、乞伏貴和及弟令和、王康德，並以軍功至大官。

麴珍字舍洛，西平酒泉人也。壯勇善騎射。以帳內從高祖晉州，仍起義，所在征討。武定末，封富平縣伯。天保初，食黎陽郡幹，除晉州刺史。武平初，遷豫州道行臺、尚書令、豫州刺史，卒，贈太尉。

段琛字懷寶，代人也。少有武用。從高祖起義信都。天保中，光州刺史。

牒舍樂，武成開府儀同三司，〔一六〕營州刺史，封漢中郡公。戰歿關中。

尉摽，代人也。大寧初，封海昌王。子相貴嗣，武平末，晉州道行臺尚書僕射、晉州刺史。爲行臺左丞侯子欽等密啓周武請師，欽等爲內應。周武自率衆至城下，欽等夜開城門引軍入，鎖相貴送長安。尋卒。弟相顯，強幹有膽略。武平末，領軍大將軍。自平陽至并州，及到鄴，每立計將殺高阿那肱，廢後主，立廣寧王，事竟不果。及廣寧被出，相顯拔佩刀斫柱而歎曰：「大事去矣，知復何言！」

貴和及令和兄弟，武平末，並開府儀同三司。令和，領軍將軍。并州未敗前，與領軍大將軍韓建業、武衞大將軍封輔相相繼投周軍。令和授柱國，封西河郡公。隋大業初，卒於秦州總管。

建業、輔相，俱不知所從來。建業授上柱國，封郇國公，隋開皇中卒。輔相，上柱國，封郡公。周武平幷州，即以爲朔州總管。康德，代人也。歷數州刺史、幷省尙書，封新蔡郡王。

侯莫陳相，代人也。祖伏頹，魏第一領民酋長。父斛古提，朔州刺史、白水郡公。尋除蔚州刺史，〔一七〕仍爲大行臺，節度西道諸軍事。又遷車騎將軍，顯州刺史。入除太僕卿。頃之，出爲汾州刺史。別封安次縣男，又別封始平縣公。天保初，除太師，轉司空公，〔一八〕進爵爲白水王，邑一千一百戶。累授太傅，進食建州幹，別封義寧郡公。武平二年四月，薨於州，年八十三。贈假黃鉞、使持節、督冀定瀛滄濟趙幽幷朔恒十州軍事、右丞相、太宰、太尉公、朔州刺史。有二子。長子貴樂，尙公主，駙馬都尉。次子晉貴，武衞將軍、梁州刺史。隆化時，幷州失守，晉貴遣使降周，授上大將軍，封信安縣公。

史臣曰：高祖世居雲代，以英雄見知。後遇尒朱，武功漸振，鄉邑故人，彌相推重。賀拔允以昆季乖離，處猜嫌之地，初以舊望矜護，而竟不獲令終，比於吳、蜀之安瑾、亮，方知器識之淺深也。劉貴、蔡儁有先見之明，霸業始基，義深匡贊，配饗淸廟，豈徒然哉。韓賢等及聞義舉，競趣戎行，憑附末光，申其志力，化爲公侯，固其宜矣。

贊曰：帝鄉之親，世有其人。降靈雲朔，載挺良臣。功名之地，望古爲隣。

校勘記

〔一〕字可泥　按周書卷一四賀拔勝傳末云：「兄允，字阿泥」，本書卷一神武紀上補說高歡稱允爲阿鞠泥。則「阿泥」是「阿鞠泥」的簡稱，疑此傳「可」字爲「阿」之訛。

〔二〕武帝又委岳弟勝心腹之寄　北史卷四九賀拔允傳「弟」作「兄」。按魏書卷八〇、周書卷一四賀拔勝傳都說勝是岳兄，此傳作「弟」誤。

〔三〕又從平元顥　諸本「顥」作「顯」。按元顥事見魏書卷十孝莊紀、卷二十一本傳，今據北史卷五三蔡儁傳改。

〔四〕扶陽之亂　按「扶陽」無考，疑是「拔陵」之訛，指破落韓拔陵領導的北鎮起義。

〔五〕武周縣侯　張森楷云：「據下文進爵爲侯，則此不得已是侯也。疑『侯』字誤」。

〔六〕天平中除使持節廣州軍事梁遣將湛僧珍楊暕來寇懷與行臺元晏擊項城拔之擒暕　諸本「元晏」作「元景」，「項城」作「須城」。魏書卷九八蕭衍傳，「天平二年五三五正月，衍將湛僧珍寇南兗州，州軍擊破之。 行臺元晏又破湛僧珍等於項城，虜其刺史楊瞟」，和此傳所述顯然是一事，唯「元景」作「元晏」，「須城」作「項城」，「楊暕」作「楊瞟」。 按魏書卷一二孝靜紀天平元年五三四閏十二月云，「蕭衍以元慶和爲鎮北將軍、魏王，入據平瀨鄉」，二年正月乙亥又云，「兼尚書右僕射、東南道行臺元晏討元慶和，破走之」，魏書卷一九元慶和傳附汝陰王天賜傳、北史卷一七同稱，「蕭衍以爲北道總督、魏王，至項城，朝廷出師討之，望風退走」。凡上引紀載和蕭衍傳合，也卽和此傳所載是一回事。 湛僧珍等當是護送元慶和的梁將。 據上引，這次東魏方面的主將是元晏，擊敗梁軍的地點是項城，「景」和「須」字都是訛文，今改正。唯「楊暕」和「楊瞟」不知孰是。

〔七〕時范陽人盧仲延率河北流人反於陽夏 諸本「陽」作「楊」。按魏書卷一二孝靜紀天平三年五三六二月稱「陽夏太守盧公纂據郡南叛，大都督元整破之」，與此傳所載爲一事。當時地名雖多用同音字，但地志陽夏從沒有作「楊」的，今據改。

〔八〕潁州長史賀若徽執刺史田迅據城降西魏 諸本「州」作「川」。張森楷云：「『川』字是『州』之誤，州有長史，郡不得有長史也。」按賀若徽卽賀若敦之父統，其事歷見本書卷二〇堯雄傳，周書卷二八賀若敦傳、魏書卷一二孝靜紀天平四年五三七十月條徽訛微，都作「潁州長史」。張說是，今據各史紀傳改。

〔九〕景與高昂議整旅厲卒 諸本脫「景」字，今據北史卷五三莫多婁貸文傳、册府卷四四七五三〇八頁補。

〔一〇〕西過瀍澗遇周軍戰沒　諸本「瀍」作「源」。册府卷四四七五三〇八頁作「瀍」。按周書卷二文帝紀大統四年五三八記此事稱進軍「瀍東」。瀍澗是當時常見地名，魏書卷一一出帝紀太昌元年九月乙巳稱「南過洛汭，遂至瀍澗」。「源」乃「瀍」之訛，今據册府改。

〔一一〕文武羣官皆投周軍　諸本「武」訛作「帝」，不可通，今據册府卷三七二四四三一頁改。

〔一二〕責其不留晉陽也　諸本「晉」作「平」，北史卷五三作「晉」。按上文說他敗歸幷州，後又走還鄴。周書卷六武帝紀下建德六年正月記周武帝責他三罪，第一條就是「從幷走鄴，攜妾棄母」。幷州治晉陽，北史是，今據改。

〔一三〕是時東雍南汾二州境多羣賊聚爲盜　册府卷三五四四二〇四頁無「賊」字。按文義疑「賊」字衍。

〔一四〕隨例割幷州之石艾縣肆州之平寇縣原平之馬邑縣各數十戶合二百戶爲其食邑　諸本「原平」作「原州」，三朝本作「原平」。按原州地屬北周，北齊豈能割其領戶以封人，且馬邑與原州也相去絕遠。作「原州」顯誤。原平是縣名，屬肆州雁門郡，見魏書卷一〇六地形志上。馬邑縣不見魏志，隋書卷三〇地理志中有馬邑郡而無馬邑縣。或北齊有此縣，隋志失載。但「原平之馬邑」也不可通，此「之」字當是「縣」字之誤。原文當作「割幷州之石艾縣、肆州之平寇縣、原平縣、馬邑縣各數十戶，合二百戶爲其食邑。」

〔一五〕世宗仍令保洛鎭楊志塢使與陽州爲犄角之勢　北、汲、殿、局四本「陽」作「揚」，三朝本、南本作「陽」，百衲本依他本改作「揚」。按魏書卷一〇六地形志中，陽州治宜陽。本書卷一七斛律金傳，說在侯景以潁川降西魏後，他「仍率所部於宜陽築楊志、百家、呼延三戍，置守備而還」。張保洛之鎭楊志塢當卽在置戍後不久。據水經注卷一五伊水注，塢在廣成澤西大戟水的南岸，當在今伊川縣，卽在宜陽亦卽陽州之東不遠。據守此地和陽州「爲犄角之勢」，可以控制西魏通向河南的要道。治壽春的揚州和治項城的北揚州都距楊志塢甚遠。今從三朝本。

〔一六〕武成開府儀同三司　諸本「武成」下有「初」字，三朝本無。北史卷五三張保洛傳末「武成」作「武威人」。錢氏考異卷三一云：「『武成』疑是『武威』之譌。此段附出諸臣各著里居，不應舍樂獨殊其例。當云『武威人』而其下尚有脫文爾。」按本書卷二〇慕容儼傳末亦稱「武威牒舍樂」。這裏「武威」訛「武成」，又脫「人」字，諸本以不可通以意增「初」字。

〔一七〕尋除蔚州刺史　按這裏似以蔚州刺史爲斛古提官，但觀下文却是侯莫陳相自己的官。北史卷五三侯莫陳相傳在「白水郡公」下有「相七歲喪父，號慕過人。及長，性雄傑。後從神武起兵，破四胡於韓陵，力戰有功，封陽平縣伯，改封白水郡公」一段。北史中北齊紀傳卽出於北齊書，知此傳在「白水郡公」下脫去一大段叙述侯莫陳相早年事跡的文字。當因兩見「白水郡公」，抄刻時誤把後一「白水郡公」下的文字接在前一「白水郡公」下，便擠掉了這段早年事跡，以致父子歷官混淆。

〔一八〕天保初除太師轉司空公　張森楷云：「文宣紀卷四天保五年『以太子太師侯莫陳相爲司空』，此蓋誤脱『太子』二字。」按魏齊官品，三師、二大、三公爲序。太師是三師之首，司空乃三公之末，豈有以太師轉司空之理。張說是。

北齊書卷二十

列傳第十二

張瓊　斛律羌舉　堯雄　宋顯　王則　慕容紹宗

薛脩義　叱列平　步大汗薩　慕容儼

張瓊，字連德，代人也。少壯健，有武用。魏世自盪寇將軍，爲朔州征虜府外兵參軍。隨葛榮爲亂，榮敗，尒朱榮以爲都督。討元顥有功，除汲郡太守。建明初，爲東道慰勞大使，封行唐縣子，邑三百戶。轉太尉長史，出爲河內太守，除濟州刺史。尒朱兆敗，歸高祖，還汾州刺史。天平中，高祖襲克夏州，以爲慰勞大使，仍留鎭之。尋爲周文帝所陷，卒。贈使持節燕恒雲朔四州諸軍事、大將軍、司徒公、恒州刺史。有二子。長忻，次遵業。

忻，普泰中爲都督，隨尒朱世隆。以功尚魏平陽公主，除駙馬都尉、大將軍、開府儀同三司、建州刺史、南鄭縣伯。瓊常憂其太盛，每語親識曰：「凡人官爵，莫若處中，忻位秩太高，深爲憂慮。」而忻豪險放縱，遂與公主情好不協，尋爲武帝所害，時稱瓊之先見。

遵業，討元顥有功，封固安縣開國子，除寧遠將軍、雲州大中正。天平中，除清河太守，尋加安西將軍、建州刺史。武定中，隨儀同劉豐討侯景，爲景所擒。景敗，殺遵業於渦陽。喪還，世宗親自臨弔，贈幷肆幽安四州軍事、開府儀同三司、幷州刺史。

斛律羌舉，太安人也。世爲部落酋長。父謹，魏龍驤將軍、武川鎭將。羌舉少驍果，有膽力。永安中，從尒朱兆入洛，有戰功，深爲兆所愛遇，恒從征伐。高祖破兆，方始歸誠。高祖以其忠於所事，亦加嗟賞。

天平中，除大都督，令率步騎三千導衆軍西襲夏州，剋之。後從高祖西討，大軍濟河，集諸將議進趣之計。羌舉曰：「黑獺聚兇黨，强弱可知，若欲固守，無糧援可恃。今揣其情，已同困獸，若不與其戰，而逕趣咸陽，咸陽空虛，可不戰而克。拔其根本，彼無所歸，則黑獺之首懸於軍門矣。」諸將議有異同，遂戰於渭曲，大軍敗績。

天平末，潁川人張儉聚衆反叛，西通關右，羌舉隨都督侯景、高昂等討破之。元象中，除清州刺史，封密縣侯。興和初，高祖以爲中軍大都督，尋轉東夏州刺史。時高祖欲招懷遠夷，令羌舉使於阿至羅，宣揚威德，前後稱旨，甚被知賞。卒於州，時年三十六。高祖深悼惜之。贈幷恒二州軍事、恒州刺史。

子孝卿，少聰敏幾悟，有風檢，頻歷顯職。武平末，侍中、開府儀同三司，封義寧王，知內省事，典外兵、騎兵機密。是時，朝綱日亂，政由羣豎。自趙彥深死，朝貴典機密者，唯孝卿一人差居雅道，不至貪穢。後主至齊州，以孝卿爲尚書令。又以中書侍郎薛道衡爲侍中，封北海王。二人勸後主作承光主詔，禪位任城王，令孝卿齎詔策及傳國璽往瀛州。孝卿便詣鄴城，歸於周武帝，仍從入長安，授納言上士。隋開皇中，位太府卿，卒於民部尚書。

代人劉世清，祖拔，魏燕州刺史；父巍，金紫光祿大夫。世清，武平末，侍中、開府儀同三司，任遇與孝卿相亞。情性甚整，周慎謹密，在孝卿之右。能通四夷語，爲當時第一。後主命世清作突厥語翻涅盤經，以遺突厥可汗，勑中書侍郎李德林爲其序。世清，隋開皇中，卒於開府、親衞驃騎將軍。

堯雄，字休武，上黨長子人也。祖暄，魏司農卿。父榮，員外侍郎。雄少驍果，善騎射，輕財重氣，爲時輩所重。永安中，拜宣威將軍、給事中、持節慰勞恒燕朔三州大使。仍爲都督，從叱列延計劉靈助，平之，拜鎮東將軍、燕州刺史，封城平縣伯，〔一〕邑五百戶。

義旗初建，雄隨尒朱兆敗於廣阿，遂率所部據定州以歸高祖。時雄從兄傑，尒朱兆用爲滄州刺史，至瀛州，知兆敗，亦遣使歸降。高祖以其兄弟俱有誠欵，便留傑行瀛州事。尋以雄爲車騎大將軍、瀛州刺史以代傑，進爵爲公，增邑五百戶。于時禁網疏闊，官司相與聚斂，唯雄義然後取，復能接下以寬恩，甚爲吏民所懷附。

魏武帝入關，雄爲大都督，隨高昂破賀拔勝於穰城。周旋征討三荊，仍除二豫、揚、郢四州都督、豫州刺史。元洪威據潁州叛，民趙繼宗殺潁川太守邵招，據樂口，自稱豫州刺史，北應洪威。雄率衆討之，繼宗敗走。民因雄之出，遂推城人王長爲刺史，據州引西魏。雄復與行臺侯景討平之。梁將李洪芝、王當伯襲破平鄉城，侵擾州境。雄設伏要擊，生擒洪芝、當伯等，俘獲甚衆。梁司州刺史陳慶之復率衆逼州城，雄出與戰，所向披靡，身被二創，壯氣益厲，慶之敗，棄輜重走。後慶之復圍南荊州，雄曰：「白苟堆，梁之北面重鎮，因其空虛，攻之必剋，彼若聞難，荊圍自解，此所謂機不可失也。」遂率衆攻之，慶之果棄荊州來。未至，雄陷其城，擒梁鎮將苟元廣，兵二千人。梁以元慶和爲魏王，侵擾南境。雄率衆討之，大破慶和於南頓。尋與行臺侯景破梁楚城。豫州民上書，〔二〕更乞雄爲刺史，復行豫州事。

潁州長史賀若徽執刺史田迅據州降西魏，詔雄與廣州刺史趙育、揚州刺史是云寶等各總當州士馬，〔三〕隨行臺任延敬並勢攻之。西魏遣其將怡鋒率衆援之，延敬等與戰失利。

育，寶各還本州，據城降敵。雄收集散卒，保大梁。〔四〕周文帝因延敬之敗，遣其右丞韋孝寬等攻豫州。雄都督郭丞伯、程多寶等舉豫州降敵，執刺史馮邕並家屬及部下妻子數千口，欲送之長安。至樂口，雄外兵參軍王恒伽、都督赫連儁等數十騎從大梁邀之，斬多寶，拔雄等家口還大梁。西魏以丞伯爲潁川太守，雄仍與行臺侯景討之。雄別攻破樂口，擒丞伯。進討懸瓠，逐西魏刺史趙繼宗、韋孝寬等。復以雄行豫州事。西魏以是云寶爲揚州刺史，據項城；義州刺史韓顯據南頓。雄復率衆攻之，一日拔其二城，擒顯及長史丘岳，寶遁走，獲其妻妾將吏二千人，皆傳送京師。加驃騎大將軍。仍隨侯景平魯陽，除豫州刺史。

雄雖武將，而性質寬厚，治民頗有誠信，爲政去煩碎，舉大綱而已。撫養兵民，得其力用，在邊十年，屢有功績，豫人於今懷之。又愛人物，多所施與，賓客往來，禮遺甚厚，亦以此見稱。興和三年，徵還京師，尋領司、冀、瀛、定、齊、青、膠、兗、殷、滄十州士卒十萬人，巡行西南，分守險要。四年，卒於鄴，時年四十四。贈使持節、都督青徐膠三州軍事、大將軍、司徒公、徐州刺史，謚武恭。子師嗣。

雄弟奮，字彥舉。解褐宣威將軍、給事中，轉中堅將軍、金紫光祿大夫，賜爵安夷縣子。從高祖平鄴，破尒朱兆等，進爵爲伯。出爲南汾州刺史，胡夷畏憚之。西魏行臺薛崇禮舉衆攻奮，與戰，大破之，崇禮兄弟乞降，送於相府。轉奮驃騎將軍、左光祿大夫、潁州刺史，卒。贈兗豫梁三州諸軍事、司空、兗州刺史。

雄從父兄傑，字壽。性輕率，嗜酒，頗有武用。歷給事中、羽林監。從高祖破紇豆陵步藩有功，除鎮東將軍，封樂城縣伯，邑百戶。出爲滄州刺史。屬義兵起，歸高祖。從平鄴及破尒朱兆，進爵爲侯。後爲都督，率衆隨樊子鵠討元樹於譙城，平之。仍除南兗州，多所取受，然性果決，吏民畏之。尋加行兗州事。元象初，拜車騎大將軍、儀同三司，進爵爲公。出爲磨城鎮大都督，轉安州刺史，卒於州。贈使持節、滄瀛二州諸軍事、尙書右僕射，滄州刺史，諡曰闕

宋顯，字仲華，燉煌効穀人也。性果敢，有幹用。初事尒朱榮爲軍主，擢爲長流參軍。永安中，除前軍、襄垣太守，轉榮府記室參軍。從平元顥，加平東將軍。榮死，世隆等向洛，復以顯爲襄垣太守。普泰初，遷使持節、征北將軍、晉州刺史。後歸高祖，以爲行臺右丞。樊子鵠據兗州反，前西兗州刺史乙瑗、譙郡太守辛景威屯據五梁，以應子鵠。高祖以顯行西兗州事，率衆討破之，斬瑗，景威遁走。拜西兗州刺史。時梁州刺史鹿永吉據州外叛，西魏遣博陵王元約、趙郡王元景神率衆迎接。顯勒當州士馬邀破之，斬約等，仍與左衞將軍斛律平共會大梁。拜儀同三司。在州多所受納，然勇決有氣幹，檢御左右，咸能得其心力。

及河陰之戰，深入赴敵，遂沒于行陣。贈司空公。

顯從祖弟繪，少勤學，多所博覽，好撰述。魏時，張緬晉書未入國，繪依准裴松之注國志體，注王隱及中興書。〔五〕又撰中朝多士傳十卷，姓系譜錄五十篇。以諸家年歷不同，多有紕繆，乃刊正異同，撰年譜錄，未成。河清五年並遭水漂失。〔六〕繪雖博聞强記，而天性恍惚，晚又遇風疾，言論遲緩。及失所撰之書，乃撫膺慟哭曰：「可謂天喪予也！」天統中卒。

王則，字元軌，自云太原人也。少驍果，有武藝。初隨叔父魏廣平內史老生征討，〔七〕每有戰功。老生爲朝廷所知，則頗有力。初以軍功除給事中，賜爵白水子。後從元天穆討邢杲，輕騎深入，爲杲所擒。元顥入洛，則與老生俱降顥，顥疑老生，遂殺之。則奔廣州刺史鄭先護，與同拒顥。顥敗，遷征虜將軍，出爲東徐州防城都督。

尒朱榮之死也，東徐州刺史斛斯椿其枝黨，內懷憂怖。時梁立魏汝南王悅爲魏主，資其士馬，送境上，椿遂翻城降悅。則與蘭陵太守李義擊其偏師，破之。魏因以則行北徐州事。後隸尒朱仲遠，仲遠敗，始歸高祖。仍加征南將軍、金紫光祿大夫。初隨荊州刺史賀拔勝，後從行臺侯景，周旋征討，屢有功績。

天平初，行荊州事，都督三荊、二襄、南雍六州軍事，荊州刺史。則有威武，邊人畏服之。渭曲之役，則爲西師圍逼，遂棄城奔梁，梁尋放還，高祖恕而不責。元象初，除洛州刺史。則性貪惏，在州取受非法，舊京取像，毁以鑄錢，于時世號河陽錢，皆出其家。武定中，復隨侯景西討。景於潁川作逆，時則鎭栢崖戍，世宗以則有武用，徵爲徐州刺史。景既南附，梁遣貞陽侯蕭明率大衆向徐州，以爲影響，堰清水灌州城。〔八〕則固守歷時，而取受狼藉，鎖送晉陽，世宗恕其罪。武定七年春，卒，時年四十八。贈青齊二州軍事、司空、青州刺史，謚曰烈懿。

則弟敬寶，少歷顯位。後爲東廣州刺史，與蕭軌等攻建業，不克，沒焉。

慕容紹宗，慕容晃第四子太原王恪後也。曾祖騰，歸魏，遂居於代。祖都，岐州刺史。父遠，恒州刺史。紹宗容貌恢毅，少言語，深沉有膽略。尒朱榮卽其從舅子也。值北邊撓亂，紹宗攜家屬詣晉陽以歸榮，榮深待之。及榮稱兵入洛，私告紹宗曰：「洛中人士繁盛，驕侈成俗，若不加除剪，恐難制馭。吾欲因百官出迎，仍悉誅之，謂可爾不？」紹宗對曰：「太后臨朝，淫虐無道，天下憤惋，共所棄之。公既身控神兵，心執忠義，忽欲殲夷多士，謂非長策，深願三思。」榮不從。後以軍功封索盧縣子，尋進爵爲侯。從高祖破羊侃，又與元天穆平邢杲，累遷幷州刺史。

紇豆陵步藩逼晉陽，尒朱兆擊之，累爲步藩所破，欲以晉州徵高祖，共圖步藩。〔九〕紹宗諫曰：「今天下擾擾，人懷覬覦，正是智士用策之秋。高晉州才雄氣猛，英略蓋世，譬諸蛟龍，安可借以雲雨。」兆怒曰：「我與晉州推誠相待，何忽輒相猜阻，横生此言！」便禁止紹宗，數日方釋。遂割鮮卑隸高祖。高祖共討步藩，滅之。及高祖舉義信都，兆以紹宗爲長史，又命爲行臺，率軍壺關，以抗高祖。及廣阿、韓陵之敗，兆乃撫膺自咎，謂紹宗曰：「比用卿言，今豈至此。」

兆之敗於韓陵也，士卒多奔，兆懼，將欲潛遁。紹宗建旗鳴角，招集義徒，軍容既振，與兆徐而上馬。後高祖從鄴討兆於晉陽，兆窘急，走赤谼嶺，自縊而死。紹宗行到烏突城，〔一〇〕見高祖追至，遂攜榮妻子及兆餘衆自歸。高祖仍加恩禮，所有官爵並如故，軍謀兵略，時參預焉。

天平初，遷都鄴，庶事未周，乃令紹宗與高隆之共知府庫圖籍諸事。二年，宜陽民李延孫聚衆反，乃以紹宗爲西南道軍司，率都督厙狄安盛等討破之。軍還，行揚州刺史，尋行青州刺史。丞相府記室孫搴屬紹宗以兄爲州主簿，〔一一〕紹宗不用。搴譖之於高祖，云：「慕容紹宗嘗登廣固城長歎，謂其所親云『大丈夫有復先業理不』。」由是徵還。元象初，西魏將獨孤如願據洛州，梁、潁之間，寇盜鋒起。高祖命紹宗率兵赴武牢，與行臺劉貴等平之。進爵爲公，除度支尚書。後爲晉州刺史、西道大行臺，還朝，遷御史中尉。屬梁人劉烏黑入寇徐方，〔一二〕令紹宗率兵討擊之，大破，因除徐州刺史。烏黑收其散衆，復爲侵竊，紹宗密誘其徒黨，數月間，遂執烏黑殺之。

侯景反叛，命紹宗爲東南道行臺，加開府，轉封燕郡公，與韓軌等詣瑕丘，以圖進趣。仍詔梁武帝遣其兄子貞陽侯淵明等率衆十萬，〔一三〕頓軍寒山，與侯景掎角，擁泗水灌彭城。仍詔紹宗爲行臺，節度三徐、二兗州軍事，與大都督高岳等出討，大破之，擒淵明及其將帥等，俘虜甚衆。乃迴軍討侯景於渦陽。于時景軍甚衆，前後諸將往者莫不爲其所輕。及聞紹宗與岳將至，深有懼色，謂其屬曰：「岳所部兵精，紹宗舊將，宜共愼之。」於是與景接戰，諸將持疑，無肯先者，紹宗麾兵徑進，諸將從之，因而大捷，景遂奔遁。軍還，別封永樂縣子。初高祖末命世宗云：「侯景若反，以慕容紹宗當之。」至是，竟立功効。

西魏遣其大將王思政入據潁州，又以紹宗爲南道行臺，與太尉高岳、儀同劉豐等率軍圍擊，堰洧水以灌之。時紹宗頻有凶夢，意每惡之。乃私謂左右曰：「吾自年二十已還，恒有蒜髮，昨來蒜髮忽然自盡。以理推之，蒜者算也，吾算將盡乎？」未幾，與豐臨堰，見北有塵氣，乃入艦同坐。暴風從東北來，遠近晦冥，舟纜斷，飄艦徑向敵城。紹宗自度不免，遂投水而死，時年四十九。三軍將士莫不悲惋，朝廷嗟傷。贈使持節二青、二兗、齊、濟、光七州軍事，尚書令，太尉，青州刺史，謚曰景惠。除其長子士肅爲散騎常侍。尋以謀反，伏誅。朝廷以紹宗功，罪止士肅身。皇建初，配饗世宗廟庭。士肅弟建中，襲紹宗爵。武平末，儀同三司。隋開皇中，大將軍、疊州總管。

薛脩義，〔一四〕字公讓，河東汾陰人也。曾祖紹，魏七兵尚書、太子太保。祖壽仁，河東河北二郡守、秦州刺史、汾陰公。父寶集，定陽太守。

脩義少而姦俠，輕財重氣，招召豪猾，時有急難相奔投者，多能容匿之。魏咸陽王爲司州牧，用爲法曹從事。魏北海王顥鎭徐州，引爲墨曹參軍。正光末，天下兵起，顥爲征西將軍，都督華、豳、東秦諸軍事，兼左僕射、西道行臺，以脩義爲統軍。時有詔，能募得三千人者用爲別將。於是脩義還河東，仍歷平陽、弘農諸郡，合得七千餘人，卽假安北將軍、西道別將。俄而東西二夏、南北兩華及豳州等反叛，顥進討之。脩義率所部，頗有功。絳蜀賊陳雙熾等聚汾曲，詔脩義爲大都督，與行臺長孫稚共討之。脩義以雙熾是其鄉人，遂輕詣壘下，曉以利害，熾等遂降。拜脩義龍門鎭將。

後脩義宗人鳳賢等作亂，圍鎭城。脩義亦以天下紛擾，規自縱擅，遂與鳳賢聚衆爲逆，自號黃鉞大將軍。詔都督宗正珍孫討之。軍未至，脩義慚悔，乃遣其帳下孫懷彥奉表自陳，乞一大將招慰。魏孝明遣西北道大行臺胡元吉奉詔曉喻，脩義降。鳳賢等猶據險屯結，長孫稚軍於弘農，珍孫軍靈橋，未能進。脩義與其從叔善樂、從弟嘉族等各率義勇爲攻取之勢，與鳳賢書示其禍福。鳳賢降，拜鳳賢龍驤將軍、假節、稷山鎮將，夏陽縣子，邑三百戶。封脩義汾陰縣侯，邑八百戶。

尒朱榮以脩義豪猾反覆，錄送晉陽，與高昂等並見拘防。榮赴洛，以脩義等自隨，置於駝牛署。榮死，魏孝莊以脩義爲弘農、河北、河東、正平四郡大都督。時高祖爲晉州刺史，見脩義，待之甚厚。及尒朱兆立魏長廣王爲主，除脩義右將軍、陝州刺史，假安南將軍。魏前廢帝初，以脩義爲持節、後將軍、南汾州刺史。

高祖起義信都，破四胡於韓陵，遣徵脩義，從至晉陽，以脩義行幷州事。又從高祖平尒朱兆。武帝之入關也，高祖奉迎臨潼關，以脩義爲關右行臺，自龍門濟河。西魏北華州刺史薛崇禮屯楊氏壁，〔一五〕脩義以書招之，崇禮率萬餘人降。樊子鵠之據兗州，脩義從大司馬婁昭破平之。天平中，除衞將軍、南中郎將，帶汲郡太守，頓丘、淮陽、東郡、黎陽五郡都督。〔一六〕遷東徐州。

元象初，拜儀同。沙苑之役，從諸軍退。還，行晉州事封祖業棄城走，脩義追至洪洞，說祖業還守，而祖業不從。脩義還據晉州，安集固守。西魏儀同長孫子彥圍逼城下，脩義開門伏甲以待之，子彥不測虛實，於是遁去。高祖甚嘉之，就拜晉州刺史、南汾、東雍、陝四州行臺，賞帛千疋。脩義在州，擒西魏所署正平太守段榮顯。招降胡酋胡垂黎等部落數千口，表置五城郡以安處之。高仲密之叛，以脩義爲西南道行臺，爲掎角聲勢，不行。尋除齊州刺史，以黷貨除名。追其前守晉州功，復其官爵，仍拜衞尉卿。時山胡侵亂晉州，遣脩義追討，破之。進爵正平郡公，加開府。世宗以高祖遺旨，減封二百戶，別封脩義爲平鄉男。天保初，除護軍，別封藍田縣公，又拜太子太保。五年七月卒，時年七十七。贈晉太華三州諸軍事、司空、晉州刺史，贈物三百段。子文殊嗣。

脩義從弟嘉族，性亦豪爽。釋褐員外散騎侍郎，稍遷正平太守。屬高祖在信都，嘉族聞而赴義。從平四胡於韓陵，除華州刺史。及賀拔岳拒命，令嘉族置騎河上，以禦大軍。嘉族遂棄其乘馬，浮河而度，歸於高祖。由是拜揚州刺史，卒於官。子震，字文雄。天平初，受旨鎮守龍門，陷於西魏。元象中，方得逃還。高祖嘉其至誠，除廣州刺史。後從慕容紹宗討侯景，以功別封膚施縣男。天保四年，從討山胡，破茹茹，並有功績，累遷譙州刺史。

脩義從子元穎，父光熾，東雍州刺史、太常卿。元穎廉謹有信義，起家永安王參軍。行秀容縣事，有清名。累轉定州別駕，舉清平勤幹，除漁陽太守。

叱列平，字殺鬼，代郡西部人也，世爲酋帥。平有容貌，美鬚髯，善騎射。襲第一領民酋長，臨江伯。孝昌末，拔陵反叛，茹茹餘衆入寇馬邑，〔一七〕平以統軍屬，有戰功，補別將。後牧子作亂，劉胡嵛、斛律可那律俱時構逆，以平爲都督，討定胡嵛等。魏孝莊初，除武衞將軍。隨尒朱榮破葛榮，平元顥，遷中軍都督、右衞將軍，封廮陶縣伯，邑七百戶。榮死，平與榮妻及尒朱世隆等北走。長廣王曄立，授右衞將軍，加京畿大都督。

時尒朱氏淩僭，平常慮危禍，會高祖起義，平遂歸誠。從平鄴，破四胡於韓陵。仲遠既走，以平爲東郡大行臺。軍還，從高祖平尒朱兆。復從領軍婁昭討樊子鵠平之。授使持節、華州刺史。高仲密之叛，平從高祖破周文帝於邙山。武定初，除廓州刺史。五年，加儀同三司，鎮河陽。八年，進爵爲侯。天保初，授兗州刺史，尋加開府，別封臨洮縣子。三年，與諸將南討江淮，克陽平郡。陳人攻圍廣陵，〔一八〕詔平統河南諸軍赴援，陳人退，乃還。五年夏，卒於州，時年五十一。贈瀛滄幽三州軍事、瀛州刺史、中書監，諡曰莊惠。子孝中嗣。弟長叉。〔一九〕武平末，侍中、開府儀同三司，封新寧王。隋開皇中，上柱國，卒於涇州長史。雖無他伎，前在官以清幹著稱。

步大汗薩，太安狄那人也。曾祖榮，仕魏歷金門、化正二郡太守。父居，龍驤將軍、領民別將。正光末，六鎮反亂，薩乃將家避難南下，奔尒朱榮於秀容。後從榮入洛，以軍功除揚武軍帳內統軍，〔二〇〕賜爵江夏子。從平葛榮，累前後功，加鎮南將軍。榮死後，從尒朱兆入洛，補帳內大都督，從兆拒戰於韓陵。兆敗，薩以所部降。高祖以爲第三領民酋長，累遷秦州鎮城都督、北雍州刺史。天平中，轉東壽陽三泉都督。元象中，行燕州，累遷臨川領民大都督，賜爵長廣伯。時茹茹寇鈔，屢爲邊害，高祖撫納之，遣薩將命。還，拜儀同三司。出爲五城大都督，鎮河陽。又加車騎大將軍、開府，進封行唐縣公，減勃海三百戶以增其封。仍授晉州刺史，別封安陵縣男，邑二百戶，加驃騎大將軍。齊受禪，改封義陽郡公。

慕容儼，字恃德，清都成安人，慕容廆之後也。父叱頭，魏南頓太守，身長一丈，腰帶九尺。武平初，追贈開府儀同三司、尚書左僕射，持節、都督滄恒二州軍事、恒州刺史。

儼容貌出羣，衣冠甚偉，不好讀書，頗學兵法，工騎射。正光中，魏河間王元琛率衆救壽春，辟儼左廂軍主，以戰功賞帛五十疋。軍次西硤石，因解渦陽之圍，平倉陵城、荆山戍。梁遣將鄭僧等要戰，儼擊之，斬其將蕭喬，梁人奔遁。又襲破王神念等軍，擒二百餘人，神念僅以身免。三年，梁遣將攻東豫州，大都督元寶掌討之。儼爲別將。鄭海珍與戰，〔二一〕斬其軍主朱僧珍、軍副秦太。又擊賊王苟於陽夏，平之。

孝昌中，尒朱榮入洛，授儼京畿南面都督。永安中，西荆州爲梁將曹義宗所圍，儼應募赴之。時北育太守宋帶劒謀叛，儼乃輕騎出其不意，直至城下，語云：「大軍已到，太守何不迎？」帶劒造次惶恐不知所爲，便出迎，儼卽執之，一郡遂定。又破梁將馬元達、蔡天起、柳白嘉等，累有功。除强弩將軍。與梁將王玄眞、董當門等戰，並破之，解穰城圍，克復南陽、新鄉。轉積射將軍，持節、豫州防城大都督。

尒朱敗，與豫州刺史李恩歸高祖。以勳累遷安東將軍、高梁太守，〔三〕轉五城太守、東雍州刺史。沙苑之敗，西魏荆州刺史郭鸞率衆攻儼，拒守二百餘日，晝夜力戰，大破鸞軍，追斬三百餘級，又擒西魏刺史郭他。時諸州多有翻陷，唯儼獲全。進號鎭南將軍。武定三年，率師解襄州圍。頻使茹茹。又從攻玉壁，賜帛七百疋並衣帽等。五年，鎭河橋五城。侯景叛，儼擊陳郡賊，獲景麾下厙狄曷賴及僞署太守鄭道合、兗州刺史王彥夏、行臺狄暢等，擒斬百餘級。旋軍項城，又擒景僞署刺史辛光及蔡遵，並其部下二千人。六年，除譙州刺史，屢有戰功，多所降附。七年，又除膠州刺史。

天保初，除開府儀同三司。六年，梁司徒陸法和、儀同宋茝等率其部下以郢州城内附。〔三〕時淸河王岳帥師江上，乃集諸軍議曰：「城在江外，人情尙梗，必須才略兼濟，忠勇過人，可受此寄耳。」衆咸共推儼。岳以爲然，遂遣鎭郢城。始入，便爲梁大都督侯瑱、任約率水陸軍奄至城下。儼隨方禦備，瑱等不能克。又於上流鸚鵡洲上造荻洪竟數里，以塞船路。人信阻絕，城守孤懸，衆情危懼，儼導以忠義，又悅以安之。城中先有神祠一所，俗號城隍神，公私每有祈禱。於是順士卒之心，乃相率祈請，冀獲冥祐。須臾，衝風欻起，驚濤涌激，漂斷荻洪。約復以鐵鎖連治，防禦彌切。儼還共祈請，風浪夜驚，復以斷絕，如此者再三。城人大喜，以爲神助。瑱移軍於城北，造柵置營，焚燒坊郭，產業皆盡。約將戰士萬餘人，各持攻具，於城南置營壘，南北合勢。儼乃率步騎出城奮擊，大破之，擒五百餘人。先是郢城卑下，兼土疏頹壞，儼更修繕城雉，多作大樓。又造船艦，水陸備具，工無暫闕。蕭循又率衆五萬，與瑱、約合軍，夜來攻擊。儼與將士力戰終夕，至明，約等乃退。追斬瑱驍將張白石首，瑱以千金贖之，不與。夏五月，瑱、約等又相與並力，悉衆攻圍。城中食少，糧運阻絕，無以爲計，唯煑槐楮、桑葉並紵根、水萍、葛、艾等草及靴、皮帶、觔角等物而食之。人有死者，卽取其肉，火別分噉，唯留骸骨。儼猶申令將士，信賞必罰，分甘同苦，死生以之。自正月至於六月，人無異志。

後蕭方智立，遣使請和。顯祖以城在江表，據守非便，有詔還之。儼望帝，悲不自勝。帝呼令至前，執其手，持儼鬚鬢，脫帽看髮，歎息久之。謂儼曰：「觀卿容貌，朕不復相識，自古忠烈，豈能過此！」儼對曰：「臣恃陛下威靈，得申愚節，不屈豎子，重奉聖顏。今雖夕死，沒而無恨。」帝嗟稱不已。除趙州刺史，進伯爲公，賜帛一千疋、錢十萬。

九年，又討賊有功，賜帛一百疋、錢十萬。十年，詔除揚州行臺，與王貴顯、侯子監將兵衞送蕭莊。築郭默、若邪二城。與陳新蔡太守魯悉達戰大蛇洞，破走之。又監蕭莊、王琳軍，與陳將侯瑱、侯安都戰於蕪湖，敗歸。皇建初，別封成陽郡公。天統二年，除特進。四年十月，又別封猗氏縣公，並賜金銀酒鍾各一枚、胡馬一匹。五年四月，進爵爲義安王。武平元年，出爲光州刺史。儼少任俠，交通輕薄，遨遊京洛間。及從征討，每立功効，經略雖非所長，而有將帥之節。所歷諸州，雖不能清白守道，亦不貪殘。卒，贈司徒、尚書令。子子顒，給事黃門侍郎。

尒朱將帥，義旗建後歸順立功者，武威牒舍樂、代郡范舍樂亦致通顯。

牒舍樂，少從尒朱榮爲軍主、統軍，後西河領民都督。尒朱兆敗，率衆歸高祖，拜鎮西將軍、金紫光祿大夫。以都督隸侯景，破賀拔勝於穰城。又與諸將討平青、兗、荆三州，拜鎮西將軍、營州刺史。天保初，封漢中郡公。後因戰，沒於關中。

范舍樂，有武藝，筋力絕人。魏末，從崔暹、李崇等征討有功，授統軍。後入尒朱榮軍中，頻有戰功，授都督。後隨尒朱兆破步藩於梁郡。高祖義旗舉，棄兆歸信都。從高祖破兆於廣阿、韓陵，並有功，賜爵平舒男。每從征役，多有克捷。除相府左廂大都督。尋出爲東雍州刺史。世宗嗣事，封平舒縣侯，拜儀同。天保中，進位開府。

又有代人厙狄伏連，字仲山，少以武幹事尒朱榮，至直閤將軍。後從高祖建義，賜爵蛇丘男。世宗輔政，遷武衞將軍。天保初，儀同三司。四年，除鄭州刺史，尋加開府。伏連質朴，勤於公事，直衞官闕，曉夕不離帝所，以此見知。鄙吝愚狠，無治民政術。及居州任，專事聚斂。性又嚴酷，不識士流。開府參軍多是衣冠士族，伏連加以捶撻，逼遣築牆。武平中，封宜都郡王，除領軍大將軍。尋與瑯琊王儼殺和士開，伏誅。伏連家口有百數，盛夏之日，料以倉米二升，不給鹽菜，常有饑色。冬至之日，親表稱賀，其妻爲設豆餅。伏連問此豆因何而得，妻對向於食馬豆中分減充用。伏連大怒，典馬、掌食之人並加杖罰。積年賜物，藏在別庫，遣侍婢一人專掌管籥。每入庫檢閱，必語妻子云：「此是官物，不得輒用。」至是簿錄，並歸天府。

史臣曰：高祖霸業始基，招集英勇。張瓊等雖識非先覺，而運屬時來，驅馳戎旅，日不暇給，義宜禦侮，契協宏圖，臨敵制勝，有足稱也。慕容紹宗兵機武略，在世見推。昔事尒朱，固執忠義，不用范增之言，終見烏江之禍。侯景狠戾，固非後主之臣，末命緒言，實表知人之鑒。寒山、渦水，往若摧枯，算盡數奇，逢斯厄運。悲夫！

贊曰：霸圖立肇，王業是因。偉哉諸將，實曰功臣。永懷耿、賈，無累淸塵。

校勘記

〔一〕封城平縣伯　諸本「城平」倒作「平城」。唯三朝本作「城平」。按魏書卷四二堯暄傳附見堯雄，稱雄爵是城平縣開國公，由伯進公，邑名仍舊。今從三朝本。

〔二〕尋與行臺侯景破梁楚城豫州民上書　諸本無「城」字，「豫」字作「二」，成爲「破梁楚二州」。冊府卷三五四四二〇四頁亦無「城」字，但「豫」字不作「二」。按北史卷二七堯雄傳作「破梁楚城，豫州民上書」云云。梁指梁朝，楚城是西楚州治所魏書卷一〇六地形志中。天平三年五三六侯景攻取梁的楚州歷見魏書卷一二、北史卷五孝靜紀，梁書卷三二陳慶之傳，而魏書卷九八蕭衍傳卽作「楚城」。這裏先脫「城」字，後人又妄改「豫」爲「二」。今從北史、冊府補改。

〔三〕詔雄與廣州刺史趙育揚州刺史是云寶等各總當州士馬　諸本「云」作「育」，北史卷二七但作「是寶」，周書卷二文帝紀下大統三年、通鑑卷一五七四八八九頁作「是云寶」。按魏書卷一一三官氏志：「是云氏後改是氏」。北史從改姓去「云」字。諸本「育」字乃涉上趙育而誤，今改正。

〔四〕雄收集散卒保大梁　諸本「梁」下有「州」字，北史卷二七無。按下文兩見「大梁」，魏書卷一〇六地形志中，梁州「治大梁城」。「州」字衍，今據北史刪。

〔五〕注王隱及中興書　這裏疑有脫文，當云：「注王隱晉書及何法盛晉中興書」，如求簡省，也可作「注王隱及何法盛書」。今上舉王隱而無書名，下舉書名，又不出何法盛姓名，又「中興書」上無「晉」字，都不妥。

〔六〕河淸五年並遭水漂失　張森楷云：「河淸四年四月卽改天統，無五年，此『五』字誤。」

〔七〕初隨叔父魏廣平內史老生征討　諸本「廣平」下有「王」字，北史卷五三王則傳無「王」字。按郡爲王國，則太守稱內史，無於國名下又加「王」字之例。「王」字衍，今據北史刪。

〔八〕堰淸水灌州城　諸本「淸水」作「泗水」，三朝本及册府宋本卷四〇〇作「淸水」。按魏書卷一二孝靜紀、卷九八蕭衍傳，本書卷一三淸河王岳傳、卷二〇慕容儼傳記此事都作「泗水」，但南史卷五一蕭明傳載梁武帝與明勑却說「引淸水以灌彭城」。以後陳太建九年五七七陳將吳明徹又曾堰淸水灌彭城，見陳書卷九吳明徹傳、周書卷四〇王軌傳。通鑑卷一七三五三八四頁太建十年，胡注云：「酈道元曰，『淸水卽泗水之別名』。」今戴震校水經注改作「淸水卽泡水之別名也」，誤。所以諸史「淸」「泗」互見。這裏本當作「淸」，後人改作「泗」。今從三朝本。

〔九〕欲以晉州徵高祖共圖步藩　按高歡這時正在晉州刺史任上，故下文慕容紹宗稱之爲高晉州，哪有又以晉州徵之的事。據魏書卷一一前廢帝紀普泰元年五三一四月載以高歡爲冀州刺史。高歡自晉州東出，在信都起兵，卽因自晉州赴任冀州之故。這裏「晉州」當是「冀州」之誤。

否則「以」字爲「从」之訛。

〔一〇〕紹宗行到烏突城　諸本「烏」訛「馬」，今據北史卷五三慕容紹宗傳改。詳見卷一校記。

〔一一〕尋行青州刺史丞相府記室孫搴屬紹宗以兄爲州主簿　諸本「青」作「豫」，北史卷五三作「青」。張森楷云：「案搴是樂安人本書卷二四本傳，屬青州，不屬豫州，疑北史是。」按州主簿例用本州人。又下文說孫搴譖紹宗於高歡，說「紹宗嘗登廣固城長歎」。廣固城在青州之益都，卽紹宗先世南燕的故都，可證北史作「青州」是，今據改。

〔一二〕屬梁人劉烏黑入寇徐方　諸本無「人」字，三朝本「梁」下空一格。今據册府卷三五四四二〇六頁補。

〔一三〕梁武帝遣其兄子貞陽侯淵明等率衆十萬　三朝本「淵明」作「深明」，諸本作「淵明」。按其人本名「淵明」。唐人避諱，梁書百衲本作「深明」，本書和南、北史單稱「明」。這裏三朝本作「深明」，和此傳下文及其他紀傳單作「明」不同，疑「深」字亦後人所加，又再改作「淵明」。「淵明」是本名，今從諸本。今後不再出校記。

〔一四〕薛脩義　諸本「脩義」都作「循義」。北史卷五三本傳作「脩義」，他處多同本傳。本書以北史補的部分同作「脩義」，本傳是原文，則作「循義」。錢氏考異卷三一云：「魏齊碑刻『人』旁多从『彳』旁，故『脩』『循』二字多相混。」按魏書卷一〇孝莊紀永安三年五三〇十月作「修義」。今一律作「脩義」，今後不再出校記。

〔一五〕西魏北華州刺史薛崇禮屯楊氏壁　諸本「楊」作「陽」。按周書卷三五薛端傳記薛崇禮降東魏後，東魏曾派兵據楊氏壁。楊氏壁是黃河西岸的險要，屢見魏書卷四一源子雍傳、周書卷二文帝紀大統三年、卷一五于謹傳等。這裏「陽」字誤，今據改。

〔一六〕頓丘淮陽東郡黎陽五郡都督　錢氏考異卷三一云：「淮陽與汲郡回遠，恐是『濮陽』之譌。」按錢說是，薛脩義以南中郎將帶職，五郡應該都屬司州。

〔一七〕孝昌末拔陵反叛茹茹餘衆入寇馬邑　按魏書卷九肅宗紀「茹茹主阿那瓌率衆犯塞」，在正光四年五二三二月，破落汗拔陵起義在次年三月。孝昌元年五二五北魏勾結茹茹主阿那瓌入塞鎮壓起義軍。前一次和起義軍無關，這裏所說孝昌末的一次，則是北魏政權勾結來的。史文敍事牽連不清，企圖以「茹茹入塞」駕罪破落汗拔陵的起義，故爲辯之。

〔一八〕三年與諸將南討江淮克陽平郡陳人攻圍廣陵　按天保三年卽梁元帝承聖元年五五二。據陳書卷一高祖紀，這一年陳霸先曾二次統兵到廣陵。統兵的雖是陳霸先，改梁爲陳，還在其後五年。這裏「陳人」應作「梁人」。

〔一九〕弟長叉　諸本「叉」作「乂」，今據北史卷五三叱列平傳改。參卷八校記。

〔二〇〕以軍功除揚武軍帳內統軍　張森楷云：「『揚武』下疑當有『將』字。」

〔二一〕儼爲別將鄭海珍與戰　諸本「爲」作「督」，三朝本及册府卷三五四四二〇三頁作「爲」。按慕容儼據上文只是軍主，魏時軍主一般應經由統軍一級才升別將，哪有以軍主督別將之理。「督」字原當作「爲」，但「別將」下有脫文，後人以不可解，改作「督」。今從三朝本。

〔二二〕高梁太守　按魏無「高梁郡」，當是「高涼」之訛。魏書卷一〇六地形志上，高涼郡屬東雍州。

〔二三〕六年梁司徒陸法和儀同宋莅等率其部下以郢州城內附　諸本「六年」作「三年」，北史卷五三慕容儼傳作「六年」。按本書卷四文宣紀、卷一三清河王岳傳、卷三二陸法和傳記此事都在天保六年五五五，今據北史改。

北齊書卷二十一

列傳第十三

高乾 弟慎 弟昂 弟季式 封隆之 子子繪 從子孝琬 孝琰

高乾，字乾邕，渤海蓨人也。父翼，字次同，豪俠有風神，爲州里所宗敬。孝昌末，葛榮作亂於燕、趙，朝廷以翼山東豪右，卽家拜渤海太守。至郡未幾，賊徒愈盛，翼部率合境，徙居河、濟之間。魏因置東冀州，以翼爲刺史，加鎭東將軍、樂城縣侯。及尒朱兆弒莊帝，〔一〕翼保境自守。謂諸子曰：「主憂臣辱，主辱臣死，今社稷阽危，人神憤怨，破家報國，在此時也。尒朱兄弟，性甚猜忌，忌則多害，汝等宜早圖之。先人有奪人之心，時不可失也。」事未輯而卒。中興初，贈使持節、侍中、太保、錄尙書事、冀定瀛相殷幽六州諸軍事、冀州刺史，謚曰文宣。

乾性明悟，俊偉有知略，美音容，進止都雅。少時輕俠，數犯公法，長而修改，輕財重義，多所交結。魏領軍元乂，權重當世，以意氣相得，接乾甚厚。起家拜員外散騎侍郎，領直後，轉太尉士曹、司徒中兵、遷員外。〔三〕

魏孝莊之居藩也，乾潛相託附。及尒朱榮入洛，乾東奔於冀。莊帝立，遙除龍驤將軍、通直散騎常侍。乾兄弟本有從橫志，見榮殺害人士，謂天下遂亂，乃率河北流人反於河、濟之間，受葛榮官爵，屢敗齊州士馬。莊帝尋遣右僕射元羅巡撫三齊，乾兄弟相率出降。朝廷以乾爲給事黃門侍郎。尒朱榮以乾前罪，不應復居近要，莊帝聽乾解官歸鄉里。於是招納驍勇，以射獵自娛。榮死，乾馳赴洛陽，莊帝見之，大喜。時尒朱徒黨擁兵在外，莊帝以乾爲金紫光祿大夫、河北大使，令招集鄉閭爲表裏形援。乾垂涕奉詔，弟昂援劍起舞，請以死自効。

俄而尒朱兆入洛。尋遣其監軍孫白鷂百餘騎至冀州，託言普徵民馬，欲待乾兄弟送馬，因收之。乾既宿有報復之心，而白鷂忽至，知將見圖，乃先機定策，潛勒壯士，襲據州城，傳檄州郡，殺白鷂，執刺史元仲宗。推封隆之權行州事，爲莊帝舉哀，三軍縞素。乾昇壇誓衆，辭氣激揚，涕淚交下，將士莫不哀憤。北受幽州刺史劉靈助節度，共爲影響。俄而靈助被殺。

屬高祖出山東，揚聲來討，衆情莫不惶懼。乾謂其徒曰：「吾聞高晉州雄略蓋世，其志不居人下。且尒朱無道，殺主虐民，正是英雄効義之會也。今日之來，必有深計，吾當輕馬奉迎，密參意旨，諸君但勿憂懼，聽我一行。」乾乃將十數騎於關口迎謁。乾既曉達時機，閑習世事，言辭慷慨，雅合深旨。高祖大加賞重，仍同帳寢宿。時高祖雖內有遠圖，而外跡未見。尒朱羽生爲殷州刺史，高祖密遣李元忠舉兵逼其城，令乾率衆僞往救之。乾遂輕騎入見羽生，與指畫軍計。羽生與乾俱出，因擒之，遂平殷州。又共定策推立中興主，拜乾侍中、司空。先是信都草創，軍國權輿，乾遭喪不得終制。及武帝立，天下初定，乾乃表請解職，行三年之禮。詔聽解侍中，司空如故，封長樂郡公，邑一千戶。乾雖求退，不謂便見從許。既去內侍，朝廷罕所關知，居常怏怏。

武帝將貳於高祖，望乾爲己用，嘗於華林園讌罷，獨留乾，謂之曰：「司空奕世忠良，今日復建殊効，相與雖則君臣，實亦義同兄弟，宜共立盟約以敦情契。」殷勤逼之。乾對曰：「臣世奉朝廷，遇荷殊寵，以身許國，何敢有貳。」乾雖有此對，然非其本心。事出倉卒，又不謂武帝便有異圖，遂不固辭，而不啓高祖。及武帝置部曲，乾乃私謂所親曰：「主上不親勳賢，而招集羣豎。數遣元士弼、王思政往來關西，與賀拔岳計議。又出賀拔勝爲荊州刺史，外示疏忌，實欲樹黨，令其兄弟相近，冀據有西方。禍難將作，必及於我。」乃密啓高祖。高祖召乾詣幷州，面論時事，乾因勸高祖以受魏禪。高祖以袖掩其口曰：「勿妄言。今啓司空復爲侍中，門下之事，一以相委。」高祖屢啓，詔書竟不施行。

乾以頻請不遂，知變難將起，密啓高祖，求爲徐州，乃除使持節、都督三徐諸軍事、開府儀同三司、徐州刺史。指期將發，而帝知乾泄漏前事，乃詔高祖云：「曾與乾邕私有盟約，今復反覆兩端。」高祖便取乾前後數啓論時事者，遣使封送武帝。帝召乾邕示之，禁於門下省，對高祖使人，責乾前後之失。乾曰：「臣以身奉國，義盡忠貞，陛下既立異圖，而乃云臣反覆。以匹夫加諸，尚或難免，況人主推惡，復何逃命。欲加之罪，其無辭乎？功大身危，自古然也。若死而有知，庶無負莊帝。」遂賜死，時年三十七。乾臨死，神色不變，見者莫不歎惜焉。時武衞將軍元整監刑，謂乾曰：「頗有書及家人乎？」乾曰：「吾兄弟分張，各在異處，今日之事，想無全者，兒子既小，未有所識，亦恐巢傾卵破，夫欲何言。」後高祖討斛斯椿等，次盟津，謂乾弟昂曰：「若早用司空之策，豈有今日之舉也。」天平初，贈使持節、都督冀定滄瀛幽齊徐青光兗十州軍事、太師、錄尚書事、冀州刺史，謚曰文昭。長子繼叔襲祖樂城縣侯，〔三〕令弟二子呂兒襲乾爵。

乾弟愼，字仲密，頗涉文史，與兄弟志尚不同，偏爲父所愛。魏中興初，除滄州刺史、東南道行臺尚書。太昌初，遷光州刺史，加驃騎大將軍、儀同三司。時天下初定，聽愼以本鄉部曲數千人自隨。愼爲政嚴酷，又縱左右，吏民苦之。兄乾死，密棄州將歸高祖，武帝勑青州斷其歸路。愼間行至晉陽，高祖以爲大行臺左丞，轉尙書，當官無所迴避，時咸畏憚之。自義旗之後，安州民恃其邊險，不賓王化，尋以愼爲行臺僕射，率衆討平之。天平末，拜侍中，加開府。

元象初，出爲兗州刺史。尋徵爲御史中尉，選用御史，多其親戚鄉閭，不稱朝望，世宗奏令改選焉。愼前妻吏部郎中崔暹妹，爲愼所棄。暹時爲世宗委任，愼謂其搆己，性旣狷急，積懷憤恨，因是罕有糾劾，多所縱舍。高祖嫌責之，彌不自安。出爲北豫州刺史，遂據武牢降西魏。愼先入關。周文帝率衆東出，高祖破之於邙山。愼妻子將西度，於路盡禽之。高祖以其勳家，啓愼一房配沒而已。

昂，字敖曹，乾第三弟。幼稚時，便有壯氣。長而俶儻，膽力過人，龍眉豹頸，姿體雄異。其父爲求嚴師，令加捶撻。昂不遵師訓，專事馳騁，每言男兒當橫行天下，自取富貴，誰能端坐讀書，作老博士也。與兄乾數爲劫掠，州縣莫能窮治。招聚劍客，家資傾盡，鄉閭畏之，無敢違迕。父翼常謂人曰：「此兒不滅我族，當大吾門，不直爲州豪也。」

建義初，兄弟共舉兵，既而奉旨散衆，仍除通直散騎侍郎，封武城縣伯，邑五百戶。乾解官歸，與昂俱在鄉里，陰養壯士。尒朱榮聞而惡之，密令刺史元仲宗誘執昂，送於晉陽。永安末，榮入洛，以昂自隨，禁於駝牛署。既而榮死，魏莊帝即引見勞勉之。時尒朱世隆還逼宮闕，帝親臨大夏門指麾處分。昂既免縲絏，被甲橫戈，志凌勁敵，乃與其從子長命等推鋒徑進，所向披靡。帝及觀者莫不壯之。即除直閤將軍，賜帛千疋。

昂以寇難尚繁，非一夫所濟，乃請還本鄉，招集部曲。仍除通直常侍，〔四〕加平北將軍。所在義勇，競來投赴。尋值京師不守，遂與父兄據信都起義。殷州刺史尒朱羽生潛軍來襲，奄至城下，昂不暇擐甲，將十餘騎馳之，羽生退走，人情遂定。後廢帝立，除使持節、冀州刺史以終其身。仍爲大都督，率衆從高祖破尒朱兆於廣阿。及平鄴，別率所部領黎陽。〔五〕又隨高祖討尒朱兆於韓陵，昂自領鄉人部曲王桃湯、東方老、呼延族等三千人。高祖曰：「高都督純將漢兒，恐不濟事，今當割鮮卑兵千餘人共相參雜，於意如何？」昂對曰：「敖曹所將部曲，練習已久，前後戰鬭，不減鮮卑，今若雜之，情不相合，勝則爭功，退則推罪，願自領漢軍，不煩更配。」高祖然之。及戰，高祖不利，軍小却，兆等方乘之。高岳、韓匈奴等以五百騎衝其前，斛律敦收散卒躡其後，昂與蔡儁以千騎自栗園出，橫擊兆軍，兆衆由是大敗。是日微昂等，高祖幾殆。

太昌初，始之冀州。尋加侍中、開府，進爵爲侯，邑七百戶。兄乾被殺，乃將十餘騎奔晉陽，歸於高祖。及斛斯椿釁起，高祖南討，令昂爲前驅。武帝西遁，昂率五百騎倍道兼行，至於崤陜，不及而還。尋行豫州刺史，仍討三荆諸州不附者，並平之。天平初，除侍中、司空公。昂以兄乾薨於此位，固辭不拜，轉司徒公。

時高祖方有事關隴，以昂爲西南道大都督，徑趣商洛。山道峻隘，已爲寇所守險，昂轉鬬而進，莫有當其鋒者。遂攻克上洛，獲西魏洛州刺史泉企，並將帥數十人。會竇泰失利，召昂班師。時昂爲流矢所中，創甚，顧謂左右曰：「吾以身許國，死無恨矣，所可歎息者，不見季式作刺史耳。」高祖聞之，卽馳驛啓季式爲濟州刺史。

昂還，復爲軍司大都督，統七十六都督，與行臺侯景治兵於武牢。御史中尉劉貴時亦率衆在北豫州，與昂小有忿爭，昂怒，鳴鼓會兵而攻之。侯景與冀州刺史万俟受洛干救解乃止。其俠氣凌物如此。于時，鮮卑共輕中華朝士，唯憚服於昂。高祖每申令三軍，常鮮卑語，昂若在列，則爲華言。昂嘗詣相府，掌門者不納，昂怒，引弓射之。高祖知而不責。

元象元年，進封京兆郡公，邑一千戶。與侯景等同攻獨孤如願於金墉城，周文帝率衆救之。戰於邙陰，昂所部失利，左右分散，單馬東出，欲趣河梁南城，門閉不得入，遂爲西軍所害，時年四十八。〔六〕贈使持節、侍中、都督冀定滄瀛殷五州諸軍事、太師、大司馬、太尉公、錄尚書事、冀州刺史，謚忠武。子突騎嗣，早卒。世宗復召昂諸子，親簡其第三子道豁嗣。皇建初，追封昂永昌王。道豁襲，武平末，開府儀同三司。入周，授儀同大將軍。開皇中，卒於黃州刺史。

季式，字子通，乾第四弟也。亦有膽氣。中興初，拜鎮遠將軍、正員郎，遷衞將軍、金紫光祿大夫，尋加散騎常侍，領主衣都統。太昌初，除尙食典御。

天平中，出爲濟州刺史。山東舊賊劉盤陀、史明曜等攻劫道路，剽掠村邑，齊、兗、青、徐四州患之，歷政不能討。季式至，皆破滅之。尋有濮陽民杜靈椿等攻城剽野，聚衆將萬人，季式遣騎三百，一戰擒之。又陽平路文徒黨緒顯等立營柵爲亂，季式討平之。又有羣賊破南河郡，〔七〕季式遣兵臨之，應時斬戮。自茲以後，遠近淸晏。季式兄弟貴盛，並有勳於時，自領部曲千餘人，馬八百匹，戈甲器仗皆備，故凡追督賊盜，多致克捷。有客嘗謂季式曰：「濮陽、陽平乃是畿內，旣不奉命，又不侵境，而有何急，遣私軍遠戰？萬一失脫，豈不招罪？」季式曰：「君言何不忠之甚也。我與國義同安危，豈有見賊不討之理。且賊知臺軍卒不能來，又不疑外州有救，未備之間，破之必矣。兵尙神速，何得後機，若以獲罪，吾亦無恨。」

元象中，西寇大至。高祖親率三軍以禦之，陣於邙北，師徒大敗，河中流尸相繼，敗兵

徒殁焉。

定天下，一旦傾危，亡去不義。若社稷顛覆，當背城死戰，安能區區偸生苟活。」是役也，司

二百騎奔梁，旣得避禍，不失富貴。何爲坐受死也？」季式曰：「吾兄弟受國厚恩，與高王共

首尾不絕。人情騷動，謂世事艱難。所親部曲請季式曰：「今日形勢，大事去矣，可將腹心

入爲散騎常侍。興和中，行晉州事。解州，仍鎭永安戍。高愼以武牢叛，遣信報季式。

季式得書驚懼，卽狼狽奔告高祖。高祖昭其至誠，待之如舊。武定中，除侍中，尋加冀州大

中正。時世宗先爲此任，啓以迴授。爲都督，從清河公岳破蕭明於寒山，敗侯景於渦陽。

還，除衞尉卿。復爲都督，從清河公攻王思政於潁川，拔之。以前後功加儀同三司。天保

初，封乘氏縣子，仍爲都督，隨司徒潘樂征討江、淮之間。爲私使樂人於邊境交易，還京，坐

被禁止，尋而赦之。四年夏，發疽卒，年三十八。贈侍中、使持節、都督滄冀州諸軍事、開府

儀同三司、冀州刺史，謚曰恭穆。

季式豪率好酒，又恃舉家勳功，不拘檢節。與光州刺史李元忠生平遊款，在濟州夜飮，

憶元忠，開城門，令左右乘驛持一壺酒往光州勸元忠。朝廷知而容之。兄愼叛後，少時解

職。黃門郞司馬消難，左僕射子如之子，又是高祖之壻，勢盛當時。因退食暇，尋季式與之

酣飮。留宿旦日，重門並閉，關籥不通。消難固請云：「我是黃門郞，天子侍臣，豈有不參朝

之理？且已一宿不歸，家君必當大怪。今若又留我狂飲，我得罪無辭，恐君亦不免譴責。」季式曰：「君自稱黃門郎，又言畏家君怪，欲以地勢脅我邪？高季式死自有處，初不畏此。」消難拜謝請出，終不見許。酒至，不肯飮。季式云：「我留君盡興，君是何人，不爲我痛飮。」命左右索車輪括消難頸，又索一輪自括頸，仍命酒引滿相勸。消難不得已，欣笑而從之，方乃俱脫車輪，更留一宿。是時失消難兩宿，莫知所在，內外驚異。及消難出，方具言之。世宗在京輔政，白魏帝賜消難美酒數石，珍羞十輿，並令朝士與季式親狎者，就季式宅讌集。其被優遇如此。

翼長兄子永樂、次兄子延伯，並和厚有長者稱，俱從翼舉義。永樂官至衞將軍、右光祿大夫、冀州大中正，出爲博陵太守，以民事不濟，自殺。贈使持節、督滄冀二州諸軍事、儀同三司、冀州刺史。子長命，本自賤出，年二十餘始被收舉。猛暴好殺，然亦果於戰鬭。初於大夏門拒尒朱世隆，以功累遷左光祿大夫。高祖遙授長命雍州刺史，封沮陽鄉男，一百戶，尋進封鄃陵縣伯，增二百戶。武定中，隨儀同劉豐討侯景，爲景所殺。贈冀州刺史。延伯歷中散大夫、安州刺史，封萬年縣男，邑二百戶。天保初，加征西將軍，進爵爲子。卒，贈太府少卿。

自昂初以豪俠立名，爲之羽翼者，呼延族、劉貴珍、劉長狄、東方老、劉士榮、成五、〔八〕韓願生、劉桃棒，隨其建義者，李希光、劉叔宗、劉孟和。並仕宦顯達。

孟和名協，浮陽饒安人也。孟和少好弓馬，率性豪俠。幽州刺史劉靈助之起兵也，孟和亦聚衆附昂兄弟，昂遙應之。及靈助敗，昂乃據冀州，孟和爲其致力。會高祖起義冀州，以孟和爲都督。中興初，拜通直常侍。二年，除安東將軍，尋加征東將軍、金紫光祿。以建義勳，賜爵長廣縣伯。天平中，衞將軍、上黨內史，罷郡，除大丞相司馬。武定元年，坐事死。

叔宗字元纂，樂陵平昌人。和謹，頗有學業，舉秀才。稍遷滄州治中。永安中，加鎮遠將軍、諫議大夫。兄海寶，少輕俠，然爲州里所愛。昂之起義也，海寶率鄉閭襲滄州以應昂，〔九〕昂以海寶權行滄州事。前范陽太守刁整心附尒朱，遣弟子安壽襲殺海寶。叔宗仍歸於昂。中興初，高祖除前將軍、廷尉少卿。太昌初，加鎮軍將軍、光祿大夫。天平初，除車騎將軍、左光祿大夫。二年卒。贈使持節、儀同、定州刺史。

老，安德鬲人。〔一〇〕家世寒微，身長七尺，膂力過人。少粗獷無賴，結輕險之徒共爲賊盜，鄉里患之。魏末兵起，遂與昂爲部曲。義旗建，仍從征討，以軍功除殿中將軍。累遷平遠將軍，除魯陽太守。後除南益州刺史，領宜陽太守，賜爵長樂子。老頻爲二郡，出入數年，境接羣蠻，又隣西敵，至於攻城野戰，率先士卒，屢以少制衆，西人憚之。顯祖受禪，別封陽平縣伯，遷南兗州刺史。後與蕭軌等渡江，戰沒。

希光，渤海蓨人也。父紹，魏長廣太守。希光隨高乾起義信都。中興初，除安南將軍、安德郡守。後爲世祖開府長史。武定末，從高岳平潁川，封義寧縣開國侯，歷潁、梁、南兗三州刺史。天保中，揚州刺史，與蕭軌等渡江，戰沒。贈開府儀同三司、西兗州刺史。子子令，尚書外兵郎中。武平末，通直常侍。隋開皇中，卒於易州刺史。希光族弟子貢，以與義旗之功，官至吏部郎，後爲兗州刺史。坐貪暴爲世宗所殺。

顯祖責陳武廢蕭明，命儀同蕭軌率希光、東方老、裴英起、王敬寶步騎數萬伐之。以七年三月渡江，襲剋石頭城。五將名位相侔，英起以侍中爲軍司，蕭軌與希光並爲都督，軍中抗禮，不相服御，競說謀略，動必乖張。頓軍丹陽城下，值霖雨五十餘日，及戰，兵器並不堪施用，故致敗亡。將帥俱死，士卒得還者十二三，所沒器械軍資不可勝紀。蕭軌、王敬寶事行，史闕其傳。

裴英起，河東人。其先晉末渡淮，寓居淮南之壽陽縣。祖彥先，隨薛安都入魏，官至趙郡守。父約，渤海相。英起聰慧滑稽，好劇談，不拘儀檢，仕魏至定州長史。世宗引爲行臺左丞。天保中，都官尚書，兼侍中，及戰沒，贈開府、尚書左僕射。

封隆之，字祖裔，小名皮，渤海蓨人也。父回，魏司空。隆之性寬和，有度量。弱冠，州郡主簿，起家奉朝請，領直後。汝南王悅開府，爲中兵參軍。

初，延昌中，道人法慶作亂冀方，自號「大乘」，衆五萬餘，遣大都督元遙及隆之擒獲法慶，賜爵武城子。俄兼司徒主簿、河南尹丞。時青、齊二州士民反叛，隆之奉使慰諭，咸即降款。永安中，除撫軍府長史。尒朱兆等屯據晉陽，魏朝以河內要衝，除隆之龍驤將軍、河內太守，尋加持節、後將軍、假平北將軍、當郡都督。未及到郡，屬尒朱兆入洛，莊帝幽崩。

隆之以父遇害，常懷報雪，因此遂持節東歸，圖爲義舉。時高乾告隆之曰：「尒朱暴逆，禍加至尊，弟與兄並荷先帝殊常之眷，豈可不出身爲主，以報讎恥乎？」隆之對曰：「國恥家怨，痛入骨髓，乘機而動，今實其時。」遂與乾等定計，夜襲州城，剋之。乾等以隆之素爲鄉里所信，乃推爲刺史。隆之盡心慰撫，人情感悅。

尋高祖自晉陽東出，隆之遣子子繪奉迎於滏口，高祖甚嘉之。既至信都，集諸州郡督將僚吏等議曰：「逆胡尒朱兆窮凶極虐，天地之所不容，人神之所捐棄，今所在蜂起，此天亡之時也。欲與諸君剪除凶羯，其計安在？」隆之對曰：「尒朱暴虐，天亡斯至，神怒民怨，衆叛親離，雖握重兵，其強易弱。而大王乃心王室，首唱義旗，天下之人，孰不歸仰，願大王勿疑。」中興初，拜左光祿大夫、吏部尚書。尒朱兆等軍於廣阿，十月，高祖與戰，大破之。乃遣隆之持節爲北道大使。高祖將擊尒朱兆等於韓陵，留隆之鎮鄴城。尒朱兆等走，以隆之行冀州事，仍領降俘三萬餘人，分置諸州。

尋徵爲侍中。時高祖自洛還師於鄴。隆之將赴都，因過謁見，啓高祖曰：「斛斯椿、賀拔勝、賈顯智等往事尒朱，中復乖阻，及討仲遠，又與之同，猜忍之人，志欲無限。又叱列延慶、侯。念賢皆在京師，〔一〕王授以名位，此等必搆禍隙。」高祖經宿乃謂隆之曰：「侍中昨言實是深慮。」尋封安德郡公，邑二千戶，進位儀同三司。于時朝議以尒朱榮佐命前朝，宜配食明帝廟庭。隆之議曰：「榮爲人臣，親行殺逆，安有害人之母，與子對饗？考古詢今，未見其義。」從之。詔隆之參議麟趾閣，以定新制。又贈其妻祖氏范陽郡君。隆之表以先爵富城子及武城子轉授弟子孝琬等，朝廷嘉而從之。後爲斛斯椿等搆之於魏帝，逃歸鄉里。高祖知其被誣，召赴晉陽。魏帝尋以本官徵之，隆之固辭不赴。仍以隆之行幷州刺史。魏清河王亶爲大司馬。長史。〔二〕

天平初，復入爲侍中，預遷都之議。魏靜帝詔爲侍講，除吏部尚書，加侍中，以本官行冀州事。陽平民路紹遵聚衆反，自號行臺，破定州博陵郡，虜太守高永樂，南侵冀州。隆之令所部長樂太守高景等擊破之，生擒紹遵，送於晉陽。元象初，除冀州刺史，尋加開府。時初召募勇果，都督李八、高法雄、封子元等不願遠戍，聚衆爲亂。隆之率州軍破平之。興和元年，復徵爲侍中。隆之素得鄉里人情，頻爲本州，留心撫字，吏民追思，立碑頌德。轉行梁州事，又行濟州事，徵拜尚書右僕射。武定初，北豫州刺史高仲密將叛，遣使陰通消息於冀州豪望，使爲內應，輕薄之徒，頗相扇動。詔隆之馳驛慰撫，遂得安靜。世宗密書與隆之云：「仲密枝黨同惡向西者，〔一三〕宜悉收其家累，以懲將來。」隆之以爲恩旨既行，理無追改，今若收治，示民不信，脫或驚擾，所虧處大。乃啓高祖，事遂得停。

隆之自義旗始建，首參經略，奇謀妙算，密以啓聞，手書削藁，罕知於外。高祖嘉其忠謹，每多從之。復以本官行濟州事，轉齊州刺史。武定三年卒官，年六十一。詔遣主書監神貴就弔，賻物五百段。贈使持節、都督滄瀛二州諸軍事、驃騎大將軍、瀛州刺史、司徒公。高祖以隆之勳舊，追榮未盡，復啓贈使持節、都督冀瀛滄齊濟五州諸軍事、冀州刺史、太保，餘如故，諡曰宣懿。高祖後至冀州境，次於交津，追憶隆之，顧謂冀州行事司馬子如曰：「封公積德履仁，體通性達，自出納軍國，垂二十年，契闊艱虞，始終如一。以其忠信可憑，方以後事託之。何期報善無徵，奄從物化，言念忠賢，良可痛惜。」爲之流涕。令參軍宋仲羡以太牢就祭焉。長子早亡。第二子子繪嗣。

子繪，字仲藻，小名搔。性和理，有器局。釋褐祕書郎中。尒朱兆之害魏莊帝也，與父隆之舉義信都，奉使詣高祖。至信都，召署開府主簿，仍典書記。中興元年，轉大丞相主簿，加伏波將軍，從高祖征尒朱兆。及平中山，軍還，除通直常侍、左將軍，領中書舍人。母憂解職，尋復本任。太昌中，從高祖定幷、汾、肆數州，平尒朱兆及山胡等，加征南將軍、金紫光祿大夫。魏武帝末，斛斯椿等佞倖用事，父隆之以猜忌，懼難潛歸鄉里，子繪亦棄官俱還。孝靜初，兼給事黃門侍郎，與太常卿李元忠等並持節出使，觀省風俗，問人疾苦。還，赴晉陽，從高祖征夏州。二年，除衞將軍、平陽太守，尋加散騎常侍。晉州北界霍太山，舊號千里徑者，山坂高峻，每大軍往來，士馬勞苦。子繪啓高祖，請於舊徑東谷別開一路。高祖從之，仍令子繪領汾、晉二州夫修治，旬日而就。高祖親總六軍，路經新道，嘉其省便，賜穀二百斛。後大軍討復東雍，平柴壁及喬山、〔一四〕紫谷絳蜀等，子繪恒以太守前驅慰勞，徵兵運糧，軍士無乏。興和初，自郡徵補大行臺吏部郎中。

武定元年，高仲密以武牢西叛，周文帝擁衆東侵，高祖於邙山破之，乘勝長驅，遂至潼關。或諫不可窮兵極武者，高祖總命羣僚議其進止。子繪言曰：「賊帥才非人雄，偷竊名號，遂敢驅率亡叛，送死伊瀍。天道禍淫，一朝瓦解。雖僅以身免，而魂膽俱喪。混一車書，正在今日，天與不取，反得其咎。時難遇而易失，昔魏祖之平漢中，不乘勝而取巴蜀，失在遲疑，悔無及已。伏願大王不以爲疑。」高祖深然之。但以時既盛暑，方爲後圖，遂命班師。

三年，父喪去職。四年，高祖西討，起爲大都督，領冀州兵赴鄴，從高祖自滏口西趣晉州，會大軍於玉壁。復以子繪爲大行臺吏部郎中。及高祖病篤，師還晉陽，引入內室，面受密旨，銜命山東，安撫州郡。高祖崩，祕未發喪，世宗以子繪爲渤海太守，令馳驛赴任。世宗親執其手曰：「誠知此郡未允勳望，但時事未安，須卿鎮撫。且衣錦晝遊，古人所貴。善加經略，綏靜海隅，不勞學習常太守向州參也。」仍聽收集部曲一千人。後進秩一等，加驃騎將軍。天保二年，除太尉長史。三年，頻以本官再行南青州事。四年，坐事免。六年，行南兗州事，尋除持節海州刺史，不行。

七年，改授合州刺史。到州未幾，值蕭軌、裴英起等江東敗沒，行臺司馬恭發歷陽，徑還壽春，疆埸大駭。兼在州器械，隨軍略盡，城隍樓雉，虧壞者多。子繪乃修造城隍樓雉，繕治軍器，守禦所須畢備，人情漸安。尋勑於州營造船艦，子繪爲大使，總監之。陳武帝曾遣其護軍將軍徐度等率輕舟從柵口歷東關入巢湖，徑襲合肥，規燒船舫。以夜一更潛寇城下，子繪率將士格戰，陳人奔退。

九年，轉鄭州刺史。子繪曉達政事，長於綏撫，歷宰州郡，所在安之。徵爲司徒左長史，行魏尹事。乾明初，轉大司農，尋正除魏尹。皇建中，加驃騎大將軍。大寧二年，遷都官尚書。

高歸彥作逆，召子繪入見昭陽殿。帝親詔子繪曰：「冀州密邇京甸，歸彥敢肆凶悖。已勑大司馬、平原王段孝先總勒重兵，乘機電發；司空、東安王婁叡督率諸軍，絡繹繼進。卿世載名德，恩洽彼州，故遣參贊軍事，隨便慰撫。宜善加謀略，以稱所寄。」卽以其日馳傳赴軍。子繪祖父世爲本州，百姓素所歸附。既至，巡城諭以禍福，民吏降款，日夜相繼，賊中動靜，小大必知。賊平，仍勑子繪權行州事。

尋徵還，勑與羣官議定律令，加儀同三司。後突厥入逼晉陽，詔子繪行懷州事，乘驛之任。還爲七兵尚書，轉祠部尚書。河清三年暴疾卒，年五十。世祖深歎惜之。贈使持節、瀛冀二州軍事、冀州刺史、開府儀同、尚書右僕射，謚曰簡。子寶蓋嗣。武平末，通直常侍。

子繪弟子繡，武平中，渤海太守、霍州刺史。陳將吳明徹侵略淮南，子繡城陷，被送揚州。齊亡後，逃歸。隋開皇初，終於通州刺史。子繡外貌儒雅，而俠氣難忤。司空婁定遠，子繡兄之壻也，爲瀛州刺史。子繡在渤海，定遠過之，對妻及諸女讌集，言戲微有褻慢，子繡大怒，鳴鼓集衆將攻之。俄頃，兵至數千，馬將千匹。定遠免冠拜謝，久乃釋之。

隆之弟延之，字祖業。少明辨，有世用。起家員外郎。中興初，除中堅將軍。高祖以爲大行臺左光祿大夫，〔一五〕封郟城縣子，行渤海郡事。以都督從婁昭討樊子鵠，事平，除青州刺史。延之好財利，在州多所受納。後行晉州事，高祖沙苑失利還，延之棄州北走。高祖大怒，同罪人皆死，以隆之故，獨得免。興和二年卒，年五十四。贈使持節、都督冀殷瀛三州諸軍事、驃騎大將軍、尚書左僕射、司徒、冀州刺史，謚曰文恭。子孝纂嗣。

隆之弟子孝琬，字子蒨。父祖冑，〔一六〕魏冀州平北府長史。以隆之佐命之功，贈雍州刺史、殿中尚書。孝琬七歲而孤，獨爲隆之所鞠養，慈愛甚篤。年十六，本州辟主簿。魏永熙二年，隆之啓以父爵富城子授焉。三年，釋褐開府參軍事。天平中，輕車將軍、司徒主簿。武定中，爲顯祖開府主簿，遷從事中郎將，領東宮洗馬。天保二年卒，時年三十六，帝聞而歎惜焉。贈左將軍、太府少卿。孝琬性恬靜，頗好文詠。太子少師邢卲、七兵尚書王昕並先達高才，與孝琬年位懸隔，晚相逢遇，分好遂深。孝琬靈櫬言歸，二人送於郊外，悲哭悽慟，有感路人。

孝琬弟孝琰，字士光。少修飾學尚，有風儀。年十六，辟州主簿，釋褐秘書郎。天保元年，爲太子舍人，出入東宮，甚有令望。丁母憂，解任。除晉州法曹參軍。尋徵還，復除太子舍人。乾明初，爲中書舍人。皇建初，司空掾、秘書丞。散騎常侍，聘陳使主，已發道途，遙授中書侍郎。還，坐事除名。天統三年，除幷省吏部郎中、南陽王友，赴晉陽典機密。

和士開母喪，託附者咸往奔哭。鄴中富商丁鄒、嚴興等並爲義孝，有一士人，亦哭在限。孝琰入弔，出謂人曰：「嚴興之南，丁鄒之北，有一朝士，號叫甚哀。」聞者傳之。士開知而大怒。其後會黃門郎李懷奏南陽王綽專恣，士開因譖之曰：「孝琰從綽出外，乘其副馬，捨離部伍，別行戲話。」時孝琰女爲范陽王妃，爲禮事因假入辭。帝遂決馬鞭百餘，放出，又遣高阿那肱重決五十，幾致於死。還京，在集書省上下，從是沉廢。士開死後，爲通直散騎常侍。後與周朝通好，趙彥深奏之，詔以爲聘周使副。祖珽輔政，又奏令入文林館，撰御覽。孝琰文筆不高，但以風流自立，善於談譃，威儀閑雅，容止進退，人皆慕之。嘗謂祖珽云：「公是衣冠宰相，異於餘人。」近習聞之，大以爲恨。

尋以本官兼尚書左丞，其所彈射，多承意旨。時有道人曇獻者，爲皇太后所幸，賞賜隆厚，車服過度。又乞爲沙門統，後主意不許，但太后欲之，遂得居任，然後主常憾焉。因有僧尼以他事訴競者，辭引曇獻。上令有司推劾。孝琰案其受納貨賄，致於極法，因搜索其家，大獲珍異，悉以沒官。由是正授左丞，仍令奏門下事。性頗簡傲，不諧時俗，恩遇漸高，彌自矜誕，舉動舒遲，無所降屈。識者鄙之。與崔季舒等以正諫同死，時年五十一。子開府行參軍君確、君靜等二人徙北邊，少子君嚴、君贊下蠶室。南安之敗，君確二人皆坐死。

史臣曰：高、封二公，無一人尺土之資，奮臂而起河朔，將致勤王之舉，以雪莊帝之讎，不亦壯哉！旣刳本藩，成其讓德，異夫韓馥懾袁紹之威。然力謝時雄，才非命世，是以奉迎麾旆，用叶本圖。高祖因之，遂成霸業。重以昂之膽力，氣冠萬物，韓陵之下，風飛電擊。然則齊氏元功，一門而已。但以非潁川元從，異豐、沛故人，腹心之寄，有所未允。露其啓疏，假手天誅，枉濫之極，莫過於此。子繪才幹，可稱克荷堂構，弈世載德，斯爲美焉。

贊曰：烈烈文昭，雄圖斯契，灼灼忠武，英資冠世。門下之酷，進退惟谷。黃河之濱，蹈義亡身。封公矯矯，共濟時屯，比承明德，暉光日新。

校勘記

〔一〕及尒朱兆弑莊帝　諸本「兆」作「榮」，北史卷三一高乾傳作「兆」。按魏孝莊帝爲尒朱兆所殺，見魏書卷一〇孝莊紀、卷七五尒朱兆傳，今據北史改。

〔二〕遷員外　北史卷三一作「稍遷員外散騎常侍」。按「員外散騎常侍」不宜省稱「員外」，當是脫「散騎常侍」四字。

〔三〕長子繼叔襲祖樂城縣侯　北史卷三一「洛」作「樂」。錢氏考異卷三一云：「按乾父翼封樂城縣侯，此稱『洛城』，前後互異。」按當時地名多用同音字，非由字訛，但傳內前後應一致，今改作「樂」。

〔四〕仍除通直常侍　諸本「通直」下有「郎」字，册府卷七六二九〇五三頁無。北史卷三一高昂傳作「除通直散騎常侍」。按「通直散騎常侍」省稱「通直常侍」，「郎」字衍，今據册府删。

〔五〕別率所部領黎陽　按「領」字疑是「鎮」之訛，不則「黎陽」下脫「太守」二字。

〔六〕時年四十八　按昂死於元象元年五三八，年四十八，上推生於太和十五年四九一。據上高乾傳及本書卷一神武紀，其兄高乾死於永熙二年五三三，年三十七，當生於太和二十一年四九七，這樣，高昂反比其兄大了六歲。又其胞弟季式死於天保四年五五三，年三十八，算來小於高昂二十五歲，也太懸殊。這裏四十八疑是三十八之誤。

〔七〕又有羣賊破南河郡　按魏無南河郡，疑「南」下脫「清」字。南清河郡屬濟州見魏書卷一〇六地形志中，高季式方任此州刺史。

〔八〕成五　諸本及北史卷三一高季式傳「五」下有「彪」字，三朝本「五」作「王」，册府卷八四八一〇〇八二頁作「成五」。按其人姓名當是「成五虎」，避唐諱，北齊書去「虎」字，北史改「虎」爲「彪」。三朝本「五」訛「王」，南本以下據北史改。今從册府。

〔九〕海寶率鄉閭襲滄州以應昂　三朝本、南本、汲本、局本「滄州」作「滄海」，北本訛作「倉海」，唯殿本作「滄州」。按下文說「昂以海寶權行滄州事」，知作「滄州」是，今從殿本。

〔一〇〕老安德鬲人　諸本「老」下有「字」字，北史卷三一無。錢氏考異卷三一云：「安德郡名，非『老』之字，蓋校書者妄加『字』耳。」按魏書卷一〇六地形志上冀州安德郡有鬲縣。錢說是，今據北史删。

〔一一〕又叱列延慶侯念賢皆在京師　按「侯」下疑脫「深」字。侯深本名「淵」，本書避唐諱改，魏書卷八〇有傳。

〔一二〕魏清河王亶爲大司馬長史　南本、局本無「爲」字。按若無「爲」字，則似高隆之以「行幷州刺史」見上文兼大司馬長史，幷州和洛陽遙遠，豈能兼任。疑「爲大司馬」下有脫文，當云：「魏清河王亶爲大司馬，以隆之爲長史」元亶爲大司馬，見魏書卷一一出帝紀永熙三年（五三四）八月。今無可參證，仍從三朝本。

〔一三〕仲密枝黨同惡向西者　諸本無「者」字，據册府卷六五五七八四六頁補。

〔一四〕平柴壁及喬山　諸本「柴壁」作「紫壁」。按本書卷一九高市貴傳說市貴鎭洪峒，沙苑戰後，「州民柴覽」反抗東魏，高市貴破柴壁事，和此傳所載時地都相符合。柴壁之名早見於晉書卷一一七姚興載記，魏書卷三〇安同傳、卷三三李先傳，其地正在汾水邊。「柴」字乃涉下「柴谷」而訛，今改正。

〔一五〕高祖以爲大行臺左光祿大夫　張森楷云：「『左』字下當有『丞』字，屬上爲句。大行臺固無左光祿大夫也。若讀『臺』字斷句，則延之此時，官尚卑微，豈得躋茲顯秩。」按張說是，但別無他據，今仍原文。

〔一六〕父祖曹　北史卷二四封隆之傳云：「弟興之，字祖冑。」錢氏考異卷三一云：「以隆之字祖裔推之，當以『冑』爲正。傳失書其名爾。」

北齊書卷二十二

列傳第十四

李元忠　族弟密　族人愍　族叔景遺　盧文偉　孫詢祖　族人勇　李義深

李元忠，趙郡柏人人也。曾祖靈，魏定州刺史、鉅鹿公。祖恢，鎮西將軍。父顯甫，安州刺史。元忠少厲志操，居喪以孝聞。襲爵平棘子。魏清河王懌爲司空，辟爲士曹參軍；遷太尉，復啓爲長流參軍。懌後爲太傅，尋被詔爲營構明堂大都督，又引爲主簿。元忠粗覽史書及陰陽數術，解鼓箏，兼好射彈，有巧思。遭母憂，去任。未幾，相州刺史、安樂王鑒請爲府司馬，元忠以艱憂，固辭不就。

初元忠以母老多患，乃專心醫藥，研習積年，遂善於方技。性仁恕，見有疾者，不問貴賤，皆爲救療。家素富實，其家人在鄉，多有舉貸求利，元忠每焚契免責。鄉人甚敬重之。魏孝明時，盜賊蜂起，清河有五百人西戍，還經南趙郡，以路梗共投元忠。奉絹千疋，元忠唯受一疋，殺五羊以食之，遣奴爲導，曰：「若逢賊，但道李元忠遣送。」奴如其言，賊皆捨避。

永安初，就拜南趙郡太守，以好酒無政績。值洛陽傾覆，莊帝幽崩，元忠棄官還家，潛圖義舉。會高祖率衆東出，便自往奉迎。乘露車，載素箏濁酒以見高祖，因進從橫之策，備陳誠款，深見嘉納。時刺史尒朱羽生阻兵據州，元忠先聚衆於西山，〔一〕仍與大軍相合，擒斬羽生。卽令行殷州事。中興初，除中軍將軍、衞尉卿。二年，轉太常卿、殷州大中正。後以從兄瑾年長，以中正讓之。尋加征南將軍。武帝將納后，卽高祖之長女也，詔元忠與尚書令元羅致娉於晉陽。高祖每於宴席論敍舊事，因撫掌欣笑云：「此人逼我起兵。」賜白馬一匹。元忠戲謂高祖曰：「若不與侍中，當更覓建義處。」高祖答曰：「建義處不慮無，止畏如此老翁不可遇耳。」元忠曰：「止爲此翁難遇，所以不去。」因捋高祖鬚而大笑。高祖亦悉其雅意，深相嘉重。後高祖奉送皇后，仍田於晉澤，元忠馬倒被傷，當時殞絕，久而方蘇。高祖親自撫視。其年封晉陽縣伯，邑五百戶。後以微譴失官。時朝廷離貳，義旗多見猜阻。斛斯椿等以元忠淡於榮利，又不以世事經懷，故不在嫌嫉之地。尋兼中書令。

天平初，復爲太常。後加驃騎將軍。四年，除使持節、光州刺史。時州境災儉，人皆菜色，元忠表求賑貸，俟秋徵收。被報，聽用萬石。元忠以爲萬石給人，計一家不過升斗而已，徒有虛名，不救其弊，遂出十五萬石以賑之。事訖表陳，朝廷嘉而不責。興和末，拜侍中。

元忠雖居要任，初不以物務干懷，唯以聲酒自娛，大率常醉。家事大小，了不關心。園庭之內，羅種果藥，親朋尋詣，必留連宴賞。每挾彈攜壺，敖遊里閈，遇會飲酌，蕭然自得。常布言於執事云：「年漸遲暮，志力已衰，久忝名官，以妨賢路。若朝廷厚恩，未便放棄者，乞在閑冗，以養餘年。」武定元年，除東徐州刺史，固辭不拜。乃除驃騎大將軍、儀同三司。曾貢世宗蒲桃一盤。〔三〕世宗報以百練縑，遺其書曰：「儀同位亞台鉉，識懷貞素，出藩入侍，備經要重。而猶家無擔石，室若懸磬，豈輕財重義，奉時愛己故也。久相嘉尚，嗟詠無極，恒思標賞，有意無由。忽辱蒲桃，良深佩帶。聊用絹百疋，以酬清德也。」其見重如此。孫騰、司馬子如嘗共詣元忠，見其坐樹下，擁被對壺，庭室蕪曠。謂二公曰：「不意今日披藜藿也。」因呼妻出，衣不曳地。二公相顧歎息而去，大餉米絹衣服，元忠受而散之。三年，復以本官領衞尉卿。其年卒於位，年六十。詔贈縑布五百疋，使持節、督定冀殷幽四州諸軍事、大將軍、司徒、定州刺史，謚曰敬惠。初元忠將仕，夢手執炬火入其父墓，中夜驚起，甚惡之。旦告其受業師，占云：「大吉，此謂光照先人，終致貴達矣。」子搔嗣。

搔，字德況，少聰敏，有才藝，音律博弈之屬，多所通解。曾采諸聲，別造一器，號曰八絃，時人稱其思理。起家司徒行參軍。累遷河內太守，百姓安之。入爲尙書儀曹郎。天保八年卒。

元忠族弟密，字希邕，平棘人也。祖伯膺，魏東郡太守，贈幽州刺史。父煥，治書侍御史、河內太守，贈青州刺史。密少有節操，屬尒朱兆殺逆，乃陰結豪右，與渤海高昂爲報復之計。屬高祖出山東，密以兵從舉義，遙授幷州刺史，封容城縣侯，邑四百戶。尒朱兆至廣阿，高祖令密募殷、定二州兵五千人鎮黃沙、井陘二道。及兆韓陵敗還晉陽，隨軍平兆。高祖乃以薛脩義行幷州事，授密建州刺史。又除襄州刺史，在州十餘年，甚得安邊之術，威信聞於外境。高祖頻降手書勞問，並賜口馬。侯景外叛，誘密執之，授以官爵。景敗歸朝，朝廷以密從景非元心，不之罪也。天保初，以舊功授散騎常侍，復本爵縣侯，卒。贈殿中尚書、濟州刺史。密性方直，有行檢。因母患積年，得名醫治療，不愈。乃精習經方，洞曉針藥，母疾得除。當世皆服其明解，由是亦以醫術知名。

缺魏末行護軍司馬、〔三〕武邑太守。天保初，司空長史。大寧、武平中，清河、廣平二郡守，銀青光祿大夫。齊亡後卒。子道謙，武平中，侍御史。道謙弟道貞，南青州司馬，爲逆賊邢杲所殺。〔四〕贈北徐州刺史。

元忠宗人愍，字魔憐，形貌魁傑，見異於時。少有大志，年四十，猶不仕州郡，唯招致姦俠，以爲徒侶。孝昌之末，天下兵起，愍潛居林慮山，觀候時變。賊帥鮮于脩禮、毛普賢作亂，詔遣大都督長孫稚討之。稚素聞愍名，召兼帳內統軍。軍達呼沱，賊來逆戰，稚軍爲賊所敗。愍遂歸家。安樂王元鑒爲北道大行臺，至鄴，以賊衆盛强，未得前。遣使徵愍，表授武騎常侍、假節、別將，鎭鄴城東郭。葛榮之圍信都，餘黨南抄，陽平以北，皆爲賊有。鑒命愍爲前驅，別討之，頗有斬獲。及鑒謀逆，愍乃詐患暴風，鑒信之，因此得免。未幾，大都督源子邕屯安陽，大都督裴衍屯鄴城，西討鑒。愍棄家口奔子邕，仍被徵赴洛，除奉車都尉，持節鎭汁河，別將。汁河在鄴之西北，重山之中，幷、相二州交境。以葛榮南逼，故用愍鎭之。榮遣其叔樂陵王葛萇率精騎一萬擊愍，愍據險拒戰，萇不得前。尒朱榮至東關，愍乃見榮。榮欲分賊勢，遣愍別道向襄國，襲賊署廣州刺史田怙軍。愍未至襄國，已擒葛榮。卽表授愍建忠將軍；分廣平易陽、襄國，南趙郡之中丘三縣爲易陽郡，〔五〕以愍爲太守；賜爵襄國侯。

永安末，假平北將軍、持節、當郡大都督，遷樂平太守。未之郡，洛京傾覆，愍率所部西保石門山，潛與幽州刺史劉靈助及高昂兄弟、安州刺史盧曹等同契義舉。〔六〕助敗，愍遂入石門。〔七〕高祖建義，以書招愍，愍奉書，擁衆數千人以赴高祖，高祖親迎之。除使持節、征南將軍、都督相州諸軍事、相州刺史，兼尚書西南道行臺、州都督。〔八〕令懃率本衆西還舊鎮，高祖親送之。懃至鄉，據馬鞍山，依險爲壘，徵糧集兵，以爲聲勢。尒朱兆出井陘，高祖破兆於廣阿。懃統其本衆，屯故城以備尒朱兆。相州旣平，命懃還鄴，除西南道行臺都官尚書，復屯故城。尒朱兆等將至，高祖徵懃參守鄴城。

太昌初，除太府卿。後出爲南荆州刺史、當州大都督。此州自孝昌以來，舊路斷絶，前後刺史皆從間道始得達州。懃勒部曲數千人，徑向懸瓠，從比陽復舊道，〔九〕且戰且前三百餘里，所經之處，卽立郵亭，蠻左大服。梁遣其南司州刺史任思祖、隨郡太守桓和等率馬步三萬，兼發邊蠻，圍逼下溠戍。懃躬自討擊，破之。詔加車騎將軍。懃於州内開立陂渠，溉稻千餘頃，公私賴之。轉行東荆州，仍除驃騎將軍、東荆州刺史、當州大都督，加散騎常侍。天平二年，卒。贈使持節、定殷二州軍事、儀同、定州刺史。

元忠族叔景遺，少雄武，有膽力，好結聚亡命，共爲劫盜，鄉里每患之。永安末，其兄南鉅鹿太守無爲以贓罪爲御史糾劾，禁於州獄。景遺率左右十餘騎，詐稱臺使，徑入州城，劫無爲而出之。州軍追討，竟不能制。由是以俠聞。及高祖舉義於信都，景遺赴於軍門。高祖素聞其名，接之甚厚。命與元忠舉兵於西山，仍與大軍俱會，擒刺史尒朱羽生。以功除龍驤將軍，昌平縣公，邑八百戶。尒朱兆來伐，又力戰有功，除使持節、大都督、左將軍。太昌初，進爵昌平郡公，增邑三百戶，加車騎將軍。天平初，出爲潁州刺史。未幾，爲前潁川太守元洪威所襲殺。贈侍中、殷滄二州軍事、大將軍、開府、殷州刺史。子伽林襲。

盧文偉，字休族，范陽涿人也。爲北州冠族。父敞，出後伯假。文偉少孤，有志尚，頗涉經史，篤於交遊，少爲鄉閭所敬。州辟主簿。年三十八，始舉秀才。除本州平北府長流參軍，說刺史裴儁按舊迹修督亢陂，溉田萬餘頃，民賴其利，修立之功，多以委文偉。文偉既善於營理，兼展私力，家素貧儉，因此致富。

孝昌中，詔兼尚書郎中，時行臺常景啓留爲行臺郎中。及北方將亂，文偉積稻穀於范陽城，時經荒儉，多所賑贍，彌爲鄉里所歸。尋爲杜洛周所虜。洛周敗，復入葛榮，榮敗，歸家。時韓樓據薊城，文偉率鄉閭屯守范陽，與樓相抗。乃以文偉行范陽郡事。防守二年，與士卒同勞苦，分散家財，拯救貧乏，莫不人人感說。尒朱榮遣將侯深討樓，平之，文偉以功封大夏縣男，邑二百戶，除范陽太守。深乃留鎭范陽。及榮誅，文偉知深難信，乃誘之出獵，閉門拒之。深失據，遂赴中山。

莊帝崩，文偉與幽州刺史劉靈助同謀起義。靈助克瀛州，留文偉行事，自率兵赴定州，爲尒朱榮將侯深所敗。文偉棄州，走還本郡，仍與高乾邕兄弟共相影響。屬高祖至信都，文偉遣子懷道奉啓陳誠，高祖嘉納之。中興初，除安東將軍、安州刺史。時安州未賓，仍居帥任，行幽州事，加鎭軍、正刺史。時安州刺史盧曹亦從靈助擧兵，助敗，因據幽州降尒朱兆，兆仍以爲刺史，據城不下。文偉不得入州，卽於郡所爲州治。太昌初，遷安州刺史，累加散騎常侍。天平末，高祖以文偉行東雍州事，轉行青州事。

文偉性輕財，愛賓客，善於撫接，好行小惠，是以所在頗得人情，雖有受納，吏民不甚苦之。經紀生資，常若不足，致財積聚，承候寵要，餉遺不绝。興和三年卒於州，年六十。贈使持節、侍中、都督定瀛殷三州軍事、司徒、尙書左僕射、定州刺史，謚曰孝威。

子恭道，性溫良，頗有文學。州辟主簿。李崇北征，以爲開府墨曹參軍。自文偉據范陽，屢經寇難，恭道常助父防守。七兵尙書郭秀素與恭道交款，及任事，每稱薦之，高祖亦聞其名。天平初，特除龍驤將軍、范陽太守。在郡有德惠。先文偉卒。贈使持節、都督幽平二州軍事、幽州刺史、度支尙書，謚曰定。

子詢祖，襲祖爵大夏男。有術學，文章華靡，爲後生之俊。擧秀才入京。李祖勳嘗宴文士，顯祖使小黄門勑祖勳母曰：「茹茹既破，何故無賀表？」使者佇立待之。諸賓皆爲表，詢祖俄頃便成。後朝廷大遷除，同日催拜。詢祖立於東止車門外，爲二十餘人作表，文不加點，辭理可觀。

詢祖初襲爵封大夏男，有宿德朝士謂之曰：「大夏初成。」應聲答曰：「且得燕雀相賀。」天保末，以職出爲築長城子使。自負其才，內懷鬱怏，遂毁容服如賤役者以見楊愔。愔曰：「故舊皆有所縻，唯大夏未加處分。」詢祖厲聲曰：「是誰之咎！」既至役所，作築長城賦，其略曰：「板則紫柏，杵則木瓜，何斯材而斯用也？草則離離靡靡，緣崗而殖，但使十步而有一芳，余亦何辭間於荊棘。」邢卲曾戲曰：「卿少年才學富盛，戴角者無上齒，恐卿不壽。」對曰：「詢祖初聞此言，實懷恐懼，見丈人蒼蒼在鬢，差以自安。」卲甚重其敏贍。既有口辯，好臧否人物，嘗語人曰：「我昨東方未明，過和氏門外，已見二陸兩源，森然與槐柳齊列。」蓋謂彥師、仁惠與文宗、那延也。邢卲盛譽盧思道，以詢祖爲不及。詢祖曰：「見未能高飛者借其羽毛，知逸勢沖天者剪其翅翮。」謗毁日至，素論皆薄其爲人。長廣太守邢子廣目二盧云：「詢祖有規檢禰衡，思道無冰稜文舉。」後頗折節。歷太子舍人、司徒記室，卒官。有文集十卷，皆致遺逸。嘗爲趙郡王妃鄭氏製挽歌詞，其一篇云：「君王盛海內，伉儷盡寰中。女儀掩鄭國，嬪容映趙宮。春豔桃花水，秋度桂枝風。遂使叢臺夜，明月滿牀空。」

恭道弟懷道，性輕率好酒，頗有慕尚。以守范陽勳，出身員外散騎侍郎。文偉遣奉啓詣高祖。中興初，加平西將軍、光祿大夫。元象初，行臺薛琡表行平州事，徵赴霸府。興和中，行汾州事。懷道家預義舉，高祖親待之。出爲烏蘇鎭城都督，卒官。

懷道弟宗道，性粗率，重任俠。歷尚書郎、通直散騎常侍，後行南營州刺史。嘗於晉陽置酒，賓遊滿坐。中書舍人馬士達目其彈箜篌女妓云：「手甚纖素。」宗道卽以此婢遺士達，士達固辭，宗道便命家人將解其腕，士達不得已而受之。將赴營州，於督亢陂大集鄉人，殺牛聚會。有一舊門生酒醉，言辭之間，微有疏失，宗道遂令沉之於水。後坐酷濫除名。

文偉族人勇，字季禮。父璧，魏下邳太守。勇初從兄景裕俱在學，其叔同稱之曰：「白頭必以文通，季禮當以武達，興吾門在二子也。」幽州反者僕骨那以勇爲本郡范陽王，時年十八。後葛榮作亂，又以勇爲燕王。

義旗之起也，盧文偉召之，不應。尒朱滅後，乃赴晉陽。高祖署勇丞相主簿。屬山西霜儉，運山東鄉租輸，皆令載實，〔一〇〕違者治罪，令勇典其事。琅邪公主虛僦千餘車，勇繩劾之。公主訴於高祖，〔一一〕而勇守法不屈。高祖謂郭秀曰：「盧勇懍懍有不可犯之色，眞公直人也，方當委之大事，豈直納租而已。」遷汝北太守，行陝州事，轉行洛州事。

元象元年，官軍圍廣州，數旬未拔。行臺侯景聞西魏救兵將至，集諸將議之。勇進觀形勢，於是率百騎，各籠一匹馬。至大隗山，知魏將李景和率軍將至。勇多置幡旗於樹頭，分騎爲十隊，鳴角直前，擒西魏儀同程華，斬儀同王征蠻，驅馬三百匹，通夜而還。〔一二〕廣州守將駱超以城降，高祖令勇行廣州事。

以功授儀同三司、陽州刺史，鎭宜陽。〔一三〕叛民韓木蘭、陳忻等常爲邊患，勇大破之。啓求入朝，高祖賜勇書曰：「吾委卿陽州，唯安枕高卧，無西南之慮矣。但依朝廷所委，表啓宜停。卿之妻子任在州住，當使漢兒之中無在卿前者。」武定二年卒，年三十二。勇有馬五百匹，繕造甲仗六車，遺啓盡獻之朝廷。賻物之外，別賜布絹四千疋。贈司空、冀州刺史，謚曰武貞侯。

李義深，趙郡高邑人也。祖眞，魏中書侍郎。父紹宗，〔一四〕殷州別駕。義深學涉經史，有當世才用。解褐濟州征東府功曹參軍，累加龍驤將軍。義旗初，歸高祖於信都，以爲大行臺郎中。中興初，除平南將軍、鴻臚少卿。義深見尒朱兆兵盛，遂叛高祖奔之。兆平，高祖恕其罪，以爲大丞相府記室參軍。累遷左光祿大夫、相府司馬，所經稱職。轉幷州長史。

時刺史可朱渾道元不親細務，民事多委義深，甚濟機速。復爲大丞相司馬。武定中，除齊州刺史，好財利，多所受納。天保初，行鄭州事，轉行梁州事，尋除散騎常侍，爲陽夏太守。段業告其在州聚斂，被禁止，送梁州窮治，未竟。三年，遇疾卒於禁所，年五十七。

子騊駼，有才辯，尚書郎、鄴縣令。武平初，兼通直散騎常侍聘陳，爲陳人所稱。後爲壽陽道行臺左丞，與王琳等同陷。周末逃歸。開皇初，永安太守。卒於絳州長史。

子正藻，明敏有才幹。武平末，儀同開府行參軍、判集書省事。以父騊駼沒陳，正藻便謝病解職，憂思毀瘠，居處飲食若在喪之禮，人士稱之。隋開皇中，歷尚書工部員外郎、盩厔縣令。卒於宜州長史。

騊駼弟文師，中書舍人、齊郡太守。

義深兄弟七人，多有學尚。第二弟同軌以儒學知名。第六弟稚廉別有傳。

義深族弟神威。曾祖融，魏中書侍郎。神威幼有風裁，傳其家業，禮學粗通義訓。又好音樂，撰集樂書，近於百卷。魏武之末，尚書左丞。天保初，卒。贈信州刺史。

史臣曰：元忠本自素流，有聞教義，人倫之譽，未以縱橫許之。屬莊帝幽崩，羣胡矯擅，士之有志力者皆望勤王之師。及高祖東轅，事與心會，一遇雄姿，遂瀝肝膽，以石投水，豈徒然哉？既享功名，終知止足，進退之道，有可觀焉。文偉望重地華，早有志尚，間關夷險之際，終遇英雄之主，雖禮秩未弘，亦爲佐命之一。詢祖詞情豔發，早著聲名，負其才地，肆情矜矯，京華人士，莫不畏其舌端。任遇未聞，弱年夭逝，若得終介眉壽，通塞未可量焉。

贊曰：晉陽、大夏，抱質懷文。蹈仁履義，感會風雲。盧嬰貨殖，李厭囂氛。始終之操，清濁斯分。義深參贊，有謝忠勤。

校勘記

〔一〕元忠先聚衆於西山　諸本無「山」字，册府卷七六五九〇九五頁有。按本傳後附李景遺傳，稱高歡命他「與元忠舉兵於西山」，仍與大軍俱會，擒刺史尒朱羽生」，所記爲一事，作「西山」與册府合。西山是元忠父顯甫及元忠所居，見北史卷三三李靈傳末。今據册府補。

〔二〕曾貢世宗蒲桃一盤　諸本「蒲桃」下有「酒」字。北史卷三三李元忠傳及御覽卷九七二四三〇八頁無。按下高澄回書說：「忽辱蒲桃，良深佩帶」，知「酒」字衍，今據删。

〔三〕魏末行護軍司馬　按上文已說李密天保初卒。這裏和下文却又敍魏末到齊末的歷官，又云：「齊亡後卒」，令人不知所謂。其實自此以下直到「齊亡後卒」，乃是另一人的事跡。脫去其名。

考唐書卷七二上宰相世系表趙郡李氏西祖房載李密之祖伯膺，伯膺下兩格有「弘節，北齊廣平郡太守」，弘節下一格有「道謙，太府卿」。弘節官和此段所云「大寧、武平中清河、廣平二郡守」相合，子名道謙亦同。疑這段是敍述弘節事，於上「醫術知名」下脫去「從弟弘節」等字。

〔四〕道謙弟道貞南青州司馬爲逆賊邢杲所殺　按邢杲起兵，在魏建義元年五二八，至齊武平元年五七〇凡四十二年。傳稱道貞父在大寧、武平中官清河、廣平二郡太守，其兄道謙也在武平中爲侍御史，而道貞却在四十多年前已官南青州司馬被殺，殊不可解。疑「道貞」下又有脫文，其官南青州司馬被殺者乃另一人。

〔五〕分廣平易陽襄國南趙郡之中丘三縣爲易陽郡　按「三縣」指易陽、襄國和中丘。魏書卷一〇六地形志上司州魏尹有易陽，注云：「晉屬廣平，天平初屬。」則在天平遷都，設置魏尹之前，易陽和襄國同屬廣平郡。這裏「廣平」指郡，下當脫「之」字。又魏志不記置易陽郡事，亦因遂卽廢罷之故。

〔六〕潛與幽州刺史劉靈助及高昂兄弟安州刺史盧曹等同契義舉　諸本「昂」作「昇」，册府卷七六五九〇九六頁作「昂」。按高昂兄弟起兵，受劉靈助節度，事見本書卷二一高乾傳，「昇」字訛，今據册府改。

〔七〕愍遂入石門　諸本作「石門」，三朝本「石」作「西」，百衲本依他本改作「石」，册府卷七六五九〇九六頁作「西山」。疑本作「西山」，三朝本「山」訛「門」，後人因上有「西保石門山」事，又改「西」爲「石」。

〔八〕州都督　諸本「州都督」上有「當」字，三朝本無，册府卷七六五九〇九六頁作「大都督」。按李愍以相州刺史都督相州諸軍事，卽是「當州都督」，下又加「州都督」或「當州都督」，殊爲重複，疑册府作「大都督」是。

〔九〕從比陽復舊道　諸本「比陽」作「北陽」，册府卷六九一八二四一頁作「比湯」。按比陽今泌陽在北魏時置鎭，漢魏南北朝墓誌集釋寇臻墓誌圖版二〇六稱臻曾官「泚陽鎭將」；「泚陽」卽「比陽」，而魏書卷四二寇臻傳也訛作「北陽」。卷七下高祖紀下太和二十二年三月元宏由湖陽到懸瓠，中間經過比陽。李愍是由懸瓠今汝南到南荆州今棗陽東也須經此地。這一帶也正是所謂太胡山蠻、板橋蠻的居地，所以下面說「蠻左大服」。「北陽」無此地名，今改正。

〔一〇〕運山東鄉租輸皆令載實　北史卷三〇盧勇傳及册府卷二〇〇二四一二頁、卷七一九八五六一頁無「鄉」字。疑「鄉」字衍。

〔一一〕公主訴於高祖　諸本「高祖」作「太祖」，册府卷二〇〇、卷七一九頁數同上條作「高祖」。按本書例稱「高祖」，且一篇之中，前後異稱，很不恰當，今從册府改。

〔一二〕通夜而還　册府卷三六四四三三六頁「通」作「逼」，較長。

〔一三〕陽州刺史鎮宜陽　諸本「陽」作「揚」。按魏書卷一〇六地形志中宜陽屬陽州。「揚」字訛，今改正。下「委卿陽州」同改。

〔一四〕父紹宗　北史卷三三李義深傳、唐書卷七二上宰相世系表趙郡李氏南祖房都作「紹字嗣宗」，疑「紹」下脱「字嗣」二字。

北齊書卷二十三

列傳第十五

魏蘭根　崔㥄 子瞻

魏蘭根，鉅鹿下曲陽人也。父伯成，魏太山太守。蘭根身長八尺，儀貌奇偉，汎覽羣書，誦左氏傳、周易，機警有識悟。起家北海王國侍郎，歷定州長流參軍。丁母憂，居喪有孝稱。將葬常山郡境，先有董卓祠，祠有柏樹。蘭根以卓凶逆無道，不應遺祠至今，乃伐柏以爲椁材。人或勸之不伐，蘭根盡取之，了無疑懼。遭父喪，廬於墓側，負土成墳，憂毁殆於滅性。後爲司空、司徒二府記室參軍，轉夏州平北府長史，入爲司徒掾，出除本郡太守，並有當官之能。

正光末，尚書令李崇爲本郡都督，率衆討茹茹，〔一〕以蘭根爲長史。因說崇曰：「緣邊諸鎮，控攝長遠。昔時初置，地廣人稀，或徵發中原强宗子弟，或國之肺腑，寄以爪牙。中年以來，有司乖實，號曰府戶，役同厮養，官婚班齒，致失清流。而本宗舊類，各各榮顯，顧瞻彼此，理當憤怨。更張琴瑟，今也其時，靜境寧邊，事之大者。宜改鎭立州，分置郡縣，凡是府戶，悉免爲民，入仕次敍，一准其舊，文武兼用，威恩並施。此計若行，國家庶無北顧之慮矣。」崇以奏聞，事寢不報。軍還，除冠軍將軍，轉司徒右長史，假節，行豫州事。

孝昌初，轉岐州刺史。從行臺蕭寶夤討破宛川，〔二〕俘其民人爲奴婢，以美女十人賞蘭根。蘭根辭曰：「此縣界於强虜，皇威未接，無所適從，故成背叛。今當寒者衣之，飢者食之，奈何將充僕隸乎？」盡以歸其父兄。部內麥多五穗，隣州田鼠爲災，犬牙不入岐境。屬秦隴反叛，蕭寶夤敗於涇州，高平虜賊逼岐州，州城民逼囚蘭根降賊。寶夤至雍州，收輯散亡，兵威復振，城民復斬賊刺史侯莫陳仲和，推蘭根復任。朝廷以蘭根得西土人心，加持節、假平西將軍、都督涇岐東秦南岐四州軍事，兼四州行臺尚書。尋入拜光祿大夫。

孝昌末，河北流人南渡，以蘭根兼尚書，使齊、濟、二兗四州安撫，並置郡縣。河間邢杲反於靑、兗之間，〔三〕杲，蘭根之甥也。復詔蘭根銜命慰勞，杲不下，仍隨元天穆討之。還，除太府卿，辭不拜。轉安東將軍、中書令。

莊帝之將誅尒朱榮也，蘭根聞其計，遂密告尒朱世隆。榮死，蘭根恐莊帝知之，憂懼不知所出。時應詔王道習見信於莊帝，蘭根乃托附之，求得在外立功。道習爲啓聞，乃以蘭根爲河北行臺於定州率募鄉曲，〔四〕欲防井陘。時尒朱榮將侯深自范陽趣中山，蘭根與戰，大敗，走依渤海高乾。屬乾兄弟舉義，因在其中。〔五〕高祖至，以蘭根宿望，深禮遇之。中興初，加車騎大將軍、尙書右僕射。

及高祖將入洛陽，遣蘭根先至京師。時廢立未決，令蘭根觀察魏前廢帝。〔六〕帝神采高明，蘭根恐於後難測，遂與高乾兄弟及黃門崔㥄同心固請於高祖，言廢帝本是胡賊所推，今若仍立，於理不允。高祖不得已，遂立武帝。廢帝素有德業，而爲蘭根等構毀，深爲時論所非。

太昌初，除儀同三司，尋加開府，封鉅鹿縣侯，邑七百戶。啓授兄子同達。蘭根旣預義勳，位居端揆，至是始敍復岐州勳，封永興縣侯，邑千戶。高乾之死，蘭根懼，去宅，避於寺。武帝大加譴責，蘭根憂怖，乃移病解僕射。天平初，以病篤上表求還鄉里。魏帝遣舍人石長宣就家勞問，猶以開府儀同，門施行馬，歸於本鄉。二年卒，時年六十一。贈冀定殷三州軍事、定州刺史、司徒公、侍中，謚曰文宣。蘭根雖以功名自立，然善附會，出處之際，多以計數爲先，是以不爲淸論所許。

長子相如，祕書郎中。以建義勳，尋加將軍。襲父爵，遷安東將軍、殷州別駕，入爲侍御史。武定三年卒。次子敬仲。肅宗時，佐命功臣配享，而不及蘭根。敬仲表訴，帝以詔命既行，難於追改，擢敬仲爲祠部郎中。卒於章武太守。

蘭根族弟明朗，頗涉經史，粗有文性。累遷大司馬府法曹參軍，兼尙書金部郎中。元顥入洛陽，明朗爲南道行臺郎中，爲顥所擒。後棄顥逃還，除龍驤將軍、中散大夫，賜爵鉅鹿侯。永安末，蘭根爲河北行臺，引明朗爲左丞。及蘭根中山之敗，俱歸高祖。中興初，拜撫軍將軍，出爲安德太守。後轉衞將軍、右光祿大夫、定州大中正。武定初，爲顯祖諮議參軍。出爲平陽太守，爲御史所劾，因被禁止。遇病卒。

明朗從弟愷，少抗直有才辯。魏末，辟開府行參軍，稍遷尙書郎、齊州長史。天保中，聘陳使副。遷靑州長史，固辭不就。楊愔以聞。顯祖大怒，謂愔云：「何物漢子，我與官，不肯就！明日將過，我自共語。」是時顯祖已失德，朝廷皆爲之懼，而愷情貌坦然。顯祖切責之，仍云：「死與長史孰優，任卿選一處。」愷答云：「能殺臣者是陛下，不受長史者是愚臣，伏聽明詔。」顯祖謂愔云：「何慮無人作官職，苦用此漢何爲，放其還家，永不收採。」由是積年沉廢。後遇楊愔於路，微自披陳。楊答曰：「發詔授官，咸由聖旨，非選曹所悉，公不勞見訴。」愷應聲曰：「雖復零雨自天，終待雲興四嶽。公豈得言不知？」楊欣然曰：「此言極爲簡要，更不須多語。」數日，除霍州刺史。在職有治方，爲邊民悅服。大寧中，卒於膠州刺史。

愷從子彥卿，魏大司農季景之子。武平中，兼通直散騎常侍，聘陳使副。

彥卿弟澹，學識有詞藻。武平初，殿中御史，遷中書舍人，待詔文林館。隋開皇中，太子舍人、著作郎。撰後魏書九十二卷，甚得史體，時稱其善云。

崔㥄，字長孺，淸河東武城人也。父休，魏七兵尙書，贈僕射。㥄狀貌偉麗，善於容止，少有名望，爲當時所知。初爲魏世宗挽郎，釋褐太學博士。永安中，坐事免歸鄉里。高祖於信都起義，㥄歸焉。高祖見之，甚悅，以爲諮議參軍。尋除給事黃門侍郎，遷將軍、〔七〕右光祿大夫。

高祖入洛，議定廢立。太僕綦儁盛稱普泰主賢明，可以爲社稷主。㥄曰：「若其明聖，自可待我高王，徐登九五。旣爲逆胡所立，何得猶作天子。若從儁言，王師何名義舉？」由是中興、普泰皆廢，更立平陽王爲帝。以建義功，封武城縣公，邑一千四百戶，進位車騎大將軍、左光祿大夫，仍領黃門郎。

㥄居門下，恃預義旗，頗自矜縱。尋以貪汙爲御史糾劾，因逃還鄉里，遇赦始出。高祖以㥄本預義旗，復其黃門。天平初，爲侍讀，監典書。尋除徐州刺史，給廣宗部曲三百、淸河部曲千人。㥄性豪慢，寵妾馮氏，假其威刑，恣情取受，風政不立。初㥄爲常侍，求人修起居注。或曰：「魏收可。」㥄曰：「收輕薄徒耳。」更引祖鴻勳爲之。既居樞要，又以盧元明代收爲中書郎，由是收銜之。及收聘梁，過徐州，㥄備刺史鹵簿而迓之，使人相聞魏曰：「勿怪儀衞多，稽古之力也。」收報曰：「白崔徐州，建義之勳，何稽古之有！」㥄自以門閥素高，特不平此言。收乘宿憾，故以挫之。罷州，除七兵尚書、清河邑中正。

趙郡李渾嘗讌聚名輩，詩酒正驩譁，㥄後到，一坐無復談話者。鄭伯猷歎曰：「身長八尺，面如刻畫，謦欬爲洪鍾響，胸中貯千卷書，使人那得不畏服！」

㥄每以籍地自矜，謂盧元明曰：「天下盛門，唯我與爾，博崔、趙李，何事者哉！」崔暹聞而銜之。高祖葬後，㥄又竊言：「黃頷小兒堪當重任不？」暹外兄李慎以㥄言告暹。暹啓世宗，絕㥄朝謁。㥄要拜道左。世宗發怒曰：「黃頷小兒，何足拜也！」於是鎖㥄赴晉陽而訊之，㥄不伏。暹引邢子才爲證，子才執無此言。㥄在禁，謂子才曰：「卿知我意屬太丘不？」子才出告㥄子瞻云：「尊公意正應欲結姻於陳元康。」瞻有女，乃許妻元康子，求其父。元康爲言之於世宗曰：「崔㥄名望素重，不可以私處言語便以殺之。」世宗曰：「若免其性命，猶當徙之遐裔。」元康曰：「㥄若在邊，或將外叛，以英賢資寇敵，非所宜也。」世宗曰：「既有季珪之罪，還令輸作可乎？」元康曰：「嘗讀崔琰傳，追恨魏武不弘。㥄若在作所而殞，後世豈道公不殺也？」世宗曰：「然則奈何？」元康曰：「崔㥄合死，朝野莫不知之，公誠能以寬濟猛，特輕其罰，則仁德彌著，天下歸心。」乃舍之。㥄進謁奉謝，世宗猶怒曰：「我雖無堪，忝當大任，被卿名作黃頷小兒，金石可銷，此言難滅！」

天保初，除侍中，監起居。以禪代之際，參掌儀禮，別封新豐縣男，邑二百戶，迴授第九弟約。㥄一門婚嫁，皆是衣冠之美，吉凶儀範，爲當時所稱。婁太后爲博陵王納㥄妹爲妃，勑中使曰：「好作法用，勿使崔家笑人。」婚夕，顯祖舉酒祝曰：「新婦宜男，孝順富貴。」㥄奏曰：「孝順出自臣門，富貴恩由陛下。」

五年，出爲東兗州刺史，復攜馮氏之部。㥄尋遇偏風，而馮氏驕縱，受納狼藉，爲御史所劾，與㥄俱召詣廷尉。尋有別勑，斬馮於都市。㥄以疾卒於獄中，年六十一。

㥄歷覽羣書，兼有詞藻，自中興立後，迄於武帝，詔誥表檄多㥄所爲。然率性豪侈，溺於財色，諸弟之間，不能盡雍穆之美，世論以此譏之。㥄素與魏收不協。收既專典國史，㥄恐被惡言，乃悅之曰：「昔有班固，今則魏子。」收笑而憾不釋。子瞻嗣。

瞻，字彥通，聰朗强學，有文情，善容止，神采嶷然，言不妄發。年十五，刺史高昂召署主簿，清河公岳辟爲開府西閤祭酒。崔暹爲中尉，啓除御史，以才望見收，非其好也。高祖入朝，還晉陽，被召與北海王晞陪從，俱爲諸子賓友。〔八〕仍爲相府中兵參軍，轉主簿。世宗崩，祕未發喪，顯祖命瞻兼相府司馬使鄴。魏孝靜帝以人日登雲龍門，其父㥄侍宴，又勑瞻令近御坐，亦有應詔詩，問邢卲等曰：「此詩何如其父？」咸云：「㥄博雅弘麗，瞻氣調淸新，並詩人之冠。」讌罷，共嗟賞之，咸云「今日之讌併爲崔瞻父子」。

天保初，兼幷省吏部郎中。尋丁憂，起爲司徒屬。楊愔欲引瞻爲中書侍郎。時盧思道直中書省，因問思道曰：「我此日多務，都不見崔瞻文藻，卿與其親通，理當相悉。」思道答曰：「崔瞻文詞之美，實有可稱，但舉世重其風流，所以才華見沒。」愔云：「此言有理。」便奏用之。事既施行。愔又曰：「昔裴瓚晉世爲中書郎，神情高邁，每於禁門出入，宿衞者肅然動容。崔生堂堂之貌，亦當無愧裴子。」

皇建元年，除給事黃門侍郎。與趙郡李概爲莫逆之友。概將東還，瞻遺之書曰：「仗氣使酒，我之常弊，詆訶指切，在卿尤甚。足下告歸，吾於何聞過也？」瞻患氣，兼性遲重，雖居二省，竟不堪敷奏。加征虜將軍，除淸河邑中正。肅宗踐祚，皇太子就傅受業，詔除太子中庶子，徵赴晉陽。勑專在東宮，調護講讀，及進退禮度，皆歸委焉。太子納妃斛律氏，勑瞻與鴻臚崔劼撰定婚禮儀注。仍面受別旨曰：「雖有舊事，恐未盡善，可好定此儀，以爲後式。」

大寧元年，除衞尉少卿，尋兼散騎常侍，聘陳使主。瞻詞韻溫雅，南人大相欽服。乃言：「常侍前朝通好之日，何意不來？」其見重如此。還除太常少卿，加冠軍將軍，轉尚書吏部郎中。因患取急十餘日。舊式，百日不上解官，吏部尚書尉瑾性褊急，以瞻舉指舒緩，曹務繁劇，遂附驛奏聞，因而被代。瞻遂免歸鄉里。天統末，加驃騎大將軍，就拜銀青光祿大夫。武平三年卒，時年五十四。贈使持節、都督濟州軍事、大理卿、刺史，謚曰文。

瞻性簡傲，以才地自矜，所與周旋，皆一時名望。在御史臺，恒於宅中送食，備盡珍羞，別室獨飡，處之自若。有一河東人士姓裴，亦爲御史，伺瞻食，便往造焉。瞻不與交言，又不命匕筯。裴坐觀瞻食罷而退。明日，裴自攜匕筯，恣情飲噉。瞻方謂裴云：「我初不喚君食，亦不共君語，君遂能不拘小節。昔劉毅在京口，冒請鵝炙，豈亦異於是乎？君定名士。」於是每與之同食。

㥄昆季仲文，有學尚，魏高陽太守、清河內史。興和中，爲丞相掾。沙苑之敗，仲文持馬尾以渡河，波中乍沒乍出。高祖望見曰：「崔掾也。」遽遣船赴接。既濟，勞之曰：「卿爲親爲君，不顧萬死，可謂家之孝子，國之忠臣。」加中軍將軍。天保初，拜散騎常侍、光祿大夫。七年卒，年六十。子偃，武平中，歷太子洗馬、尚書郎。偃弟儦，學識有才思，風調甚高。武平中，琅邪王大司馬中兵參軍。參定五禮，待詔文林館。隋仁壽中，卒於通直散騎常侍。叔仁，魏潁州刺史。子彥武，有識用，朝歌令。隋開皇初，魏州刺史。子侃，魏末兼通直常

侍，聘梁使。子極，武平初太子僕，卒於武德郡守。子聿，魏東莞太守。子約，司空祭酒。〔九〕

悽族叔景鳳，字鸞叔，悽五世祖逞玄孫也。景鳳涉學，以醫術知名。魏尚藥典御，天保中譙州刺史。景鳳兄景哲，魏太中大夫、司徒長史。子國，字法峻，幼好學，汎覽經傳，多伎藝，尤工相術。天保初尚藥典御，乾明拜高陽郡太守、太子家令，武平假儀同三司，卒於鴻臚卿。法峻以武平六年從駕在晉陽，嘗語中書侍郎李德林云：「此日看高相王以下文武官人相表，俱盡其事，口不忍言。唯弟一人，更應富貴，當在他國，不在本朝，吾亦不及見也。」其精妙如此。

悽族子肇師，魏尚書僕射亮之孫也。父士太，諫議大夫。肇師少時疏放，長遂變節，更成謹厚。涉獵經史，頗有文思。襲父爵樂陵男。釋褐，開府東閤祭酒，轉司空外兵參軍，遷大司馬府記室參軍。天平初，轉通直侍郎，爲慰勞青州使。至齊州界，爲土賊崔迦葉等所虜，欲逼與同事。肇師執節不動，諭以禍福，賊遂捨之。乃巡慰青部而還。元象中，數以中舍人接梁使。武定中，復兼中正員郎，〔一〇〕送梁使徐州。還，勑修起居注。尋兼通直散騎常侍，聘梁副使。轉中書舍人。天保初，參定禪代禮儀，封襄城縣男，仍兼中書侍郎。二年卒，時年四十九。

史臣曰：蘭根早有名行，爲時論所稱；長孺才望之美，見重當世。並功參霸迹，位遇通顯，與李元忠、盧文偉蓋義旗之人物歟？魏之要幸附會，崔以門地驕很，雖有周公之美，猶以爲累德，況未足喻其高下也。瞻詞韻溫雅，風神秀發，亦一時之領袖焉。

贊曰：崔、魏才望，見重霸初。名敎之跡，其猶病諸。彥通尚志，家風有餘。

校勘記

〔一〕正光末尚書令李崇爲本郡都督率衆討茹茹　北史卷五六魏蘭根傳「本郡」二字作「大」。按魏書卷六六李崇傳稱「崇以本官都督北討諸軍事」。這時李崇官位很高，不會加上「本郡都督」的官銜，「本郡都督」也不是元帥之任。疑本作「以本官爲大都督」，傳本脫訛。

〔二〕從行臺蕭寶寅討破宛川　諸本「宛川」作「宛州」，北史卷五六、册府卷四〇四（四八一一頁）、御覽卷二五七（一〇二五頁）作「宛川」。按地形志無「宛州」。隋書卷二九地理志上扶風郡陳倉縣條注云：「後魏曰宛川。」魏書卷五九蕭寶寅傳、卷七三崔延伯傳載鎮壓秦隴起義軍事，稱「追至小隴」，小隴據水經注卷一七卽在陳倉，亦卽「宛川」之西。此傳所記卽這次戰事。「州」字訛，今據改。

〔三〕河間邢杲反於青兗之間　北史卷五六「兗」作「光」。按邢杲在北海起兵，正在青、光之間。北史卷一五元天穆傳稱「邢杲東掠光州，盡海而還」。疑作「光」是。

〔四〕於定州率募鄉曲　諸本及北史「定州」上無「於」字，讀不通，今據通志卷一五五魏蘭根傳補。

〔五〕屬乾兄弟舉義因在其中　諸本「其中」作「中山」，北史卷五六百衲本作「其中」。按上文說蘭根在中山被侯深即侯淵所敗，「走依渤海高乾」，這時不可能又在中山，今據北史百衲本改。

〔六〕令蘭根觀察魏前廢帝　諸本「前」字作「後」，北史卷五六作節閔帝，亦卽前廢帝。按高歡命蘭根到洛陽，觀察前廢帝，魏書卷一一前廢帝紀有明文。且前廢帝乃尒朱氏所立，故下文蘭根說「本是胡賊所推」，後廢帝則高歡所立，也和此語不符。今改正。

〔七〕遷將軍　北史卷五六「遷」作「衞」。按單稱「將軍」，不知爲何等將軍，疑北史是。

〔八〕被召與北海王晞陪從俱爲諸子賓友　諸本「晞」作「師」，殿本及北史卷二四崔瞻傳作「晞」。按王晞等四人被選與高歡諸子遊，見本書卷三一王晞傳，晞，北海劇人。今從殿本。

〔九〕叔仁魏潁州刺史至子約司空祭酒　按魏書卷六九、北史卷二四崔㥄傳，仲文、叔仁、子侃、子約皆崔㥄之弟，此傳自「叔仁」以下諸弟都沒有加上「某人弟」，眉目不清。

〔一〇〕武定中復兼中正員郎　按「中正員郎」不可解。「正」字上疑有脫文。

唐李百藥撰

北齊書

第二册

卷二四至卷五〇（傳）

中華書局

北齊書卷二十四

列傳第十六

孫搴　陳元康　杜弼

孫搴，字彥舉，樂安人也。少厲志勤學，自檢校御史再遷國子助教。太保崔光引修國史，頻歷行臺郎，以文才著稱。崔祖螭反，搴預焉，逃於王元景家，遇赦乃出。孫騰以宗情薦之，未被知也。

會高祖西討，登風陵，命中外府司馬李義深、相府城局李士略共作檄文，二人皆辭，請以搴自代。高祖引搴入帳，自爲吹火，催促之。搴援筆立成，其文甚美。高祖大悅，卽署相府主簿，專典文筆。又能通鮮卑語，兼宣傳號令，當煩劇之任，大見賞重。賜妻韋氏，旣士人子女，又兼色貌，時人榮之。尋除左光祿大夫，常領主簿。

世宗初欲之鄴，總知朝政，高祖以其年少，未許。搴爲致言，乃果行。恃此自乞特進，世宗但加散騎常侍。時又大括燕、恒、雲、朔、顯、蔚、二夏州、高平、平涼之民以爲軍士，逃隱者身及主人、三長、守令罪以大辟，沒入其家。於是所獲甚衆，搴之計也。

搴學淺而行薄，邢卲嘗謂之曰：「更須讀書。」搴曰：「我精騎三千，足敵君羸卒數萬。」嘗服棘刺丸，李諧等調之曰：「卿棘刺應自足，何假外求。」坐者皆笑。司馬子如與高季式召搴飲酒，醉甚而卒，時年五十二。高祖親臨之。子如叩頭請罪。高祖曰：「折我右臂，仰覓好替還我。」子如舉魏收、季式舉陳元康，以繼搴焉。贈儀同三司、吏部尚書、青州刺史。

陳元康，字長猷，廣宗人也。父終德，魏濟陰內史，終於鎮南將軍、金紫光祿大夫。元康貴，贈冀州刺史，謚曰貞。元康頗涉文史，機敏有幹用。魏正光五年，從尚書令李崇北伐，以軍功賜爵臨清縣男。普泰中，除主書，加威烈將軍。天平元年，〔二〕修起居注。二年，遷司徒府記室參軍，尤爲府公高昂所信待。出爲瀛州開府司馬，加輔國將軍。所歷皆爲稱職，高祖聞而徵焉。稍被任使，以爲相府功曹參軍，內掌機密。

高祖經綸大業，軍務煩廣，元康承受意旨，甚濟速用。性又柔謹，通解世事。高祖嘗怒世宗，於內親加毆蹋，極口罵之，出以告元康。元康諫曰：「王教訓世子，自有禮法，儀刑式瞻，豈宜至是。」言辭懇懇，至于流涕。高祖從此爲之懲忿。時或恚撻，輒曰：「勿使元康知之。」其敬憚如此。高仲密之叛，高祖知其由崔暹故也，將殺暹。世宗匿而爲之諫請。高祖曰：「我爲舍其命，須與苦手。」世宗乃出暹而謂元康曰：「卿若使崔得杖，無相見也。」暹在廷，解衣將受罰。元康趨入，歷階而昇，且言曰：「王方以天下付大將軍，有一崔暹不能容忍耶？」高祖從而宥焉。世宗入輔京室，崔暹、崔季舒、崔昂等並被任使，張亮、張徽纂並高祖所待遇，然委任皆出元康之下。時人語曰：「三崔二張，不如一康。」魏尚書僕射范陽盧道虔女爲右衞將軍郭瓊子婦，〔二〕瓊以死罪沒官，高祖啓以賜元康爲妻，元康乃棄故婦李氏，識者非之。元康便辟善事人，希顏候意，多有進舉，而不能平心處物，溺於財利，受納金帛，不可勝紀，放責交易，偏於州郡，爲清論所譏。

從高祖破周文帝於邙山，大會諸將，議進退之策。咸以爲野無青草，人馬疲瘦，不可遠追。元康曰：「兩雄交戰，歲月已久，今得大捷，便是天授，時不可失，必須乘勝追之。」高祖曰：「若遇伏兵，孤何以濟？」元康曰：「王前沙苑還軍，〔三〕彼尚無伏，今奔敗若此，何能遠謀。若捨而不追，必成後患。」高祖竟不從。以功封安平縣子，邑三百戶。尋除平南將軍、通直常侍，轉大行臺郎中，徙右丞。及高祖疾篤，謂世宗曰：「邙山之戰，不用元康之言，方貽汝患，以此爲恨，死不瞑目。」高祖崩，祕不發喪，唯元康知之。

世宗嗣事，又見任侍。拜散騎常侍、中軍將軍，別封昌國縣公，邑一千戶。侯景反，世宗逼於諸將，欲殺崔暹以謝之。密語元康。元康諫曰：「今四海未淸，綱紀已定。若以數將在外，苟悅其心，枉殺無辜，虧廢刑典，豈直上負天神，何以下安黎庶。晁錯前事，願公愼之。」世宗乃止。高岳討侯景未克，世宗欲遣潘相樂副之。〔四〕元康曰：「相樂緩於機變，不如慕容紹宗，且先王有命，稱其堪敵侯景，公但推赤心於此人，則侯景不足憂也。」是時紹宗在遠，世宗欲召見之，恐其驚叛。元康曰：「紹宗知元康特蒙顧待，新使人來餉金，以致其誠款。元康欲安其意，故受之而厚答其書。保無異也。」世宗乃任紹宗，遂以破景。賞元康金五十斤。王思政入潁城，諸將攻之，不能拔。元康進計於世宗曰：「公匡輔朝政，未有殊功，雖敗侯景，本非外賊。今潁城將陷，願公因而乘之，足以取威定業。」世宗令元康馳驛觀之。復命曰：「必可拔。」世宗於是親征，旣至而克，賞元康金百鋌。

初魏朝授世宗相國、齊王，世宗頻讓不受。乃召諸將及元康等密議之，諸將皆勸世宗恭膺朝命。元康以爲未可。又謂魏收曰：「觀諸人語專欲誤王。我向已啓王，受朝命，置官僚，元康叨忝或得黃門郎，但時事未可耳。」崔暹因間之，薦陸元規爲大行臺郎，欲以分元康權也。元康旣貪貨賄，世宗內漸嫌之，元康頗亦自懼。又欲用爲中書令，以閑地處之，事未施行。

屬世宗將受魏禪，元康與楊愔、崔季舒並在世宗坐，將大遷除朝士，共品藻之。世宗家蒼頭奴蘭固成先掌廚膳，甚被寵昵。先是，世宗杖之數十，吳人性躁，〔五〕又恃舊恩，遂大忿恚，與其同事阿改謀害世宗。阿改時事顯祖，常執刀隨從，云「若聞東齋叫聲」，卽以加刃於顯祖。是日，値魏帝初建東宮，羣官拜表。事罷，顯祖出東止車門，別有所之，未還而難作。固成因進食，置刀於盤下而殺世宗。元康以身扞蔽，被刺傷重，至夜而終，時年四十三。楊愔狼狽走出，季舒逃匿於厠，庫眞紇奚舍樂扞賊死。〔六〕是時祕世宗凶問，故殯元康於宮中，託以出使南境，虛除中書令。明年，乃詔曰：「元康識超往哲，才極時英，千仞莫窺，萬頃難測。綜核戎政，彌綸霸道，草昧邵陵之謀，翼贊河陽之會，運籌定策，盡力盡心，進忠補過，亡家徇國。掃平逋寇，廓清荊楚，申、甫之在隆周，子房之處盛漢，曠世同規，殊年共美。大業未融，山隤奄及，悼傷旣切，宜崇茂典。贈使持節、都督冀定瀛殷滄五州諸軍事、驃騎大將軍、司空公、冀州刺史，追封武邑縣一千戶，舊封並如故，謚曰文穆。賻物一千二百段。大鴻臚監喪事。凶禮所須，隨由公給。」元康母李氏，元康卒後，哀慼發病而終，贈廣宗郡君，謚曰貞昭。

元康子善藏，溫雅有鑒裁，武平末假儀同三司、給事黃門侍郎。隋開皇中，尚書禮部侍郎。大業初，卒於彭城郡贊治。

元康弟諶，官至大鴻臚。次季璩，鉅鹿太守，轉冀州別駕。平秦王歸彥反，季璩守節不從，因而遇害。贈衞尉卿、趙州刺史。

杜弼，字輔玄，中山曲陽人也，小字輔國。自序云，本京兆杜陵人，九世祖鷟，晉散騎常侍，因使沒趙，遂家焉。祖彥衡，淮南太守。父慈度，繁時令。弼幼聰敏，家貧無書，年十二，寄郡學受業，講授之際，師每奇之。同郡甄琛爲定州長史，簡試諸生，見而策問，義解閑明，應答如響，大爲琛所歎異。其子寬與弼爲友。州牧任城王澄聞而召問，深相嗟賞，許以王佐之才。澄、琛還洛，稱之於朝，丞相高陽王等多相招命。延昌中，以軍功起家，除廣武將軍、恒州征虜府墨曹參軍，典管記。弼長於筆札，每爲時輩所推。

孝昌初，除太學博士，帶廣陽王驃騎府法曹行參軍，行臺度支郎中。還，除光州曲城令。爲政清靜，務盡仁恕，詞訟止息，遠近稱之。時天下多難，盜賊充斥，徵召兵役，塗多亡叛。朝廷患之。乃令兵人所齎戎具，道別車載；又令縣令自送軍所。時光州發兵，弼送所部達北海郡，州兵一時散亡，唯弼所送不動。他境叛兵，並來攻劫，欲與同去。弼率所領親兵格鬬，終莫肯從，遂得俱達軍所。軍司崔鍾以狀上聞。其得人心如此。普泰中，吏曹下訪守令尤異，弼已代還，東萊太守王昕以弼應訪。弼父在鄉，爲賊所害，弼行喪六年。以常調除御史，加前將軍、太中大夫，領內正字。臺中彈奏，皆弼所爲。諸御史出使所上文簿，委弼覆察，然後施行。

遷中軍將軍、北豫州驃騎大將軍府司馬。未之官，儀同竇泰總戎西伐，詔弼爲泰監軍。及泰失利自殺，弼與其徒六人走還陝州，刺史劉貴鎖送晉陽。高祖詰之曰：「竇中尉此行，吾前具有法用，乃違吾語，自取敗亡。爾何由不一言諫爭也？」弼對曰：「刀筆小生，唯文墨薄技，便宜之事，議所不及。」高祖益怒。賴房謨諫而獲免。左遷下灌鎮司馬。

元象初，高祖徵弼爲大丞相府法曹行參軍，署記室事，轉大行臺郎中，尋加鎮南將軍。高祖又引弼典掌機密，甚見信待。或有造次不及書敎，直付空紙，卽令宣讀。弼嘗承間密勸高祖受魏禪，高祖舉杖擊走之。相府法曹辛子炎諮事，云須取署，子炎讀「署」爲「樹」。高祖大怒曰：「小人都不知避人家諱！」杖之於前。弼進曰：「禮，二名不偏諱，孔子言『徵』不言『在』，言『在』不言『徵』。子炎之罪，理或可恕。」高祖罵之曰：「眼看人瞋，乃復牽經引禮！」叱令出去。弼行十步許，呼還，子炎亦蒙釋宥。世子在京聞之，語楊愔曰：「王左右賴有此人方正，庶天下皆蒙其利，豈獨吾家也。」

弼以文武在位，罕有廉潔，言之於高祖。高祖曰：「弼來，我語爾。天下濁亂，習俗已久。今督將家屬多在關西，黑獺常相招誘，人情去留未定。江東復有一吳兒老翁蕭衍者，專事衣冠禮樂，中原士大夫望之以爲正朔所在。我若急作法網，不相饒借，恐督將盡投黑獺，士子悉奔蕭衍，則人物流散，何以爲國？爾宜少待，吾不忘之。」及將有沙苑之役，弼又請先除內賊，却討外寇。高祖問內賊是誰。弼曰：「諸勳貴掠奪萬民者皆是。」高祖不答，因令軍人皆張弓挾矢，舉刀按矟以夾道，使弼冒出其間，曰：「必無傷也。」弼戰慄汗流。高祖然後喻之曰：「箭雖注，不射；刀雖舉，不擊；矟雖按，不刺。爾猶頓喪魂膽。諸勳人身觸鋒刃，百死一生，縱其貪鄙，所取處大，不可同之循常例也。」弼于時大恐，因頓顙謝曰：「愚癡無智，不識至理，今蒙開曉，始見聖達之心。」

後從高祖破西魏於邙山，命爲露布，弼手卽書絹，曾不起草。以功賜爵定陽縣男，邑二百戶，加通直散騎常侍、中軍將軍。奉使詣闕，魏帝見之於九龍殿，曰：「朕始讀莊子，便值奏名，定是體道得眞，玄同齊物。聞卿精學，聊有所問。經中佛性、法性爲一爲異？」弼對曰：「佛性、法性，止是一理。」詔又問曰：「佛性既非法性，何得爲一？」對曰：「性無不在，故不說二。」詔又問曰：「說者皆言法性寬，佛性狹，寬狹既別，非二如何？」弼又對曰：「在寬成寬，在狹成狹，若論性體，非寬非狹。」詔問曰：「既言成寬成狹，何得非寬非狹？若定是狹，亦不能成寬。」對曰：「以非寬狹，故能成寬狹，寬狹所成雖異，能成恒一。」上悅稱善。乃引入經書庫，賜地持經一部，帛一百疋。平陽公淹爲幷州刺史，高祖又命弼帶幷州驃騎府長史。

弼性好名理，探味玄宗，自在軍旅，帶經從役。注老子道德經二卷，表上之曰：「臣聞乘風理弋，追逸羽於高雲；臨波命鈎，引沉鱗於大壑。苟得其道，爲工其事，在物既爾，理亦固然。竊惟道、德二經，闡明幽極，旨冥動寂，用周凡聖。論行也，淸淨柔弱；語迹也，成功致治。實衆流之江海，乃羣藝之本根。臣少覽經書，偏所篤好，雖從役軍府，而不捨遊息。鑽味旣久，斐亹如有所見，〔七〕比之前注，微謂異於舊說。情發於中而彰諸外，輕以管窺，遂成穿鑿。無取於遊刃，有慚於運斤，不足破秋毫之論，何以解連環之結。本欲止於門內，貽厥童蒙，兼以近資愚鄙，私備忘闕。不悟姑射凝神，汾陽流照，蓋高之聽卑，邇言在察。春末奉旨，猥蒙垂誘，令上所注老子，謹冒封呈，並序如別。」詔答云：「李君遊神冥窅，獨觀恍惚，玄同造化，宗極羣有。從中被外，周應可以裁成；自己及物，運行可以資用。隆家寧國，義屬斯文。卿才思優洽，業尙通遠，息棲儒門，馳騁玄肆，旣啓專家之學，且暢釋老之言。戶列門張，途通徑達，理事兼申，能用俱表，彼賢所未悟，遺老所未聞，旨極精微，言窮深妙。朕有味二經，倦於舊說，歷覽新注，所得已多，嘉尙之來，良非一緒。已勑殺青編，藏之延閣。」又上一本於高祖，一本於世宗。

武定中，遷衞尉卿。會梁遣貞陽侯淵明等入寇彭城，大都督高岳、行臺慕容紹宗率諸軍討之，詔弼爲軍司，攝行臺左丞。〔八〕臨發，世宗賜胡馬一匹，語弼曰：「此廐中第二馬，孤恒自乘騎，今方遠別，聊以爲贈。」又令陳政務之要可爲鑒戒者，錄一兩條。弼請口陳曰：

「天下大務，莫過賞罰二論，賞一人使天下人喜，罰一人使天下人服。但能二事得中，自然盡美。」世宗大悅曰：「言雖不多，於理甚要。」握手而別。破蕭明於寒山，別與領軍潘樂攻拔梁潼州，仍與岳等撫軍恤民，合境傾賴。

六年四月八日，魏帝集名僧於顯陽殿講說佛理，弼與吏部尚書楊愔、中書令邢卲、祕書監魏收等並侍法筵。勑弼昇師子座，當衆敷演。昭玄都僧達及僧道順並緇林之英，問難鋒至，往復數十番，莫有能屈。帝曰：「此賢若生孔門，則何如也？」

關中遣儀同王思政據潁州，太尉高岳等攻之。弼行潁州事，攝行臺左丞。時大軍在境，調輸多費，弼均其苦樂，公私兼舉，大爲州民所稱。潁州之平也，世宗曰卿試論王思政所以被擒。弼曰：「思政不察逆順之理，不識大小之形，不度强弱之勢，有此三蔽，宜其俘獲。」世宗曰：「古有逆取順守，大吳困於小越，弱燕能破强齊。卿之三義，何以自立？」弼曰：「王若順而不大，大而不强，强而不順，於義或偏，得如聖旨。今既兼備衆勝，鄙言可以還立。」世宗曰：「凡欲持論，宜有定指，那得廣包衆理，欲以多端自固？」弼曰：「大王威德，事兼衆美，義博故言博，非義外施言。」世宗曰：「若爾，何故周年不下，孤來卽拔？」弼曰：「此蓋天意欲顯大王之功。」

顯祖引爲兼長史，加衞將軍，轉中書令，仍長史。進爵定陽縣侯，增邑通前五百戶。弼志在匡贊，知無不爲。顯祖將受魏禪，自晉陽至平城都，〔九〕命弼與司空司馬子如馳驛先入，觀察物情。踐祚之後，勑命左右箱入柏閤。以預定策之功，遷驃騎將軍、衞尉卿，別封長安縣伯。

嘗與邢卲扈從東山，共論名理。邢以爲人死還生，恐爲蛇畫足。弼答曰：「蓋謂人死歸無，非有能生之力。然物之未生，本亦無也，無而能有，不以爲疑。因前生後，何獨致怪？」邢云：「聖人設教，本由勸奬，故懼以將來，理望各遂其性。」弼曰：「聖人合德天地，齊信四時，言則爲經，行則爲法，而云以虛示物，以詭勸民，將同魚腹之書，有異鑿楹之誥，安能使北辰降光，龍宮韞櫝。就如所論，福果可以鎔鑄性靈，弘奬風教，爲益之大，莫極於斯。此卽眞教，何謂非實？」邢云：「死之言『澌』，精神盡也。」弼曰：「此所言澌，如射箭盡，手中盡也。小雅曰『無草不死』，月令又云『靡草死』，動植雖殊，亦此之類。無情之卉，尚得還生，含靈之物，何妨再造。若云草死猶有種在，則復人死亦有識。識種不見，謂以爲無者。神之在形，亦非自矚，離朱之明不能覩。雖蔣濟觀眸，〔一〇〕賢愚可察；鍾生聽曲，山水呈狀。乃神之工，豈神之質。猶玉帛之非禮，鍾鼓之非樂，以此而推，義斯見矣。」邢云：「季札言無不之，亦言散盡，若復聚而爲物，不得言無不之也。」弼曰：「骨肉下歸於土，魂氣則無不之，此乃形墜魂遊，往而非盡。如鳥出巢，如蛇出穴。由其尚有，故無所不之；若令無也，之將焉適？延陵有察微之識，知其不隨於形；仲尼發習禮之歎，美其斯與形別。〔一一〕若許以廓然，然則人皆季子。不謂高論，執此爲無。」邢云：「神之在人，猶光之在燭，燭盡則光窮，人死則神滅。」弼曰：「舊學前儒，每有斯語，羣疑衆惑，咸由此起。蓋辨之者未精，思之者不篤。竊有末見，可以覈諸。燭則因質生光，質大光亦大；人則神不係於形，形小神不小。故仲尼之智，必不短於長狄；孟德之雄，乃遠奇於崔琰。神之於形，亦猶君之有國。國實君之所統，君非國之所生。不與同生，孰云俱滅？」邢云：「捨此適彼，生生恒在。周、孔自應同莊周之鼓缶，和桑扈之循歌？」弼曰：「共陰而息，尙有將別之悲；窮轍以遊，亦興中途之歎。況曰聯體同氣，化爲異物，稱情之服，何害於聖。」邢云：「鷹化爲鳩，鼠變爲鴽，黃母爲鱉，皆是生之類也。〔一二〕類化而相生，猶光去此燭，復然彼燭。」弼曰：「鷹未化爲鳩，鳩則非有。鼠。既非二有，何可兩立。〔一三〕光去此燭，得燃彼燭，神去此形，亦託彼形，又何惑哉？」〔一四〕邢云：「欲使土化爲人，木生眼鼻，造化神明，不應如此。」弼曰：「腐草爲螢，老木爲蠍，造化不能，誰其然也？」

其後別與邢書云：「夫建言明理，宜出典證，而違孔背釋，獨爲君子。若不師聖，物各有心，馬首欲東，誰其能禦。奚取於適衷，何貴於得一。逸韻雖高，管見未喩。」前後往復再三，邢卲理屈而止，文多不載。

又以本官行鄭州事，未發，爲家客告弼謀反，收下獄，案治無實，久乃見原。因此絶朝見。復坐第二子廷尉監臺卿斷獄稽遲，與寺官俱爲郎中封靜哲所訟。事既上聞，顯祖發怒，遂徙弼臨海鎮。時楚州人東方白額謀反，南北響應，臨海鎮爲賊帥張綽、潘天合等所攻，弼率厲城人，終得全固。顯祖嘉之，勑行海州事，卽所徙之州。在州奏通陵道並韓信故道。又於州東帶海而起長堰，外遏鹹潮，內引淡水。勑並依行。轉徐州刺史，未之任，又除膠州刺史。

弼儒雅寬恕，尤曉吏職，所在清潔，爲吏民所懷。耽好玄理，老而愈篤。又注莊子惠施篇、易上下繫，名新注義苑，並行於世。弼性質直，前在霸朝，多所匡正。及顯祖作相，致位僚首，初聞揖讓之議，猶有諫言。顯祖嘗問弼云：「治國當用何人？」對曰：「鮮卑車馬客，會須用中國人。」顯祖以爲此言譏我。高德政居要，不能下之，乃於衆前面折云：「黃門在帝左右，何得聞善不驚，唯好減削抑挫！」德政深以爲恨，數言其短。又令主書杜永珍密啓弼在長史日，受人請屬，大營婚嫁。顯祖內銜之。弼恃舊仍有公事陳請。十年夏，上因飲酒，積其愆失，遂遣就州斬之，時年六十九。既而悔之，驛追不及。長子蕤、第四子光，遠徙臨海鎮。次子臺卿，先徙東豫州。乾明初，並得還鄴。天統五年，追贈弼使持節、揚郢二州軍事、開府儀同三司、尙書右僕射、揚州刺史，謚曰文肅。

蕤、臺卿，並有學業。臺卿文筆尤工，見稱當世。蕤，字子美。武平中大理少卿，兼散騎常侍，聘陳使主。末年，吏部郎中。隋開皇中，終於開州刺史。臺卿字少山，歷中書、黃門侍郎，兼大著作、修國史。武平末，國子祭酒，領尚書左丞。周武帝平齊，命尚書左僕射陽休之以下知名朝士十八人隨駕入關，蕤兄弟並不預此名。臺卿後雖被徵，爲其聾疾放歸。隋開皇中，徵爲著作郎，歲餘以年老致事，詔許之。特優其禮，終身給祿，未幾而終。

史臣曰：孫搴便藩左右，處文墨之地，入幕未久，情義已深。及倉卒致殞，高祖折我右臂，雖戎旌未卷，愛惜才子，不然何以成霸王之業。太史公云：「非死者難，處死者難。」「或重於太山，或輕於鴻毛。」斯其義也。元康以智能才幹，委質霸朝，綢繆帷幄，任寄爲重。及難無苟免，忘生殉義，可謂得其地焉。楊愔自謂異行奇才，冠絕夷等，弑逆之際，趨而避之，是則非處死者難，死者亦難也。顯祖弱齡藏器，未有朝臣所知，及北宮之難，以年次推重，故受終之議，時未之許焉。杜弼識學甄明，發言讜正，禪代之際，先起異圖。王怒未怠，卒蒙顯戮。直言多矣，能無及是者乎？

贊曰：彥舉驅馳，才高行詖。元康忠勇，舍生存義。卬卬輔玄，思極談天，道亡時晦，身沒名全。

校勘記

〔一〕天平元年　諸本「天平」作「天保」，獨殿本作「天平」。按陳元康死於天保改元前，作「天保」誤。下文稱「遷司徒府記室參軍，尤爲府公高昂所信待」。高昂天平初爲司徒，見本書卷二一高昂傳，作「天平」是。今從殿本。

〔二〕魏尚書僕射范陽盧道虔女爲右衞將軍郭瓊子婦　三朝本及册府卷九四三一一〇九頁「虔」作「處」，他本及北史卷五五陳元康傳作「虞」，通志卷一五四陳元康傳作「虔」。按魏書卷四七有盧道虔傳，死後贈尚書右僕射，魏時別無官尚書僕射之盧道處或盧道虞。「處」「虞」都是「虔」的形訛，今據通志改。

〔三〕王前涉苑還軍　諸本「前」下有「涉」字，北史卷五五及册府卷二〇九二五一三頁、卷七二一八五八五頁無。按册府這兩條都採自北齊書，而與北史同，知本無此字，今據删。

〔四〕世宗欲遣潘相樂副之　諸本「欲」作「乃」。北史卷五五及册府卷一九九二四〇〇頁、卷四六八五五七五頁作「欲」。按「乃遣」是已遣之意，「欲遣」是想遣而未決的意思。覈下文顯然還沒有「遣」。册府這兩條都採自北齊書而與北史同，知「乃」字誤，今據改。

〔五〕吳人性躁　諸本「吳」作「其」。册府卷四六六（五五四九頁）、通志卷一五四作「吳」。按蘭固成，本書卷三文襄紀（補）作蘭京，說是梁人被俘，所以這裏稱爲「吳人」。又通志記北齊事，溢出北史者一般卽出自北齊書，知這裏本亦作「吳」，「其」乃形近而訛，今據改。

〔六〕庫眞紇奚舍樂扞賊死　南、北、殿、局四本「眞」作「直」，三朝本、汲本作「眞」，無「奚」字。按紇奚複姓，其人見本書卷二五王紘傳。三朝本、汲本脫「奚」字，今從南本。「庫眞都督」見本書卷一〇上黨王渙傳、南史卷八〇侯景傳（「都」訛「部」）；庫直見本書卷二五王紘傳、卷四一皮景和傳、舊唐書卷四二職官志。未知孰是，今從三朝本。

〔七〕鑽味既久斐亹如有所見　諸本「斐亹」作「斐文曡」三字，册府卷八二二（九七六六頁）作「斖斖」，嚴可均全北齊文卷五作「斐亹」。按「曡」同「疊」，「斐文曡」不可解。「亹」同「斖」，「斐斖」、「斖斖」是强勉之意。諸本誤分「亹」爲二字，今改正。

〔八〕攝行臺左丞　諸本作「攝臺左右」，無此官名，今據册府卷三八二（四五四二頁）及北史卷五五杜弼傳改。

〔九〕自晉陽至平城都　按平城都疑平都城倒誤，詳卷三〇校記。

〔一〇〕雖蔣濟觀眸　諸本「蔣濟」作「孟軻」。三朝本、汲本及文苑英華卷七五八作「蔣濟」。按御覽卷三六六（一六八七頁）引蔣子語曰：「兩目不相爲視。昔吳有二人，共評王者，一人曰好，一人曰醜，久之不決。……王有定形，二人察之有得失，非苟相反，眼睛異耳。」此蔣子疑卽蔣濟。這段話與杜弼語似不相應，可能還有上下文。孟軻論觀眸知人，見孟子離婁上，人所習知，不會訛作蔣濟。必是後人疑作「蔣濟」無據，臆改作「孟軻」。今從三朝本。

〔一一〕美其斯與形別　英華卷七五八作「美夫神與形別」。按二人討論的是形神關係問題。作「斯」無意義，疑作「神」是。

〔一二〕皆是生之類也　英華卷七五八「生」上有「有」字，疑當有此字。

〔一三〕鷹未化爲鳩鳩則非有鼠既非二有何可兩立　諸本「既非二有」脫「非」字。按英華卷七五八此段作「鷹未化鳩，鳩則非有。爲此「爲」字當在上「化」字下，錯簡在此。鼠未化爲鴽，曰明本無此字，據傅增湘校本增。此「曰」字當是「鼠」字殘缺則以無。論□相之疑當作「云」，乃似並對之稱，既非二有，何可兩立。」英華雖也多訛文，卻可知此傳「鼠」下有脫文。原文當作：「鷹未化爲鳩，鳩則非有；鼠未化爲鴽，鼠則以無。論□相云，乃似並對之稱，既非二有，何可兩立。」文義尚可解釋。英華既也有訛字，不能徑補。但「鼠」下有脫文，「既二有」當作「既非二有」可以肯定，故但於「鼠」字下句斷，並補「非」字。

〔一四〕又何惑哉　英華卷七五八「惑」作「貳」。按這是說「神去此形，亦託彼形」，神是一非二，也是宣揚唯心主義神不滅論的觀點。疑作「貳」是。

北齊書卷二十五

列傳第十七

張纂　張亮　張耀　趙起　徐遠

王峻　王紘

張纂，字徽纂，代郡平城人也。父烈，桑乾太守。纂初事尒朱榮，又爲尒朱兆都督長史。爲兆使於高祖，遂被顧識。高祖舉義山東，劉誕據相州拒守，〔一〕時纂亦在其中。高祖攻而拔之，以纂參丞相軍事。

纂性便僻，左右出內，稍見親待，仍補行臺郎中。高祖啓滅國封，分賞文武，纂隨例封壽張伯。魏武帝末，高祖赴洛，以趙郡公琛爲行臺，守晉陽，以纂爲右丞。轉相府功曹參軍事，除右光祿大夫。使於茹茹，以銜命稱旨。歷中外、丞相二府從事中郎。邙山之役，大獲俘虜，高祖令纂部送京師，魏帝賜絹五百疋，封武安縣伯。

復爲高祖行臺右丞，從征玉壁。大軍將還山東，行達晉州，忽値寒雨，士卒饑凍，至有死者。州以邊禁不聽入城。于時纂爲別使，遇見，輒令開門内之，分寄民家，給其火食，多所全濟。高祖聞而善之。

纂事高祖二十餘歲，傳通敎令，甚見親賞。世宗嗣位，侯景作亂潁川，招引西魏。以纂爲南道行臺，與諸將率討之。還，除瀛州刺史。會世宗。入爲太子少傅。〔二〕後與平原王段孝先、行臺尙書辛術等攻圍東楚，仍拔廣陵、涇州數城，斬賊帥東方白額。授儀同三司，監築長城大使，領步騎數千鎭防北境。還，遷護軍將軍，尋卒。

張亮，字伯德，西河隰城人也。少有幹用，初事尒朱兆，拜平遠將軍，以功封隰城縣伯，邑五百戶。高祖討兆於晉陽，兆奔秀容。兆左右皆密通誠款，唯亮獨無啓疏。及兆敗，竄於窮山，令亮及倉頭陳山提斬己首以降，皆不忍，兆乃自縊於樹。伯德伏屍而哭。高祖嘉歎之。授丞相府參軍事，漸見親待，委以書記之任。天平中，爲世宗行臺郎中，典七兵事，雖爲臺郎，而常在高祖左右。遷行臺右丞。

高仲密之叛也，與大司馬斛律金守河陽。〔三〕周文帝於上流放火船燒河橋。亮乃備小艇百餘艘，皆載長鎖，鎖頭施釘。火船將至，卽馳小艇，以釘釘之，引鎖向岸，火船不得及橋。橋之獲全，亮之計也。

武定初，拜太中大夫。薛琡嘗夢亮於山上掛絲，以告亮，且占之曰：「山上絲，幽字也。君其爲幽州乎？」數月，亮出爲幽州刺史。屬侯景叛，除平南將軍、梁州刺史。尋加都督揚、潁等十一州諸軍事，兼行臺殿中尚書，轉都督二豫、揚、潁等八州軍事、征西大將軍、豫州刺史、尚書右僕射、西南道行臺。攻梁江夏、潁陽等七城皆下之。

亮性質直，勤力强濟，深爲高祖、世宗所信，委以腹心之任。然少風格，好財利，久在左右，不能廉潔，及歷諸州，咸有黷貨之聞。武定末，徵拜侍中、汾州大中正。天保初，授光祿勳，加驃騎大將軍、儀同三司，別封安定縣男。轉中領軍，尋卒於位，贈司空公。

張耀，字靈光，上谷昌平人也。父鳳，晉州長史。耀少而貞謹，頗曉吏職。解褐給事中，轉司徒水曹行參軍。義旗建，高祖擢爲中軍大都督韓軌府長史。及軌除瀛、冀二州刺史，又以耀爲軌諮議參軍。後爲御史所劾，州府僚佐及軌左右以贓罪掛網者百有餘人，唯耀以清白獨免。徵爲丞相府倉曹。

顯祖嗣事，遷相府掾。天保初，賜爵都亭鄉男，攝倉、庫二曹事，諸有賜給，常使耀典之。轉祕書丞，遷尚書右丞。顯祖曾因近出，令耀居守。帝夜還，耀不時開門，勒兵嚴備。

帝駐蹕門外久之，催迫甚急。耀以夜深，眞僞難辯，須火至面識，門乃可開，於是獨出見帝。帝笑曰：「卿欲學郅君章也。」乃使耀前開門，然後入，深嗟賞之，賜以錦采。出爲南青州刺史，未之任。肅宗輔政，累遷祕書監。

耀歷事累世，奉職恪勤，咸見親待，未嘗有過。每得祿賜，散之宗族，性節儉率素，車服飲食，取給而已。好讀春秋，月一遍，時人比之賈梁道。趙彥深嘗謂耀曰：「君研尋左氏，豈求服虔、杜預之紕繆邪？」耀曰：「何爲其然乎？左氏之書，備敍言事，惡者可以自戒，善者可以庶幾。故厲己溫習，非欲詆訶古人之得失也。」天統元年，世祖臨朝，耀奏事，遇暴疾，仆於御前。帝下座臨視，呼數聲不應。帝泣曰：「豈失我良臣也！」旬日卒，時年六十三。詔稱耀忠貞平直，溫恭廉慎。贈開府儀同三司、尙書右僕射、燕州刺史，謚曰貞簡。

趙起，字興洛，廣平人也。父達，幽州錄事參軍。起性沉謹有幹用。義旗建，高祖以段榮爲定州刺史，以起爲榮典籤，除奉車都尉。天平中，徵爲相府騎曹，累加中散大夫。世宗嗣事，出爲建州刺史，累遷侍中。起，高祖世頻爲相府騎兵二局，與知兵馬十有餘年。至顯祖即阼之後，起罷州還闕，雖歷位九卿、侍中，常以本官監兵馬，出內驅使，居腹心之寄，與二張相亞。出爲西兗州刺史，糾劾禁止，歲餘，以無驗獲免。河清二年，徵還晉陽。三年，又加祠部尚書、開府。天統初，轉太常卿，食琅邪郡幹。二年，除滄州刺史，加六州都督。武平中，卒於官。

徐遠，字彥遐，廣寧石門人也。其先出自廣平。曾祖定，爲雲中軍將、平朔戍主，因家於朔。遠少習吏事，郡辟功曹。未幾，與太守率戶赴義旗，署防城都督，除夔陶縣令。高祖以遠閑習書計，命爲丞相騎兵參軍事，常征伐克濟軍務，深爲高祖所知。累歷鉅鹿、陳留二郡太守。天保初，爲御史所劾，遇赦免，沉廢二年。顯祖以遠勳舊，特用爲領軍府長史，〔四〕累遷東徐州刺史，入爲太中大夫。河清初，加衞將軍。二年，除使持節、都督東楚州諸軍事、東楚州刺史。天統二年，授儀同三司、衞尉。四年，加開府、右光祿大夫。武平初卒。

遠爲治慕寬和，有恩惠。至東楚，其年冬，邑郭大火，城民亡產業，遠躬自赴救，對之流涕，仍爲經營，皆得安立。長子世榮，中書舍人、黃門侍郎。

王峻，字巒嵩，靈丘人也。明悟有幹略。高祖以爲相府墨曹參軍，坐事去官。久之，顯祖爲儀同開府，引爲城局參軍。累遷恒州大中正，世宗相府外兵參軍。隨諸軍平淮陰，賜爵北平縣男。除營州刺史。

營州地接邊城，賊數爲民患。峻至州，遠設斥候，廣置疑兵，每有賊發，常出其不意要擊之，賊不敢發，合境獲安。先是刺史陸士茂詐殺失韋八百餘人，因此朝貢遂絕。至是，峻分命將士，要其行路，失韋果至，大破之，虜其首帥而還。因厚加恩禮，放遣之。失韋遂獻誠款，朝貢不絕，峻有力焉。初茹茹主菴羅辰率其餘黨東徙，峻度其必來，預爲之備。未幾，菴羅辰到，頓軍城西。峻乃設奇伏大破之，獲其名王郁久閭豆拔提等數十人，送於京師。菴羅辰於此遁走。帝甚嘉之。〔五〕遷祕書監。

廢帝即位，除洛州刺史、河陽道行臺左丞。皇建中，詔於洛州西界掘長塹三百里，置城戍以防間諜。河清元年，徵拜祠部尚書。詔詣晉陽檢校兵馬，俄而還鄴，轉太僕卿。及車駕巡幸，常與吏部尚書尉瑾輔皇太子、諸親王同知後事。仍賜食梁郡幹，遷侍中，除都官尚書。及周師寇逼，詔峻以本官與東安王婁叡、武興王普等自鄴率衆赴河陽禦之。車駕幸洛陽，以懸瓠爲周人所據，復詔峻爲南道行臺，與婁叡率軍南討。未至，周師棄城走，仍使慰輯永、郢二州。四年春，還京師。坐違格私度禁物並盜截軍糧，有司依格處斬，家口配沒。特詔決鞭一百，除名配甲坊，蠲其家口。會赦免，停廢私門。天統二年，授驃騎大將軍、儀同三司，尋加開府。武平初，除侍中。四年卒。贈司空公。

王紘，字師羅，太安狄那人也，爲小部酋帥。父基，頗讀書，有智略。初從葛榮反，榮授基濟北王、寧州刺史。後葛榮破，而基據城不下，尒朱榮遣使喻之，然後始降。榮後以爲府從事中郎令，率衆鎮磨川。榮死，紇豆陵步藩虜基歸河西，後逃歸尒朱兆。高祖平兆，以基爲都督，除義寧太守。基先於葛榮軍與周文帝相知，及文帝據有關中，高祖遣基與長史侯景同使於周文帝，文帝留基不遣。基後逃歸，除冀州長史，後行肆州事。元象初，累遷南益州、北豫州刺史。所歷皆好聚斂，然性和直，吏民不甚患之。興和四年冬爲奴所害，時年六十五。贈征東將軍、吏部尚書、定州刺史。

紘少好弓馬，善騎射，頗愛文學。性機敏，應對便捷。年十三，見揚州刺史太原郭元貞。元貞撫其背曰：「汝讀何書？」對曰：「誦孝經。」曰：「孝經云何？」曰：「在上不驕，爲下不亂。」元貞曰：「吾作刺史，豈其驕乎？」紘曰：「公雖不驕，君子防未萌，亦願留意。」元貞稱善。年十五，隨父在北豫州，行臺侯景與人論掩衣法爲當左，爲當右。尚書敬顯儁曰：「孔子云：『微管仲，吾其被髮左衽矣。』以此言之，右衽爲是。」紘進曰：「國家龍飛朔野，雄步中原，五帝異儀，三王殊制，掩衣左右，何足是非。」景奇其早慧，賜以名馬。

興和中，世宗召爲庫直，除奉朝請。世宗暴崩，紘冒刃捍禦，以忠節賜爵平春縣男，賚帛七百段、綾錦五十疋、錢三萬並金帶駿馬，仍除晉陽令。

天保初，加寧遠將軍，頗爲顯祖所知待。帝嘗與左右飲酒，曰：「快哉大樂。」紘對曰：「亦有大樂，亦有大苦。」帝曰：「何爲大苦？」紘曰：「長夜荒飲不寤，亡國破家，身死名滅，所謂大苦。」帝默然。後責紘曰：「爾與紇奚舍樂同事我兄，舍樂死，爾何爲不死！」紘曰：「君亡臣死，自是常節，但賊豎力薄斫輕，故臣不死。」帝使燕子獻反縛紘，長廣王捉頭，帝手刃將下。紘曰：「楊遵彥、崔季舒逃走避難，位至僕射、尚書，冒死效命之士，反見屠戮，曠古未有此事。」帝投刃於地曰：「王師羅不得殺。」遂捨之。

乾明元年，昭帝作相，補中外府功曹參軍事。皇建元年，進爵義陽縣子。河清三年，與諸將征突厥，加驃騎大將軍。天統元年，除給事黃門侍郎，加射聲校尉，四遷散騎常侍。武平初，開府儀同三司。紘上言：「突厥與宇文男來女往，必當相與影響，南北寇邊。宜選九州勁勇强弩，〔六〕多據要險之地。伏願陛下哀忠念舊，愛孤恤寡，矜愚嘉善，舍過記功，敦骨肉之情，廣寬仁之路，思堯、舜之風，慕禹、湯之德，克己復禮，以成美化，天下幸甚。」

五年，陳人寇淮南，〔七〕詔令羣官共議禦捍。封輔相請出討擊。紘曰：「官軍頻經失利，人情騷動，若復興兵極武，出頓江、淮，恐北狄西寇，乘我之弊，傾國而來，則世事去矣。莫若薄賦省徭，息民養士，使朝廷協睦，遐邇歸心，征之以仁義，鼓之以道德，天下皆當肅清，豈直僞陳而已。」高阿那肱謂衆人曰：「從王武衞者南席。」衆皆同焉。

尋兼侍中，聘於周。使還郎正，未幾而卒。紘好著述，作鑒誡二十四篇，頗有文義。

史臣曰：張纂等並趨事霸朝，申其功用，皆有齊之良臣也。伯德之慟哭伏屍，靈光之拒關駐蹕，有古人風焉。

贊曰：纂、亮、耀、起，徐遠、紘、峻，奉日高昇，凌風遠振。樹死拒關，終明信順。

校勘記

〔一〕劉誕據相州拒守　諸本「誕」作「延」。殿本作「誕」，考證云：「按神武本紀：『十一月攻鄴，相州刺史劉誕嬰城固守』，則此『延』是『誕』之譌。」按殿本作「誕」是，今從之。

〔二〕會世宗入爲太子少傅　按高澄從未爲太子少傅，而且忽插此句，和張纂事全不相涉。「世宗」下當有脫文，入爲太子少傅的是張纂。

〔三〕與大司馬斛律金守河陽　諸本「大司馬」作「大司徒」，北史卷五五張亮傳作「大司馬」。按北魏司徒不加「大」字。本書卷一七斛律金傳沒有說他曾官司徒，但說他於平高仲密後除「大司馬」。

這裏稱金後授之官，北史是，今據改。

〔四〕顯祖以遠勳舊特用爲領軍府長史　諸本「特」作「將」，册府卷二一一二五三三頁作「特」。按作「將」，屬上讀似贅，屬下讀又和下文不貫。今從册府改。

〔五〕帝甚嘉之　按茹茹東徙，事在天保五年五五四，見本書卷四文宣紀。「帝」乃指高洋。這裏上文牽連下來，不知此「帝」是誰。且北齊書例稱廟號，疑本作「顯祖」，「帝」字乃後人所改。

〔六〕宜選九州勁勇强弩　三朝本、汲本、局本及册府卷五三〇六三三八頁「勁勇」作「中男」，南、北、殿三本作「勁勇」。按北齊定制：十六已上，十七已下爲中，十八爲丁，二十充兵見隋書卷二四食貨志，發兵守險，可能也及於中男，但不可能專選中男，且和下「强弩」也連不起來。他本作「勁勇」，恐也是以意改定，無可參證，今姑從之。

〔七〕五年陳人寇淮南　按本書卷八後主紀補陳書卷五宣帝紀，陳將吳明徹攻淮南在齊武平四年，陳太建五年五七三。下文記王紘使周事，後主紀也在武平四年六月。這裏「五年」當作「四年」。

北齊書卷二十六〔一〕

列傳第十八

薛琡　敬顯儁　平鑒

薛琡，字曇珍，河南人。其先代人，本姓叱干氏。父豹子，〔二〕魏徐州刺史。琡形貌魁偉，少以幹用稱。爲典客令，每引客見，儀望甚美。魏帝召而謂之曰：「卿風度峻整，姿貌秀異，後當升進，何以處官？」琡曰：「宗廟之禮，不敢不敬，朝廷之事，不敢不忠，自此以外，非庸臣所及。」

正光中，〔三〕行洛陽令，部內肅然。有犯法者，未加拷掠，直以辭理窮覈，多得其情。於是豪猾畏威，事務簡靜。時以久旱，京師見囚悉召集華林，理問寃滯，洛陽繫獄，唯有三人。魏孝明嘉之，賜縑百疋。

遷吏部，尚書崔亮奏立停年之格，〔四〕不簡人才，專問勞舊。琡上書，言：「黎元之命，繫於長吏，若得其人，則蘇息有地，任非其器，爲患更深。若使選曹唯取年勞，不簡賢否，便義均行雁，次若貫魚，執簿呼名，一吏足矣，數人而用，何謂銓衡。請不依此。」書奏不報。後因引見，復進諫曰：「共治天下，本屬百官。是以漢朝常令三公大臣舉賢良、方正、有道、直言之士，以爲長吏，監撫黎元。自晉末以來，此風遂替。今四方初定，務在養民。臣請依漢氏更立四科，令三公貴臣各薦時賢，以補郡縣，明立條格，防其阿黨之端。」詔下公卿議之，事亦寢。

元天穆討邢杲也，以琡爲行臺尚書。時元顥已據酇城。天穆集文武議其所先。議者咸以杲衆甚盛，宜先經略。琡以爲邢杲聚衆無名，雖强猶賊；元顥皇室昵親，來稱義舉，此恐難測。杲鼠盜狗竊，非有遠志，宜先討顥。天穆以羣情所欲，遂先討杲。杲降軍還，顥入洛。天穆謂琡曰：「不用君言，乃至於此。」

天平初，高祖引爲丞相長史。琡宿有能名，深被禮遇，軍國之事，多所聞知。琡亦推誠盡節，屢進忠讜。高祖大舉西伐，將度蒲津。琡諫曰：「西賊連年饑饉，無可食啗，故冒死來入陝州，欲取倉粟。今高司徒已圍陝城，粟不得出。但置兵諸道，勿與野戰，比及來年麥秋，人民盡應餓死，寶炬、黑獺，自然歸降。願王無渡河也。」侯景亦曰：「今者之舉，兵衆極大，萬一不捷，卒難收斂。不如分爲二軍，相繼而進，前軍若勝，後軍合力，前軍若敗，後軍承之。」高祖皆不納，遂有沙苑之敗。累遷尚書僕射，卒。臨終，勑其子斂以時服，踰月便葬，不聽干求贈官。自制喪車，不加彫飾，但用麻爲流蘇，繩用網絡而已。明器等物並不令置。

琡久在省闥，閑明簿領，當官剖斷，敏速如流。然天性險忌，情義不篤，外似方格，內實浮動。受納貨賄，曲法舞文，深情刻薄，多所傷害，士民畏惡之。魏東平王元匡妾張氏淫逸放恣，琡初與姦通，後納以爲婦。惑其讒言，逐前妻于氏，不認其子，家內怨忿，競相告列，深爲世所譏鄙。贈青州刺史。

敬顯儁，字孝英，平陽人。少英俠有節操，交結豪傑。爲羽林監。高祖臨晉州，儁因使謁見，與語說之，乃啓爲別駕。及義舉，以儁爲行臺倉部郎中。從攻鄴，令儁督造土山。城拔，又從平西胡。〔五〕轉都官尚書，與諸將征討，累有功。又從高祖平寇難，破周文帝。敗侯景，平壽春，定淮南。又略地三江口，多築城戍。累除兗州刺史，卒。〔六〕

平鑒，字明達，燕郡薊人。父勝，安州刺史。鑒少聰敏，頗有志力。受學於徐遵明，不爲章句，雖崇儒業，而有豪俠氣。孝昌末，盜賊蜂起，見天下將亂，乃之洛陽，與慕容儼騎馬為友。〔七〕鑒性巧，夜則胡畫，以供衣食。謂其宗親曰：「運有汚隆，亂極則治。幷州戎馬之地，尒朱王命世之雄，杖義建旗，奉辭問罪，勞忠竭力，今也其時。」遂相率奔尒朱榮於晉陽，因陳靜亂安民之策。榮大奇之，卽署參軍，前鋒從平鞏、密，每陣先登。除撫軍、襄州刺史。

高祖起義信都，鑒自歸。高祖謂鑒曰：「日者皇綱中弛，公已早竭忠誠。今尒朱披猖，又能去逆從善。搖落之時，方識松筠。」卽啓授征西。懷州刺史。〔八〕

鑒奏請於州西故軹道築城以防遏西寇，朝廷從之。尋而西魏來攻。是時新築之城，糧仗未集，舊來乏水，衆情大懼。南門內有一井，隨汲卽竭。鑒乃具衣冠俯井而祝，至旦有井泉涌溢，合城取之。魏師敗還，以功進位開府儀同三司。

時和士開以佞幸勢傾朝列，〔九〕令人求鑒愛妾劉氏，鑒卽送之。仍謂人曰：「老公失阿劉，與死何異。要自為身作計，不得不然。」由是除齊州刺史。鑒歷牧八州，再臨懷州，所在為吏所思，立碑頌德。入為都官尚書。令〔一〇〕

校勘記

〔一〕北齊書卷二十六　按此卷文與北史不同，且較北史簡略，後無論贊。錢氏考異卷三一認為曾經後人刪改，或是北齊書此卷已亡，後人以高氏小史補。

〔二〕父豹子　北本、殿本及北史卷二五「豹」作「彪」。他本作「豹」。按薛虎子附魏書卷四四薛野䐗傳。北齊書作「豹」，北史作「彪」，都是避唐諱。北本、殿本乃依北史改。

〔三〕正光中　諸本「光」作「元」。按「正元」無此年號，今從北史卷二五薛琡傳改。

〔四〕遷吏部尚書崔亮奏立停年之格　北史卷二五「吏部」下有「郎中先是吏部」六字。這裏刪簡失當。

〔五〕又從平西胡　按「西胡」當是「四胡」之訛。四胡指尒朱兆等，屢見本書紀傳。金石萃編卷三〇敬史君即顯儁碑止敍他從平尒朱兆事，別無所謂「平西胡」。

〔六〕累除兗州刺史卒　按此傳刪節過甚，敍事缺漏。如敬史君碑有云：「燕司失馭，編荒作逆，連黑山之衆，峙黃巾之勢，縱橫海表，陸梁幽、冀。震慼皇衷，命公是討」云云。分明是一次相當規模的農民起義，敬顯儁是殘酷鎭壓這次起義的劊子手。傳文一無紀載，或原文本有而給刪節掉。這件有關東魏初年農民起義的史事就給埋滅了。

〔七〕與慕容儼騎馬爲友　北史卷五五平鑒傳、册府卷八四八一〇〇八二頁此句作「與慕容儼以客騎馬爲業」，當是借馬給人騎坐，自己趕馬。這裏刪節，文義不明。

〔八〕即啓授征西懷州刺史　錢氏考異卷三一云：「『征西』下當有脫文。」按上文稱高歡信都起兵，「鑒自歸」，則此懷州刺史也是高歡所啓授，但據北史卷五五平鑒傳，鑒遷懷州刺史，在高澄當國時。「征西」下顯然有脫文，錢說是。

〔九〕時和士開以佞幸勢傾朝列　按這個「時」字直接上文西魏進攻懷州。而和士開當權得勢至早也在武成帝高湛時，那時西魏早亡。據北史卷五五在此以前尚有一段敍事，直到「河清二年，重拜懷州刺史」，才說「和士開使求鑒愛妾阿劉」。這裏又是删節失當，以致把河清二年五六三或以後的事和在其前十餘年的事西魏攻懷州據卷一五潘樂傳當在天保元年（五五〇）說成同時，甚謬。

〔一〇〕人爲都官尚書令　按「都官尚書令」無此官。北史卷五五云：「卒於都官尚書，」下敍贈官和其子事跡。此「令」字疑衍。但下有缺文，也可能「令」字屬下讀。今於「書」字下斷句。

北齊書卷二十七

列傳第十九

万俟普 子洛　可朱渾元　劉豐　破六韓常

金祚　韋子粲

万俟普，字普撥，太平人，其先匈奴之別種也。雄果有武力。正光中，破六韓拔陵構逆，授普太尉。率部下降魏，授後將軍，第二領民酋長。高祖起義，普遠通誠款，高祖甚嘉之。斛斯椿逼帝西出，授司空、秦州刺史，據覆秫城。高祖平夏州，普乃率其部落來奔，高祖躬自迎接，授普河西公。累遷太尉、朔州刺史，卒。

子洛，字受洛干。豪壯有武藝，騎射過人，爲鄉閭所伏。拔陵反，隨父歸順，除顯武將軍。隨尒朱榮每有戰功，累遷汾州刺史、驃騎將軍。及起義信都，遠送誠款，高祖嘉其父子俱至，甚優其禮。除撫軍，兼靈州刺史。武帝入關，除左僕射。天平中，隨父東歸，封建昌郡公，再遷領軍將軍。與諸將圍獨孤如願於金墉，及河陰之戰，並有功。高祖以其父普尊老，特崇禮之，嘗親扶上馬。洛免冠稽首曰：「願出死力以報深恩。」及此役也，諸軍北渡橋，洛以一軍不動。謂西人曰：「万俟受洛干在此，能來可來也！」西人畏而去。高祖以雄壯，名其所營地爲回洛城。洛慷慨有氣節，勇鋭冠時，當世推爲名將。興和初卒。

可朱渾元，字道元。〔二〕自云遼東人，世爲渠帥，魏時擁衆内附，曾祖護野肱終於懷朔鎮將，遂家焉。元寬仁有武略，少與高祖相知。北邊擾亂，遂將家屬赴定州，值鮮于修禮作亂，元擁衆屬焉。葛榮併修禮，復以元爲梁王。遂奔尒朱榮，以爲別將，隸天光征關中，以功爲渭州刺史。

侯莫陳悅之殺賀拔岳也，周文帝率岳所部還共圖悅。元時助悅，悅走，元收其衆，入據秦州，爲周攻圍，苦戰，結盟而罷。元既早被高祖知遇，兼其母兄在東，嘗有思歸之志，恒遣表疏與高祖陰相往來。周文忌元智勇，知元懷貳，發兵攻之。元乃率所部，發自渭州，西北渡烏蘭津。周文頻遣兵邀之，元戰必摧之。引軍歷河、源二州境，〔三〕乃得東出。靈州刺史曹埿女婿劉豐與元深相交結。元因說豐以高祖英武非常，克成大業，豐自此便有委質之心，遂資遣元。元從靈州東北入雲州。高祖聞其來也，遣平陽守高嵩持金環一枚以賜元，並運資糧，遠遣候接。元至晉陽，引見執手，賜帛千疋並奴婢田宅。兄弟四人先在幷州者，進官爵。元所部督將，皆賞以爵邑。封元縣公，除車騎大將軍。

討西魏儀同金祚、皇甫智達於東雍，擒之。遷幷州刺史。又與諸將征伐，頻有克捷降下。天保初，封扶風王。頻從顯祖討山胡、茹茹，累有戰功。遷太師，薨。贈假黃鉞、太宰、錄尚書。元善於御衆，行軍用兵，務在持重，前後出征，未嘗負敗。及卒，朝廷深悼之。皇建初，配享世宗廟庭。

劉豐，字豐生，普樂人也。〔四〕有雄姿壯氣，果毅絕人，有口辯，好說兵事。破六韓拔陵之亂，豐以守城之功，除普樂太守。魏永安初，除靈州鎮城大都督。周文授以衞大將軍，豐不受，乃遣攻圍，不克。豐遠慕高祖威德，乃率戶數萬來奔。高祖上豐爲平西將軍、南汾州刺史。遂與諸將征討，平定寇亂。又從高祖破周文於河陰，豐功居多，高祖執手嗟賞。入爲左衞將軍，出除殷州。

王思政據長社，世宗命豐與清河王岳攻之。豐建水攻之策，遂遏洧水以灌之，水長，魚鱉皆游焉。九月至四月，城將陷。豐與行臺慕容紹宗見北有白氣，同入船。忽有暴風從東北來，正晝昏暗，飛沙走礫，船纜忽絕，漂至城下。豐游水向土山，爲浪所激，不時至，西人鈎之。並爲敵人所害。豐壯勇善戰，爲諸將所推。死之日，朝野駭惋。贈大司馬、司徒公、尙書令，謚曰忠。子暐嗣。

破六韓常，字保年，附化人，匈奴單于之裔也。右谷蠡王潘六奚沒於魏，其子孫以潘六奚爲氏，後人訛誤，以爲破六韓。世領部落，其父孔雀，世襲酋長。孔雀少驍勇。時宗人拔陵爲亂，以孔雀爲大都督、司徒、平南王。孔雀率部下一萬人降於尒朱榮，詔加平北將軍、第一領民酋長，卒。

常沉敏有膽略，善騎射，累遷平西將軍。高祖起義，常爲附化守，與万俟受洛干東歸，高祖嘉之，上爲撫軍。與諸將征討，又從高祖攻擊諸寇，累遷車騎大將軍、開府，封平陽公。除洛州刺史。常啓世宗曰：「常自鎮河陽以來，頻出關口，太谷二道，北荆已北，〔五〕洛州已南，所有要害，頗所知悉。而太谷南口去荆路踰一百，經赤工坂，是賊往還東西大道，中間曠絕一百五十里，賊之糧饟，唯經此路。愚謂於彼選形勝之處，營築城戍，安置士馬，截其遠還，自然不能更有行送。」世宗納其計，遣大司馬斛律金等築楊志、百家、呼延三鎮。常秩滿，還晉陽，拜太保、滄州刺史，卒。贈尚書令、司徒公、太傅、第一領民酋長，假王，諡曰忠武。

金祚，字神敬，安定人也。性驍雄，尚氣任俠。魏正光中，隴右賊起，詔雍州刺史元猛討之，召募狼家，〔六〕以爲軍導，祚應選。以軍功累遷龍驤將軍、靈州刺史。高祖舉義，尒朱天光率關右之衆與仲遠等北抗義師。天光留祚東秦，總督三州，鎮靜二州。天光敗，歸高祖，〔七〕除車騎大將軍。邙山之戰，以大都督從破西軍。祚除華州刺史，加開府儀同三司，別封臨濟縣子，卒。贈司空。

韋子粲，字暉茂，京兆人。曾祖閬，魏咸陽守。父雋，都水使者。子粲仕郡功曹史，累遷爲大行臺郎中，從尒朱天光平關右。孝武入關，以爲南汾州刺史。神武命將出討，城陷，子弟俱破獲，送晉陽，蒙放免。以粲爲幷州長史，累遷豫州刺史，卒。初子粲兄弟十三人，子姪親屬，闔門百口悉在西魏。以子粲陷城不能死難，多致誅滅，歸國獲存，唯與弟道諧二人而已。諧與粲俱入國。粲富貴之後，遂特棄道諧，令其異居，所得廩祿，略不相及，其不顧恩義如此。

校勘記

〔一〕北齊書卷二十七　按此卷文與北史不同，後無論贊，傳中高歡、高澄稱廟號。錢氏考異卷三一認爲曾經後人刪改，或是北齊書此卷已亡，後人以高氏小史補。

〔二〕字道元　諸本「道」作「通」。北史卷五三可朱渾元傳作「道」。按本書和魏書、北史、通鑑凡稱可朱渾元字者都作「道元」。「通」字訛，今據改。

〔三〕引軍歷河源二州境　按魏無「源州」。上文說「元乃率所部發自渭州西北，渡烏蘭津」。通鑑卷一五七四八六〇頁胡注：「烏蘭津在平涼西北」。平涼卽魏原州治。疑「源」乃「原」之訛。

〔四〕普樂人也　御覽卷二七五一二八五頁無此四字，却有「本出河間樂城」六字，不知所出。可能是北齊書此傳原文。

〔五〕北荆已北　諸本「北荆」作「北制」。按「北制」無此地名，「制」字是「荆」之訛。本傳下文明說

「太谷南口去荆路踰一百」，又說高澄採納破落韓常築城的建議，命斛律金等「築楊志、百家、呼延三鎮」。據魏書卷一〇六地形志中北荆州條云：「武定二年五四四置，領伊陽、新城、汝北三郡」，其中汝北郡的治所後來即移在楊志塢。可知築城正在北荆和洛州間。「制」字訛，今改正。

〔六〕召募狠家　册府卷八四八　一〇〇八二頁「狠家」作「良家」。按「狠家」，當時別無紀載，疑作「良」是。

〔七〕天光敗歸高祖　張森楷云：「北史卷五三金祚傳謂祚初莫知所歸，神武遣侯景慰諭解甲，後據東雍州，遣尉景攻降之。據可朱渾元傳見同卷有『討西魏儀同金祚、皇甫智達於東雍，擒之』之文，與北史合，是也。此太簡略，殊非事實。」按此傳以某種史鈔補，删節過多。下文說「別封臨濟縣子」，前面却沒有記金祚的本封何爵，也是删節之失。

北齊書卷二十八〔一〕

列傳第二十

元坦　元斌　元孝友　元暉業　元弼　元韶

元坦，祖魏獻文皇帝，咸陽王禧第七子。禧誅後，兄翼、樹等五人相繼南奔，故坦得承襲，改封敷城王。永安初，復本封咸陽郡王，累遷侍中。莊帝從容謂曰：「王才非荀、蔡，中歲屢遷，當由少長朕家，故有超授。」初禧死後，諸子貧乏，坦兄弟為彭城王勰所收養，故有此言。

孝武初，其兄樹見禽。坦見樹既長且賢，慮其代己，密勸朝廷以法除之。樹知之，泣謂坦曰：「我往因家難，不能死亡，寄食江湖，受其爵命。今者之來，非由義至，求活而已，豈望榮華。汝何肆其猜忌，忘在原之義，腰背雖偉，善無可稱。」坦作色而去。樹死，竟不臨哭。

坦歷司徒、太尉、太傅，加侍中、太師、錄尚書事、宗正、司州牧。雖祿厚位尊，貪求滋甚，賣獄鬻官，不知紀極。為御史劾奏免官，以王歸第。尋起為特進，出為冀州刺史，專復聚斂。每百姓納賦，除正稅外，別先責絹五疋，然後為受。性好畋漁，無日不出，秋冬獵雉兔，春夏捕魚蟹，鷹犬常數百頭。自言寧三日不食，不能一日不獵。入為太傅。〔二〕齊天保初准例降爵，封新豐縣公，除特進、開府儀同三司。坐子世寶與通直散騎侍郎彭貴平因酒醉誹謗，妄說圖讖，有司奏當死，詔並宥之。坦配北營州，死配所。

元斌，字善集，祖魏獻文皇帝。父高陽王雍，〔三〕從孝莊於河陰遇害。斌少襲祖爵，歷位侍中、尚書左僕射。斌美儀貌，性寬和，居官重慎，頗為齊文襄愛賞。齊天保初，准例降爵，為高陽縣公，拜右光祿大夫。二年，從文宣討契丹還，至白狼河，〔四〕以罪賜死。

元孝友，祖魏太武皇帝。兄臨淮王彧無子，〔五〕令孝友襲爵。累遷滄州刺史，為政溫和，好行小惠，不能清白，而無所侵犯，百姓亦以此便之。魏靜帝宴文襄於華林，孝友因醉自譽，又云：「陛下許賜臣能。」帝笑曰：「朕恒聞王自道清。」文襄曰：「臨淮王奉旨舍罪。」於是君臣俱笑而不罪。

孝友明於政理，嘗奏表曰：

令制：百家爲黨族，二十家爲閭，五家爲比鄰。百家之內，有帥二十五人，徵發皆免，苦樂不均。羊少狼多，復有蠶食。此之爲弊久矣。京邑諸坊，或七八百家唯一里正、二史，庶事無闕，而況外州乎？請依舊置三正之名不改，而百家爲族，四閭，閭二比。〔六〕計族少十二丁，得十二疋貲絹。略計見管之戶應二萬餘族，一歲出貲絹二十四萬疋。十五丁爲一番兵，計得一萬六千兵。此富國安人之道也。

古諸侯娶九女，士一妻一妾。晉令：諸王置妾八人，郡君、侯，妾六人。官品令：第一第二品有四妾，第三第四有三妾，第五第六有二妾，第七第八有一妾。所以陰教聿修，繼嗣有廣。廣繼嗣孝也，修陰教禮也。而聖朝忽棄此數，由來漸久，將相多尚公主，王侯娶后族，故無妾媵，習以爲常。婦人不幸，生逢今世，〔七〕舉朝旣是無妾，天下殆皆一妻。設令人强志廣娶，則家道離索，身事迍邅，內外親知，共相嗤怪。凡今之人，通無準節。父母嫁女，則教以妬，姑姊逢迎，必相勸以忌。以制夫爲婦德，以能妬爲女工。自云不受人欺，畏他笑我。王公猶自一心，已下何敢二意。夫妬忌之心生，則妻妾之禮廢，妻妾之禮廢，則姦淫之兆興，斯臣之所以毒恨者也。請以王公第一品娶八，通妻以備九女，稱事二品備七，三品四品備五，五品六品則一妻二妾。限以一周，悉令充數。若不充數，及待妾非禮，使妻妬加捶撻，免所居官。其妻無子而不娶妾，斯則自絕，無以血食祖父，請科不孝之罪，離遣其妻。

臣之赤心，義唯家國，欲使吉凶無不合禮，貴賤各有其宜，省人帥以出兵丁，立倉儲以豐穀食，設賞格以擒姦盜，行典令以示朝章，庶使足食足兵，人信之矣。又冒申妻妾之數，正欲使王侯將相功臣子弟，苗胤滿朝，傳祚無窮。此臣之志也。

詔付有司，議奏不同。

孝友又言：「今人生爲皂隸，葬擬王侯，存沒異途，無復節制。崇壯丘隴，盛飾祭儀，鄰里相榮，稱爲至孝。又夫婦之始，王化所先，共食合瓢，足以成禮。而今之富者彌奢，同牢之設，甚於祭槃，累魚成山，山有林木之像，鸞鳳斯存。徒有煩勞，終成委棄。仰惟天意，其或不然。請自茲以後，若婚葬過禮者，以違旨論。官司不加糾劾，卽與同罪。」

孝友在尹積年，以法自守，甚著聲稱，然性無骨鯁，善事權勢，爲正直者所譏。齊天保初，准例降爵，封臨淮縣公，拜光祿大夫。二年冬被詔入晉陽宮，出與元暉業同被害。

元暉業，字紹遠，魏景穆皇帝之玄孫。少險薄，多與寇盜交通。長乃變節，涉子史，亦頗屬文，而慷慨有志節。歷位司空、太尉，加特進，領中書監，錄尚書事。文襄嘗問之曰：「比何所披覽？」對曰：「數尋伊、霍之傳，不讀曹、馬之書。」

暉業以時運漸謝，不復圖全，唯事飲啗，一日一羊，三日一犢。又嘗賦詩云：「昔居王道泰，濟濟富羣英；今逢世路阻，狐兔鬱縱橫。」齊初，降封美陽縣公，開府儀同三司、特進。暉業之在晉陽也，無所交通，居常閑暇，乃撰魏藩王家世，號爲辯宗錄四十卷行於世。位望隆重，又以性氣不倫，每被猜忌。

天保二年，從駕至晉陽，於宮門外駡元韶曰：「爾不及一老嫗，背負璽與人，何不打碎之。我出此言，卽知死也，然爾亦詎得幾時！」文宣聞而殺之，亦斬臨淮公孝友。孝友臨刑，驚惶失措，暉業神色自若。仍鑿冰沉其屍。暉業弟昭業，頗有學問，位諫議大夫。莊帝幸洛南，昭業立於閶闔門外叩馬諫，帝避之而過，後勞勉之。位給事黃門侍郞、衞將軍、右光祿大夫，卒。謚曰文侯。

元弼，字輔宗，魏司空暉之子。〔八〕（性剛正，有文學。位中散大夫。以世嫡應襲先爵，爲季父尚書僕射麗因于氏親寵，遂奪弼王爵，橫授同母兄子誕。於是弼絕棄人事，託疾還私第。宣武徵爲侍中。〔九〕弼上表固讓，入嵩山，以穴爲室，布衣蔬食，卒。建義元年，〔一〇〕子暉業訴復王爵。永安三年追贈尙書令、司徒公，謚曰文獻。初弼嘗夢人謂之曰：「君身不得傳世封，其紹先爵者，君長子紹遠也。」弼覺，卽告暉業，終如其言。）

元韶字世胄，魏孝莊之姪。避尒朱之難，匿於嵩山。〔一〕性好學，美容儀。初尒朱榮將入洛，父劭恐，以韶寄所親滎陽太守鄭仲明。仲明尋爲城人所殺，韶因亂與乳母相失，遂與仲明兄子僧副避難。路中爲賊逼，僧副恐不免。因令韶下馬。〔二〕僧副謂客曰：「窮鳥投人，尙或矜愍，況諸王如何棄乎？」僧副舉刃逼之，客乃退。韶逢一老母姓程，哀之，隱於私家十餘日，莊帝訪而獲焉，襲封彭城王。齊神武帝以孝武帝后配之。魏室奇寶，多隨后入韶家。有二玉鉢相盛，可轉而不可出；馬瑙榼容三升，玉縫之。皆稱西域鬼作也。歷位太尉、侍中、錄尙書、司州牧，進太傅。

齊天保元年，降爵爲縣公。韶性行溫裕，以高氏婿，頗膺時寵。能自謙退，臨人有惠政。好儒學，禮致才彥，愛林泉，修第宅，華而不侈。文宣帝剃韶鬢鬚，加以粉黛，衣婦人服以自隨，曰：「我以彭城爲嬪御。」譏元氏微弱，比之婦女。

十年，太史奏云：「今年當除舊布新。」文宣謂韶曰：「漢光武何故中興？」韶曰：「爲誅諸劉不盡。」於是乃誅諸元以厭之。遂以五月誅元世哲、景式等二十五家，〔三〕餘十九家並禁止之。韶幽於京畿地牢，絕食，啗衣袖而死。及七月，大誅元氏，自昭成已下並無遺焉。或父祖爲王，或身常貴顯，或兄弟强壯，皆斬東市。其嬰兒投於空中，承之以矟。前後死者凡七百二十一人，悉投屍漳水，剖魚多得爪甲，都下爲之久不食魚。

贊曰：元氏蕃熾，憑兹慶靈，道隨終運，命偶淫刑。

校勘記

〔一〕北齊書卷二十八　按此卷原缺，後人以北史卷一六、卷一七、卷一九、卷二一相同諸人傳補。卷末贊語當出北齊書原文。三朝本、南本卷末有宋人校語云：「此卷牽合北史而成。」

〔二〕入爲太傅　諸本「太傅」作「太常」，北史卷一九元坦傳附咸陽王禧傳作「太傅」。按坦爲太傅，見魏書卷一二孝靜紀武定七年十月。此作「太常」，誤。今據北史改。

〔三〕祖魏獻文皇帝父高陽王雍　張森楷云：「案魏書獻文六王傳卷二一上，斌是高陽王雍世子泰之子，則獻文乃其曾祖，雍其祖也。下文有『襲祖爵』，尚不誤。」按這是補此傳者誤讀北史本傳所致。

〔四〕至白狼河　諸本「狼」作「浪」。北史卷一九元斌傳附高陽王雍傳作「狼」。按白狼水見水經注卷一四大遼水注，云「水出右北平白狼縣東南」。「浪」字訛，今據改。

〔五〕祖魏太武皇帝兄臨淮王彧無子　按北史卷一六臨淮王譚傳，元孝友爲譚曾孫，則太武是孝友高祖。這裏「祖」上脫「高」字。又三朝本、北本、汲本、局本「彧」作「譚」，譚是孝友曾祖，顯誤。南本、殿本已校改作「彧」，今從之。

〔六〕而百家爲族四閭閭二比　三朝本、汲本及北史卷一六元孝友傳「族」作「於」，三朝本、汲本不重「閭」字。南、北、殿、局四本及魏書卷一八元孝友傳無「族」字。按「於」字爲「族」之訛，上文明言「百家爲黨族」，下文說「族少十二丁」可證。魏書脫「族」字，南本當以「百家爲於」不可通，從魏書删，他本從之。今「於」字改正作「族」，「閭」字從諸本及魏書、北史重。

〔七〕婦人不幸生逢今世　北史卷一六、魏書卷一八「不」作「多」。觀上下文義，疑作「多」是。

〔八〕元弼字輔宗魏司空暉之子　三朝本、北本、汲本、殿本無「暉」字，南本、局本「暉」作「鬱」，册府卷八一三九六七七頁作「暉」。錢氏考異卷三一云：「考北史卷一七弼字邕明，不字輔宗，其父鬱亦未爲司空，或諸元別有仕齊名弼者，而後人妄牽合之。」按魏末有兩元弼，其一附北史卷一七濟陰王小新成傳，乃元鬱子。此傳除傳首十一字外，卽以北史此元弼傳補。如錢氏所考，其人字邕明，父亦未爲司空，和傳首無一相合。且傳稱其死在魏永安三年五三〇，和東魏、北齊沒有發生關係，不應北齊書爲他立傳。又一元弼附北史卷一五常山王遵傳，其人字宗輔傳首作輔宗，不知孰是，父名暉，死贈司空，與傳首十一字合。北史本傳說他死於齊天保三年五五二，歷官尚書令、中書監、錄尚書事。歷官並見魏書卷一二孝靜紀天平元年五三四十月、武定二年五四四三月。此人在東魏當大官，死在北齊初，顯爲此卷有傳的元弼。由於此傳只殘存傳首十一字，補此傳者只見北史卷一七也有一元弼，就截取補入，實屬張冠李戴，傳非其人。三朝本或係有意刪去「暉」字，或係脫文。南本不僅採北史卷一七補上「鬱」字，以湊合下文，而且發見此傳前一人元暉業却是這個元弼字邕明者之子，認爲不該子先父後，便貿然把元弼傳提在元暉業傳之前，北本、殿本從之，可算錯上加錯。今據冊府補「暉」字。下文「性剛正」直到傳終都是另一元弼的事，和北齊書無涉，今加括號。

〔九〕宣武徵爲侍中　諸本「徵」作「中」。北史卷一七作「徵」。按「宣武」是元恪謚，非年號，「中」字訛，今據改。

〔一〇〕建義元年　諸本「建義」作「建元」。按魏無「建元」年號，建義是孝莊帝第一個年號，今據北史卷一七改。

〔一一〕魏孝莊之姪避尒朱之難匿於嵩山　按此十四字不見魏書卷二一下、北史卷一九元韶傳。這裏已說避難事，忽然接上「性好學，美容儀」六字，接着又追敍「尒朱榮將入洛」，元韶避難遇程姓老母事，前後重複，敍次淩亂。疑傳首「元韶字世胄」，合此十四字共十九字，是北齊書殘存原文。避難事已敍訖，本無下文追敍語。補此傳者逕將北史本傳接在殘存的十九字下，以致如此。

〔一三〕路中爲賊逼僧副恐不免因令韶下馬　南、北、殿三本「中」下無「爲」字，「僧副」作「客」，三朝本、汲本、局本及北史卷一九如上摘句。按原文當作「僧副」。但「不免」下有脫文，其事不詳。後人疑僧副是反對拋棄元韶的人，何以反令韶下馬，遂改「僧副」爲「客」。今從三朝本。

〔一四〕誅元世哲景式等二十五家　諸本「式」作「武」。按本書卷四文宣紀天保十年五月稱誅始平公元世、東平公元景式等二十五家。元景式見魏書卷一九下元略傳附南安王楨傳，乃略嗣子。「武」字訛，今據改。

北齊書卷二十九〔一〕

列傳第二十一

李渾 渾弟繪 李璵 鄭述祖

李渾，字季初，趙郡栢人人也。曾祖靈，魏鉅鹿公。父遵，魏冀州征東府司馬，京兆王愉冀州起逆，害遵。渾以父死王事，除給事中。時四方多難，乃謝病，求爲青州征東府司馬。與河間邢卲、北海王昕俱奉老母、携妻子同赴青、齊。未幾而尒朱榮入洛，衣冠殲盡。論者以爲知機。永安初，除散騎常侍。

普泰中，崔社客反於海岱，攻圍青州。詔渾爲征東將軍、〔二〕都官尚書、行臺赴援。而社客宿將多謀，諸城各自保，固壁清野。時議有異同。渾曰：「社客賊之根本，圍城復踰晦朔。烏合之衆，易可崩離。若簡練驍勇，銜枚夜襲，徑趣營下，出其不意，咄嗟之間，便可擒殄。如社客執擒，則諸郡可傳檄而定。何意冒熱攻城，疲損軍士。」諸將遲疑，渾乃決行。

未明，達城下，賊徒驚散，生擒社客，斬首送洛。海隅清定。

後除光祿大夫，兼常侍，聘使至梁。梁武謂之曰：「伯陽之後，久而彌盛，趙李人物，今實居多。常侍曾經將領，今復充使，文武不墜，良屬斯人。」使還，為東郡太守，以贓徵還。世宗使武士提以入，渾抗言曰：「將軍今日猶自禮賢耶！」世宗笑而捨之。

天保初，除太子少保，邢卲為少師，楊愔為少傅，論者為榮。以參禪代儀注，賜爵涇陽縣男。刪定麟趾格。尋除海州刺史。土人反，〔三〕共攻州城。城中多石，無井，常食海水。賊絕其路。城內先有一池，時旱久涸，一朝天雨，泉流涌溢。賊以為神，應時駭散。渾督勵將士，捕斬渠帥。渾妾郭氏在州干政納貨，坐免官。卒。

子湛，字處元。涉獵文史，有家風。為太子舍人，兼常侍，聘陳使副。襲爵涇陽縣男。〔四〕渾與弟繪、緯俱為聘梁使主，〔五〕湛又為使副，是以趙郡人士，目為四使之門。

繪，字敬文。年六歲，便自願入學，家人偶以年俗忌，約而弗許。〔六〕伺其伯姊筆牘之間，而輒竊用，未幾遂通急就章。內外異之，以為非常兒也。及長，儀貌端偉，神情朗儁。河間邢晏，即繪舅也。與繪清言，歎其高遠。每稱曰：「若披雲霧，如對珠玉，宅相之寄，良在此甥。」齊王蕭寶夤引為主簿記室，專管表檄，待以賓友之禮。司徒高邕辟為從事中郎，徵至洛。時勑侍中西河王、祕書監常景選儒學十人緝撰五禮，繪與太原王乂同掌軍禮。魏靜帝於顯陽殿講孝經、禮記，繪與從弟騫、裴伯茂、〔七〕魏收、盧元明等俱爲錄議。素長筆札，尤能傳受，緝綴詞議，簡舉可觀。天平初，世宗用爲丞相司馬。每罷朝，文武總集，對揚王庭，〔八〕常令繪先發言端，爲羣僚之首。音辭辯正，風儀都雅，聽者悚然。

武定初，兼常侍，爲聘梁使主。梁武帝問繪：「高相今在何處？」繪曰：「今在晉陽，肅遏邊寇。」梁武曰：「黑獺若爲形容？高相作何經略？」繪曰：「黑獺遊魂關右，人神厭毒，連歲凶災，百姓懷土。丞相奇略不世，畜銳觀釁，攻昧取亡，勢必不遠。」梁武曰：「如卿言極佳。」與梁人汎言氏族。袁狎曰：「未若我本出自黃帝，姓在十四之限。」繪曰：「兄所出雖遠，當共車千秋分一字耳。」一坐大笑。前後行人，皆通啓求市，繪獨守清尚，梁人重其廉潔。

使還，拜平南將軍、高陽內史。郡境舊有猛獸，民常患之。繪欲修檻，遂因鬬死。咸以爲化感所致，皆請中上。繪不聽。高祖東巡郡國，在瀛州城西駐馬久立，使慰之曰：「孤在晉，〔九〕知山東守唯卿一人用意。及入境觀風，信如所聞。但善始令終，將位至不次。」河間守崔謀恃其弟暹勢，從繪乞麋角鴿羽。繪答書曰：「鴿有六翮，飛則沖天，麋有四足，走便入海。下官膚體疏嬾，手足遲鈍，不能逐飛追走，遠事佞人。」是時世宗使暹選司徒長史，暹薦繪，既而不果，咸謂由此書。天保初，爲司徒右長史。繪質性方重，未嘗趨事權勢，以此久而屈沉。卒。

公緒，字穆叔，渾族兄藉之子。性聰敏，博通經傳。魏末冀州司馬，屬疾去官。後以侍御史徵，不至，卒。

公緒沉冥樂道，不關世務，故誓心不仕。尤善陰陽圖緯之學。嘗語人云：「吾每觀齊之分野，福德不多，國家世祚，終於四七。」及齊亡之歲，〔一〇〕上距天保之元二十八年矣。公緒潛居自待，雅好著書，撰典言十卷，又撰質疑五卷，〔一一〕喪服章句一卷，古今略記二十卷，玄子五卷，趙語十三卷，並行於世。

李璵，字道璠，隴西成紀人，涼武昭王暠之五世孫。父韶，並有重名於魏代。璵溫雅有識量。釋褐太尉行參軍，累遷司徒右長史。及遷都於鄴，留於後，監掌府藏，及撤運宮廟材木，以明幹見稱。累遷驃騎大將軍、東徐州刺史。解州還，遂稱老疾，不求仕。齊受禪，追璵兼前將軍，〔一二〕導從於圓丘行禮。璵意不願策名兩朝，雖以宿舊被徵，過事即絕朝請。天保四年卒。

子詮、韞。詮、韞無行。〔一三〕詮以女妻穆提婆子懷廆，超遷臨漳令、儀同三司。韞與陸令萱女弟私通，令萱奏授太子舍人。

弟瑾，字道瑜，名在魏書。才識之美，見稱當代。瑾六子，産之、〔一四〕倩之、壽之、禮之、行之、凝之，並有器望。行之與兄弟深相友愛，又風素夷簡，爲士友所稱。范陽盧思道是其舅子，嘗贈詩云：「水衡稱逸人，潘、楊有世親，〔一五〕形骸預冠蓋，心思出風塵。」時人以爲實錄。

瑍從弟曉，字仁略。魏太尉虔子。學涉有思理。釋褐員外侍郎。尒朱榮之害朝士，將行，曉衣冠爲鼠所噬，遂不成行，得免河陰之難。及遷都鄴，曉便寓居淸河，託從母兄崔㥄宅。〔一六〕給良田三十頃，曉遂築室安居，訓勗子姪，無復宦情。武定末，以世道方泰，乃入都從仕。除頓丘守，卒。

鄭述祖，字恭文，滎陽開封人。祖羲，魏中書令。父道昭，魏祕書監。述祖少聰敏，好屬文，有風檢，爲先達所稱譽。釋褐司空行參軍。天保初，累遷太子少師、儀同三司、兗州刺史。時穆子容爲巡省使，歎曰：「古人有言：『聞伯夷之風，貪夫廉，懦夫有立。』今於鄭兗州見之矣。」

初述祖父爲光州，〔一七〕於城南小山起齋亭，刻石爲記。述祖時年九歲。及爲刺史，往尋舊迹，得一破石，有銘云：「中岳先生鄭道昭之白雲堂。」述祖對之嗚咽，悲動羣僚。有人入市盜布，其父怒曰：「何忍欺人君！」執之以歸首，述祖特原之。自是之後，境內無盜。人歌之曰：「大鄭公，小鄭公，相去五十載，風教猶尚同。」

述祖能鼓琴，自造龍吟十弄，云嘗夢人彈琴，寤而寫得。當時以爲絕妙。所在好爲山池，松竹交植，盛饌以待賓客，將迎不倦。未貴時，在鄉單馬出行，忽有騎者數百，見述祖皆下馬，曰「公在此」，行列而拜。述祖顧問從人，皆不見，心甚異之。未幾被徵，終歷顯位。及病篤，乃自言之。且曰：「吾今老矣，一生富貴足矣，以清白之名遺子孫，死無所恨。」遂卒於州。述祖女爲趙郡王叡妃。述祖常坐受王拜，命坐，王乃坐。妃薨後，王更娶鄭道蔭女。王坐受道蔭拜，王命坐，乃敢坐。王謂道蔭曰：「鄭尚書風德如此，又貴重宿舊，君不得譬之。」子元德，多藝術，官至琅邪守。

元德從父弟元禮，字文規。少好學，愛文藻，有名望。世宗引爲館客，歷太子舍人。崔昂妻，即元禮之姊也，魏收又昂之妹夫。昂嘗持元禮數篇詩示盧思道，〔一八〕乃謂思道云：「看元禮比來詩詠，亦當不減魏收？」答云：「未覺元禮賢於魏收，但知妹夫疏於婦弟。」元禮入周，卒於始州別駕。

校勘記

〔一〕北齊書卷二十九　按此卷與北史不同，而無論贊。三朝本、南本卷末有宋人校語云：「此卷雖非北史而無論贊，疑尚非正史。」錢氏考異卷三一認爲似經後人删改，或北齊書此卷已亡，後人以高氏小史補。

〔二〕詔渾爲征東將軍　諸本「將」下脫「軍」字，今據册府卷三五四四二〇四頁補。

〔三〕土人反　三朝本、南本「土」作「亡」。北、汲、殿、局四本及北史卷三三作「土」。按「亡人」指逃亡人民，亦可通。但「土人」屢見本書及魏書，似作「土」是。

〔四〕兼常侍聘陳使副襲爵涇陽縣男　三朝本、南本、汲本、局本無「使副襲爵涇陽縣男」八字。北本當是依北史卷三三補，殿本從之。按若無「使副」字，則下文「湛又爲使副」，「又」字無據，今從北本。

〔五〕渾與弟繪緯俱爲聘梁使主　諸本「緯」作「偉」，北史卷三三作「緯」。張森楷云：「按緯字乾經，則當從『系』爲是。」今按魏書卷四九李靈傳附見作「系」，去掉「緯」字的右邊，乃避北齊後主高緯諱，可知字當從「系」，今據北史改。

〔六〕家人偶以年俗忌約而弗許　北史卷三三及册府卷七七五九二〇六頁「偶以」倒作「以偶」。按册府此條出北齊書，却與北史同。「偶年」是指雙數的年齡，或當時忌偶年上學，後人不解，乙作「偶以」。

〔七〕裴伯茂　諸本「茂」作「莊」，北史卷三三李繪傳作「茂」。按魏書卷八五文苑傳有「裴伯茂」，「莊」字訛，今據改。

〔八〕每罷朝文武總集對揚王庭　北史卷三三、册府卷四六七五五六三頁「罷」作「霸」。按既已「罷朝」，又說「對揚王庭」，連不起來。當時習稱高歡父子掌握的政權機構叫「霸朝」。李繪是丞相司馬，長史、司馬是相府首僚，故下云：「爲羣僚之首。」這裏正是說丞相府中的集會，「對揚王庭」指的是渤海王之庭。疑作「霸」是。

〔九〕孤在晉　册府卷六七二八〇三六頁「晉」下有「陽」字。疑此傳脫去。

〔一〇〕及齊亡之歲　三朝本、汲本作「帝年則及亡之歲」，不可解，局本删「帝年則」三字，南本據北史卷三三改作「及齊亡之歲」，北、殿二本從之。按「帝年則」三字必有訛脫，南本改作未必合於原文，但無從參證，今姑從之。

〔一一〕又撰質疑五卷　北史卷三三「質疑」上有「禮」字。按無此字，不知所質之疑爲何，當是脫去。

〔一二〕追璵兼前將軍　南、北、殿、局四本「追」作「進」，三朝本、汲本作「追」，百衲本依他本改作「進」。按北史卷一〇〇序傳也作「追」。李璵先已官驃騎大將軍，位一品，前將軍在第三品見魏書卷一一三官氏志，不能說進。上文說他已稱老疾，不求仕，必已回鄉，今追他來鄴任職，作「追」是，今從三朝本。

〔一三〕子詮韞誦韞無行　錢氏考異卷三一云：「案北史序傳卷一〇〇璵子詮，詮弟謐，謐弟誦，誦弟世蘊。中略傳失載謐一人，又以韞爲誦兄，皆不若北史之可信。」按此傳「詮」下脫「謐誦」二字，原文當作「子詮、謐、誦、韞，誦、蘊無行」，觀下文先敍誦之無行，才敍蘊之劣跡，可知「無行」不止韞一人。今於「子銓韞」句斷。

〔一四〕瑾六子產之　諸本「產」作「彥」。魏書卷三九李寶傳、北史卷一〇〇序傳作「產」。按產之字孫僑，春秋時，鄭子產名僑，今名產字僑，名字相應。漢魏南北朝墓誌集釋卷八盧文搆墓誌跋引文構妻李月相墓誌，稱月相曾祖韶，祖瑾，父產之，可證作「產」是，今據改。

〔一五〕潘楊有世親　諸本「楊」作「陽」，殿本作「楊」，北史卷一〇〇作「揚」。按潘楊世親見文選卷五六潘安仁楊仲武誄。「陽」字訛，今從殿本。

〔一六〕託從母兄崔㥄宅　諸本「㥄」作「悛」，北史卷一〇〇作「陵」。按崔㥄，本書卷二三有傳，㥄清河人，與此傳「曉便寓居清河」語合。「悛」「陵」都是形近而訛，今改正。

〔一七〕初述祖父爲光　諸本及北史卷三五鄭述祖傳「光」作「兗」。北史此句上多「遷光州刺史」句。按魏書卷五六、北史卷三五稱述祖父道昭由祕書監出爲光州刺史，轉青州刺史，從未做過兗州刺史。八瓊室金石補正卷一四載鄭道昭雲峯山石刻十七種，論經書詩，題銜是光州刺史。雲峰山在掖縣，即光州治所。同書卷二一又載光州刺史鄭述祖重登雲峰山題記，內容說的即此傳下文所云「往尋舊跡」的事。鄭道昭、述祖父子先後都任光州刺史，都曾在光州刻石，證據明白。知「兗」乃「光」的形訛，今改正。又北史上有「還光州刺史」句，敍述祖歷官本不誤，當是補此傳者以爲上下文說的是兗州事，遂自删去。

〔一八〕昂嘗持元禮數篇詩示盧思道　諸本無「昂」字。按若無「昂」字，便似魏收持元禮詩示思道，和下文不合，今據北史卷三五補。

北齊書卷三十〔一〕

列傳第二十二

崔暹　高德政　崔昂

崔暹，字季倫，博陵安平人，漢尚書寔之後也，世爲北州著姓。父穆，州主簿。暹少爲書生，避地渤海，依高乾，以妹妻乾弟慎。慎後臨光州，〔二〕啓暹爲長史。趙郡公琛鎮定州，〔三〕辟爲開府諮議。隨琛往晉陽，高祖與語說之，以兼丞相長史。高祖舉兵將入洛，留暹佐琛知後事。謂之曰：「丈夫相知，豈在新舊。軍戎事重，留守任切，家弟年少，未閑事宜，凡百後事，一以相屬。」握手殷勤，至於三四。後遷左丞、吏部郎，主議麟趾格。

暹親遇日隆，好薦人士，言邢卲宜任府僚，兼任機密，世宗因以徵卲，甚見親重。言論之際，卲遂毁暹。世宗不悅，謂暹曰：「卿說子才之長，子才專言卿短，此癡人也。」暹曰：「子才言暹短，暹說子才長，皆是實事，不爲嫌也。」高慎之叛，與暹有隙，高祖欲殺之，世宗救免。

武定初，遷御史中尉，選畢義雲、盧潛、宋欽道、李愔、崔瞻、杜蕤、嵇曄、酈伯偉、崔子武、李廣皆爲御史，世稱其知人。

世宗欲假暹威勢。諸公在坐，令暹高視徐步，兩人掣裾而入，世宗分庭對揖，暹不讓席而坐，觴再行，便辭退。世宗曰：「下官薄有蔬食，願公少留。」暹曰：「適受勑在臺檢校。」遂不待食而去，世宗降階送之。旬日後，世宗與諸公出之東山，遇暹於道，前驅爲赤棒所擊，世宗回馬避之。

暹前後表彈尚書令司馬子如及尚書元羨、雍州刺史慕容獻，〔四〕又彈太師咸陽王坦、幷州刺史可朱渾道元，罪狀極筆，並免官。其餘死黜者甚衆。高祖書與鄴下諸貴曰：「崔暹昔事家弟爲定州長史，後吾兒開府諮議，及遷左丞吏部郎，吾未知其能也。始居憲臺，乃爾糾劾。咸陽王、司馬令並是吾對門布衣之舊，尊貴親昵，無過二人，同時獲罪，吾不能救，諸君其慎之。」高祖如京師，羣官迎於紫陌。高祖握暹手而勞之曰：「往前朝廷豈無法官，而天下貪婪，莫肯糾劾。中尉盡心爲國，不避豪强，遂使遠邇肅清，羣公奉法。衝鋒陷陣，大有其人，當官正色，今始見之。今榮華富貴，直是中尉自取，高歡父子，無以相報。」賜暹良馬，使騎之以從，且行且語。暹下拜，馬驚走，高祖爲擁之而授轡。魏帝宴於華林園，謂高祖曰

「自頃朝貴、牧守令長、所在百司多有貪暴，侵削下人。朝廷之中有用心公平，直言彈劾，不避親戚者，王可勸酒。」高祖降階，跪而言曰：「唯御史中尉崔暹一人。謹奉明旨，敢以酒勸，並臣所射賜物千疋，乞回賜之。」帝曰：「崔中尉爲法，道俗齊整。」暹謝曰：「此自陛下風化所加，大將軍臣澄勸獎之力。」世宗退謂暹曰：「我尚畏羨，何況餘人。」由是威名日盛，內外莫不畏服。

高祖崩，未發喪，世宗以暹爲度支尚書，兼僕射，委以心腹之寄。暹憂國如家，以天下爲己任。世宗車服過度，誅戮變常，言談進止，或有虧失，暹每厲色極言，世宗亦爲之止。有囚數百，世宗盡欲誅之，每催文帳。暹故緩之，不以時進，世宗意釋，竟以獲免。

自出身從官，常日晏乃歸。侵曉則與兄弟問母之起居，暮則嘗食視寢，然後至外齋對親賓。一生不問家事。魏、梁通和，要貴皆遣人隨聘使交易，暹惟寄求佛經。梁武帝聞之，爲繕寫，以幡花贊唄送至館焉。然而好大言，調戲無節。密令沙門明藏著佛性論而署己名，傳諸江表。子達拏年十三，暹命儒者權會教其說周易兩字，乃集朝貴名流，令達拏昇高座開講。趙郡眭仲讓陽屈服之，〔五〕暹喜，擢爲司徒中郎。〔六〕鄴下爲之語曰：「講義兩行得中郎。」此皆暹之短也。

顯祖初嗣霸業，司馬子如等挾舊怨，言暹罪重，謂宜罰之。高隆之亦言宜寬政網，去苛察法官，黜崔暹，則得遠近人意。顯祖從之。及踐祚，譖毀之者猶不息。帝乃令都督陳山提等搜暹家，甚貧匱，唯得高祖、世宗與暹書千餘紙，多論軍國大事。帝嗟賞之。仍不免衆口，乃流暹於馬城，晝則負土供役，夜則置地牢。歲餘，奴告暹謀反，鎖赴晉陽，無實，釋而勞之。

尋遷太常卿。帝謂羣臣曰：「崔太常清正，天下無雙，卿等不及。」初世宗欲以妹嫁暹子，而會世宗崩，遂寢。至是，羣臣讌於宣光殿，貴戚之子多在焉。顯祖歷與之語，於坐上親作書與暹曰：「賢子達拏，甚有才學。亡兄女樂安主，魏帝外甥，內外敬待，勝朕諸妹，思成大兄宿志。」乃以主降達拏。天保末，爲右僕射。帝謂左右曰：「崔暹諫我飲酒過多，然我飲何所妨？」常山王私謂暹曰：「至尊或多醉，太后尙不能致言，吾兄弟杜口，僕射獨能犯顏，內外深相感愧。」十年，暹以疾卒，帝撫靈而哭。贈開府。

達拏溫良清謹，有識學，少歷職爲司農卿。入周，謀反伏誅。天保時，顯祖嘗問樂安公主：「達拏於汝何似？」答曰：「甚相敬重，唯阿家憎兒。」顯祖召達拏母入內，殺之，投屍漳水。齊滅，達拏殺主以復讎。

高德政，字士貞，渤海蓨人。父顥，〔七〕魏滄州刺史。德政幼而敏慧，有風神儀表。顯祖引爲開府參軍，知管記事，甚相親狎。高祖又擢爲相府掾，委以腹心。遷黃門侍郎。世宗嗣業，如晉陽，顯祖在京居守，令德政參掌機密，彌見親重。世宗暴崩，事出倉卒，羣情草草。勳將等以纘戎事重，勸帝早赴晉陽。帝亦回遑不能自決，夜中召楊愔、杜弼、崔季舒及德政等，始定策焉。以楊愔居守。

德政與帝舊相昵愛，言無不盡。散騎常侍徐之才、館客宋景業先爲天文圖讖之學，又陳山提家客楊子術有所援引，並因德政，勸顯祖行禪代之事。德政又披心固請。帝乃手書與楊愔，具論諸人勸進意。德政恐愔猶豫不決，自請馳驛赴京，託以餘事，唯與楊愔言，愔方相應和。

德政還未至，帝便發晉陽，至平都城，〔八〕召諸勳將入，告以禪讓之事。諸將等忽聞，皆愕然，莫敢答者。時杜弼爲長史，密啓顯祖云：「關西是國家勁敵，若今受魏禪，恐其稱義兵挾天子而東向，王將何以待之？」顯祖入，召弼入與徐之才相告。之才云：「今與王爭天下者，彼意亦欲爲帝，譬如逐兔滿市，一人得之，衆心皆定。今若先受魏禪，關西自應息心。縱欲屈强，止當逐我稱帝。必宜知機先覺，無容後以學人。」弼無以答。帝已遣馳驛向鄴，書與太尉高岳、尚書令高隆之、領軍婁叡、侍中張亮、黃門趙彥深、楊愔等。岳等馳傳至高陽驛。帝使約曰：「知諸貴等意，不須來。」唯楊愔見，高岳等並還。帝以衆人意未協，又先得太后旨云：「汝父如龍，汝兄如虎，尚以人臣終，汝何容欲行舜、禹事？此亦非汝意，正是高德政教汝。」又說者以爲昔周武王再駕盟津，然始革命，於是乃旋晉陽。自是居常不悅。徐之才、宋景業等每言卜筮雜占陰陽緯候，必宜五月應天順人，德政亦勸不已。仍白帝追魏收。收至，令撰禪讓詔册、九錫、建臺及勸進文表。

至五月初，帝發晉陽。德政又錄在鄴諸事條進於帝，帝令陳山提馳驛齎事條並密書與楊愔。大略令撰儀注，防察魏室諸王。山提以五月至鄴，〔九〕楊愔卽召太常卿邢卲、七兵尚書崔㥄、度支尚書陸操、詹事王昕、黃門侍郎陽休之、中書侍郎裴讓之等議撰儀注。六日，要魏太傅咸陽王坦等總集，引入北宮，留于東齋，受禪後，乃放還宅。帝初發至亭前，〔一〇〕所乘馬忽倒，意甚惡之，大以沉吟。至平城都，便不復肯進。德政、徐之才苦請帝曰：「山提先去，若爲形容，恐其漏泄不果。」卽命司馬子如、杜弼馳驛續入，觀察物情。七日，子如等至鄴，衆人以事勢已決，無敢異言。

八日，楊愔書中旨，以魏襄城王旭〔一一〕並司空公潘相樂、侍中張亮、黃門趙彥深入通奏事。魏孝靜在昭陽殿，引見。旭云：「五行遞運，有始有終，齊王聖德欽明，萬方歸仰，臣等昧死聞奏，願陛下則堯禪舜。」魏帝便斂容曰：「此事推挹已久，謹當遜避。」又道：「若爾，須作詔。」中書侍郎崔劼奏云：「詔已作訖。」卽付楊愔進於魏靜帝。凡有十餘條，悉書。魏靜云：「安置朕何所，復若爲去？」楊愔對：「在北城別有館宇，還備法駕，依常仗衞而去。」魏靜帝於是下御坐，就東廊，口詠范蔚宗後漢書贊云：「獻生不辰，身播國屯，終我四百，永作虞賓。」所司尋奏請發。魏靜帝曰：「人念遺簪弊履，欲與六宮別，可乎？」乃入與夫人嬪御以下訣別，莫不歔欷掩涕。嬪趙國李氏口誦陳思王詩云：「王其愛玉體，俱享黃髮期。」魏靜帝登車出萬春門，直長趙道德在車中陪侍，百官在門外拜辭。遂入北城下司馬子如南宅。

帝至城南頓所。受禪之日，除德政爲侍中，尋封藍田公。七年，遷尚書右僕射，〔三〕兼侍中，食渤海郡幹。德政與尚書令楊愔綱紀政事，多有弘益。

顯祖末年，縱酒酣醉，所爲不法，德政屢進忠言。後召德政飲，不從，又進言於前，諫曰：「陛下道我尋休，今乃甚於既往，其若社稷何，其若太后何！」帝不悅，又謂左右云：「高德政恒以精神凌逼人。」德政甚懼，乃稱疾屏居佛寺，兼學坐禪，爲退身之計。帝謂楊愔曰：「我大憂德政，其病何似？」愔以禪代之際，因德政言情切至，方致誠款，常內忌之。由是答云：「陛下若用作冀州刺史，病卽自差。」帝從之，德政見除書而起。帝大怒，召德政謂之曰：「聞爾病，我爲爾針。」親以刀子刺之，血流霑地。又使曳下，斬去其趾。劉桃枝捉刀不敢下。帝起臨階砌，切責桃枝曰：「爾頭卽墮地！」因索大刀自帶，欲下階。桃枝乃斬足之三指。帝怒不解，禁德政於門下，其夜開城門，以輿送還家。旦日，德政妻出寶物滿四牀，欲以寄人。帝奄至於宅，見而怒曰：「我府藏猶無此物！」詰其所從得，皆諸元賂之。遂曳出斬之。時妻出拜，又斬之，並其子祭酒伯堅。德政死後，顯祖謂羣臣曰：「高德政常言宜用漢，除鮮卑，此即合死。又教我誅諸元，我今殺之，爲諸元報讐也。」帝後悔，贈太保，嫡孫王臣襲焉。

崔昂，字懷遠，博陵安平人也。祖挺，魏幽州刺史。昂年七歲而孤，伯父吏部尚書孝芬嘗謂所親曰：「此兒終當遠至，是吾家千里駒也。」昂性端直少華，沉深有志略，堅實難傾動。少好章句，頗綜文詞。世宗廣開幕府，引爲記室參軍，委以腹心之任。

世宗入輔朝政，召爲開府長史。時勳將親族賓客在都下，放縱多行不軌，孫騰、司馬子如之門尤劇。昂受世宗密旨，以法繩之，未幾之間，內外齊肅。遷尚書左丞，其年，又兼度支尚書。左丞兼尚書，近代未有，唯昂獨爲冠首，朝野榮之。

武定六年，甘露降於宮闕，文武官僚同賀顯陽殿。魏帝問僕射崔暹、尚書楊愔等曰：「自古甘露之瑞，漢、魏多少，可各言往代所降之處，德化感致所由。」次問昂，昂曰：「案符瑞圖，王者德致於天，則甘露降。吉凶兩門，不由符瑞，故桑雉爲戒，實啓中興，小鳥孕大，未聞福感。所願陛下雖休勿休。」帝爲斂容曰：「朕既無德，何以當此。」

齊受禪，遷散騎常侍，兼太府卿、大司農卿。二寺所掌，世號繁劇，昂校理有術，下無姦僞，經手歷目，知無不爲，朝廷歎其至公。又奏上橫市妄費事三百一十四條，詔下，依啓狀速議以聞。其年，與太子少師邢邵議定國初禮，仍封華陽男。又詔刪定律令，損益禮樂，令尚書右僕射薛琡等四十三人在領軍府議定。又勑昂云：「若諸人不相遵納，卿可依事啓聞。」昂奉勑笑曰：「正合生平之願。」昂素勤愼，奉勑之後，彌自警勗，部分科條，校正今古所增損十有七八。轉廷尉卿。昂本性清嚴，凡見黷貨輩，疾之若讐，以是治獄文深，世論不以平恕相許。

顯祖幸東山，百官預讌，升射堂。帝召昂於御坐前，謂曰：「舊人多出爲州，我欲以臺閣中相付，當用卿爲令僕，勿望刺史。卿六十外當與卿本州，中間，州不可得也。」後九卿以上陪集東宮，帝指昂及尉瑾、司馬子瑞謂太子曰：「此是國家柱石，汝宜記之。」未幾，復侍讌金鳳臺，帝歷數諸人，咸有罪負，至昂曰：「崔昂直臣，魏收才士，婦兄妹夫，俱省罪過。」天保十年，策拜儀同燕子獻，百司陪列，昂在行中。帝特召昂至御所，曰：「歷思羣臣可綱紀省闥者，唯冀卿一人。」卽日除爲兼右僕射。數日後，昂因入奏事，帝謂尚書令楊愔曰：「昨不與崔昂正者，言其太速，欲明年眞之。終是除正，何事早晚，可除正僕射。」明日，卽拜爲眞。楊愔少時與昂不平，顯祖崩後，遂免昂僕射，除儀同三司。後坐事除名，卒祠部尚書。

昂有風調才識，舊立堅正剛直之名。然好探揣上意，感激時主，或列陰私罪失，深爲顯祖所知賞，發言獎護，人莫之能毁。議曹律令，京畿密獄，及朝廷之大事多委之。尚嚴猛，好行鞭撻，雖苦楚萬端，對之自若。前者崔暹、季舒爲之親援，後乃高德政是其中表，常有挾恃，意色矜高，以此不爲名流所服。子液嗣。

校勘記

〔一〕按此卷與北史不同，稱廟號，不稱謚，但後無論贊。錢氏考異卷三一認爲經後人删改，或北齊書此卷已亡，後人以高氏小史補。

〔二〕愼後臨光州　三朝本、汲本無「愼」字。北史卷三二崔暹傳作「愼後臨光、滄二州」。南本依北史補「愼」字，北、殿、局三本從之。按此字不宜省。三朝本多省文，當是高氏小史之類史鈔原來就這樣，不一定是版刻脱去。但不少不應省的字，今皆從南、北本補，不一一出校記。

〔三〕趙郡公琛鎭定州　按本書卷一三趙郡王琛傳高琛封的是南趙郡公，八瓊室金石補正卷二〇載琛子叡天保七年造無量壽佛像記也稱琛爲南趙郡公。這裏「趙」上當有「南」字。

〔四〕雍州刺史慕容獻　北史卷三二、册府卷五一二六一三八頁、卷五二〇六二〇七頁「雍」作「殷」。按東魏無雍州，疑作「殷」是。

〔五〕趙郡眭仲讓陽屈服之　諸本「眭」作「睦」。按姓氏書無「睦」姓，今據北史卷三二改。詳卷四五校記。

〔六〕暹喜擢爲司徒中郎　諸本「擢」下有「奏」字。三朝本、汲本、局本「擢」作「躍」，南、北、殿三本作「擢」。張元濟以爲「喜躍」連文，作「躍」是北齊書跋。按「擢奏」於文義不洽。北史卷三二作「用仲讓爲司徒中郎」，通志卷一五三、御覽卷六一五二七六六頁引三國典略並作「擢仲讓爲司徒中郎」，都沒有「奏」字。三朝等本「喜躍」連讀，雖可通，從北史通志、御覽看來也不是原文。今從南、北、殿本作「擢」，據北史、通志刪「奏」字。

〔七〕父顥　諸本「顥」作「顯」。按魏書卷五七高祐傳、北史卷三一高允傳、唐書卷七一下宰相世系表渤海高氏並作「顥」，「顯」乃形近而訛，今據改。

〔八〕至平都城　南、殿、局三本作「平城都」，三朝本、北本、汲本作「平都城」，但下文「至平城都便不復肯進」句，却又同作「平城都」。此外，作「平城都」的還有卷二四杜弼傳、卷四九宋景業傳。又本書卷一四高思好傳作「平都」，而北史卷五一思好傳作「城平都」。按通鑑卷一六三五〇四二頁作「平都城」。胡注：「九域志：遼州遼山縣有平城鎭。宋白曰：遼州平城縣，本漢涅縣地，晉置武鄉縣，此地屬焉。隋開皇十六年於趙簡子所立平都故城置平城縣。」宋白之說本於元和郡縣志卷一七儀州平城縣條太平寰宇記卷四四太原郡平城縣條同。據此，知隋開皇十六年之前，此地當名平都或平都故城，開皇十六年立縣，始名平城。在東魏、北齊時既無平城之名，也不該稱之爲「都」。疑作「平都城」是。但作「平城都」者較多，或別有據，今皆不改。

〔九〕山提以五月至鄴　按上文已見「五月初」，這裏不應又記「五月」。下文有「六日」「七日」「八日」，此「五月」當是「五日」之訛，但北史卷三一也作「五月」，今不改。

〔一〇〕帝初發至亭前　北史卷三一及通鑑卷一六三五〇四三頁作「前亭」。胡注：「前亭在晉陽之東，平都城之西。」據胡注前亭有此地名，似作「亭前」誤。但不知所本，今不改。

〔一一〕魏襄城王旭　諸本及北史卷五魏孝靜紀「旭」作「昶」，魏書卷一二孝靜紀作「旭」。按襄城王元旭見魏書卷一九下城陽王長壽傳，孝靜紀屢見其人，武定六年五四八官大司馬。元昶見魏書卷二一咸陽王禧傳，其人封太原王，死於天平二年五三五。封邑不同，人也久死。「昶」字訛，今據改。下「昶云」句同改。

〔一二〕七年遷尚書右僕射　張森楷云：「帝紀卷四文宣紀德政爲右僕射在十年三月，疑此『七』字誤。」

北齊書卷三十一〔一〕

列傳第二十三

王昕 弟晞

王昕，字元景，北海劇人。六世祖猛，秦苻堅丞相，家於華山之鄜城。父雲，仕魏朝有名望。

昕少篤學讀書，太尉汝南王悅辟騎兵參軍。舊事，王出射，武服持刀陪從，昕未嘗依行列。悅好逸遊，或騁騎信宿，昕輒棄還。悅乃令騎馬在前，手爲驅策。昕舍轡高拱，任馬所之。左右言其誕慢。悅曰：「府望惟在此賢，不可責也。」悅數散錢於地，令諸佐爭拾之，昕獨不拾。悅又散銀錢以目昕，昕乃取其一。悅與府僚飲酒，起自移牀，人爭進手，昕獨執版却立。悅於是作色曰：「我帝孫帝子帝弟帝叔，今爲宴適，親起輿牀。卿是何人，獨爲偃蹇！」對曰：「元景位望微劣，不足使殿下式瞻儀形，安敢以親王僚寀，從厮養之役。」悅謝焉。

坐上皆引滿酣暢，昕先起，臥閑室，頻召不至。悅乃自詣呼之曰：「懷其才而忽府主，可謂仁乎？」昕曰：「商辛沉湎，其亡也忽諸，府主自忽，微僚敢任其咎。」悅大笑而去。

累遷東萊太守。後吏部尚書李神儁奏言，比因多故，常侍遂無員限，今以王元景等為常侍，定限八員。加金紫光祿大夫。武帝或時袒露，〔三〕與近臣戲狎，每見昕，即正冠而斂容焉。昕體素甚肥，遭喪後，遂終身羸瘠。楊愔重其德業，以為人之師表。遷祕書監。

昕少與邢卲俱為元羅賓友，及守東萊，卲舉室就之。郡人以卲是邢杲從弟，會兵將執之，昕以身蔽伏其上，呼曰：「欲執邢子才，當先殺我。」卲乃免焉。

昕雅好清言，詞無淺俗。在東萊，獲殺其同行侶者，詰之未服，昕謂之曰：「彼物故不歸，卿無恙而反，何以自明？」邢卲後見世宗，說此言以為笑樂。昕聞之，故詣卲曰：「卿不識造化。」還謂人曰：「子才應死，我罵之極深。」

顯祖以昕疏誕，非濟世所須，罵之曰：「好門戶，惡人身。」又有讒之者曰：「王元景每嘆水運不應遂絕。」帝愈怒，乃下詔徙幽州。後徵還，除銀青光祿大夫，判祠部尚書事。帝怒臨漳令嵇曄及舍人李文師，以曄賜薛豐洛，文師賜崔士順為奴。鄭子默私謂昕曰：「自古無朝士作奴。」昕曰：「箕子為之奴，何言無也？」子默遂以昕言啓顯祖，仍曰：「王元景比陛下於殷紂。」楊愔微為解之。帝謂愔曰：「王元景是爾博士，爾語皆元景所教。」帝後與朝臣酣飲，昕稱病不至。帝遣騎執之，見方搖膝吟詠，遂斬於御前，投尸漳水，天保十年也。有文集二十卷。子顗。

昕母清河崔氏，學識有風訓，生九子，並風流蘊藉，世號王氏九龍。

弟晞，字叔朗，小名沙彌。幼而孝謹，淹雅有器度，好學不倦，美容儀，有風則。魏末，隨母兄東適海隅，與邢子良遊處。子良愛其清悟，與其在洛兩兄書曰：「賢弟彌郎，意識深遠，曠達不羈，簡於造次，言必詣理，吟詠情性，往往麗絕。恐足下方難爲兄，不假慮其不進也。」〔三〕魏永安初，第二兄暉聘梁，啓晞釋褐除員外散騎侍郎，徵署廣平王開府功曹史。晞願養母，竟不受署。母終後，仍屬遷鄴。遨遊鞏洛，悅其山水，與范陽盧元明、鉅鹿魏季景結侶同契，往天陵山，浩然有終焉之志。

及西魏將獨孤信入洛，署爲開府記室。晞稱先被犬傷，困篤不起。有故人疑其所傷非猘，書勸令起。晞復書曰：「辱告存念，見令起疾，循復眷旨，似疑吾所傷未必是猘。吾豈願其必猘，但理契無疑耳。就足下疑之，亦有過說。足下既疑其非猘，亦可疑其是猘，其疑半矣。若疑其是猘而營護，雖非猘亦無損；〔四〕疑其非猘而不療，儻是猘則難救。然則過療則致萬全，過不療或至死。若王晞無可惜也，則不足取，既取之，便是可惜。奈何奪其萬全，任其或死。且將軍威德所被，颷飛霧襲，方掩八紘，豈在一介。若必從隗始，先須濟其生靈。足下何不從容爲將軍言也。」於是方得見寬。俄而信返，晞遂歸鄴。

齊神武訪朝廷子弟忠孝謹密者，令與諸子遊。晞與清河崔瞻、頓丘李度、范陽盧正通首應此選。文襄時爲大將軍，握晞等手曰：「我弟並向成長，志識未定，近善狎惡，不能不移。吾弟成立，不負義方，卿祿位常亞吾弟。若苟使迴邪，致相詿誤，罪及門族，非止一身。」晞隨神武到晉陽，補中外府功曹參軍帶常山公演友。

齊天保初，行太原郡事。及文宣昏逸，常山王數諫，帝疑王假辭於晞，欲加大辟。王私謂晞曰：「博士，明日當作一條事，爲欲相活，亦圖自全，宜深體勿怪。」乃於衆中杖晞二十。帝尋發怒，聞晞得杖，以故不殺，髡鉗配甲坊。居三年，王又固諫爭，大被毆撻，閉口不食。太后極憂之。帝謂左右曰：「儻小兒死，奈我老母何？」於是每問王疾，謂曰：「努力強食，當以王晞還汝。」乃釋晞令往。王抱晞曰：「吾氣力惙然，恐不復相見。」晞流涕曰：「天道神明，豈令殿下遂斃此舍。至尊親爲人兄，尊爲人主，安可與校計。殿下不食，太后亦不食，殿下縱不自惜，不惜太后乎？」言未卒，王強坐而飯。晞由是得免徒，還爲王友。

王復錄尚書事，新除官者必詣王謝職，去必辭。晞言於王曰：「受爵天朝，拜恩私第，自古以爲干紀。朝廷文武，出入辭謝，宜一約絕。主上顒顒，賴殿下扶翼。」王納焉。常從容謂晞曰：「主上起居不恒，卿耳目所具，吾豈可以前逢一怒，遂爾結舌。卿宜爲撰諫草，吾當伺便極諫。」晞遂條十餘事以呈。切諫王曰：「今朝廷乃爾，欲學介子匹夫輕一朝之命，狂藥令人不自覺，刀箭豈復識親疏，一旦禍出理外，將奈殿下家業何，奈皇太后何！乞且將順，日愼一日。」王歔欷不自勝，曰：「乃至是乎？」明日見晞曰：「吾長夜九思，今便息意。」便命火對晞焚之。後王承間苦諫，遂至忤旨。帝使力士反接，拔白刃注頸，罵曰：「小子何知，欲以吏才非我，是誰敎汝！」王曰：「天下噤口，除臣誰敢有言。」帝催遣捶楚，亂杖抶數十，會醉臥得解。爾後褻黷之好，遍於宗戚，所往留連，俾晝作夜，唯常山邸多無適而去。

及帝崩，濟南嗣立。王謂晞曰：「一人垂拱，吾曹亦保優閒。」因言朝廷寬仁慈恕，眞守文良主。晞曰：「天保享祚，東宮委一胡人，今卒覽萬機，駕馭雄傑。如聖德幼沖，未堪多難，而使他姓出納詔命，必權有所歸。殿下雖欲守藩職，其可得也！〔五〕假令得遂冲退，自謂保家祚得靈長不？」王默然思念，久之曰：「何以處我？」晞曰：「周公抱成王朝諸侯，攝政七年，然後復子明辟，幸有故事，惟殿下慮之。」王曰：「我安敢自擬周公。」〔六〕晞曰：「殿下今日地望，欲避周公得耶？」王不答。帝臨發，勑王從駕，除晞幷州長史。

及王至鄴，誅楊、燕等，詔以王爲大丞相、都督中外諸軍事，督攝文武。還至幷，乃延晞謂曰：〔七〕「不早用卿言，使羣小弄權，幾至傾覆。今君側雖獲暫清，終當何以處我？」晞曰：

「殿下將往時地位，猶可以名教出處。今日事勢，遂關天時，非復人理所及。」有頃，奏趙郡王叡爲左長史，晞爲司馬。每夜載入，晝則不與語，以晞儒緩，恐不允武將之意。後進晞密室曰：「比王侯諸貴每見煎迫，言我違天不祥，恐當或有變起，吾正欲以法繩之。」晞曰：「朝廷比者疏遠親戚，寧思骨血之重。殿下倉卒所行，非復人臣之事，芒刺在背，交戟入頸，上下相疑，何由可久。且天道不恒，虧盈迭至，神幾變化，肹蠁斯集。雖執謙挹，粃糠神器，便是違上玄之意，墜先帝之基。」王曰：「卿何敢發非所宜言，須致卿於法。」晞曰：「竊謂天時人事，同無異謀，是以冒犯雷霆，不憚斧鉞。今日得披肝膽，抑亦神明攸贊。」王曰：「拯難匡輔，方俟聖哲，吾何敢私議，幸勿多言。」尋有詔以丞相任重，普進府僚一班，晞以司馬領吏部郎中。丞相從事中郎陸杳將出使，臨別握晞手曰：「相王功格區宇，天下樂推，歌謠滿道，物無異望。杳等願披赤心而忽奉外使，無由面盡短誠，寸心謹以仰白。」晞尋述杳言。王曰：「若內外咸有異望，趙彥深朝夕左右，何因都無所論。自以卿意試密與言之。」晞以事隙問彥深。彥深曰：「我比亦驚此音謠，每欲陳聞，則口噤心戰。弟既發論，吾亦昧死一披肝膽。」因亦同勸。

是時諸王公將校四方岳牧表陳符命。乾明元年八月，昭帝踐祚，詔晞曰：「何爲自同外客，略不可見。自今假非局司，但有所懷，隨宜作一牒，候少隙卽徑進也。」因勅尚書陽休之、鴻臚卿崔劼等三人，每日本職務罷，並入東廊，共舉錄歷代廢禮墜樂、職司廢置、朝饗異同、輿服增損。或道德高儁，久在沉淪；或巧言眩俗，妖邪害政；爰及田市舟車、徵稅通塞、婚葬儀軌、貴賤齊衰，〔八〕有不便於時而古今行用不已者，或自古利用而當今毀棄者：悉令詳思，以漸條奏，未待頓備，遇憶續聞。朝晡給與御食，畢景聽還。時百官請建東宮，勑未許。〔九〕每令晞就東堂監視太子冠服，導引趨拜。爲太子太傅，晞以局司奉璽綬。皇太子釋奠，又兼中庶子。帝謂曰：「今旣當劇職，不得尋常舒慢也。」

帝將北征，勑問外間比何所聞。晞曰：「道路傳言，車駕將行。」帝曰：「庫莫奚南侵，我未經親戎，因此聊欲習武。」晞曰：「鑾駕巡狩，爲復可爾，若輕有驅使，恐天下失望。」帝曰：「此懦夫常慮，吾自當臨時斟酌。」帝使齋帥裴澤、主書蔡暉伺察羣下，好相誣枉，朝士呼爲裴、蔡。時二人奏車駕北征後，人言陽休之、王晞數與諸人遊宴，〔一〇〕不以公事在懷。帝杖休之、晞脛各四十。帝斬人於前，問晞曰：「此人合死不？」晞曰：「罪實合死，但恨其不得死地。臣聞刑人於市，與衆棄之，殿廷非殺戮之所。」帝改容曰：「自今當爲王公改之。」

帝欲以晞爲侍中，苦辭不受，或勸晞勿自疏。晞曰：「我少年以來，閱要人多矣，充詘少時，鮮不敗績。且性實疏緩，不堪時務，人主恩私，何由可保，萬一披猖，求退無地。非不愛作熱官，但思之爛熟耳。」百官嘗賜射，晞中的，當得絹，爲不書箭，有司不與。晞陶陶然曰：

「我今可謂武有餘文不足矣。」晞無子，帝將賜之妾，使小黃門就宅宣旨，皇后相聞晞妻。晞令妻答，妻終不言，晞以手拊胸而退。帝聞之笑。孝昭崩，哀慕殆不自勝，因以羸敗。武成本忿其儒緩，由是彌嫌之，因奏事大被訶叱，而雅步晏然。歷東徐州刺史、祕書監。武平初，遷大鴻臚，加儀同三司，監修起居注，待詔文林館。

性閑淡寡欲，雖王事鞅掌，而雅操不移。在并州，雖戎馬塡閭，未嘗以世務爲累。良辰美景，嘯咏遨遊，登臨山水，以談讌爲事，人士謂之物外司馬。常詣晉祠，賦詩曰：「日落應歸去，魚鳥見留連。」忽有相王使至，召晞不時至。明日丞相西閤祭酒盧思道謂晞曰：「昨被召已朱顏，得不以魚鳥致怪？」晞緩笑曰：「昨晚陶然，頗以酒漿被責，卿輩亦是留連之一物，豈直在魚鳥而已。」及晉陽陷敗，與同志避周兵東北走。山路險迴，懼有土賊，而晞溫酒服膏，曾不一廢，每未肯去，行侶尤之。晞曰：「莫尤我，我行事若不悔，久作三公矣。」

齊亡，周武以晞爲儀同大將軍、太子諫議大夫。隋開皇元年，卒於洛陽，年七十一。贈儀同三司、曹州刺史。

校勘記

〔一〕北齊書卷三十一　按本卷王昕傳與北史不同。錢氏考異卷三一云：「此傳稱廟號，或是齊書原文，弟晞傳則全是北史。亦無論贊。」按王昕傳雖非以北史補，但較北史簡略，敍事次序也似有更動，仍是以高氏小史之類的史鈔補。

〔二〕武帝或時祖露　按此「武帝」乃北魏孝武帝。北史卷二四王晞傳省「魏」字，然上有太昌紀年，下有「齊文宣踐祚」明文，其爲北魏孝武帝自明。此傳既省去上下文，這裏「魏」字不宜省。

〔三〕不假慮其不進也　北、汲、殿三本及北史卷二四「假」作「暇」，三朝本、南本、局本作「假」。百衲本依他本改作「暇」。按「不假」意卽「不須」。通志卷一五三王晞傳也作「假」。此傳和通志都出於北史，知北史本來也作「假」，「暇」乃後人所改，北本、汲本又據傳本北史改此傳，今從三朝本。

〔四〕雖非猘亦無損　諸本無「非」字。北史卷二四、册府卷九〇五一〇七二五頁、通志卷一五三有。按文義當有「非」字，今據補。

〔五〕天保享祚東宮委一胡人至其可得也　北史無異文，通志卷一五三敍王晞語遠爲詳備，今轉錄於後：

「天保享祚，〔左右無柱石之材，〕東宮委一胡人，〔令習鞭轡，自幼而長，不聞雅正。〕今卒覽萬機，駕馭雄桀。如聖德幼冲，未堪多難，〔殿下宜朝夕承旨，〕而〔勿〕使他姓〔貴戚〕出納詔命，必〔致矯弄，〕權有所歸。殿下雖欲守藩職，〔樂爲善，〕其可得乎？假令得遂冲退，自審家祚得保靈長不？」

以上方括號內文字皆此傳北史同所無。兩相比較，此傳載王晞語六十七字顯爲删節上引文而成。並且删節還不甚恰當，例如「勿使他姓貴戚，出納詔命，必致矯弄，權有所歸」，删去了「勿」字和「致矯弄」三字，和原意便大有出入。「他姓貴戚」指楊愔、可朱渾天和、燕子獻，三人都是高歡女壻，「貴戚」二字也不宜删。通志敍北齊事溢出北史文句通常卽本北齊書。疑此傳在南宋時尚有北齊書原文，鄭樵得取以入通志。

〔六〕王曰我安敢自擬周公　通志卷一五三此句上有：「他日，王又問晞曰：『外人有何議論？』對曰『見源文宗云：錄王宜居內夾輔，不可出外。又陽休之亦云：昔周公朝讀百篇書，夕見七十士，猶恐不得人。錄王何所嫌疑，乃爾不接賓客。』」此六十七字也不見此傳及北史。通鑑卷一六八五一九六頁有此紀載，而文字不盡相同，云：「或謂演曰：『鷙鳥離巢，必有探卵之患，今日王何宜屢出！』中山太守陽休之詣演，演不見。休之謂王友王晞曰：『昔周公朝讀百篇書，夕見七十士，猶恐不足，錄王何所嫌疑，乃爾拒絕賓客。』」通鑑此段移在高演和王晞問答之前，次序不同，「或謂演曰」幾句採自北史孝昭紀，陽休之的話全同通志，却只說休之告王晞如此，不云晞告高演。疑通志出於北齊書，通鑑則綜合三國典略之類，有所增損。

〔七〕還至幷乃延晞謂曰　通志卷一五三作：「還幷州，及至，延晞內齋，謂曰：『近人說吾在京舉措何如？』晞曰：『伏聞殿下精誠感天，誅五罪而天下服。往日奉辭，恐二儀崩墜，何悟神武潛斷，朝廷廓淸。』」然後接上「王曰：『不早用卿言』」云云。上多「內齋」二字，下自「謂曰」以下四十六字，爲此傳及北史所無，疑亦出北齊書原文。

〔八〕貴賤齊衰　北史卷二四「齊」作「等」。疑北史是。

〔九〕百官請建東宮勑未許　按此下稱王晞就東堂監視太子冠服，導引趨拜，爲太子太傅」，和「以局司奉璽授」，都是敍立皇太子的儀節。如太子未立，何以忽授王晞太子太傅之官？王晞奉什麼璽？都不可解。此句下必有脫文，北史已然。

〔一〇〕時二人奏車駕北征後人言陽休之王晞數與諸人遊宴　三朝本、北本、汲本「奏」作「奉」。南、殿、局三本及北史卷二四作「奏」。又北史無「人言」二字。按若是裴、蔡「奉車駕北征」，陽、王被責又由於「人言」，則此事與裴、蔡毫不相干，何須在上面特別記使二人「伺察羣下」的事。知作「奏」是。今從南本。

北齊書卷三十二〔一〕

列傳第二十四

陸法和　王琳

陸法和，不知何許人也。隱於江陵百里洲，衣食居處，一與苦行沙門同。耆老自幼見之，容色常不定，人莫能測也。或謂自出嵩高，遍遊遐邇。既入荆州汶陽郡高安縣之紫石山，〔二〕無故捨所居山，俄有蠻賊文道期之亂，時人以爲預見萌兆。

及侯景始告降於梁，法和謂南郡朱元英曰：「貧道共檀越擊侯景去。」元英曰：「侯景爲國立効，師云擊之，何也？」法和曰：「正自如此。」及景渡江，法和時在青谿山，元英往問曰：「景今圍城，其事云何？」法和曰：「凡人取果，宜待熟時，不撩自落。檀越但待侯景熟，何勞問也。」固問之，乃曰：「亦克亦不克。」

景遣將任約擊梁湘東王於江陵，法和乃詣湘東乞征約，召諸蠻弟子八百人在江津，二日便發。湘東遣胡僧祐領千餘人與同行。法和登艦大笑曰：「無量兵馬。」江陵多神祠，人俗恒所祈禱，自法和軍出，無復一驗，人以爲神皆從行故也。至赤沙湖，與約相對，法和乘輕船，不介冑，沿流而下，去約軍一里乃還。謂將士曰：「聊觀彼龍睡不動，吾軍之龍甚自踴躍，卽攻之。若得待明日，當不損客主一人而破賊，然有惡處。」遂縱火舫於前，而逆風不便，法和執白羽麾風，〔三〕風勢卽返。約衆皆見梁兵步於水上，於是大潰，皆投水而死。約逃竄不知所之。法和曰：「明日午時當得。」及期而未得。人問之，法和曰：「吾前於此洲水乾時建一刹，語檀越等，此雖爲刹，實是賊標，今何不向標下求賊也。」如其言，果於水中見約抱刹，仰頭裁出鼻，遂擒之。約言求就師目前死。法和曰：「檀越有相，必不兵死，且於王有緣，決無他慮，王於後當得檀越力耳。」湘東果釋用爲郡守。及魏圍江陵，約以兵赴救，力戰焉。

法和既平約，往進見王僧辯於巴陵，謂曰：「貧道已斷侯景一臂，其更何能爲，檀越宜卽遂取。」〔四〕乃請還，謂湘東王曰：「侯景自然平矣，無足可慮。」蜀賊將至，法和請守巫峽待之。」乃總諸軍而往，親運石以塡江，三日，水遂分流，橫之以鐵鎖。武陵王紀果遣蜀兵來渡，峽口勢蹙，進退不可。王琳與法和經略，一戰而殄之。

軍次白帝，謂人曰：「諸葛孔明可謂名將，吾自見之。此城旁有其埋弩箭鏃一斛許。」因插表令掘之，如其言。又嘗至襄陽城北大樹下，畫地方二尺，令弟子掘之，得一龜，長尺半，以杖叩之曰：「汝欲出不能得，已數百歲，不逢我者，豈見天日乎？」爲授三歸，龜乃入草。初八疊山多惡疾人，法和爲采藥療之，不過三服皆差，即求爲弟子。山中毒虫猛獸，法和授其禁戒，不復噬螫。所泊江湖，必於峯側結表，云「此處放生。」漁者皆無所得，才有少獲，輒有大風雷。船人懼而放之，風雨乃定。晚雖將兵，猶禁諸軍漁捕。有竊違者，中夜猛獸必來欲噬之，或亡其船纜。有小弟子戲截蛇頭，來詣法和。法和曰：「汝何意殺蛇。」因指以示之，弟子乃見蛇頭齚袴襠而不落。法和使懺悔，爲蛇作功德。又有人以牛試刀，一下而頭斷，來詣法和。法和曰：「有一斷頭牛，就卿徵命殊急，若不爲作功德，一月內報至。」其人弗信，少日果死。法和又爲人置宅圖墓，以避禍求福。嘗謂人曰：「勿繫馬於碓。」其人行過鄉曲，門側有碓，因繫馬於其柱。入門中，憶法和戒，走出將解之，馬已斃矣。

梁元帝以法和爲都督、郢州刺史，封江乘縣公。法和不稱臣，其啓文朱印名上，自稱司徒。梁元帝謂其僕射王褒曰：「我未嘗有意用陸爲三公，而自稱何也？」褒曰：「彼既以道術自命，容是先知。」梁元帝以法和功業稍重，遂就加司徒，都督、刺史如故。部曲數千人，通呼爲弟子，唯以道術爲化，不以法獄加人。又列肆之內，不立市丞牧佐之法，無人領受，但以空檻籥在道間，上開一孔受錢。賈客店人隨貨多少，計其估限，自委檻中。行掌之司，夕方開取，條其孔目，輸之於庫。又法和平常言若不出口，時有所論，則雄辯無敵，然猶帶蠻音。善爲攻戰具。在江夏，大聚兵艦，欲襲襄陽而入武關。梁元帝使止之。法和曰：「法和是求佛之人，尚不希釋梵天王坐處，豈規王位。但於空王佛所與主上有香火因緣，見主人應有報至，故求援耳。今既被疑，是業定不可改也。」於是設供食，具大餽薄餠。及魏舉兵，法和自郢入漢口，將赴江陵。梁元帝使人逆之曰：「此自能破賊，但鎭郢州，不須動也。」法和乃還州，堊其城門，着粗白布衫、布袴、邪巾，大繩束腰，坐葦席，終日乃脫之。及聞梁元帝敗滅，復取前凶服着之，哭泣受弔。梁人入魏，果見餽餠焉。法和始於百里洲造壽王寺，既架佛殿，更截梁柱，曰：「後四十許年佛法當遭雷電，此寺幽僻，可以免難。」及魏平荆州，宮室焚燼，總管欲發取壽王佛殿，嫌其材短，乃停。後周氏滅佛法，此寺隔在陳境，故不及難。

天保六年春，清河王岳進軍臨江，法和舉州入齊。文宣以法和爲大都督十州諸軍事、太尉公、西南道大行臺，大都督、五州諸軍事、荆州刺史、安湘郡公宋莅爲郢州刺史，〔五〕官爵如故。莅弟簉爲散騎常侍、儀同三司、湘州刺史、義興縣公。梁將侯瑱來逼江夏，齊軍棄城而退，法和與宋莅兄弟入朝。文宣聞其奇術，虛心相見，備三公鹵簿，於城南十二里供帳以待之。法和遙見鄴城，下馬禹步。辛術謂曰：「公既萬里歸誠，主上虛心相待，何爲作此術？」法和手持香爐，步從路車，至於館。明日引見，給通幰油絡網車，仗身百人。詣闕通名，不稱官爵，不稱臣，但云荊山居士。文宣宴法和及其徒屬於昭陽殿，賜法和錢百萬、物千段，甲第一區、田一百頃、奴婢二百人、生資什物稱是，宋莅千段，其餘儀同、刺史以下各有差。法和所得奴婢，盡免之，曰：「各隨緣去。」錢帛散施，一日便盡。以官所賜宅營佛寺，自居一房，與凡人無異。三年間再爲太尉，世猶謂之居士。無疾而告弟子死期，至時，燒香禮佛，坐繩牀而終。浴訖將斂，屍小，縮止三尺許。文宣令開棺視之，空棺而已。法和書其所居壁而塗之，及剝落，有文曰：「十年天子爲尚可，百日天子急如火，周年天子遞代坐。」又曰：「一母生三天，兩天共五年。」說者以爲婁太后生三天子，自孝昭卽位，至武成傳位後主，共五年焉。

法和在荊郢，有少姬，年可二十餘，自稱越姥，身披法服，不嫁，恒隨法和東西。或與其私通十有餘年。今者賜棄，別更他淫。〔六〕有司考驗並實。越姥因爾改適，生子數人。

王琳，字子珩，會稽山陰人也。父顯嗣，梁湘東王國常侍。琳本兵家，〔七〕元帝居藩，琳姊妹並入後庭見幸，琳由此未弱冠得在左右。少好武，遂爲將帥。

太清二年，侯景渡江，遣琳獻米萬石。未至，都城陷，乃中江沉米，輕舸還荊州。稍遷岳陽內史，以軍功封建寧縣侯。侯景遣將宋子仙據郢州，琳攻剋之，擒子仙。又隨王僧辯破景。後拜湘州刺史。

琳果勁絕人，又能傾身下士，所得賞物，不以入家。麾下萬人，多是江淮羣盜。平景之勳，與杜龕俱爲第一，恃寵縱暴於建業。王僧辯禁之不可，懼將爲亂，啓請誅之。琳亦疑禍，令長史陸納率部曲前赴湘州，身徑上江陵。將行，謂納等曰：「吾若不返，子將安之？」咸曰：「請死相報。」泣而別。及至，帝以下吏，而廷尉卿黃羅漢、太府卿張載宣喻琳軍。陸納等及軍人並哭對使者，莫肯受命，乃執黃羅漢，殺張載。載性深刻，爲帝所信，荊州疾之如讎，故納等因人之欲，抽腸繫馬腳，使繞而走，腸盡氣絕，又臠割備五刑而斬之。梁元遣王僧辯討納，納等敗走長沙。是時湘州未平，武陵王兵又甚盛，江陵公私恐懼，人有異圖。納啓申琳罪，〔八〕請復本位，永爲奴婢。〔九〕梁元乃鎖琳送長沙。時納兵出方戰，會琳至，僧辯升諸樓車以示之。納等投戈俱拜，舉軍皆哭，曰：「乞王郎入城，卽出。」及放琳入，納等乃降，湘州平。仍復本位，使琳拒蕭紀。紀平，授衡州刺史。

梁元性多忌，以琳所部甚衆，又得衆心，故出之嶺外，又受都督、廣州刺史。其友主書李膺，帝所任遇，琳告之曰：「琳蒙拔擢，常欲畢命以報國恩。今天下未平，遷琳嶺外，如有萬一不虞，安得琳力。忖官正疑琳耳。琳分望有限，可得與官爭爲帝乎？何不以琳爲雍州刺史，使鎭武寧，琳自放兵作田，爲國禦捍。若警急，動靜相知。孰若遠棄嶺南，相去萬里，一日有變，將欲如何？琳非願長坐荆南，正以國計如此耳。」膺然其言，不敢啓，故遂率其衆鎭嶺南。

梁元爲魏圍逼，乃徵琳赴援，除湘州刺史。琳師次長沙，知魏平江陵，已立梁王詧。乃爲梁元擧哀，三軍縞素。遣別將侯平率舟師攻梁。琳屯兵長沙，傳檄諸方，爲進趨之計。時長沙藩王蕭韶及上遊諸將推琳主盟。侯平雖不能渡江，頻破梁軍，又以琳兵威不接，翻更不受指麾。琳遣將討之，不克，又師老兵疲不能進。乃遣使奉表詣齊，並獻馴象；又使獻款於魏，求其妻子；亦稱臣於梁。

陳霸先既殺王僧辯，推立敬帝，以侍中司空徵。琳不從命，乃大營樓艦，將圖義擧。琳將帥各乘一艦，每行，戰艦以千數，以「野猪」爲名。陳武帝遣將侯安都、周文育等誅琳，仍受梁禪。〔一〇〕安都歎曰：「我其敗乎，師無名矣。」逆戰於沌口，琳乘平肩輿，執鉞而麾之，禽安都、文育，其餘無所漏。唯以周鐵虎一人背恩，斬之。鎖安都、文育置琳所坐艦中，令一閹豎監守之。琳乃移湘州軍府就郢城，帶甲十萬，練兵於白水浦。琳巡軍而言曰：「可以爲勤王之師矣，溫太眞何人哉！」江南渠帥熊曇朗、周迪懷貳，琳遣李孝欽、樊猛與余孝頃同討之。三將軍敗，並爲敵所囚。安都、文育等盡逃還建業。

初魏剋江陵之時，永嘉王莊年甫七歲，逃匿人家，後琳迎還湘中，衞送東下。及敬帝立，出質於齊，請納莊爲梁主。文宣遣兵援送，仍遣兼中書令李騊駼册拜琳爲梁丞相、都督中外諸軍、錄尚書事。舍人辛慤、游詮之等齎璽書江表宣勞，自琳以下皆有頒賜。琳乃遣兄子叔寶率所部十州刺史子弟赴鄴，奉莊纂梁祚於郢州。莊授琳侍中、使持節、大將軍、中書監，改封安城郡公，其餘並依齊朝前命。及陳霸先卽位，〔一一〕琳乃輔莊次於濡須口。齊遣揚州道行臺慕容儼率衆臨江，爲其聲援。陳遣安州刺史吳明徹江中夜上，將襲湓城。琳遣巴陵太守任忠大敗之，明徹僅以身免。

琳兵因東下，陳遣司空侯安都等拒之。〔一二〕侯瑱等以琳軍方盛，引軍入蕪湖避之。時西南風忽至，琳謂得天道，將直取揚州。侯瑱等徐出蕪湖，躡其後。比及兵交，西南風翻爲瑱用。琳兵放火燧以擲船者，皆反燒其船。琳船艦潰亂，兵士投水死十二三，其餘皆棄船上岸，爲陳軍所殺殆盡。初琳命左長史袁泌、御史中丞劉仲威同典兵侍衞莊，及軍敗，泌遂降陳，仲威以莊投歷陽。

琳尋與莊同降鄴都。孝昭帝遣琳出合肥，鳩集義故，更圖進取。琳乃繕艦，分遣招募，淮南傖楚，皆願戮力。陳合州刺史裴景暉，琳兄珉之壻也，請以私屬導引齊師。孝昭委琳與行臺左丞盧潛率兵應赴，〔一三〕沉吟不決。景暉懼事泄，挺身歸齊。孝昭賜琳璽書，令鎭壽陽，其部下將帥悉聽以行，乃除琳驃騎大將軍、開府儀同三司、揚州刺史，封會稽郡公，又增兵秩，〔一四〕兼給鐃吹。琳水陸戒嚴，將觀釁而動。屬陳氏結好於齊，使琳更聽後圖。琳在壽陽，與行臺尚書盧潛不協，更相是非，被召還鄴，武成弘而不問。除滄州刺史，後以琳爲特進、侍中。所居屋脊無故剝破，出赤蛆數升，落地化爲血，蠕蠕而動。又有龍出於門外之地，雲霧起，晝晦。

會陳將吳明徹來寇，帝敕領軍將軍尉破胡等出援秦州，令琳共爲經略。琳謂所親曰：「今太歲在東南，歲星居斗牛分，太白已高，皆利爲客，我將有喪。」又謂破胡曰：「吳兵甚銳，宜長策制之，愼勿輕鬬。」破胡不從，遂戰，軍大敗，琳單馬突圍，僅而獲免。還至彭城，帝令便赴壽陽，並許召募。又進封琳巴陵郡王。陳將吳明徹進兵圍之，堰淝水灌城，而皮景和等屯於淮西，竟不赴救。明徹晝夜攻擊，城內水氣轉侵，人皆患腫，死病相枕。從七月至十月，城陷被執，百姓泣而從之。吳明徹恐其爲變，殺之城東北二十里，時年四十八，哭者聲如雷。有一叟以酒脯來酹，盡哀，收其血，懷之而去。傳首建康，懸之於市。

琳故吏梁驃騎府倉曹參軍朱瑒致書陳尚書僕射徐陵求琳首曰：

竊以朝市遷貿，傳骨梗之風；歷運推移，表忠貞之跡。故典午將滅，徐廣爲晉家遺老；當塗已謝，馬孚稱魏室忠臣。用能播美於前書，垂名於後世。梁故建寧公琳，洛濱餘胄，沂川舊族，〔一五〕立功代邸，効績中朝，當離亂之辰，總方伯之任。爾乃輕躬殉主，以身許國，實追蹤於往彥，信踵武於前修。而天厭梁德，上思匡繼，徒蘊包胥之念，終遘萇弘之眚。洎王業光啓，鼎祚有歸，於是遠跡山東，寄命河北。雖輕旅臣之歎，猶懷客卿之禮，感玆知己，忘此捐軀。至使身沒九泉，頭行萬里。〔一六〕誠復馬革裹屍，遂其生平之志；原野暴骸，會彼人臣之節。〔一七〕然身首異處，有足悲者；封樹靡卜，良可愴焉。

瑒早簉末席，降薛君之吐握，荷魏公之知遇。是用霑巾雨袂，痛可識之顏；回腸疾首，切猶生之面。伏惟聖恩博厚，明詔爰發，赦王經之哭，許田横之葬，瑒雖芻賤，竊亦有心。琳經蒞壽陽，頗存遺愛；曾遊江右，非無餘德。比肩東閣之吏，繼踵西園之賓，願歸彼境，〔一八〕還修窀穸。庶孤墳既築，或飛銜土之燕；豐碑式樹，時留墮淚之人。近故舊王綰等已有論牒，仰蒙制議，不遂所陳。昔廉公告逝，卽洍川而建塋域；孫叔云亡，仍芍陂而植楸檟。由此言之，抑有其例。不使壽春城下，唯傳報葛之人；滄洲島上，獨有悲田之客。昧死陳祈，伏待刑憲。

陵嘉其志節。又明徹亦數夢琳求首，並爲啓陳主而許之。仍與開府儀同主簿劉韶慧等持其首還於淮南，權瘞八公山側，義故會葬者數千人。瑒等乃間道北歸，別議迎接。尋有揚州人茅知勝等五人密送葬柩達於鄴。贈十五州諸軍事、揚州刺史、侍中、特進、開府錄尚書事，謚曰忠武王，葬給轀輬車。

琳體貌閑雅，立髮委地，喜怒不形於色。雖無學業，而强記內敏，軍府佐吏千數，皆識其姓名。刑罰不濫，輕財愛士，得將卒之心。少任將帥，屢經喪亂，雅有忠義之節。雖本圖不遂，鄴人亦以此重之，待遇甚厚。及敗，爲陳軍所執。吳明徹欲全之，而其下將領多琳故吏，爭來致請，並相資給，明徹由此忌之，故及於難。當時田夫野老，知與不知，莫不爲之歔欷流泣。觀其誠信感物，雖李將軍之恂恂善誘，殆無以加焉。

琳十七子。長子敬，在齊襲王爵，武平末，通直常侍。第九子衍，隋開皇中開府儀同三司，大業初，卒於渝州刺史。

校勘記

〔一〕北齊書卷三十二　按此卷原缺。文與北史卷八九陸法和傳、南史卷六四王琳傳基本相同，但也有小異，偶有溢出南、北史本傳的字句，疑非直接錄自南、北史，仍出於某種史鈔。

〔二〕既入荆州汶陽郡高安縣之紫石山　諸本「安」作「要」。按隋書卷三一地理志下夷陵郡遠安縣條注：「舊曰高安，置汶陽郡。」太平寰宇記卷一四七云：「晉安帝立高安縣，屬汶陽郡。」「要」乃「安」的形訛，今據改。

〔三〕法和執白羽麾風　北史卷八九陸法和傳「羽」下有「扇」字，疑此傳脫去。

〔四〕檀越宜卽遂取　北史卷八九「遂」作「逐」。按「卽」「遂」重複，疑當作「逐」。

〔五〕文宣以法和爲大都督十州諸軍事太尉公西南道大行臺大都督五州諸軍事荆州刺史安湘郡公宋莅爲郢州刺史　諸本及北史卷八九無「道大行臺」四字。按無此四字，則「西南大都督」當連讀。但這個「大都督」是宋莅的官，不能混淆。二人授官，見本書卷四文宣紀天保六年二月，今據補。宋莅，文宣紀和卷二〇慕容儼傳作「宋茝」，未知孰是。

〔六〕今者賜棄別更他淫　按這是越姥呈告官府的話，故下云「有司考驗並實」。上面敍事，與此語聯不起來，當有脫文。

〔七〕父顯嗣梁湘東王國常侍琳本兵家　南史卷六四王琳傳無「父顯嗣」至「琳」十一字。按此十一字非補此傳者所能妄增，當是北齊書原文偶得保存於補傳所據的某種史鈔中。今舉此一例，說明此傳並非直抄南史，以下溢出南史的字句，不再出校記。

〔八〕納啓申琳罪　南史卷六四「琳」下有「無」字，疑當有此字。

〔九〕永爲奴婢　南史卷六四、册府卷四一二四八九九頁「永」作「求」，疑是。又這裏文氣不啣接，當有脫字。

〔一〇〕陳武帝遣將侯安都周文育等誅琳仍受梁禪　諸本「仍」作「乃」，於文義不洽，今據南史卷六四、册府卷三五四四二〇四頁改。

〔一一〕及陳霸先卽位　南史卷六四「陳霸先卽位」作「陳文帝立」。按王琳這次進攻在陳永定三年五五九十一月，陳文帝蒨已卽位，陳書卷三文帝紀有明文。作「陳霸先」顯誤。當是補此傳者妄改。

〔一二〕陳遣司空侯安都等拒之　南史卷六四「遣」下有「太尉侯瑱」四字。按這次戰事，陳軍主將是侯瑱，陳書卷九侯瑱傳說：「以瑱爲都督，侯安都等並隸焉。」此傳不應舉安都而遺瑱。觀下文兩稱「侯瑱等」，這裏當是脫去「太尉侯瑱」四字。

〔一三〕行臺左丞盧潛率兵應赴　諸本「左」作「右」，南史卷六四作「左」。按本書卷四二盧潛傳也作「左丞」，「右」字訛，今據改。

〔一四〕又增兵秩　三朝本「秩」作「杖」，他本作「仗」，南史卷六四、册府卷三七二四四三〇頁作「秩」。按這裏講的是升官加祿的事。「兵」指供本官役使的「事力」，「秩」指「祿秩」。隋書卷二七百官志中稱北齊制度各級官僚「各給事力」，「給事力」也作「給兵」。本書卷一七斛律金傳說他家「常使三百兵」，卷三九祖珽傳說「給兵七十人」，卽指給事力。給祿之制，同一品級又分爲「秩」，如「官一品祿歲八百匹，二百匹爲一秩」。知「杖」「仗」是「秩」字形近而訛，今據南史改。

〔一五〕沂川舊族　諸本「川」作「州」，南史卷六四作「川」，册府卷八〇四九五四九頁作「水」。按隋書卷三一地理志琅邪郡條云：「舊置北徐州，後周改曰沂州」，太平寰宇記卷二三沂州條云：「周武帝宣政元年，改北徐州爲沂州。」周滅齊前，不得有沂州之稱。今據南史改。

〔一六〕頭行萬里　諸本「萬」作「千」，南史卷六四、文苑英華卷六九三朱瑒與徐陵請王琳首書作「萬」。按「頭顱方行萬里」，見三國魏志卷六袁紹傳末注引典略。「千」字誤，今據改。

〔一七〕原野暴骸會彼人臣之節　英華卷六九三「骸」作「體」，「會」作「全」。按「骸」「體」兩通。「會」字疑當作「全」。

〔一八〕願歸彼境　英華卷六九三「歸」下有「元」字。按此書本意就在求歸王琳的頭，當有「元」字。

北齊書卷三十三〔一〕

列傳第二十五

蕭明　蕭祗　蕭退　蕭放　徐之才

蕭明，〔二〕蘭陵人，梁武帝長兄長沙王懿之子。在其本朝，甚爲梁武所親愛。少歷顯職，封湞陽侯。〔三〕太清中，以爲豫州刺史。

梁主既納侯景，詔明率水陸諸軍趨彭城，大圖進取。又命兗州刺史南康嗣王會理總馭羣帥，指授方略。明渡淮未幾，官軍破之，盡俘其衆。魏帝升門樓，親引見明及諸將帥，釋其禁，送於晉陽。世宗禮明甚重，謂之曰：「先王與梁主和好十有餘年，聞彼禮佛文，常云奉爲魏主，並及先王，此甚是梁主厚意。不謂一朝失信，致此紛擾。自出師薄伐，無戰不克，無城不陷，今自欲和，非是力屈。境上之事，知非梁主本心，當是侯景違命扇動耳。侯可遣使諮論，〔四〕若猶存先王分義，重成通和者，吾不敢違先王之旨，侯及諸人並卽放還。」於是使人以明書告梁主，梁主乃致書以慰世宗。

天保六年，梁元爲西魏所滅，顯祖詔立明爲梁主，前所獲梁將湛海珍等皆聽從明歸，令上黨王渙率衆以送。是時梁太尉王僧辯、司空陳霸先在建鄴，推晉安王方智爲丞相。〔五〕顯祖賜僧辯、霸先璽書，僧辯未奉詔。上黨王進軍，明又與僧辯書，往復再三，陳禍福，僧辯初不納。既而上黨王破東關，斬裴之横，江表危懼。僧辯乃啓上黨求納明，遣舟艦迎接。王纘梁朝將士，及與明刑牲歃血，載書而盟。於是梁輿東度，齊師北反。侍中裴英起衞送明入建鄴，遂稱尊號，改承聖四年爲天成元年，大赦天下，宇文黑獺、賊詧等不在赦例。以方智爲太子，〔六〕授王僧辯大司馬。明上表遣第二息章馳到京都，拜謝宮闕。冬，霸先襲殺僧辯，復立方智，以明爲太傅、建安王。〔七〕霸先奉表朝廷，云僧辯陰謀篡逆，故誅之。方智請稱臣，永爲藩國，齊遣行臺司馬恭及梁人盟於歷陽。明年，詔徵明。霸先猶稱藩，將遣使送明，會明疽發背死。

梁將王琳在江上與霸先相抗，顯祖遣兵納梁永嘉王蕭莊主梁祀。九年二月，自湓城濟江，三月，卽帝位於郢州，年號天啓，王琳總其軍國，追謚明曰閔皇帝。明年莊爲陳人所敗，遂入朝，封爲侯。朝廷許以興復，竟不果。後主亡之日，莊在鄴飲氣而死。

蕭祗，字敬式，梁武弟南平王偉之子也。少聰敏，美容儀。在梁，封定襄侯，位東揚州刺史。于時江左承平，政寬人慢，祗獨莅以嚴切，梁武悅之。遷北兗州刺史。太清二年，侯景圍建鄴。祗聞臺城失守，遂來奔。以武定七年至鄴，文襄令魏收、邢卲與相接對。歷位太子少傅，領平陽王師，封清河郡公。齊天保初，授右光祿大夫，領國子祭酒。時梁元帝平侯景，復與齊通好，文宣欲放祗等還南。俄而西魏剋江陵，遂留鄴都，卒。贈中書監、車騎大將軍，揚州刺史。

蕭退，梁武帝弟司空鄱陽王恢之子也。退在梁，封湘潭侯，位青州刺史。建鄴陷，與從兄祗俱入東魏。齊天保中，位金紫光祿大夫，卒。子慨，深沉有禮，樂善好學，攻草隸書。南士中稱爲長者。歷著作佐郎，待詔文林館，卒於司徒從事中郎。

蕭放，字希逸，隨父祗至鄴。祗卒，放居喪以孝聞。所居廬室前有二慈烏來集，各據一樹爲巢，自午以前，馴庭飲啄，午後更不下樹，每臨時，舒翅悲鳴，全似哀泣。家人伺之，未常有闕。時以爲至孝之感。服闋，襲爵。武平中，待詔文林館。放性好文詠，頗善丹青，因此在宮中披覽書史及近世詩賦，監畫工作屏風等雜物見知，遂被眷待。累遷太子中庶子、散騎常侍。

徐之才，丹陽人也。父雄，事南齊，位蘭陵太守，以醫術爲江左所稱。之才幼而儁發，五歲誦孝經，八歲略通義旨。曾與從兄康造梁太子詹事汝南周捨宅聽老子。捨爲設食，乃戲之曰：「徐郎不用心思義，而但事食乎？」之才答曰：「蓋聞聖人虛其心而實其腹。」捨嗟賞之。年十三，召爲太學生，粗通禮、易。彭城劉孝綽、河東裴子野、吳郡張嵊等每共論周易及喪服儀，酬應如響。咸共歎曰：「此神童也。」孝綽又云：「徐郎燕頷，有班定遠之相。」陳郡袁昂領丹陽尹，辟爲主簿，人務事宜，皆被顧訪。郡廨遭火，之才起望，夜中不著衣，披紅服帕出房，〔八〕映光爲昂所見。功曹白請免職，昂重其才術，仍特原之。豫章王綜出鎮江都，復除豫章王國左常侍，〔九〕又轉綜鎮北主簿。

及綜入魏，三軍散走，之才退至呂梁，橋斷路絕，遂爲魏統軍石茂孫所止。綜入魏旬月，位至司空。魏聽綜收斂僚屬，乃訪之才在彭泗，啓魏帝云：「之才大善醫術，兼有機辯。」詔徵之才。孝昌二年，至洛，勑居南館，禮遇甚優。從祖謇子踐啓求之才還宅。之才藥石多効，又闚涉經史，發言辯捷，朝賢競相要引，爲之延譽。武帝時，封昌安縣侯。天平中，齊神武徵赴晉陽，常在內館，禮遇稍厚。武定四年，自散騎常侍轉祕書監。文宣作相，普加黜陟。楊愔以其南土之人，不堪典祕書，轉授金紫光祿大夫，以魏收代領之。之才甚怏怏不平。

之才少解天文，兼圖讖之學，共館客宋景業參校吉凶，〔一〇〕知午年必有革易，因高德政啓之。文宣聞而大悅。時自婁太后及勳貴臣，咸云關西既是勁敵，恐其有挾天子令諸侯之辭，不可先行禪代事。之才獨云：「千人逐兔，一人得之，諸人咸息。須定大業，何容翻欲學人。」又援引證據，備有條目，帝從之。登祚後，彌見親密。之才非唯醫術自進，亦爲首唱禪代，又戲謔滑稽，言無不至，於是大被狎昵。尋除侍中，封池陽縣伯。見文宣政令轉嚴，求出，除趙州刺史，竟不獲述職，猶爲弄臣。

皇建二年，除西兗州刺史。未之官，武明皇太后不豫，之才療之，應手便愈，孝昭賜采帛千段、錦四百疋。之才既善醫術，雖有外授，頃卽徵還。既博識多聞，由是於方術尤妙。大寧二年春，武明太后又病。之才弟之範爲尙藥典御，敕令診候。內史皆令呼太后爲石婆，蓋有俗忌，故改名以厭制之。之範出告之才曰：「童謠云：『周里跂求伽，豹祠嫁石婆，斬冢作媒人，唯得一量紫綖靴。』今太后忽改名，私所致怪。」之才曰：「跂求伽，胡言去已。豹祠嫁石婆，豈有好事？斬冢作媒人，但令合葬自斬冢。唯得紫綖靴者，得至四月，何者？紫之爲字『此』下『系』，『綖』者熟，當在四月之中。」之範問靴是何義。之才曰：「靴者革旁化，寧是久物？」至四月一日，后果崩。

有人患脚跟腫痛，諸醫莫能識。之才曰：「蛤精疾也，由乘船入海，垂脚水中。」疾者曰：「實曾如此。」之才爲剖得蛤子二，大如楡莢。又有以骨爲刀子靶者，五色班爛。之才曰：「此人瘤也。」問得處，云於古冢見髑髏額骨長數寸，試削視，有文理，故用之。其明悟多通如此。

天統四年，累遷尚書左僕射，俄除兗州刺史，特給鐃吹一部。之才醫術最高，偏被命召。武成酒色過度，恍惚不恒，曾病發，自云初見空中有五色物，稍近，變成一美婦人，去地數丈，亭亭而立。食頃，變爲觀世音。之才云：「此色欲多，大虛所致。」卽處湯方，服一劑，便覺稍遠，又服，還變成五色物，數劑湯，疾竟愈。帝每發動，暫遣騎追之，針藥所加，應時必効，故頻有端執之舉。入秋，武成小定，更不發動。和士開欲依次轉進，以之才附籍兗州，卽是本屬，遂奏附除刺史，以胡長仁爲左僕射，士開爲右僕射。〔一〕及十月，帝又病動，語士開云：「恨用之才外任，使我辛苦。」其月八日，勑驛追之才。帝以十日崩，之才十一日方到，既無所及，復還赴州。在職無所侵暴，但不甚閑法理，頗亦疏慢，用捨自由。

五年冬，後主徵之才。尋左僕射闕，之才曰：「自可復禹之績。」武平元年，重除尚書左僕射。之才於和士開、陸令萱母子曲盡卑狎，二家苦疾，救護百端。由是遷尚書令，封西陽郡王。祖珽執政，除之才侍中、太子太師。之才恨曰：「子野沙汰我。」珽目疾，故以師曠比之。

之才聰辯强識，有兼人之敏，尤好劇談體語，〔一二〕公私言聚，多相嘲戲。鄭道育常戲之才爲師公。之才曰：「既爲汝師，又爲汝公，在三之義，頓居其兩。」又嘲王昕姓云：「有言則誑，近犬便狂，加頸足而爲馬，施角尾而爲羊。」盧元明因戲之才云：「卿姓是未入人，名是字之誤，『之』當爲『乏』也。」〔一三〕卽答云：「卿姓在亡爲虐，在丘爲虛，生男則爲虜，養馬則爲驢。」又嘗與朝士出遊，遙望羣犬競走，諸人試令目之。之才卽應聲云：「爲是宋鵲，爲是韓盧，爲逐李斯東走，爲負帝女南徂。」李諧於廣坐，因稱其父名，曰：「卿嗜熊白生否？」之才曰：「平平耳。」又曰：「卿此言於理平否？」諧遽出避之，道逢其甥高德正。德正曰：「舅顏色何不悅？」諧告之故。德正徑造坐席，連索熊白。之才謂坐者曰：「箇人諱底？」衆莫知。〔一四〕之才曰：「生不爲人所知，死不爲人所諱，此何足問？」唐邕、白建方貴，時人言云：「幷州赫赫唐與白。」之才蔑之。元日，對邕爲諸令史祝曰：「見卿等位當作唐、白。」又以小史好嚼筆，故嘗執管就元文遙口曰：「借君齒。」其不遜如此。

歷事諸帝，以戲狎得寵。武成生齻牙，問諸醫。尚藥典御鄧宣文以實對，武成怒而撻之。後以問之才，拜賀曰：「此是智牙，生智牙者聰明長壽。」武成悅而賞之。爲僕射時，語人曰：「我在江東，見徐勉作僕射，朝士莫不佞之。今我亦是徐僕射，無一人佞我，何由可活！」之才妻魏廣陽王妹，之才從文襄求得爲妻。和士開知之，乃淫其妻。之才遇見而避之，退曰：「妨少年戲笑。」其寬縱如此。年八十，卒。贈司徒公、錄尚書事，謚曰文明。

長子林，字少卿，太尉司馬。次子同卿，太子庶子。之才以其無學術，每歎云：「終恐同廣陵散矣。」

弟之範，亦醫術見知，位太常卿，特聽襲之才爵西陽王。入周，授儀同大將軍。開皇中卒。

校勘記

〔一〕北齊書卷三十三　按此卷原缺，三朝本、南本卷末有宋人校語云：「此卷與北史同。」錢氏考異卷三一認爲北史無蕭明傳，此篇是北齊書原文，蕭祇以下皆以北史補入。

〔二〕蕭明　按魏書卷一二孝靜紀、卷九八蕭衍傳作「蕭淵明」。本書和南、北史去「淵」字，梁書改「淵」作「深」，都是避唐諱。

〔三〕封湞陽侯　諸本「湞」作「須」。錢氏考異卷三一云：「『須』當作『湞』，卽貞陽也。」按蕭淵明封邑，本書和南、北史、魏書、梁書相關紀傳都作貞陽。湞陽本漢縣，宋泰始三年四六七改貞陽宋書卷三七州郡志，然南齊書卷一五州郡志仍作湞陽。這裏「須陽」是「湞陽」之訛，隋書卷三一地理志也是「湞」訛作「須」。今據改。

〔四〕侯可遣使諮論　諸本「論」作「諭」，三朝本作「論」，百衲本依他本改「諭」。按通鑑卷一六一四九七四頁也作「論」。今從三朝本。

〔五〕推晉安王方智爲丞相　南、北、殿三本「丞相」上有「太宰」二字，三朝本、汲本、局本無。按南史卷五一蕭明傳，方智官稱是「太宰、都督中外諸軍事、承制置百官」。梁書卷六敬帝紀、陳書卷一武帝紀都說推方智爲「太宰承制」，從沒有「丞相」之稱。此傳原文也當是「太宰承制」，「承制」訛作「丞相」。三朝本又脫「太宰」二字。南本等據南史補「太宰」，却仍「丞相」之訛。今姑從三朝本。

〔六〕以方智爲太子　諸本「子」作「傅」，唯南本據南史卷五一改作「子」。按梁書卷六敬帝紀、卷四五王僧辯傳、陳書卷一武帝紀都說蕭淵明稱帝後，以方智爲皇太子，作「太傅」誤，今從南本。

〔七〕以明爲太傅建安王　按梁書卷六敬帝紀，敬帝卽位後封蕭淵明爲建安郡公，至死沒有進封爲王，這裏「王」字當作「公」。

〔八〕披紅服帕出房　三朝本、汲本「房」作「戾」，南本訛作「尸」，北、殿、局三本作「戶」。按北史卷九○徐之才傳、册府卷九四四一一一二三頁、通志卷一八三徐之才傳都作「房」，此傳出於北史，本亦作「房」，三朝本訛「戾」，他本以意改作「戶」。今據北史改。又「紅服帕」，北史、通志「服」作

「眠」，疑皆「腹」之訛。釋名卷五云：「帕腹，橫帕其腹也」，可證。

〔九〕復除豫章王國左常侍　諸本「左」作「右」。北史卷九〇、通志卷一八三作「左」。按漢魏南北朝墓誌集釋徐之才墓誌圖版三四三之二亦作「左」，今據改。

〔一〇〕共館客宋景業參校吉凶　諸本「宋」訛「宗」，按宋景業，本書卷四九補、北史卷八九有傳，又見於本書卷三〇高德政傳，今改正。

〔一一〕以胡長仁爲左僕射士開爲右僕射　諸本無「左僕射士開爲」六字，北史卷九〇有。按本書卷八後主紀天統四年五月癸卯稱「以尚書右僕射胡長仁爲左僕射，中書監和士開爲右僕射。」胡以右轉左，卽代之才，和士開則代胡，這就是此傳上文所說「士開欲依次轉進」的實施。這裏脫去六字，「依次轉進」一語便無着落，今據北史補。

〔一二〕尤好劇談體語　南、北、殿、局四本「體」作「謔」，三朝本、汲本及北史卷九〇作「體」。張元濟云：「按體語卽反切隱語，見封演聞見記卷二。」按張說是，今從三朝本。

〔一三〕名是字之誤之當爲乏也　諸本無「之當爲乏也」五字，北史卷九〇有，但「乏」字作「之」。按册府卷九四七一一一五四頁、通志卷一八三徐之才傳並有「之當爲乏也」五字。盧元明以徐之才姓名爲戲，上文拆「徐」字爲「未入人」，這裏是說「之才」應該是「乏才」的誤寫。北史「乏」字訛「之」，不可解，補此傳者就删去此語，於是所謂「名是字之誤」也就不知何意。今據册府補正。

〔一四〕眾莫知　北史卷九〇作「眾莫之應」。按南、北朝封建士大夫最重家諱。高德政是當朝顯貴，爲了避免犯他的諱，所以知道他父祖之名也不能說，並非不知。疑北史是。

北齊書卷三十四〔一〕

列傳第二十六

楊愔　燕子獻　宋欽道　鄭頤

楊愔，字遵彥，小名秦王，弘農華陰人。父津，魏時累爲司空侍中。愔兒童時，口若不能言，而風度深敏，出入門閭，未嘗戲弄。六歲學史書，十一受詩、易，好左氏春秋。幼喪母，曾詣舅源子恭。子恭與之飲。問讀何書，曰：「誦詩。」子恭曰：「誦至渭陽未邪。」愔便號泣感噎，子恭亦對之歔欷，遂爲之罷酒。子恭後謂津曰：「常謂秦王不甚察慧，從今已後，更欲刮目視之。」愔一門四世同居，家甚隆盛，昆季就學者三十餘人。學庭前有柰樹，實落地，羣兒咸爭之，愔頹然獨坐。其季父暐適入學館，見之大用嗟異，顧謂賓客曰：「此兒恬裕，有我家風。」宅內有茂竹，遂爲愔於林邊別葺一室，命獨處其中，常以銅盤具盛饌以飯之。因以督厲諸子曰：「汝輩但如遵彥謹慎，自得竹林別室、銅盤重肉之食。」愔從父兄黃門侍郎昱特相器重，嘗謂人曰：「此兒駒齒未落，已是我家龍文。更十歲後，當求之千里外。」昱嘗與十餘人賦詩，愔一覽便誦，無所遺失。及長，能清言，美音制，風神俊悟，容止可觀。人士見之，莫不敬異，有識者多以遠大許之。

正光中，隨父之幷州。性旣恬默，又好山水，遂入晉陽西懸甕山讀書。孝昌初，津爲定州刺史，愔亦隨父之職。以軍功除羽林監，賜爵魏昌男，不拜。及中山爲杜洛周陷，全家被囚縶。未幾，洛周滅，又沒葛榮，榮欲以女妻之，又逼以僞職。愔乃託疾，密含牛血數合，於衆中吐之，仍佯喑不語。榮以爲信然，乃止。永安初，還洛，拜通直散騎侍郎，時年十八。元顥入洛，時愔從父兄侃爲北中郎將，鎭河梁。愔適至侃處，便屬乘輿失守，夜至河。侃雖奉迎車駕北渡，而潛欲南奔，愔固諫止之。遂相與扈從達建州。除通直散騎常侍。愔以世故未夷，志在潛退，乃謝病，與友人中直侍郎河間邢卲隱於嵩山。

及莊帝誅尒朱榮，其從兄侃參贊帷幄。朝廷以其父津爲幷州刺史、北道大行臺，愔隨之任。有邯鄲人楊寬者，求義從出藩，愔請津納之。俄而孝莊幽崩，愔時適欲還都，行達邯鄲，過楊寬家，爲寬所執。至相州，見刺史劉誕，以愔名家盛德，甚相哀念，付長史慕容白澤禁止焉。遣隊主鞏榮貴防禁送都。至安陽亭，愔謂榮貴曰：「僕家世忠臣，輸誠魏室，家亡國破，一至於此。雖曰囚虜，復何面目見君父之讎。得自縊於一繩，傳首而去，君之惠也。」

榮貴，深相憐愍，遂與俱逃。愔乃投高昂兄弟。

既潛竄累載，屬神武至信都，遂投刺轅門。便蒙引見，贊揚興運，陳訴家禍，言辭哀壯，涕泗橫集，神武爲之改容。即署行臺郎中。大軍南攻鄴，歷楊寬村，寬於馬前叩頭請罪。愔謂曰：「人不識恩義，蓋亦常理，我不恨卿，無假驚怖。」時鄴未下，神武命愔作祭天文，燎畢而城陷。由是轉大行臺右丞。于時霸圖草創，軍國務廣，文檄教令，皆自愔及崔㥄出。遭離家難，以喪禮自居，所食唯鹽米而已，哀毁骨立。神武愍之，恒相開慰。及韓陵之戰，愔每陣先登，朋僚咸共怪歎曰：「楊氏儒生，今遂爲武士，仁者必勇，定非虛論。」

頃之，表請解職還葬。一門之內，贈太師、太傅、丞相、大將軍者二人，太尉、錄尚書及中書令者三人，僕射、尚書者五人，刺史、太守者二十餘人。追榮之盛，古今未之有也。及喪柩進發，吉凶儀衞亘二十餘里，會葬者將萬人。是日隆冬盛寒，風雪嚴厚，愔跣步號哭，見者無不哀之。尋徵赴晉陽，仍居本職。

愔從兄幼卿爲岐州刺史，以直言忤旨見誅。愔聞之悲懼，因哀感發疾，後取急就雁門溫湯療疾。郭秀素害其能，因致書恐之曰：「高王欲送卿於帝所。」仍勸其逃亡。愔遂棄衣冠於水濱若自沉者，變易名姓，自稱劉士安，入嵩山，與沙門曇謨徵等屏居削迹。又潛之光州，因東入田橫島，以講誦爲業，海隅之士，謂之劉先生。太守王元景陰佑之。

神武知愔存，遣愔從兄寶猗齎書慰喻，仍遣光州刺史奚思業令搜訪，以禮發遣。神武見之悅，除太原公開府司馬，轉長史，復授大行臺右丞，封華陰縣侯，遷給事黃門侍郎，妻以庶女。又兼散騎常侍，爲聘梁使主。至碻磝戍，州內有愔家舊佛寺，入精廬禮拜，見太傅容像，悲感慟哭，嘔血數升，遂發病不成行，輿疾還鄴。久之，以本官兼尚書吏部郎中。武定末，以望實之美，超拜吏部尚書，加侍中、衞將軍，侍學典選如故。

天保初，以本官領太子少傅，別封陽夏縣男。又詔監太史，遷尚書右僕射。尚太原長公主，卽魏孝靜后也。會有雉集其舍，又拜開府儀同三司、尚書左僕射，〔二〕改封華山郡公。九年，徙尚書令，又拜特進、驃騎大將軍。十年，封開封王。〔三〕文宣之崩，百僚莫有下淚，愔悲不自勝。濟南嗣業，任遇益隆，朝章國命，一人而已，推誠體道，時無異議。乾明元年二月，爲孝昭帝所誅，時年五十。天統末，追贈司空。

愔貴公子，早著聲譽，風表鑒裁，爲朝野所稱。家門遇禍，唯有二弟一妹及兄孫女數人，撫養孤幼，慈旨溫顏，咸出人表。重義輕財，前後賜與，多散之親族，羣從弟姪十數人，並待而舉火。頻遭迍厄，冒履艱危，一飡之惠，酬答必重，性命之讎，捨而不問。

典選二十餘年，獎擢人倫，以爲己任。然取士多以言貌，時致謗言，以爲愔之用人，似貧士市瓜，取其大者。愔聞，不屑焉。其聰記強識，半面不忘。每有所召問，或單稱姓，或單稱名，無有誤者。後有選人魯漫漢，自言猥賤，獨不見識。愔曰：「卿前在元子思坊，騎禿尾草驢，經見我不下，以方麴鄣面，我何不識卿？」漫漢驚服。又謂之曰：「名以定體，漫漢果自不虛。」又令吏唱人名，誤以盧士深爲士琛，士深自言。愔曰：「盧郎玉潤，所以從玉。」自尙公主後，衣紫羅袍，金縷大帶。遇李庶，頗以爲耻，謂曰：「我此衣服，都是內裁，既見子將，不能無愧。」

及居端揆，權綜機衡，千端萬緒，神無滯用。自天保五年已後，一人喪德，維持匡救，實有賴焉。每天子臨軒，公卿拜授，施號發令，宣揚詔册。愔辭氣溫辯，神儀秀發，百僚觀聽，莫不悚動。自居大位，門絕私交。輕貨財，重仁義，前後賞賜，積累巨萬，散之九族，架篋之中，唯有書數千卷。太保、平原王隆之與愔鄰宅，愔嘗見其門外有富胡數人，謂左右曰：「我門前幸無此物。」性周密畏慎，恒若不足，每聞後命，愀然變色。

文宣大漸，以常山、長廣二王位地親逼，深以後事爲念。愔與尙書左僕射平秦王歸彥、〔四〕侍中燕子獻、黃門侍郎鄭子默受遺詔輔政，並以二王威望先重，咸有猜忌之心。初在晉陽，以大行在殯，天子諒闇，議令常山王在東館，欲奏之事，皆先諮決。二旬而止。仍欲以常山王隨梓宮之鄴，留長廣王鎭晉陽。執政復生疑貳，兩王又俱從至于鄴。子獻立計，欲處太皇太后於北宮，政歸皇太后。又自天保八年已來，爵賞多濫，至是，愔先自表解其開府封王，〔五〕諸叨竊恩榮者皆從黜免。由是嬖寵失職之徒，盡歸心二叔。高歸彥初雖同德，後尋反動，以疏忌之跡盡告兩王。可朱渾天和又每云：「若不誅二王，少主無自安之理。」宋欽道面奏帝，稱二叔威權既重，宜速去之。帝不許曰：「可與令公共詳其事。」愔等議出二王爲刺史。以帝仁慈，恐不可所奏，乃通啓皇太后，具述安危。有宮人李昌儀者，北豫州刺史高仲密之妻，坐仲密事入宮。太后以昌儀宗情，甚相昵愛。太后以啓示之，昌儀密啓太皇太后。愔等又議不可令二王俱出，乃奏以長廣王爲大司馬、幷州刺史，常山王爲太師、錄尚書事。

及二王拜職，於尚書省大會百僚，愔等並將同赴。子默止之，云：「事不可量，不可輕脫。」愔云：「吾等至誠體國，豈有常山拜職，有不赴之理，何爲忽有此慮？」長廣旦伏家僮數十人於錄尚書後室，仍與席上勳貴數人相知。並與諸勳胄約，行酒至愔等，我各勸雙盃，彼必致辭。我一曰「捉酒」，二曰「捉酒」，三曰「何不捉」，爾輩卽捉。及宴如之。愔大言曰：「諸王構逆，欲殺忠良邪！尊天子，削諸侯，赤心奉國，未應及此。」常山王欲緩之，長廣王曰：「不可。」於是愔及天和、欽道皆被拳杖亂毆擊，頭面血流，各十人持之。使薛孤延、康買執子默於尚藥局。子默曰：「不用智者言，以至於此，豈非命也。」

二叔率高歸彥、賀拔仁、斛律金擁愔等唐突入雲龍門。見都督叱利騷，招之不進，使騎殺之。開府成休寧拒門，歸彥喻之，乃得入。送愔等於御前。長廣王及歸彥在朱華門外。太皇太后臨昭陽殿，太后及帝側立。常山王以塼叩頭，進而言曰：「臣與陛下骨肉相連。楊遵彥等欲擅朝權，威福自己，王公以還，皆重足屏氣。共相脣齒，以成亂階，若不早圖，必爲宗社之害。臣與湛等爲國事重，賀拔仁、斛律金等惜獻皇帝基業，共執遵彥等領入宮，未敢刑戮，專輒之失，罪合萬死。」帝時默然，領軍劉桃枝之徒陛衞，叩刀仰視，帝不睨之。太皇太后令却仗，不肯。又厲聲曰：「奴輩卽今頭落。」乃却。因問楊郎何在。賀拔仁曰：「一目已出。」太皇太后愴然曰：「楊郎何所能，留使不好耶！」乃讓帝曰：「此等懷逆，欲殺我二兒，次及我，爾何縱之？」帝猶不能言。太皇太后怒且悲，王公皆泣。太皇太后曰：「豈可使我母子受漢老嫗斟酌。」太后拜謝。常山王叩頭不止。太皇太后謂帝：「何不安慰爾叔。」帝乃曰：「天子亦不敢與叔惜，豈敢惜此漢輩？但願乞兒性命，兒自下殿去，此等任叔父處分。」遂皆斬之。長廣王以子默昔讒己，作詔書，故先拔其舌，截其手。太皇太后臨愔喪，哭曰：「楊郎忠而獲罪。」以御金爲之一眼，親內之，曰：「以表我意。」常山王亦悔殺之。先是童謠曰：「白羊頭尾禿，羖䍽頭生角。」又曰：「羊羊喫野草，不喫野草遠我道，不遠打爾腦。」又曰：「阿麽姑禍也，道人姑夫死也。」羊爲愔也，「角」文爲用刀，「道人」謂廢帝小名，太原公主嘗作尼，故曰「阿麽姑」，愔、子獻、天和皆帝姑夫云。於是乃以天子之命下詔罪之，罪止一身，家口不問。尋復簿錄五家，王晞固諫，乃各沒一房，孩幼兄弟皆除名。〔六〕遵彥死，仍以中書令趙彥深代總機務。鴻臚少卿陽休之私謂人曰：「將涉千里，殺騏驥而策蹇驢，可悲之甚。」愔所著詩賦表奏書論甚多，誅後散失，門生鳩集所得者萬餘言。

燕子獻，字季則，廣漢下洛人。少時相者謂之曰：「使役在胡代，富貴在齊趙。」其後，遇宇文氏稱霸關中，用爲典籤，將命使於茹茹。子獻欲驗相者之言，來歸。高祖見之大悅，尚淮陽公主，〔七〕甚被待遇。顯祖時，官至侍中、開府。濟南卽位之後，委任彌重，除右僕射。子獻素多力，頭又少髮，當狼狽之際，排衆走出省門，斛律光逐而擒之。子獻歎曰：「丈夫爲計遲，遂至於此矣。」

可朱渾天和，道元之季弟也。以道元勳重，尚東平公主。累遷領軍大將軍，開府。濟南王卽位，加特進，改博陵公，與楊愔同被殺。

宋欽道，廣平人，魏吏部尚書弁孫也。初爲大將軍主簿，典書記。後爲黃門侍郎。又令在東宮教太子習事。〔八〕鄭子默以文學見知，亦被親寵。欽道本文法吏，不甚諳識古今，凡有疑事，必詢於子默。二人幸於兩宮，雖諸王貴臣莫不敬憚。欽道又遷祕書監。與楊愔

同詔贈吏部尙書、趙州刺史。〔九〕

鄭頤，字子默，彭城人。高祖據，魏彭城守，自滎陽徙焉。頤聰敏，頗涉文義。初爲太原公東閤祭酒，與宋欽道特相友愛，欽道每師事之。楊愔始輕宋、鄭，不爲之禮。俄而自結人主，與參顧命。欽道復舊與濟南欵狎，共相引致，無所不言。乾明初，拜散騎常侍。二人權勢之重，與愔相埒。愔見害之時，〔一〇〕邢子才流涕曰：「楊令君雖其人，死日恨不得一佳伴。」頤後與愔同詔追贈殿中尙書、廣州刺史。〔一一〕頤弟抗，字子信，頗有文學。武平末，兼左右郎中，待詔文林館。

校勘記

〔一〕北齊書卷三十四　按此卷原缺，三朝本及南本卷後有宋人校語云：「此卷與北史同」。今查楊愔傳和北史卷四一楊愔傳基本相同，只字句小有出入。其附傳不像出於北史，燕子獻傳稱齊帝廟號，可朱渾天和傳、宋欽道傳敍歷官詳於北史。鄭頤傳雖似節抄北史，也有個別字句溢出北史之外，疑仍是採取某種史鈔。

〔二〕又拜開府儀同三司尙書左僕射　諸本「左」作「右」。按前已云「遷尙書右僕射」，不應重複。本書卷四文宣紀載愔於天保三年五五二四月遷右僕射，八年四月遷左。這裏「右」字顯爲「左」之訛，今改正。

〔三〕十年封開封王　按隋書卷三〇地理志中滎陽郡開封縣條云：「東魏置郡，後齊廢。」元和郡縣志卷八汴州開封縣條說天保七年廢，寰宇記卷一同。此傳云楊愔在天保十年封開封王，又本書卷四一皮景和傳說他在齊末曾封開封郡公，和地志所記不合。考本書卷四文宣紀天保七年大規模裁省郡縣，達三州、一百五十三郡之多，地志所記，必非無據。疑楊愔實非封開封王，所封郡缺失，這裏乃因下文「開府封王」而誤。至皮景和之封是訛文還是齊末復置此郡，已無可考。參下「開府封王」條校記。

〔四〕尚書左僕射平秦王歸彥　諸本「左」作「右」。北史卷四一作「左」。按高歸彥於天保九年五五八遷左僕射，廢帝乾明元年五六〇正月以左僕射遷司空，見本書卷四文宣紀、卷五廢帝紀補。「右」字誤，今據改。

〔五〕愔先自表解其開府封王　諸本及北史卷四一「開」下無「府」字。三朝本獨有。按楊愔封開封王，已可疑。這裏更當有「府」字。唐書卷七二下宰相世系表弘農楊氏下載楊愔的官爵是「北齊尚書令、開府、王」，是新唐書編者所見材料只是「開府封王」，所封之郡已不可考。其證一。通鑑卷一六八五一九八頁記此事作「乃先自表解開府及開封王」，知司馬光所見北史及此書本傳也作「開府封王」，只因上文有封開封王的話，才增作「開府及開封王」。其證二。「開府封王」一語亦見他處，本書卷五〇恩倖傳末就有三次一次作「封王開府」，北史卷九二恩幸傳末更有四次之多。據此，知本有「府」字，後人妄刪。今從三朝本。

〔六〕孩幼兄弟皆除名　北史卷四一「孩幼」下有「盡死」二字。按「孩幼」未必都做官，怎能「除名」，當脫「盡死」二字。

〔七〕尙淮陽公主　諸本及北史卷四一燕子獻傳「淮陽」作「陽翟」，唯三朝本作「淮陽」。按册府卷八六〇一〇二一七頁也作「淮陽」。此傳不出北史，敍事不同，北史作「陽翟」，此自作「淮陽」，册府可證。今從三朝本。

〔八〕又令在東宮敎太子習事　三朝本無「習」字，諸本都有。北史卷二六宋欽道傳作「吏」。按「事」上當有一字，三朝本脫，今從諸本。

〔九〕與楊愔同詔贈吏部尙書趙州刺史　諸本「詔」作「誅」，三朝本作「詔」，又無「吏部尙書、趙州刺史」八字。按楊愔於天統末追贈司空，宋欽道等也在同一詔書中追贈，所以說「同詔贈」。下鄭頤傳可證。他本都依北史改，不知此傳本不出北史。今從三朝本。又三朝本所缺八字，乃所據史鈔有意刪節，非脫文，但無此八字，語氣不完。他本都據北史補，百衲本也從他本，今從諸本。

〔一〇〕愔見害之時　自此句至傳末「待詔文林館」，共六十三字，三朝本無，他本據北史卷四一鄭頤傳末補。按這是有意删節，非脫文，但補上情事較盡，今從他本。

〔一二〕頣後與愔同詔追贈殿中尚書廣州刺史　諸本「追」作「進」，北史卷四一作「追」。按頣先無贈官，說進贈無據。且此六十三字乃明人以北史補，今據北史改。

北齊書卷三十五〔一〕

列傳第二十七

裴讓之 弟諏之 讞之 皇甫和 李構 張宴之 陸卬

王松年 劉禕

裴讓之，字士禮。年十六喪父，殆不勝哀，其母辛氏泣撫之曰：「棄我滅性，得爲孝子乎？」由是自勉。辛氏，高明婦則，又閑禮度。夫喪，諸子多幼弱，廣延師友，或親自敎授。內外親屬有吉凶禮制，多取則焉。

讓之少好學，有文俊辯，早得聲譽。魏天平中舉秀才，對策高第。累遷屯田主客郎中，省中語曰：「能賦詩，裴讓之。」爲太原公開府記室。與楊愔友善，相遇則清談竟日。愔每云：「此人風流警拔，裴文季爲不亡矣。」梁使至，帝令讓之攝主客郎。

第二弟諏之奔關右，兄弟五人皆拘繫。神武問曰：「諏之何在？」答曰：「昔吳、蜀二國，諸葛兄弟各得遂心，況讓之老母在，君臣分定，失忠與孝，愚夫不爲。伏願明公以誠信待物，若以不信處物，物亦安能自信？以此定霸，猶却行而求道耳。」神武善其言，兄弟俱釋。歷文襄大將軍主簿，兼中書舍人，後兼散騎常侍聘梁。文襄嘗入朝，讓之導引，容儀蘊藉，文襄目之曰：「士禮佳舍人。」遷長兼中書侍郎，領舍人。

齊受禪，靜帝遜居別宮，與諸臣別，讓之流涕歔欷。以參掌儀注，封寧都縣男。帝欲以爲黃門郎，或言其體重，不堪趨侍，乃除清河太守。至郡未幾，楊愔謂讓之諸弟曰：「我與賢兄交欵，企聞善政。適有人從清河來，云姦吏斂迹，盜賊清靖。期月之期，翻然更速。」清河有二豪吏田轉貴、孫舍興久吏姦猾，多有侵削，因事遂脅人取財。計贓依律不至死。讓之以其亂法，殺之。時清河王岳爲司州牧，遣部從事案之。侍中高德政舊與讓之不協，案奏言：「當陛下受禪之時，讓之眷戀魏朝，嗚咽流涕，比爲內官，情非所願。」既而楊愔請救之，云：「罪不合死。」文宣大怒，謂愔曰：「欲得與裴讓之同冢耶！」於是無敢言者。事奏，竟賜死於家。讓之次弟諏之。

諏之，字士正，少好儒學，釋褐太學博士。嘗從常景借書百卷，十許日便返。景疑其不能讀，每卷策問，應答無遺。景歎曰：「應奉五行俱下，禰衡一覽便記，今復見之於裴生矣。」

楊愔闔門改葬，託諏之頓作十餘墓誌，〔二〕文皆可觀。讓之、諏之及皇甫和弟亮並知名於洛下，時人語曰：「諏勝於讓，和不如亮。」司空高乾致書曰：「相屈爲戶曹參軍。」諏之復書不受署。沛王開大司馬府，辟爲記室。遷鄴後，諏之留在河南，西魏領軍獨孤信入據金墉，以諏之爲開府屬，號曰「洛陽遺彥。」信敗，諏之居南山，洛州刺史王元軌召爲中從事。西師忽至，尋退，遂隨西師入關。周文帝以爲大行臺倉曹郎中，卒。贈徐州刺史。

讞之，字士平，七歲便勤學，早知名。累遷司徒主簿。楊愔每稱歎云：「河東士族，京官不少，唯此家兄弟，全無鄉音。」讞之雖年少，不妄交遊，唯與隴西辛術、趙郡李繪、頓丘李構、清河崔瞻爲忘年之友。昭帝梓宮將還鄴，轉儀曹郎，尤悉歷代故事、儀注，喪禮皆能裁正。爲永昌太守，客旅過郡，出私財供給，人間所無，預代下出，爲吏人所懷。〔三〕齊亡仕周，卒伊川太守。

皇甫和，字長諧，安定朝那人，其先因官寓居漢中。祖澄，南齊秦、梁二州刺史。父徽，字子玄，梁安定、略陽二郡守。魏正始二年，隨其妻父夏侯道遷入魏，道遷別上勳書，欲以徽爲元謀。徽曰：「創謀之始，本不關預，雖貪榮賞，內愧於心。」遂拒而不許。梁州刺史羊靈祐重其敦實，表爲征虜府司馬，卒。和十一而孤，母夏侯氏，才明有禮則，親授以經書。及長，深沉有雅量，尤明禮儀，宗親吉凶，多相諮訪。卒於濟陰太守。

李構，字祖基，黎陽人。祖平，魏尚書僕射。構少以方正見稱，釋褐開府參軍，累遷譙州刺史，卒。

構從父弟庶，魏大司農諧子。方雅好學，風流規檢，甚有家風。稍遷臨漳令。魏書出，庶與盧斐、王松年等訟其不平，並繫獄。魏收書王慧龍自云太原人，又言王瓊不善事；盧同附盧玄傳；李平爲陳留人，云其家貧賤。故斐等致訟，語楊愔云：「魏收合誅。」愔黨助魏收，遂白顯祖罪斐等，並髡頭鞭二百。庶死於臨漳獄中，庶兄岳痛之，終身不歷臨漳縣門。

張宴之，字熙德。幼孤有至性，爲母鄭氏教誨，動依禮典。從尒朱榮平元顥，賜爵武成子，累遷尚書二千石郎中。高岳征潁川，復以爲都督中兵參軍兼記室。宴之文士，兼有武幹，每與岳帷帳之謀，又常以短兵接刃，親獲首級，深爲岳所嗟賞。天保初，文宣爲高陽王納宴之女爲妃，令赴晉陽成禮。宴之後園陪讌，坐客皆賦詩。宴之詩云：「天下有道，主明臣直，雖休勿休，永貽世則。」文宣笑曰：「得卿箴諷，深以慰懷。」後行北徐州事，尋即眞，爲吏人所愛。御史崔子武督察州郡，至北徐州，無所案劾，唯得百姓所制清德頌數篇。乃歎曰：「本求罪狀，遂聞頌聲。」遷兗州刺史，未拜，卒。贈齊州刺史。

陸卬，字雲駒。少機悟，美風神，好學不倦，博覽羣書，五經多通大義。善屬文，甚爲河間邢卲所賞。卲又與卬父子彰交遊，嘗謂子彰曰：「吾以卿老蚌遂出明珠，意欲爲羣拜紀可乎？」由是名譽日高，儒雅搢紳，尤所推許。起家員外散騎侍郎，歷文襄大將軍主簿，中書舍人，兼中書侍郎，〔四〕以本職兼太子洗馬。自梁、魏通和，歲有交聘，卬每兼官燕接，在帝席賦詩，卬必先成，〔五〕雖未能盡工，以敏速見美。

除中書侍郎，修國史。以父憂去職，居喪盡禮，哀毁骨立。詔以本官起。文襄時鎭鄴，嘉其至行，親詣門以慰勉之。卬母魏上庸公主，初封藍田，高明婦人也，甚有志操。卬昆季六人，並主所生。故邢卲常謂人云：「藍田生玉，固不虛矣。」主教訓諸子，皆稟義方，雖創巨痛深，出於天性，然動依禮度，亦母氏之訓焉。卬兄弟相率廬於墓側，負土成墳，朝廷深所嗟尙，發詔褒揚，改其所居里爲孝終里。服竟當襲，不忍嗣侯。

天保初，常山王薦卬器幹，文宣面授給事黃門侍郎，遷吏部郎中。上洛王思宗爲淸都尹，辟爲邑中正，食貝丘縣幹。遭母喪，哀慕毁悴，殆不勝喪，至沉篤，頓昧伏枕。又感風疾。第五弟摶遇疾臨終，謂其兄弟曰：「大兄尫病如此，性至慈愛，摶之死日，必不得使大兄知之，哭泣聲必不可聞徹，致有感慟。」家人至於祖載，方始告之。卬聞而悲痛，一慟便絕，年四十八。卬自在朝，篤愼固密，不說人短，不伐己長，言論淸遠，有人倫鑒裁，朝野甚悲惜之。贈衞將軍、青州刺史，謚曰文。所著文章十四卷，行於世。齊之郊廟諸歌，多卬所制。子乂嗣，襲爵始平侯。

王松年，少知名。文襄臨幷州，辟爲主簿，累遷通直散騎常侍，副李緯使梁。還，歷位尙書郎中。魏收撰魏書成，松年有謗言，文宣怒，禁止之，仍加杖罰。歲餘得免，除臨漳令，遷司馬、別駕、本州大中正。孝昭擢拜給事黃門侍郎。帝每賜坐，與論政事，甚善之。孝昭崩，松年馳驛至鄴都宣遺詔，發言涕泗，迄於宣罷，容色無改，辭吐諧韻。宣訖，號慟自絕於地，百官莫不感慟。還晉陽，兼侍中，護梓宮還鄴。諸舊臣避形迹，無敢盡哀，唯松年哭甚流涕，朝士咸恐。武成雖忿松年戀舊情切，亦雅重之。以本官加散騎常侍，食高邑縣幹，〔六〕參定律令，前後大事多委焉。兼御史中丞。發晉陽之鄴，在道遇疾卒。贈吏部尚書、幷州刺史，謚曰平。第三子劭，最知名。

劉禕，字彥英，彭城人。父世明，魏兗州刺史。禕性弘裕，有威重，容止可觀，雖昵友密交，朝夕遊處，莫不加敬。好學，善三禮，吉凶儀制，尤所留心。魏孝昌中，釋巾太學博士。累遷睢州刺史，邊人服其威信，甚得疆埸之和。世宗輔政，降書褒奬，云：「以卿家世忠純，奕代冠冕。賢弟賢子，並與吾共事，懷抱相託，亦自依然。宜勗心力，以副所委，莫慮不富貴。」秩滿，逕歸鄉里侍父疾，竟不入朝。父喪，沉頓累年，非杖不起。世宗致辟，禕稱疾不動。五子，璿、玘、璞、瑗、瓚，並有志節，爲世所稱。〔七〕

校勘記

〔一〕北齊書卷三十五　按此卷原缺，宋本、三朝本及南本卷末有宋人校語云：「此卷與北史同。」按李構傳敍籍貫歷官與北史卷四三本傳不同，且稱齊帝廟號；劉禕北史無傳。此二傳當是據高氏小史之類的史鈔補。其他各傳出於北史，字句也偶有異同。

〔二〕楊愔闔門改葬託諏之頓作十餘墓誌　三朝本、百衲本無「改」字，「託」作「訖」。按誌石置於墓穴，豈有葬訖而作誌之理。今從南北等本。

〔三〕人間所無預代下出爲吏人所懷　諸本及北史卷三八「人間所無，預代下出」作「民間無所預，代去（北史作下日）」。三朝本如上摘句，册府卷六八八（八二〇四頁）作「人間所無，預代下民所出」。按這裏美化封建官吏，敍事虛僞，已不待論。三朝本和册府說他暫時代墊，則以後仍要徵收，若如他本及北史，說成「民間無所預」，去事實更遠。今從三朝本。

〔四〕中書舍人兼中書侍郎　諸本「侍郎」作「郎中」，北史卷二八陸卬傳作「侍郎」。按中書省無郎中。御覽卷六〇〇（二七〇一頁）引三國典略稱「高澄嗣渤海王，聞謝挺、徐陵來聘，遣中書侍郎陸昂於滑臺迎勞」，時間亦相當。知北史是，今據改。下云「除中書侍郎」，乃是正除，非重複。

〔五〕在帝席賦詩卬必先成　北史卷二八、册府卷八五〇（一〇一二二頁）無「帝」字。御覽卷六〇〇（二七〇一頁）引三國典略亦無。按上文說的是陸卬接待梁使，所云賦詩卽在此種宴會上，「帝」字疑衍。

〔六〕食高邑縣幹　諸本「幹」作「侯」。按「食幹」是北齊制度，屢見本書和北史，隋書卷二七百官志中也有紀載。「侯」應稱「封」，從無食某縣侯的紀載。今據北史卷三五王松年傳改。

〔七〕五子璿玘璞瑗璜並有志節爲世所稱　御覽卷三七九一七五二頁引北齊書云：「劉禕五子，並有志行，爲世所稱。璿字祖玉，聰敏機悟，美姿儀，爲其舅北海王昕所愛。顧座曰：『可謂珠玉在傍，覺我質穢』。」按册府卷八八三一〇四六二頁也有這一段，只是誤以爲劉禕，作「劉禕聰敏機悟」云云，下全同御覽。此段文字爲北齊書劉禕傳佚文無疑。原文當詳劉璿始末，五子也必不止敍璿一人。

北齊書卷三十六〔一〕

列傳第二十八

邢卲

邢卲，字子才，〔二〕河間鄚人，魏太常貞之後。父虬，魏光祿卿。卲小字吉，少時有避，遂不行名。年五歲，魏吏部郎淸河崔亮見而奇之，曰：「此子後當大成，位望通顯。」十歲，便能屬文，雅有才思，聰明强記，日誦萬餘言。族兄巒，有人倫鑒，謂子弟曰：「宗室中有此兒，非常人也。」少在洛陽，會天下無事，與時名勝專以山水遊宴爲娛，不暇勤業。嘗因霖雨，乃讀漢書，五日，略能遍記之。後因飲謔倦，方廣尋經史，五行俱下，一覽便記，無所遺忘。文章典麗，既贍且速。年未二十，名動衣冠。嘗與右北平陽固、河東裴伯茂、從兄罘、河南陸道暉等至北海王昕舍宿飲，相與賦詩，凡數十首，皆在主人奴處。旦日奴行，諸人求詩不得，卲皆爲誦之，諸人有不認詩者，奴還得本，不誤一字。諸人方之王粲。吏部尙書隴西李神儁大相欽重，引爲忘年之交。

釋巾爲魏宣武挽郎，除奉朝請，遷著作佐郎。深爲領軍元叉所禮，叉新除尚書令，〔三〕神儁與陳郡袁翻在席，叉令卲作謝表，須臾便成，以示諸賓。神儁曰：「邢卲此表，足使袁公變色。」孝昌初，與黃門侍郎李琰之對典朝儀。自孝明之後，文雅大盛，卲雕蟲之美，獨步當時，每一文初出，京師爲之紙貴，讀誦俄遍遠近。于時袁翻與范陽祖瑩位望通顯，文筆之美，見稱先達，以卲藻思華贍，深共嫉之。每洛中貴人拜職，多憑卲爲謝表。嘗有一貴勝初受官，大集賓食，翻與卲俱在坐。翻意主人託其爲讓表。遂命卲作之。翻甚不悅，每告人云：「邢家小兒嘗客作章表，〔四〕自買黃紙，寫而送之。」卲恐爲翻所害，乃辭以疾。屬尚書令元羅出鎮青州，啓爲府司馬。遂在青土，終日酣賞，盡山泉之致。

永安初，累遷中書侍郎，所作詔誥，文體宏麗。及尒朱榮入洛，京師擾亂，卲與弘農楊愔避地嵩高山。〔五〕普泰中，兼給事黃門侍郎，尋爲散騎常侍。太昌初，勑令恒直內省，給御食，〔六〕令覆按尚書門下事，凡除大官，先問其可否，然後施行。除衞將軍、國子祭酒。以親老還鄉，詔所在特給兵力五人，並令歲一入朝，以備顧問。丁母憂，哀毀過禮。

後楊愔與魏收及卲請置學。〔七〕（奏曰：

世室明堂，顯於周、夏；〔八〕一饗兩學，盛自虞、殷。所以宗配上帝，以著莫大之嚴；宣布下土，以彰則天之軌。養黃髮以詢哲言，育青衿而敷教典，用能享國長久，風徽萬祀者也。爰暨亡秦，改革其道，坑儒滅學，以蔽黔黎。故九服分崩，祚終二代。炎漢勃興，更修儒術。故西京有六學之義，東都有三本之盛。逮自魏、晉，撥亂相因，兵革之中，學校不絕。仰惟高祖孝文皇帝稟聖自天，道鏡今古，列校序於鄉黨，敦詩書於郡國。但經始事殷，戎軒屢駕，未遑多就，弓劍弗追。世宗統歷，聿遵先緒，永平之中，大興板築。續以水旱，戎馬生郊，雖逮爲山，還停一簣。而明堂禮樂之本，乃鬱荆棘之林；膠序德義之基，空盈牧豎之跡；城隍嚴固之重，闕塼石之功；墉構顯望之要，少樓榭之飾。加以風雨稍侵，漸致虧墜。非所謂追隆堂構，儀刑萬國者也。伏聞朝議以高祖大造區夏，道侔姬文，擬祀明堂，式配上帝。今若基址不修，乃同丘畎，卽使高皇神享，闕於國陽，宗事之典，有聲無實。此臣子所以匪寧，億兆所以佇望也。

臣又聞官方授能，所以任事，事既任矣，酬之以祿。如此則上無曠官之譏，下絕尸素之謗。今國子雖有學官之名，無教授之實，何異兎絲燕麥，南箕北斗哉？

昔劉向有言，王者宜興辟雍、陳禮樂以風天下。夫禮樂所以養人，刑法所以殺人，而有司勤勤，請定刑法，至於禮樂，則曰未敢。是敢於殺人，不敢於養人也。臣以爲當今四海清平，九服寧宴，經國要重，理應先營，脫復稽延，則劉向之言徵矣。但事不兩興，須有進退。以臣愚量，宜罷尙方雕靡之作，頗省永寧土木之功，並減瑤光材瓦之力，兼分石窟鐫琢之勞，及諸事役非世急者，三時農隙，修此數條。使辟雍之禮，蔚爾而復興；諷誦之音，煥然而更作。美樹高墉嚴壯於外，槐宮棘寺顯麗於中。更明古今，重遵鄉飲，敦進郡學，精課經業，如此則元、凱可得之於上序，游、夏可致之於下國，豈不休歟！

靈太后令曰：「配饗大禮，爲國之本，比以戎馬在郊，未遑修繕。今四表晏寧，當勅有司，別議經始。」

累遷太常卿、〔九〕中書監，攝國子祭酒。是時朝臣多守一職，帶領二官甚少，邵頓居三職，並是文學之首，當世榮之。文宣幸晉陽，路中頻有甘露之瑞，朝臣皆作甘露頌，〔一〇〕尚書符令邵爲之序。及文宣皇帝崩，凶禮多見訊訪，勅撰哀策。後授特進，卒。

邵率情簡素，內行修謹，兄弟親姻之間，稱爲雍睦。博覽墳籍，無不通曉，晚年尤以五經章句爲意，窮其指要。吉凶禮儀，公私諮稟，質疑去惑，爲世指南。每公卿會議，事關典故，邵援筆立成，證引該洽，帝命朝章，取定俄頃。詞致宏遠，獨步當時，與濟陰溫子昇爲文士之冠，世論謂之溫、邢。鉅鹿魏收，雖天才艷發，而年事在二人之後，故子昇死後，方稱邢、魏焉。雖望實兼重，不以才位傲物。脫略簡易，不修威儀，車服器用，充事而已。有齋不居，坐臥恒在一小屋。果餌之屬，或置之梁上，賓至，下而共噉。天姿質素，特安異同，士無賢愚，皆能顧接，對客或解衣覓蝨，且與劇談。有書甚多，而不甚讎校。見人校書，常笑曰：「何愚之甚，天下書至死讀不可遍，焉能始復校此。且誤書思之，更是一適。」妻弟李季節，才學之士，謂子才曰：「世間人多不聰明，思誤書何由能得。」子才曰：「若思不能得，便不勞讀書。」與婦甚疏，未嘗內宿。自云嘗晝入內閤，爲狗所吠，言畢便撫掌大笑。性好談賞，不能閑獨，公事歸休，恒須賓客自伴。事寡嫂甚謹，養孤子恕，慈愛特深。在兗州，有都信云恕疾，便憂之，廢寢食，顏色貶損。及卒，人士爲之傷心，〔二〕痛悼雖甚，竟不再哭，賓客弔慰，抆淚而已。其高情達識，開遣滯累，東門吳以還，所未有也。〔三〕有集三十卷，見行於世。子大寶，有文情。孽子大德、大道，略不識字焉。

校勘記

〔一〕北齊書卷三十六　按此卷原缺，後人以北史卷四三邢邵傳補，但刪節很多，字句也有異同。

〔二〕邢卲字子才　諸本「卲」作「邵」，他處也或作「劭」。按「卲」與「劭」通，作「邵」誤。今一律作「卲」，他處不再出校記。

〔三〕又新除尚書令　諸本及北史卷四三邢邵傳，「除」下衍「遷」字，據册府卷八三九九九六一頁、通志卷一五五邢卲傳刪。

〔四〕邢家小兒嘗客作章表　諸本「嘗」作「當」，三朝本、百衲本作「嘗」，北史卷四三作「常」。按「客作」連文，卽受人僱傭之意。袁翻譏笑邢卲爲貴人作章表有同受僱。作「嘗」或「常」是，後人不解客作之意，臆改爲「當」。今從三朝本。

〔五〕及尒朱榮入洛京師擾亂卲與弘農楊愔避地嵩高山　諸本及北史卷四三「榮」作「兆」，冊府卷九四九二一七〇頁作「榮」。按北史卷四八尒朱榮傳稱永安三年五三〇八月榮被殺前，揚言赴洛陽，「京師人懷憂懼，中書舍人邢子才之徒已避之東出」。又本書卷三四楊愔傳補也敍愔與邢卲隱居嵩山事於尒朱榮被殺前。知作「兆」誤，今據冊府改。

〔六〕給御食　諸本「御食」作「御史」，南本、局本作「御食」。按「給御史」不易解釋。通志卷一五五也作「食」，本書卷三一王晞傳稱「朝晡給與御食」，知作「御食」是。今從南本。

〔七〕後楊愔與魏收及卲請置學　南、北、汲、殿、局五本「請置學」下有「及修立明堂」五字，三朝本、百衲本及北史卷四三無。又北史「魏收」作「魏元乂」。錢氏考異卷三九北史邢卲條云：「按史敍此事於太昌北魏孝武帝年號五三二之後，元乂死已久，北齊書以爲魏收者爲近之。然考之魏書李崇傳卷六六，此奏實出於崇，與楊愔、魏收、邢卲諸人初不相涉。」按此傳所云楊愔等所請乃是置學。這時元乂、李崇都已前死。明是楊愔等請置學之奏文已缺，北史誤本將同卷李崇傳文羼入邢卲傳。以北史補北齊書此傳者又沿其誤。唯北史和較早的北齊書版本尚無「及修建明堂」五字，而李崇之奏，却以請修建明堂爲主，令人有文不對題之感。明人校勘北齊書，爲之補苴漏洞，又增此五字，可謂錯上加錯。今從三朝本無五字，下文自「奏曰」以下至「別議經始」共六百六十三字本非此傳中語，今用括號標出，以示區別。

〔八〕世室明堂顯於周夏　北史卷四三、册府卷六〇三七二四一頁無此八字。按這是李崇奏文的開頭見魏書卷六六，北史羼入邢卲傳時當亦有此八字，後人校北史者見上只說楊愔等請建學，與明堂無關，故逕删去。取北史補此傳時，八字尚未删。

〔九〕累遷太常卿　北史卷四三「累遷」下多出五百六十八字，當是補此傳者删節。

〔一〇〕文宣幸晉陽路中頻有甘露之瑞朝臣皆作甘露頌　諸本「文宣」作「世宗」，北史卷四三無此二字。册府卷五五一六六二〇頁、通志卷一五五作「文宣」。按通志傳文卽錄自北史，疑北史本亦有此二字。此傳亦出北史，北史例稱帝謚，這裏忽稱世宗廟號，明是補此傳者所改或所據北史已脫去，以意增。今據上文，稱邢卲以太常卿兼中書監、國子祭酒。本書卷四三許惇傳敍惇與邢卲爭大中正事，卽稱邢卲官爲中書監，又說許惇憑附宋欽道，出卲爲刺史。宋欽道得勢已在高洋晚年，則邢卲爲中書監也必在高洋時，可證他作甘露頌不可能在高澄世宗時。又邢卲甘露詩、甘露頌今存藝文類聚卷九八，通篇都只歌頌皇帝，不及宰輔，高澄未登帝位，也不像高澄當國時的作品。今據册府、通志改。

〔一一〕養孤子恕慈愛特深至及卒人士爲之傷心　張森楷云：「按北史邢臧傳卷四三言子恕仕隋，卒於沂州長史，則卲不得見其卒也。」按本書卷四九馬嗣明傳補敍他爲邢卲子大寶診脈，預知其不出一年便死，果「未期而卒」，事在高洋時。知死者是卲子大寶，而非其姪恕。「及卒」當作「及子大寶卒」，脫「子大寶」三字。

〔一三〕東門吳以還所未有也　諸本無「門」字，南本依北史卷四三增。按東門吳子死不憂，見列子力命篇，今從南本。

北齊書卷三十七〔一〕

列傳第二十九

魏收

魏收，字伯起，小字佛助，鉅鹿下曲陽人也。曾祖緝，祖韶。〔二〕父子建，字敬忠，贈儀同、定州刺史。收年十五，頗已屬文。及隨父赴邊，好習騎射，欲以武藝自達。滎陽鄭伯調之曰：「魏郎弄戟多少？」收慚，遂折節讀書。夏月，坐板牀，隨樹陰諷誦，積年，板牀爲之銳減，而精力不輟。以文華顯。

初除太學博士。及尒朱榮於河陰濫害朝士，收亦在圍中，以日晏獲免。吏部尚書李神儁重收才學，奏授司徒記室參軍。永安三年，除北主客郎中。節閔帝立，妙簡近侍，詔試收爲封禪書，收下筆便就，不立稿草，〔三〕文將千言，所改無幾。時黃門郎賈思同侍立，深奇之，白帝曰：〔四〕「雖七步之才，無以過此。」遷散騎侍郎，尋勑典起居注，並修國史，兼中書侍郎，時年二十六。

孝武初，又詔收攝本職，文誥塡積，事咸稱旨。黃門郎崔㥄從齊神武入朝，熏灼於世，收初不詣門。㥄爲帝登阼赦，云「朕託體孝文」，收嗤其率直。正員郎李愼以告之，㥄深憤忌。時節閔帝殂，令收爲詔。㥄乃宣言：收普泰世出入幃幄，一日造詔，優爲詞旨，然則義旗之士盡爲逆人；又收父老，合解官歸侍。南臺將加彈劾，賴尚書辛雄爲言於中尉綦儁，乃解。收有賤生弟仲同，先未齒錄，因此怖懼，上籍，遣還鄉扶侍。孝武嘗大發士卒，狩於嵩少之南旬有六日。時天寒，朝野嗟怨。帝與從官及諸妃主，奇伎異飾，多非禮度。收欲言則懼，欲默不能已，乃上南狩賦以諷焉，時年二十七，雖富言淫麗，而終歸雅正。帝手詔報焉，甚見褒美。鄭伯謂曰：「卿不遇老夫，猶應逐兔。」

初神武固讓天柱大將軍，魏帝勑收爲詔，令遂所請。欲加相國，問品秩，收以實對，帝遂止。收旣未測主相之意，以前事不安，求解，詔許焉。久之，除帝兄子廣平王贊開府從事中郎，收不敢辭，乃爲庭竹賦以致已意。尋兼中書舍人，與濟陰溫子昇、河間邢子才齊譽，世號三才。時孝武猜忌神武，內有間隙，收遂以疾固辭而免。其舅崔孝芬怪而問之，收曰：「懼有晉陽之甲。」尋而神武南上，帝西入關。

收兼通直散騎常侍，副王昕使梁，昕風流文辯，收辭藻富逸，梁主及其羣臣咸加敬異。

先是南北初和，李諧、盧元明首通使命，二人才器，並爲鄰國所重。至此，梁主稱曰：「盧、李命世，王、魏中興，未知後來復何如耳？」收在館，遂買吳婢入館，其部下有買婢者，收亦喚取，遍行姦穢，梁朝館司皆爲之獲罪。人稱其才而鄙其行。在途作聘遊賦，辭甚美盛。使還，尙書右僕射高隆之求南貨於昕、收，不能如志，遂諷御史中尉高仲密禁止昕、收於其臺，久之得釋。

及孫搴死，司馬子如薦收，召赴晉陽，以爲中外府主簿。以受旨乖忤，頻被嫌責，加以箠楚，久不得志。會司馬子如奉使霸朝，收假其餘光。子如因宴戲言於神武曰：「魏收天子中書郎，一國大才，願大王借以顏色。」由此轉府屬，然未甚優禮。

收從叔季景，有才學，歷官著名，並在收前，然收常所欺忽。季景、收初赴并，頓丘李庶者，故大司農諧之子也，以華辯見稱，曾謂收曰：「霸朝便有二魏。」收率爾曰：「以從叔見比，便是耶輸之比卿。」耶輸者，故尙書令陳留公繼伯之子也，愚癡有名，好自入市肆，高價買物，商賈共所嗤玩。收忽季景，故方之，〔五〕不遜例多如此。

收本以文才，必望穎脫見知，位既不遂，求修國史。崔暹爲言於文襄曰：「國史事重，公家父子霸王功業，皆須具載，非收不可。」文襄啓收兼散騎常侍，修國史。武定二年，除正常侍，領兼中書侍郎，仍修史。魏帝宴百僚，問何故名人日，皆莫能知。收對曰：「晉議郎董勛答問禮俗云：『正月一日爲雞，二日爲狗，三日爲猪，四日爲羊，五日爲牛，六日爲馬，七日爲人。』」時邢卲亦在側，甚恧焉。自魏、梁和好，書下紙每云：「想彼境內寧靜，此率土安和。」梁後使，其書乃去「彼」字，自稱猶著「此」，欲示無外之意。收定報書云：「想境內淸晏，今萬國安和。」梁人復書，依以爲體。後神武入朝，靜帝授相國，固讓，令收爲啓。啓成呈上，文襄時侍側，神武指收曰：「此人當復爲崔光。」四年，神武於西門豹祠宴集，謂司馬子如曰：「魏收爲史官，書吾等善惡，聞北伐時，諸貴常餉史官飲食，司馬僕射頗曾餉不？」因共大笑。仍謂收曰：「卿勿見元康等在吾目下趨走，謂吾以爲勤勞，我後世身名在卿手，勿謂我不知。」尋加兼著作郎。

收昔在洛京，輕薄尤甚，人號云「魏收驚蛺蝶」。文襄曾遊東山，令給事黃門侍郎顥等宴。文襄曰：「魏收恃才無宜適，〔六〕須出其短。」往復數番，收忽大唱曰：「楊遵彥理屈已倒。」愔從容曰：「我綽有餘暇，山立不動，若遇當塗，恐翩翩遂逝。」當塗者，魏；翩翩者，蛺蝶也。文襄先知之，大笑稱善。文襄又曰：「向語猶微，宜更指斥。」愔應聲曰：「魏收在并作一篇詩，對衆讀訖，云：『打從叔季景出六百斛米，〔七〕亦不辨此。』遠近所知，非敢妄語。」文襄喜曰：「我亦先聞。」衆人皆笑。收雖自申雪，不復抗拒，終身病之。

侯景叛入梁，寇南境，文襄時在晉陽，令收爲檄五十餘紙，不日而就。又檄梁朝，令送侯景，初夜執筆，三更便成，文過七紙。文襄善之。魏帝曾季秋大射，普令賦詩，收詩末云：「尺書徵建鄴，折簡召長安。」文襄壯之，顧諸人曰：「在朝今有魏收，便是國之光采，雅俗文墨，通達縱橫。我亦使子才、子昇時有所作，至於詞氣，並不及之。吾或意有所懷，忘而不語，語而不盡，意有未及，收呈草皆以周悉，此亦難有。」又勑兼主客郎接梁使謝珽、徐陵。侯景旣陷梁，梁鄱陽王範時爲合州刺史，文襄勑收以書喻之。範得書，仍率部伍西上，刺史崔聖念入據其城。文襄謂收曰：「今定一州，卿有其力，猶恨『尺書徵建鄴』未効耳。」

文襄崩，文宣如晉陽，令與黃門郎崔季舒、高德正，吏部郎中尉瑾於北第掌機密。轉祕書監，兼著作郎，又除定州大中正。時齊將受禪，楊愔奏收置之別館，令撰禪代詔册諸文，遣徐之才守門不聽出。天保元年，除中書令，仍兼著作郎，封富平縣子。

二年，詔撰魏史。四年，除魏尹，故優以祿力，專在史閣，不知郡事。初帝令羣臣各言爾志，收曰：「臣願得直筆東觀，早成魏書。」故帝使收專其任。又詔平原王高隆之總監之，其署名而已。帝勑收曰：「好直筆，我終不作魏太武誅史官。」始魏初鄧彥海撰代記十餘卷，其後崔浩典史，游雅、高允、〔八〕程駿、李彪、崔光、李琰之徒世修其業。浩爲編年體，彪始分作紀、表、志、傳，書猶未出。宣武時，命邢巒追撰孝文起居注，書至太和十四年，〔九〕又命崔鴻、王遵業補續焉。下訖孝明，事甚委悉。濟陰王暉業撰辨宗室錄三十卷。收於是部通直常侍房延祐、司空司馬辛元植、國子博士刁柔、裴昂之、尚書郎高孝幹專總斟酌，〔一〇〕以成魏書。辨定名稱，隨條甄舉，又搜採亡遺，綴續後事，備一代史籍，表而上聞之。勒成一代大典：凡十二紀，九十二列傳，合一百一十卷。五年三月奏上之。秋，除梁州刺史。收以志未成，奏請終業，許之。十一月，復奏十志：天象四卷，地形三卷，律曆二卷，禮樂四卷，食貨一卷，刑罰一卷，靈徵二卷，官氏二卷，釋老一卷，凡二十卷，續於紀傳，合一百三十卷，分爲十二帙。其史三十五例，二十五序，九十四論，前後二表一啓焉。

所引史官，恐其凌逼，唯取學流先相依附者。房延祐、辛元植、眭仲讓〔一一〕雖夙涉朝位，並非史才。刁柔、裴昂之以儒業見知，全不堪編緝。高孝幹以左道求進。修史諸人祖宗姻戚多被書錄，飾以美言。收性頗急，不甚能平，夙有怨者，多沒其善。每言：「何物小子，敢共魏收作色，舉之則使上天，按之當使入地。」初收在神武時爲太常少卿修國史，得陽休之助，因謝休之曰：「無以謝德，當爲卿作佳傳。」休之父固，魏世爲北平太守，以貪虐爲中尉李平所彈獲罪，載在魏起居注。收書云：「固爲北平，甚有惠政，坐公事免官。」又云：「李平深相敬重。」尒朱榮於魏爲賊，收以高氏出自尒朱，且納榮子金，故減其惡而增其善，論云：「若修德義之風，則韋、彭、伊、霍夫何足數。」〔一二〕

時論既言收著史不平，文宣詔收於尚書省與諸家子孫共加論討，前後投訴百有餘人，云「遺其家世職位」，或云「其家不見記錄」，或云「妄有非毀」。收皆隨狀答之。范陽盧斐父同附出族祖玄傳下，頓丘李庶家傳稱其本是梁國蒙人，〔一三〕斐、庶譏議云：「史書不直。」收性急，不勝其憤，啓誣其欲加屠害。帝大怒，親自詰責。斐曰：「臣父仕魏，位至儀同，功業顯著，名聞天下，與收無親，遂不立傳。博陵崔綽，位止本郡功曹，更無事迹，是收外親，乃爲傳首。」收曰：「綽雖無位，名義可嘉，所以合傳。」帝曰：「卿何由知其好人？」收曰：「高允曾爲綽讚，稱有道德。」帝曰：「司空才士，爲人作讚，正應稱揚。亦如卿爲人作文章，道其好者豈能皆實？」收無以對，戰慄而已。但帝先重收才，不欲加罪。時太原王松年亦謗史，及斐、庶並獲罪，各被鞭配甲坊，或因以致死，盧思道亦抵罪。然猶以羣口沸騰，勑魏史且勿施行，令羣官博議。聽有家事者入署，不實者陳牒。於是衆口諠然，號爲「穢史」，投牒者相次，收無以抗之。時左僕射楊愔、右僕射高德正二人勢傾朝野，與收皆親，收遂爲其家並作傳。二人不欲言史不實，抑塞訴辭，終文宣世更不重論。又尚書陸操嘗謂愔曰：「魏收魏書可謂博物宏才，有大功於魏室。」愔謂收曰：「此謂不刊之書，傳之萬古。但恨論及諸家枝葉親姻，過爲繁碎，與舊史體例不同耳。」收曰：「往因中原喪亂，人士譜牒，遺逸略盡，是以具書其支流。望公觀過知仁，以免尤責。」

八年夏，除太子少傅、監國史，復參議律令。三臺成，文宣曰：「臺成須有賦。」愔先以告收，收上皇居新殿臺賦，其文甚壯麗。時所作者，自邢卲已下咸不逮焉。收上賦前數日乃告卲。卲後告人曰：「收甚惡人，不早言之。」帝曾遊東山，勑收作詔，宣揚威德，譬喻關西，俄頃而訖，詞理宏壯。帝對百僚大嗟賞之。仍兼太子詹事。收娶其舅女，崔昂之妹，產一女，無子。魏太常劉芳孫女，中書郎崔肇師女，夫家坐事，帝並賜收爲妻，時人比之賈充置左右夫人。然無子。後病甚，恐身後嫡媵不平，乃放二姬。〔一四〕及疾瘳追憶，作懷離賦以申意。文宣每以酣宴之次，云：「太子性懦，宗社事重，終當傳位常山。」收謂楊愔曰：「古人云，太子國之根本，不可動搖。至尊三爵後，每言傳位常山，令臣下疑貳。若實，便須決行。此言非戲。魏收既忝師傅，正當守之以死，但恐國家不安。」愔以收言白於帝，自此便止。帝數宴喜，收每預侍從。皇太子之納鄭良娣也，有司備設牢饌，帝既酣飲，起而自毀覆之。仍詔收曰：「知我意不？」收曰：「臣愚謂良娣既東宮之妾，理不須牢，仰惟聖懷，緣此毀去。」帝大笑，握收手曰：「卿知我意。」安德王延宗納趙郡李祖收女爲妃，後帝幸李宅宴，而妃母宋氏薦二石榴於帝前。問諸人莫知其意，帝投之。收曰：「石榴房中多子，王新婚，妃母欲子孫衆多。」帝大喜，詔收「卿還將來」，仍賜收美錦二疋。十年，除儀同三司。帝在宴席，口勑以爲中書監，命中書郎李愔於樹下造詔。愔以收一代盛才，難於率爾，久而未訖。比成，帝已醉醒，遂不重言，愔仍不奏，事竟寢。

及帝崩於晉陽，驛召收及中山太守陽休之參議吉凶之禮，並掌詔誥。仍除侍中，遷太常卿。文宣謚及廟號、陵名，皆收議也。及孝昭居中宰事，命收禁中爲諸詔文，積日不出。轉中書監。皇建元年，除兼侍中、右光祿大夫，仍儀同、監史。收先副王昕使梁，不相協睦。時昕弟晞親密。而孝昭別令陽休之兼中書，在晉陽典詔誥，收留在鄴，蓋晞所爲。收大不平，謂太子舍人盧詢祖曰：「若使卿作文誥，我亦不言。」又除祖珽爲著作郎，欲以代收。司空主簿李翥，文詞士也。聞而告人曰：「詔誥悉歸陽子烈，著作復遣祖孝徵，文史頓失，恐魏公發背。」於時詔議二王三恪，收執王肅、杜預義，以元、司馬氏爲二王，通曹備三恪。詔諸禮學之官，皆執鄭玄五代之議。孝昭后姓元，議恪不欲廣及，故議從收。又除兼太子少傅，解侍中。

帝以魏史未行，詔收更加研審。收奉詔，頗有改正。及詔行魏史，收以爲直置祕閣，外人無由得見。於是命送一本付并省，一本付鄴下，任人寫之。

大寧元年，加開府。河清二年，兼右僕射。時武成酣飲終日，朝事專委侍中高元海。元海凡庸，不堪大任，以收才名振俗，都官尚書畢義雲長於斷割，乃虛心倚仗。收畏避不能匡救，爲議者所譏。帝於華林別起玄洲苑，備山水臺觀之麗，詔於閣上畫收，其見重如此。

始收比溫子昇、邢卲稍爲後進，〔一三〕卲既被疏出，子昇以罪幽死，收遂大被任用，獨步一時。議論更相訾毀，各有朋黨。收每議陋邢卲文。卲又云：「江南任昉，文體本疏，魏收非直模擬，亦大偸竊。」收聞乃曰：「伊常於沈約集中作賊，何意道我偸任昉。」任、沈俱有重名，邢、魏各有所好。武平中，黄門郎顔之推以二公意問僕射祖珽，珽答曰：「見邢、魏之臧否，卽是任、沈之優劣。」收以溫子昇全不作賦，邢雖有一兩首，又非所長，常云：「會須作賦，始成大才士。唯以章表碑誌自許，此外更同兒戲。」〔一六〕自武定二年已後，國家大事詔命，軍國文詞，皆收所作。每有警急，受詔立成，或時中使催促，收筆下有同宿構，敏速之工，邢、溫所不逮，其參議典禮與邢相埒。

旣而趙郡。公。增年獲免，〔一七〕收知而過之，事發除名。其年又以託附陳使封孝琰，牒令其門客與行，遇崑崙舶至，得奇貨猓然褥表、美玉盈尺等數十件，罪當流，以贖論。三年，起除清都尹。尋遣黄門郎元文遙勅收曰：「卿舊人，事我家最久，前者之罪，情在可恕。比令卿爲尹，非謂美授，但初起卿，斟酌如此。朕豈可用卿之才而忘卿身，待至十月，當還卿開府。」天統元年，除左光祿大夫。二年，行齊州刺史，尋爲眞。

收以子姪少年，申以戒厲，著枕中篇，其詞曰：

吾曾覽管子之書，其言曰：「任之重者莫如身，途之畏者莫如口，期之遠者莫如年。以重任行畏途，至遠期，惟君子爲能及矣。」追而味之，喟然長息。若夫岳立爲重，有潛藏而不傾；山藏稱固，亦趨負而弗停；呂梁獨浚，能行歌而匪惕；焦原作險，或躋踵而不驚；九陔方集，故眇然而迅舉；五紀當定，想窅乎而上征。苟任重也有度，則任之而愈固；乘危也有術，蓋乘之而靡恤。彼期遠而能通，〔一八〕果應之而可必。豈神理之獨爾，亦人事其如一。嗚呼！處天壤之間，勞死生之地，攻之以嗜欲，牽之以名利，粱肉不期而共臻，珠玉無足而俱致；於是乎驕奢仍作，危亡旋至。然則上知大賢，唯幾唯哲，或出或處，不常其節。其舒也濟世成務，其卷也聲銷迹滅。玉帛子女，椒蘭律呂，諂諛無所先；稱肉度骨，膏脣挑舌，怨惡莫之前。勳名共山河同久，志業與金石比堅。斯蓋厚棟不橈，遊刃砉然。逮於厥德不常，喪其金璞。馳騖人世，鼓動流俗。挾湯日而謂寒，包嵠壑而未足。源不清而流濁，表不端而影曲。嗟乎！膠漆詎堅，〔一九〕寒暑甚促。反利而成害，化榮而就辱。欣戚更來，得喪仍續。至有身禦魑魅，魂沉狴獄。詎非足力不強，迷在當局。孰可謂車戒前傾，人師先覺。

聞諸君子，雅道之士，遊遨經術，厭飫文史。筆有奇鋒，談有勝理。孝悌之至，神明通矣。審道而行，量路而止。自我及物，先人後己。情無繫於榮悴，心靡滯於慍喜。不養望於丘壑，不待價於城市。言行相顧，慎終猶始。有一於斯，鬱爲羽儀。恪居展事，知無不爲。或左或右，則髦士攸宜；無悔無吝，故高而不危。異乎勇進忘退，苟得患失，射千金之產，邀萬鍾之秩，投烈風之門，趣炎火之室，載蹶而墜其貽宴，或蹲乃喪其貞吉。可不畏歟！可不戒歟！

門有倚禍，事不可不密；牆有伏寇，言不可而失。宜諦其言，宜端其行。言之不善，行之不正。鬼執强梁，人囚徑廷。幽奪其魄，明夭其命。不服非法，不行非道。公鼎爲己信，私玉非身寶。過涅爲紺，踰藍作靑。〔二〇〕持繩視直，置水觀平。時然後取，未若無欲。知止知足，庶免於辱。

是以爲必察其幾，舉必愼於微。知幾虛微，斯亡則稀。旣察且愼，福祿攸歸。昔蘧瑗識四十九非，顏子幾三月不違。〔二一〕跬步無已，至於千里。覆一簣進，及於萬仞。故云行遠自邇，登高自卑，可大可久，與世推移。月滿如規，後夜則虧。槿榮于枝，望暮而萎。夫奚益而非損，孰有損而不害？益不欲多，利不欲大。唯居德者畏其甚，體眞者懼其大。道尊則羣謗集，任重而衆怨會。其達也則尼父棲遑，其忠也而周公狼狽。無曰人之我狹，在我不可而覆。無曰人之我厚，在我不可而咎。如山之大，無不有也；如谷之虛，無不受也；能剛能柔，重可負也；能信能順，險可走也；能知能愚，期可久也。周廟之人，三緘其口。漏巵在前，欹器留後。俾諸來裔，傳之坐右。

其後羣臣多言魏史不實，武成復勑更審，收又回換。遂爲盧同立傳，崔綽返更附出。

楊愔家傳，本云「有魏以來一門而已」，至是改此八字；〔三二〕又先云「弘農華陰人」，乃改「自云弘農」，以配王慧龍自云太原人。此其失也。

尋除開府、中書監。武成崩，未發喪。在內諸公以後主卽位有年，疑於赦令。諸公引收訪焉，收固執宜有恩澤，乃從之。掌詔誥，除尚書右僕射，總議監五禮事，位特進。收奏請趙彥深、和士開、徐之才共監。先以告士開，士開驚辭以不學。收曰：「天下事皆由王，五禮非王不決。」士開謝而許之。多引文士令執筆，儒者馬敬德、熊安生、權會實主之。武平三年薨。贈司空、尚書左僕射，謚文貞。有集七十卷。

收碩學大才，然性褊，不能達命體道。見當途貴遊，每以言色相悅。然提奬後輩，以名行爲先，浮華輕險之徒，雖有才能，弗重也。初河間邢子才及季景與收並以文章顯，世稱大邢小魏，〔三三〕言尤俊也。收少子才十歲，子才每曰：「佛助寮人之偉。」後收稍與子才爭名，文宣貶子才曰：「爾才不及魏收。」收益得志。自序云：「先稱溫、邢，後曰邢、魏。」然收內陋邢，心不許也。收既輕疾，好聲樂，善胡舞。文宣末，數於東山與諸優爲獼猴與狗鬭，帝寵狎之。收外兄博陵崔巖嘗以雙聲嘲收曰：「愚魏衰收。」收答曰：「顏巖腥瘦，是誰所生，羊頤狗頰，頭團鼻平，飯房笭籠，著孔嘲玎。」其辯捷不拘若是。既緣史筆，多憾於人，齊亡之歲，收冢被發，棄其骨于外。先養弟子仁表爲嗣，位至尚書膳部郎中。隋開皇中卒於溫縣令。

校勘記

〔一〕北齊書卷三十七　按此卷原缺，宋本、三朝本、南本、局本卷末有宋人校語云：「此傳與北史同，但不序世家，又無論贊，疑非正史。」按此傳與北史卷五六魏收傳基本相同，只字句小有出入，但傳首敍世系有異。疑北齊書原文殘存傳首世系，以下後人以北史補。

〔二〕曾祖緝祖韶　北史卷五六魏收傳、魏書卷一〇四自序收祖名「悅」。按魏書卷九二魏溥妻房氏傳稱溥子緝，「緝子悅爲濟陰太守」，魏書卷九一王叡附子椿傳稱「椿妻鉅鹿魏悅女」，又有「兄子建」和「兄子收」之語。知「韶」當作「悅」。

〔三〕詔試收爲封禪書收下筆便就不立稿草　御覽卷六〇〇二七〇一頁引北齊書云：「魏收鉅鹿人，以文章見知。曾奉詔爲封禪文。收對曰：『封禪者，帝之盛事，昔司馬長卿尚絕筆於此，以臣下材，何敢擬議。臣雖愚淺，敢不竭作。』乃於御前下筆便就，不立稿草。」按自「收對曰」已下至「乃於御前」三十九字爲本書和魏書、北史所無，自是北齊書原文，但御覽也加刪節，故文意不貫。

〔四〕白帝曰　三朝本、百衲本、北本、汲本、局本無「白」字，南本依北史卷五六增此字，殿本從之。按御覽同上卷頁也有「白」字。若無，則下面的話便是節閔帝語，何必特別敍述賈思同侍立。今從南本。

〔五〕收忽季景故方之　諸本無「故」字。南本及北史卷五六「忽」下有「以」字，南本當卽依北史增。册府卷九四四一一二三頁有「故」字。按册府多據補本北齊書，知原有此字，今據補。

〔六〕魏收恃才無宜適　諸本「無宜適」三字作「使氣卿」。三朝本、百衲本及北史卷五六、册府卷八〇〇九五〇五頁、御覽卷九四五四一九七頁都作「無宜適」。按宋書卷八八薛安都傳有「小子無宜適」語，這是當時口語，南本以下妄改，今從三朝本。

〔七〕打從叔季景出六百斛米　北史卷五六「斛米」作「斗番」。按此語作「斛米」作「斗番」都不可解。

〔八〕游雅高允　諸本脫「雅高」二字。按游雅、高允參預修史，並見魏書卷四八及卷五四本傳，今據魏書卷一〇四自序補。

〔九〕宣武時命邢巒追撰孝文起居注書至太和十四年　諸本無「至」字，於文義不合，今據北史卷五六補。

〔一〇〕專總斟酌　北史卷五六、魏書卷一〇四皆百衲本「專」作「傳」，册府卷五五六六六七八頁作「博」。按「博總」卽廣泛收集之意。疑本作「博」，訛作「傳」，後人以讀不可通，又去人旁。

〔一一〕眭仲讓　諸本「眭」訛「睦」，南、北、殿三本「仲」又訛「元」。今據北史卷五六改。參卷四五校記。

〔一二〕若修德義之風則韋彭伊霍夫何足數　諸本「韋」作「韓」，三朝本、百衲本作「韋」。按魏書卷七四尒朱榮傳論作「彭韋」。「彭、韋」指大彭、豕韋，是傳說中的商代霸主，故置於伊尹、霍光之前。韓信、彭越均不善終，和尒朱榮相似，與此論所謂「修德義之風」，「夫何足數」語不合。今從三朝本。

〔一三〕頓丘李庶家傳稱其本是梁國蒙人　諸本「蒙」作「家」。洪頤煊諸史考異卷一二云：「梁國家人當是蒙人之訛。」按李庶是李平之孫見魏書卷六六李平傳，這一家是北魏外戚。平伯父峻，見魏書卷八三外戚傳，說他是「梁國蒙縣人，元皇后兄也」，卷一三文成元皇后李氏傳也說她是「梁國蒙縣人」。洪說是，今改正。

〔一四〕乃放二姬　三朝本、百衲本、汲本、局本及册府卷九四一一一〇八二頁「放」作「殺」，南、北、殿三本及北史卷五六作「放」。按封建地主殘暴兇惡，殺二姬完全可能。但北史卷四二劉芳附孫逖傳說「其姊爲任氏婦，沒入宮，勑以賜魏收」，又云「逖姊魏家者，收時已放出，逖因次欲嫁之」，所云「二姬」，其一即劉芳孫女，知作「放」是。今從南本。

〔一五〕始收比溫子昇邢卲稍爲後進　諸本「比」作「與」，南本依北史卷五六改，今從之。

〔一六〕唯以章表碑誌自許此外更同兒戲　御覽卷五八七二六四五頁引三國典略作「唯以章表自許，此同兒戲」。按如此傳，則是章表碑誌之外，連作賦也同兒戲，和上文「會須作賦，始成大才士」之語矛盾。疑御覽是，這裏衍「外更」二字。

〔一七〕既而趙郡公增年獲免　張森楷云：「案彭城王浟傳卷一〇，此是趙郡李公統母事，此但作『趙郡公』三字，當有脫文。」按張說是。

〔一八〕彼期遠而能通　諸本「期」作「其」。北史卷五六、册府卷八一七九七二〇頁作「期」。按上文說「期之遠者莫如年」，作「期」是，今據改。

〔一九〕膠漆詎堅　諸本「詎」作「謂」。北史卷五六、册府同上卷頁作「詎」。按文義作「詎」是，今據改。

〔二〇〕過涅爲紺踰藍作青　三朝本「涅」作「濕」，他本都作「緇」百衲本也依他本改「緇」，北史卷五六、册府同上卷頁作「涅」。按淮南子俶眞篇云：「以涅染緇，則黑於涅，以藍染青，則青於藍」，這二句卽取此義，作「涅」是，三朝本形訛作「濕」，尚存痕跡，今據北史、册府改。

〔二一〕昔蘧瑗識四十九非顏子幾三月不違　三朝本、百衲本及北史卷五六、册府宋本卷八一七「幾」上有「隣」字。他本無。按「隣幾」卽「其殆庶幾」之意，本當有「隣」字，但這樣就和上句不對。疑上句「識」字上下先脫一字，後人遂删「隣」字以就對偶。今上句脫字無從補入，這裏也不補。

〔二二〕楊愔家傳本云有魏以來一門而已至是改此八字　諸本「云」作「無」，三朝本、百衲本及北史卷五六、册府卷五六二六七五〇頁作「云」。又諸本及北史「改」並作「加」，册府作「改」。按今魏書卷五八楊播傳卽所謂「楊愔家傳」無此八字，獨見於北史卷四一楊播傳論。若魏書定本「加此八字」，何故不見於傳世諸本？知魏書初稿，特書此八字以媚楊愔，後來楊愔被殺，又削去八字，以示不親楊氏。李延壽認爲不該削去，故在北史傳論中又據魏書初稿寫上此八字。李延壽於魏收傳中說「此其指魏收失也」，是說他削去不對，不是說有此八字不對。這裏「云」字先訛「亡」，又寫作「無」，後人遂併下「改」字也改作「加」。北齊書舊本和北史「云」字尚不誤，而「改」字唯册府獨是。今從三朝本及册府。

〔三〕初河間邢子才及季景與收並以文章顯世稱大邢小魏　北史卷五六「子才」下有「子明」二字。按邢昕字子明，子才族子，見魏書卷八三文苑傳、北史卷四三邢巒傳。傳云「大邢小魏」，當時必以子才、子明爲大小邢，季景與收爲大小魏，才有這話，這裏當脫「子明」二字。

北齊書卷三十八〔一〕

列傳第三十

辛術　元文遙　趙彥深

辛術，字懷哲，少明敏，有識度。解褐司空胄曹參軍，與僕射高隆之共典營構鄴都宮室，術有思理，百工克濟。再遷尚書右丞。出爲清河太守，政有能名。追授并州長史，遭父憂去職。清河父老數百人詣闕請立碑頌德。文襄嗣事，與尚書左丞宋遊道、中書侍郎李繪等並追詣晉陽，俱爲上客。累遷散騎常侍。

武定八年，侯景叛，〔二〕除東南道行臺尚書，封江夏縣男，與高岳等破侯景，擒蕭明。還東徐州刺史，爲淮南經略使。齊天保元年，侯景徵江西租稅，術率諸軍渡淮斷之，燒其稻數百萬石。還鎮下邳，人隨術北渡淮者三千餘家。東徐州刺史郭志殺郡守。文宣聞之，勑術自今所統十餘州地諸有犯法者，刺史先啓聽報，以下先斷後表聞。齊代行臺兼總人事，自術始也。安州刺史、臨淸太守、盱眙蘄城二鎭將犯法，術皆案奏殺之。睢州刺史及所部郡守俱犯大辟，朝廷以其奴婢百口及資財盡賜術，三辭不見許，術乃送詣所司，不復以聞。邢卲聞之，遺術書曰：「昔鍾離意云『孔子忍渴於盜泉』，便以珠璣委地，足下今能如此，可謂異代一時。」及王僧辯破侯景，術招攜安撫，城鎭相繼款附，前後二十餘州。於是移鎭廣陵。獲傳國璽送鄴，文宣以璽告於太廟。此璽卽秦所制，方四寸，上紐交盤龍，其文曰：「受命于天，既壽永昌。」二漢相傳，又傳魏、晉。懷帝敗，沒於劉聰。聰敗，沒於石氏。石氏敗，晉穆帝永和中，濮陽太守戴僧施得之，遣督護何融送于建鄴。歷宋、齊、梁，梁敗，侯景得之。景敗，侍中趙思賢以璽投景南兗州刺史郭元建，送于術，故術以進焉。尋徵爲殿中尙書，領太常卿，仍與朝賢議定律令。遷吏部尙書，食南兗州梁郡幹。

遷鄴以後，大選之職，知名者數四，互有得失，未能盡美。文襄帝少年高朗，所弊者疏；袁叔德沉密謹厚，所傷者細；楊愔風流辨給，取士失於浮華。唯術性尙貞明，取士以才器，循名責實，新舊參舉，管庫必擢，門閥不遺。考之前後銓衡，在術最爲折衷，甚爲當時所稱舉。天保末，文宣嘗令術選百員官，參選者二三千人，術題目士子，人無謗讟，其所旌擢，後亦皆致通顯。

術淸儉，寡嗜慾。勤於所職，未嘗暫懈。臨軍以威嚴，牧人有惠政。少愛文史，晚更修學，雖在戎旅，手不釋卷。及定淮南，凡諸資物一毫無犯，唯大收典籍，多是宋、齊、梁時佳本，鳩集萬餘卷，并顧、陸之徒名畫，二王已下法書數亦不少，〔三〕俱不上王府，唯入私門。及還朝，頗以餽遺權要，物議以此少之。十年卒，年六十。皇建二年，贈開府儀同三司、中書監、青州刺史。子闍卿，尚書郎。闍卿弟衡卿，有識學，開府參軍事。隋大業初，卒於太常丞。

元文遙，字德遠，河南洛陽人，魏昭成皇帝六世孫也。五世祖常山王遵。〔四〕父曄，有孝行，父卒，廬於墓側而終。文遙貴，贈特進、開府儀同三司、中書監，謚曰孝。文遙敏慧夙成，濟陰王暉業每云：「此子王佐才也。」暉業嘗大會賓客，有人將何遜集初入洛，諸賢皆贊賞之。河間邢卲試命文遙，誦之幾遍可得？文遙一覽便誦，時年十餘歲。濟陰王曰：「我家千里駒，今定如何？」邢云：「此殆古來未有。」

起家員外散騎常侍。遭父喪，服闋，除太尉東閤祭酒。以天下方亂，遂解官侍養，隱於林慮山。

武定中，文襄徵爲大將軍府功曹。齊受禪，於登壇所受中書舍人，宣傳文武號令。楊遵彥每云：「堪解穰侯印者，必在斯人。」後忽被中旨幽執，竟不知所由。如此積年。文宣後自幸禁獄，執手愧謝，親解所著金帶及御服賜之，卽日起爲尙書祠部郎中。孝昭攝政，除大丞相府功曹參軍，典機密。及踐祚，除中書侍郎，封永樂縣伯，參軍國大事。及帝大漸，與平秦王歸彥、趙郡王叡等同受顧託，迎立武成。卽位，任遇轉隆，歷給事黃門侍郎、散騎常侍、侍中、中書監。天統二年，詔特賜姓高氏，籍屬宗正，子弟依例歲時入朝。再遷尙書左僕射，進封寧都郡公，侍中。

文遙歷事三主，明達世務，每臨軒，多命宣勑，號令文武，聲韻高朗，發吐無滯。然探測上旨，時有委巷之言，故不爲知音所重。齊因魏朝，宰縣多用廝濫，至於士流恥居百里。文遙以縣令爲字人之切，遂請革選。於是密令搜揚貴游子弟，發勑用之。猶恐其披訴，總召集神武門，令趙郡王叡宣旨唱名，厚加慰喻。士人爲縣，自此始也。旣與趙彥深、和士開同被任遇，雖不如彥深淸貞守道，又不爲士開貪淫亂政，在於季、孟之間。然性和厚，與物無競，故時論不在彥深之下。初文遙自洛遷鄴，惟有地十頃，家貧，所資衣食而已。魏之將季，宗姓被侮，有人冒相侵奪，文遙卽以與之。及貴，此人尙在，乃將家逃竄。文遙大驚，追加慰撫，還以與之，彼人愧而不受，彼此俱讓，遂爲閑田。

至後主嗣位，趙郡王叡、婁定遠等謀出和士開，文遙亦參其議。叡見殺，文遙由是出爲西兗州刺史。詣士開別，士開曰：「處得言地，使元家兒作令僕，深愧朝廷。」旣言而悔，仍執手慰勉之。猶慮文遙自疑，用其子行恭爲尚書郎，以慰其心。士開死，自東徐州刺史徵入朝，竟不用，卒。

行恭美姿貌，有父風，兼俊才，位中書舍人，待詔文林館。齊亡，陽休之等十八人同入關，稍遷司勳下大夫。隋開皇中，位尚書郎，坐事徙瓜州而卒。行恭少頗驕恣，文遙令與范陽盧思道交遊。文遙嘗謂思道云：「小兒比日微有所知，是大弟之力，然白擲劇飲，甚得師風。」思道答云：「郎辭情俊邁，自是克荷堂構，而白擲劇飲，亦天性所得。」行恭弟行如，亦聰慧早成，武平末，任著作佐郎。

趙彥深，自云南陽宛人，漢太傅憙之後。高祖父難，爲清河太守，有惠政，遂家焉，清河後改爲平原，故爲平原人也。本名隱，避齊廟諱，改以字行。父奉伯，仕魏位中書舍人、行洛陽令。彥深貴，贈司空。彥深幼孤貧，事母甚孝。年十歲，曾候司徒崔光。光謂賓客曰：「古人觀眸子以知人，此人當必遠至。」性聰敏，善書計，安閑樂道，不雜交遊，爲雅論所歸服。昧爽，輒自掃門外，不使人見，率以爲常。

初爲尚書令司馬子如賤客，供寫書。子如善其無誤，欲將入觀省舍。隱靴無氈，衣帽穿弊，子如給之。用爲書令史，月餘，補正令史。〔五〕神武在晉陽，索二史，子如舉彥深。後拜子如開府參軍，超拜水部郎。及文襄爲尚書令攝選，〔六〕沙汰諸曹郎，隱以地寒被出爲滄州別駕，辭不行。子如言於神武，徵補大丞相功曹參軍，專掌機密，文翰多出其手，稱爲敏給。神武曾與對坐，遣造軍令，以手捫其額曰：「若天假卿年，必大有所至。」每謂司徒孫騰曰：「彥深小心恭慎，曠古絕倫。」

及神武崩，祕喪事，文襄慮河南有變，仍自巡撫，乃委彥深後事，轉大行臺都官郎中。臨發，握手泣曰：「以母弟相託，幸得此心。」既而內外寧靜，彥深之力。及還發喪，深加褒美，乃披郡縣簿爲選封安國縣伯。從征潁川，時引水灌城，城雉將沒，西魏將王思政猶欲死戰。文襄令彥深單身入城告喻，卽日降之，便手牽思政出城。先是，文襄謂彥深曰：〔七〕「吾昨夜夢獵，遇一羣豕，吾射盡獲之，獨一大豕不可得。卿言當爲吾取，須臾獲豕而進。」至是，文襄笑曰：「夢驗矣。」卽解思政佩刀與彥深曰：「使卿常獲此利。」

文宣嗣位，仍典機密，進爵爲侯。天保初，累遷祕書監，以爲忠謹，每郊廟，必令兼太僕卿，執御陪乘。轉大司農。帝或巡幸，卽輔贊太子，知後事。出爲東南道行臺尚書、徐州刺史，爲政尚恩信，爲吏人所懷，多所降下。所營軍處，士庶追思，號趙行臺頓。文宣璽書勞勉，徵爲侍中，仍掌機密。河清元年，進爵安樂公，累遷尚書左僕射、齊州大中正、監國史，遷尚書令，爲特進，封宜陽王。武平二年拜司空，爲祖珽所間，出爲西兗州刺史。四年，徵爲司空，轉司徒。丁母憂，尋起爲本官。七年六月暴疾薨，時年七十。

彥深歷事累朝，常參機近，溫柔謹慎，喜怒不形於色。自皇建以還，禮遇稍重，每有引見，或升御榻，常呼官號而不名也。凡諸選舉，先令銓定，提獎人物，皆行業爲先，輕薄之徒，弗之齒也。孝昭旣執朝權，羣臣密多勸進，彥深獨不致言。孝昭嘗謂王晞云：「若言衆心皆謂天下有歸，何不見彥深有語。」晞以告，彥深不獲已，陳請，其爲時重如此。常遜言恭己，未嘗以驕矜待物，所以或出或處，去而復還。母傅氏，雅有操識。彥深三歲，傅便孀居，家人欲以改適，自誓以死。彥深五歲，傅謂之曰：「家貧兒小，何以能濟？」彥深泣而言曰：「若天哀矜，兒大當仰報。」傅感其意，對之流涕。及彥深拜太常卿，還，不脫朝服，先入見母，跪陳幼小孤露，蒙訓得至於此。母子相泣久之，然後改服。後爲宜陽國太妃。彥深有七子，仲將知名。

仲將，沉敏有父風。溫良恭儉，雖對妻子，亦未嘗怠慢，終日儼然。學涉羣書，善草隸。雖與弟書，書字楷正，云草不可不解，若施之於人，卽似相輕易，若與當家中卑幼，又恐其疑所在宜爾，是以必須隸筆。彥深乞轉以萬年縣子授之。位給事黃門侍郎、散騎常侍。隋開皇中，位吏部郎，終於安州刺史。

齊朝宰相，善始令終唯彥深一人。然諷朝廷以子叔堅爲中書侍郎，頗招物議。時馮子琮子慈明、祖珽子君信並相繼居中書，故時語云：「馮、祖及趙，穢我鳳池。」然叔堅身材最劣。

校勘記

〔一〕北齊書卷三十八　按此卷原缺，後人以北史卷五〇辛術傳、卷五五元文遙傳、趙彥深傳補。宋本、三朝本卷末有宋人校語云：「此卷與北史同。」

〔二〕武定八年侯景叛　殿本依北史卷五〇辛術傳「八」改「六」，他本都作「八」。按魏書卷一二孝靜帝紀，事在武定五年五四七。此傳下文敍高岳破侯景，擒蕭明也都是五年的事，作「八」作「六」均誤。

〔三〕二王已下法書數亦不少　諸本「法書」倒作「書法」，今據北史卷五〇乙正。

〔四〕魏昭成皇帝六世孫也五世祖常山王遵　張森楷云：「按魏書昭成子孫傳卷一五，言遵是昭成子壽鳩之子，則是昭成孫也。遵旣爲五世祖，豈得爲昭成六世孫。『六』當爲『七』之誤。」

〔五〕用爲書令史月餘補正令史　諸本「書」上有「尙」字，北史卷五五無。按通典卷二二歷代都事、主事、令史條云：「北齊尙書郎判事，正令史側坐，書令史過事」，同書上文敍晉、宋蘭臺事，已有正、書令史的名目。知此傳「尙」字乃後人妄加，今據北史刪

〔六〕及文襄爲尙書令攝選　諸本「攝」作「令」，南本及北史卷五五作「攝令選」。按本書卷三文襄紀補稱「元象元年，攝吏部尙書」，高澄以尙書令攝吏部尙書卽是攝選。本書卷四〇尉瑾傳補、馮子琮傳補都有以僕射攝選的記載。諸本作「令」誤，南本從北史也衍一「令」字，今改正。

〔七〕先是文襄謂彥深曰　諸本無「先是」二字，北史有。按這是追敍的話，所以下文稱「至是，文襄笑曰：『夢驗矣』」。此二字不宜省，今據北史補。

北齊書卷三十九〔一〕

列傳第三十一

崔季舒　祖珽

崔季舒，字叔正，博陵安平人。父瑜之，〔二〕魏鴻臚卿。季舒少孤，性明敏，涉獵經史，長於尺牘，有當世才具。年十七，爲州主簿，爲大將軍趙郡公琛所器重，言之於神武。神武親簡丞郎，補季舒大行臺都官郎中。

文襄輔政，轉大將軍中兵參軍，甚見親寵。以魏帝左右，須置腹心，擢拜中書侍郎。文襄爲中書監，移門下機事總歸中書，〔三〕又季舒善音樂，故內伎亦通隸焉，內伎屬中書，自季舒始也。文襄每進書魏帝，有所諫請，或文辭繁雜，季舒輒修飾通之，得申勸戒而已。靜帝報答霸朝，恒與季舒論之，云：「崔中書是我妳母。」轉黃門侍郎，領主衣都統。雖迹在魏朝，而心歸霸府，密謀大計，皆得預聞。於是賓客輻湊，傾心接禮，甚得名譽，勢傾崔暹。暹嘗於朝堂屏人拜之曰：「暹若得僕射，皆叔父之恩。」其權重如此。

時勳貴多不法，文襄無所縱捨，外議以季舒及崔暹等所爲，甚被怨疾。及文襄遇難，文宣將赴晉陽，黄門郎陽休之勸季舒從行，曰：「一日不朝，其間容刀。」季舒性愛聲色，心在閑放，遂不請行，欲恣其行樂。司馬子如緣宿憾，及尚食典御陳山提等共列其過狀，由是季舒及暹各鞭二百，徙北邊。

天保初，文宣知其無罪，追爲將作大匠，再遷侍中。俄兼尚書左僕射、儀同三司，大被恩遇。乾明初，楊愔以文宣遺旨，停其僕射。遭母喪解任，起復，除光祿勳，兼中兵尚書。出爲齊州刺史，坐遣人渡淮互市，亦有贓賄事，爲御史所劾，會赦不問。武成居藩，曾病，文宣令季舒療病，備盡心力。大寧初，追還，引入慰勉，累拜度支尚書、開府儀同三司。營昭陽殿，敕令監造。以判事式爲胡長仁密言其短，出爲西兗州刺史。爲進典籤於吏部，被責免官，又以詣廣寧王宅，決馬鞭數十。及武成崩，不得預於哭泣。久之，除膠州刺史，遷侍中、開府，食新安、河陰二郡幹。加左光祿大夫，待詔文林館，監撰御覽。加特進、監國史。季舒素好圖籍，暮年轉更精勤，兼推薦人士，獎勸文學，時議翕然，遠近稱美。

祖珽受委，奏季舒總監內作。珽被出，韓長鸞以爲珽黨，亦欲出之。屬車駕將適晉陽，季舒與張雕議：以爲壽春被圍，大軍出拒，信使往還，須稟節度；兼道路小人，或相驚恐，云大駕向幷，畏避南寇；若不啓諫，必動人情。遂與從駕文官連名進諫。時貴臣趙彥深、唐邕、段孝言等初亦同心，臨時疑貳，季舒與爭未決。長鸞遂奏云：「漢兒文官連名總署，聲云諫止向幷，其實未必不反，宜加誅戮。」帝卽召已署表官人集含章殿，以季舒、張雕、劉逖、封孝琰、裴澤、郭遵等爲首，並斬之殿庭，長鸞令棄其屍於漳水。自外同署，將加鞭撻，趙彥深執諫獲免。季舒等家屬男女徙北邊，〔四〕妻女子婦配奚官，小男下蠶室，沒入貲產。

季舒大好醫術，天保中，於徙所無事，更銳意研精，遂爲名手，多所全濟。雖位望轉高，未曾懈怠，縱貧賤厮養，亦爲之療。

庶子長君，尚書右外兵郎中。〔五〕次鏡玄，著作佐郎。並流於遠惡。未幾，季舒等六人妻以年老放出。後南安王思好更稱朝廷罪惡，以季舒等見害爲詞，悉召六人兄弟子姪隨軍趣晉陽。事敗，長君等並從戮，六人妻又追入官。周武帝滅齊，詔斛律光與季舒等六人同被優贈，季舒贈開府儀同大將軍、定州刺史云。

祖珽，字孝徵，范陽遒人也。父瑩，魏護軍將軍。珽神情機警，詞藻遒逸，少馳令譽，爲世所推。起家祕書郎，對策高第，爲尚書儀曹郎中，典儀注。嘗爲冀州刺史万俟受洛制清德頌，其文典麗，由是神武聞之。時文宣爲幷州刺史，署珽開府倉曹參軍，神武口授珽三十六事，出而疏之，一無遺失，大爲僚類所賞。時神武送魏蘭陵公主出塞嫁蠕蠕，魏收賦出塞及公主遠嫁詩二首，珽皆和之，大爲時人傳詠。

珽性疏率，不能廉慎守道。倉曹雖云州局，乃受山東課輸，由此大有受納，豐於財產。又自解彈琵琶，能爲新曲，招城市年少歌儛爲娛，遊集諸倡家。與陳元康、穆子容、任胄、元士亮等爲聲色之遊。諸人嘗就珽宿，出山東大文綾并連珠孔雀羅等百餘疋，令諸嫗擲樗蒱賭之，以爲戲樂。〔六〕參軍元景獻，故尚書令元世儁子也，其妻司馬慶雲女，是魏孝靜帝姑博陵長公主所生。珽忽迎景獻妻赴席，與諸人遞寢，亦以貨物所致。其豪縱淫逸如此。常云：「丈夫一生不負身。」已文宣罷州，珽例應隨府，規爲倉局之間，致請於陳元康，元康爲白，由是還任倉曹。珽又委體附參軍事攝典籤陸子先，並爲畫計，請糧之際，令子先宣教，出倉粟十車，爲僚官捉送。神武親問之，珽自言不受署，歸罪子先，神武信而釋之。珽出而言曰：「此丞相天緣明鑒，然實孝徵所爲。」性不羈放縱，曾至膠州刺史司馬世雲家飲酒，遂藏銅疊二面。廚人請搜諸客，果於珽懷中得之，見者以爲深恥。所乘老馬，常稱騮駒。又與寡婦王氏姦通，每人前相聞往復。裴讓之與珽早狎，於衆中嘲珽曰：「卿那得如此詭異，老馬十歲，猶號騮駒；一妻耳順，尚稱娘子。」于時喧然傳之。後爲神武中外府功曹，神武宴僚屬，於坐失金叵羅，竇泰令飲酒者皆脫帽，於珽髻上得之，神武不能罪也。後爲秘書丞，領舍人，事文襄。州客至，請賣華林遍略。文襄多集書人，一日一夜寫畢，退其本曰：「不須也。」珽以遍略數帙質錢樗蒲，文襄杖之四十。又與令史李雙、倉督成祖等作晉州啓，請粟三千石，代功曹參軍趙彥深宣神武教，給城局參軍。事過典籤高景略，疑其定不實，〔七〕密以問彥深，彥深答都無此事，遂被推檢，珽即引伏。神武大怒，決鞭二百，配甲坊，加鉗，其穀倍徵。未及科，會并州定國寺新成，神武謂陳元康、溫子昇曰：「昔作芒山寺碑文，時稱妙絕，今定國寺碑當使誰作詞也？」元康因薦珽才學，并解鮮卑語。乃給筆札就禁所具草。二日內成，其文甚麗。神武以其工而且速，特恕不問，然猶免官，散參相府。文襄嗣事，以爲功曹參軍。及文襄遇害，元康被傷創重，倩珽作書屬家累事，并云：「祖喜邊有少許物，宜早索取。」珽乃不通此書，喚祖喜私問，得金二十五鋌，唯與喜二鋌，餘盡自入己。盜元康家書數千卷。祖喜懷恨，遂告元康二弟叔諶、季璩等。叔諶以語楊愔，愔嚬眉答曰：「恐不益亡者。」因此得停。文宣作相，珽擬補令史十餘人，皆有受納，據法處絞，上尋捨之。又盜官遍略一部。事發，〔八〕文宣付從事中郎王士雅推檢，〔九〕並書與平陽公淹，令錄珽付禁，勿令越逸。淹遣田曹參軍孫子寬往喚，珽受命，便爾私逃。黃門郎高德正副留臺事，謀云：「珽自知有犯，驚竄是常，但宣一命向祕書，稱「奉并州約束須五經三部，仰丞親檢校催遣」，如此則珽意安，夜當還宅，然後掩取。珽果如德正圖，遂還宅。薄晚，就家掩之，縛珽送廷尉。據犯枉法處絞刑。文宣以珽伏事先世，諷所司命特寬其罰，遂奏免死除名。天保元年，復被召從駕，依除免例，參於晉陽。

珽天性聰明，事無難學，凡諸伎藝，莫不措懷，文章之外，又善音律，解四夷語及陰陽占候，醫藥之術尤是所長。文宣帝雖嫌其數犯憲，而愛其才伎，令直中書省，掌詔誥。珽通密狀，列中書侍郎陸元規，勑令裴英推問，元規以應對忤旨，被配甲坊。除珽尚藥丞，尋還典御。又奏造胡桃油，復爲割截免官。文宣每見之，〔一〇〕常呼爲賊。文宣崩，普選勞舊，除爲章武太守。會楊愔等誅，不之官，授著作郎。數上密啓，爲孝昭所忿，勑中書門下二省斷珽奏事。

珽善爲胡桃油以塗畫，乃進之長廣王，因言「殿下有非常骨法，孝徵夢殿下乘龍上天」。王謂曰：「若然，當使兄大富貴。」及卽位，是爲武成皇帝，擢拜中書侍郎。帝於後園使珽彈琵琶，和士開胡舞，各賞物百段。士開忌之，出爲安德太守，轉齊郡太守，以母老乞還侍養，詔許之。會江南使人來聘，爲中勞使。〔一一〕尋爲太常少卿、散騎常侍、假儀同三司，掌詔誥。初珽於乾明、皇建之時，知武成陰有大志，遂深自結納，曲相祗奉。武成於天保世頻被責，心常銜之。珽至是希旨，上書請追尊太祖獻武皇帝爲神武，高祖文宣皇帝改爲威宗景烈皇帝，以悅武成，從之。

時皇后愛少子東平王儼，願以爲嗣，武成以後主體正居長，難於移易。珽私於士開曰：「君之寵幸，振古無二，宮車一日晚駕，欲何以克終？」士開因求策焉。珽曰：「宜說主上，云襄、宣、昭帝子俱不得立，今宜命皇太子早踐大位，以定君臣。若事成，中宮少主皆德君，此萬全計也。君此且微說，令主上粗解，珽當自外上表論之。」士開許諾。因有彗星出，太史奏云除舊布新之徵。珽於是上書，言：「陛下雖爲天子，未是極貴。按春秋元命苞云：『乙酉之歲，除舊革政。』今年太歲乙酉，宜傳位東宮，令君臣之分早定，且以上應天道。」並上魏獻文禪子故事。帝從之。由是拜祕書監，加儀同三司，大被親寵。

既見重二宮，遂志於宰相。先與黃門侍郎劉逖友善，乃疏侍中尚書令趙彥深、侍中左僕射元文遙、侍中和士開罪狀，〔三〕令逖奏之。逖懼不敢通，其事頗泄，彥深等先詣帝自陳。帝大怒，執珽詰曰：「何故毀我士開？」珽因厲聲曰：「臣由士開得進，本無欲毀之意，陛下今既問臣，臣不敢不以實對。士開、文遙、彥深等專弄威權，控制朝廷，與吏部尚書尉瑾內外交通，共爲表裏，賣官鬻獄，政以賄成，天下歌謠。若爲有識所知，安可聞於四裔！陛下不以爲意，臣恐大齊之業隳矣。」帝曰：「爾乃誹謗我！」珽曰：「不敢誹謗，陛下取人女。」帝曰：「我以其儉餓，故收養之。」珽曰：「何不開倉賑給，乃買取將入後宮乎？」帝益怒，以刀環築口，鞭杖亂下，將撲殺之。大呼曰：「不殺臣，陛下得名，殺臣，臣得名。若欲得名，莫殺臣，爲陛下合金丹。」遂少獲寬放。珽又曰：「陛下有一范增不能用，知可如何？」帝又怒曰：「爾自作范增，以我爲項羽邪！」珽曰：「項羽人身亦何由可及，但天命不至耳。項羽布衣，率烏合衆，五年而成霸王業。陛下藉父兄資，財得至此，臣以項羽未易可輕。臣何止方於范增，縱張良亦不能及。張良身傅太子，猶因四皓，方定漢嗣。臣位非輔弼，疏外之人，竭力盡忠，勸陛下禪位，使陛下尊爲太上，子居宸扆，於己及子，俱保休祚。蕞爾張良，何足可數。」帝愈恚，令以土塞其口，珽且吐且言，無所屈撓。乃鞭二百，配甲坊，尋徙於光州。刺史李祖勳遇之甚厚。別駕張奉禮希大臣意，上言：「珽雖爲流囚，常與刺史對坐。」勑報曰：「牢掌。」奉禮曰：「牢者，地牢也。」乃爲深坑，置諸內，苦加防禁，桎梏不離其身，家人親戚不得臨視。夜中以蕪菁子燭熏眼，因此失明。

武成崩，後主憶之，就除海州刺史。是時陸令萱外干朝政，其子穆提婆愛幸。珽乃遺陸媼弟悉達書曰：「趙彥深心腹深沉，欲行伊、霍事，儀同姊弟豈得平安，何不早用智士耶？」和士開亦以珽能決大事，欲以爲謀主，故棄除舊怨，虛心待之。與陸媼言於帝曰：「襄、宣、昭三帝，其子皆不得立，今至尊猶在帝位者，實由祖孝徵。此人有大功，宜報重恩。孝徵心行雖薄，奇略出人，緩急眞可憑仗。且其雙盲，必無反意，請喚取問其謀計。」從之，入爲銀青光祿大夫、祕書監，加開府儀同三司。和士開死後，仍說陸媼出彥深，以珽爲侍中。

在晉陽，通密啓請誅琅邪王。其計既行，漸被任遇。

又太后之被幽也，珽欲以陸媼爲太后，撰魏帝皇太后故事，爲太姬言之。謂人曰：「太姬雖云婦人，寔是雄傑，女媧已來無有也。」太姬亦稱珽爲國師、國寶。由是拜尚書左僕射，監國史，加特進，入文林館，總監撰書，封燕郡公，食太原郡幹，給兵七十人。所住宅在義井坊，旁拓鄰居，大事修築，陸媼自往案行。勢傾朝野。斛律光甚惡之，遙見竊駡云：「多事乞索小人，欲行何計數！」常謂諸將云：「邊境消息，處分兵馬，趙令嘗與吾等參論之。盲人掌機密來，全不共我輩語，止恐悞他國家事。」又珽頗聞其言，因其女皇后無寵，以謠言聞上曰：「百升飛上天，明月照長安。」令其妻兄鄭道蓋奏之。帝問珽，珽證實。又說謠云：「高山崩，槲樹舉，盲老翁背上下大斧，多事老母不得語。」珽并云「盲老翁是臣」，云與國同憂戚，勸上行，語「其多事老母，似道女侍中陸氏」。帝以問韓長鸞、穆提婆，并令高元海、段士良密議之，衆人未從。因光府參軍封士讓啓告光反，遂滅其族。

珽又附陸媼，求爲領軍，後主許之。詔須覆奏，取侍中斛律孝卿署名。孝卿密告高元海，元海語侯呂芬、穆提婆云：「孝徵漢兒，兩眼又不見物，豈合作領軍也。」明旦面奏，具陳珽不合之狀，并書珽與廣寧王孝珩交結，無大臣體。珽亦求面見，帝令引入。珽自分疏，并云與元海素相嫌，必是元海譖臣。帝弱顏不能諱，曰：「然。」珽列元海共司農卿尹子華、太府少卿李叔元、平準令張叔略等結朋樹黨。遂除子華仁州刺史，叔元襄城郡太守，叔略南營州錄事參軍。陸媼又唱和之，復除元海鄭州刺史。珽自是專主機衡，總知騎兵、外兵事。內外親戚，皆得顯位。後主亦令中要數人扶侍出入，著紗帽直至永巷，出萬春門向聖壽堂，每同御榻論決政事，委任之重，羣臣莫比。

自和士開執事以來，政體隳壞，珽推崇高望，官人稱職，內外稱美。復欲增損政務，沙汰人物。始奏罷京畿府，併於領軍，事連百姓，皆歸郡縣。宿衛都督等號位從舊官名，文武章服並依故事。又欲黜諸閹豎及羣小輩，推誠朝廷，爲致治之方。陸媼、穆提婆議頗同異。珽乃諷御史中丞麗伯律令劾主書王子冲納賄，〔一三〕知其事連穆提婆，欲使贓罪相及，望因此坐，并及陸媼。猶恐後主溺於近習，欲因后黨爲援，請以皇后兄胡君瑜爲侍中、中領軍，又徵君瑜兄梁州刺史君璧，欲以爲御史中丞。陸媼聞而懷怒，百方排毁，卽出君瑜爲金紫光祿大夫，解中領軍，君璧還鎮梁州。皇后之廢，頗亦由此。王子冲釋而不問。珽日益以疏，又諸宦者更共譖毁之，無所不至。後主問諸太姬，憫默不對，及三問，乃下牀拜曰：「老婢合死，本見和士開道孝徵多才博學，言爲善人，故舉之。比來看之，極是罪過，人實難知。老婢合死。」後主令韓長鸞檢案，得其詐出勑受賜十餘事，以前與其重誓不殺，遂解珽侍中、僕射，出爲北徐州刺史。珽求見後主，韓長鸞積嫌於珽，遣人推出柏閣。珽固求面見，坐不肯行。長鸞乃令軍士牽曳而出，立珽於朝堂，大加誚責。上道後，令追還，解其開府儀同、郡公，直爲刺史。

至州，會有陳寇，百姓多反。珽不關城門，守埤者皆令下城靜坐，街巷禁斷行人，鷄犬不聽鳴吠。〔一四〕賊無所聞見，不測所以，疑惑人走城空，不設警備。珽忽然令大叫，鼓譟聒天，賊大驚，登時走散。後復結陣向城，珽乘馬自出，令錄事參軍王君植率兵馬，仍親臨戰。賊先聞其盲，謂爲不能拒抗。忽見親在戎行，彎弧縱鏑，相與驚怪，畏之而罷。時穆提婆憾之不已，欲令城陷沒賊，雖知危急，不遣救援。〔一五〕珽且戰且守十餘日，賊竟奔走，城卒保全。卒於州。

子君信，涉獵書史，多諸雜藝。位兼通直散騎常侍，聘陳使副，中書郎。珽出，亦見廢免。君信弟君彥，容貌短小，言辭澁訥，少有才學。隋大業中，位至東平郡書佐。郡陷翟讓，因爲李密所得，密甚禮之，署爲記室，軍書羽檄皆成其手。及密敗，爲王世充所殺。

珽弟孝隱，亦有文學，早知名。詞章雖不逮兄，亦機警有辯，兼解音律。魏末爲散騎常侍，迎梁使。時徐君房、庾信來聘，名譽甚高，魏朝聞而重之，接對者多取一時之秀，盧元景之徒並降階攝職，更遞司賓。孝隱少處其中，物議稱美。

孝隱從父弟茂，頗有辭情，然好酒性率，不爲時重。大寧中，以經學爲本鄉所薦，除給事，以疾辭，仍不復仕。珽受任寄，故令呼茂，茂不獲已，暫來就之。珽欲爲奏官，茂乃逃去。

珽族弟崇儒，涉學有辭藻，少以幹局知名。武平末，司州別駕、通直常侍。入周，爲容昌郡太守。隋開皇初，終宕州長史。

校勘記

〔一〕北齊書卷三十九　按此卷原缺，後人以北史卷三二崔季舒傳、卷四七祖珽傳補，但文字也間有異同。

〔二〕父瑜之　諸本「瑜之」作「子瑜」，三朝本、百衲本作「瑜之」。按魏書卷五七崔挺傳見從弟瑜之，卽崔季舒父。北史卷三二崔挺傳云：「珽從父子瑜」，意謂珽從父之子名瑜，瑜之雙名去「之」字。後人校北齊書，誤讀北史，以「子瑜」二字連讀，遂改「瑜之」爲「子瑜」，誤。今從三朝本。

〔三〕移門下機事總歸中書　諸本「總」下衍「管」字，今據北史卷三二崔季舒傳删。

〔四〕季舒等家屬男女徙北邊　按下云：「妻女子婦配奚官。」則婦女不徙北邊。這句「男女」當作「男子」。

〔五〕尚書右外兵郎中　諸本「右外兵郎中」作「右丞兵部郎中」。按隋書卷二七百官志，北齊無兵部，五兵尙書所屬有右外兵曹，郎中一人。諸本皆誤，今從北史卷三二改。

〔六〕由此大有受納至以爲戲樂　三朝本、百衲本、汲本、局本及册府卷七三〇八六八六頁此段作「大文綾並連珠孔雀羅等百餘疋，令諸嫗擲樗蒲，調新曲。招城市年少，歌儛爲娛。遊諸倡家，與陳元康、穆子容、任胄、元士亮等爲聲色之遊。」按南、北、殿三本此段全同北史卷四七祖珽傳，當即依北史改。北齊書補本祖珽傳的原文當如三朝本及册府，乃是删節顚倒北史文字而成。然文義不如北史明白，今從南本。

〔七〕宣神武敎給城局參軍事過典籤高景略疑其定不實　三朝本、百衲本及册府卷七三〇八六八六頁「事」字在「典籤」下作「過典籤事」，他本及北史卷四七、册府卷八三九九九六一頁作「事過典籤」，又「疑其」下無「定」字。按此句文字疑有訛脫。但南北朝時州長官的批示、命令必經典籤覆核，所以說「事過典籤」，今從他本及北史。

〔八〕皆有受納據法處絞上尋捨之又盜官遍略一部事發　南本無「據法處絞，上尋捨之」八字，當是脫文。北本、殿本依北史卷四七改作「皆有受納，而諂取敎判幷盜官遍略一部，時又除殿本訛「際」珽祕書丞兼中書舍人。還鄴後其事皆發。」三朝本、百衲本、汲本、局本及册府卷七三〇八六八六頁並如上摘句。按北齊書此傳補入時原文當同三朝等本，乃節錄北史，括取大意，而「據法處絞，上尋捨之」八字又爲北史所無。合上「皆有受納」一條觀之，知此傳雖出北史，却非直鈔，頗疑也採自某種史鈔，於北史本有增删，非補此傳者所改竄。此段文字可通，北本乃補所不必補，今從三朝本。

〔九〕文宣付從事中郎王士雅推檢　北史卷四七「雅」字注「闕」，册府卷七三○八六八六頁亦無此字。通志卷一五五作「淹」，乃涉下「平陽公淹」而衍。疑「士」下本闕一字，作「雅」也因涉下「推」字而衍誤。

〔一○〕文宣每見之　諸本「見」作「規」，北史卷四七及册府卷七三○八六八六頁作「見」，南本據北史改。按「規」是「規勸」，於文義不協，當因涉上「陸元規」而訛，今從南本。

〔一一〕爲中勞使　北史卷四七「中」作「申」。疑「中」字訛。

〔一二〕乃疏侍中尚書令趙彥深侍中左僕射元文遙侍中和士開罪狀　三朝本、百衲本、北本、汲本、殿本無「侍中左僕射元文遙」八字，南本、局本依北史卷四七增。按下文祖珽明以「士開、文遙、彥深」並提，這裏不應删去文遙，北本也因知其不合，於「和士開」下加一「等」字。今從南本。

〔一三〕珽乃諷御史中丞麗伯律令劾主書王子冲納賄　諸本「侓」作「律」，百衲本作「侓」。按「麗伯律」當是「酈伯偉」之訛。　伯偉歷見魏書卷四二酈範傳，本書卷三○崔暹傳補，北史卷三○盧潛傳、卷八一劉晝傳及八瓊室金石補正卷二二李功曹墓誌。其人乃酈範孫，名中，歷官御史及冀州、仁州刺史，趙郡太守。武平四年五七三與盧潛等守壽陽，爲陳所虜。祖珽當國在武平三年，這時伯偉爲御史中丞，時問亦無不合。當是「酈」省作「麗」，「偉」訛作「俾」，當時彳旁常寫作亻，「俾」卽「律」字，三朝本已下各本遂逕作「律。」

〔一四〕街巷禁斷行人鷄犬不聽鳴吠　三朝本、百衲本、汲本，無「不聽鳴吠」四字，南、北、殿、局四本及北史卷四七有但南本「不聽」訛「不敢」。按册府卷六九一八二四一頁也有此四字，當是三朝等本脫去，今從北、殿諸本。

〔一五〕雖知危急不遣救援　三朝本、百衲本、汲本「遣」作「追」，下無「救援」二字。他本依北史改作。按「不追」意謂不追其還鄴，似亦可通。但當時城方被圍，卽使穆提婆對祖珽沒有仇恨，也不應忽追刺史入朝。今從他本。

北齊書卷四十〔一〕

列傳第三十二

尉瑾　馮子琮　赫連子悅　唐邕　白建

尉瑾，字安仁。父慶賓，爲魏肆州刺史。瑾少而敏悟，好學慕善。稍遷直後。司馬子如執政，瑾取其外生皮氏女，由此擢拜中書舍人。旣是子如姻戚，數往參詣，因與先達名輩微相款狎。世宗入朝，因命瑾在鄴北宮共高德正典機密。肅宗輔政，累遷吏部尙書。世祖踐祚，趙彥深本子如賓僚，元文遙、和士開並帝鄉故舊，共相薦達，任遇彌重。又吏部銓衡所歸，事多祕密，由是朝之幾事，頗亦預聞。尋兼右僕射，攝選，未幾卽眞。病卒。世祖方在三臺飲酒，文遙奏聞，遂命徹樂罷飲。

瑾外雖通顯，內闕風訓，閨門穢雜，爲世所鄙。然亦能折節下士，意在引接名流，但不別之。及官高任重，便大躁急，省內郎中將論事者逆卽瞋詈，不可諮承。旣居大選，彌自驕狠。子德載嗣。

馮子琮，信都人，北燕主馮跋之後也。父靈紹，度支郎中。子琮性聰敏，涉獵書傳，爲肅宗除領軍府法曹，〔二〕典機密，攝庫部。肅宗曾閱簿領，試令口陳，子琮闇對，無有遺失。子琮妻，胡皇后妹也。遷殿中郎，加東宮管記。又奉別詔，令共胡長粲輔導太子，轉庶子。

天統元年，世祖禪位後主。世祖御正殿，謂子琮曰：「少君左右宜得正人，以卿心存正直，今以後事相委。」除給事黄門侍郎，領主衣都統。世祖在晉陽，既居舊殿，少帝未有別所，詔子琮監造大明宮。宮成，世祖親自巡幸，怪其不甚宏麗。子琮對曰：「至尊幼年，纂承大業，欲令敦行節儉，以示萬邦。兼此北連天闕，不宜過復崇峻。」世祖稱善。

及世祖崩，僕射和士開先恒侍疾，祕喪三日不發。子琮問士開不發喪之意。士開引神武、文襄初崩並祕喪不舉，至尊年少，恐王公有貳心，意欲普追集涼風堂，然後與公詳議。時太尉錄尚書事趙郡王叡先恒居內，預帷幄之謀，子琮素知士開忌叡及領軍臨淮王婁定遠，恐其矯遺詔出叡外任，奪定遠禁衞之權，因答云：「大行，神武之子，今上又是先皇傳位，羣臣富貴者皆是至尊父子之恩，但令在內貴臣一無改易，王公已下必無異望。世異事殊，不得與霸朝相比。且公出宮門已經數日，〔三〕升遐之事，行路皆傳，久而不舉，恐有他變。」

於是乃發喪。

元文遙以子琮太后妹夫，恐其獎成太后干政，說趙郡王及士開出之，拜鄭州刺史，即令之任。子琮除州，非後主本意，中旨殷勤，特給後部鼓吹，加兵五十人，並聽將物度關至州。未幾，太后爲齊安王納子琮長女爲妃，子琮因請假赴鄴，遂授吏部尚書。其妻恃親放縱，請謁公行，賄貨塡積，守宰除授，先定錢帛多少，然後奏聞，其所通致，事無不允，子琮亦不禁制。俄遷尚書右僕射，〔四〕仍攝選。和士開居要日久，子琮舊所附託，卑辭曲躬，事事諮禀。士開弟休與盧氏婚，子琮檢校趨走，與士開府僚不異。是時內官除授多由士開奏擬，〔五〕子琮既恃內戚，兼帶選曹，自擅權寵，頗生間隙。琅邪王儼殺士開，子琮與其事。就內省絞殺之。子琮微有識鑒，及位望轉隆，宿心頓改。擢引非類，以爲深交；縱其子弟，官位不依倫次；又專營婚媾，歷選上門，例以官爵許之，旬日便驗。子慈正。

赫連子悅，字士欣，勃勃之後也。魏永安初，以軍功爲濟州別駕。及高祖起義，侯景爲刺史，景本尒朱心腹，子悅勸景起義，景從之。除林慮守。世宗往晉陽，路由是郡，因問所不便。悅答云：「臨水、武安二縣去郡遙遠，山嶺重疊，車步艱難，若東屬魏郡，則地平路近。」世宗笑曰：「卿徒知便民，不覺損幹。」子悅答云：「所言因民疾苦，不敢以私潤負心。」世宗云：「卿能如此，甚善，甚善。」仍勑依事施行。在郡滿，更徵爲臨漳令。後除鄭州刺史，于時新經河清大水，民多逃散，子悅親加恤隱，户口益增，治爲天下之最。入爲都官尚書，鄭州民八百餘請立碑頌德，有詔許焉。後以本官兼吏部。子悅在官，唯以清勤自守，既無學術，又闕風儀，人倫清鑒，去之彌遠，一旦居銓衡之首，大招物議。由是除太常卿，卒。

唐邕，字道和，太原晉陽人，其先自晉昌徙焉。父靈芝，魏壽陽令。邕少明敏，有治世才具。太昌初，或薦於高祖，命其直外兵曹，典執文帳。

邕善書計，强記默識，以幹濟見知，擢爲世宗大將軍府參軍。及世宗崩，事出倉卒，顯祖部分將士，鎮壓四方，夜中召邕支配，造次便了，顯祖甚重之。顯祖頻年出塞，邕必陪從，專掌兵機。識悟閑明，承受敏速，〔六〕自督將以還，軍吏以上，勞効由緒，無不諳練，每有顧問，占對如響。或於御前簡閱，雖三五千人，邕多不執文簿，暗唱官位姓名，未常謬誤。七年，於羊汾堤講武，令邕總爲諸軍節度。事畢，仍監宴射之禮。是日，顯祖親執邕手，引至太后前，坐於丞相斛律金之上，啓太后云：「唐邕强幹，一人當千。」仍别賜錦綵錢帛。邕非唯强濟明辨，然亦善揣上意，進取多途，是以恩寵日隆，委任彌重。顯祖又嘗對邕白太后云：「唐邕分明强記，每有軍機大事，手作文書，口且處分，耳又聽受，實是異人。」一日之中，六度賜物。又嘗解所服青鼠皮裘賜邕，云：「朕意在車馬衣裘與卿共弊。」十年，從幸晉陽，除兼給事黃門侍郎，領中書舍人。顯祖嘗登童子佛寺，望幷州城曰：「此是何等城？」或曰：「此是金城湯池，天府之國。」帝云：「我謂唐邕是金城，此非金城也。」其見重如此。其後語邕曰：「卿劬勞旣久，欲除卿作州。頻勑楊遵彥更求一人堪代卿者，遵彥云比遍訪文武，如卿之徒實不可得，所以遂停此意。卿宜勉之。」顯祖或時切責侍臣不稱旨者：「觀卿等舉措，不中與唐邕作奴。」其見賞遇多此類。

肅宗作相，除黃門侍郎。於華林園射，特賜金帶寶器服玩雜物五百種。天統初，除侍中、幷州大中正，又拜護軍，餘如故。邕以軍民教習田獵，依令十二月，月別三圍，以爲人馬疲敝，奏請每月兩圍。世祖從之。後出爲趙州刺史，餘官如故。世祖謂邕曰：「朝臣未有帶侍中、護軍、中正作州者，以卿故有此舉，放卿百餘日休息，至秋間當卽追卿。」還右僕射，又遷尚書令，封晉昌王，錄尚書事。屬周師來寇，丞相高阿那肱率兵赴援，邕配割不甚從允，因此有隙。肱譖之，遣侍中斛律孝卿宣旨責讓，留身禁止，尋釋之。車駕將幸晉陽，勑孝卿總知騎兵度支，事多自決，不相詢稟。邕自恃從霸朝以來常典樞要，歷事六帝，恩遇甚重，一旦爲孝卿所輕，負氣鬱怏，形於辭色。帝平陽敗後，狼狽還鄴都。邕懼那肱譖之，恨斛律孝卿輕己，遂留晉陽，與莫多婁敬顯等崇樹安德王爲帝。信宿城陷，邕遂降周，依例授儀同大將軍。卒於鳳州刺史。

邕性識明敏，通解時事，齊氏一代，典執兵機。凡是九州軍士、四方勇募，强弱多少，番代往還，及器械精粗、糧儲虛實，精心勤事，莫不諳知。自大寧以來，奢侈糜費，比及武平之末，府藏漸虛。邕度支取捨，大有裨益。然旣被任遇，意氣漸高，其未經府寺陳訴，越覽詞牒，條數甚多，俱爲憲臺及左丞彈糾，並御注放免。司空從事中郎封長業、太尉記室參軍平濤並爲徵官錢違限，邕各杖背二十。齊時宰相未有撾撻朝士者，至是甚駭物聽。

邕三子。長子君明，開府儀同三司。開皇初，卒於應州刺史。次子君徹，中書舍人。隋順、戎二州刺史，大業中，卒於武賁郎將。少子君德，以邕降周伏法。

齊朝因高祖作相，丞相府外兵曹、騎兵曹分掌兵馬。及天保受禪，諸司監咸歸尚書，唯此二曹不廢，令唐邕白建主治，謂之外兵省、騎兵省。〔七〕其後邕、建位望轉隆，各爲省主，令中書舍人分判二省事，故世稱唐、白云。

白建，字彥舉，太原陽邑人也。初入大丞相府騎兵曹，典執文帳，明解書計，爲同局所推。天保十年，兼中書舍人。肅宗輔政，除大丞相騎兵參軍。河清三年，突厥入境，代、忻二牧悉是細馬，合數萬匹，在五臺山北柏谷中避賊。〔八〕賊退後，勑建就彼檢校，續使人詣建間領馬，送定州付民養飼。建以馬久不得食，瘦弱，遠送恐多死損，遂違勅以便宜從事，隨近散付軍人。啓知，勅許焉。戎乘無損，建有力焉。武平末，歷特進、侍中、中書令。

建雖無他才，勤於在公，屬王業始基，戎寄爲重，建與唐邕俱以典執兵馬致位卿相。晉陽，國之下都，每年臨幸，徵詔差科，責成州郡。本藩僚佐爰及守宰，諳承陳請，趨走無暇。諸子幼稚，俱爲州郡主簿，新君選補，必先召辟。男婚女嫁，皆得勝流。當世以爲榮寵之極。武平七年卒。

校勘記

〔一〕北齊書卷四十　按此卷文甚簡略，後無論贊，但稱齊帝廟號，文字也與北史不同。錢氏考異卷三一認爲似經後人删改，或北齊書此卷已亡，後人以高氏小史補。

〔二〕性聰敏涉獵書傳爲肅宗除領軍府法曹　南本、局本及册府卷七九九九四九一頁無「除」字，他本皆有。按若無「除」字，則是肅宗高演官領軍將軍時，馮子琮爲領軍府法曹，但據本書卷六孝昭紀不言高演曾爲此官。北史卷五五馮子琮傳云：「性識聰敏，爲外祖鄭伯猷所異。」此傳「爲」字下當有脫文。南本、册府以「爲」字從下讀，以「除」字爲衍文，恐非。

〔三〕且公出宮門已經數日　北史卷五五「出」上有「不」字。按本書卷五〇和士開傳，高湛病，士開卽「入侍湯藥」，死時，士開在宮內，祕喪三日不發。數日之內，不出宮門可知。此云：「出宮門已經數日」，與事實不符。册府卷四六五五五三五頁作「公出門已經數日」，「出門」指出家門，與「不出宮門」意同，這裏非脫「不」字，卽衍「宮」字。

〔四〕俄遷尚書右僕射　諸本「右」作「左」，北史卷五五、册府卷四八二五七五〇頁、卷六三八七六五四頁作「右」。按子琮自武平二年四月遷右僕射，七月被殺，並未遷官，作「左」誤，今據北史改。參見卷八校記。

〔五〕是時內官除授多由士開奏擬　北史卷五五「內官」作「內外」，疑北史是。

〔六〕承受敏速　諸本「受」作「變」，北史卷五五唐邕傳、册府卷七八九九四九一頁作「受」。按文義作「承受」較長，册府本出北齊書而與北史同，知「變」字訛，今據册府改。

〔七〕謂之外兵省騎兵省　諸本無「騎兵省」三字。按二人分治外兵、騎兵兩省，下文稱「各爲省主」可證。此傳脫去三字，今據北史卷五五補。

〔八〕在五臺山北栢谷中避賊　册府卷六六二七九一八頁無「北」字，下有「經二十餘日」五字，當是此傳脫文。

北齊書卷四十一

列傳第三十三

暴顯　皮景和　鮮于世榮　綦連猛　元景安

獨孤永業　傅伏　高保寧

暴顯，字思祖，魏郡斥邱人也。祖喟，魏琅邪太守、朔州刺史，因家邊朔。父誕，魏恒州刺史、左衞將軍，樂安公。顯幼時，見一沙門指之曰：「此郎子有好相表，大必爲良將，貴極人臣。」語終失僧，莫知所去。

顯少經軍旅，善於騎射，嘗從魏孝莊帝出獵，一日之中手獲禽獸七十三。孝昌二年，除羽林監。〔一〕中興元年，除襄威將軍、晉州車騎府長史。後從高祖於信都舉義，授中堅將軍、散騎侍郎、帳內大都督，加安東將軍、銀青光祿大夫，屯留縣開國侯。天平二年，除渤海郡守。元象元年，除雲州大中正，兼武衞將軍，加鎮東將軍。二年，除北徐州刺史，當州大都督。從高祖與西師戰於邙山，高祖令顯守河橋鎮，據中潬城。武定二年，除征南將軍、廣州刺史。侯景反於河南，爲景所攻，顯率左右二十餘騎突出賊營，拔難歸國。時高岳、慕容紹宗等討景，卽配顯士馬，隨岳等破景於渦陽。武定六年，拜太府卿。從世宗平王思政於潁川，授潁州刺史。七年，轉鄭州刺史。八年，加驃騎將軍，進侯爲公，通前食邑一千三百戶。天保元年，加衞大將軍，刺史如故。三年，〔二〕與清河王高岳襲歷陽，取之。爲贓貨，解鄭州，大理禁止。處斷未訖，爲合肥被圍，遣與步汗薩、慕容儼等同攻梁北徐州。擒刺史王强。與梁秦州刺史嚴超達戰於涇城，〔三〕破之。五年，授儀同三司。其年，又與高岳南臨漢水，攻下梁西楚州，獲刺史許法光。于時梁將蕭循與侯瑱等圍慕容儼於郢州，復以顯爲水軍大都督，從攝口入江救之。〔四〕師還，加開府儀同三司，賞帛五百疋。十年，食幽州范陽郡幹。乾明元年，除車騎大將軍。皇建元年，轉封樂安郡開國公。二年，除趙州刺史。河清元年，遷洛州刺史。二年，復除朔州刺史，秩滿歸。天統元年，加特進、驃騎大將軍，封定陽王。四年卒，年六十六。

皮景和，琅邪下邳人也。父慶賓，魏淮南王開府中兵參軍事。正光中，因使懷朔，遇世亂，因家廣寧之石門縣。

景和少通敏，善騎射。初以親信事高祖，後補親信副都督。武定二年，征步落稽。世宗疑賊有伏兵，令景和將五六騎深入一谷中，值賊百餘人，便共格戰，景和射數十人，莫不應弦而倒。高祖嘗令景和射一野豕，一箭而獲之，深見嗟賞，除庫直正都督。天保初，授假節、通州刺史，封永寧縣開國子。後從襲庫莫奚，加左右大都督。又從度黃龍，征契丹，定稽胡。尋從討茹茹主菴羅辰於陘北，又從平茹茹餘燼。景和趫捷，有武用，每有戰功。十年，食安樂郡幹。乾明元年，除武衞將軍，兼給事黃門侍郎。肅宗作相，以本官攝大丞相府從事中郎。大寧元年，除儀同三司、散騎常侍、武衞大將軍，尋加開府。二年，出爲梁州刺史。三年，突厥圍逼晉陽，令景和馳驛赴京，督領後軍赴并州，未到間，賊已退。仍除領左右大將軍，食齊郡幹，又除幷省五兵尚書。天統元年，遷殿中尚書。二年，除侍中。景和於武職之中，兼長吏事，又性識均平，故頻有美授。周通好之後，冠蓋往來，常令景和對接，每與使人同射，百發百中，甚見推重。武平中，詔獄多令中黃門等監治，恒令景和按覆，據理執正，由是過無枉濫。

後除特進、中領軍，封廣漢郡開國公。又隨斛律光率衆西討，剋姚襄、白亭二城，〔五〕別封永寧郡開國公。又除領軍將軍。又從軍拔宜陽城，封開封郡開國公。琅邪王之殺和士開也，兵指西闕，內外惶惑，莫知所爲。景和請後主出千秋門自號令。事平，除尚書右僕射、趙州刺史。〔六〕尋遷河南行臺尚書右僕射、洛州刺史。

陳將吳明徹寇淮南，令景和率衆拒之，除領軍大將軍，封文城郡王，轉食高陽郡幹。軍至租口，〔七〕值土人陳暄等作亂，景和平之。又有陽平人鄭子饒，詐依佛道，設齋會，用米麪不多，供贍甚廣，密從地藏漸出餅飯，愚人以爲神力，見信於魏、衞之間。將爲逆亂，謀泄，掩討漏逸。乃潛渡河，聚衆數千，自號長樂王，已破乘氏縣，又欲襲西兗州城。景和自南兗州遣騎數百擊破之，斬首二千餘級，生擒子饒，送京師烹之。及吳明徹圍壽陽，勅令景和與賀拔伏恩等赴救。景和以尉破胡軍始喪敗，怯懦不敢進，頓兵淮口，頻有勅使催促，然始渡淮。屬壽陽已陷，狼狽北還，器械軍資，大致遺失。陳將蕭摩訶率步騎於淮北倉陵城截之，〔八〕景和得整旅逆戰，摩訶退歸。是時拒吳明徹者多致傾覆，唯景和全軍而還，由是獲賞，除尚書令，別封西河郡開國公，賜錢二十萬，酒米十車。時陳人聲將渡淮，令景和停軍西兗州，爲拒守節度。武平六年病卒，年五十五。贈侍中、使持節、都督定恒朔幽定平六州諸軍事、〔九〕太尉公、錄尚書事、定州刺史。

長子信，機悟有風神，微涉書傳。武平末，開府儀同三司、武衞將軍，於勳貴子弟之中，稱其識鑒。於并州降周軍，授上開府、軍正大夫。隋開皇中，卒於洮州刺史。

少子宿達，武平末太子齋帥，有才藻檢行。開皇中，通事舍人。丁母憂，起復，將赴京，辭靈慟哭而絕，久而獲蘇，不能下食，三日致死。

鮮于世榮，漁陽人也。父寶業，懷朔鎮將，武平初，贈儀同三司、祠部尚書、朔州刺史。世榮少而沉敏，有器幹。興和二年，爲高祖親信副都督，稍遷平西將軍、賜爵石門縣子。後頻從顯祖討茹茹，破稽胡。又從高岳平郢州，除持節、河州刺史，食朝歌縣幹。尋爲肅宗丞相府諮議參軍。皇建中，除儀同三司、武衞將軍。天統二年，加開府，又除鄭州刺史。武平中，以平信州賊，除領軍將軍，轉食上黨郡幹。從平高思好，封義陽王。七年，後主幸晉陽，令世榮以本官判尚書右僕射事，貳北平王北宮留後。尋有勑令與吏部尚書袁聿修在尚書省檢試舉人。爲乘馬至雲龍門外入省北門，爲憲司舉奏免官。後主圍平陽，除世榮領軍將軍。周師將入鄴，除領軍大將軍、太子太傅，於城西拒戰，敗被擒，爲周武所殺。世榮雖武人無文藝，以朝危政亂，每竊歎之。見徵稅無厭，賜與過度，發言歎惜。子子貞，武平末假儀同三司。

綦連猛，字武兒，代人也。其先姬姓，六國末，避亂出塞，保祁連山，因以山爲姓，北人語訛，故曰綦連氏。父元成，燕郡太守。

猛少有志氣，便習弓馬。永安三年，尒朱榮徵爲親信。至洛陽，榮被害，卽從爾朱世隆出奔建州，仍從尒朱兆入洛。其年，又從兆討紇豆陵步藩，補都督。普泰元年，加征虜將軍、中散大夫。猛父母兄弟皆在山東，尒朱京纏欲投高祖，謂猛曰：「王以爾父兄皆在山東，每懷不信，爾若不走，今夜必當殺爾，可走去。」猛以素蒙兆恩，拒而不從。京纏曰：「我今亦欲去，爾從我不？」猛又不從。京纏乃舉矟曰：「爾不從，我必刺爾。」猛乃從之。去城五十餘里，卽背京纏復歸尒朱。及兆敗，乃歸高祖。高祖問曰：「尒朱京纏將爾投我，爾中路背去何也？」猛乃具陳服事之理，不可貳心。高祖曰：「爾莫懼，服事人法須如此。」遂補都督。步落稽等起逆，在覆釜山，使猛討之，大捷，特被賞賚。元象元年，從高祖向河陽，與周文帝戰於邙山。〔一〇〕二年，除平東將軍、中散大夫。其年，又轉中外府帳內都督，賞邙山之功，封廣興縣開國君。〔一一〕

五年，梁使來聘，云有武藝，求訪北人，欲與相角。世宗遣猛就館接之，雙帶兩鞬，左右馳射。兼共試力，挽强，梁人引弓兩張，力皆三石，猛遂併取四張，疊而挽之，過度。梁人嗟服之。

其年，除撫軍將軍，別封石城縣開國子，食肆州平寇縣幹。天保元年，除都督、東秦州刺史，別封雍州京兆郡覆城縣開國男。〔一二〕從顯祖討契丹，大獲戶口。又隨斛律敦北征茹茹，敦令猛輕將百騎深入覘候。還至白道，與軍相會，因此追躡，遂大破之。賚帛三百段。七年，除武衞將軍、儀同三司。九年，轉武衞大將軍。乾明初，加車騎大將軍。皇建元年，封石城郡開國伯，尋進爵爲君。二年，除領左右大將軍，從肅宗討奚賊，大捷，獲馬二千疋，牛羊三萬頭。河清二年，加開府。突厥侵逼晉陽，勑猛將三百騎覘賊遠近。行至城北十五里，遇賊前鋒，以敵衆多，遂漸退避。賊中有一驍將，超出來鬬。猛遙見之，卽亦挺身獨出，與其相對，俛仰之間，刺賊落馬，因卽斬之。三年，別封武安縣開國君，加驃騎大將軍。天統元年，遷右衞大將軍，乃奉世祖勑，恒令在嗣主左右，兼知內外機要之事。三年，除中領軍。四年，轉領軍將軍，別封義寧縣開國君。五年，除幷省尚書左僕射，餘如故。除幷省尚書令、領軍大將軍，封山陽王。

猛自和士開死後，漸預朝政，疑議與奪，咸亦咨禀。趙彥深以猛武將之中頗疾姦佞，言議時有可采，故引知機事。祖珽旣出彥深，以猛爲趙之黨與，乃除光州刺史。已發至牛蘭，忽有人告和士開被害日猛亦知情，遂被追止。還，入內禁留，簿錄家口。尋見釋，削王爵，止以開府赴州。在任寬惠清慎，吏民稱之。淮陰王阿那肱與猛有舊，每欲攜引之，曾有勑徵詣闕，似欲委寄。韓長鸞等沮難，復除膠州刺史。尋徵還，令在南兗防捍。後主平陽敗還，又徵赴鄴，除大將軍。齊亡入周，尋卒。

元景安，魏昭成五世孫也。高祖虔，魏陳留王。父永，少爲奉朝請。自積射將軍爲元天穆薦之於尒朱榮，參立孝莊之謀，賜爵代郡公。加將軍、〔一三〕太中大夫、二夏、幽三州行臺左丞，〔一四〕持節招納降戶四千餘家。榮又啓封永朝那縣子，邑三百戶，持節南幽州刺史，〔一五〕假撫軍將軍。天平初，高祖以爲行臺左丞，尋除潁州刺史，又爲北揚州刺史。天保中，徵拜大司農卿，遷銀青光祿大夫，依例降爵爲乾鄉男。大寧二年，遷金紫光祿大夫。

景安沉敏有幹局，少工騎射，善於事人。釋褐尒朱榮大將軍府長流參軍，加寧遠將軍，又轉榮大丞相府長流參軍。高祖平洛陽，領軍婁昭薦補京畿都督，父永啓迴代郡公授之，加前將軍，太中大夫。隨武帝西入。天平末，大軍西討，景安臨陣自歸，高祖嘉之，即補都督。興和中，轉領親信都督。邙山之役，力戰有功，賜爵西華縣都鄉男，代郡公如故。世宗入朝，景安隨從在鄴。于時江南款附，朝貢相尋，景安妙閑馳騁，雅有容則，每梁使至，恒令與斛律光、皮景和等對客騎射，見者稱善。世宗嗣事，啓減國封分錫將士，封石保縣開國子，邑三百戶，加安西將軍。又授通州刺史，加鎮西將軍，轉子爲伯，增邑通前六百戶，餘如故。天保初，加征西將軍，別封興勢縣開國伯，帶定襄縣令，賜姓高氏。三年，從破庫莫奚於代川，轉領左右大都督，餘官並如故。四年，從討契丹於黃龍，領北平太守。後頻從駕再破茹茹，遷武衞大將軍，又轉領左右大將軍，兼七兵尚書。

時初築長城，鎮戍未立，突厥强盛，慮或侵邊，仍詔景安與諸軍緣塞以備守。督領既多，且所部軍人富於財物，遂賄貨公行。顯祖聞之，遣使推檢，同行諸人贓汙狼藉，唯景安纖毫無犯。帝深嘉歎，乃詔有司以所聚斂贓絹伍百疋賜之，以彰清節。

又轉都官尚書，加儀同三司，食高平郡幹，又拜儀同三司。〔一六〕乾明元年，轉七兵尚書，加車騎大將軍。皇建元年，又兼侍中，馳驛詣鄴，慰勞百司，巡省風俗。

肅宗會與羣臣於西園讌射，文武預者二百餘人。設侯去堂百四十餘步，中的者賜與良馬及金玉錦綵等。有一人射中獸頭，去鼻寸餘。唯景安最後有一矢未發，帝令景安解之，景安徐整容儀，操弓引滿，正中獸鼻。帝嗟賞稱善，特賚馬兩疋，玉帛雜物又加常等。

大寧元年，加開府。二年，轉右衞將軍，尋轉右衞大將軍。天統初，判并省尚書右僕射，尋出爲徐州刺史。四年，除豫州道行臺僕射、豫州刺史，加開府儀同三司。〔一七〕武平三年，進授行臺尚書令，刺史如故，封歷陽郡王。景安之在邊州，鄰接他境，綏和邊鄙，不相侵暴，人物安之。又管內蠻多華少，景安被以威恩，咸得寧輯，比至武平末，招慰生蠻輸租賦者數萬戶。六年，徵拜領軍大將軍。入周，以大將軍、大義郡開國公率衆討稽胡，戰沒。

子仁，武平末儀同三司、武衞，隋驃騎將軍，卒於丹陽太守。

初永兄祚襲爵陳留王，祚卒，子景皓嗣。天保時，諸元帝室親近者多被誅戮。疏宗如景安之徒議欲請姓高氏，景皓云：「豈得棄本宗，逐他姓，大丈夫寧可玉碎，不能瓦全。」景安遂以此言白顯祖，乃收景皓誅之，家屬徙彭城。由是景安獨賜姓高氏，自外聽從本姓。

永弟种，子豫字景豫，美姿儀，有器幹。永安中，羽林監。元顥入洛，以守河內功，賜爵永安君。後爲濮陽郡守。魏彭城王韶引爲開府諮議參軍，韶出鎭定州，啓爲定州司馬。及景安告景皓慢言，引豫言相應和。豫占云：「爾時以衣袖掩景皓口，云『兄莫妄言』」。及問景皓，與豫所列符同，獲免。自外同聞語者數人，皆流配遠方。豫卒於徐州刺史。

獨孤永業，字世基，本姓劉，中山人。母改適獨孤氏，永業幼孤，隨母爲獨孤家所育養，遂從其姓焉。止於軍士之中，有才幹，便弓馬。被簡擢補定州六州都督，宿衞晉陽。或稱其有識用者，世宗與語悅之，超授中外府外兵參軍。天保初，除中書舍人，豫州司馬。永業解書計，善歌舞，甚爲顯祖所知。

乾明初，出爲河陽行臺右丞，遷洛州刺史，又轉左丞，刺史如故，加散騎常侍。宜陽深在敵境，周人於黑澗築城戍以斷糧道，永業亦築鎭以抗之。治邊甚有威信，遷行臺尙書。至河清三年，周人寇洛州，永業恐刺史段思文不能自固，馳入金墉助守。周人爲土山地道，曉夕攻戰，經三旬，大軍至，寇乃退。永業久在河南，善於招撫，歸降者萬計。選其二百人爲爪牙，每先鋒以寡敵衆，周人憚之。加儀同三司，賞賜甚厚。性鯁直，不交權勢。斛律光求二婢弗得，毀之於朝廷。河淸末，徵爲太僕卿，以乞伏貴和代之，於是西境蹙弱，河洛人情騷動。

武平三年，遣永業取斛律豐洛，因以爲北道行臺僕射、幽州刺史。尋徵爲領軍將軍。河洛民庶，多思永業，朝廷又以疆埸不安，除永業河陽道行臺僕射、洛州刺史。周武帝親攻金墉，永業出兵禦之，問曰：「是何達官，作何行動？」周人曰：「至尊自來，主人何不出看客。」永業曰：「客行忽速，是故不出。」乃通夜辦馬槽二千。周人聞之，以爲大軍將至，乃解圍去。永業進位開府，封臨川王。有甲士三萬，初聞晉州敗，請出兵北討，奏寢不報，永業慨憤。又聞幷州亦陷，爲周將常山公所逼，乃使其子須達告降於周。周武授永業上柱國。宣政末，出爲襄州總管。大象二年，爲行軍總管崔彥睦所殺。

傅伏，太安人也。父元興，儀同、北蔚州刺史。伏少從戎，以戰功稍至開府、永橋領民大都督。周帝前攻河陰，伏自橋夜渡，入守中潬城。南城陷，被圍二旬不下，救兵至。周師還。伏謂行臺乞伏貴和曰：「賊已疲弊，願得精騎二千追擊之，可捷也。」貴和弗許。

武平六年，除東雍州刺史，會周兵來逼，伏出戰，却之。周剋晉州，執獲行臺尉相貴，以之招伏，伏不從。後主親救晉州，以伏爲行臺右僕射。周軍來掠，伏擊走之。周克并州，遣韋孝寬與其子世寬來招伏曰：「并州已平，故遣公兒來報，便宜急下。」授上大將軍、武鄉郡開國公，卽給告身，以金馬碯二酒鍾爲信。伏不受，謂孝寬曰：「事君有死無貳，此兒爲臣不能竭忠，爲子不能盡孝，人所讎疾，願卽斬之，以號令天下。」

周帝自鄴還至晉州，遣高阿那肱等百餘人臨汾召伏。伏出軍隔水相見，問至尊今在何處。阿那肱曰：「已被捉獲，別路入關。」伏仰天大哭，率衆入城，於廳事前北面哀號良久，然後降。周帝見之曰：「何不早下？」伏流涕而對曰：「臣三世蒙齊家衣食，被任如此，革命不能自死，羞見天地。」周帝親執其手曰：「爲臣當若此，朕平齊國，唯見公一人。」乃自食一羊肋，以骨賜伏，曰：「骨親肉疏，所以相付。」遂別引之與同食，令於侍伯邑宿衞，〔一〇〕授上儀同，勑之曰：「若卽與公高官，恐歸投者心動，努力好行，無慮不富貴。」又問前救河陰得何官職。伏曰：「蒙一轉，授特進，永昌郡開國公。」周帝謂後主曰：「朕前三年教習兵馬，決意往取河陰，正爲傅伏能守，城不可動，是以收軍而退。公當時賞授何其薄也。」賜伏金酒巵。後以爲岷州刺史，尋卒。

齊軍晉州敗後，兵將罕有全節者。其殺身成仁者，有儀同叱干苟生，鎭南兗州，周帝破鄴，赦書至，苟生自縊死。

又有開府、中侍中宦者田敬宣，本字鵬，蠻人也。年十四五，便好讀書。既爲閽寺，伺隙便周章詢請，每至文林館，氣喘汗流，問書之外，不暇他語。及視古人節義事，未嘗不感激沉吟。顏之推重其勤學，甚加開獎，後遂通顯。後主之奔青州，遣其西出，參伺動靜，爲周軍所獲。問齊主何在，紿云已去。毆捶服之，每折一支，辭色愈厲，竟斷四體而卒。

又有雷顯和，晉州敗後，爲建州道行臺左僕射。周帝使其子招焉，顯和禁其子而不受。聞鄴城敗乃降。

後主失并州，使開府紇奚永安告急於突厥他鉢略可汗。及聞齊滅，他鉢處永安於吐谷渾使下。永安抗言曰：「本國既敗，永安豈惜賤命，欲閉氣自絕，恐天下不知大齊有死節臣，唯乞一刀，以顯示遠近。」他鉢嘉其壯烈，贈馬七十匹而歸。

高保寧，代人也，不知其所從來。武平末，爲營州刺史，鎮黃龍，夷夏重其威信。周師將至鄴，幽州行臺潘子晃徵黃龍兵，保寧率驍銳并契丹、靺鞨萬餘騎將赴救。至北平，知子晃已發薊，又聞鄴都不守，便歸營。周帝遣使招慰，不受勑書。范陽王紹義在突厥中，上表勸進，范陽署保寧爲丞相。及盧昌期據范陽城起兵，保寧引紹義集夷夏兵數萬騎來救之。

至潞河，知周將宇文神舉已屠范陽，還據黃龍，竟不臣周。

史臣曰：皮景和等爰自霸基，策名戎幕，間關夷險，迄於末運，位高任重，咸遂本誠，亦各遇其時也。傅伏之徒，俱表忠節，不然則丹青簡册安可貴乎？

贊曰：唯此諸將，榮名是保，不愆不忘，以斯終老。傅子之輩，逢茲不造，未遇烈風，誰知勁草。

校勘記

〔一〕孝昌二年除羽林監　北史卷五三暴顯傳不載此事。按孝昌是魏孝明帝元詡年號，元詡死後，尒朱榮入洛，擁立孝莊帝元子攸。本傳上文說「曾從魏孝莊帝出獵」，下接孝昌年號，次序顛倒，必有誤。

〔二〕三年　諸本「三年」作「二年」，唯百衲本同册府卷三五四四二〇七頁作「三年」。按高岳南伐，事在天保三年五五二，見本書卷四文宣紀。今從百衲本。

〔三〕與梁秦州刺史嚴超達戰於涇城　諸本「秦」作「泰」，三朝本、百衲本及册府卷三五四四二〇七頁作「秦」。按梁書卷五元帝紀承聖三年也作「秦」。「秦州」屢見梁、陳書。「泰」字訛，今從三朝本。

〔四〕從攝口入江救之　錢氏考異卷三一云：「『攝』當作『灄』。」

〔五〕剋姚襄白亭二城　諸本無「襄」字。按本書卷一七斛律光傳云：「攻姚襄、白亭城戍皆克之。」周書卷一二齊王憲傳亦見姚襄城。元和郡縣志卷一五慈州吉昌縣稱此城「在縣西五十二里，本姚襄所築」，並記斛律光、段韶「破周兵於此城，遂立碑以表其功，其碑見存」。是「姚」下脫「襄」字無疑，今據補。

〔六〕除尚書右僕射趙州刺史　按授右僕射例當見本紀，今卷八後主紀補不載，疑此是行臺之僕射，故兼趙州刺史。下文說「遷河南行臺尚書右僕射、洛州刺史」，也是以行臺僕射兼刺史。這裏「除」字下當脫「某某行臺」四字。

〔七〕軍至租口　三朝本、百衲本、北本、汲本、殿本「租」作「祖」，南本、局本作「渦」，册府卷四二三（五○三五頁）作「相」。按租口，見水經注卷二六沭水注，爲租水入沭水之口，地在今沭陽、宿遷間。陳書卷五宣帝紀太建五年齊武平四年、五七三四月，陳將吳明徹進攻淮南，六月記「淮陽、沭陽郡並棄城走」，所以皮景和由此道進軍。「祖」「相」都是「租」字形訛，南本臆改作「渦」，今改正。

〔八〕陳將蕭摩訶率步騎於淮北倉陵城截之　按通鑑卷一七一五三二九頁敍此事，胡注：「地形志魏書卷一〇六中揚州淮南郡壽春縣：『故楚，有倉陵城。』水經注：淮水東流與潁口會，東南逕蒼陵北，又東北流逕壽春縣故城西。」則蒼陵地在壽春附近，在淮南，不在淮北。這裏「北」當作「南」。

〔九〕贈侍中使持節都督定恒朔幽定平六州諸軍事　諸本「恒」作「常」。按當時無「常州」，本是「恒」字，宋人避諱改，今改正。又六州中有兩定州。下有「定州刺史」贈官，上「定」字是，下「定」字則是「安」之訛。魏書卷一〇六地形志中安州條注：「元象中寄治幽州北界。」

〔一〇〕元象元年從高祖向河陽與周文帝戰於邙山　按本書卷二神武紀下補芒山之戰在武定元年五四三，在元象元年五三八後六年。又元象止二年，而下文說「五年梁使來聘」，疑「元象」爲「武定」之誤。或「河陽」下有脫文，脫去武定紀年。

〔一一〕封廣興縣開國君　北史卷五三綦連猛傳作「封廣興縣侯」，冊府卷三八一四五四二頁作「封廣興開國公」。按北齊封爵無「君」的一等，然此傳下文又云：「封石城縣開國伯，尋進爵爲君」，又云：「別封武安縣開國君」「別封義寧縣開國君」；同卷元景安附從弟豫傳也稱「賜爵永安君」，若是字訛，不應五處同訛。據下文由石城縣伯進爵爲君，則必高於伯可知。考本書卷二八元孝友傳孝友上奏引晉令云：「諸王置妾八人，郡君、侯妾六人。」魏書卷一八元孝友傳「郡君」作「郡公」，可知「君」是「公」的別稱，故這裏冊府逕作「公」。

〔一二〕別封雍州京兆郡覆城縣開國男　按魏書卷一〇六地形志下京兆郡無「覆城縣」，當是霸城縣之訛。

〔一三〕加將軍　張森楷云：「『將軍』上當有脫文，否則將軍名號繁多，品亦懸絕，不知爲何等將軍也。」

〔一四〕二夏幽三州行臺左丞　按幽州和二夏州相距遙遠，不當合一行臺，「幽」當是「豳」之訛。

〔一五〕南幽州刺史　按地志無「南幽州」。魏書卷五八楊椿傳、卷五九蕭寶夤傳並見「南豳州」。周書卷二文帝紀下魏廢帝三年「改南豳爲寧州」，可知北魏末直至西魏有「南豳州」。這裏「南幽」當是「南豳」之訛。

〔一六〕又拜儀同三司　按和上文「加儀同三司」重複，當是衍文。

〔一七〕加開府儀同三司　按上文已云「大寧元年加開府」，這裏重出，必有一處是衍文。

〔一八〕令於侍伯邑宿衞　北史卷五三傅伏傳「邑」作「色」。按「侍伯色宿衞」卽在侍伯名色下宿衞。疑作「色」是。

北齊書卷四十二

列傳第三十四

陽斐　盧潛　崔劼　盧叔武　陽休之　袁聿修

陽斐，字叔鸞，北平漁陽人也。〔一〕父藻，魏建德太守，贈幽州刺史。孝莊時，斐於西兗督護流民有功，賜爵方城伯。歷侍御史，兼都官郎中、廣平王開府中郎，修起居注。興和中，除起部郎中，兼通直散騎常侍，聘於梁。梁尚書羊侃，魏之叛人也，與斐有舊，欲請斐至宅，三致書，斐不答。梁人曰：「羊來已久，經貴朝遷革，李、盧亦詣宅相見，卿何致難？」斐曰：「柳下惠則可，吾不可。」梁主乃親謂斐曰：「羊侃極願相見，今二國和好，天下一家，安得復論彼此？」斐終辭焉。使還，除廷尉少卿。

石濟河溢，橋壞，斐修治之。又移津於白馬，中河起石潭，兩岸造關城，累年乃就。東郡太守陸士佩以黎陽關河形勝，欲因山即壑以爲公家苑囿。遺斐書曰：「當諮大將軍以足下爲匠者。」斐答書拒曰：「當今殷憂啓聖，運遭昌曆。故大丞相天啓霸功，再造太極；大將軍光承先構，嗣績丕顯。國步始康，民勞未息。誠宜輕徭薄賦，勤恤民隱，詩不云乎：『民亦勞止，迄可小康，惠此中國，以綏四方。』古之帝王亦有表山刊樹，未足盡其意；下輦成宴，詎能窮其情。正足以靡天地之財用，剝生民之髓腦。是故孔子對葉公以來遠，酬哀公以臨民，所問雖同，所急異務故也。相如壯上林之觀，揚雄騁羽獵之辭，雖係以隤牆填塹，亂以收罝落網，而言無補於風規，祇足昭其愆戾也。」

尋轉尚書右丞。天保初，除鎮南將軍、尚書吏部郎中。以公事免，久之，除都水使者。顯祖親御六軍，北攘突厥，仍詔斐監築長城。作罷，行南譙州事，加通直散騎常侍，壽陽道行臺左丞。遷散騎常侍，食陳留郡幹。未幾，除徐州刺史，帶東南道行臺左丞。乾明元年，徵拜廷尉卿，遷衞大將軍，兼都官尚書，行太子少傅，徙殿中尚書，以本官監瀛州事。抗表致仕，優詔不許。頃之，拜儀同三司，食廣阿縣幹。卒於位。贈使持節、都督北豫光二州諸軍事、驃騎大將軍、儀同三司、中書監、北豫州刺史，謚曰敬簡。子師孝，中書舍人。

盧潛，范陽涿人也。祖尚之，魏濟州刺史。父文符，通直侍郎。潛容貌瓌偉，善言談，少有成人志尚。儀同賀拔勝辟開府行參軍，補侍御史。世宗引爲大將軍西閤祭酒，轉中外府中兵參軍，機事强濟，爲世宗所知，言其終可大用。王思政見獲於潁川，世宗重其才識。潛曾從容白世宗云：「思政不能死節，何足可重！」世宗謂左右曰：「我有盧潛，便是更得一王思政。」天保初，除中書舍人，以奏事忤旨免。尋除左民郎中，坐譏議魏書，與王松年、李庶等俱被禁止。會清河王岳將救江陵，特赦潛以爲岳行臺郎。還，遷中書侍郎，尋遷黃門侍郎。黃門鄭子默奏言，潛從清河王南討，清河王令潛說梁將侯瑱，大納賂遺，還不奏聞。顯祖杖潛一百，仍截其鬚，左遷魏尹丞。尋除司州別駕，出爲江州刺史，所在有治方。

肅宗作相，以潛爲揚州道行臺左丞。先是梁將王琳爲陳兵所敗，擁其主蕭莊歸壽陽，朝廷以琳爲揚州刺史，勑潛與琳爲南討經略。琳部曲義故多在揚州，〔二〕與陳寇鄰接。潛輯諧內外，甚得邊俗之和。陳秦、譙二州刺史王奉國、〔三〕合州刺史周令珍前後入寇，潛輒破平之，以功加散騎常侍，食彭城郡幹。遷合州刺史，左丞如故。又除行臺尚書，尋授儀同三司。王琳銳意圖南，潛以爲時事未可。屬陳遣移書至壽陽，請與國家和好。潛爲奏聞，仍上啓且願息兵。依所請。由是與琳有隙，更相表列。世祖追琳入京，除潛揚州刺史，領行臺尚書。

潛在淮南十三年，任總軍民，大樹風績，甚爲陳人所憚。陳主與其邊將書云：「盧潛猶在壽陽，聞其何當還北，此虜不死，方爲國患，卿宜深備之。」顯祖初平淮南，給十年優復。年滿之後，逮天統、武平中，徵稅煩雜。又高元海執政，斷漁獵，人家無以自資。諸商胡負官責息者，宦者陳德信縱其妄注淮南富家，令州縣徵責。又勑送突厥馬數千疋於揚州管內，令土豪貴買之。錢直始入，便出勑括江、淮間馬，並送官廄。由是百姓騷擾，切齒嗟怨。濳隨事撫慰，兼行權略，故得寧靖。

武平三年，徵爲五兵尚書。揚州吏民以濳戒斷酒肉，篤信釋氏，大設僧會，以香華緣道，流涕送之。濳歎曰：「正恐不久復來耳。」至鄴未幾，陳將吳明徹渡江侵掠，復以濳爲揚州道行臺尚書。五年，與王琳等同陷。〔四〕尋死建業，年五十七，其家購屍歸葬。贈開府儀同三司、尚書右僕射、兗州刺史。無子，以弟士邃子元孝爲嗣。

士邃，字子淹，少爲崔昂所知，昂云：「此昆季足爲後生之俊，但恨其俱不讀書耳。」歷侍御史、司徒祭酒、尚書郎、鄴縣令、尚書左右丞、吏部郎中，出爲中山太守，帶定州長史。齊亡後卒。

濳從祖兄懷仁，字子友，魏司徒司馬道將之子。懷仁涉學有文辭，情性恬靖，常蕭然有閑放之致。歷太尉記室、弘農郡守，不之任，卜居陳留界。所著詩賦銘頌二萬餘言，又撰中表實錄二十卷。懷仁有行檢，善與人交，與琅邪王衍、隴西李壽之情好相得。曾語衍云：「昔太丘道廣，許劭知而不顧；嵇生性惰，鍾會過而絕言。吾處季、孟之間，去其泰甚。」衍以爲然。武平末卒。

懷仁兄子莊之，少有名望。官歷太子舍人、定州别駕、東平太守。武平中都水使者，卒官。

懷仁從父弟昌衡，魏尚書左僕射道虔之子。武平末尚書郎。沉靖有才識，風儀蘊籍，容止可觀。天保中，尚書王昕以雅談獲罪，諸弟尚守而不墜，自茲以後，此道頓微。昌衡與頓丘李若、彭城劉泰珉、河南陸彦師、隴西辛德源、太原王脩並爲後進風流之士。

昌衡從父弟思道，魏處士道亮之子，神情儁發，少以才學有盛名。武平末，黄門侍郎，待詔文林館。

思道從父兄正達、正思、正山，魏右光祿大夫道約之子。〔五〕正達尚書郎，正思北徐州刺史、太子詹事、儀同三司，正山永昌郡守。兄弟以后舅，武平中並得優贈。

正山子公順，早以文學見知。武平中符璽郎，待詔文林館。與博陵崔君洽、隴西李師上同志友善，從駕晉陽，寓居僧寺，朝士謂「康寺三少」，〔六〕爲物論推許。

正達從父弟熙裕，父道舒。爲長兄道將讓爵，由是熙裕襲固安伯。虛淡守道，有古人之風，爲親表所敬重。

潛從祖兄懸之，魏尚書義僖之子。清靖寡欲，卒於司徒記室參軍。

崔劼，字彥玄，本清河人。曾祖曠，南渡河，居青州之東，時宋氏於河南立冀州，〔七〕置郡縣，即爲東清河郡人。〔八〕南縣分易，更爲南平原貝丘人也。〔九〕世爲三齊大族。祖靈延，宋長廣太守。父光，魏太保。

劼少而清虛寡欲，好學有家風。魏末，自開府行參軍歷尚書儀曹郎、祕書丞，修起居注，中書侍郎。興和三年，兼通直散騎常侍，使于梁。天保初，以議禪代，除給事黃門侍郎，加國子祭酒，直內省，典機密。清儉勤慎，甚爲顯祖所知。拜南青州刺史，在任有政績。皇建中，入爲祕書監、齊州大中正，轉鴻臚卿，遷幷省度支尚書，俄授京省，尋轉五兵尚書，監國史，在臺閣之中，見稱簡正。世祖之將禪後主，先以問劼，劼諫以爲不可，由是忤意，出爲南兗州刺史。代還，重爲度支尚書、儀同三司，食文登縣幹。尋除中書令，加開府，待詔文林館，監撰新書。遇病卒，時年六十六。贈齊州刺史、尚書右僕射，謚曰文貞。

初和士開擅朝，曲求物譽，諸公因此頗爲子弟干祿，世門之胄，多處京官，而劼二子拱、撝並爲外任。弟廓之從容謂劼曰：「拱、撝幸得不凡，何爲不在省府之中、清華之所，而並出外藩，有損家代。」劼曰：「立身以來，恥以一言自達，今若進兒，與身何異。」卒無所求。聞者莫不歎服。

拱，天統中任城王湝丞相諮議參軍、管記室。摛，揚州錄事參軍。廓之沉隱有識量，以學業見稱。自臨水令爲琅邪王儼大司馬西閤祭酒，遷領軍功曹參軍。武平中卒。

盧叔武，〔一〇〕范陽涿人，青州刺史文偉從子也。父光宗，有志尚。叔武兩兄觀、仲宣並以文章顯於洛下。叔武少機悟，豪率輕俠，好奇策，慕諸葛亮之爲人。爲賀拔勝荆州開府長史。勝不用其計，棄城奔梁。叔武歸本縣，築室臨陂，優遊自適。世宗降辟書，辭疾不到。天保初復徵，不得已，布裘乘露車至鄴。楊愔往候之，以爲司徒諮議，稱疾不受。肅宗卽位，召爲太子中庶子，加銀青光祿大夫。問以世事，叔武勸討關西，畫地陳兵勢曰：「人衆敵者當任智謀，智謀鈞者當任勢力，〔一一〕故强者所以制弱，富者所以兼貧。今大齊之比關西，强弱不同，貧富有異，而戎馬不息，未能吞併，此失於不用强富也。輕兵野戰，勝負難必，是胡騎之法，非深謀遠算萬全之術也。宜立重鎭於平陽，與彼蒲州相對，深溝高壘，運糧積甲，築城戍以屬之。彼若閉關不出，則取其黃河以東，長安窮蹙，自然困死。如彼出兵，非十萬以上，不爲我敵，所供糧食，皆出關內。我兵士相代，年別一番，穀食豐饒，運送不絕。彼來求戰，我不應之，彼若退軍，卽乘其弊。自長安以西，民疏城遠，敵兵來往，實有艱難，與我相持，農作且廢，不過三年，彼自破矣。」帝深納之。又願自居平陽，成此謀略。上令元文遙與叔武參謀，撰平西策一卷。未幾帝崩，事遂寢。

世祖踐阼，拜儀同三司、都官尚書，出爲合州刺史。武平中，遷太子詹事、右光祿大夫。叔武在鄉時有粟千石，每至春夏，鄉人無食者令自載取，至秋，任其償，都不計校。然而歲歲常得倍餘。既在朝通貴，自以年老，兒子又多，遂營一大屋，曰：「歌於斯，哭於斯。」魏收曾來詣之，訪以洛京舊事，不待食而起，云：「難爲子費。」叔武留之，良久食至，但有粟飧葵菜，木椀盛之，片脯而已。所將僕從，亦盡設食，一與此同。齊滅，歸范陽，遭亂城陷，叔武與族弟士遂皆以寒餒致斃。周將宇文神舉以其有名德，收而葬之。

叔武族孫臣客，父子規，魏尚書郎、林慮郡守。臣客風儀甚美，少有志尚，雅有法度，好道家之言。其姊爲任城王妃，天保末，任城王致之於朝廷，由是擢拜太子舍人。遷司徒記室，請歸侍祖母李。李强之令仕，不得已而順命，除太子舍人、太子中庶子。武平中，兼散騎常侍聘陳，還，卒於路。贈鄭州刺史、鴻臚卿。

陽休之，字子烈，右北平無終人也。父固，魏洛陽令，贈太常少卿。休之儁爽有風概，少勤學，愛文藻，弱冠擅聲，爲後來之秀。幽州刺史常景、王延年並召爲州主簿。

魏孝昌中，杜洛周破薊城，休之與宗室及鄉人數千家南奔章武，轉至青州。是時葛榮寇亂，河北流民多湊青部。休之知將有變，乃請其族叔伯彥等曰：「客主勢異，競相凌侮，禍難將作。如鄙情所見，宜潛歸京師避之。」諸人多不能從。休之垂涕別去。俄而邢杲作亂，伯彥等咸爲土民所殺，〔三〕一時遇害，諸陽死者數十人，唯休之兄弟獲免。

莊帝立，解褐員外散騎侍郎，尋以本官領御史，遷給事中、太尉記室參軍，加輕車將軍。李神儁監起居注，啓休之與河東裴伯茂、范陽盧元明、河間邢子明等俱入撰次。永安末，洛州刺史李海啓除冠軍長史。普泰中，兼通直散騎侍郎，加鎭遠將軍，尋爲太保長孫稚府屬。尋勑與魏收、李同軌等修國史。太昌初，除尙書祠部郎中，尋進征虜將軍、中散大夫。

賀拔勝出爲荆州刺史，啓補驃騎長史。勝爲行臺，又請爲右丞。勝經略樊、沔，又請爲南道軍司。俄而魏武帝入關，勝令休之奉表詣長安參謁。時高祖亦啓除休之太常少卿。尋屬勝南奔，仍隨至建業。休之聞高祖推奉靜帝，乃白勝啓梁武求還，以天平二年達鄴，仍奉高祖命赴晉陽。其年冬，授世宗開府主簿。明年春，世宗爲大行臺，復引爲行臺郎中。

四年，高祖幸汾陽之天池，於池邊得一石，上有隱起，其文曰「六王三川」。高祖獨於帳中問之，此文字何義。對曰：「六者是大王之字，王者當王有天下，此乃大王符瑞受命之徵。既於天池得此石，可謂天意命王也，吉不可言。」高祖又問三川何義。休之曰：「河、洛、伊爲三川，亦云涇、渭、洛爲三川。河、洛、伊，洛陽也；涇、渭、洛，今雍州也。大王若受天命，終應統有關右。」高祖曰：「世人無事常道我欲反，今聞此，更致紛紜，愼莫妄言也。」

元象初，錄荆州軍功，封新泰縣開國伯，食邑六百戶，除平東將軍、太中大夫、尙書左民郎中。興和二年，兼通直散騎常侍，副淸河崔長謙使於梁。武定二年，除中書侍郎。時有人士戲嘲休之云：「有觸藩之羝羊，乘連錢之驄馬，從晉陽而向鄴，懷屬書而盈把。」尙書左丞盧斐以其文書請謁，啓高祖禁止，會赦不治。五年，兼尙食典御。七年，除太子中庶子，遷給事黃門侍郎，進號中軍將軍、幽州大中正。八年，兼侍中，持節奉璽書詣并州，敦喩顯祖爲相國、齊王。是時，顯祖將受魏禪，發晉陽，至平陽郡，〔一三〕爲人心未一，且還并州，恐漏泄，仍斷行人。休之性疏放，使還，遂說其事，鄴中悉知。於後高德政以聞，顯祖忿之而未發。齊受禪，除散騎常侍，修起居注。頃之，坐詔書脫誤，左遷驍騎將軍，積前事也。尋以禪讓之際，參定禮儀，別封始平縣開國男，以本官兼領軍司馬。後除都水使者，歷司徒掾、中書侍郎，尋除中山太守。顯祖崩，徵休之至晉陽，經紀喪禮。乾明元年，兼侍中，巡省京邑。仍拜大鴻臚卿，領中書侍郎。皇建初，以本官兼度支尙書，加驃騎大將軍，領幽州大中正。肅宗留心政道，每訪休之治術。休之答以明賞罰，愼官方，禁淫侈，恤民患爲政治之先。帝深納之。大寧中，除都官尙書，轉七兵、祠部。河淸三年，出爲西兗州刺史。天統初，徵爲光祿卿，監國史。休之在中山及治西兗，俱有惠政，爲吏民所懷。去官之後，百姓樹碑頌德。尋除吏部尚書，食陽武縣幹，除儀同三司，又加開府。休之多識故事，諳悉氏族，凡所選用，莫不才地俱允。加金紫光祿大夫。武平元年，除中書監，尋以本官兼尚書右僕射。二年，加左光祿大夫，兼中書監。三年，加特進。五年，正中書監，餘並如故。尋以年老致仕，抗表辭位，帝優答不許。六年，除正尚書右僕射。未幾，又領中書監。

休之本懷平坦，爲士友所稱。晚節說祖珽撰御覽，書成，加特進，及珽被黜，便布言於朝廷，云先有嫌隙。及鄧長顒、顏之推奏立文林館，之推本意不欲令耆舊貴人居之，休之便相附會，與少年朝請、參軍之徒同入待詔。又魏收監史之日，立高祖本紀，取平四胡之歲爲齊元。收在齊州，恐史官改奪其意，上表論之。武平中，收還朝，勑集朝賢議其事。休之立議從天保爲限斷。魏收存日，猶兩議未決。收死後，便諷動內外，發詔從其議。後領中書監，便謂人云：「我已三爲中書監，用此何爲？」隆化還鄴，舉朝多有遷授，封休之燕郡王。又謂其所親云：「我非奴，何意忽有此授。」凡此諸事，深爲時論所鄙。

休之好學不倦，博綜經史，文章雖不華靡，亦爲典正。邢、魏殂後，以先達見推。位望雖高，虛懷接物，爲搢紳所愛重。周武平齊，與吏部尚書袁聿修、衞尉卿李祖欽、度支尚書元脩伯、大理卿司馬幼之、司農卿崔達拏、祕書監源文宗、散騎常侍兼中書侍郎李若、散騎常侍給事黃門侍郎李孝貞、給事黃門侍郎盧思道、給事黃門侍郎顏之推、通直散騎常侍兼中書侍郎李德林、通直散騎常侍兼中書舍人陸乂、中書侍郎薛道衡、中書舍人高行恭、辛德源、王劭、陸開明十八人同徵，令隨駕後赴長安。盧思道有所撰錄，止云休之與孝貞、思道同被召者是其誣罔焉。尋除開府儀同，歷納言中大夫、太子少保。大象末，進位上開府，除和州刺史。隋開皇二年，罷任，終於洛陽，年七十四。所著文集三十卷，又撰幽州人物志並行於世。

子辟彊，武平末尚書水部郎中。辟彊性疏脫，無文藝，休之亦引入文林館，爲時人嗤鄙焉。

袁聿修，字叔德，陳郡陽夏人。魏中書令翻之子也，出後叔父躍。七歲遭喪，居處禮度，有若成人。九歲，州辟主簿。性深沉有鑒識，清淨寡欲，與物無競，深爲尚書崔休所知賞。魏太昌中，釋褐太保開府西閤祭酒。年十八，領本州中正。尋兼尚書度支郎，仍歷五兵左民郎中。武定末，太子中舍人。天保初，除太子庶子，以本官行博陵太守。數年，大有聲績，遠近稱之。八年，兼太府少卿，尋轉大司農少卿，又除太常少卿。皇建二年，遭母憂去職，尋詔復前官，加冠軍、輔國將軍，除吏部郎中。未幾，遷司徒左長史，加驃騎大將軍，領兼御史中丞。司徒錄事參軍盧思道私貸庫錢四十萬娉太原王乂女爲妻，〔一四〕而王氏已先納陸孔文禮娉爲定，聿修坐爲首僚，又是國之司憲，知而不劾，被責免中丞。尋遷祕書監。

天統中，詔與趙郡王叡等議定五禮。出除信州刺史，卽其本鄉也，時人榮之。爲政清靖，不言而治，長吏以下，爰逮鰥寡孤幼，皆得其歡心。武平初，御史普出過詣諸州，梁、鄭、兗、豫疆境連接，州之四面，悉有舉劾，御史竟不到信州，其見知如此。及解代還京，民庶道俗，追別滿道，或將酒脯，涕泣留連，競欲遠送。既盛暑，恐其勞弊，往往爲之駐馬，隨舉一酌，示領其意，辭謝令還。還京後，州民鄭播宗等七百餘人請爲立碑，斂縑布數百疋，託中書侍郎李德林爲文以紀功德。府省爲奏，勑報許之。尋除都官尚書，仍領本州中正，轉兼吏部尚書、儀同三司，尚書尋卽眞。

聿修少平和溫潤，素流之中，最有規檢。以名家子歷任清華，時望多相器待，許其風監。在郎署之日，值趙彥深爲水部郎中，同在一院，因成交友。彥深後被沙汰停私，〔二五〕門生藜藿，聿修猶以故情，存問來往。彥深任用，銘戢甚深，雖人才無愧，蓋亦由其接引。爲吏部尚書以後，自以物望得之。初馮子琮以僕射攝選，婚嫁相尋，聿修常非笑之，語人云：「馮公營婚，日不暇給。」及自居選曹，亦不能免，時論以爲地勢然也。在官廉謹，當時少匹。魏、齊世，臺郎多不免交通饟遺，聿修在尚書十年，未曾受升酒之饋。尚書邢卲與聿修舊款，每於省中語戲，常呼聿修爲清郎。大寧初，聿修以太常少卿出使巡省，仍命考校官人得失。經歷兗州，時邢卲爲兗州刺史，別後，遣送白紬爲信。聿修退紬不受，與邢書云：「今日仰過，〔一六〕有異常行，瓜田李下，古人所慎，多言可畏，譬之防川，願得此心，不貽厚責。」邢亦忻然領解，報書云：「一日之贈，率爾不思，老夫忽忽意不及此，敬承來旨，吾無間然。弟昔爲清郎，今日復作淸卿矣。」及在吏部，屬政塞道喪，若違忤要勢，卽恐禍不旋踵，雖以淸白自守，猶不免請謁之累。

齊亡入周，授儀同大將軍、吏部下大夫。大象末，除東京司宗中大夫。隋開皇初，加上儀同，遷東京都官尙書。東京廢，入朝，又除都官尙書。二年，出爲熊州刺史。尋卒，年七十二。

子知禮，武平末儀同開府參軍事。隋開皇中，侍御史，歷尙書民部考功侍郎。大業初，卒於太子中舍人。

史臣曰：崔彥玄奕世載德，不忝其先；盧曆事任俠好謀，志尙宏遠；陽僕射位高望重，鬱爲時宗；袁尙書清明在躬，以器能見任；與陽斐、盧潛並朝之良也。有齊季世，權歸佞幸，賴諸君維持名教，不然則拔本塞源，裂冠毀冕，安可道哉。

贊曰：惟茲數公，心安寵辱，不夷不惠，坐鎭流俗。

校勘記

〔一〕北平漁陽人也　南本及魏書卷七二、北史卷四七陽尼傳都稱「北平無終人」，本卷陽休之和陽斐是同族，休之傳也稱北平無終人。按兩漢漁陽縣屬漁陽郡。晉時郡縣俱廢。北魏幽州漁陽郡有漁陽縣，且無終亦屬漁陽郡。見魏書卷一〇六地形志上。自漢以來，漁陽縣無屬北平郡的紀載。這裏稱「北平漁陽人」當誤。

〔二〕琳部曲義故多在揚州　諸本「義故」倒作「故義」。按南、北朝史籍習見「部曲義故」一語，今據册府卷六九二八二五二頁乙正。

〔三〕陳秦譙二州刺史王奉國　諸本「秦譙」作「泰譙」，册府卷三八二四五四二頁作「秦雍」。按陳之秦州見隋書卷三一地理志下江都郡六合縣條及梁、陳書，今據册府改。册府「雍」乃「譙」之訛。

〔四〕五年與王琳等同陷　北史卷三〇盧潛傳此事敍於武平四年五七三後。按本書卷八後主紀補，陳取壽陽在四年十月，陳書卷五宣帝紀在太建五年十月，卽武平四年。這裏「五」字誤。

〔五〕魏右光祿大夫道約之子　諸本「約」作「幼」，殿本依北史卷三〇作「約」。按魏書卷四七盧玄傳也作「道約」，今從殿本。

〔六〕從駕晉陽寓居僧寺朝士謂康寺三少　册府卷七七七九二三一頁「康」作「唐」。按晉陽古唐國，疑作

「唐」是。

〔七〕居青州之東時宋氏於河南立冀州　魏書卷六七、北史卷四四崔光傳並云：「居青州之時水。」按「時水」見水經注卷二六淄水注。疑「東時」爲「時水」之倒訛。

〔八〕卽爲東清河郡人　魏書卷六七、北史卷四四崔光傳並云：「卽爲東清河鄃人」，疑「郡」乃「鄃」之訛。

〔九〕南縣分易更爲南平原貝丘人也　北史卷四四無上「南」字。按上「南」字於文義不洽，必誤，北史則脫去此字。又魏、齊都沒有南平原郡。貝丘縣在魏屬東清河郡，北齊以東清河、東平原併入廣川郡，合爲東平原郡，貝丘始屬東平原。具見隋書卷三〇地理志中齊郡長山縣條、淄川縣條及太平寰宇記卷一九淄州及長山縣條。據此，北魏到高齊只有東平原郡，齊代改易郡縣，貝丘也屬於東平原郡，別無「南平原」之名。這裏「南」字當是「東」之訛。

〔一〇〕盧叔武　錢氏考異卷三一云：「北史卷三〇作『叔彪』。唐人諱『虎』，史家多改爲『武』，亦有作『彪』者，此人蓋名『叔虎』也。」按魏書卷四七盧溥傳，溥五世孫有叔虔，父兄名與此傳合，亦卽一人。「虔」是「虎」字形似而訛，也可能唐人避諱追改（唐人避諱偶亦用形近字代）。亦可證其人本名「叔虎」。

〔一一〕人衆敵者當任智謀智謀鈞者當任勢力　諸本「智謀」二字不重，今據册府卷八四九一〇〇八八頁補。

〔一二〕伯彥等咸爲土民所殺　諸本「土民」作「士民」，北史卷四七陽休之傳作「土人」。按魏書卷一四元天穆傳敍邢杲起事云：「所在流人，先爲土人凌忽。」土人亦屢見魏書、北史，這裏「土」訛作「士」，今據北史改。

〔一三〕發晉陽至平陽郡　按平陽在晉陽西南，由晉陽赴鄴不會經過平陽。本書卷三〇高德政傳云「帝便發晉陽，至平都城」云云。平都城，他處又倒作「平城都」。這裏「平陽郡」當是「平城都」之訛。詳卷三〇校記。

〔一四〕娉太原王乂女爲妻　諸本「乂」作「義」。北史卷四七、册府宋本卷五二二作「乂」明本「乂」訛「文」。按北史卷三五王劭傳末見王乂，當卽其人。「義」字訛，今據改。

〔一五〕彥深後被沙汰停私　諸本「私」作「秩」，北史卷四七袁聿修傳、册府卷四五八五四三六頁、御覽卷四〇八一八八四頁引後齊書並作「私」。按南齊書卷三四虞玩之傳載建元二年四八〇詔云：「停私而云隸役。」「停私」卽在家閒住，「停」是休停，「私」與官相對。這裏本同北史作「私」，後人臆改作「秩」，今據北史改。

〔一六〕今日仰過　諸本「仰過」作「仰遇」，北史卷四七作「傾過」，册府卷六五四七八三七頁作「仰過」。按文義當作「仰過」，今據册府改。

北齊書卷四十三

列傳第三十五

李稚廉　封述　許惇　羊烈　源彪

李稚廉，趙郡高邑人也。齊州刺史義深之弟。稚廉少而寡欲，爲兒童時，初不從家人有所求請。家人嘗故以金寶授之，終不取，强付，輒擲之於地。州牧以其蒙稚而廉，故名曰稚廉。聰敏好學，年十五，頗尋覽五經章句。屬葛榮作亂，本郡紛擾，違難赴京。永安中，釋褐奉朝請。普泰初，開府記室、龍驤將軍、廣州征南府錄事參軍，不行。尋轉開府諮議參軍事、前將軍。

天平中，高祖擢爲泰州開府長史、平北將軍。稚廉緝諧將士，軍民樂悅。高祖頻幸河東，大相嗟賞。轉爲世宗驃騎府長史。詔以濟州控帶川陸，接對梁使，尤須得人，世宗薦之，除濟州儀同長史。又遷瀛州長史。高祖行經冀州，總合河北六州文籍，商校戶口增損。

高祖親自部分，多在馬上，徵責文簿，指景取備，事緒非一。稚廉每應機立成，恒先期會，莫不雅合深旨，爲諸州准的。高祖顧謂司馬子如曰：「觀稚廉處分，快人意也。」因集文武數萬人，令郎中杜弼宣旨慰勞，仍詰諸州長史、守令等，諸人並謝罪，稚廉獨前拜恩，觀者咸歎美之。其日，賜以牛酒。高祖還并，以其事告世宗。世宗喜而語人曰：「吾足知人矣。」

世宗嗣事，召詣晉陽，除霸府掾。謂杜弼曰：「并州王者之基，須好長史，各舉所知。」時互有所稱，〔一〕皆不允。衆人未答。世宗乃謂陳元康曰：「我教君好長史處，李稚廉卽其人也。」遂命爲并州長史。常在世宗第內，與隴西辛術等六人號爲館客，待以上賓之禮。

天保初，除安南將軍、太原郡守。顯祖嘗召見，問以治方，語及政刑寬猛，帝意深文峻法，稚廉固以爲非，帝意不悅。語及楊愔，誤稱爲楊公。以應對失宜，除濟陰郡守，帶西兗州刺史。徵拜太府少卿，尋轉廷尉少卿，遷太尉長史。肅宗卽位，兼散騎常侍、省方大使。行還，所奏多見納用。除合州刺史，亦有政績，未滿，行懷州刺史。還朝，授兼太僕卿，轉大司農卿、趙州大中正。天統元年，加驃騎大將軍、大理卿，世稱平直。爲南青州刺史，未幾，徵爲并省都官尚書。武平五年三月，卒於晉陽，年六十七。贈儀同三司、信義二州刺史、吏部尚書。

封述，字君義，渤海蓨人也。父軌，廷尉卿、濟州刺史。述有幹用，年十八爲濟州征東府鎧曹參軍。高道穆爲御史中尉，啓爲御史。遷大司馬清河王開府記室參軍，兼司徒主簿。太昌中，除尚書三公郎中，以平幹稱。天平中，增損舊事爲麟趾新格，其名法科條，皆述删定。梁散騎常侍陸晏子、沈警來聘，以述兼通直郎使梁。還，遷世宗大將軍府從事中郎，監京畿事。武定五年，除彭城太守、當郡督，再行東徐州刺史。武定七年，除廷尉少卿。八年，兼給事黄門侍郎。齊受禪，與李奬等八人充大使，巡省方俗，問民疾苦。天保三年，除清河太守，遷司徒左長史，行東都事，〔三〕尋除海州刺史。大寧元年，徵授大理卿。河清三年，勑與錄尚書趙彦深、僕射魏收、尚書陽休之、國子祭酒馬敬德等議定律令。天統元年，遷度支尚書。三年，轉五兵尚書，加儀同三司。武平元年，除南兗州刺史，更滿還朝，除左光祿大夫，又除殿中尚書。

述久爲法官，明解律令，議斷平允，深爲時人所稱。而厚積財産，一無饋遺，雖至親密友貧病困篤，亦絶於拯濟，朝野物論甚鄙之。外貌方整而不免請謁，廻避進趨，頗致嗤駭。前妻河內司馬氏。一息，爲娶隴西李士元女，大輸財娉，及將成禮，猶競懸違。述忽取供養像對士元打像作誓，士元笑曰：「封公何處常得應急像，須誓便用。」一息娶范陽盧莊之女。述又逕府訴云：「送贏乃嫌脚跛，評田則云鹹薄，銅器又嫌古廢。」皆爲吝嗇所及，每致紛紜。

子元，武平末太子舍人。

述弟詢，字景文。魏員外郎，武定中永安公開府法曹，稍遷尙書起部郎中，轉三公郎，出爲東平原郡太守，遷定州長史，又除河間郡守，入爲尙書左丞，又爲濟南太守。隋開皇中卒。詢闚涉經史，清素自持，歷官皆有幹局才具，治郡甚著聲績，民吏敬而愛之。

許惇，字季良，高陽新城人也。父護，魏高陽、章武二郡太守。惇清識敏速，達於從政，任司徒主簿，以能判斷，見知時人，號爲入鐵主簿。稍遷陽平太守。當時遷都鄴，陽平卽是畿郡，軍國責辦，賦斂無准，又勳貴屬請，朝夕徵求，惇並御之以道，上下無怨。治爲天下第一，特加賞異，圖形於闕，詔頒天下。遷魏尹，出拜齊州刺史，轉梁州刺史，治並有聲。遷大司農。會侯景背叛，王思政入據潁城，王師出討，惇常督漕，軍無乏絕。引洧水灌城，惇之策也。遷殿中尙書。惇美鬚髯，下垂至帶，省中號爲長鬣公。顯祖嘗因酒酣，握惇鬚髯稱美，遂以刀截之，唯留一握。惇懼，因不復敢長，時人又號爲齊鬚公。世祖踐祚，領御史中丞，爲膠州刺史。尋追爲司農卿，又遷大理卿，再爲度支尙書，歷太子少保、少師、光祿大夫、開府儀同三司、尙書右僕射、特進，賜爵萬年縣子，食下邳郡幹。以年老致仕於家，三年卒。〔三〕

惇少純直，晚更浮動。齊朝體式，本州大中正以京官爲之。同郡邢卲爲中書監，德望甚高，惇與卲競中正，〔四〕遂馮附宋欽道，出卲爲刺史，朝議甚鄙薄之。雖久處朝行，歷官清顯，與邢卲、魏收、陽休之、崔劼、徐之才之徒比肩同列，諸人或談說經史，或吟詠詩賦，更相嘲戲，欣笑滿堂，惇不解劇談，又無學術，或竟坐杜口，或隱几而睡，深爲勝流所輕。

子文紀，武平末度支郎中。文紀弟文經，勤學方雅，身無擇行，口無戲言。武平末，殿中侍御史。隋開皇初侍御史，兼通直散騎常侍，聘陳使副，主爵侍郎。卒於相州長史。

惇兄遜，字仲讓，有幹局，乾明中平原太守，卒，贈信州刺史。遜子文高，司徒掾。

羊烈，字信卿，太山鉅平人也。晉太僕卿琇之八世孫，魏梁州刺史祉之弟子。父靈珍，魏兗州別駕。烈少通敏，自修立，有成人之風。好讀書，能言名理，以玄學知名。魏孝昌中，烈從兄侃爲太守，據郡起兵外叛。烈潛知其謀，深懼家禍，與從兄廣平太守敦馳赴洛陽告難。朝廷將加厚賞，烈告人云：「譬如斬手全軀，所存者大爾，豈有幸從兄之敗以爲己利乎？」卒無所受。

弱冠，州辟主簿，又兼治中從事。刺史方以吏事爲意，以幹濟見知。釋巾太師咸陽王行參軍，遷祕書郎。顯祖初爲儀同三司，開府。倉曹參軍事。〔五〕天保初，授太子步兵校尉、輕車將軍，尋遷幷省比部郎中，除司徒屬，頻歷尙書祠部，左、右民郎中，所在咸爲稱職。九年，除陽平太守，治有能名。是時，頻有災蝗，犬牙不入陽平境，勑書褒美焉。皇建二年，遷光祿少卿，加龍驤將軍、兗州大中正，又進號平南將軍。天統中，除太中大夫，兼光祿少卿。武平初，除驃騎將軍、義州刺史，尋以老疾還鄉。周大象中卒。

烈家傳素業，閨門修飾，爲世所稱，一門女不再醮。魏太和中，於兗州造一尼寺，女寡居無子者並出家爲尼，咸存戒行。烈天統中與尙書畢義雲爭兗州大中正。義雲盛稱門閥，云我累世本州刺史，卿世爲我家故吏。烈答云：「卿自畢軌被誅以還，寂無人物，近日刺史，皆是疆埸之上彼此而得，何足爲言。豈若我漢之河南尹，晉之太傅，名德學行，百代傳美。且男清女貞，足以相冠，自外多可稱也。」蓋譏義雲之帷薄焉。

祉子深，魏中書令。深子肅，以學尙知名，世宗大將軍府東閤祭酒。乾明初，冀州治中。趙郡王爲巡省大使，肅以遲緩不任職解，朝議以肅無罪，尋復之。天統初，遷南兗州長史。武平中，入文林館撰書，尋出爲武德郡守。

烈弟脩，有才幹，大寧中卒於尙書左丞。子玄正，武平末將作丞。隋開皇中民部侍郎。卒於隴西郡贊治。

源彪，字文宗，西平樂都人也。父子恭，魏中書監、司空，文獻公。文宗學涉機警，少有名譽。魏孝莊永安中，以父功賜爵臨潁縣伯，除員外散騎常侍。天平四年，涼州大中正。遭父憂去職。武定初，服闋，吏部召領司徒記室，加平東將軍。世宗攝選，沙汰臺郎，以文宗爲尚書祠部郎中，仍領記室。轉太子洗馬。天保元年，除太子中舍人。乾明初，出爲范陽郡守。皇建二年，拜涇州刺史。文宗以恩信待物，甚得邊境之和，爲隣人所欽服，前政被抄掠者，多得放還。天統初，入爲吏部郎中，遷御史中丞，典選如故。尋除散騎常侍，仍攝吏部，加驃騎大將軍。屬秦州刺史宋嵩卒，朝廷以州在邊垂，以文宗往蒞涇州，頗著聲績，除秦州刺史，乘傳之府，特給後部鼓吹。文宗爲治如在涇州時。李孝貞聘陳，陳主謂孝貞曰：「齊朝還遣源涇州來瓜步，直可謂和通矣。」尋加儀同三司。武平二年，徵領國子祭酒。三年，遷祕書監。

陳將吳明徹寇淮南，歷陽、瓜步相尋失守。〔六〕趙彥深於起居省密訪文宗曰：「吳賊侏張，遂至於此，僕妨賢既久，憂懼交深，今者之勢，計將安出？弟往在涇州，甚悉江、淮間情事，今將何以禦之？」對曰：「荷國厚恩，無由報効，有所聞見，敢不盡言。但朝廷精兵必不肯多付諸將，數千已下，復不得與吳楚爭鋒，命將出軍，反爲彼餌。尉破胡人品，王之所知。進既不得，退又未可，敗績之事，匪朝伊夕。王出而能入，朝野傾心，脫一日參差，悔無所及。

以今日之計，不可再三。國家待遇淮南，失之同於蒿箭。如文宗計者，不過專委王琳，淮南招募三四萬人，風俗相通，能得死力，兼令舊將淮北捉兵，足堪固守。且琳之於曇頊，不肯北面事之明矣，竊謂計之上者。若不推赤心於琳，別遣餘人掣肘，復成速禍，彌不可爲。」彥深歎曰：「弟此良圖，足爲制勝千里，但口舌爭來十日，已不見從。〔七〕時事至此，安可盡言。」因相顧流涕。

武平七年，周武平齊，與陽休之、袁聿修等十八人同勑入京，授儀同大將軍、司成下大夫。隋開皇初，授莒州刺史，至州，遇疾去官。開皇六年卒，年六十六。文宗以貴遊子弟昇朝列，才識敏贍，以幹局見知。然好遊詣貴要之門，故時論以爲善於附會。

子師，少好學，明辨有識悟，尤以吏事知名。河清初，司空參軍事，歷侍御史、太常丞、尚書左外兵郎中。隋開皇中尚書比部、考功侍郎。大業初，卒於大理少卿。

文宗弟文舉，亦有才幹，歷尚書比部、二千石郎中，定州長史，帶中山郡守。卒於太尉長史。

文宗從父兄楷，字那延，有器幹，善草隸書。歷尚書左民部郎中、〔八〕治書侍御史、長樂、中山郡守、京畿長史、黃門郎、假儀同三司。

齊滅，朝貴知名入周京者：度支尚書元脩伯，魏文成皇帝之後，清素寡欲，明識理體。少歷顯職，尚書郎、治書侍御史，司徒左長史、數郡太守、光州刺史，所在皆著聲績。及爲度支，屬政荒國蹙，儲藏虛竭，賦役繁興。脩伯憂國如家，恤民之勞，兼濟時事，詢謀宰相，朝夕孜孜，與錄尚書唐邕廻換取捨，頗有裨益。周朝授儀同大將軍、載師大夫。其事行史闕，故不列於傳。齊末又有并省尚書隴西辛愨、散騎常侍長樂潘子義並以才幹知名。入仕周、隋，位歷通顯云。

論曰：李稚廉等以材能器幹，所在咸著聲名。封述聚積財賄，徼於鄙吝，季良以學淺爲累，文宗以附會見稱。然則羊、李二賢足爲具美，士人君子可不愼與？

贊曰：惟茲數賢，幹事貞固，生被雌黃，歿存縑素。封及源、許，終爲身蠹。

校勘記

〔一〕時互有所稱　三朝本「互」作「牙」，南本以下諸本作「雅」，百衲本作「㸦」，即「互」，冊府卷七二八宋本作「𤣥」，影明本作「玄」，皆「互」的形訛。按「㸦」先訛「牙」，南本臆改作「雅」，他本從之。今從百衲本。

〔二〕行東都事　按北齊無「東都」，疑是「東郡」之訛。

〔三〕三年卒　按上不記年號，據本書卷八後主紀，許惇以武平三年爲左僕射，武平之後，隆化、德昌、承光都非常短暫，此三年必是武平三年，上脫「武平」二字。

〔四〕同郡邢卲爲中書監德望甚高惇與卲競中正　按邢卲是河間鄚人，許惇是高陽新城人，並非同郡。二郡同屬瀛州，所爭者是州大中正。州也可稱部，疑「同郡」爲「同部」之訛。

〔五〕顯祖初爲儀同三司開府倉曹參軍事　按「開府」下有脫文，當云：「顯祖初爲儀同三司，開府，〔以烈爲〕倉曹參軍事。」若非脫，則上云「顯祖初」，下又云「天保初」，殊嫌重複。本書卷四文宣紀記高洋於天平二年授儀同三司，可證。

〔六〕陳將吳明徹寇淮南歷陽瓜步相尋失守　諸本「淮」作「江」，北史卷二八源彪傳作「淮」。按齊與陳隔江爲界，江南是陳地，歷陽、瓜步都在江北。「江」字顯誤，今據北史改。

〔七〕但口舌爭來十日已不見從　北史卷二八「已」下有「是」字，冊府卷四七七五七〇一頁「已」下有「足終」二字。按原文當同冊府作「十日已足，終不見從」。北史「是」字贅，疑也是「足」之訛。

〔八〕歷尙書左民部郎中　按隋書卷二七百官志中稱後齊度支尙書所統六曹，有「左戶」「右戶」，卽「左民」「右民」，隋志避唐諱改。又通典卷二三戶部尙書條，隋開皇三年改度支爲民部，統度支、民部、金部、倉部四曹。知北齊只稱「左民」「右民」，無「部」字，至隋始有「民部」，却不分左右。這裏「部」字當是衍文。

北齊書卷四十四

列傳第三十六

儒林

李鉉　刁柔　馮偉　張買奴　劉軌思　鮑季詳　邢峙
劉晝　馬敬德子元熙　張景仁　權會　張思伯　張雕
孫靈暉　石曜

班固稱「儒家者流，蓋出於司徒之官，助人君順陰陽，行教化」者也。聖人所以明天道，正人倫，是以古先哲王率由斯道。

高祖生於邊朔，長於戎馬之間，因魏氏喪亂之餘，屬尒朱殘酷之舉，文章咸盪，禮樂同奔，弦歌之音且絕，俎豆之容將盡。及仗義建旗，掃清區縣，以正君臣，以齊上下；至乎一人播越，九鼎潛移，文武神器，顧眄斯在；猶且援立宗支，重安社稷，豈非蹈名教之地，漸仁義之風與？

屬疆埸多虞，戎車歲駕，雖庠序之制有所未遑，而儒雅之道遽形心慮。魏天平中，范陽盧景裕同從兄禮於本郡起逆，高祖免其罪，置之賓館，以經教授太原公以下。及景裕卒，又以趙郡李同軌繼之，二賢並大蒙恩遇，待以殊禮。同軌之亡，復徵中山張雕、渤海李鉉、刁柔、中山石曜等遞爲諸子師友。及天保、大寧、武平之朝，亦引進名儒，授皇太子諸王經術。

然爰自始基，暨於季世，唯濟南之在儲宮，性識聰敏，頗自砥礪，以成其美，自餘多驕恣傲狠，動違禮度，日就月將，無聞焉爾。鏤冰雕朽，迄用無成，蓋有由也。夫帝子王孫，禀性淫逸，況義方之情不篤，邪僻之路競開，自非得自生知，體包上智，而內有聲色之娛，外多犬馬之好，安能入便篤行，出則友賢者也。徒有師傅之資，終無琢磨之實。下之從化，如風靡草，是以世胄之門，罕聞强學。若使貴遊之輩，飾以明經，可謂稽山竹箭，加之以括羽，俯拾青紫，斷可知焉。而齊氏司存，或失其守，師、保、疑、丞皆賞勳舊，國學博士徒有虛名，唯國子一學，生徒數十人耳。欲求官正國治，其可得乎？胄子以通經仕者唯博陵崔子發、廣平宋遊卿而已，自外莫見其人。

幸朝章寬簡，政網疏闊，遊手浮惰，十室而九。故横經受業之侶，遍於鄉邑；負笈從宦之徒，不遠千里。伏膺無怠，善誘不倦。入閭里之內，乞食爲資；憩桑梓之陰，動逾千數。〔一〕燕、趙之俗，此衆尤甚。齊制：諸郡並立學，置博士助教授經，學生俱差逼充員，士流及豪富之家皆不從調。備員既非所好，墳籍固不關懷，又多被州郡官人驅使。縱有遊惰，亦不檢治，皆由上非所好之所致也。諸郡俱得察孝廉，其博士、助教及遊學之徒通經者，推擇充舉。射策十條，通八以上，聽九品出身，其尤異者亦蒙抽擢。

凡是經學諸生，多出自魏末大儒徐遵明門下。河北講鄭康成所注周易。遵明以傳盧景裕及清河崔瑾，景裕傳權會，權會傳郭茂。權會早入京都，郭茂恒在門下教授。其後能言易者多出郭茂之門。河南及青、齊之間，儒生多講王輔嗣所注周易，師訓蓋寡。齊時儒士，罕傳尚書之業，徐遵明兼通之。遵明受業於屯留王總，傳授浮陽李周仁及渤海張文敬及李鉉、權會，並鄭康成所注，非古文也。下里諸生，略不見孔氏注解。武平末，河間劉光伯、信都劉士元始得費甝義疏，乃留意焉。其詩、禮、春秋尤爲當時所尚，諸生多兼通之。三禮並出遵明之門。徐傳業於李鉉、沮儁、田元鳳、馮偉、紀顯敬、呂黃龍、夏懷敬。李鉉又傳授刁柔、張買奴、鮑季詳、邢峙、劉晝、熊安生。安生又傳孫靈暉、郭仲堅、丁恃德。其後生能通禮經者多是安生門人。諸生盡通小戴禮，於周、儀禮兼通者十二三焉。通毛詩者多出於魏朝博陵劉獻之。獻之傳李周仁，周仁傳董令度、程歸則，歸則傳劉敬和、張思伯、劉軌思。其後能言詩者多出二劉之門。河北諸儒能通春秋者，並服子愼所注，亦出徐生之門。張買奴、馬敬德、邢峙、張思伯、張雕、劉晝、鮑長暄、王元則並得服氏之精微。又有衞覬、陳達、潘叔度雖不傳徐氏之門，亦爲通解。又有姚文安、秦道靜初亦學服氏，後更兼講杜元凱所注。其河外儒生俱伏膺杜氏。其公羊、穀梁二傳，儒者多不措懷。論語、孝經，諸學徒莫不通講。諸儒如權會、李鉉、刁柔、熊安生、劉軌思、馬敬德之徒多自出義疏。雖曰專門，亦皆粗習也。

今序所錄諸生，或終於魏朝，或名宦不達，縱能名家，又闕其由來及所出郡國，並略存其姓名而已。俱取其尤通顯者列於儒林云。熊安生名在周史，光伯、士元著於隋書，輒不重述。

李鉉，字寶鼎，渤海南皮人也。九歲入學，書急就篇，月餘便通。家素貧苦，常春夏務農，冬乃入學。年十六，從浮陽李周仁受毛詩、尙書，章武劉子猛受禮記，常山房虬受周官、儀禮，漁陽鮮于靈馥受左氏春秋。鉉以鄉里無可師者，遂與州里楊元懿、河間宗惠振等結侶詣大儒徐遵明受業。居徐門下五年，常稱高第。二十三，便自潛居，討論是非，撰定孝經、論語、毛詩、三禮義疏及三傳異同、周易義例合三十餘卷。用心精苦，曾三冬不畜枕，每至睡時，假寐而已。年二十七，歸養二親，因教授鄉里，生徒恒至數百。燕、趙間能言經者，多出其門。

年三十六，丁父喪。服闋，以鄉里寡文籍，來遊京師，讀所未見書。州舉秀才，除太學博士。武定中，李同軌卒後，高祖令世宗在京妙簡碩學，以教諸子。世宗以鉉應旨，徵詣晉陽。時中山石曜、北平陽絢、北海王晞、清河崔瞻、廣平宋欽道及工書人韓毅同在東館，師友諸王。鉉以去聖久遠，文字多有乖謬，感孔子「必也正名」之言，乃喟然有刊正之意。於講授之暇，遂覽說文，爰及倉、雅，刪正六藝經注中謬字，名曰字辨。顯祖受禪，從駕還都。天保初，詔鉉與殿中尚書邢卲、中書令魏收等參議禮律，仍兼國子博士。時詔北平太守宋景業、西河太守綦毋懷文等草定新曆，錄尚書平原王高隆之令鉉與通直常侍房延祐、國子博士刁柔參考得失。尋正國子博士。廢帝之在東宮，顯祖詔鉉以經入授，甚見優禮。數年，病卒。特贈廷尉少卿。及還葬故郡，太子致祭奠之禮，並使王人將送，儒者榮之。楊元懿、〔三〕宗惠振官亦俱至國子博士。

刁柔，字子溫，渤海人也。父整，魏車騎將軍、贈司空。柔少好學，綜習經史，尤留心禮儀。性強記，至於氏族內外，多所諳悉。初爲世宗挽郎，出身司空行參軍。喪母，居喪以孝聞。永安中，除中堅將軍、奉車都尉，加冠軍將軍、中散大夫。元象中，隨例到晉陽，高祖以爲永安公府長流參軍，又令教授諸子。天保初，除國子博士、中書舍人。魏收撰魏史，啓柔等與同其事。柔性頗專固，自是所聞，收常所嫌憚。

又參議律令。時議者以爲立五等爵邑，承襲者無嫡子，立嫡孫，無嫡孫，立嫡子弟，無嫡子弟，立嫡孫弟。〔三〕柔以爲無嫡孫，應立嫡曾孫，不應立嫡子弟。議曰：

柔案禮立適以長，故謂長子爲嫡子。嫡子死，以嫡子之子爲嫡孫，死則曾、玄亦然。然則嫡子之名，本爲傳重。故喪服曰：「庶子不爲長子三年，不繼祖與禰也。」〔四〕禮記公儀仲子之喪：「檀弓曰：『何居，我未之前聞。仲子舍其孫而立其子何也？』〔五〕子服伯子曰：『仲子亦猶行古之道也，昔者文王舍伯邑考而立武王發，微子舍其孫腯而立弟衍，仲子亦猶行古之道也。』」鄭注曰：「伯子爲親者諱耳，〔六〕立子非也。文王之立武王，權也。微子嫡子死，立其弟衍，殷禮也。」「子游問諸孔子，孔子曰：『不，立孫。』」注曰：「據周禮。」然則商以嫡子死，立嫡子之母弟，周以嫡子死，立嫡子之子爲嫡孫。故春秋公羊之義，嫡子有孫而死，質家親親先立弟，文家尊尊先立孫。喪服云：「爲父後者爲出母無服。」小記云：「祖父卒而後爲祖母後者三年。」爲出母無服者，喪者不祭故也。爲祖母三年者，大宗傳重故也。今議以嫡孫死而立嫡子母弟，〔七〕嫡子母弟者則爲父後矣。嫡子母弟本非承嫡，以無嫡，故得爲父後。則嫡孫之弟，理亦應得爲父後。則是父卒然後爲祖後者服斬，既得爲祖服斬，而不得爲傳重者，未之聞也。若用商家親親之義，本不應嫡子死而立嫡孫。〔八〕若從周家尊尊之文，豈宜舍其孫而立其弟？或文或質，愚用惑焉。小記復云：「嫡婦不爲舅後者則姑爲之小功。」注云：「謂夫有廢疾他故若死無子不受重者。小功，庶婦之服。凡父母於子，舅姑於婦，將不傳重於嫡，及將所傳重者非嫡，服之皆如衆子庶婦也。」言死無子者，謂絕世無子，非謂無嫡子。如其有子，焉得云無後？夫雖廢疾無子，婦猶以嫡爲名。嫡名既在，而欲廢其子者，其如禮何！禮有損益，代相沿革，必謂宗嫡可得而變者，則爲後服斬，亦宜有因而改。

七年夏卒，時年五十六。柔在史館未久，逢勒成之際，志存偏黨。魏書中與其內外通親者並虛美過實，深爲時論所譏焉。

馮偉，字偉節，中山安喜人也。身長八尺，衣冠甚偉，見者肅然敬憚。少從李寶鼎遊學，李重其聰敏，恒別意試問之。多所通解，尤明禮傳。後還鄉里，閉門不出將三十年，不問生產，不交賓客，專精覃思，無所不通。

趙郡王出鎭定州，以禮迎接，命書三至，縣令親至其門，猶辭疾不起。王將命駕致請，佐史前後星馳報之，縣令又自爲其整冠履，不得已而出。王下廳事迎之，止其拜伏，分階而上，留之賓館，甚見禮重。王將舉充秀才，固辭不就。歲餘請還。王知其不願拘束，以禮發遣，贈遺甚厚，一無所納，唯受時服而已。及還，終不交人事，郡守縣令每親至其門。歲時或置羊酒，亦辭不納。門徒束脩，一毫不受。耕而飯，蠶而衣，簞食瓢飲，不改其樂，竟以壽終。

張買奴，平原人也。經義該博，門徒千餘人。諸儒咸推重之，名聲甚盛。歷太學博士、國子助教，天保中卒。

劉軌思，渤海人也。說詩甚精。少事同郡劉敬和，敬和事同郡程歸則，故其鄉曲多爲詩者。軌思，天統中任國子博士。

鮑季詳，渤海人也。甚明禮，聽其離文析句，自然大略可解。兼通左氏春秋，少時恒爲李寶鼎都講，後亦自有徒衆，諸儒稱之。天統中，卒於太學博士。從弟長暄，兼通禮傳。武平末，爲任城王湝丞相掾，恒在京教授貴遊子弟。齊亡後，歸鄉里講經，卒於家。

邢峙，字士峻，河間鄚人也。少好學，耽玩墳典，遊學燕、趙之間，通三禮、左氏春秋。天保初，郡舉孝廉，授四門博士，遷國子助教，以經入授皇太子。峙方正純厚，有儒者之風。厨宰進太子食，有菜曰「邪蒿」，峙命去之，曰：「此菜有不正之名，非殿下所宜食。」顯祖聞而嘉之，賜以被褥縑纊，拜國子博士。皇建初，除清河太守，有惠政，民吏愛之。以年老謝病歸，卒於家。

劉晝，字孔昭，渤海阜城人也。少孤貧，愛學，負笈從師，伏膺無倦。與儒者李寶鼎同鄉里，甚相親愛，受其三禮。又就馬敬德習服氏春秋，俱通大義。恨下里少墳籍，便杖策入都。知太府少卿宋世良家多書，乃造焉。世良納之。恣意披覽，晝夜不息。河清初，還冀州，舉秀才入京，〔九〕考策不第。乃恨不學屬文，方復緝綴辭藻，言甚古拙。制一首賦，以「六合」爲名，自謂絕倫，吟諷不輟。乃歎曰：「儒者勞而少工，見於斯矣。我讀儒書二十餘年而答策不第，始學作文，便得如是。」曾以此賦呈魏收，收謂人曰：「賦名六合，其愚已甚，及見其賦，又愚於名。」

晝又撰高才不遇傳三篇。在皇建、大寧之朝，又頻上書，言亦切直，多非世要，終不見收采。自謂博物奇才，言好矜大，每云：「使我數十卷書行於後世，不易齊景之千駟也。」而容止舒緩，舉動不倫，由是竟無仕進。天統中，卒於家，年五十二。

馬敬德，河間人也。少好儒術，負笈隨大儒徐遵明學詩、禮，略通大義而不能精。遂留意於春秋左氏，沉思研求，晝夜不倦，解義爲諸儒所稱。教授於燕、趙間，生徒隨之者衆。河間郡王每於教學追之，將舉爲孝廉，固辭不就。乃詣州求舉秀才，舉秀才例取文士，州將以其純儒，無意推薦。敬德請試方略，乃策問之，所答五條，皆有文理。乃欣然舉送至京。依秀才策問，唯得中第，乃請試經業，問十條並通。擢授國子助教，遷太學博士。天統初，除國子博士。世祖爲後主擇師傅，趙彥深進之，入爲侍講。其妻夢猛獸將來向之，敬德走超叢棘，妻伏地不敢動。敬德占之曰：「吾當得大官。超棘，過九卿也。爾伏地，夫人也。」後主既不好學，敬德侍講甚疏，時時以春秋入授。武平初，猶以師傅之恩，超拜國子祭酒，加儀同三司、金紫光祿大夫，領瀛州大中正，卒。贈開府、瀛滄安州諸軍事、瀛州刺史。其後侍書張景仁封王。趙彥深云：「何容侍書封王，侍講翻無封爵。」於是亦封敬德廣漢郡王。子元熙襲。

元熙字長明，少傳父業，兼事文藻。以父故，自青州集曹參軍超遷通直侍郎，待詔文林館，轉正員。武平中，皇太子將講孝經，有司請擇師友。帝曰：「馬元熙朕師之子，文學不惡，可令教兒。」於是以孝經入授皇太子，儒者榮其世載。性和厚，在內甚得名譽，皇太子亦親敬之。隋開皇中，卒於秦王文學。

張景仁者，濟北人也。幼孤家貧，以學書爲業，遂工草隸，選補內書生。與魏郡姚元標、潁川韓毅、同郡袁買奴、滎陽李超等齊名，世宗並引爲賓客。天保八年，勑授太原王紹德書，除開府參軍。後主在東宮，世祖選善書人性行淳謹者令侍書，景仁遂被引擢。小心恭愼，後主愛之，呼爲博士。歷太子門大夫、員外散騎常侍、諫議大夫。後主登祚，除通直散騎常侍。及奏，御筆點除「通」字，〔一〇〕遂正常侍。左右與語，猶稱博士。

胡人何洪珍有寵於後主，欲得通婚朝士，以景仁在內官位稍高，遂爲其兄子取景仁第二息子瑜之女。因此表裏，恩遇日隆。景仁多疾，每遣徐之範等治療，給藥物珍羞，中使問疾，相望於道。是後，勑有司恒就宅送御食。

遷假儀同三司、銀靑光祿大夫，食恒山縣幹。車駕或有行幸，在道宿處，每送步障爲遮風寒。進位儀同三司，尋加開府，侍書、餘官並如故。每旦須參，卽在東宮停止。及立文林館，中人鄧長顒希旨，奏令總制館事，除侍中。四年，封建安王。洪珍死後，長顒猶存舊款，更相彌縫，得無墜退。除中書監，以疾卒。贈侍中、齊濟等五州刺史、司空公。

景仁出自寒微，本無識見，一旦開府、侍中、封王。其妻姓奇，莫知氏族所出，容制音辭，事事庸俚。既詔除王妃，與諸公主、郡君同在朝謁之例，見者爲其慚悚。子瑜，薄傳父業，更無餘伎，以洪珍故，擢授中書舍人，轉給事黃門侍郎。長息子玉，起家員外散騎侍郎。

景仁性本卑謙，及用胡人、巷伯之勢，坐致通顯，志操頗改，漸成驕傲。良馬輕裘，徒從擁冗，高門廣宇，當衢向街。諸子不思其本，自許貴遊。自蒼頡以來，八體取進，一人而已。

權會，字正理，河間鄚人也。志尚沉雅，動遵禮則。少受鄭易，探賾索隱，妙盡幽微，詩、書、三禮，文義該洽，兼明風角，妙識玄象。魏武定初，本郡貢孝廉，策居上第，解褐四門博士。僕射崔暹引爲館客，甚敬重焉，命世子達拏盡師傅之禮，會因此聞達。暹欲薦會與馬敬德等爲諸王師，會性恬靜，不慕榮勢，恥於左宦，〔二〕固辭。暹亦識其意，遂罷薦舉。尋被尚書符追著作，修國史，監知太史局事。皇建中，轉加中散大夫，餘並如故。

會參掌雖繁，教授不闕。性甚儒懦，似不能言，及臨機答難，酬報如響，動必稽古，辭不虛發，由是爲儒宗所推。而貴遊子弟慕其德義者，或就其宅，或寄宿鄰家，晝夜承閑，受其學業。會欣然演說，未嘗懈怠。

雖明風角，解玄象，至於私室，輒不及言，學徒有請問者，終無所說。每云：「此學可知不可言。諸君並貴遊子弟，不由此進，何煩問也。」會唯有一子，亦不以此術教之，其謹密也如此。嘗令家人遠行，久而不反。其行人還，垂欲至宅，乃逢寒雪，寄息他舍。會方處學堂講說，忽有旋風瞥然，吹雪入戶。會乃笑曰：「行人至，何意中停。」遂命使人令詣某處追尋，果如其語。每爲人占筮，小大必中。但用爻辭、彖象以辯吉凶，易占之屬，都不經口。會本貧生，無僕隸，初任助教之日，恒乘驢上下。且其職事處多，每須經歷，及其退食，非晚不歸。嘗夜出城東門，鐘漏已盡，會唯獨乘驢。忽有二人，一人牽頭，一人隨後，有似相助，其回動輕漂，有異生人。漸漸失路，不由本道。會心甚怪之，遂誦易經上篇，一卷不盡，前後二人，忽然離散。會亦不覺墮驢，因爾迷悶，至明始覺。方知墮驢之處，乃是郭外，纔去家數里。

有一子，字子襲，聰敏精勤，幼有成人之量。不幸先亡，臨送者爲其傷慟，會唯一哭而罷，時人尚其達命。

武平年，自府還第，在路無故馬倒，遂不得語，因爾暴亡，時年七十六。注易一部，行於世。會生平畏馬，位望所至，不得不乘，果以此終。

張思伯，河間樂城人也。善說左氏傳，爲馬敬德之次。撰刊例十卷，行於時。亦治毛詩章句，以二經教齊安王廓。武平初，國子博士。

張雕，〔三〕中山北平人也。家世貧賤，而慷慨有志節，雅好古學。精力絕人，負笈從師，不遠千里。徧通五經，尤明三傳，弟子遠方就業者以百數，諸儒服其强辨。

魏末，以明經召入霸府，高祖令與諸子講讀。起家殄寇將軍，稍遷太尉長流參軍、定州主簿。從世宗赴幷，除常山府長流參軍。天保中，爲永安王府參軍事。顯祖崩於晉陽，擢兼祠部郎中，典喪事，從梓宮還鄴。乾明初，除國子博士。遷平原太守，坐贓賄失官。世祖卽位，以舊恩除通直散騎侍郎。琅邪王儼求博士精儒學，有司以雕應選，時號得人。尋爲涇州刺史。未幾，拜散騎常侍，復爲儼講。值帝侍講馬敬德卒，乃入授經書。帝甚重之，以爲侍讀，與張景仁並被尊禮，同入華光殿，共讀春秋。加國子祭酒，假儀同三司，待詔文林館。

胡人何洪珍大蒙主上親寵，與張景仁結爲婚媾。雕以景仁宗室，自託於洪珍，傾心相禮，情好日密，公私之事，雕常爲其指南。時穆提婆、韓長鸞與洪珍同侍帷幄，知雕爲洪珍謀主，甚忌惡之。洪珍又奏雕監國史。尋除侍中，加開府，奏度支事，大被委任，言多見從。

特勑奏事不趨，呼爲博士。雕自以出於微賤，致位大臣，勵精在公，有匪躬之節，欲立功效，以報朝恩，論議抑揚，無所回避。宮掖不急之費，大存減省，左右縱恣之徒，必加禁約，數譏切寵要，獻替帷扆。上亦深倚仗之，方委以朝政。雕便以澄清爲己任，意氣甚高，嘗在朝堂謂鄭子信曰：「向入省中，見賢家唐令處分極無所以，若作數行兵帳，雕不如邕，若致主堯、舜，身居稷、契，則邕不如我。」其矜誕如此。

長鸞等慮其干政不已，陰圖之。會雕與侍中崔季舒等諫帝幸晉陽，長鸞因譖之，故俱誅死。臨刑，帝令段孝言詰之。雕致對曰：「臣起自諸生，謬被抽擢，接事累世，常蒙恩遇，位至開府、侍中，光寵隆洽。每思塵露，微益山海，今者之諫，臣實首謀，意善功惡，無所逃死。伏願陛下珍愛金玉，開發神明，數引賈誼之倫，論說治道，令聽覽之間，無所擁蔽，則臣雖死之日，猶生之年。」歔欷流涕，俯而就戮，侍衞左右莫不憐而壯之，時年五十五。子德冲等徙於北邊，南安之反，德冲及弟德揭俱死。

德冲和謹謙讓，善於人倫，聰敏好學，頗涉文史。以帝師之子，早見旌擢。歷員外散騎侍郎、太師府掾，入爲中書舍人，隨例待詔。其父之戮也，德冲在殿庭執事，目見寃酷，號哭殞絕於地，久之乃蘇。

孫靈暉，長樂武强人也。魏大儒祕書監惠蔚，靈暉之族曾王父也。靈暉少明敏，有器度。惠蔚一子早卒，其家書籍多在焉。靈暉年七歲，便好學，日誦數千言，唯尋討惠蔚手錄章疏，不求師友。三禮及三傳皆通宗旨，然就鮑季詳、熊安生質問疑滯，其所發明，熊、鮑無以異也。舉冀州刺史秀才，〔三〕射策高第，授員外將軍。後以儒術甄明，擢授太學博士。遷北徐州治中，轉潼郡太守。

天統中，敕令朝臣推舉可爲南陽王綽師者，吏部尚書尉瑾表薦之，徵爲國子博士，授南陽王經。王雖不好文學，亦甚相敬重，啟除其府諮議參軍。綽除定州刺史，仍隨之鎭。綽所爲猖蹶，靈暉唯默默憂顇，不能諫止。綽欲以管記馬子結爲諮議參軍，乃表請轉靈暉爲王師，以子結爲諮議。朝廷以王師三品，啟奏不合。後主於啟下手答，云「但用之」，仍手報南陽書，並依所奏。儒者甚以爲榮。綽除大將軍，靈暉以王師領大將軍司馬。綽誅，停廢。從綽死後，每至七日及百日終，靈暉恒爲綽請僧設齋，轉經行道。齊亡後數年卒。

子萬壽，聰識機警，博涉羣書，禮傳俱通大義，有辭藻，尤甚詩詠。齊末，陽休之辟爲開府行參軍。隋奉朝請、滕王文學、豫章長史。卒於大理司直。

馬子結者，其先扶風人也。世居涼土，太和中入洛。父祖俱清官。子結兄弟三人，皆涉文學。陽休之牧西兗，子廉、子尚、子結與諸朝士各有詩言贈，陽總爲一篇酬答，卽詩云

「三馬俱白眉」者也。子結以開府行參軍擢爲南陽王管記，隨綽定州。綽每出遊獵，必令子結走馬從禽。子結既儒緩，衣垂帽落，或曒或啼，令騎驅之，非墜馬不止，綽以爲歡笑。由是漸見親狎，啟爲諮議云。

石曜，字白曜，中山安喜人，亦以儒學進。居官至淸儉。武平中黎陽郡守，値斛律武都出爲兗州刺史，武都卽丞相咸陽王世子，皇后之兄，性甚貪暴。先過衞縣，令丞以下聚斂絹數千匹以遺之。及至黎陽，令左右諷動曜及郡治下縣官。曜手持一縑而謂武都曰：「此是老石機杼，聊以奉贈。自此來並須出於吏民，吏民之物，一毫不敢輒犯。」武都亦知曜淸素純儒，笑而不責。著石子十卷，言甚淺俗。後終於譙州刺史。此外行事史闕焉。

贊曰：大道既隱，名敎是遵，以斯建國，以此立身。帝圖雜霸，儒風未純，何以不墜，弘之在人。

校勘記

〔一〕 憩桑梓之陰動踰千數　北史卷八一儒林傳「千」作「十」，疑北史是。

〔二〕楊元懿　諸本「楊」作「陽」，據北史卷八一及上文改。

〔三〕無嫡子弟立嫡孫弟　諸本「孫」上有「子」字。北史卷二六刁柔傳無。按此句意謂嫡子無弟則立嫡孫之弟，諸本衍「子」字。今據北史刪。

〔四〕故喪服曰庶子不爲長子三年不繼祖與禰也　按儀禮喪服傳無「與禰」二字，「不繼祖與禰」是禮記喪服小記語，但引號不能分開。

〔五〕仲子舍其孫而立其子何也　諸本下「子」字作「弟」，北史卷二六及册府卷五八三六九八七頁作「子」。按禮記檀弓上原是「子」字，今據北史、册府改。

〔六〕鄭注曰伯子爲親者諱耳　諸本「伯」作「仲」，册府同上卷頁作「伯」。按禮記檀弓上鄭注原是「伯」字，今據册府改。

〔七〕今議以嫡孫死而立嫡子母弟　諸本「孫」上有「子」字，北史卷二六無。按上文明說「議者以爲無嫡孫，立嫡子弟」，諸本衍「子」字，今據北史刪。

〔八〕本不應嫡子死而立嫡孫　諸本「孫」上有「子」字。南本及册府同上卷頁無。北史卷二六作「本不應舍嫡子而立嫡孫」，亦無下「子」字。按上文說「商以嫡子死立嫡子之母弟」，所以這裏反駁議者，說如用商制，那就不該嫡子死，不立嫡子之母弟而立嫡孫。南本及册府是，今據删下「子」字。北史「舍嫡子」下當脫「之母弟」三字。

〔九〕河清初還冀州舉秀才入京　按下文云：「在皇建、大寧之朝，又頻上書。」河清元年是五六二，在皇建五六〇大寧五六一之後，而敍在前，時間顚倒。北史卷八一劉晝傳不記年號，而敍晝上書在高演卽位後，也就是皇建、大寧間。疑「河清」紀年誤。

〔一〇〕御筆點除通字　御覽卷二二四一〇六五頁「通」下有「直」字。按上文說「除通直散騎常侍」，經點除後「遂正常侍」，卽正除散騎常侍，則點除者應是「通直」二字，這裏「通」下當脫「直」字。

〔一一〕耻於左宧　諸本「左宧」作「仕宧」，百衲本作「左宧」；北史卷八一權會傳百衲本作「左宧」，殿本作「左官」。按漢書卷一四諸侯王表「作左官之律」，服虔注「仕於諸侯爲左官」。權會不願爲諸王師，正是耻於左官。左宧宧同卽左官。「仕」字訛，今從百衲本。

〔一二〕張雕　北史卷八一作「張彫武」，序作「張彫」；本書卷八後主紀補武平四年十月作「張彫虎」，通志卷一六齊本紀作「張雕虎」。錢氏考異卷三一、卷四〇都有說。其人本名雕虎「彫」通用，本書和北史避唐諱或去「虎」字，或改「虎」作「武」。其作「彫虎」者後人所改。

〔一三〕舉冀州刺史秀才　北史卷八一孫靈暉傳「冀州」下無「刺史」二字。按文義或衍「刺史」二字，或是「冀州刺史舉秀才」之誤倒。

北齊書卷四十五

列傳第三十七

文苑

祖鴻勳　李廣　樊遜　劉逖　荀士遜
顏之推　袁奭　韋道遜　江旰　眭豫　朱才　荀仲舉　蕭慤　古道子

夫玄象著明，以察時變，天文也；聖達立言，化成天下，人文也；達幽顯之情，明天人之際，其在文乎。逖聽三古，彌綸百代，制禮作樂，騰實飛聲，若或言之不文，豈能行之遠也。子曰：「文王既沒，文不在茲？」大聖踵武，邈將千載，其間英賢卓犖，不可勝紀，咸宜韜筆寢牘，未可言文，斯固才難不其然也。至夫游、夏以文詞擅美，顏回則庶幾將聖，屈、宋所以後塵，卿、雲未能輟簡。於是辭人才子，波駭雲屬，振鵷鷺之羽儀，縱雕龍之符采，人謂得玄珠於赤水，策奔電於崑丘，開四照於春華，成萬寶於秋實。

然文之所起，情發於中。人有六情，禀五常之秀；情感六氣，順四時之序。其有帝資懸解，天縱多能，摛黼黻於生知，問珪璋於先覺，譬雕雲之自成五色，猶儀鳳之冥會八音，斯固感英靈以特達，非勞心所能致也。縱其情思底滯，關鍵不通，但伏膺無怠，鑽仰斯切，馳騖勝流，周旋益友，强學廣其聞見，專心屏於涉求，畫繢飾以丹青，彫琢成其器用，是以學而知之，猶足賢乎已也。謂石爲獸，射之洞開，精之至也。積歲解牛，砉然游刃，習之久也。自非渾沌無可鑿之姿，窮奇懷不移之情，安有至精久習而不成功者焉。善乎魏文之著論也：「人多不强力，貧賤則懾於饑寒，富貴則流於逸樂，遂營目前之務，而遺千載之功，日月逝於上，體貌衰於下，忽然與萬物遷化，斯志士大痛也。」

沈休文云：「自漢至魏，四百餘年，辭人才子，文體三變。」然自茲厥後，軌轍尤多。江左梁末，彌尚輕險，始自儲宮，刑乎流俗，雜惉懘以成音，故雖悲而不雅。爰逮武平，政乖時蠹，唯藻思之美，雅道猶存，履柔順以成文，蒙大難而能正。原夫兩朝叔世，俱肆淫聲，而齊氏變風，屬諸絃管，梁時變雅，在夫篇什。莫非易俗所致，並爲亡國之音；而應變不殊，感物或異，何哉？蓋隨君上之情欲也。

有齊自霸圖云啓，廣延髦儁，開四門以納之，舉八紘以掩之，鄴京之下，煙霏霧集，河間邢子才、鉅鹿魏伯起、范陽盧元明、鉅鹿魏季景、清河崔長儒、河間邢子明、范陽祖孝徵、樂安孫彥舉、中山杜輔玄、北平陽子烈並其流也。復有范陽祖鴻勳亦參文士之列。天保中，李愔、陸卬、崔瞻、陸元規並在中書，參掌綸誥。其李廣、樊遜、李德林、盧詢祖、盧思道始以文章著名。皇建之朝，常侍王晞獨擅其美。河清、天統之辰，杜臺卿、劉逖、魏騫亦參知詔敕。自愔以下，在省唯撰述除官詔旨，其關涉軍國文翰，多是魏收作之。及在武平，李若、荀士遜、李德林、薛道衡爲中書侍郎，諸軍國文書及大詔誥俱是德林之筆，道衡諸人皆不預也。

後主雖溺於羣小，然頗好諷詠，幼稚時，曾讀詩賦，語人云：「終有解作此理不？」及長亦少留意。初因畫屏風，敕通直郎蘭陵蕭放及晉陵王孝式錄古名賢烈士及近代輕豔諸詩以充圖畫，帝彌重之。後復追齊州錄事參軍蕭慤、趙州功曹參軍顏之推同入撰次，猶依霸朝，謂之館客。放及之推意欲更廣其事，又祖珽輔政，愛重之推，又託鄧長顒漸說後主，屬意斯文。三年，祖珽奏立文林館，於是更召引文學士，謂之待詔文林館焉。珽又奏撰御覽，詔珽及特進魏收、太子太師徐之才、中書令崔劼、散騎常侍張雕、中書監陽休之監撰。珽等奏追通直散騎侍郎韋道遜、陸乂、太子舍人王劭、〔一〕衞尉丞李孝基、殿中侍御史魏澹、中散大夫劉仲威、袁奭、國子博士朱才、奉車都尉眭道閑、〔二〕考功郎中崔子樞、左外兵郎薛道衡、并省主客郎中盧思道、司空東閤祭酒崔德、〔三〕太學博士諸葛漢、奉朝請鄭公超、殿中侍御史鄭子信等入館撰書，幷勑放、愨、之推等同入撰例。復令散騎常侍封孝琰、前樂陵太守鄭元禮、衞尉少卿杜臺卿、通直散騎常侍王訓、前南兗州長史羊肅、〔四〕通直散騎常侍馬元熙、幷省三公郎中劉珉、開府行參軍李師上、〔五〕溫君悠入館，亦令撰書。復命特進崔季舒、前仁州刺史劉逖、散騎常侍李孝貞、中書侍郎李德林續入待詔。尋又詔諸人各舉所知，又有前濟州長史李翥、前廣武太守魏騫、前西兗州司馬蕭溉、前幽州長史陸仁惠、鄭州司馬江旰、前通直散騎侍郎辛德源、陸開明、通直郎封孝騫、太尉掾張德沖、幷省右民郎高行恭、司徒戶曹參軍古道子、前司空功曹參軍劉顗、獲嘉令崔德儒、給事中李元楷、晉州治中陽師孝、太尉中兵參軍劉儒行、司空祭酒陽辟疆、司空士曹參軍盧公順、司徒中兵參軍周子深、開府參軍王友伯、崔君洽、魏師騫並入館待詔，又敕右僕射段孝言亦入焉。御覽成後，所撰錄人亦有不時待詔，付所司處分者。凡此諸人，亦有文學膚淺，附會親識，妄相推薦者十三四焉。雖然，當時操筆之徒，搜求略盡。其外如廣平宋孝王、信都劉善經輩三數人，論其才性，入館諸賢亦十三四不逮之也。待詔文林，亦是一時盛事，故存錄其姓名。

自邢子才以還，或身終魏朝，已入前史；或名位既重，自有列傳；或附其家世；或名存後書。輒略而不載。今綴序祖鴻勳等列於文苑者焉。自外有可錄者，存之篇末。

祖鴻勳，涿郡范陽人也。父愼，仕魏歷鴈門、咸陽太守，治有能名。卒於金紫光祿大夫，贈中書監、幽州刺史，諡惠侯。鴻勳弱冠與同郡盧文符並爲州主簿。僕射臨淮王彧表薦鴻勳有文學，宜試以一官，敕除奉朝請。人謂之曰：「臨淮舉卿，便以得調，竟不相謝，恐非其宜。」鴻勳曰：「爲國舉才，臨淮之務，祖鴻勳何事從而謝之。」彧聞而喜曰：「吾得其人矣。」及葛榮南逼，出爲防河別將，守滑臺。永安初，元羅爲東道大使，〔六〕署封隆之、邢卲、李渾、李象、鴻勳並爲子使。除東濟北太守，以父老疾爲請，竟不之官。後城陽王徽奏鴻勳爲司徒法曹參軍事，赴洛，徽謂之曰：「吾聞臨淮相舉，竟不到門，今來何也？」鴻勳曰：「今來赴職，非爲謝恩。」轉廷尉正。

後去官歸鄉里。與陽休之書曰：

陽生大弟：吾比以家貧親老，時還故郡。在本縣之西界，有雕山焉。其處閑遠，水石淸麗，高巖四匝，良田數頃，家先有野舍於斯，而遭亂荒廢，今復經始。卽石成基，憑林起棟。蘿生映宇，泉流繞階。月松風草，緣庭綺合；日華雲實，傍沼星羅。簷下流煙，共霄氣而舒卷；園中桃李，雜椿柏而葱蒨。時一褰裳涉澗，負杖登峯，心悠悠以孤上，身飄飄而將逝，杳然不復自知在天地間矣。若此者久之，乃還所住。孤坐危石，撫琴對水，獨詠山阿，舉酒望月，聽風聲以興思，聞鶴唳以動懷。企莊生之逍遙，慕尙子之清曠。首戴萌蒲，身衣緼襏，出藝粱稻，歸奉慈親，緩步當車，無事爲貴，斯已適矣，豈必撫塵哉。〔七〕

而吾生既繫名聲之韁鎖，就良工之剞劂。振佩紫臺之上，鼓袖丹墀之下。采金匱之漏簡，訪玉山之遺文。敝精神於丘墳，盡心力於河漢。摛藻期之鞶繡，發議必在芬香。茲自美耳，吾無取焉。

嘗試論之。夫崑峯積玉，光澤者前毀；瑤山叢桂，芳茂者先折。是以東都有挂冕之臣，南國見捐情之士。斯豈惡粱錦，好蔬布哉，蓋欲保其七尺，終其百年耳。今弟官位既達，聲華已遠，象由齒斃，膏用明煎，既覽老氏谷神之談，應體留侯止足之逸。若能翻然清尙，解佩捐簪，則吾於茲，山，莊可辦。一得把臂入林，挂巾垂枝，攜酒登巘，舒席平山，道素志，論舊款，訪丹法，語玄書，斯亦樂矣，何必富貴乎？去矣陽子，途乖趣別，緬尋此旨，杳若天漢。已矣哉，書不盡意。

梁使將至，勑鴻勳對客。高祖曾徵至幷州，作晉祠記，好事者玩其文。位至高陽太守，在官清素，妻子不免寒餒，時議高之。天保初卒官。

李廣，字弘基，范陽人也，其先自遼東徙焉。廣博涉羣書，有才思文議之美，少與趙郡李謇齊名，爲邢、魏之亞。而訥於言，敏於行。魏安豐王延明鎭徐州，署廣長流參軍。釋褐盪逆將軍。尒朱仲遠牒爲大將軍記室，加諫議大夫。荆州行臺辛纂上爲行臺郎中，尋爲車騎府錄事參軍。中尉崔暹精選御史，皆是世胄，廣獨以才學兼御史，修國史。南臺文奏，多其辭也。平陽公淹辟爲中尉，轉侍御史。顯祖初嗣霸業，命掌書記。天保初，欲以爲中書郎，遇其病篤而止。

廣曾欲早朝，未明假寐，忽驚覺，謂其妻云：「吾向似睡，忽見一人出吾身中，語云：『君用心過苦，非精神所堪，今辭君去。』」因而惚怳不樂，數日便遇疾，積年不起，資產屢空，藥石無繼。廣雅有鑒識，度量弘遠，坦平無私，爲士流所愛，歲時共贍遺之，賴以自給。竟以疾終。曾薦畢義雲於崔暹，廣卒後，義雲集其文筆十卷，託魏收爲之敍。其族人子道亦有文章。

樊遜，字孝謙，河東北猗氏人也。祖琰，父衡，並無官宦。而衡性至孝，喪父，負土成墳，植柏方數十畝，朝夕號慕。遜少學，常爲兄仲優饒。旣而自責曰：「名爲人弟，獨受安逸，可不愧於心乎？」欲同勤事業。母馮氏謂之曰：「汝欲謹小行耶？」遜感母言，遂專心典籍，恒書壁作「見賢思齊」四字，以自勸勉。屬本州淪陷，寓居鄴中，爲臨漳小史。縣令裴鑒蒞官淸苦，致白雀等瑞，遜上淸德頌十首。鑒大加賞重，擢爲主簿，仍薦之於右僕射崔暹，與遼東李廣、渤海封孝琰等爲暹賓客。人有譏其靖默不能趣時者，遜常服東方朔之言，陸沉世俗，避世金馬，何必深山蒿廬之下，遂借陸沉公子爲主人，擬客難，製客誨以自廣。後崔暹大會賓客，大司馬、襄城王元旭時亦在坐，論欲命府僚。暹指遜曰：「此人學富才高，佳行參軍也。」旭目之曰：「豈能就耶？」遜曰：「家無蔭第，不敢當此。」武定七年，世宗崩，暹徙於邊裔，賓客咸散，遜遂往陳留而居之。

梁州刺史劉殺鬼以遜兼錄事參軍，仍舉秀才。尙書案舊令，下州三載一舉秀才，爲五年已貢開封人鄭祖獻。計至此年未合。兼別駕王聰抗議，右丞陽斐不能却。尙書令高隆之曰：「雖遜才學優異，待明年仕非遠。」遜竟還本州。八年，轉兼長史，從軍南討。軍還，殺鬼移任潁川，又引遜兼潁州長史。天保元年，本州復召舉秀才。二年春，會朝堂對策罷，中書郎張子融奏入。至四年五月，遜與定州秀才李子宣等以對策三年不調，被付外，上書請從聞罷，詔不報。

梁州重表舉遜爲秀才。五年正月制詔問升中紀號，遜對曰：〔八〕

臣聞巡嶽之禮，勒在虞書，省方之義，著於易象。往帝前王，匪唯一姓，封金刊玉，億有餘人。仲尼之觀梁甫，不能盡識；夷吾之對齊桓，所存未幾。然盛德之事，必待太平，苟非其人，更貽靈譴。秦皇無道，致雨風之災；漢武奢淫，有奉車之害。及文叔受命，炎精更輝，四海安流，天下輯睦，劒賜騎士，馬駕鼓車，乃用張純之文，始從伯陽之說。至於魏、晉，雖各有君，量德而處，莫能擬議。蔣濟上言於前，徒穢紙墨；袁准發論於後，終未施行。世歷三朝，年將十祀，啓聖之期，茲爲昌會。然自水德不競，函谷封塗，天馬息歌，苞茅絕貢。我太祖收寶鷄之瑞，握鳳皇之書，體一德以匡朝，屈三分而事主，蕩此妖寇，易如沃雪。但昌既受命，發乃行誅，雖太白出高，中國宜戰，置之度外，望其遷善。伏惟陛下以神武之姿，天然之略，馬多冀北，將異山西，涼風至，白露下，北上太行，東臨碣石，方欲吞巴蜀而掃崤函，苑長洲而池江漢。復恐迎風縱火，芝艾共焚，按此六軍，未申九伐。夫周發牙璋，漢馳竹使，義在濟民，非聞好戰。至如投鼠忌器之說，蓋是常談；文德懷遠之言，豈識權道。今三臺令子，六郡良家，蓄銳須時，裹糧待詔。未若龍駕虎服，先收隴右之民，電轉雷驚，因取荊南之地。昔秦舉長平，金精食昴，楚攻鉅鹿，枉矢霄流，況我威靈，能無協讚。但使彼之百姓一覩六軍，似見周王，若逢司隸。然後除其苛令，與其約法，振旅而還，止戈爲武，標金南海，勒石東山，紀天地之奇功，被風聲於千載。若令馬兒不死，子陽尚在，便欲案明堂之圖，草射牛之禮，比德論功，多慚往列，升中告禪，臣用有疑。

又問求才審官，遜對曰：

臣聞彫獸畫龍，徒有風雲之勢；金舟玉馬，終無水陸之功。三駕禮賢，將收實用，一毛不拔，復何足取。是以堯作虞賓，遂全箕山之操；周移商鼎，不納孤竹之言。但處士盜名，雖云久矣；朝臣竊位，蓋亦實多。漢拜丞相，便有鍾鼓之妖；魏用三公，乃致孫權之笑。〔九〕故山林之與朝廷，得容非毀；肥遁之與賓王，翻有優劣。至於時非蹈海，而曰羞作秦民；事異出關，而言恥從衞亂。雖復星干帝座，不易高尚之心；月犯少微，終存耿介之志。

自我太嶽之後，克廣洪業，禹至神宗，舜格文祖。陛下受天之明命，光華日月，爰自納麓，乃格文祖，儀天地以設官，象星辰而布職。漢家神鳳，慚用紀年；魏氏青龍，羞將改號。上膺列宿，咸是異人；下法山川，莫非奇士。所以畫堂甲觀，修德日新，廟鼎歌鍾，王勳歲委。循名責實，選衆舉能，朝無銅臭之公，世絕錢神之論。昔百里相秦，名存雀籙；蕭、張輔沛，姓在河書。今日公卿，抑亦天授，與之爲治，何欲不從。〔一〇〕未必稽首天師，方聞牧馬之術；膝行山上，始得治身之道。但使帝德休明，自强不息，甲夜觀書，支日遁奏。周昌桀、紂之論，欣然開納；劉毅桓、靈之比，終自含弘。高懸王爵，唯能是與，管庫靡遺，漁鹽畢錄。無令桓譚非讖，官止於郡丞；趙壹負才，位終於計掾。則天下宅心，幽明知感，歲精仕漢，風伯朝周，眞人去而復歸，台星坼而還斂，詩稱多士，易載羣龍，從此而言，可以無愧。

又問釋道兩教，遜對曰：

臣聞天道性命，聖人所不言，蓋以理絕涉求，難爲稱謂。伯陽道德之論，莊周逍遙之旨，遺言取意，猶有可尋。至若玉簡金書，神經祕錄，三尺九轉之奇，絳雪玄霜之異，淮南成道，犬吠雲中，子喬得仙，劍飛天上，皆是憑虛之說，海棗之談，求之如係風，學之如捕影。而燕君、齊后、秦皇、漢帝，信彼方士，冀遇其眞，徐福去而不歸，欒大往而無獲。猶謂升遐倒影，抵掌可期；祭鬼求神，庶或不死。江璧旣返，還入驪山之墓；龍媒已至，終下茂陵之墳。方知劉向之信洪寶，沒有餘責；王充之非黃帝，比爲不相。又末葉已來，大存佛教，寫經西土，畫像南宮。昆池地黑，以爲劫燒之灰；春秋夜明，謂是降神之日。法王自在，變化無窮，置世界於微塵，納須彌於黍米。蓋理本虛無，示諸方便。而妖妄之輩，苟求出家，〔二〕藥王燔軀，波論灑血，〔三〕假未能然，猶當克命。寧有改形易貌，有異生人，恣意放情，還同俗物。龍宮餘論，鹿野前言，此而得容，道風前墜。

伏惟陛下受天明命，屈己濟民，山鬼効靈，海神率職。湘中石燕，沐時雨而羣飛；臺上銅烏，憇和風而杓轉。以周都洛邑，治在鎬京，漢宅咸陽，魂歸豐、沛，汾、晉之地，王迹維始，眷言巡幸，且勞經略。猶復降情文苑，斟酌百家，想執玉於瑤池，念求珠於赤水。竊以王母獻環，由感周德；上天錫珮，實報禹功。二班勒史，兩馬製書，未見三世之辭，無聞一乘之旨。帝樂王禮，尚有時而沿革；左道怪民，亦何疑於沙汰。

又問刑罰寬猛，遜對曰：

臣聞惟王建國，刑以助禮，猶寒暑之贊陰陽，山川之通天地。爰自末葉，法令稍滋，秦篆無以窮書，楚竹不能盡載。有司因此，開以二門，高下在心，寒熱隨意。周官三典，棄之若吹毛；漢律九章，違之如覆手。遂使長平獄氣，得酒而後消；東海孝婦，因災而方雪。詔書挂壁，有善而莫遵；姦吏到門，無求而不可。皆由上失其道，民不見德。而議者守迷，不尋其本。鍾繇、王朗追怨張蒼，祖訥、梅陶共尤文帝。便謂化屍起偃，在復肉刑；致治興邦，無關周禮。伏惟陛下昧旦坐朝，〔一三〕留心政術，明罰以糾諸侯，申恩以孩百姓。黃旗紫蓋，已絕東南；白馬素車，將降軹道。若復峻典深文，臣實未悟。何則？人肖天地，俱稟陰陽，安則願存，擾則圖死。故王者之治，務先禮樂，如有未從，刑書乃用，寬猛兼設，水火俱陳，未有專任商、韓而能長久。昔秦歸士會，晉盜來弃；舜舉皋陶，不仁自遠。但令釋之、定國迭作理官，龔遂、文翁繼爲郡守，科閒律令，〔一四〕一此憲章，欣聞汲黯之言，泣斷昭平之罪。則天下自治，大道公行，乳獸含牙，蒼鷹垂翅，楚王錢府，不復須封，漢獄寃囚，自然蒙理。後服之徒，既承風而慕化；有截之內，皆蹈德而詠仁。號以成、康，何難之有？

又問禍福報應，遜對曰：

臣聞五方易辨，尙待指南；百世可知，猶須吹律。況復天道祕遠，神迹難源，不有通靈，孰能盡悟。乘查至於河漢，唯覩牽牛；假寐遊於上玄，止逢翟犬。〔一五〕造化之理，旣寂寞而無傳；報應之來，固難得而妄說。但秦穆有道，勾芒錫年，〔一六〕虢公凉德，蓐收降禍。高明在上，定自有知，不可謂神冥昧難信。若夫仲尼厄於陳、蔡，孟軻困於齊、梁，自是不遇其時，寧關性命之理。子胥無君，馬遷附下，〔一七〕受誅取辱，何可尤人。至如協律見親，櫂船得幸，從此而言，更不足怪。周王漂杵，致天之罰；白起誅降，行己之意。是以七百之祚，仍加姬氏；杜郵之戮，還屬武安。

昔漢問上計，不過日蝕；晉策秀才，止於寒火。前賢往士，咸用爲難。推古比今，臣見其易。然草萊百姓，過荷恩私，三折褰膠，再遊金馬，王言昭賁，思若有神，〔一八〕占對失圖，伏深悚懼。

尚書擢第，以遜爲當時第一。

十二月，淸河王岳爲大行臺率衆南討，以遜從軍。明年，顯祖納貞陽侯爲梁主，岳假遜大行臺郎中，使於南，與蕭脩、侯瑱和解。遜往來五日，得脩等報書，岳因與脩盟于江上。大軍還鄴，遜仍被都官尚書崔昂擧薦。詔付尚書，考爲淸平勤幹，送吏部。

七年，詔令校定羣書，供皇太子。遜與冀州秀才高乾和、瀛州秀才馬敬德、許散愁、韓同寶、洛州秀才傅懷德、懷州秀才古道子、廣平郡孝廉李漢子、渤海郡孝廉鮑長暄、陽平郡孝廉景孫、前梁州府主簿王九元、前開府水曹參軍周子深等十一人同被尚書召共刊定。時祕府書籍紕繆者多，遜乃議曰：「按漢中壘校尉劉向受詔校書，每一書竟，表上，輒言：臣向書、長水校尉臣參書，太史公、太常博士書，〔一九〕中外書合若干本以相比校，然後殺靑。今所讎校，供擬極重，出自蘭臺，御諸甲館。向之故事，見存府閣，卽欲刊定，必藉衆本。太常卿邢子才、太子少傅魏收、吏部尚書辛術、司農少卿穆子容、前黃門郎司馬子瑞、故國子祭酒李業興並是多書之家，請牒借本參校得失。」祕書監尉瑾移尚書都坐，凡得別本三千餘卷，五經諸史，殆無遺闕。

八年，詔尚書開東西二省官選，所司策問，遜爲當時第一。左僕射楊愔辟遜爲其府佐。遜辭曰：「門族寒陋，訪第必不成，乞補員外司馬督。」愔曰：「才高不依常例。」特奏用之。九年，有詔超除員外將軍。後世祖鎮鄴，召入司徒府管書記。及登祚，轉授主書，遷員外散騎侍郎。天統初，病卒。

劉逖，字子長，彭城叢亭里人也。祖芳，魏太常卿。父鍼，金紫光祿大夫。逖少而聰敏，好弋獵騎射，以行樂爲事，愛交遊，善戲謔。郡辟功曹，州命主簿。魏末徵詣霸府，世宗以爲永安公浚開府行參軍。逖遠離鄉家，倦於羈旅，發憤自勵，專精讀書。晉陽都會之所，霸朝人士攸集，咸務於宴集。逖在遊宴之中，卷不離手，值有文籍所未見者，則終日諷誦，或通夜不歸，其好學如此。亦留心文藻，頗工詩詠。天保初，行定陶縣令，坐姦事免，十餘年不得調。乾明年，兼員外散騎常侍，使於梁主蕭莊，還，兼三公郎中。皇建元年，除太子洗馬。肅宗崩，從世祖赴晉陽，除散騎侍郎，兼儀曹郎中。久之，兼中書侍郎。和士開寵要，逖附之，正授中書侍郎，入典機密。兼散騎常侍，聘陳使主，還，除通直散騎常侍。尋遷給事黃門侍郎，修國史，加散騎常侍。又除假儀同三司，聘周使副。二國始通，禮儀未定，逖與周朝議論往復，斟酌古今，事多合禮，兼文辭可觀，甚得名譽。使還，拜儀同三司。世祖崩，出爲江州刺史。祖珽執政，徙爲仁州刺史。祖珽旣出，徵還，待詔文林館，重除散騎常侍，奏門下事。未幾，與崔季舒等同時被戮，時年四十九。

初遜與珽以文義相得，結雷、陳之契，又爲弟俊聘珽之女。珽之將免趙彥深等也，先以告遜，仍付密啓，令其奏聞。彥深等頗知之，先自申理，珽由此疑遜告其所爲。及珽被出，遜遂遣弟離婚，其輕交易絕如此。所制詩賦及雜文文筆三十卷。子逸民，開府行參軍。

遜弟謍，少聰明，好文學。天統、武平之間，歷殿中侍御史，兼散騎侍郎，迎勞陳使，尚書儀曹郎。周大象末，卒於黎州治中。子玄道，有人品識用，定州騎兵參軍。

遜從子顗，字君卿。祖廞，魏尚書，爲高祖所殺。顗父濟及濟弟瓊俱奔江南。顗出後。〔二〇〕武定中從瓊還北。瓊賜爵臨潁子，大寧中卒於司徒司馬。顗好文學，工草書，風儀甚美。歷瀛州外兵參軍、司空功曹，待詔文林館，除大理司直。隋開皇中鄜州司馬，卒。

荀士遜，廣平人也。好學有思理，爲文淸典，見賞知音。武定末，舉司州秀才，〔二一〕迄天保十年不調。皇建中，馬敬德薦爲主書。世祖時，轉中書舍人。狀貌甚醜，以文辭見用。曾有事須奏，値世祖在後庭，因左右傳通者不得士遜姓名，〔二二〕乃云醜舍人。世祖曰：「必士遜也。」看封題果是，內人莫不忻笑。後主卽位，累遷中書侍郎，號爲稱職。與李若等撰典言行於世。齊滅年卒。

顏之推，字介，琅邪臨沂人也。九世祖含，從晉元東渡，官至侍中、右光祿、西平侯。父勰，梁湘東王繹鎭西府諮議參軍。世善周官、左氏，之推早傳家業。年十二，值繹自講莊、老，便預門徒。虛談非其所好，還習禮、傳，博覽羣書，無不該洽，詞情典麗，甚爲西府所稱。繹以爲其國左常侍，加鎭西墨曹參軍。好飲酒，多任縱，不修邊幅，時論以此少之。繹遣世子方諸出鎭郢州，以之推掌管記。值侯景陷郢州，頻欲殺之，〔二三〕賴其行臺郎中王則以獲免。被囚送建業。〔二四〕景平，還江陵。時繹已自立，以之推爲散騎侍郎，奏舍人事。後爲周軍所破。大將軍李顯慶重之，〔二五〕薦往弘農，令掌其兄陽平公遠書翰。〔二六〕值河水暴長，具船將妻子來奔，經砥柱之險，時人稱其勇決。顯祖見而悅之，卽除奉朝請，引於內館中，侍從左右，頗被顧眄。天保末，從至天池，以爲中書舍人，令中書郎段孝信將勑書出示之推。之推營外飲酒，孝信還以狀言，顯祖乃曰：「且停。」由是遂寢。河清末，被舉爲趙州功曹參軍，尋待詔文林館，除司徒錄事參軍。

之推聰穎機悟，博識有才辯，工尺牘，應對閑明，大爲祖珽所重，令掌知館事，判署文書。尋遷通直散騎常侍，俄領中書舍人。帝時有取索，恒令中使傳旨，之推稟承宣告，館中皆受進止。所進文章，皆是其封署，於進賢門奏之，待報方出。兼善於文字，監校繕寫，處事勤敏，號爲稱職。帝甚加恩接，顧遇逾厚，爲勳要者所嫉，常欲害之。崔季舒等將諫也，之推取急還宅，故不連署。及召集諫人，之推亦被喚入，勘無其名，方得免禍。尋除黃門侍郎。

及周兵陷晉陽，帝輕騎還鄴，窘急計無所從，之推因宦者侍中鄧長顒進奔陳之策，仍勸募吳士千餘人以爲左右，取青、徐路共投陳國。帝甚納之，以告丞相高阿那肱等。阿那肱不願入陳，乃云吳士難信，不須募之。勸帝送珍寶累重向青州，且守三齊之地，若不可保，徐浮海南渡。雖不從之推計策，然猶以爲平原太守，令守河津。齊亡入周，大象末爲御史上士。隋開皇中，太子召爲學士，甚見禮重。尋以疾終。有文三十卷、撰家訓二十篇，並行於世。曾撰觀我生賦，文致清遠，其詞曰：

仰浮清之藐藐，俯沉奧之茫茫，已生民而立教，乃司牧以分疆，內諸夏而外夷狄，驟五帝而馳三王。大道寢而日隱，小雅摧以云亡，哀趙武之作孽，怪漢靈之不祥，旄頭玩其金鼎，典午失其珠囊，瀍澗鞠成沙漠，神華泯爲龍荒，吾王所以東運，我祖於是南翔。晉中宗以琅邪王南渡，之推琅邪人，故稱吾王。去琅邪之遷越，宅金陵之舊章，作羽儀於新邑，樹杞梓於水鄉，傳清白而勿替，守法度而不忘。

逮微躬之九葉，頹世濟之聲芳。問我良之安在，鍾厭惡於有梁，養傅翼之飛獸，梁武帝納亡人侯景，授其命，遂爲反叛之基。子貪心之野狼。武帝初養臨川王子正德爲嗣，生昭明後，正德還本，特封臨賀王。猶懷怨恨。經叛入北而還，積財養士，每有異志也。初召禍於絕域，重發釁於蕭牆。正德求征侯景，至新林，叛投景，景立爲主，以攻臺城。雖萬里而作限，聊一葦而可航，指金闕以長鎩，向王路而蹶張。勤王踰於十萬，曾不解其搤吭，嗟將相之骨鯁，皆屈體於犬羊。臺城陷，援軍並問訊二宮，致敬於侯景也。武皇忽以厭世，白日黯而無光，既饗國而五十，何克終之弗康。嗣君聽於巨猾，每凜然而負芒。自東晉之違難，寓禮樂於江湘，迄此幾於三百，左衽浹於四方，詠苦胡而永歎，吟微管而增傷。

世祖赫其斯怒，奮大義於沮漳。孝元帝時爲荊州刺史。授犀函與鶴膝，建飛雲及艅艎，北徵兵於漢曲，南發餫於衡陽。湘州刺史河東王譽、〔二七〕雍州刺史岳陽王詧並隸荊州都督府。昔承華之賓帝，實兄亡而弟及，昭明太子薨，乃立晉安王爲太子。逮皇孫之失寵，歎扶車之不立。〔二八〕嫡皇孫驩出封豫章王而薨。問王道之多難，各私求於京邑，襄陽阻其銅符，長沙閉其玉粒。河東、岳陽皆昭明子。遽自戰於其地，豈大勛之暇集，子既殞而姪攻，昆亦圍而叔襲，褚乘城而宵下，杜倒戈而夜入，孝元以河東不供船艎，乃遣世子方等爲刺史。大軍掩至，河東不暇遣拒。世子信用羣小，貪其子女玉帛，遂欲攻之，故河東急而逆戰，世子爲亂兵所害。孝元發怒，又使鮑泉圍河東。而岳陽宣言大獵，卽擁衆襲荆州，求解湘州之圍。時襄陽杜岸兄弟怨其見劫，不以實告，又不義此行，率兵八千夜降，岳陽於是遁走。河東府褚顯族據投岳陽。〔二九〕所以湘州見陷也。行路彎弓而含笑，骨肉相誅而涕泣，周旦其猶病諸，孝武悔而焉及。

方幕府之事殷，謬見擇於人羣，未成冠而登仕，財解履以從軍。時年十九，釋褐湘東國右常侍，以軍功加鎭西墨曹參軍。非社稷之能衞。童汪錡。〔三〇〕闕僅書記於階闥，罕羽翼於風雲。及荆王之定霸，始讎恥而圖雪，舟師次乎武昌，撫軍鎭於夏汭。時遣徐州刺史徐文盛領二萬人屯武昌蘆州拒侯景將任約，又第二子綏寧度方諸爲世子，〔三一〕拜中撫軍將軍、郢州刺史以盛聲勢。濫充選於多士，在參戎之盛列，慚四白之調護，厠六友之談說，時遷中撫軍外兵參軍，掌管記，與文珪、劉民英等與世子遊處。雖形就而心和，匪余懷之所說。繄深宮之生貴，矧垂堂與倚衡，欲推心以厲物，樹幼齒以先聲。中撫軍時年十五。愾敷求之不器，乃畫地而取名，仗禦武於文吏，以虞預爲郢州司馬，領城防事。委軍政於儒生。以鮑泉爲郢州行事，總攝州府也。値白波之猝駭，逢赤舌之燒城，王凝坐而對寇，向詡拱以臨兵。〔三二〕任約爲文盛所困，侯景自上救之，舟艦弊漏，軍饑卒疲，數戰失利。乃令宋子仙、任約步道偸郢州城，預無備，故陷賊。莫不變蝯而化鵠，皆自取首以破腦。將睥睨於渚宮，先憑陵於他道，景欲攻荆州，路由巴陵。懿永寧之龍蟠，永寧公王僧辯據巴陵城，善於守禦，景不能進。奇護軍之電掃。護軍將軍陸法和破任約於赤亭湖，景退走，大潰。犇虜快其餘毒，縲囚膏乎野草，幸先生之無勸，賴滕公之我保，之推執在景軍，例當見殺。景行臺郎中王則初無舊識，再三救護，獲免，囚以還都。剡鬼錄於岱宗，招歸魂於蒼昊，時解衣訖而獲全。荷性命之重賜，銜若人以終老。

賊棄甲而來復，肆觜距之鵰鳶，積假履而弑帝，憑衣霧以上天，用速災於四月，奚聞道之十年。臺城陷後，梁武曾獨坐歎曰：「侯景於文爲小人百日天子。」及景以大寶二年十一月十九日僭位，至明年三月十九日棄城逃竄，是一百二十日，芔天道紀大數，〔三〕故文爲百日。言與公孫述俱稟十二，而旬歲不同。就狄俘於舊壤，陷戎俗於來旋，慨黍離於淸廟，愴麥秀於空廛，鼖鼓臥而不考，景鐘毁而莫懸，野蕭條以橫骨，邑閴寂而無煙。疇百家之或在，中原冠帶隨晉渡江者百家，故江東有百譜，至是在都者覆滅略盡。覆五宗而翦焉。獨昭君之哀奏，唯翁主之悲絃。公主子女見辱見讎。經長干以掩抑，長干舊顏家巷展白下以流連。靖侯以下七世墳塋皆在白下。深燕雀之餘思，感桑梓之遺虔，得此心於尼甫，信兹言乎仲宣。湯西土之有衆，資方叔以薄伐，永寧公以司徒爲大都督。撫鳴劍而雷吒，振雄旗而雲窣，千里追其飛走，三載窮於巢窟，屠蚩尤於東郡，挂郅支於北闕。旣斬侯景，烹屍於建業市，百姓食之，至於肉盡齕骨，傳首荆州，懸於都街。弔幽魂之冤枉，掃園陵之蕪沒，殷道是以再興，夏祀於焉不忽，但遺恨於炎崑，火延宮而纍月。

侯景既走，義師採穭失火，〔三四〕燒宮殿蕩盡也。

指余櫂於兩東，侍昇壇之五讓，欽漢官之復覩，赴楚民之有望。攝絳衣以奏言，忝黃散於官謗，時爲散騎侍郎，奏舍人事也。或校石渠之文，王司徒表送祕閣舊事八萬卷，乃詔比校，部分爲正御、副御、重雜三本。左民尚書周弘正、黃門郎彭僧朗、直省學士王珪、戴陵校經部，左僕射王褒、吏部尚書宗懷正、員外郎顏之推、直學士劉仁英校史部，廷尉卿殷不害、御史中丞王孝紀、中書郎鄧藎、金部郎中徐報校子部，右衞將軍庾信、中書郎王固、晉安王文學宗善業、直省學士周確校集部也。時參柏梁之唱。顧甂甌之不算，濯波濤而無量，屬瀟湘之負罪，陸納。兼岷峨之自王。武陵王。竚既定以鳴鸞，修東都之大壯。詔司農卿黃文超營殿。

驚北風之復起，慘南歌之不暢。秦兵繼來。守金城之湯池，轉絳宮之玉帳。孝元自曉陰陽兵法，初聞賊來，頗爲厭勝，被圍之後，每歎息，知必敗。徒有道而師直，翻無名之不抗。孝元與宇文丞相斷金結和，無何見滅，是師出無名。民百萬而囚虜，書千兩而煙煬，溥天之下，斯文盡喪。北於墳籍少於江東三分之一，梁氏剝亂，散逸湮亡。唯孝元鳩合，通重十餘萬，史籍以來，未之有也。兵敗悉焚之，海內無復書府。憐嬰孺之何辜，矜老疾之無狀，奪諸懷而棄草，踣於塗而受掠。冤乘輿之殘酷，軫人神之無狀，載下車以黜喪，揜桐棺之藁葬。雲無心以容與，風懷憤而憀悢。井伯飲牛於秦中，子卿牧羊於海上。留釧之妻，人銜其斷絕；擊磬之子，家纏其悲愴。

小臣恥其獨死，實有愧於胡顏，牽痾痍而就路，時患脚氣。策駑蹇以入關。官疲驢瘦馬下無景而屬蹈，上有尋而亟搴，嗟飛蓬之日永，恨流梗之無還。若乃玄牛之旌，九龍之路，土圭測影，璿璣審度，或先聖之規模，乍前王之典故，與神鼎而偕沒，切仙宮之永慕。爾其十六國之風教，七十代之州壤，接耳目而不通，詠圖書而可想，何黎氓之匪昔，徒山川之猶曩。每結思於江湖，將取弊於羅網，聆代竹之哀怨，聽出塞之嘹朗，對皓月以增愁，臨芳樽而無賞。

自太清之內釁，彼天齊而外侵，始蹙國於淮滸，遂壓境於江潯。侯景之亂，齊氏深斥梁家土宇，江北、淮北唯餘廬江、晉熙、高唐、新蔡、西陽、齊昌數郡。至孝元之敗，於是盡矣，以江爲界也。獲仁厚之麟角，剋儁秀之南金，爰衆旅而納主，車五百以夐臨，齊遣上黨王渙率兵數萬納梁貞陽侯明爲主。返季子之觀樂，釋鍾儀之鼓琴。梁武聘使謝挺、徐陵始得還南，凡厥梁臣，皆以禮遣。竊聞風而清耳，傾見日之歸心，試拂蓍以貞筮，遇交泰之吉林。之推聞梁人返國，故有犇齊之心。以丙子歲旦筮東行吉不，遇泰之坎，乃喜曰：「天地交泰而更習，坎重險，行而不失其信，此吉卦也，但恨小往大來耳。」後遂吉也。譬欲秦而更楚，假南路於東尋，乘龍門之一曲，歷砥柱之雙岑。冰夷風薄而雷呴，陽侯山載而谷沉，〔三〕侔挈龜以憑濬，類斬蛟而赴深，昏揚舲於分陝，曙結纜於河陰。水路七百里一夜而至。追風飈之逸氣，從忠信以行吟。

遭厄命而事旋，舊國從於採芑，先廢君而誅相，訖變朝而易市。至鄴，便値陳興而梁滅，故不得還南。遂留滯於漳濱，私自憐其何已，謝黃鵠之迴集，恧翠鳳之高峙，曾微令思之對，空竊彥先之仕，纂書盛化之旁，待詔崇文之裏，齊武平中，署文林館待詔者僕射陽休之、祖孝徵以下三十餘人，之推專掌，其撰修文殿御覽、續文章流別等皆詣進賢門奏之。珥貂蟬而就列，執麾蓋以入齒。時以通直散騎常侍遷黃門郎也。欵一相之故人，故人祖僕射掌機密，吐納帝令也。賀萬乘之知己，秖夜語之見忌，寧懷厭之足恃。諫譖言之矛戟，惕險情之山水，由重裘以寒勝，用去薪而沸止。時武職疾文人，之推蒙禮遇，每搆創痏。故侍中崔季舒等六人以諫誅，之推爾日隣禍。而儕流或有毀之推於祖僕射者，僕射察之無實，所知如舊不忘。

予武成之燕翼，〔三六〕遵春坊而原始，唯驕奢之是修，亦佞臣之云使。武成奢侈，後宮御者數百人，食於水陸貢獻珍異，至乃厭飽，棄於厠中。褌衣悉羅纈錦繡珍玉，織成五百一段。爾後宮掖遂爲舊事。後主之在宮，乃使駱提婆母陸氏爲之，又胡人何洪珍等爲左右，後皆預政亂國焉。惜染絲之良質，惰琢玉之遺祉，用夷吾而治臻，昵狄牙而亂起。祖孝徵用事，則朝野翕然，政刑有綱紀矣。駱提婆等苦孝徵以法繩己，譖而出之。於是教令昏僻，至于滅亡。誠怠荒於度政，惋驅除之神速，肇平陽之爛魚，次太原之破竹。晉州小失利，便棄軍還并，又不守并州，犇走向鄴。寔未改於弦望，遂□□□□，及都□而昇降，懷墳墓之淪覆。迷識主而狀入，競已棲而擇木，六馬紛其顛沛，千官散於犇逐，無寒瓜以療饑，靡秋螢而照宿，時在季冬，故無此物。讎敵起於舟中，胡、越生於輦轂。壯安德之一戰，邀文武之餘福，屍狼藉其如莽，血玄黃以成谷，後主犇後，安德王延宗收合餘燼，於幷州夜戰，殺數千人。周主欲退，齊將之降周者告以虛實，故留至明而安德敗也。天命縱不可再來，猶賢死廟而慟哭。乃詔余以典郡，據要路而問津，除之推爲平原郡，據河津，以爲犇陳之計。斯呼航而濟水，郊鄉導於善鄰，〔三七〕約以鄴下一戰不剋，當與之推入陳。不羞寄公之禮，願爲式微之賓。忽成言而中悔，矯陰疏而陽親，信諂謀於公王，〔三八〕競受陷於姦臣。丞相高阿那肱等不願入南，又懼失齊主則得罪於周朝，故疏間之推。所以齊主留之推守平原城，而索船渡濟向青州。阿那肱求自鎮濟州，乃啓報應齊主云：「無賊，勿怱怱。」遂道周軍追齊主而及之。曩九圍以制命，今八尺而由人，四七之期必盡，百六之數溘屯。趙郡李穆叔調妙占天文算術，〔三九〕齊初踐祚計止於二十八年。至是如期而滅。

予一生而三化，備荼苦而蓼辛，在揚都值侯景殺簡文而篡位，〔四〇〕於江陵逢孝元覆滅，至此而三爲亡國之人。鳥焚林而鍛翮，魚奪水而暴鱗，嗟宇宙之遼曠，愧無所而容身。夫有過而自訟，始發矇於天眞，遠絕聖而棄智，妄鎖義以羈仁，舉世溺而欲拯，王道鬱以求申。旣銜石以塡海，終荷戟以入秦，亡壽陵之故步，臨大行以逡巡。向使潛於草茅之下，甘爲畎畝之人，無讀書而學劍，莫抵掌以膏身，委明珠而樂賤，辭白璧以安貧，堯、舜不能榮其素樸，桀、紂無以汙其清塵，此窮何由而至，茲辱安所自臻。而今而後，不敢怨天而泣麟也。

之推在齊有二子，長曰思魯，次曰敏楚，〔四一〕不忘本也。之推集在，思魯自爲序錄。

袁奭，字元明，陳郡人，梁司空昂之孫也。父君方，梁侍中。奭，蕭莊時以侍中奉使貢。莊敗，除琅邪王儼大將軍諮議，入館，遷太中大夫。

韋道遜，京兆杜陵人。曾祖肅，隨劉義眞渡江。祖崇，自宋入魏，〔四二〕寓居河南洛陽，官至華山太守。道遜與兄道密、道建、道儒並早以文學知名。道密，魏永熙中開府祭酒。因患恍惚，沉廢於家。道建，天保末卒司農少卿。道儒，歷中書黃門侍郎。道遜，武平初尙書左中兵，加通直散騎侍郎，入館，加通直常侍。

江旰，字季，濟陽人也。〔四三〕祖柔之，蕭齊尙書右丞。叔父革，梁都官尙書。旰，梁末給事黃門郎，因使至淮南，爲邊將所執，送鄴。稍遷鄭州司馬，入館，除太尉從事中郎，轉太子家令。齊亡，逃還建業。終於都官尙書。

眭豫，字道閑，〔四四〕趙郡高邑人。父寂，梁北平太守。道閑弱冠，州舉秀才。天保中，參議禮令，歷晉州道行臺郎、大理正、奉車都尉。入館，遷員外散騎常侍，尋兼祠部郎中。隋開皇中，卒於洛州司馬。豫宗人仲讓，天保時尚書左丞。

朱才，字待問，吳都人。〔四五〕蕭莊在淮南，以才兼散騎常侍，副袁奭入朝。莊敗，留鄴。稍遷國子博士、諫議大夫。齊亡，客遊信都而卒。

荀仲舉，字士高，潁川人，世江南。仕梁爲南沙令，從蕭明於寒山被執。長樂王尉粲甚禮之。與粲劇飲，齧粲指至骨。顯祖知之，杖仲舉一百。或問其故，答云：「我那知許，當是正疑是麞尾耳。」〔四六〕入館，除符璽郎。後以年老家貧，出爲義寧太守。仲舉與趙郡李概交欵，概死，仲舉因至其宅，爲五言詩十六韻以傷之，詞甚悲切，世稱其美。

蕭慤，字仁祖，梁上黃侯曄之子。天保中入國，武平中太子洗馬。

古道子，河內人。父起，魏太中大夫。道子有幹局，當官以强濟知名，歷檢校御史、司空田曹參軍。自袁奭等俱涉學有文詞。荀仲舉、蕭慤工於詩詠。慤曾秋夜賦詩，其兩句云「芙蓉露下落，楊柳月中疎」，爲知音所賞。

贊曰：九流百氏，立言立德，不有斯文，寧資刊勒。乃眷淫靡，永言麗則，雅以正邦，哀以亡國。

校勘記

〔一〕王劭　諸本「劭」作「邵」，據隋書卷六九、北史卷三五本傳改。

〔二〕奉車都尉眭道閑　諸本「眭」訛「睦」，今據北史卷八三文苑傳序改。詳下眭豫條校記。

〔三〕崔德　北史卷八三作「崔德立」，下又多出「太傅行參軍崔儦」七字。按北史文苑傳序敍北齊事全本北齊書，疑傳本北齊書「德」下脫八字。

〔四〕前南兗州長史羊肅　諸本無「南」字，北史卷八三有。按羊肅見本書卷四三羊烈傳，稱肅於「天統初遷南兗州長史，武平中入文林館撰書。」北史作「南兗州」是，這裏脫文，今據補。

〔五〕開府行參軍李師上　諸本「上」作「正」，北史卷八三、册府卷六〇七七二八二頁作「上」。按本書卷四二盧潛傳末、北史卷一〇〇序傳並見「李師上」，序傳稱他曾「待詔文林館」，與此序合。諸本作「師正」誤，今據北史改。

〔六〕永安初元羅爲東道大使　諸本「羅」作「擢」，唯百衲本作「羅」。按元羅爲東道大使，歷見魏書卷一〇孝莊紀建義元年五月北史卷五孝莊紀同，同書卷一六京兆王黎傳。建義元年五二八九月即改元永安，與此傳合。諸本作「擢」誤，今從百衲本。

〔七〕豈必撫塵哉　南本「塵」作「麈」，册府卷八一三九六七八頁「撫塵」下有「而遊」二字。按初學記卷一八交友引東方朔與公孫弘書有云：「大丈夫相知，何必撫塵而遊。」知册府有「而遊」二字是，傳本北齊書並脫。南本作「麈」，乃臆改。

〔八〕遜對曰　三朝本、百衲本、汲本、局本及册府宋本卷六四八「遜」作「孝謙」。按原文當作「孝謙」，南、北本及册府明本作「遜」，皆後人所改。然此傳前後都稱遜，獨對策稱孝謙，或北齊書本不載此文，後人從他書補入。今從南、北諸本作「遜」，以歸一律。下文「遜對曰」三處，同此，不再出校記。

〔九〕魏用三公乃致孫權之笑　諸本「致」作「至」，據册府卷六四八七七七一頁改。

〔一〇〕與之爲治何欲不從　三朝本、百衲本「不從」二字殘缺，他本作「不遂」，册府同上卷頁作「不從」。

按百衲本下一字雖殘，尚可辨「從」字的下半，知「逐」字乃後人以意補，今據册府補。

〔一一〕苟求出家　南、北、汲、殿、局五本「苟求」作「棄家」，三朝本、百衲本作「苟家」，册府同上卷頁作「苟求」。知百衲本所據之宋本「求」字已訛作「家」，後人以「苟家」不可通，又改「苟」作「棄」，誤。今據册府改。

〔一二〕波論灑血　諸本「波論」作「波斯」，三朝本、百衲本及册府同上卷頁作「波論」。按經律異相卷八記薩陀波崙以血灑地。「波論」卽「波崙」，後人不解，臆改作「波斯」，今從三朝本。

〔一三〕昧旦坐朝　諸本「旦」作「爽」，百衲本作「三」，册府同上卷頁作「旦」。按本是「旦」字，百衲本所據宋本已訛作「三」，後人以意改作「爽」，誤。今據册府改。

〔一四〕科閒律令　册府同上卷頁「科閒」作「科簡」。按「科閒」「科簡」不可解，當是「料簡」之訛，有審核去取之意。蔡中郎集太尉楊公碑有云：「沙汰虛冗，料簡貞實」。册府「簡」字尚未訛，可證。

〔一五〕止逢翟犬　諸本「犬」作「火」，獨殿本作「犬」。按册府宋本卷六四八作「犬」。「翟犬」事見史記卷一〇五扁鵲傳，今從殿本。

〔一六〕但秦穆有道勾芒錫年　諸本「年」作「祥」，百衲本作「手」，册府卷六四八七七一頁作「年」。按墨子卷八明鬼上稱鄭穆公應是秦穆公之誤，見孫詒讓墨子閒詁見勾芒神，有「使予錫女壽十年有九」之語。册府作「年」是，百衲本所據宋本訛作「手」，後人以不可解，臆改作「祥」，今據册府改。

〔一七〕子胥無君馬遷附下　諸本「君」作「首」，「附」作「腐」，百衲本作「首」同諸本，下一字作「附」，册府同上卷頁如上摘句。按「子胥無君」指導吳滅楚，鞭楚平王屍事；「馬遷附下」指爲叛將李陵申辨事。這裏樊遜是說二人罪有應得，故接着說「受誅取辱，何可尤人」，語氣相貫。百衲本所據宋本「君」已誤「首」，「附」字未誤，後人又改「附」作「腐」。上句指子胥伏劍而死，下句指司馬遷受宮刑，似乎有據，但下「何可尤人」句便無照應，今從册府改。

〔一八〕思若有神　諸本「思」作「恩」，册府同上卷頁作「思」。按這裏是說文思敏捷，若有神助，作「思」是，今據改。

〔一九〕太史公太常博士書　諸本「太史」作「大夫」，册府卷六〇八七三〇二頁作「太史」，北史卷八三樊遜傳無「太史公」三字。按漢書卷三〇藝文志如淳注引劉歆七略云：「外則有太常、太史、博士之藏」。知「大夫」是「太史」之訛，今據册府改。又劉向表上諸書未見有言及太史書者，故北史削去。

〔二〇〕顗出後　按「後」下當脫「琰」字，顗出後琰，故後從琰還北。

〔二一〕武定末舉司州秀才　諸本「州」訛「馬」，「司馬秀才」不可通，今據北史卷八三荀士遜傳改。

〔二二〕因左右傳通者不得士遜姓名　諸本「傳」作「轉」，北史卷八三、御覽卷二二二一〇五五頁作「傳」。今據改。

〔二三〕值侯景陷郢州頻欲殺之　通志卷一七六顏之推傳、御覽卷六四二二八七四頁引北齊書「郢州」下有「之推被執」四字。按通志本錄北史，其溢出北史文句，北齊部分大都即採北齊書，今北史卷八三顏之推傳無此四字，而與御覽引北齊書合。疑傳本北齊書脫去。

〔二四〕賴其行臺郎中王則以獲免被囚送建業　三朝本、百衲本、汲本「被」上有「屢」字，「被」下又有「免」字，讀不可通。御覽同上卷頁引北齊書此句作「賴其行臺郎中王則，屢獲救免，囚送建鄴。」按下之推觀我生賦自注云：「景行臺郎中王則初無舊識，再三救護，獲免。」傳文本據自注，「再三救護獲免」簡括爲「屢獲救免」，原文當如御覽所引。百衲本所據之宋本已有訛衍顛倒，後人以意改作如上摘句。

〔二五〕大將軍李顯慶重之　三朝本、百衲本、汲本、局本「顯」下無「慶」字，南、北、殿三本據北史卷八三改作「穆」。按周書卷三〇李穆傳，穆字顯慶。此傳原文作「李顯慶」，「慶」字錯簡在下文。今乙正。

〔二六〕令掌其兄陽平公遠書翰　諸本「遠」上有「慶」字，「翰」作「幹」。按周書卷二五李遠傳，封陽平公，乃李穆兄。這裏「慶」字乃上文錯簡，「書幹」乃「書翰」之訛，今據北史卷八三乙改。

〔二七〕湘州刺史河東王譽　三朝本、百衲本、南本、北本、殿本「湘」作「相」，汲本、局本作「湘」。按梁無相州，梁書卷五五河東王譽傳，譽官湘州刺史。今從汲本。

〔二八〕歎扶車之不立　盧文弨校注顏氏家訓附顏之推傳注云：「『扶車』疑是『綠車』。獨斷：綠車名曰皇孫車，天子有孫，乘之。」嚴式誨刻家訓附補校注引錢大昕云：「『扶車』疑是『扶蘇』之訛，蓋以秦太子扶蘇比昭明太子也。」按「扶車」疑有誤，盧、錢二說，不知孰是。

〔二九〕河東府褚顯族據投岳陽　百衲本「府」作「苻」。按「苻」是氐姓，不得云「河東苻褚」，且此聯「褚乘城」「杜倒戈」相對，「褚」是姓非名，疑作「苻」誤，今從諸本作「府」，指河東王軍府。但其事不見他書記載，無可是正。

〔三〇〕童汪錡　諸本「汪」作「注」。按童汪錡「執干戈以衞社稷」，見左傳哀公十一年。「注」字訛，今改正。錢氏考異卷三一云：「此下脫一句。」

〔三一〕又第二子綏寧度方諸爲世子　嚴刻家訓附補校注引錢大昕云：「『度』當作『侯』，下『陽侯』字亦訛『度』可証。」

〔三二〕向詡拱以臨兵　諸本「向」作「白」，南本又改「詡」作「羽」。李詳愧生叢錄卷一據後漢書向栩傳，栩請「遣諸將於河上讀孝經」，以拒黃巾起義軍事，以爲「白詡」乃「向栩」之訛。又稱錢大昕已有此說。按錢說未見，「白」字顯爲「向」之訛，今改正。「詡」「栩」同音通用，今仍之。

〔三三〕弆天道紀大數　「弆」字不可解，或是「蓋」之訛。

〔三四〕侯景既走義師採穭失火　諸本「穭」作「櫓」。按「穭」即「稆」。後漢書卷九獻帝紀建安元年八月稱「羣僚饑乏，尚書郎以下自出採稆」，李賢注：「稆與穭同。」稆或穭即自生稻。此句正用後漢書典故，「櫓」字訛，今改正。

〔三五〕冰夷風薄而雷呴陽侯山載而谷沉　諸本「陽侯」作「陽度」。按「度」是「侯」的形訛，上句「冰夷」即「馮夷」，乃神話中河神，「陽侯」也是神話中的水神。漢書卷八七上揚雄傳載反離騷，有云：「淩陽侯之素波兮」，這裏是以「陽侯」代替「波浪」。

〔三六〕予武成之燕翼　局本「予」作「子」。按「予」字於文義不洽，疑是「子」之訛。

〔三七〕郊鄉導於善鄰　按「郊」字不可通，疑是「效」之訛。

〔三八〕信諂謀於公王　諸本「王」作「主」，三朝本作「王」，據張元濟校勘記稿，百衲本所據之宋本也作「王」。按公主諂謀事無考，「公王」當是泛指高阿那肱等，今從三朝本。但此句末字應是仄聲，「王」字平聲，亦可疑。

〔三九〕趙郡李穆叔調妙占天文算術　按李穆叔即李公緒，本書卷二九附李渾傳補。「調」字於文義不協，疑是衍文。

〔四〇〕在揚都値侯景殺簡文而簒位　諸本「揚」作「陽」。按當時習稱建康爲「揚都」。晉書卷九二庾闡傳稱闡作揚都賦，爲世所重。「陽」字訛，今改正。

〔四一〕次曰敏楚　錢氏考異卷三一云：「『敏』當作『慜』，即『愍』字。」

〔四二〕曾祖肅隨劉義眞渡江祖崇自宋入魏　諸本「肅」作「蕭」，「崇」作「儒」。殿本考證云：「按魏書卷四五及北史卷二六韋閬傳並云：從子崇，字洪基，父肅隨義眞渡江。又崇二子，猷之、休之。休之子道建、道儒。道遜之父不可考，然當祖崇，此云祖儒，似有誤。」張森楷云：「肅子果名儒，則道遜兄不當名道儒。六朝人最重家諱，豈得輕易觸犯如此？據下文，道遜於道建、道儒爲弟，卽俱是休之子，『儒』卽『崇』之誤也。又本傳云：儒官至華山太守，而魏書韋閬傳亦正云：『崇爲華山太守卒。』則『儒』斷爲『崇』之誤無疑。」按殿本考證及張考已詳。『蕭』『儒』二字皆訛，今據魏書、北史改正。

〔四三〕江旰字季濟陽人也　諸本「濟陽」倒作「陽濟」。按江氏族望是濟陽考城，今乙正。

〔四四〕眭豫字道閑　諸本「眭」作「睦」。張元濟北齊書跋云：「按本傳，睦豫，趙郡高邑人。本書崔暹傳卷三〇『趙郡睦仲讓陽屈之』，魏收傳卷三七『房延祐、辛元植、睦仲讓雖夙涉朝位，並非史才。』北史此二傳『睦仲讓』均作『眭仲讓』。又魏書逸士傳卷九〇有眭夸者，亦趙郡高邑人。又慕容寶傳卷九五有『中書令眭邃』，汲古本亦誤作『睦』，而監本則作『眭』。按百衲本作「眭」。由此推之，眭氏必爲趙郡鉅族，且當時人物亦甚盛。竊疑睦豫爲眭豫之訛。」按張說是，此傳序文中「睦道閑」，北史百衲本也作「眭」，而殿、局本改作「陸」。此傳明言仲讓爲豫宗人，道閑卽是豫字，北史二處都作「眭」，這裏「睦」也是「眭」之訛無疑，今改正。

〔四五〕吳都人　殿本考證云：「『都』當作『郡』。」

〔四六〕當是正疑是麈尾耳　册府卷九一四一〇八二四頁、御覽卷六五〇二九〇六頁引三國典略「麈」作「鹿」。按麈雖本是鹿類，但當時「麈尾」已是蠅拂一類用具之名，不可食。正是以爲鹿尾，故「齧之至骨」。疑作「鹿」是。

北齊書卷四十六〔一〕

列傳第三十八

循吏

張華原　宋世良弟世軌　郎基　孟業　崔伯謙　蘇瓊
房豹　路去病

先王疆理天下，司牧黎元，刑法以禁其姦，禮教以防其欲。故分職命官，共理天下。書云：「知人則哲，能官人安人則惠。」睿哲之君，必致清明之臣，昏亂之朝，多有貪殘之吏。高祖撥亂反正，以郵隱爲懷，故守令之徒，才多稱職。仍以戰功諸將，出牧外藩，不識治體，無聞政術。非唯暗於前言往行，乃至始學依判付曹，聚斂無厭，淫虐不已，雖或直繩，終無悛革。於戲！此朝廷之大失。大寧以後，風雅俱缺，賣官鬻獄，上下相蒙，降及末年，黷貨滋甚。齊氏循良，如辛術之徒非一，多以官爵通顯，別有列傳。如房仲幹之屬，在武平之末能卓爾不羣，斯固彌可嘉也。今掇張華原等列於循吏云。

張華原，字國滿，代郡人也。少明敏，有器度。高祖開驃騎府，引爲法曹參軍，遷大丞相府屬，仍侍左右。從於信都，深爲高祖所親待，高祖每號令三軍，常令宣諭意旨。周文帝始據雍州也，高祖猶欲以逆順曉之，使華原入關說焉。周文密有拘留之意，謂華原曰：「若能屈驥足於此，當共享富貴，不爾命懸今日。」華原曰：「渤海王命世誕生，殆天所縱，以明公蕞爾關右，便自隔絕，故使華原銜喩公旨。明公不以此日改圖，轉禍爲福，乃欲賜脅，有死而已。」周文嘉其亮正，乃使東還。高祖以華原久而不返，每歎惜之，及聞其來，喜見於色。

累遷爲兗州刺史，人懷感附，寇盜寢息。州獄先有囚千餘人，華原皆決遣。至年暮，唯有重罪者數十人，華原亦遣歸家申賀，依期至獄。先是州境數有猛獸爲暴，自華原臨州，忽有六駮食之，咸以化感所致。後卒官，州人大小莫不號慕。

宋世良，字元友，廣平人。年十五，便有膽氣，應募從軍北討，屢有戰功。尋爲殿中侍御史，詣河北括戶，大獲浮惰。還見汲郡城旁多骸骨，移書州郡，令悉收瘞。其夜，甘雨滂霑。還，孝莊勞之曰：「知卿所括得丁倍於本帳，若官人皆如此用心，便是更出一天下也。」

出除清河太守。世良才識閑明，尤善治術，在郡未幾，聲問甚高。郡東南有曲堤，成公一姓阻而居之，羣盜多萃於此。人爲之語曰：「寧度東吳、會稽，不歷成公曲堤。」世良施八條之制，盜奔他境。民又謠曰：「曲堤雖險賊何益，但有宋公自屛跡。」後齊天保中大赦，郡先無一囚，羣吏拜詔而已。獄內穭生，桃樹、蓬蒿亦滿。每日衙門虛寂，無復訴訟者。其冬，醴泉出於界內。及代至，傾城祖道。有老人丁金剛泣而前，謝曰：「己年九十，記三十五政，君非唯善治，清亦徹底。今失賢君，民何濟矣。」莫不攀援涕泣。除東郡太守，卒官。世良強學，好屬文，撰字略五篇、宋氏別錄十卷。與弟世軌俱有孝友之譽。

世軌，幼自嚴整。好法律，稍遷廷尉卿。洛州民聚結欲劫河橋，吏捕案之，連諸元徒黨千七百人。崔暹爲廷尉，〔三〕以之爲反，數年不斷。及世軌爲少卿，判其事爲劫。於是殺魁首，餘從坐悉捨焉。時大理正蘇珍之亦以平幹知名。寺中爲之語曰：「決定嫌疑蘇珍之，視表見裏宋世軌。」時人以爲寺中二絕。南臺囚到廷尉，世軌多雪之。仍移攝御史，將問其濫狀，中尉畢義雲不送，移往復不止。世軌遂上書，極言義雲酷擅。顯祖引見二人，親勑世軌曰：「我知臺欺寺久，卿能執理與之抗衡，但守此心，勿慮不富貴。」勑義雲曰：「卿比所爲誠合死，以志在疾惡，故且一恕。」仍顧謂朝臣曰：「此二人並我骨鯁臣也。」及疾卒，廷尉、御史諸繫囚聞世軌死，皆哭曰：「宋廷尉死，我等豈有生路！」

世良從子孝王，學涉，亦好緝綴文藻。形貌短陋而好臧否人物，時論甚疾之。爲段孝言開府參軍，又薦爲北平王文學。求入文林館不遂，因非毁朝士，撰別錄二十卷，〔三〕會平齊，改爲關東風俗傳，更廣見聞，勒成三十卷以上之。言多妄謬，篇第冗雜，無著述體。

郎基，字世業，中山人。身長八尺，美鬚髯，汎涉墳典，尤長吏事。起家奉朝請，累遷海西鎮將。梁吳明徹率衆攻圍海西，基獎勵兵民，固守百餘日，軍糧且罄，戎仗亦盡，乃至削木爲箭，剪紙爲羽。圍解還朝，僕射楊愔迎勞之曰：「卿本文吏，遂有武略。削木剪紙，皆無故事，班、墨之思，何以相過。」

後帶潁川郡，積年留滯，數日之中，剖判咸盡，而臺報下，並允基所陳。條綱既疏，獄訟清息，官民遐邇，皆相慶悅。基性清慎，無所營求，曾語人云：「任官之所，木枕亦不須作，況重於此事。」唯頗令寫書。潘子義曾遺之書曰：「在官寫書，亦是風流罪過。」基答書曰：「觀過知仁，斯亦可矣。」後卒官，柩將還，遠近將送，莫不攀轅悲哭。

孟業，字敬業，鉅鹿安國人。家本寒微，少爲州吏。性廉謹，同僚諸人侵盜官絹，分三十疋與之，拒而不受。魏彭城王韶拜定州，除典籤。長史劉仁之謂業曰：「我處其外，君居其內，同心戮力，庶有濟乎。」未幾仁之徵入爲中書令，臨路啓韶云：「殿下左右可信任者唯有孟業，願專任之。餘人不可信也。」又與業別，執手曰：「今我出都，〔四〕君便失援，恐君在後，不自保全。唯正與直，願君自勉。」業唯有一馬，因瘦而死。韶以業家貧，令州府官人同食馬肉，欲令厚償，業固辭不敢。韶乃戲業曰：「卿邀名人也。」對曰：「業以微細，伏事節下，既不能裨益，寧可損敗清風。」後高祖書與韶云：「典籤姓孟者極能用心，何不置之目前。」〔五〕韶，高祖之壻也。仁之後爲兗州，〔六〕臨別謂吏部崔暹曰：「貴州人士，唯有孟業，宜銓舉之，他人不可信也。」崔暹問業曰：「君往在定州，有何政績，使劉西兗如此欽歎？」答曰：「稟性愚直，唯知自修，無他長也。」

天保初，清河王岳拜司州牧，聞業名行，復召爲法曹。業形貌短小，及謁見，岳心鄙其眇小，笑而不言。後尋業斷決之處，乃謂業曰：「卿斷決之明，可謂有過軀貌之用。」尋遷東郡守，以寬惠著。其年，麥一莖五穗，其餘三穗四穗共一莖，合郡人以爲政化所感。尋以病卒。

崔伯謙，字士遜，博陵人。父文業，鉅鹿守。伯謙少孤貧，善養母。高祖召赴晉陽，補相府功曹，稱之曰：「清直奉公，眞良佐也。」遷瀛州別駕。世宗以爲京畿司馬，勞之曰：「卿騁足瀛部，已著康歌，督府務殷，是用相授。」族弟暹，當時寵要，謙與之僚舊同門，非吉凶，未曾造請。

後除濟北太守，恩信大行，乃改鞭用熟皮爲之，不忍見血，示恥而已。有朝貴行過郡境，問人太守治政何如。對曰：「府君恩化，古者所無。」因誦民爲歌曰：『崔府君，能治政，易鞭鞭，布威德，民無爭。』」客曰：「旣稱恩化，何由復威？」曰：「長吏憚威，民庶蒙惠。」徵赴鄴，百姓號泣遮道。以弟讓在關中，不復居內任，除南鉅鹿守，事無巨細，必自親覽。民有貧弱未理者，皆曰：「我自有白鬚公，不慮不決。」後爲銀靑光祿大夫，卒。

蘇瓊，字珍之，武强人也。父備，仕魏至衞尉少卿。瓊幼時隨父在邊，嘗謁東荊州刺史曹芝。芝戲問曰：「卿欲官不？」對曰：「設官求人，非人求官。」芝異其對，署爲府長流參軍。文襄以儀同開府，引爲刑獄參軍，每加勉勞。并州嘗有强盜，長流參軍推其事，所疑賊並已拷伏，失物家並識認，唯不獲盜贓。文襄付瓊更令窮審，乃別推得元景融等十餘人，並獲贓驗。〔七〕文襄大笑，語前妄引賊者曰：「爾輩若不遇我好參軍，幾致枉死。」

除南清河太守，〔八〕其郡多盜，及瓊至，民吏肅然，姦盜止息。或外境姦非，輒從界中行過者，無不捉送。零縣民魏雙成失牛，〔九〕疑其村人魏子賓，送至郡，一經窮問，知賓非盜者，卽便放之。雙成訴云：「府君放賊去，百姓牛何處可得？」瓊不理，密走私訪，別獲盜者。從此畜牧不收，多放散，云：「但付府君。」有鄰郡富豪將財物寄置界內以避盜，爲賊攻急，告曰：「我物已寄蘇公矣。」賊遂去。平原郡有妖賊劉黑狗，構結徒侶，通於滄海。瓊所部人連接村居，無相染累。鄰邑於此伏其德。郡中舊賊一百餘人，悉充左右，人間善惡，及長吏飲人一盃酒，無不卽知。瓊性清慎，不發私書。道人道研爲濟州沙門統，資產巨富，在郡多有出息，常得郡縣爲徵。及欲求謁，度知其意，每見則談問玄理，應對肅敬，研雖爲債數來，無由啓口。其弟子問其故，研曰：「每見府君，徑將我入青雲間，何由得論地上事。」郡民趙潁曾爲樂陵太守，八十致事歸。五月初，得新瓜一雙自來送。穎特年老，苦請，遂便爲留，仍致於聽事梁上，竟不剖。人遂競貢新果，至門間，知穎瓜猶在，相顧而去。有百姓乙普明兄弟爭田，積年不斷，各相援引，乃至百人。瓊召普明兄弟對衆人諭之曰：「天下難得者兄弟，易求者田地，假令得地失兄弟心如何？」因而下淚，衆人莫不灑泣。普明弟兄叩頭乞外更思，分異十年，遂還同住。每年春，總集大儒衞覬隆、〔一〇〕田元鳳等講於郡學，朝吏文案之暇，悉令受書，時人指吏曹爲學生屋。禁斷淫祠，婚姻喪葬皆教令儉而中禮。又蠶月預下綿絹度樣於部內，其兵賦次第並立明式，至於調役，事必先辦，郡縣長吏常無十杖稽失。當時州郡無不遣人至境，訪其政術。天保中，郡界大水，人災，絕食者千餘家。瓊普集部中有粟家，自從貸粟以給付饑者。州計戶徵租，復欲推其貸粟。綱紀謂瓊曰：「雖矜饑餧，恐罪累府君。」瓊曰：「一身獲罪，且活千室，何所怨乎？」遂上表陳狀，使檢皆免，人戶保安。此等相撫兒子，咸言府君生汝。在郡六年，人庶懷之，遂無一人經州。前後四表，列爲尤最。遭憂解職，故人贈遺，一無所受。尋起爲司直、廷尉正，〔一一〕朝士嗟其屈。尙書辛述曰：「既直且正，名以定體，不慮不申。」

初瓊任清河太守，〔一二〕裴獻伯爲濟州刺史，酷於用法，瓊恩於養人。房延祐爲樂陵郡，過州。裴問其外聲，祐云：「唯聞太守善，刺史惡。」裴云：「得民譽者非至公。」祐答言：「若爾，黃霸、龔遂君之罪人也。」後有勑，州各舉清能。裴以前言，恐爲瓊陷，瓊申其枉滯，議者尚其公平。畢義雲爲御史中丞，以猛暴任職，理官忌憚，莫敢有違。瓊推察務在公平，得雪者甚衆，寺署臺案，始自於瓊。遷三公郎中。趙州及清河、南中有人頻告謀反，〔一三〕前後皆付瓊推撿，事多申雪。尚書崔昂謂瓊曰：「若欲立功名，當更思餘理，仍數雪反逆，身命何輕？」瓊正色曰：「所雪者怨枉，不放反逆。」昂大慚。京師爲之語曰：「斷決無疑蘇珍之。」

遷左丞，行徐州事。〔一四〕徐州城中五級寺忽被盜銅像一百軀，有司徵檢，四鄰防宿及縱跡所疑，逮繫數十人，瓊一時放遣。寺僧怨訴不爲推賊，瓊遣僧，謝曰：「但且還寺，得像自送。」爾後十日，抄賊姓名及贓處所，徑收掩，悉獲實驗，賊徒欵引，道俗歎伏。舊制以淮禁不聽商販輒度。淮南歲儉，啓聽淮北取糴。後淮北人饑，復請通糴淮南，遂得商估往還，彼此兼濟，水陸之利，通於河北。後爲大理卿而齊亡，仕周爲博陵太守。

房豹，字仲幹，清河人。祖法壽，魏書有傳。父翼宗。〔一五〕豹體貌魁岸，美音儀。釋褐開府參軍，兼行臺郎中，隨慕容紹宗。紹宗自云有水厄，遂於戰艦中浴，並自投於水，冀以厭當之。豹曰：「夫命也在天，豈人理所能延促。公若實有災眚，恐非禳所能解，若其實無，何禳之有。」紹宗笑曰：「不能免俗，爲復爾耳。」〔一六〕未幾而紹宗遇溺，時論以爲知微。

遷樂陵太守，鎮以凝重，哀矜貧弱，豹階庭簡靜，囹圄空虛。郡治瀕海，水味多鹹苦，豹命鑿一井，遂得甘泉，遐邇以爲政化所致。豹罷歸後，井味復鹹。齊滅，還鄉園自養，頻徵辭疾。終於家。

路去病，陽平人也。風神疎朗，儀表瓌異。釋褐開府參軍。勑用士人爲縣宰，〔一七〕以去病爲定州饒陽令。去病明閑時務，性頗嚴毅，人不敢欺，然至廉平，爲吏民歎服。擢爲成安令。京城下有鄴、臨漳、成安三縣，輦轂之下，舊號難治，重以政亂時難，綱維不立，功臣內戚，請囑百端。去病消息事宜，以理抗答，勢要之徒，雖廝養小人莫不憚其風格，亦不至嫌恨。自遷鄴以還，三縣令治術，去病獨爲稱首。周武平齊，重其能官，與濟陰郡守公孫景茂二人不被替代，發詔褒揚。隋大業中，卒於冀氏縣令。〔一八〕

校勘記

〔一〕北齊書卷四十六　按此卷前有序，後無論贊，諸傳內容都較北史簡略，其中或稱齊帝廟號，也有溢出北史的字句。錢氏考異卷三一認爲經後人删改，或是北齊書此卷已亡，後人以高氏小史補。但卷中蘇瓊傳却稱齊帝謚，文字幾乎全同北史，只有個别溢出之句。

〔二〕崔暹爲廷尉　北史卷二六宋隱傳「崔暹」作「崔昂」。按本書卷三〇崔暹傳没有説他曾爲廷尉，而崔昂傳説昂於天保中爲廷尉卿。疑北史是。

〔三〕撰别録二十卷　北史卷二六「别録」作「朝士别録」。按單稱「别録」便和宋世良的宋氏别録相混。「朝士」二字不宜省。

〔四〕今我出都　殿本考證疑「出」爲「入」字之訛。按：六朝時人謂出至京城爲「出都」，此不誤。

〔五〕後高祖書與韶云典籤姓孟者極能用心何不置之目前　按北史卷八六孟業傳稱「業尋被譖出外，行縣事」。後神武書責韶云：「典籤姓孟者極能用心，何乃令出外也。」本傳略去孟業出外事，所謂「何不置之目前」，語無來歷。必是删節原文失當所致。

〔六〕仁之後爲兗州　北史卷八六「兗州」上有「西」字。按下文稱「劉西兗」，這裏「西」字不宜省。

〔七〕並獲贓驗　諸本「贓」作「賊」。北史卷八六、册府卷六一一八七四三一頁「賊」作「贓」。按册府録自補本北齊書，而與北史同，知本作「贓」，上云「唯不獲盗贓」，可證，今據改。

〔八〕除南清河太守　諸本「除」下衍「瓊累遷」三字，不可通，今據北史卷八六删。

〔九〕零縣民魏雙成失牛　諸本「零」下有「陵」字。按魏書卷一〇六地形志中濟州南清河郡有零縣，無零陵。「陵」字衍，今據地形志删。

〔一〇〕衞覬隆　諸本「覬」作「顗」，北史卷八六作「覬」。按本書卷四四儒林傳序稱治春秋者有衞覬，卽衞覬隆的省稱，今據改。

〔一一〕尋起爲司直廷尉正　諸本「司」作「日」，北史卷八六作「司」。按隋書卷二七百官志後齊大理寺有「司直」十人。「日」字誤，今據改。

〔一二〕初瓊任清河太守　按前云瓊爲南清河太守，南清河屬濟州，故下文敍濟州刺史裴獻伯酷於用法，有「刺史惡，太守善」之語，這裏「清河」上當脫「南」字。

〔一三〕趙州及清河南中有人頻告謀反　諸本「河」上無「清」字，北史卷八六、册府卷六一八七四二八頁有。按「河南中」不可通。魏書卷一二孝靜紀天平元年置四中郎將，濟北置南中。這裏南中卽指南中郎將轄區。諸本脫「清」字，今據補。

〔一四〕遷左丞行徐州事　北史卷八六作「遷徐州行臺左丞，行徐州事」，這裏略去「徐州行臺」四字，便像以尚書省左丞出任行徐州事，删節失當。

〔一五〕祖法壽魏書有傳父翼宗　按魏書卷四三房法壽傳，法壽子伯祖，伯祖子翼北史卷三九同，則法壽是房豹曾祖，這裏「祖」上當脫「曾」字。「翼宗」作「翼」乃雙名單稱。

〔一六〕不能免俗爲復爾耳　諸本無「耳」字，據北史卷三九房豹傳及册府卷八〇七九五九五頁補。

〔一七〕勑用士人爲縣宰　諸本「士」作「土」，殿本依北史卷八六路去病傳改。按用士人爲縣宰，事見本書卷三八元文遙傳。「土」字訛，今從殿本。

〔一八〕發詔褒揚隋大業中卒於冀氏縣令　北史卷八六「褒揚」下有「去病後以尉遲迥事」一句，語尚未完，顯有脫文。則所謂「大業中卒於冀氏縣令」者，是否去病，尚不可知。

北齊書卷四十七〔一〕

列傳第三十九

酷吏

邸珍　宋遊道　盧斐　畢義雲

夫人之性靈，稟受或異，剛柔區別，緩急相形，未有深察是非，莫不肆其情欲。至於詳觀水火，更佩韋絃者鮮矣。獄吏爲患，其所從來久矣。自魏途不競，網漏寰區，高祖懲其寬怠，頗亦威嚴馭物，使內外羣官，咸知禁網。今錄邸珍等以存酷吏，懲示勸勵云。

邸珍，字寶安，本中山上曲陽人也。從高祖起義，拜爲長史，性嚴暴，求取無厭。後兼尚書右僕射、大行臺，節度諸軍事。珍御下殘酷，衆士離心，爲民所害。後贈定州刺史。

宋遊道，廣平人，其先自燉煌徙焉。〔二〕父季預，爲渤海太守。遊道弱冠隨父在郡，父亡，吏人贈遺，一無所受，事母以孝聞。與叔父別居，叔父爲奴誣以逆，遊道誘令返，雪而殺之。〔三〕魏廣陽王深北伐，請爲鎧曹，及爲定州刺史，又以爲府佐。廣陽王爲葛榮所殺，元徽誣其降賊，收錄妻子，遊道爲訴得釋，與廣陽王子迎喪返葬。中尉酈善長嘉其氣節，引爲殿中侍御史，臺中語曰：「見賊能討宋遊道。」

孝莊即位，除左中兵郎中，爲尚書令臨淮王彧譴責，遊道乃執版長揖曰：「下官謝王瞋，不謝王理。」即日詣闕上書曰：「徐州刺史元孚頻有表云：『僞梁廣發士卒，來圖彭城，乞增羽林二千。』以孚宗室重臣，告請應實，所以量奏給武官千人。孚今代下，以路阻自防，遂納在防羽林八百人，辭云：『疆境無事，乞將還家。』臣忝局司，深知不可。尚書令臨淮王彧即孚之兄子，遣省事謝遠三日之中八度逼迫，云宜依判許。臣不敢附下罔上，孤負聖明。但孚身在任，乞師相繼，及其代下，便請放還，進退爲身，無憂國之意。所請不合，其罪下科。彧乃召臣於尚書都堂云：『卿一小郎，憂國之心，豈厚於我？』醜罵溢口，不顧朝章，右僕射臣世隆、吏部郎中臣薛琡已下百餘人並皆聞見。臣實獻直言，云：『忠臣奉國，事在其心，亦復何簡貴賤。比自北海入洛，王不能致身死難，方清宮以迎暴賊。鄭先護立義廣州，王復建旗往討。趨惡如流，伐善何速。今得冠冕百僚，乃欲爲私害政。』爲臣此言，或賜怒更甚。臣既不佞，干犯貴臣，乞解郎中。」帝召見遊道嘉勞之。或亦奏言：「臣忝冠百僚，遂使一郎攘袂高聲，肆言頓挫，乞解尙書令。」帝乃下勑聽解臺郎。

後除司州中從事。時將還鄴，會霖雨，行旅擁於河橋。遊道於幕下朝夕宴歌，行者曰：「何時節作此聲也，固大癡。」遊道應曰：「何時節而不作此聲也，亦大癡。」

後神武自太原來朝，見之曰：「此人宋遊道耶？常聞其名，今日始識其面。」遷遊道別駕。後日，神武之司州，饗朝士，舉觴屬遊道曰：「飲高歡手中酒者大丈夫，卿之爲人，合飲此酒。」及還晉陽，百官辭於紫陌。神武執遊道手曰：「甚知朝貴中有憎忌卿者，但用心，莫懷畏慮，當使卿位與之相似。」於是啓以遊道爲中尉。文襄執請，乃以吏部郎中崔暹爲御史中尉，以遊道爲尙書左丞。文襄謂暹、遊道曰：「卿一人處南臺，一人處北省，當使天下肅然。」遊道入省，劾太師咸陽王坦、太保孫騰、司徒高隆之，司空侯景、錄尙書元弼、尙書令司馬子如官貸金銀，催徵酬價，雖非指事贓賄，終是不避權豪。又奏駁尙書違失數百條，省中豪吏王儒之徒並鞭斥之。始依故事，於尙書省立門名，以記出入早晚，令僕已下皆側目。

魏安平王坐事亡，章武二王及諸王妃、太妃是其近親者皆被徵責。都官郎中畢義雲主其事，有奏而禁，有不奏輒禁者。遊道判下廷尉科罪，高隆之不同。於是反誣遊道厲色挫辱己，遂枉考羣令史證成之，與左僕射襄城王旭、尚書鄭述祖等上言曰：「飾僞亂眞，國法所必去；附下罔上，王政所不容。謹案尚書左丞宋遊道名望本闕，功績何紀。屬永安之始，朝士亡散，乏人之際，叨竊臺郎。躁行諂言，肆其姦詐，罕識名義，不顧典文，人鄙其心，衆畏其口。出州入省，歷忝淸資，而長惡不悛，曾無忌諱，毀譽由己，憎惡任情。比因安平王事，遂肆其褊心，因公報隙，與郎中畢義雲遞相糾舉。又左外兵郎中魏叔道牒云：『局內降人左澤等爲京畿送省，令取保放出。』大將軍在省日，判『聽』。遊道發怒曰：『往日官府何物官府，將此爲例！』又云：『乘前旨格，成何物旨格！』依事請問，遊道並皆承引。案律：『對捍詔使，無人臣之禮，大不敬者死。』對捍使者尙得死坐，況遊道吐不臣之言，犯慢上之罪，口稱夷、齊，心懷盜跖，欺公賣法，受納苞苴，產隨官厚，財與位積，雖贓汚未露，而姦詐如是。舉此一隅，餘詐可驗。今依禮據律處遊道死罪。」是時朝士皆分爲遊道不濟。而文襄聞其與隆之相抗之言，謂楊遵彥曰：「此眞是鯁直大剛惡人。」遵彥曰：「譬之畜狗，本取其吠，今以數吠殺之，恐將來無復吠狗。」詔付廷尉，遊道坐除名。文襄使元景康謂曰：「卿早逐我向幷州，不爾，他經略殺卿。」遊道從至晉陽，以爲大行臺吏部，又以爲太原公開府諮議。及平陽公爲中尉，遊道以諮議領書侍御史。尋以本官兼司徒左長史。

及文襄疑黃門郎溫子昇知元瑾之謀，繫之獄而餓之，食䌷襦而死。棄屍路隅，遊道收而葬之。文襄謂曰：「吾近書與京師諸貴，論及朝士，卿僻於朋黨，將爲一病。今卿眞是重舊節義人，此情不可奪。子昇吾本不殺之，卿葬之何所憚。天下人代卿怖者，是不知吾心也。」尋除御史中尉。

東萊王道習參御史選，限外投狀，道習與遊道有舊，使令史受之。文襄怒，杖遊道而判之曰：「遊道稟性遒悍，是非肆口，吹毛洗垢，瘡疵人物。往與郎中蘭景雲忿競，列事十條。及加推窮，便是虛妄。方共道習凌侮朝典，法官而犯，特是難原，宜付省科。」遊道被禁，獄吏欲爲脫枷，遊道不肯曰：「此令命所着，〔四〕不可輒脫。」文襄聞而免之。遊道抗志不改。天保元年，以遊道兼太府卿，乃於少府覆檢主司盜截，得鉅萬計。姦吏返誣奏之，下獄。尋得出，不歸家，徑之府理事。卒，遺令薄葬，不立碑表，不求贈謚。贈瓜州刺史。武平中，以子士素久典機密，重贈儀同三司，謚曰貞惠。

遊道剛直，疾惡如讎，見人犯罪，皆欲致之極法。彈糾見事，又好察陰私。問獄察情，捶撻嚴酷。兗州刺史李子貞在州貪暴，遊道案之。文襄以貞預建義勳，意將含忍。遊道疑陳元康爲其內助，密啓云：「子貞、元康交遊，恐其別有請囑。」文襄怒，於尙書都堂集百僚，撲殺子貞。又兗州人爲遊道生立祠堂，像題曰「忠淸君」。遊道別劾吉寧等五人同死，有欣悅色。朝士甚鄙之。

然重交遊，存然諾之分。歷官嚴整，而時大納賄，分及親故之艱匱者，其男女孤弱爲嫁娶之，臨喪必哀，躬親襄事。爲司州綱紀與牧昌樂、西河二王乖忤，〔五〕及二王薨，每事經恤之。與頓丘李獎一面，便定死交。獎曰：「我年位已高，會用弟爲佐史，令弟北面於我足矣。」遊道曰：「不能。」既而獎爲河南尹，辟遊道爲中正，使者相屬，以衣帢待之，握手歡謔。元顥入洛，獎受其命，出使徐州，都督元孚與城人趙紹兵殺之。遊道爲獎訟寃，得雪，又表爲請贈，迴已考一汎階以益之。又與劉廞結交，〔六〕託廞弟粹於徐州殺趙紹。後劉廞伏法於洛陽，粹以徐州叛，官軍討平之，〔七〕梟粹首於鄴市。孫騰使客告市司，得錢五百萬後聽收。遊道時爲司州中從事，令家人作劉粹所親，於州陳訴，依律判「許」而奏之。敕至，市司猶不許。遊道杖市司，勒使速付。騰聞大怒。〔八〕時李獎二子構、訓居貧，遊道後令其求三富人死事，判免之，凡得錢百五十萬，盡以入構、訓。其使氣黨俠如此。時人語曰：「遊道獼猴面，陸操科斗形，意識不關貌，何謂醜者必無情。」構嘗因遊道會客，因戲之曰：「賢從在門外，大好人，宜自迎接。」爲通名稱「族弟遊山」。遊道出見之，乃獼猴衣帽也。將與構絕，構謝之，豁然如舊。遊道死後，構爲定州長史，遊道第三子士遜爲墨曹、博陵王管記，與典籤共誣奏構。構於禁所祭遊道而訴焉。士遜晝臥如夢者，見遊道怒己曰：「我與構恩義，汝豈不知，何共小人謀陷清直之士！」士遜驚跪曰：「不敢、不敢。」旬日而卒。

遊道每戒其子士素、士約、士慎等曰：「吾執法太剛，數遭屯蹇，性自如此，子孫不足以師之。」諸子奉父言，柔和謙遜。

士素沉密少言，有才識。稍遷中書舍人。趙彥深引入內省，參典機密，歷中書、黃門侍郎，〔九〕遷儀同三司、散騎常侍，常領黃門侍郎。自處機要近二十年，周慎溫恭，甚爲彥深所重。初祖珽知朝政，出彥深爲刺史。珽奏以士素爲東郡守，中書侍郎李德林白珽留之，由是還除黃門侍郎，共參機密。士約亦爲善士，官尚書左丞。

盧斐，字子章，范陽涿人也。父同，魏殿中尚書。斐性殘忍，以強斷知名。世宗引爲相府刑獄參軍，謂之云：「狂簡，斐然成章，非佳名字也。」天保中，稍遷尚書左丞，別典京畿詔獄，酷濫非人情所爲。無問事之大小，拷掠過度，於大棒車輻下死者非一。或嚴冬至寒，置囚於冰雪之上；或盛夏酷熱，暴之日下。枉陷人致死者，前後百數。又伺察官人罪失，動卽奏聞，朝士見之，莫不重跡屏氣，皆目之爲盧校事。〔一〇〕斐後以謗史，與李庶俱病鞭死獄中。

畢義雲，小字陁兒。少粗俠，家在兗州北境，常劫掠行旅，州里患之。晚方折節從官，累遷尚書都官郎中。性嚴酷，事多幹了。齊文襄作相，以爲稱職，令普勾僞官，專以車輻考掠，所獲甚多。然大起怨謗。曾爲司州吏所訟，云其有所減截，并改換文書。文襄以其推僞，衆人怨望，並無所問，乃拘吏數人而斬之。〔一〕因此銳情訊鞫，威名日盛。

文宣受禪，除治書侍御史，彈射不避勳親。累遷御史中丞，繩劾更切。然豪橫不平，頻被怨訟。前爲汲郡太守翟嵩啓列：義雲從父兄僧明負官債，先任京畿長吏，不受其屬，立限切徵，由此挾嫌，數遣御史過郡訪察，欲相推繩。又坐私藏工匠，家有十餘機織錦，並造金銀器物。乃被禁止。尋見釋，以爲司徒左長史。尚書左丞司馬子瑞奏彈義雲，稱：「天保元年四月，竇氏皇姨祖載日，〔二〕內外百官赴第吊省，義雲唯遣御史投名，身遂不赴。又義雲啓云：『喪婦孤貧，後娶李世安女爲妻。世安身雖父服未終，其女爲祖已就平吉，特乞闇迎，不敢備禮。』及義雲成婚之夕，衆儲備設，剋日拜閤，鳴騶清路，盛列羽儀，兼差臺吏二十人，責其鮮服侍從車後。直是苟求成婚，誣罔干上。義雲資產宅宇足稱豪室，忽道孤貧，亦爲矯詐。法官如此，直繩焉寄。又駕幸晉陽，都坐判：『拜起居表，四品以下五品已上令預前一日赴南都署表，〔三〕三品以上臨日署訖。』義雲乃乖例，署表之日，索表就家先署，臨日遂稱私忌不來。」於是詔付廷尉科罪，尋勑免推。子瑞又奏彈義雲事十餘條，多煩碎，罪止罰金，不至除免。子瑞從兄消難爲北豫州刺史，義雲遣御史張子階詣州采風聞，先禁其典籤家客等，消難危懼，遂叛入周。時論歸罪義雲，云其規報子瑞，事亦上聞。爾前讌賞，義雲常預，從此後集見稍疏，聲望大損。

乾明初，子瑞遷御史中丞。鄭子默正被任用，義雲之姑卽子默祖母，遂除度支尚書，攝左丞。子默誅後，左丞便解。孝昭赴晉陽，高元海留鄴，義雲深相依附。知其信向釋氏，常隨之聽講，爲此欵密，無所不至。及孝昭大漸，顧命武成。高歸彥至都，武成猶致疑惑。元海遣犢車迎義雲入北宮參審，遂與元海等勸進，仍從幸晉陽，參預時政。尋除兗州刺史，給後部鼓吹，卽本州也，軒昂自得，意望銓衡之舉。見諸人自陳，逆許引接。又言離別暫時，非久在州。先有鐃吹，至於案部行遊，遂兩部並用。猶作書與元海，論敍時事。元海入內，不覺遺落，給事中李孝貞得而奏之，爲此元海漸疏，孝貞因是兼中書舍人。又高歸彥起逆，義雲在州私集人馬，並聚甲仗，將以自防，實無他意。爲人所啓。及歸彥被擒，又列其朋黨專擅，爲此追還。武成猶錄其往誠，竟不加罪，除兼七兵尚書。

義雲性豪縱，頗以施惠爲心，累世本州刺史，家富於財，士之匱乏者，多有拯濟。及貴，恣情驕侈，營造第宅宏壯，未幾而成。閨門穢雜，聲遍朝野。爲郎，與左丞宋遊道因公事忿競，遊道廷辱之云：「雄狐之詩，千載爲汝。」義雲一無所答。然酷暴殘忍，非人理所及，爲家尤甚，子孫僕隸，常瘡痍被體。有孽子善昭，性至凶頑，與義雲侍婢姦通，搒掠無數，爲其着籠頭，繫之庭樹，食以蒭秣，十餘日乃釋之。夜中，義雲被賊害，卽善昭所佩刀也，遺之於義雲庭中。〔一四〕善昭聞難奔哭，家人得佩刀，善昭怖，便走出，投平恩墅舍。旦日，世祖令舍人蘭子暢就宅推之。爾前，義雲新納少室范陽盧氏，有色貌。子暢疑盧姦人所爲，將加拷掠。盧具列善昭云爾，乃收捕繫臨漳獄，將斬之。邢卲上言，此乃大逆，義雲又是朝貴，不可發。乃斬之於獄，棄屍漳水。

校勘記

〔一〕北齊書卷四十七　按此卷前有序，後無論贊。錢氏考異卷三一云：「疑百藥書止存序及邸珍一篇，宋遊道以下取北史補之。」按所存的序雖與北史卷八七序文不同，却比較短，似經删節，非北齊書此序原貌。邸珍傳極簡，也不像北齊書原文。各傳基本上與北史相同，亦偶有字句增損。盧斐傳稱齊帝廟號，宋遊道、畢義雲二傳有溢出北史之句。知補北齊書者仍是據某種史鈔補錄。

〔二〕宋遊道廣平人其先自燉煌徙焉　按魏書卷五二、北史卷三四宋繇傳說，繇敦煌人，北涼亡後，至京師平城，遊道卽其玄孫，並無自敦煌徙廣平的事。據元和姓纂輯本卷八，廣平宋氏與敦煌宋氏本非一支。此傳所云「廣平人，自敦煌徙焉」，必是後人妄改。

〔三〕遊道誘令返雪而殺之　册府卷七五五八九九八五頁作「遊道誘令退伏，竟雪叔而殺奴」。這裏「雪」下當脫「叔」字。

〔四〕此令命所着　南本、局本「命」作「公」，北史卷三四宋遊道傳作「此令公命所着」。按當時習稱高澄爲大將軍。這時嗣渤海王，錄尚書事，也可稱「錄王」。稱「令公」和高澄的官位不合，今從三朝等本，但「令」「命」重複，疑亦有誤。

〔五〕爲司州綱紀與牧昌樂西河二王乖忤　諸本「昌樂」作「樂昌」，「西河」作「河西」，北史作「樂昌」「西河」。按昌樂王誕見魏書卷二一上高陽王雍傳，西河王悰見魏書卷一九上京兆王子推傳。二人都曾在東魏初官司州牧。誕死於天平三年五三六。宋遊道在遷鄴前後也卽天平間爲司州中從事，正值元誕、元悰相繼爲司州牧時，知「樂昌」「西河」都是誤倒，今並乙正。

〔六〕又與劉廞結交　諸本「劉」作「尉」，北史卷三四、册府卷八八二一〇四四八頁作「劉」。按劉廞爲劉芳子，魏書卷五五劉芳傳記廞弟粹事與此傳合。「尉」字訛，今據改，下「尉粹」同改。參下條校記。

〔七〕後劉廞伏法於洛陽粹以徐州叛官軍討平之　諸本脫「劉廞伏法於洛陽粹以徐州叛官軍討」十五字，不可通。今據北史卷三四及册府卷八八二一〇四四八頁補。

〔八〕騰聞大怒　北史卷三四此下有「遊道立理以抗之，既收粹尸，厚加贈遺」十五字。按無此十五字，於事未盡，疑此傳脫去。

〔九〕稍遷中書舍人趙彥深引入內省參典機密歷中書黃門侍郎　三朝本、百衲本無「稍遷」至「歷」十八字。按無此十八字，雖似可通。然下云「甚爲彥深所重」，不加「趙」字，正因上文已見。南、北諸本據北史補，是，今從之。

〔一〇〕皆目之爲盧校事　諸本「事」作「書」，北史卷三〇盧斐傳、册府卷六一九七四四二頁作「事」。按三國時魏、吳都置校事，歷見三國志卷一四程昱附孫曉傳、卷二四高柔傳、卷五二顧雍傳，其職務是偵察糾舉百官。盧斐「伺察官人罪失，動卽奏聞」，有似魏吳的校事，所以有「盧校事」的稱號。「校書」與情事不合，今據改。

〔一一〕乃拘吏數人而斬之　北史卷三九畢義雲傳無「人」字。按「數」是責數，疑「人」字衍。

〔一二〕竇氏皇姨祖載日　諸本「皇」下有「后」字，北史卷三九無。按北齊無姓竇的皇后。竇氏皇姨指竇泰妻婁黑女。漢魏南北朝墓誌集釋圖版三二二婁黑女墓誌，卽題「竇公夫人皇姨」。婁黑女是高歡妻姊，故有此稱。「后」字衍，今據刪。

〔一三〕四品以下五品已上令預前一日赴南都署表　諸本無「以下」二字。按若無二字，則「四品五品已上」包括了一至三品，而下文明云「三品以上，臨日署訖」，顯然三品以上自爲一類。這裏脫「以下」二字，今據北史卷三九補。

〔一四〕卽善昭所佩刀也遺之於義雲庭中　按此二句和上文義不貫，疑本在下文「家人得佩刀」下，錯簡在此。又「義雲庭中」，三朝本、百衲本及北史卷三九作「善昭庭中」。南本以下諸本作「義雲庭中」。按於義雲庭中得善昭佩刀，故善昭怖而出走。通志卷一七一畢義雲傳也作「義雲庭中」，似北史本同通志，後人據誤本北齊書回改。南本當卽據通志改，今從之。

北齊書卷四十八〔一〕

列傳第四十

外戚

趙猛　婁叡　尒朱文暢　鄭仲禮　李祖昇　元蠻

胡長仁

自兩漢以來，外戚之家罕有全者，其傾覆之跡，逆亂之機，皆詳諸前史。齊氏后妃之族，多自保全，唯胡長仁以譖訴貽禍，斛律光以地勢被戮，俱非女謁盛衰之所致也。今依前代史官，述外戚云爾。

趙猛，太安狄那人。姊爲文穆皇帝繼室，生趙郡王琛。〔二〕猛性方直，頗有器幹。高祖舉義，遷南營州刺史，卒。

婁叡，〔三〕字佛仁，武明皇后兄子也。父壯，魏南部尚書。叡少好弓馬，有武幹，爲高祖帳內都督。從破尒朱於韓陵，累遷開府儀同、驃騎大將軍。叡無器幹，唯以外戚貴幸，而縱情財色，爲時論所鄙。皇建初，封東安王。高歸彥反於冀州，詔叡往平之。還，拜司徒公。周兵寇東關，叡率軍赴援，頻戰有功，擒周將楊檦等。進大司馬，出總偏師，赴懸瓠。叡在豫境，留停百餘日，侵削官私，專行非法，坐免官。尋授太尉。薨。

尒朱文暢，榮第四子也。初封昌樂王。其姊魏孝莊皇后，及四胡敗滅，高祖納之，待其家甚厚，文暢由是拜肆州刺史。家富於財，招致賓客，既藉門地，窮極豪侈。與丞相司馬任胄、主簿李世林、都督鄭仲禮、房子遠等深相愛狎，〔四〕外示杯酒之交，而潛謀逆亂。自魏氏舊俗，以正月十五日夜爲打竹簇之戲，〔五〕有能中者，即時賞帛。任胄令仲禮藏刀於袴中，因高祖臨觀，謀爲竊發，事捷之後，共奉文暢爲主。爲任氏家客薛季孝告高祖，問皆具伏。以其姊寵故，止坐文暢一房。

弟文略，以兄文羅卒無後，〔六〕襲梁郡王。以兄文暢事，當從坐，高祖特加寬貸。文略聰明儁爽，多所通習。世宗嘗令章永興於馬上彈胡琵琶，奏十餘曲，試使文略寫之，遂得其八。世宗戲之曰：「聰明人多不老壽，梁郡其愼之。」文略對曰：「命之修短，皆在明公。」世宗愴然曰：「此不足慮也。」初高祖遺令恕文略十死，恃此益橫，多所凌忽。平秦王有七百里馬，文略敵以好婢，賭而取之。明日，平秦致請。文略殺馬及婢，以二銀器盛婢頭馬肉而遺之。平秦王訴之於文宣，繫於京畿獄。〔七〕文略彈琵琶，吹橫笛，謠詠，倦極便臥唱挽歌。居數月，奪防者弓矢以射人曰：「不然，天子不憶我。」有司奏之，伏法。文略嘗大遺魏收金，請爲其父作佳傳，收論尒朱榮比韋、彭、伊、霍，〔八〕蓋由是也。

鄭仲禮，滎陽開封人，魏鴻臚嚴庶子也。少輕險，有膂力。高祖嬖寵其姊，以親戚被昵，擢帳內都督。嘗執高祖弓刀，出入隨從。任胄爲好酒不憂公事，高祖責之，胄懼，謀爲逆。賴武明婁后爲請，故仲禮死，不及其家。

李祖昇，趙國平棘人，顯祖李皇后之長兄。父希宗，上黨守。祖昇儀容瓌麗，垂手過膝，睦姻好施，文學足以自通。仕至齊州刺史，爲徒兵所害。

弟祖勳。顯祖受禪，除祕書丞。及女爲濟南王妃，除侍中，封丹陽王。濟南廢，爲光州刺史。祖勳性貪慢，兼妻崔氏驕豪干政，時論鄙之。以數坐贓，免官。無才幹，自少及長，居官皆因內寵，無可稱述，卒。

元蠻，魏太師江陽王繼子，肅宗元皇后之父也。歷光祿卿。天保十年，大誅元氏，肅宗爲蠻苦請，因是追原之，賜姓步六孤氏。尋病卒。

胡長仁，字孝隆，安定臨涇人，武成皇后之兄。父延之，魏中書令。長仁累遷右僕射及尚書令。世祖崩，預參朝政，封隴東王。左丞鄒孝裕、〔九〕郎中陸仁惠、盧元亮厚相結託。長仁每上省，孝裕必方駕而來。省務旣繁，簿案堆積，令史欲諮都座，日有百數。孝裕屏人私話，朝退亦相隨，仁惠、元亮又伺閒而往，停斷公事，時人號爲三佞，長仁私遊密席，處處追尋。孝裕勸其求進，和士開深疾之，於是奏除孝裕爲章武郡守，元亮等皆出。孝裕又說長仁曰：「王陽臥疾，士開必來，因而殺之。入見太后，不過百日失官，便代其處。」士開知其謀，徙孝裕爲北營州建德郡守。後長仁倚親，驕豪無畏憚。士開出爲齊州刺史。長仁怨憤，謀令刺士開，事覺，遂賜死。尋而後主納長仁女爲后，重加贈謚，長仁弟等前後七人並賜王爵，合門貴盛。〔一〇〕

從祖兄長粲。父僧敬，卽魏孝靜帝之舅，位至司空。長粲少而敏悟，以外戚起家給事中，遷黄門侍郎。後主踐祚，長粲被勑與黄門馮子琮出入禁中，專典敷奏。世祖崩，與領軍婁定遠、錄尚書趙彦深、和士開、高文遙、領軍綦連猛、高阿那肱、僕射唐邕同知朝政，時人號爲八貴。於後，定遠、文遙並出，唐邕專典外兵，綦連猛、高阿那肱別總武任，長粲常在左右，兼宣詔令，從幸晉陽。後主卽位，富於春秋，庶事皆歸委長粲，長粲盡心毗奉，甚得名譽。又爲侍中。長仁心欲入處機要之地，爲執政不許，長仁疑長粲通謀，大以爲恨。遂言於太后，發其陰私，請出爲州，後主不得已從焉。除趙州刺史。及辭，長粲流涕，後主亦憫默。至州，因沐髮手不得舉，失音，卒。

校勘記

〔一〕北齊書卷四十八　按此卷前有序，後無論贊。序很簡短，不像北齊書本文原貌。錢氏考異卷三一認爲經後人刪節，或北齊書此卷已亡，後人以高氏小史補。

〔二〕生趙郡王琛　三朝本、百衲本、北本、汲本、局本及北史卷八〇趙猛傳「王」都作「公」。南本、殿本作「王」。按高琛初封實是南趙郡公，非趙郡公，死後追封趙郡王。這裏若作「公」，則上脫「南」字。南本當是以意改，然於本傳有據，今從之。

〔三〕婁叡　按此傳與本書卷一五婁昭附婁叡傳重出。參卷一五校記。

〔四〕與丞相司馬任冑主簿李世林都督鄭仲禮房子遠等深相愛狎　諸本「遠」作「建」，北史卷四八尒朱文暢傳，本書卷二神武紀補、卷一九任延敬傳，文館詞林卷六六二後魏節閔帝應作孝靜帝伐尒朱文暢等詔作「遠」。按房子遠乃房謨子，見北史卷五五房謨傳，「建」字訛，今據改。

〔五〕以正月十五日夜爲打竹簇之戲　北史卷四八無「竹」字。按本書卷二神武紀補、通鑑卷一五九四九二五頁都但稱「打簇」，疑「竹」字涉下「簇」字之首而衍。

〔六〕弟文略以兄文羅卒無後　南、北、殿三本及北史卷四八「文羅」作「叉羅」，三朝本、百衲本作「文羅」，汲本、局本訛作「叉羅」。按魏書卷一〇孝莊紀建義元年五二八四月稱封「尒朱榮次子叉羅爲梁郡王」，卷七四尒朱榮傳也作「叉羅」，疑本名實是「叉羅」，取「夜叉」「羅刹」之稱，後來嫌其不雅，才改作「文羅」，也像元叉死後，墓誌改「叉」爲「乂」見漢魏南北朝墓誌集釋圖版七八。故其弟文殊、文暢、文略上一字也都是「文」。今從三朝本。

〔七〕明日平秦致請至訴之於文宣繫於京畿獄　三朝本、百衲本「平秦」下有「使」字，無「致請」以下至「京畿獄」三十三字，北本、殿本如上摘句，南本「平秦」下，有「王使人」三字。按此傳前文都稱齊帝廟號，而此三十三字中，忽稱高洋爲「文宣」，知南本以下諸本同有的三十三字乃以北史卷四八補，南本獨有的三字，也是據北史補。但如三朝本無此三十三字便情事不明，和下文也連不起來，顯有脫文。此傳不出於北史，所脫是否卽此三十三字却不可知。今姑從北、殿本。

〔八〕收論尒朱榮比韋彭伊霍　諸本「韋」作「韓」，北史卷四八作「韋」。按魏書卷七四尒朱榮傳作「彭韋伊霍」。「韓」字訛，今據改。參卷三七校記。

〔九〕左丞鄒孝裕　北史卷八〇胡長仁傳「鄒」作「酈」。按本書卷一六段孝言傳見太府少卿酈孝裕。疑作「鄒」誤。

〔一〇〕長仁弟等前後七人並賜王爵合門貴盛　按北史卷八〇作「長仁子君璧襲爵隴東王，君璧弟君璋及長仁弟長雍等前後七人並賜爵，合門貴盛」。所謂「前後七人」中有子有弟，此傳籠統稱「長仁弟七人」，乃草率删節所致。

北齊書卷四十九〔一〕

列傳第四十一

方伎

由吾道榮　王春　信都芳　宋景業　許遵　吳遵世
趙輔和　皇甫玉　解法選　魏寧　綦母懷文　張子信
馬嗣明

易曰：定天下之吉凶，成天下之亹亹，莫善於著龜。是故天生神物，聖人則之。又神農、桐君論本草藥性，黃帝、岐伯說病候治方，皆聖人之所重也。故太史公著龜策、日者及扁鵲倉公傳，皆所以廣其聞見，昭示後昆。齊氏作霸以來，招引英俊，但有藝能，無不畢策，今並錄之以備方伎云。

由吾道榮，琅邪人。少好道法，與其同類相求入長白、太山潛隱，具聞道術。仍遊鄒、魯之間，習儒業。晉陽人某，大明法術，乃尋之，是人爲人家庸力，無識之者，〔三〕久乃訪知。其人道家符水、呪禁、陰陽歷數、天文、藥性無不通解，以道榮好尙，乃悉授之。是人謂道榮云：「我本恒岳仙人，有少罪過，爲天官所讁。今限滿將歸，卿宜送吾至汾水。」及河，値水暴長，橋壞，船渡艱難。是人乃臨水禹步，以一符投水中，流便絕。俄頃水積將至天，是人徐自沙石上渡。唯道榮見其如是，傍人咸云水如此長，此人遂能浮過，共驚異之。道榮仍歸本部，隱於琅邪山，辟穀，餌松朮茯苓，求長生之祕。尋爲顯祖追往晉陽。至遼陽山中，有猛獸去馬十步，所追人驚怖將走。道榮以杖畫地成火坑，猛獸遽走。俄値國廢，道榮歸周。隋初乃卒。又有張遠遊者，顯祖時令與諸術士合九轉金丹。及成，顯祖置之玉匣，云：「我貪世間作樂，不能卽飛上天，待臨死時取服。」

王春，河東人。少好易占，明風角，遊於趙、魏之間，飛符上天。高祖起於信都，引爲館客。韓陵之戰，四面受敵，從寅至午，三合三離。高祖將退軍，春叩馬諫曰：「比未時，必當大捷。」遽縛其子詣王爲質，不勝請斬之。俄而賊大敗。其後每從征討，其言多中，位徐州刺史，卒。

信都芳，河間人。少明算術，爲州里所稱。有巧思，每精研究，忘寢與食，或墜坑坎。嘗語人云：「算之妙，機巧精微，我每一沉思，不聞雷霆之聲也。」其用心如此。以術數干高祖爲館客，授參軍。丞相倉曹祖珽謂芳曰：「律管吹灰，術甚微妙，絕來既久，吾思所不至，卿試思之。」芳遂留意，十數日，便云：「吾得之矣，然終須河內葭莩灰。」後得河內葭莩，用其術，應節便飛，餘灰卽不動也。不爲時所重，竟不行，故此法遂絕云。芳又撰次古來渾天、地動、欹器、漏刻諸巧事，並畫圖，名曰器準。又著樂書、遁甲經、四術周髀宗。芳又私撰歷書，名爲靈憲歷，算月有頻大頻小，食必以朔，證據甚甄明。每云：「何承天亦爲此法，不能精，靈憲若成，必當百代無異議。」書未就而卒。

宋景業，廣宗人。明周易，爲陰陽緯候之學，兼明歷數。魏末，任北平守。顯祖作相，在晉陽，景業因高德政上言：「易稽覽圖曰：『鼎，五月，聖人君，天與延年齒，東北水中，庶人王，高得之。』謹案東北水謂渤海也，高得之，明高氏得天下也。」是時，魏武定八年五月也。〔三〕高德政、徐之才並勸顯祖應天受禪，乃之鄴。至平城都，〔四〕諸大臣沮計，將還。賀拔仁等又云：「景業誤王，宜斬之以謝天下。」顯祖曰：「景業當爲帝王師，何可殺也。」還至幷，顯祖令景業筮，遇乾之鼎。景業曰：「乾爲君，天也。易曰：『時乘六龍以御天。』鼎，五月卦也。宜以仲夏吉辰御天受禪。」或曰：「陰陽書，五月不可入官，犯之卒於其位。」景業曰：「此乃大吉，王爲天子，無復下期，豈得不終於其位。」顯祖大悅。天保初，授散騎侍郎。

又有荊次德，有術數，預知尒朱榮成敗，又言代魏者齊。葛榮聞之，故自號齊王。待次德以殊禮，問其天人之事。對曰：「齊當興，東海出天子，今王據渤海，是齊地。又太白與月幷，宜速用兵，遲則不吉。」榮不從也。〔五〕

許遵，高陽人。明易，善筮，兼曉天文、風角、占相、逆刺，其驗若神。高祖引爲館客，自言祿命不富貴，不横死，是以任性疏誕，多所犯忤，高祖常容借之。〔六〕邙陰之役，〔七〕遵謂李業興曰：「彼爲火陣，我木陣，火勝木，我必敗。」果如其言。清河王岳以遵爲開府田曹記室。岳封王，以告遵，遵曰：「蜜蜂亦作王。」岳後將救江陵，遵曰：「此行致後凶，宜辭疾勿去。」岳曰：「勢不免去，正當與君同行。」遵曰：「好與生人相隨，不欲共死人同路。」還。岳至京尋喪。顯祖無道日甚，遵語人曰：「多折算來，吾筮此狂夫何時當死。」遂布算滿牀，大言曰：「不出冬初，我乃不見。」顯祖以十月崩，遵果以九月死。

吳遵世，字季緒，渤海人。少學易，入恒山從隱居道士遊處。數年，忽見一老翁謂之云：「授君開心符。」遵世跪取吞之，遂明占候。後出遊京洛，以易筮知名。魏武帝之將卽位也，使遵世筮之，遇明夷之賁曰：「初登于天，後入于地。」帝曰：「何謂也？」遵世曰：「初登于天，當作天子。後入于地，不得久也。」終如其言。世祖以丞相在京師居守，自致猜疑，甚懷憂懼，謀將起兵，每宿著令遵世筮之，遵世云：「不須起動，自有大慶。」俄而趙郡王奉太后令以遺詔追世祖。及卽祚，授其中書舍人，固辭疾。

趙輔和，淸都人。少以明易善筮爲館客。高祖崩於晉陽，葬有日矣，世宗書令顯祖親卜宅兆相於鄴西北漳水北原。顯祖與吳遵世擇地，頻卜不吉，又至一所，命遵世筮之，遇革，遵世等數十人咸云不可用。輔和少年，在衆人之後，進云：「革卦於天下人皆凶，唯王家用之大吉。革象辭云：『湯武革命，應天順人。』」〔八〕顯祖遽登車，顧云：「卽以此地爲定。」卽義平陵也。有一人父疾，是人詣館別託相知者筮之，遇泰，筮者云：「此卦甚吉，疾愈。」是人喜。出後，和謂筮者云：「泰卦乾下坤上，然則入土矣，豈得言吉？」果以凶問至。和大寧、武平中筮後宮誕男女及時日多中，遂授通直常侍。

皇甫玉，不知何許人。善相人，常遊王侯家。世宗自潁川振旅而還，顯祖從後，玉於道旁縱觀，謂人曰：「大將軍不作物，會是道北垂鼻涕者。」顯祖既即位，試玉相術，故以帛巾袜其眼，而使歷摸諸人。至於顯祖，曰：「此是最大達官。」於任城王，曰：「當至丞相。」於常山、長廣二王，並亦貴，而各私掐之。至石動統，曰：「此弄癡人。」至供膳，曰：「正得好飲食而已。」玉嘗爲高歸彥相，曰：「位極人臣，但莫反。」歸彥曰：「我何爲反？」玉曰：「不然，公有反骨。」玉謂其妻曰：「殿上者不過二年。」〔九〕妻以告舍人斛斯慶，慶以啓帝，帝怒召之。玉每照鏡，自言當兵死，及被召，謂其妻曰：「我今去不迴，若得過日午時，或當得活。」既至正中，遂斬之。

世宗時有吳士，雙盲而妙於聲相，世宗歷試之。聞劉桃枝之聲，曰：「有所繫屬，然當大富貴，王侯將相多死其手，譬如鷹犬爲人所使。」聞趙道德之聲，曰：「亦繫屬人，富貴翕赫，不及前人。」聞太原公之聲，曰：「當爲人主。」聞世宗之聲，不動，崔暹私掐之，乃謬言：「亦國主也。」世宗以爲我羣奴猶當極貴，況吾身也。

解法選，河內人。少明相術，鑒照人物，〔一〇〕皆如其言。頻爲和士開相中，士開牒爲府參軍。

魏寧，鉅鹿人。以善推祿命徵爲館客。武成親試之，皆中。乃以己生年月託爲異人而問之，寧曰：「極富貴，今年入墓。」武成驚曰：「是我！」寧變辭曰：「若帝王自有法。」又有陽子術，語人曰：「謠言：『盧十六，雉十四，〔二〕犍子拍頭三十二。』且四八天之大數，太上之祚，恐不過此。」既而武成崩，年三十二也。

綦母懷文，不知何郡人。以道術事高祖。武定初，官軍與周文戰於邙山。是時官軍旗幟盡赤，西軍盡黑。懷文言於高祖曰：「赤火色，黑水色，水能滅火，不宜以赤對黑。土勝水，宜改爲黃。」高祖遂改爲赭黃，所謂河陽幡者。

又造宿鐵刀，其法燒生鐵精以重柔鋌，數宿則成剛。以柔鐵爲刀脊，〔三〕浴以五牲之溺，淬以五牲之脂，斬甲過三十札。今襄國冶家所鑄宿柔鋌，〔三〕乃其遺法，作刀猶甚快利，不能截三十札也。懷文云：「廣平郡南幹子城是干將鑄劒處，其土可以瑩刀。」懷文官至信州刺史。

又有孫正言，謂人曰：「我昔武定中爲廣州士曹，聞城人曹普演言，高王諸兒，阿保當爲天子，至高德之承之，當滅。」阿保謂天保，德之謂德昌也，滅年號承光，卽承之也。

張子信，河內人也。性清淨，頗涉文學。少以醫術知名，恒隱於白鹿山。時遊京邑，甚爲魏收、崔季舒等所禮，有贈答子信詩數篇。後魏以太中大夫徵之，〔一四〕聽其時還山，不常在鄴。

又善易卜風角。武衞奚永洛與子信對坐，有鵲鳴於庭樹，鬭而墮焉。子信曰：「鵲言不善，向夕若有風從西南來，歷此樹，拂堂角，則有口舌事。今夜有人喚，必不得往，雖勑，亦以病辭。」子信去後，果有風如其言。是夜，琅邪王五使切召永洛，且云勑喚。永洛欲起，其妻苦留之，稱墜馬腰折。詰朝而難作。子信，齊亡卒。

馬嗣明，〔一五〕河內人。少明醫術，博綜經方，甲乙、素問、明堂、本草莫不咸誦。爲人診候，一年前知其生死。邢邵子大寶患傷寒，嗣明爲之診，候脉，退告楊愔云：「邢公子傷寒不治自差，然脉候不出一年便死，覺之晚，不可治。」楊、邢並侍讌內殿，〔一六〕顯祖云：「子才兒，我欲乞其隨近一郡。」楊以此子年少，未合剖符。〔一七〕讌罷，奏云：「馬嗣明稱大寶脉惡，一年內恐死，若其出郡，醫藥難求。」遂寢。大寶未期而卒。

楊令患背腫，嗣明以練石塗之便差。作練石法：以粗黃色石鵝鴨卵大，猛火燒令赤，內淳醋中，自屑，頻燒至石盡，取石屑曝乾，擣下簁。和醋以塗腫上，無不愈。後遷通直散騎常侍。針灸孔穴，往往與明堂不同。

從駕往晉陽，至遼陽山中，數處見牓，云有人家女病，若有能治差者，購錢十萬。諸名醫多尋牓至，問病狀，不敢下手。唯嗣明獨治之。問其病由，〔二〕云曾以手將一麥穟，即見一赤物長二寸似蛇，入其手指中，因驚怖倒地，即覺手臂疼腫，漸及半身俱腫，痛不可忍，呻吟晝夜不絕。嗣明爲處方服湯。比嗣明從駕還，女平復。嗣明，隋初卒。

校勘記

〔一〕北齊書卷四十九　按此卷前有序，後無論贊，序較簡短，不像北齊書本文原貌。錢氏考異卷三一認爲經後人刪節，或北齊書此卷已亡，後人以高氏小史補。

〔二〕乃尋之是人爲人家庸力無識之者　諸本無上「之」字，「爲人家庸力」作「爲其家庸力」。按若如諸本則當讀作「乃尋是人，爲其家庸力」，即是由吾道榮爲這晉陽人庸力。若果如此，既已到了其人之家，何以下又說「久乃訪知」。知諸本脫誤，今據北史卷八九由吾道榮傳、册府卷八七六一〇三九頁補改。

〔三〕是時魏武定八年五月也　北史卷八九宋景業傳「五月」作「三月」。按高洋代魏在五月，五月辛亥三日赴鄴。在此以先，已曾一度由晉陽赴鄴，行至平城都折還，具見下文。第一次赴鄴折還已在五月前，宋景業因高德政上言應更在其先，知作「五月」誤。

〔四〕至平城都　「平城都」疑當作「平都城」。參卷三〇校記。

〔五〕葛榮聞之故自號齊王至榮不從也　北史卷八九劉靈助傳後附沙門靈遠，即荆次德。此段「齊」下無「王」字，下稱「齊神武至信都，靈遠與勃海李嵩來謁，神武待靈遠以殊禮，問其天文人事」，下與此傳同，唯末無「榮不從也」四字。按北史敍述明白，「待次德以殊禮」者是高歡，次德這段鬼話也是對高歡之問。所以說「今王據勃海」。此傳刪節失當，移作葛榮和次德的問答，而且還妄加「榮不從也」四字，坐實葛榮，不僅不顧文義，草率武斷，而且歪曲事實。

〔六〕高祖常容借之　諸本「借」作「惜」，北史卷八九許遵傳、册府卷八七六一〇三九四頁作「借」。按册府本錄自補本北齊書而同北史，知本作「借」，且於文義也較長，今據改。

〔七〕邙陰之役　册府同上卷頁「邙陰」作「河陰」。按「邙陰」二字不是「邙」字爲「河」之訛，便是「陰」字爲「山」之訛。河陰之戰，東魏損失較重，册府作「河陰」是。

〔八〕湯武革命應天順人　諸本「人」作「民」，當是後人以爲避唐諱而誤改，今據易象辭改。

〔九〕謂其妻曰殿上者不過二年　按北史卷八九皇甫玉傳上有「孝昭賜趙郡王」云云，所謂「殿上者」

乃指高演，此傳刪去上文，這裏便不知「殿上者」指的是誰，也是刪節失當。

〔一〇〕少明相術鑒照人物　張森楷云：「北史卷八九於『少明相術』下有『又受易於權會，亦頗工筮』，爲袁叔德占，勸其盡家之官；又相叔德『終爲吏部尚書，鑒照人物。』此並脫之，而以『鑒照人物』，爲屬之法選，非也。」按「鑒照人物」是指吏部尚書職在選用官吏而言，這裏刪節割裂，却非脫文。

〔一一〕盧十六雉十四　諸本「雉」作「稚」，北史卷八九作「雉」。按「盧」「雉」是古代賭博中名色，又說文，雉有十四種。作「稚」無義，今據改。

〔一二〕以柔鐵爲刀脊　御覽卷三四五一五八七頁「鐵」作「鋌」。

〔一三〕今襄國冶家所鑄宿柔鋌　御覽同上卷頁「宿」下有「鐵」字。

〔一四〕後魏以太中大夫徵之　北史卷八九張子信傳作「大寧中徵爲尚藥典御，武平初，又以大中大夫徵之」。大寧、武平都在齊末。下文接敍琅邪王儼事，在武平二年。武平是北齊後主年號，疑這裏「後魏」當作「後主」。

〔一五〕馬嗣明　御覽卷七二三三二〇二頁引北齊書敍馬嗣明事，文字和此傳不同，和北史卷九〇馬嗣明傳也不同，但事跡並無出入。又其中稱楊愔、邢卲爲「兩公」，不似北齊書原文，疑是引自三國典略，誤標北齊書。

〔一六〕楊邢並侍讌內殿　諸本無「楊」字，北史卷九〇、册府卷八五九一〇二〇二頁有。御覽同上卷頁作

「兩公侍讌」。按既稱「並侍」，應有二人，諸本脫「楊」字，今據補。

〔一七〕楊以此子年少未合剖符　諸本「楊」作「勿」。「此」字，三朝本、百衲本訛作「以」，他本作「卿」。册府上作「勿」同諸本，下一字獨作「此」。按若作「勿以卿或此子年少」，則是高洋的話。而北史卷九〇此句却作「楊以年少未合剖符」，御覽卷七二三三〇二頁作「愔曰：『年少未可。』」則以爲楊愔的話。據上文馬嗣明診斷大寶一年內必死，僅告楊愔，邢卲未知。所以高洋要給大寶官做，在邢卲面前，楊愔不欲直說，姑以「年少」爲言，至讌罷人散，始以馬語告知高洋。若以此句爲高洋語，則下文「讌罷奏云」，又是誰奏？知北史作楊愔語是。此傳「勿」字乃「楊」字殘缺而訛。「此」字，三朝本及百衲本所據之宋本訛作「以」，不可通，南、北本臆改爲「卿」，他本從之。今據北史、御覽、册府改。

〔一八〕問其病由　諸本無「問」字，北史卷九〇、册府卷八五九一〇二〇二頁、御覽同上卷頁都有。按文義應有此字，今據補。

北齊書卷五十〔一〕

列傳第四十二

恩倖

郭秀　和士開　穆提婆　高阿那肱　韓鳳　韓寶業等

甚哉齊末之嬖倖也，蓋書契以降未之有焉。心利錐刀，居台鼎之任；智昏菽麥，當機衡之重。刑殘閹宦、蒼頭盧兒、西域醜胡、龜茲雜伎，封王者接武，開府者比肩。非直獨守弄臣，且復多干朝政。賜予之費，帑藏以虛；杼軸之資，剝掠將盡。縱龜鼎之祚，卜世靈長，屬此淫昏，無不亡之理，齊運短促，固其宜哉。高祖、世宗情存庶政，文武任寄，多貞幹之臣，唯郭秀小人，有累明德。天保五年之後，雖罔念作狂，所幸之徒唯左右驅馳，內外褻狎，其朝廷之事一不與聞。大寧之後，姦佞浸繁，盛業鴻基，以之顛覆。生民免夫被髮左衽，非不幸也。今緝諸凶族為佞幸傳云。其宦者之徒，尤是亡齊之一物。醜聲穢跡，千端萬緒，其事闕而不書，仍略存姓名，附之此傳之末。其帝家諸奴及胡人樂工，叨竊貴幸，今亦出焉。

郭秀，范陽涿人。〔三〕事高祖爲行臺右丞，親寵日隆，多受賂遺。秀遇疾，高祖親臨視之，問所欲官。乃啓爲七兵尚書，除書未至而卒。家無成人子弟，高祖自至其宅，親使錄知其家資粟帛多少，然後去。命其子孝義與太原公已下同學讀書。初秀忌楊愔，誑脅令其逃亡。秀死後，愔還，高祖追忿秀，即日斥孝義，終身不齒。

和士開，字彥通，清都臨漳人也。其先西域商胡，本姓素和氏。父安，恭敏善事人，稍遷中書舍人。魏孝靜嘗夜中與朝賢講集，命安看斗柄所指，安答曰：「臣不識北斗。」高祖聞之，以爲淳直。後爲儀州刺史。

士開幼而聰慧，選爲國子學生，解悟捷疾，爲同業所尚。天保初，世祖封長廣王，辟士開府行參軍。世祖性好握槊，士開善於此戲，由是遂有斯舉。加以傾巧便僻，又能彈胡琵琶，因此親狎。嘗謂王曰：「殿下非天人也，是天帝也。」王曰：「卿非世人也，是世神也。」其深相愛如此。顯祖知其輕薄，不令王與小人相親善，責其戲狎過度，徙長城。後除京畿士曹參軍，長廣王請之也。

世祖踐祚，累除侍中，加開府。遭母劉氏憂，帝聞而悲惋，遣武衞將軍呂芬詣宅，晝夜扶侍，成服後方還。其日，帝又遣以犢車迎士開入內，帝見，親自握手，愴惻下泣，曉喻良久，然後遣還，并諸弟四人並起復本官。其見親重如此。除右僕射。帝先患氣疾，因飲酒輒大發動，士開每諫不從。屬帝氣疾發，又欲飲，士開淚下歔欷不能言。帝曰：「卿此是不言之諫。」因不復飲。言辭容止，極諸鄙褻，以夜繼晝，無復君臣之禮。至說世祖云：「自古帝王，盡爲灰燼，堯、舜、桀、紂，竟復何異。陛下宜及少壯，恣意作樂，縱橫行之，即是一日快活敵千年。國事分付大臣，何慮不辦，無爲自勤苦也。」世祖大悅。其年十二月，〔三〕世祖寢疾於乾壽殿，士開入侍醫藥。世祖謂士開有伊、霍之才，殷勤屬以後事，臨崩，握士開之手曰：「勿負我也。」仍絕於士開之手。

後主以世祖顧託，深委仗之。又先得幸於胡太后，是以彌見親密。趙郡王叡與婁定遠等謀出士開，引諸貴人共爲計策。屬太后觴朝貴於前殿，叡面陳士開罪失，云：「士開先帝弄臣，城狐社鼠，受納貨賄，穢亂宮掖，臣等義無杜口，冒死以陳。」太后曰：「先帝在時，王等何不道，今日欲欺孤寡耶！但飲酒，勿多言。」叡詞色愈厲。或曰：「不出士開，朝野不定。」叡等或投冠於地，或拂衣而起，言詞咆勃，無所不至。明日，叡等共詣雲龍門，令文遙入奏之，太后不聽。段韶呼胡長粲傳言，太后曰：「梓宮在殯，事大怱速，欲王等更思量。」趙郡王等遂並拜謝，更無餘言。太后及後主召見問士開，士開曰：「先帝羣官之中，待臣最重，陛下諒闇始爾，大臣皆有覬覦心，若出臣，正是剪陛下羽翼。宜謂叡等云：『令士開爲州，待過山陵，然後發遣。』叡等謂臣眞出，必心喜之。」後主及太后然之，告叡等如士開旨，以士開爲兗州刺史。山陵畢，叡等促士開就路。士開載美女珠簾及條諸寶玩以詣定遠，謝曰：「諸貴欲殺士開，蒙王特賜性命，用作方伯。今欲奉別，謹具上二女子、一珠簾。」定遠喜，謂士開曰：「欲得還入不？」士開曰：「在內久，常不自安，今得出，實稱本意，不願更入，但乞王保護，長作大州刺史。今日遠出，願得一辭覲二宮。」定遠許之。士開由是得見太后及後主，進說曰：「先帝一旦登遐，臣愧不能自死。觀朝貴勢欲以陛下爲乾明。臣出之後，必有大變，復何面見先帝於地下。」因慟哭。帝及太后皆泣，問計將安出。士開曰：「臣已得入，復何所慮，正須數行詔書耳。」於是詔出定遠青州刺史，責趙郡王叡以不臣之罪，召入而殺之。復除士開侍中、右僕射。定遠歸士開所遺，加以餘珍賂之。武平元年，封淮陽王，除尙書令、錄尙書事，復本官悉得如故。

世祖時，恒令士開與太后握槊，又出入臥內無復期限，遂與太后爲亂。及世祖崩後，彌自放恣，琅邪王儼惡之，與領軍厙狄伏連、侍中馮子琮、御史王子宜、武衞高舍洛等謀誅之。

伏連發京畿軍士，帖神武、千秋門外，並私約束，不聽士開入殿。其年七月二十五日旦，〔四〕士開依式早參，伏連前把士開手曰：「今有一大好事。」王子宜便授一函，云：「有敕令王向臺。」遣兵士防送，禁於治書侍御廳事。儼遣都督馮永洛就臺斬之，時年四十八，簿錄其家口。後誅儼等。上哀悼，不視事數日，追憶不已。詔起復其子道盛爲常侍，又敕其弟士休入內省參典機密，〔五〕詔贈士開假黃鉞、十州諸軍事、左丞相、太宰如故。〔六〕

士開稟性庸鄙，不閱書傳，發言吐論，惟以諂媚自資。河清、天統以後，威權轉盛，富商大賈朝夕塡門，朝士不知廉恥者多相附會，甚者爲其假子，與市道小人同在昆季行列。又有一人士，曾參士開，値疾。醫人云：「王傷寒極重，進藥無効，應服黃龍湯。」士開有難色。是人云：「此物甚易與，王不須疑惑，請爲王先嘗之。」一舉便盡。士開深感此心，爲之强服，遂得汗病愈。其勢傾朝廷也如此。雖以左道事之者，不問賢愚無不進擢；而以正理干忤者，亦頗能捨之。士開見人將加刑戮，多所營救，既得免罪，卽命諷喻，責其珍寶，謂之贖命物。雖有全濟，皆非直道云。

穆提婆，本姓駱，漢陽人也。父超，以謀叛伏誅。提婆母陸令萱嘗配入掖庭，後主繦褓之中，令其鞠養，謂之乾阿妳，遂大爲胡后所昵愛。令萱姦巧多機辯，取媚百端，宮掖之中，獨擅威福。天統初，奏引提婆入侍後主，朝夕左右，大被親狎，嬉戲醜褻，無所不爲。寵遇彌隆，官爵不知紀極，遂至錄尚書事，封城陽王。令萱又佞媚，穆昭儀養之爲母，是以提婆改姓穆氏。及穆后立，令萱號曰太姬，此卽齊朝皇后母氏之位號也，視第一品，班在長公主之上。自武平之後，令萱母子勢傾內外矣。庸劣之徒皆重跡屏氣焉。自外殺生予奪不可盡言。晉州軍敗，後主還鄴，提婆奔投周軍，令萱自殺，子孫大小皆棄市，籍沒其家。

高阿那肱，善無人也。其父市貴，從高祖起義。那肱爲庫典，〔七〕從征討，以功勤擢爲武衞將軍。肱妙於騎射，便僻善事人，每宴射之次，大爲世祖所愛重。又諂悅和士開，尤相褻狎，士開每爲之言，彌見親待。後主卽位，累遷幷省尚書左僕射，封淮陰王，又除幷省尚書令。

肱才伎庸劣，不涉文史，識用尤在士開之下，而姦巧計數亦不逮士開。既爲世祖所幸，多令在東宮侍後主，所以大被寵遇。士開死後，後主謂其識度足繼士開，遂致位宰輔。武平四年，令其錄尚書事，又總知外兵及內省機密。尚書郎中源師嘗諮肱云：「龍見，當雩。」問師云：「何處龍見？作何物顏色？」師云：「此是龍星見，須雩祭，非是眞龍見。」肱云：「漢兒强知星宿！」其牆面如此。又爲右丞相，餘如故。

周師逼平陽，後主於天池校獵，晉州頻遣馳奏，從旦至午，驛馬三至，肱云：「大家正作樂，何急奏聞。」至暮，使更至，云：「平陽城已陷，賊方至。」乃奏知。明早旦，即欲引軍，淑妃又請更合一圍。及軍赴晉州，令肱率前軍先進，仍總節度諸軍。後主謂肱曰：「戰是耶，不戰是耶？」肱曰：「勿戰，却守高梁橋。」安吐根曰：「一把子賊，馬上刺取擲着汾河中。」〔八〕帝意未決。諸內參曰：「彼亦天子，我亦天子，彼尙能遠來，我何爲守塹示弱？」帝曰：「此言是也。」於是漸進。提婆觀戰，東偏頗有退者，提婆去曰：「大家去！大家去！」帝以淑妃奔高梁關。開府奚長諫曰：〔九〕「半進半退，戰之常體，今兵衆全整，未有傷敗，陛下舍此安之？御馬一動，人情驚亂，且速還安慰之。」武衞張常山自後至，亦曰：「軍尋收回，甚整頓，圍城兵亦不動，至尊宜迴，不信臣言，乞將內參往視。」帝將從之。提婆引帝肘曰：「此言難信。」帝遂北馳。有軍士告稱那肱遣臣招引西軍，今故聞奏。後主令侍中斛律孝卿檢校，孝卿云：「此人妄語。」還至晉，那肱腹心告肱謀反，又以爲妄，斬之。乃顚沛還鄴，侍衞逃散，唯那肱及內官數十騎從行。

後主走度太行後，那肱以數千人投濟州關，仍遣覘候。每奏：「周軍未至，且在青州集兵，未須南行。」及周將軍尉遲迥至關，〔一〇〕肱遂降。時人皆云肱表欵周武，必仰生致齊主，故不速報兵至，使後主被擒。肱至長安，授大將軍，封公，爲隆州刺史，誅。初天保中，顯祖自晉陽還鄴，陽愚僧阿禿師於路中大叫，呼顯祖姓名云：「阿那瓌終破你國。」是時茹茹主阿那瓌在塞北强盛，顯祖尤忌之，所以每歲討擊，後亡齊者遂屬阿那肱云。雖作「肱」字，世人皆稱爲「瓌」音，斯固「亡秦者胡」，蓋懸定於窈冥也。

韓鳳，字長鸞，昌黎人也。父永興，青州刺史。鳳少而聰察，有膂力，善騎射。稍遷都督，後主居東宮，年幼稚，世祖簡都督二十人送令侍衞，鳳在其數。後主親就衆中牽鳳手曰：「都督看兒來。」因此被識，數喚共戲。

後主卽位，累遷侍中、領軍，總知內省機密。祖珽曾與鳳於後主前論事。珽語鳳云：「强弓長矛無容相謝，軍國謀算，何由得爭。」鳳答曰：「各出意見，豈在文武優劣。」封昌黎郡王。男寶仁尚公主，〔二〕在晉陽賜第一區，其公主生男昌滿月，駕幸鳳宅，宴會盡日。軍國要密，無不經手，與高阿那肱、穆提婆共處衡軸，號曰三貴，損國害政，日月滋甚。壽陽陷沒，鳳與穆提婆聞告敗，握槊不輟，曰：「他家物，從他去。」後帝使於黎陽臨河築城戍，曰：「急時且守此作龜茲國子，更可憐人生如寄，唯當行樂，何因愁爲？」君臣應和若此。其弟萬歲，及二子寶行、寶信並開府儀同。寶信尚公主，駕復幸其宅，親戚咸蒙官賞。

鳳母鮮于，段孝言之從母子姊也，爲此偏相參附，奏遣監造晉陽宮。陳德信馳驛檢行，見孝言役官夫匠自營宅，卽語云：「僕射爲至尊起臺殿未訖，何容先自營造？」鳳及穆提婆亦遣孝言分工匠爲己造宅，德信還具奏聞。及幸晉陽，又以官馬與他人乘騎。上因此發忿，與提婆並除名，亦不露其罪。仍毀其宅，公主離婚。復被遣向鄴吏部門參。及後主晉陽走還，被勅入內，尋詔復爵。從後主走度河，到青州，幷爲周軍所獲。

鳳於權要之中，尤嫉人士，崔季舒等寃酷，皆鳳所爲。每朝士諮事，莫敢仰視，動致呵叱，輒詈云：「狗漢大不可耐，唯須殺却。」若見武職，雖厮養末品亦容下之。仕隋，位終於隴州刺史。

韓寶業、盧勒叉、齊紹，並高祖舊左右，〔一二〕唯門閹驅使，不被恩遇。歷天保、皇建之朝，亦不至寵幸，但漸有職任。寶業至長秋卿，勒叉等或爲中常侍。世祖時有曹文摽、鄧長顒輩，亦有至儀同食幹者，唯長顒武平中任參宰相，干預朝權。後寶業、勒叉、齊紹、子徵並封王，不過侵暴。於後主之朝，有陳德信等數十人，並肆其姦佞，敗政虐人，古今未有。多授開府，罕止儀同，亦有加光祿大夫，金章紫綬者。多帶侍中、中常侍，〔一三〕此二職乃數十人，又皆封王、開府。恒出入門禁，往來園苑，趨侍左右，通宵累日。承候顏色，競進諂諛，莫不發言動意，多會深旨。一戲之賞，動踰巨萬，丘山之積，貪吝無厭。猶以波斯狗爲儀同、郡君，分其幹祿。神獸門外有朝貴憩息之所，時人號爲解卸廳。諸閹或在內多日，暫放歸休，所乘之馬牽至神獸門階，然後升騎，飛鞭競走，數十爲羣，馬塵必坌。諸朝貴爰至唐、趙、韓、駱皆隱聽趨避，不敢爲言。

高祖時有蒼頭陳山提、蓋豐樂、劉桃枝等數十人，俱驅馳便僻，頗蒙恩遇。天保、大寧之朝，漸以貴盛，至武平時皆以開府、封王，其不及武平者則追贈王爵。

又有何海及子洪珍皆爲王，〔一四〕尤爲親要。洪珍侮弄權勢，鬻獄賣官。又有史醜多之徒胡小兒等數十，〔一五〕咸能舞工歌，亦至儀同開府、封王。諸宦者猶以宮掖驅馳，便煩左右，漸因昵狎，以至大官。蒼頭始自家人，情寄深密，及於後主，則是先朝舊人，以勤舊之勞，致此叨竊。至於胡小兒等眼鼻深嶮，一無可用，非理愛好，排突朝貴，尤爲人士之所疾惡。其以音樂至大官者：沈過兒官至開府儀同，王長通年十四五，便假節通州刺史。

時又有開府薛榮宗，常自云能使鬼。及周兵之逼，言於後主曰：「臣已發遣斛律明月將大兵在前去。」帝信之。經古冢，榮宗謂舍人元行恭是誰冢，行恭戲之曰：「林宗冢。」復問林宗是誰，行恭曰：「郭元貞父。」榮宗前奏曰：「臣向見郭林宗從冢出，着大帽，吉莫靴，插馬鞭，問臣『我阿貞來不』。」是時羣妄多皆類此。

贊曰：危亡之祚，昏亂之朝，小人道長，君子道消。

校勘記

〔一〕北齊書卷五十　按此卷前有序，後有贊，稱齊帝廟號。錢氏考異卷三一認爲是北齊書原文。但諸傳內容基本上不出北史所有，且較北史簡略，兩相比較，删節痕跡顯著，並有删節不當之處。但其中也有溢出北史的字句，其序與北史恩倖傳序出入較多，贊則北史所無。疑此卷仍出自高氏小史之類史鈔。這種史鈔基本上以北史卷九二恩倖傳中相關諸傳爲主，改帝號爲廟號，而加上北齊書序贊，插入北齊書的個別字句，並非直錄北齊書原文。

〔二〕范陽涿人　諸本「涿」下衍「郡」字，今據北史卷九二郭秀傳删。

〔三〕其年十二月　北史卷九二和士開傳無「其年十二月」五字。按北史上文載天統四年士開歷官，此傳略去，忽標「其年」，不知道究是哪一年。此五字疑是摘自北齊書，却忘去前文删節。

〔四〕其年七月二十五日旦　北史卷九二無此句。按此承上文武平元年，「其年」自卽指武平元年，但士開被殺實在武平二年七月，見卷八後主紀補、卷一二琅琊王儼傳補。這又是據北齊書插入此句，忘却前文沒有記武平二年北齊書原文當有，致有此誤。

〔五〕又勑其弟士休入內省參典機密　諸本「休」作「伓」，北史卷九二作「休」。按和士休，見本書卷八後主紀補武平四年三月，北史卷五五馮子琮傳。本書卷四〇馮子琮傳補作「休」，乃雙名單稱。「伓」字訛，今據北史改。

〔六〕詔贈士開假黃鉞十州諸軍事左丞相太宰如故　北史卷九二作「詔贈士開假黃鉞右丞相太宰司徒公錄尚書事。」按左丞相、太宰都不是士開原官，怎麽能說「如故」，「如故」上當有「錄尚書事」「王」等原來官爵。這一條當是據北齊書所記贈官删節而誤。

〔七〕那肱爲庫典　北史卷九二高阿那肱傳「典」作「直」。按「庫直」或「庫眞」屢見史籍，疑「典」字訛。

〔八〕一把子賊馬上刺取擲着汾河中　三朝本、百衲本「擲着」訛作「郎者」，南、北、殿三本依北史卷九二高阿那肱傳單作「擲」，無「着」字，汲、局二本「擲着」作「一擲」。按通鑑卷一七二五三五八頁、御覽卷三二三一四八七頁引三國典略都作「擲着」，三朝本、百衲本「郎者」乃形近而訛。今據改。

〔九〕帝以淑妃奔高梁關開府奚長諫曰　三朝本、百衲本作「帝以淑妃奔高梁應閑府奚長諫曰」。南本以下各本及北史卷九二「高梁」下無「關」字，「奚長」下有「樂」字。按通鑑卷一七二五三五九頁「高梁關」作「高梁橋」，御覽卷三二三一四八七頁引三國典略作「高梁關」，三朝本、百衲本「應閑」乃「關開」二字形近而訛。據通鑑，「奚長」下亦無「樂」字，乃雙名單稱，並非脫文。今據御覽、通鑑改正三朝本訛文。

〔一〇〕及周將軍尉遲迥至關　按周書卷六武帝紀、卷二一尉遲迥傳補都沒有說尉遲迥參加這次戰爭，武帝紀建德六年五七七正月稱「齊主走青州，遣大將軍尉遲勤率二千騎追之。」「迥」乃「勤」之誤。

〔一一〕男寶仁尚公主　北史卷九二韓鳳傳「寶仁」作「寶行」。按下文云：「二子，寶行、寶信」，疑北史是。

〔一二〕韓寶業盧勒叉齊紹並高祖舊左右　北史卷九二「韓寶業」上有「宦者」二字，「齊紹」下有「秦子徵」三字。按自韓寶業以下諸人都是「宦者」，應當標明。下文說「寶業、勒叉、齊紹、子徵並封王。」此處不舉秦子徵，下文忽有沒有姓的子徵，甚爲突然，顯是刪節不當。

〔一三〕多帶侍中中常侍　北史卷九二「帶」下有「甲」字。按隋書卷二七百官志中稱後齊有「中侍中省」，官有「中侍中、中常侍、中給事中」，都是宦官充當。北史「甲」乃「中」之訛，此傳「帶」下脫「中」字。

〔一四〕又有何海及子洪珍皆爲王　按北史卷九二這句上面有「武平時有胡小兒」云云七十餘字，知何海是胡人。本書卷四四張景仁傳、張雕傳並見胡人何洪珍，可證。此傳刪去上文，直承敍述蒼頭一段，就像何海父子也是蒼頭，顯見刪節失當。

〔一五〕又有史醜多之徒胡小兒等數十　按北史上文已標明「胡小兒」，所以這裏只說「其何朱弱、史醜多之徒十數人」，無須再說明其爲「胡小兒。」此傳删去上文，却在這裏標上「胡小兒」名目，就把上面何海父子納入蒼頭一類中了。删節移易的痕跡甚顯，其非北齊書原文更無可疑。

點校後記

傳本北齊書殘缺過半，由唐以後人補全。宋嘉祐中一〇五六——六三校刊此書，在部分後補的卷末附有校語，說明不是北齊書原文。清代錢大昕考訂，只有卷四、卷一三、卷一六、卷一七、卷一八、卷一九、卷二〇、卷二一、卷二二、卷二三、卷二四、卷二五、卷四一、卷四二、卷四三、卷四四、卷四五、卷五〇，共十八卷是原文。〔一〕我們認爲卷五〇恩倖傳雖有序有贊，稱齊帝廟號，符合原文特點，但傳文出於北史，其中且有刪節北史失當之處，痕跡顯然，也不像是北齊書原文。所以現存原文實止十七卷，餘外三十三卷皆後人所補。

補缺的情況大致分爲兩類：一是以北史中相同紀傳補的，也往往有所刪改，這類居多數。二是以唐人某種史鈔補的，這是少數。這種史鈔雖直接出於北齊書，却刪節過甚，十分疏略，有時弄得前後不相銜接，甚至文字也讀不通。是這種史鈔本身就這樣呢，還是補傳的人又曾大加删削，我們還弄不清楚。〔二〕此外，還有幾卷是拼湊北史和其他材料而成。卷三文襄紀前半出於北史，中間和後段却是雜採他書；卷三一王昕傳當是以某種史鈔補，附弟王晞傳却出於北史；卷三四楊愔傳以北史補，附傳燕子獻等却和北史不同。更奇怪的是卷二八元弼傳開頭十二字，元韶傳開頭十四字，卷三七魏收傳敍世系十八字，和北史不同，直接間接當出於北齊書原文，但下面接的却是北史傳文。〔三〕補缺情況如此淩亂，其故可能由於各卷逐漸缺失，也逐漸有人補缺，既非一時所補，亦非一手所補，當然取材不能一致。宋以前當有幾種各不相同的補本北齊書，宋太平興國二年九七七編輯太平御覽，所引北齊書基本上已同今本，但還留有一些所據補本不同的痕跡。〔四〕到景德二年一〇〇五編輯册府元龜時，所引北齊書缺卷諸條，除個別條文外全同今本。五十年後，官校宋、齊、梁、陳、魏、周、北齊七史，雖說「詔天下藏書之家悉上異本」，〔五〕但以後刻版，恐卽以館閣舊藏亦卽册府所據的舊本付刻，既沒有搜羅到十七卷之外的原文，也沒有補缺的異同。是否當時此書並沒有得到「異本」，還是校刊草率，我們也難斷定。但似不能說宋時再也沒有十七卷以外的原文存在。本書卷一五竇泰等六人傳是以北史相同諸人傳補的，而南宋鄭樵的通志卷一五二中，此六人傳却有不少溢出於北史的文句，這些文句決非鄭樵所能臆造。通志北齊紀傳全本北史，間有增添文句，卽據北齊書，同卷的段榮、斛律金傳可證。很可能卷一五的北齊書原文南宋時還沒有絕跡，鄭樵才能採入通志。

此書第一次刻版付印至遲在政和中一一一一——一一一八，〔六〕此本早已無存。南宋時曾和其他六史重刻，〔七〕版片本在杭州，明初移到南京國子監，歷宋、元、明三朝都曾隨時補刻一些版片，抽換漫漶不堪的舊版，卽所謂「三朝本」。沒有補版的南宋本今天也未見留傳。三朝本既隨時補修，同稱三朝本，補版多少各不相同。明代中葉以後，這副版片越來越漫漶，補版也越多。萬曆十七年一五八九南京國子監祭酒趙用賢重刻新本，據北史作了許多補改。以後不久刻印的北京國子監二十一史本補改更有增加，清乾隆四年一七三九武英殿二十四史本則是以北本爲主而兼取南本。這兩種本子都屬於南本系統。三朝本仍在印行，到清代中葉已模糊一片，被稱爲「邋遢本」。明末毛氏汲古閣的十七史本、以汲本爲底本的清同治十三年一八四七金陵書局本，和一九三七年上海商務印書館影印的百衲本二十四史本，〔八〕直接間接都繼承三朝本這個系統。

從版本的角度看，北宋本、南宋本、三朝本一系相承，現存較早的三朝本應該最接近於北宋付刊時的北齊書面貌。南本系統的校刊者不知道補缺各卷一部分本來不是以北史補，以北史補的部分也並非都照本直抄。有時文字晦澀，比對北史，似是訛脫，其實不一定是訛脫，而是刪節失當所致。南、北本多據北史改補是不恰當的。但是完全抹殺南本這個系統的校改也是不恰當的。首先，補缺各卷多數是以北史補的，一定程度上相當於北史的另一版本。有的確是訛脫，當然可以北史校改；就是由於刪節不當，以致文字不通的，以北史校改也是以原文校刪改本的問題，不能說毫無理由。另外一部分不是以北史補，但和北史同出於北齊書，作爲外校，北史也有很大的參考價值，據以作一些必要的補改，很難一概斥爲「竄易」「臆改」。例如：卷二六薛琡傳有這樣幾句，三朝本作：「前軍若勝，後軍合力，前軍承之。」北、殿本據北史補改作：「前軍若勝，後軍合力，前軍若敗，後軍承之。」文義較明白。此傳雖非以北史補，但通典卷一五六引文同北史，根據一般情況，通典引文當採自北齊書，則北齊書原文當與北史同，爲什麼不能據以補改呢？又如卷四八尒朱文暢附弟文略傳也不出北史，其中有一段，三朝本作「平秦王有七百里馬，文略敵以好婢，賭而取之。明日，平秦使文略彈琵琶，吹横笛，倦極便臥唱挽歌。居數月，奪防者弓矢以射人，曰：『不然，天子不憶我。』有司奏之，伏法。」先說文略和高歸彥打賭，又說高使他吹彈歌唱，最後說有人防他，他奪弓矢射人，以致被殺。前後不相銜接，看了不知所云。南本以下各本據北史在「明日平秦使」下補「致請，文略殺馬及婢，以二銀器盛婢頭馬肉而遺之。平秦王訴之於文宣，繫於京畿獄」三十三字，情事始明。不談删去三十三字，掩蓋了封建貴族的殘暴罪行，而且不記文略下獄，怎能理解他奪防者弓矢一節事呢？雖然我們不知道北齊書原文是否全同北史，但應該有這三十三字所包的內容，補上也不能算錯。

根據上述理由，我們以三朝本、南本、殿本爲主要互校本。〔九〕既照顧原來面貌，凡各本有異文而兩通的，或無法判斷是非的，一律從三朝本；同時也接受南、殿本必要的和可取的補改。下面我們舉卷三九祖珽傳爲例。

祖珽傳是以北史補的，但其中和北史頗多不同，較長的異文有兩處。

一、北史卷四七本傳原文：「倉曹雖云州局，乃受山東課輸，由此大有受納，豐於財產。又自解彈琵琶，能爲新曲，招城市年少歌儛爲娛，遊集諸倡家。與陳元康、穆子容、任胄、元士亮等爲聲色之遊。諸人嘗就珽宿，出山東大文綾幷連珠孔雀羅等百餘疋，令諸嫗擲樗蒱賭之，以爲戲樂。」三朝本這段作：「倉曹雖云州局，乃受山東課輸。大文綾並連珠孔雀羅等百餘疋，令諸嫗擲樗蒱，調新曲，招城市年少歌儛爲娛。遊諸倡家，與陳元康、穆子容、任胄、元士亮等爲聲色之遊。」册府元龜卷七三〇同三朝本，顯然這是宋初以來這篇補傳的原貌。同時也很明顯，這是補傳删節顛倒北史文字而成，並非別有所據。但删節顛倒得很成問題。「乃受山東課輸」下删去「由此大有受納，豐於財產」十字，文氣不完，忽移後文「大文綾」云云接上，更不貫串。在「令諸嫗擲樗蒱」下删去「賭之」二字，和原意也未合。南本據北史改是有理由的。因此這段我們從南本，並出校記說明。

二、北史原文：「珽擬補令史十餘人，皆有受納，而諂取教判，並盜官遍略一部。時又除珽秘書丞兼中書舍人。還鄴後，其事皆發。」此傳三朝本這段作：「珽擬補令史十餘人，皆有受納，據法處絞，上尋捨之。又盜官遍略一部。事發……」册府元龜卷七三〇同三朝本，也是宋初以來補傳的原貌。南本這段從三朝本，而删去不見北史的「皆有受納，據法處絞」八字。北本據北史改，殿本從之。這段三朝本雖有删節，而文義明白，且比北史多出八字，可能別有所據，南本删去八字固不當，北本據北史改也未是，因此我們從三朝本。三朝本兩段同樣可證爲宋初補傳原貌，我們按照具體內容作了不同處理，既照顧補傳的原貌，却不曲徇某些有害文義上瞭解的「原貌」。當然，諸如此類取彼捨此，不免帶着主觀性，我們也感到很難斟酌盡善。

上面是此傳中兩段較長的異文，至於三本間單文隻字的異文到處都是，僅此傳中就不下三十處，他校異文尚不在內。爲了避免煩瑣，大都不出校記。三本間異文文字較長的，則根據需要出一些校記。例如上舉尒朱文略傳的一段，祖珽傳的第一段，這都是明知補本原貌同三朝本，或南、殿本所補改未必同原貌而仍從南、殿本的。至於單文隻字，有的是非明確，例如祖珽傳開頭第一句「范陽遒人也」，三朝本、殿本「遒」字訛「狄道」；「曾至膠州刺史司馬世雲家飲酒」，三朝本「州」訛「東」；「卿那得如此詭異」，三朝本「卿」下衍「珽」字；「須五經三部」，殿本「須」訛「頒」；「除章武太守」，南、殿本「章」訛「寧」之類。有的雖有異同而文義兩通，例如「配甲坊加鉗」，南、殿本「鉗」下有「錮」字；「楊愔等誅，不之官」，南、殿本據北史「楊」上增「會」字；「今至尊猶在帝位者」，南本據北史「猶」作「獨」；「推誠朝廷」，南本據北史「朝廷」作「延士」之類。這二類，前一類捨非從是，後一類則例從三朝本，一般都不出校記。

以上我們檢查了北齊書殘缺和補缺的基本情況、由於補缺而帶來的版本校勘上的特殊問題，說明了我們處理這些問題的想法，並以祖珽傳作爲具體例子。這樣處理是否恰當，很難自信，希望讀者指正。

〔一〕錢大昕廿二史考異卷三一，原文舉紀、傳第幾，今改全書卷數。

〔二〕錢大昕推測可能以唐人高峻的小史補。高氏小史已亡，今天無從比對，據宋人明確指出以高氏小史補的魏書卷三三宋隱等傳，比較完整，並不那樣疏脫簡略。唐人史鈔種類很多，今既無從確知，只好稱之爲「某種史鈔」。

〔三〕魏末宗室有兩個元弼，十二字以下，補傳者以北史另一個元弼的傳接上，張冠李戴，非常荒謬。

〔四〕御覽所標北齊書，引文多同北史，不一定都是標目之誤，或所據補本北齊書和今本不同。例如卷三文襄紀今本以北史和他書雜湊而成，御覽卷一三〇所引却全採北史。又如今本卷八後主紀以北史補，御覽卷一三一北齊後主條所引一大半也同北史，但後段敍後主昏亂却和北史大異，而與唐人馬總通歷卷九北齊後主條相同。似御覽所據補本北齊書文襄紀全用北史，後主紀則以北史、通歷拼湊而成，和今補本不同。

〔五〕〔六〕晁公武郡齋讀書志卷二上宋書條。

〔七〕後人據前條晁公武所說紹興十四年一一四四井憲孟在四川眉山重刊七史的話，稱今傳本南宋刊七史爲「蜀大字本」或「眉山七史本」。實際上今傳本南宋刊七史是在浙江刻的。

〔八〕百衲本前三十四卷據涵芬樓藏三朝本，卷三十五至卷五十據所謂「宋蜀大字本」影印，其實也是較早的三朝本。影印時曾據殿本大量修改，改正了許多原本訛文，但也有改錯的。

〔九〕我們所據武漢大學藏三朝本和百衲本前三十四卷所據本同。三十五卷後百衲本所據别一三朝本較善，也作爲主要互校本之一。南本是以北史校改之始，殿本兼用南、北二本而流傳較廣，所以把這幾個本子作爲主要互校本。